上海建设年鉴

(2010)

中共上海市城乡建设和交通工作委员会
上海市城乡建设和交通委员会　编

文匯出版社

图书在版编目（CIP）数据

上海建设年鉴．2010 / 中共上海市城乡建设和交通工作委员会，上海市城乡建设和交通委员会编．-- 上海 ：文汇出版社，2014.9

ISBN 978-7-5496-1148-5

Ⅰ．①上… Ⅱ．①中… ②上… Ⅲ．①城市建设－上海市－2010－年鉴 Ⅳ．①F299.275.1-54

中国版本图书馆CIP数据核字(2014)第066652号

上海建设年鉴（2010）

编　　著 / 中共上海市城乡建设和交通工作委员会
　　　　　上海市城乡建设和交通委员会
责任编辑 / 乐渭琦
特约编辑 / 孙　健
美术编辑 / 胡　鹰

出 版 人 / 桂国强

出版发行 / 文匯出版社
　　　　　上海市威海路755号
　　　　　（邮政编码 200041）
经　　销 / 全国新华书店
照　　排 / 上海未寅文化传播有限公司
印刷装订 / 上海天地海设计印刷有限公司
版　　次 / 2014年9月第1版
印　　次 / 2014年9月第1次印刷
开　　本 / 889×1240　1/16
字　　数 / 580千字
印　　张 / 印张：34（插页16）

书　　号 / ISBN 978-7-5496-1148-5
定　　价 / 258.00元

2009年上海市全图(航空遥感)

崇明岛地区（航空遥感）

晨曦中的上海长江大桥

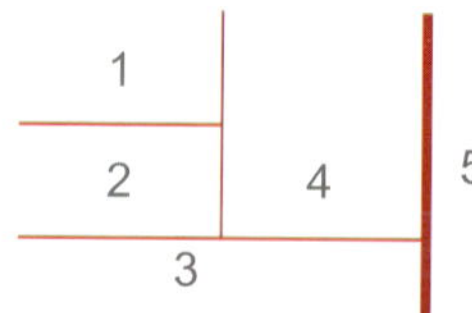

1. 上海崇明越江通道长江大桥监控中心
2. 上海崇明越江通道长江路隧道工程南线胜利贯通
3. 上海崇明越江通道长江大桥雄姿
4. 上海长江隧道浦东新区进出口
5. 鸟瞰上海长江大桥

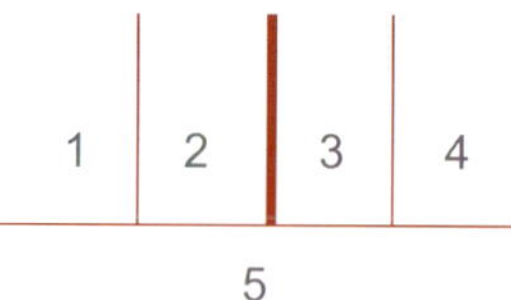

1. 上海港国际航运中心码头
2. 上海港国际客运中心办公楼群
3. 上海港国际客运中心音乐广场
4. 上海港国际客运中心局部建筑特写
5. 上海港国际客运中心码头及北外滩滨江绿地

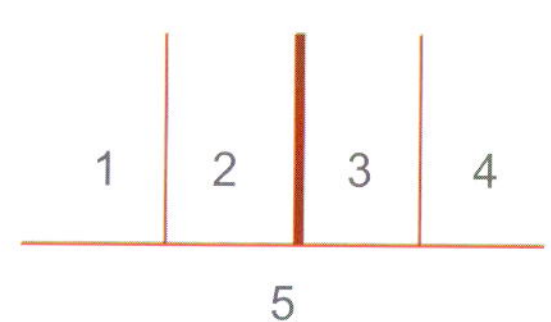
1
2
3
4
5

1. 世博配套工程世博天气风向测试仪
2. 建设中世博道路配套项目浦西园区高架步行辅道
3. 世博配套工程雨水泵站
4. 世博配套工程世博浦东园区的高架步道
5. 世博园区主要设施工程建设全景记录

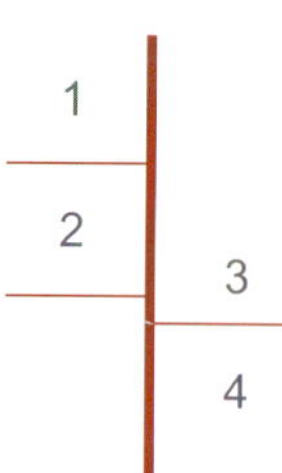

1．即将建成的世博公园
2．世博配套工程即将建成的国展路
3．世博配套工程高科西路拓宽延伸工程
4．世博村停车场

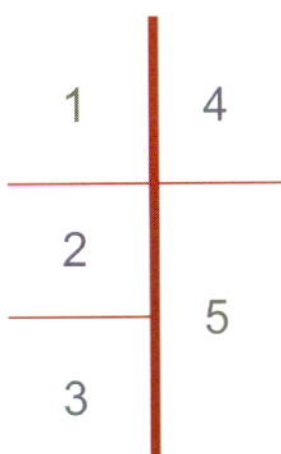

1. 世博配套工程一号泵站
2. 世博配套工程世博码头
3. 世博配套工程卢浦大桥增设浦东下匝道耀华路段
4. 工人们正在铺设世博市政共用管道
5. 世博配套工程建成的上南路

建设中的部分场馆

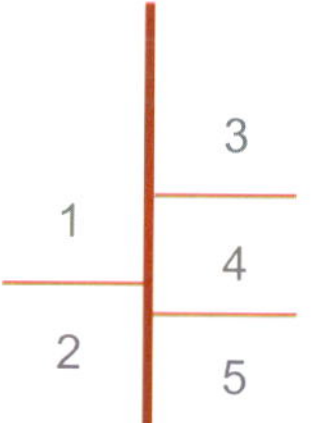

1．中国馆
2．世博轴
3．国际组织联合馆
4．联合国联合馆和世界气象馆
5．世博中心

	3
1	4
2	5

1. 中国石油馆
2. 世博文化中心
3. 中国船舶馆
4. 城市未来馆
5. 中国航空馆

1	6
2	7
3	8
4	9
5	10

1. 英国馆
2. 法国馆
3. 荷兰馆
4. 卢森堡大公国馆
5. 西班牙馆
6. 意大利馆
7. 德国馆
8. 波兰馆
9. 瑞士馆
10. 美国馆

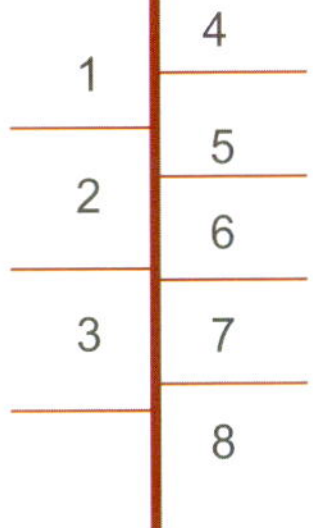

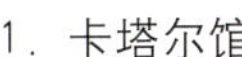

1. 卡塔尔馆
2. 以色列馆
3. 非洲联合馆
4. 泰国馆
5. 巴基斯坦馆
6. 澳大利亚馆
7. 罗马尼亚馆
8. 韩国馆

7号线
LINE 7

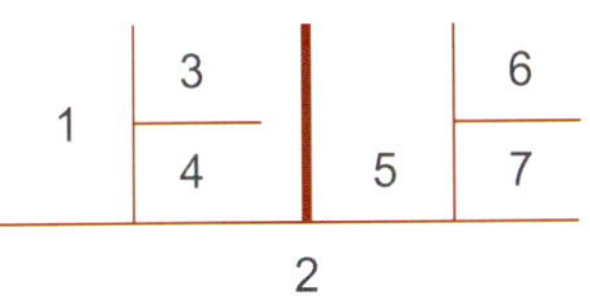

1. 轨道交通 7 号线工程静安寺站 6 号口
2. 上海轨道交通陈太路基地（停车场）全景
3. 轨道交通 7 号线工程美兰湖终点站
4. 轨道交通 7 号线工程场中路站
5. 轨道交通 7 号线工程控制中心（新村路站）
6. 轨道交通 7 号线工程肇家浜站换乘大厅
7. 轨道交通 7 号线工程南陈路站 4 号口

打浦桥
Dapuqiao

嘉善路
Jiashan Road

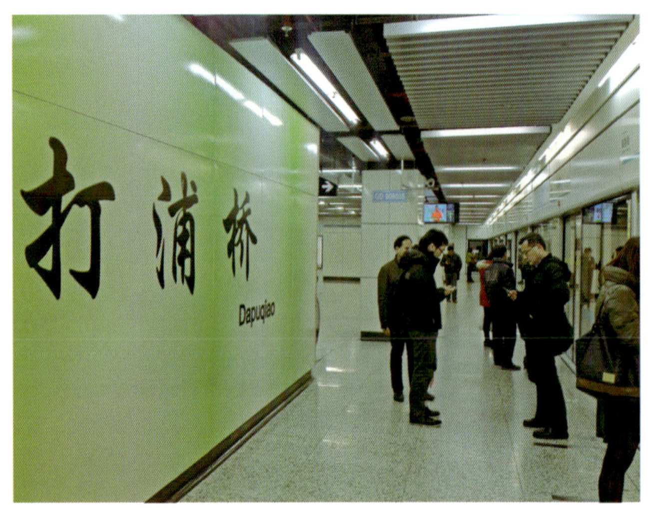

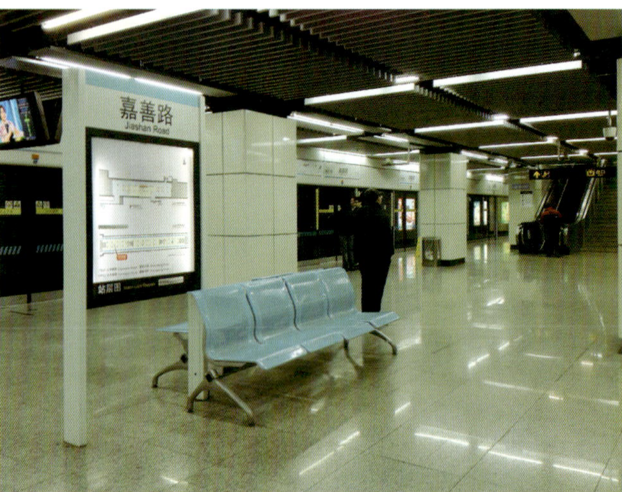

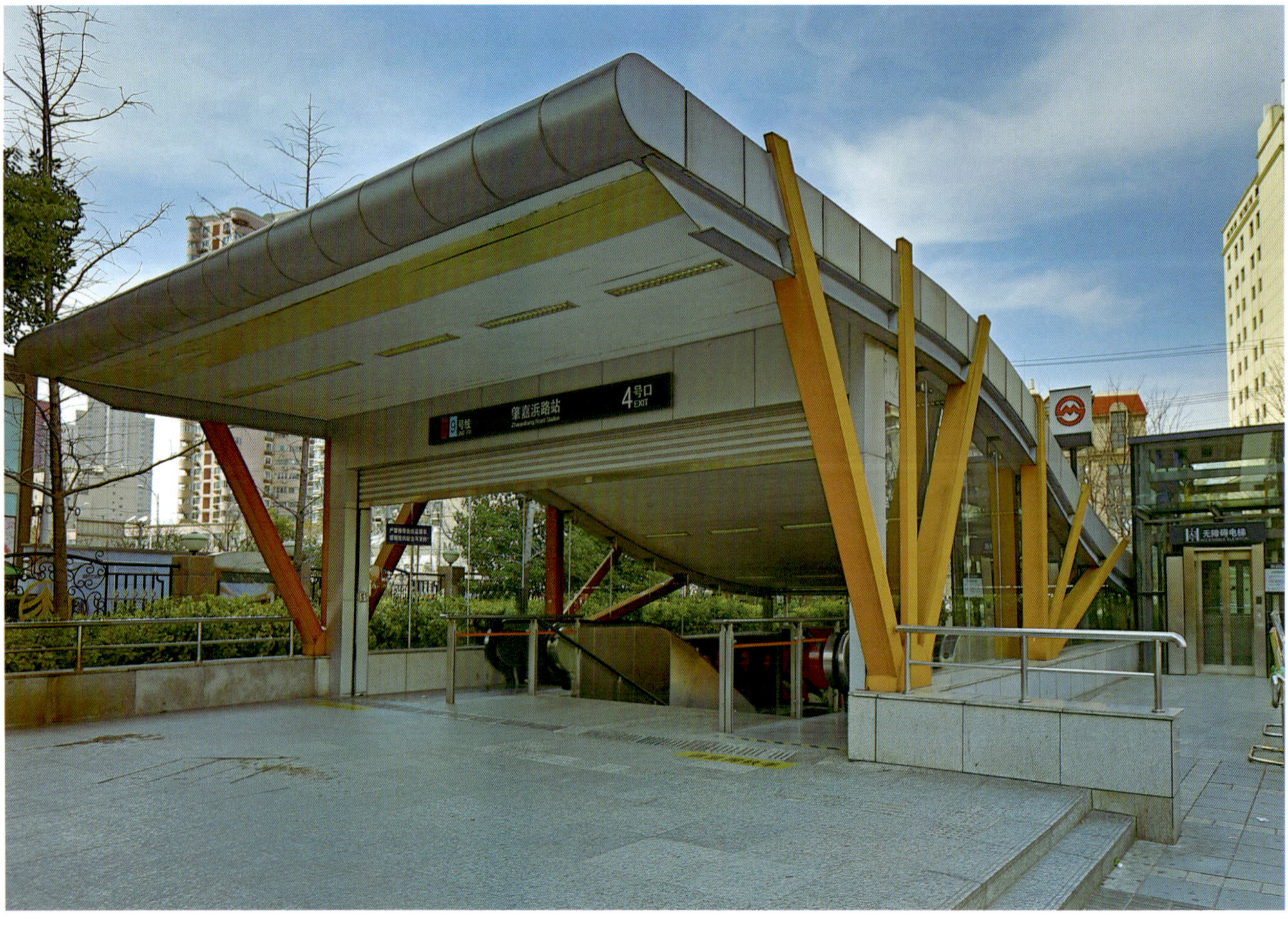
肇嘉浜路站
4号口
EXIT

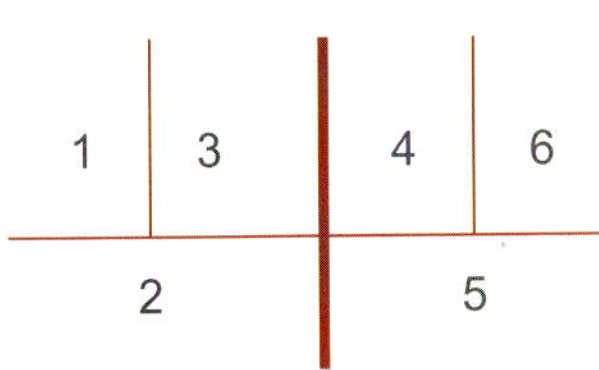

1. 轨道交通 9 号线二期（首段）工程打浦桥路站
2. 轨道交通 9 号线二期（首段）工程肇嘉浜路站 4 号出入口
3. 轨道交通 9 号线二期（首段）工程嘉善路站
4. 轨道交通 9 号线二期（首段）工程世纪大道路站 7 号出入口
5. 轨道交通 9 号线二期（首段）工程可换乘 7 号线的肇嘉浜路站
6. 轨道交通 9 号线二期（首段）工程陆家浜路站

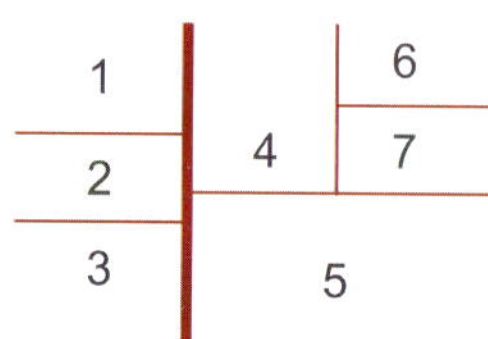

1. 轨道交通 11 号线（北段）工程连接南翔 CBD 及公交枢纽的南翔站
2. 轨道交通 11 号线（北段）工程马陆站站台
3. 轨道交通 11 号线（北段）工程防灾投警系统及通风空调、给排水、消防等配套设施
4. 轨道交通 11 号线（北段）工程江苏路站 6 号口
5. 轨道交通 11 号线（北段）工程上海汽车城站
6. 轨道交通 11 号线（北段）工程上海赛车场站站台
7. 轨道交通 11 号线（北段）工程换乘 3、4 号线的曹杨路站站台

换乘 3 4 号线
INTERCHANGE LINE 3\4
出站验票

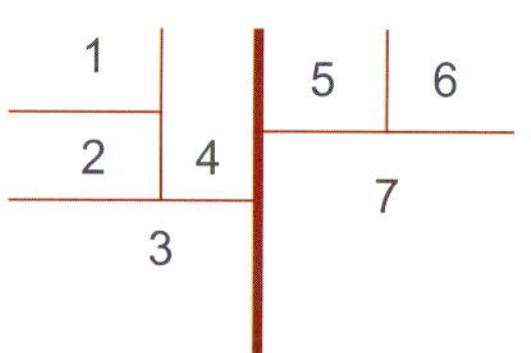

1. 虹桥枢纽配套道路
2. 北翟高架路
3. G15－崧泽高架立交
4. 北翟路高架路段
5. 崧泽高架路
6. 崧泽高架－嘉闵高架立交
7. 京沪高速铁路

嵩泽高架路
沈海高速方向
G15
500m
嘉闵高架路
北翟路方向
500m

1
2

1. 浦东国际机场北通道新建工程

2. 新建的申嘉湖高速与沪芦高速立交

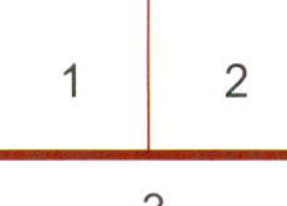

1. 军工路隧道
2. 人民路越江工程
3. 新建路越江工程

1 | 2

3

1. 同济大学汽车风洞实验室正在对新车进行风阻测量
2. 同济大学汽车风洞实验室对测试轿车作固定流程
3. 上海光源工程

1. 市区生活垃圾内河集装化转运系统

2. 竹园污水处理一厂

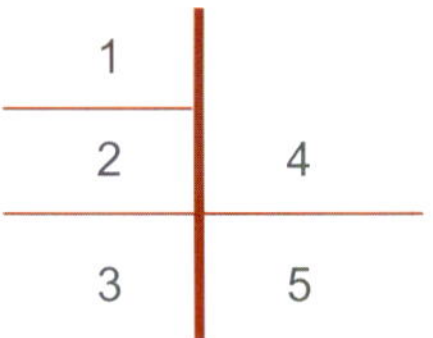

1. 新建苏州河黄浦区段防汛墙
2. 苏州河防汛墙普陀区光复西路段
3. 苏州河防汛墙长宁区段
4. 新建苏州河黄浦段防汛墙
5. 苏州河防汛墙普陀区段

《上海建设年鉴（2010）》
编辑委员会

编辑部：

顾　　问：（排名不分先后）

郑松英	许建华	张三谷	陆进兵	巢卫明	钱元运	郑荣洲
王继英	闵师林	周建军	吴仲权	时德根	沈　谦	陆曙华
侯小天	施连规	陈德军				

编　　辑： 徐存福　胥和生　张华平　乔延军　吴继亭　胡　鹰　严德华

主要撰稿： 王国君　徐　明　朱天恩　秦　磊　奚爱玲　邓一露　茅伯科　邵曦钟　姚卫萱　司月洁　屠爱华　孔令贵　熊　巍　石小洁　徐敏霞　赵国财　沈　宏　鲁　超

摄　　影： 项秉康　陈志民　陈志强　郑宪章　蔡耀放　李预端　王鹤春　杨焕敏　杨建正　胡　鹰

编 写 说 明

一、《上海建设年鉴》是中共上海市城乡建设和交通工作委员会、上海市城乡建设和交通委员会组织编写，上海市、区县两级建设交通系统各局、直属单位及相关政府部门协作参与，以记录上一年度上海城乡建设、城市管理、交通运输及相关行业、企业发生的重大事件及重要情况为主要内容，对外公开发行的大型资料性、工具性年刊。

二、《上海建设年鉴》以存史、资政、育人和服务政府、社会、企事业单位为宗旨，在上海城乡建设、城市管理、交通运输及相关领域，具有权威性、客观性、公证性、资料性。

三、《上海建设年鉴》是在原上海建设系统已出版的《上海建设》（1949~1985）、（1986~1990）、（1991~1995）、（1996~2000）4个卷本基础上，为适应上海城乡发展形势需要，于2002年10月，经原市建设工作党委、市建委（2005年初改为市建设交通工作党委、市建设交通委）研究决定，改以年鉴形式每年一卷连续出版。封面“上海建设”四字沿用江泽民同志为《上海建设》题写的书名。

四、《上海建设年鉴（2010）》，是继2002、2003、2004、2005~2006、2007、2008、2009卷之后出版的第8部《上海建设年鉴》。主要记载2009年上海市城乡建设、城市管理、交通运输及相关领域发生的重大事件、重要情况。为方便对照，部分条目、资料、数据等，其涉及之前的内容仍予记载。

五、本年鉴编写保持上部年鉴的体例和风格。全书由综合、主体和附录三部分组成。综合部分设市情概貌、特载。市情概貌介绍上海的基本情况资料；特载刊载上海当年度政府工作报告、统计公报及其他重要内容。主体部分基本按城乡建设、城市管理、交通运输及综合管理等相关内容，分门别类予以排列、记载。附录部分设当年市建设交通委大事记、相关法律法规政策目录选载、相关资料及数据统计。

六、本年鉴主体部分由栏目、分目和条目三个结构层次组成。全书设18个栏目，每一栏目依内容需要，设若干分目。栏目之首设“综述”，分目之首设“概况”，条目以事件设，一事一条。条目为本年鉴之主要记载形式。同时辅以图片、表格及相关资料。

七、本年鉴对各栏目及分目之间有交叉重复的内容，以厘清主次、协调布置为原则，依据全书脉络和内在逻辑关系，采取平衡删留、详略互见方式，安排条目、记载事件，避免简单重复和整体杂乱，以方便读者查阅、检索和使用。

八、本年鉴编写坚持对历史负责、对后人负责和客观记载、不作评价的原则，对年度发生的重大事件，尽可能予以如实、公正地记载、避免不确定因素和不确切数据。

九、本年鉴为非卖品。由于诸多原因，本年鉴编写周期较长，其中部分内容转引自有关资料、文献、书刊。原作者如未收到稿酬，可直接与新成立的《上海建设年鉴》编辑部联系。

十、本年鉴编写过程中得到上海市、区县各级领导和上海建设交通系统各局、直属单位，以及广大热心人士的大力帮助，在此一并表示感谢。

目　录

五、绿化林业

六、环境保护

七、水务管理

八、房地产业 国土资源

九、城市交通

十、港口管理与经营

十一、铁路运输

十二、民用航空

十三、邮政事业

十四、海洋海事

十五、国际国内航运

十六、城市综合管理

十七、建筑建材业管理

十八、区县建设

十九、政策法规

附录

市情、概貌

（一）地域

上海市，简称沪，别名申，地处东经120° 51′ ~ 122° 12′，北纬30° 40′ ~ 31° 53′，位于太平洋西岸，亚洲大陆东沿，中国南北海岸中心点，长江和钱塘江入海汇合处。北界长江，东濒东海，南临杭州湾，西接江苏和浙江两省，是长江三角洲冲积平原的一部分，平均高度为海拔4米左右。陆地地势总趋势是由东向西略微倾斜。以西部淀山湖一带的淀泖洼地为最低，海拔仅2米～3米；在泗泾、亭林、金卫一线以东的黄浦江两岸地区，为碟缘高地，海拔4米左右；浦东钦公塘以东地区为滨海平原，海拔4米～5米间。西部有天马山、薛山、凤凰山等残丘，天马山为上海陆上最高点，海拔98.2米。海域上有大金山、小金山、浮山、佘山等岩岛，大金山海拔103.4米，为上海境内最高点。全市总面积6340.5平方公里，东西最大距离约100公里，南北最大距离约120公里。陆海岸线长约172公里。在北面的长江入海处，有崇明岛、长兴岛、横沙岛等岛屿。崇明岛为中国第三大岛，由长江挟带下来的泥沙冲积而成，面积约1267.05平方公里，海拔 3.5 米～ 4.5 米。

（二）行政区划

今上海地区，吴淞江以南于公元 751 年（唐天宝十载）析嘉兴东境、海盐北境、昆山南境之地置华亭县。1277 年（元至元十四年）升华亭县为华亭府，第二年改为松江府。至清代松江府辖有华亭、娄、上海、青浦、金山、奉贤、南汇 7 个县和川沙抚民厅。吴淞江以北于 1218 年 1 月 7 日（南宋嘉定十年十二月初九日）设嘉定县，后又析出宝山县。长江口的沙洲于 907 年左右（五代初）置崇明镇，1277 年升为崇明州，1369 年（明洪武二年）改为崇明县。上海市区原是吴淞江下游的一个渔村，至唐宋逐渐成为繁荣的港口。1265—1274 年（南宋咸淳年间）建上海镇，镇因黄浦江西的上海浦得名。1291 年（元至元二十八年）析华亭县东北、黄浦江东西两岸的高昌、长人、北亭、海隅、新江 5 个乡并于 1292 年正式设立上海县，为松江府属县。1927 年设上海特别市，1930 年 5 月改称上海市。1949 年 5 月 27 日，上海解放。全市划为黄浦、老闸、新成、静安、江宁、普陀、邑庙、蓬莱等 20 个市区和新市、江湾、吴淞、大场等 10 个郊区。1958 年 1 月，上海、嘉定、宝山 3 个县由江苏省划归上海市，10 月建浦东县。11 月，川沙、青浦、南汇、松江、奉贤、金山和崇明 7 个县由江苏省划归上海市。1960 年 1 月建立闵行区和吴淞区。1961 年 1 月撤销浦东县。1961 年 3 月浙江省嵊泗列岛划归上海市。1962 年 5 月上海市嵊泗列岛划归浙江省。1964 年 5 月撤销闵行区、吴淞区。至 1964 年 5 月，上海市辖有黄浦、南市、卢湾、徐汇、长宁、静安、普陀、闸北、虹口、杨浦 10 个市区，以及上海、嘉定、宝山、川沙、奉贤、南汇、松江、金山、青浦、崇明 10 个郊县。1980 年 10 月，设立吴淞区。1981 年 2 月，设立闵行区。1988 年 1 月，撤销宝山县和吴淞区设立宝山区。1992 年 9 月，撤销上海县和原闵行区，设立闵行区。1992 年 10 月，以川沙县全境、原上海县三林乡和黄浦、南市、杨浦 3 个区的浦东部分，设立浦东新区；撤销嘉定县，设立嘉定区。1997 年 4 月撤销金山县，设立金山区。1998 年 2 月撤销松江县，设立松江区。1999 年 9 月撤销青浦县，设立青浦区。2000 年 6 月，原黄浦区和南市区合并，设立黄浦区。2001 年 1 月，撤销南汇县，设立南汇区；撤销奉贤县，设立奉贤区。2005 年 5 月，原宝山区管辖的长兴乡、横沙乡划归崇明县管辖。2009 年 4 月，国务院批准南汇区行政区域划入浦东新区。至 2009 年底，上海市辖有浦东新区、徐汇、长宁、普陀、闸北、虹口、杨浦、黄浦、卢湾、静安、宝山、闵行、嘉定、金山、松江、青浦、奉贤 17 个区，崇明 1 个县；共辖有街道 99 个（比上年减少 2 个）、镇 109 个、乡 2 个（比上年减少 1 个）。共有居委会 3661 个（比上年增加 71 个）、村委会 1704 个（比上年减少 77 个）。

（三）人口

2009 年，上海市户籍人口为 1400.7 万人，比上年增加 9.66 万人；其中男性 699.25 万人，女性 701.45 万人，性别比为 49.9 ： 50.7。非农业人口 1236.16 万人，占总人口的 88.3%，比上年增加 19.6 万人。上海常住人口为 1921.32 万人，其中外来人口 541.93 万人。全市户籍数为 509.79 万户，平均每户人口 2.7 人。户籍人口出生数 9.23 万人，出生率 6.62‰；死亡人数 10.67 万人，死亡率 7.64‰。人口自然增长率为 –1.02‰。年内全市迁出 4.77 万人，迁入 15.72 万人，机械增长 10.95 万人，机械增长率 7.84‰。全市户籍人口密度每平方公里2209人，常住人口密度每平方公里3030人。户籍人口期望寿命81.73岁，其中男性79.42岁，女性84.06岁。

（四）水文

上海市地处长江入海口、太湖流域东缘。境内河道（湖泊）面积约500多平方公里，河面积率为9% ~ 10%；全市河道长度2万余公里，河网密度平均每平方公里3公里 ~ 4公里。境内江、河、湖、塘相间，水网交织，主要水域和河道有长江口，黄浦江及其支流吴淞江（苏州河）、蕰藻浜、川杨河、淀浦河、大治河、斜塘、圆泄泾、大泖港、太浦河、拦路港，以及金汇港、油墩港等。其中黄浦江干流全长80余公里，河宽大都在300米 ~ 700米之间，其上游在松江区米市渡处承接太湖、阳澄淀泖地区和杭嘉湖平原来水，贯穿上海至吴淞口汇入长江口。吴淞江发源于太湖瓜泾口，在市区外白渡桥附近汇入黄浦江，全长约125公里，其中上海境内约54公里，俗称苏州河，为黄浦江主要支流。上海的湖泊集中在与苏、浙交界的西部洼地，最大的湖泊为淀山湖，面积为60余平方公里。

2009年，上海市年降水量为1456毫米（徐家汇站，以下同），比常年偏多25%左右，其中汛期（6~9月）降水量为813毫米，比常年偏多30%左右。降水量的年内月分配不均匀。6月20日入梅，7月8日出梅，梅雨期全市平均雨量约为160毫米，比常年偏少30%左右。全市出现4次范围较大的暴雨，7月22日暴雨集中在金山、青浦、松江和奉贤一带，雨量最大的金山区站日雨量为122.9毫米；7月30日暴雨集中在中心城、嘉定、宝山和青浦等地区，雨量最大的青浦区站日雨量为120.2毫米；8月2日暴雨为年内上海地区雨强最大的一场暴雨，其中中心城区、闵行、宝山等部分地区雨量超过100毫米，奉贤区雨量达到172.9毫米；8月10日全市普降暴雨，青浦和松江部分地区雨量超过100毫米。

年内，上游太湖流域来水量比常年增长41.7%左右，长江来水量比常年下降15.6%左右。长江口高桥站年平均高潮位3.29米，比多年平均高潮位低0.05米；杭州湾芦潮港站3.54米，比多年平均高潮位高0.02米。

市内主要河流的水质污染仍以有机污染为主。根据上海市水文总站监测，水质的有机污染指标大部分在Ⅱ类 ~ 劣Ⅴ类之间。其中长江口、黄浦江上游及崇明岛水质较好，一般为Ⅱ类 ~ Ⅳ类水；内河河网水质较差，一般为Ⅳ类 ~ 劣Ⅴ类水。

（五）气侯

2009年，上海地区气温异常偏高，降水总量略偏多，日照偏少。冬季气温显著偏高，降水偏多，日照时数少；春季气温异常偏高，高温出现早，降水偏少，日照充足；夏季气温显著偏高，降水多，地区差异大，盛夏出现历史上少见的连续强降水，日照时数偏少，台风影响小；秋季气温偏高，寒潮出现早，降水正常，日照时数略偏少。

全市年平均气温为17.2℃，比常年平均偏高1.4℃，比上年上升0.3℃。地区分布上，中心城区气温最高，年平均气温17.8℃，郊区16.7℃ ~ 17.6℃。南部奉贤、南汇和金山及崇明较低。与常年相比，奉贤、南汇、金山、青浦、崇明和宝山偏高1.0℃ ~ 1.4℃，其他地区偏高1.6℃ ~ 1.8℃

全市极端最低气温在-8.5℃（奉贤）~ -5.9℃（中心城区）之间，极端最高气温在38.3℃（金山）~ 40.0℃（中心城区、浦东）之间。日最高气温≥ 35℃的高温日数中心城区为18天，比常年多9天；郊区的高温日数在4天～20天之间，南部沿海地区及崇明少，松江和中心城区最多。日最高气温≥37℃的炎热日数中心城区为6天，比常年多4天；南汇、奉贤、金山和崇明都为2天，其他地区为3天～5天。

全市平均年降水量1305毫米，比常年平均偏多13%。各区县年降水量1167毫米～1456毫米，降水量以中心城区和闵行最多，为1455毫米～1456毫米，南汇和松江降水量最少，为1167毫米～1185毫米。与常年平均相比，闵行和中心城区降水量分别偏多27%和22%，崇明、奉贤、宝山、青浦、金山、浦东和嘉定偏多10%～21%，松江偏多2%，南汇偏少1%。全年平均降水日数129天，比常年平均偏少4天，其中日降水量≥25毫米的大雨以上日数有14天，日降水量≥50毫米的暴雨日数有4天。地区分布上，奉贤、闵行和嘉定的暴雨日数有4天～6天，其他区县暴雨日数有3天。

全市年日照时数1779小时，比常年平均偏少144小时。各区县年日照时数为1511小时～2084小时，金山最多，中心城区最少；松江、青浦、嘉定和宝山较少，为1577小时～1681小时，其他地区在1793小时～1999小时。与常年相比，金山偏多144小时，奉贤偏多122小时，闵行偏多23小时，其他地区偏少18小时～367小时，以中心城区偏少最明显。年内2月、8月、9月和11月日照时数较常年偏少，4月、5月和10月偏多，其他各月为正常。

（六）其他

上海是一座历史悠久的文化名城。拥有全国重点文物保护单位16处，市级文物保护单位110处，纪念地点21处，保护地点15处。迄今仍保留着新石器时代的马家浜文化、崧泽文化等古代原始文化遗址，以及唐、宋、元、明、清以来诸多古迹和富有特色的园林。有具有1000多年历史的龙华古寺、建于三国时期的静安古寺和国内外知名的玉佛寺等古寺名刹，有老城厢豫园、嘉定孔庙、松江方塔、醉白池等江南古园林，以及朱家角、枫泾、七宝等众多江南古镇。

上海又是一座在中国近、现代史上具有重要政治、文化影响的城市。留有无数革命先驱的足迹和大量革命遗址，有诞生中国共产党的中共一大会址、革命先行者孙中山先生和夫人宋庆龄的故居、一代伟人周恩来的寓所、一代文化巨匠鲁迅的故居等。

上海同时还是近代以来中国的经济中心城市和民族工商业的主要发祥地之一，出现过众多"国内之最"：最早的煤气厂、自来水厂、污水处理厂、火力发电厂、铁路，最大规模的商业街区、现代建筑群，最高的楼宇酒店，最早的电报局、邮政局、有轨电车、出租汽车，等等。上世纪20、30年代建成的著名的外滩"万国建筑群"、金融街和繁荣的南京路"十里洋场"，使租界时期的上海成为中国最发达的金融、工商、港口城市和远东最繁华的中心城市之一。

新中国建立后，上海作为中国大陆地区主要的工业、商业城市，为全国经济发展作出了重大贡献。1990年代，上海被推到国家改革开放的前沿。根据中央的战略决策，上海经过连续十多年的努力，城市经济、社会和基础设施建设取得了前所未有的巨大发展。提升了基础设施装备水平，改善了城市自然环境和投资环境，市民生活质量得到明显改善，城市面貌发生深刻变化。

政府工作报告

——2010年1月26日在上海市第十三届人民代表大会第三次会议上

上海市市长 韩正

各位代表：

现在，我代表上海市人民政府，向大会作政府工作报告，请予审议，并请各位政协委员和其他列席人员提出意见。

一、2009年工作回顾

2009年是浦东开发开放以来上海经济发展形势最复杂、困难最集中、挑战最严峻的一年。面对国际金融危机冲击和自身发展转型的双重考验，肩负筹办世博会紧迫繁重的任务，全市人民在党中央、国务院和中共上海市委的领导下，深入贯彻落实科学发展观，紧紧围绕“四个确保”要求，坚定信心，共克时艰，砥砺奋进，完成了市十三届人大二次会议确定的目标和任务。

（一）积极采取一系列应对举措，经济增长速度逐季回升。

2009年开局，上海经济延续上年第四季度下行态势，第一季度市生产总值增长3.1%，比上年同期回落8.4个百分点，外贸出口、工业生产、财政收入等经济指标持续负增长。我们紧密结合上海实际，深入贯彻落实中央应对国际金融危机的一揽子计划，采取更有针对性、更有力的政策措施，加大政府投入，促进社会投资，全力推动一批重大基础设施、产业、社会事业和民生工程项目加快建设，改进政府服务和管理，积极主动帮扶企业落实政策。同时，一方面，深化落实国家扩大消费政策，优化市场环境，促进居民消费；另一方面，稳外需、保市场、保份额，出台支持外贸、促进服务贸易和服务外包发展等政策措施。经过全市共同努力，本市经济总体向好。市生产总值比上年增长 8.2%，地方财政收入达到2540.3亿元，比上年增长7.7%，全社会固定资产投资总额完成 5273.3 亿元，比上年增长 9.2%，社会消费品零售总额比上年增长 14%，居民消费价格总水平比上年下降 0.4%，扭转了工业生产持续下滑的走势，初步遏制了对外贸易降幅持续扩大的势头。

（二）着力推进结构调整和自主创新，经济发展方式转变继续加快。坚决把发展方式转变和结构调整作为保增长的主攻方向，在调整中发展，在创新中转型，经济增长质量和效益进一步提高。认真贯彻落实国务院《关于推进上海加快发展现代服务业和先进制造业建设国际金融中心和国际航运中心的意见》，在应对危机、防范风险中，大力推进 150 多项重点工作，金融资源集聚、洋山保税港区免征营业税等一批政策措施正式实施，跨境贸易人民币结算、启运港退税等一批创新试点顺利推进，银行间市场清算所、综合保税区管委会等一批机构挂牌成立，金融中心和航运中心建设明显加速。形成加快推进上海国际贸易中心建设的意见，推进虹桥商务区规划建设，贸易中心建设逐步加快。上海迪士尼项目获国家批准。金融业、信息服务业、商贸业、旅游业等保持快速发展，第三产业增加值占市生产总值比重达到 59.4%。积极对接国家重点产业调整振兴规划，出台加快推进高新技术产业化实施意见，聚焦新能源、民用航空制造业、先进重大装备、生物医药、电子信息制造业、新能源汽车、海洋工程装备、新材料、软件和信息服务业等九个领域，实施了 200 多个重点项目，数字化变电站、创新药物等研制和产业化取得明显进展。加快重大产业基地建设，支持企业技术改造，促进制造业优化升级。组织优势力量承接一批国家重大科技专项任务。深入推进世博科技行动计划。出台知识产权质押融资等支持技术创新和产业化的政策。全社会研究与试验发展经费支出相当于市生产总值的比例达到 2.7% 左右。加大节能降耗工作的推进力度，调整淘汰 846 项落后产能，积极推广节能空调、高效照明，万元生产总值综合能耗超额完成年度计划。

（三）努力解决人民群众最关心、最直接、最现实的利益问题，民生工程和社会事业实现新发展。越是经济形势严峻，越要高度关注改善民生。力求把保发展、调结构与保就业、惠民生更好结合起来，实现了居民收入与经济同步增长，城市和农村居民家庭人均可支配收入分别比上年增长 8.1% 和 8.2%。把促进就业放在民生工作的首要位置，大力实施就业“1+3”计划，充分发挥社会各方面的积极性，挖掘就业潜力，拓展就业岗位，高校毕业生就业不低于往年水平，全市新增就业岗位 59.6 万个，城镇登记失业率为 4.3%。积极开展来沪从业人员就业服务，完成来沪从业人员职业技能培训 11.6 万人。坚持维护劳动者权益与帮扶企业发展相结合，协调劳动关系，健全企业欠薪保障金垫付机制。继续完善社会保障体系，将外省市城镇户籍来沪从业人员等纳入城镇职工基本社会保险覆盖范围，增加各类退休人员养老金，加大医保综合减负和市民社区医疗互助帮困力度，完善生育保险办法，提高了失业保险、工伤保险待遇和城乡最低生活保障标准。加强为老年人服务，新增养老床位 1 万张，社区居家养老服务对象达到 21.9 万人。加快大型居住社区规划建设，旧区改造力度加大、进度加快，一批居住困难家庭的住房问题得到解决。廉租住房制度覆盖面进一步扩大，新增受益家庭约 1.4 万户。累计开工建设经济适用住房 605 万平方米，经济适用住房制度开始试点。完成 1257 万平方米高层旧住房综合整治和 3274 万平方米多层旧住房综合改造。深入推进公交行业改革，加大对公共交通的政策扶持力度，公交服务水平和职工收入得到提高。出台《关于进一步促进出租汽车行业健康持续发展的意见》，降低出租汽车承包指标，出租汽车行业经营环境和驾驶员收入得到改善。推进中心城区优质学校到郊区大型居住社区对口办学，对农村义务教育学校开展委托管理，促进了义务教育均衡发展。投入36.9亿元用于来沪从业人员子女义务教育，完成86所来沪从业人员子女学校的设施改造并纳入民办教育管理，来沪从业人员同住子女在公办学校或政府委托的民办小学就读比例达到93%。新建了60所幼儿园。率先对中职学校的农村、海岛家庭学生和涉农专业学生实施了免费教育。国家部署的2009年医药卫生体制改革重点工作全面推进。深化社区卫生服务综合改革，在全市社区卫生服务机构实行了基本药品零差率政策。完成第二轮公共卫生体系建设三年行动计划，健康城市建设继续推进。国际标准化组织中医药技术委员会秘书处落户上海。坚持联防联控，甲型H1N1流感防控工作取得阶段性成果。推进文化体制改革，率先整体实施广播电视制播分离，全市出版单位和一批文艺院团完成转企改制，一批精品佳作相继推出。新建了一批社区公共文化体育设施，群众文化活动和全民健身活动丰富多彩。在第十一届全运会上，上海体育健儿实现运动成绩和精神文明双丰收。

在第一届全国智力运动会上，上海代表团金牌数排名第一。出台了居住证转户籍办法，人才引进制度进一步完善。人口与计划生育工作继续加强。妇女儿童事业和残疾人事业稳步发展。民族、宗教、侨务和对台工作进一步加强。

（四）切实加强城市建设和管理，城市面貌明显改善。2009年是上海城市建设和管理任务最为紧迫、繁重、艰巨的一年。一批枢纽型、功能性、网络化重大基础设施和世博配套设施陆续建成。外高桥港区六期工程建设和洋山深水港区四期前期工作积极推进，苏申外港线航道整治项目竣工，上海港集装箱吞吐量达到2500万标准箱，连续三年位居世界第二位。虹桥综合交通枢纽加快建设，虹桥国际机场扩建工程基本建成，上海空港旅客、货邮吞吐量分别达到5708万人次、298万吨，浦东国际机场货邮吞吐量排名世界第三。轨道交通7号线、8号线二期、9号线二期、11号线北段一期建成，轨道交通运营线路总长达到355公里。长江隧桥工程和新建路、人民路、西藏南路越江隧道、内环线浦东段、中环线浦东南段、S32、G60上海段等建成通车。一批世博配套路网项目和中心城路网改造工程相继完成。进口液化天然气工程试投产成功。第三代移动通信网络等信息基础设施建设和应用不断加快。黄浦江两岸综合开发取得新进展。第四轮环保三年行动计划全面启动，环保投入相当于市生产总值的比例达到3%以上，污染排放量大幅削减，水环境质量持续提高，空气质量优良天数比上年增加6天，空气质量优良率比上年提高1.9个百分点，绿化覆盖率达到38.1%。城市网格化管理进一步加强，对乱设摊、乱搭建、乱张贴等城市管理顽症的治理力度加大。深入开展户外广告、外墙立面、绿化景观、道路、水域等市容环境综合整治，市容市貌明显改善。食品药品安全、产品质量监管得到强化。安全生产、社会治安、交通排堵保畅、应急管理等工作进一步加强。实有人口服务管理体制、机制、法制加快完善，基本实现实有人口、实有房屋的全覆盖管理。村委会、居委会换届选举顺利完成。信访工作在机制完善和制度创新中得到加强。

（五）进一步加强政策扶持，郊区农村改革发展取得新进展。

对困难区县的财政转移支付力度进一步加大。积极支持现代农业发展，调整完善了种粮直补等农业补贴政策，全年建成设施粮田5667公顷、设施菜田2667公顷、标准化畜禽和水产养殖场54家。加大郊区农村基础设施和环境建设投入，新建改建约500公里农村公路，完成118个村庄改造、2000多户低收入农户危旧房改造、2.2万多户农村生活污水处理设施改造和2000多公里村沟宅河综合整治。在城乡结合部增开了一批连接居民小区与交通枢纽的社区巴士，新开通一大批郊区农村公交线路，首次实现崇明与市区地面公交系统的对接。社会事业资源配置向郊区农村倾斜，积极推进“5+3+1”郊区三级医院建设，完成48家郊区社区卫生服务中心、分中心和426家村卫生室的标准化建设，建成521个农家书屋，农村数字电影放映等文化惠民工程加快推进，农村有线电视入户率达到74%。积极扩大农村富余劳动力非农就业，新增非农就业岗位11.6万个。继续推进农民纳入养老保障体系工作，全市农村户籍人员养老保障覆盖面达到99.1%。推进农村改革创新，开展土地延包后续完善工作，继续扶持农民专业合作社发展，建立对基本农田、水源地、公益林等生态建设和保护的补偿机制，启动小城镇发展改革试点。

（六）坚持发挥浦东综合配套改革试点的带动作用，改革开放有新推进。保发展、调结构、促转型，更要注重体制机制创新。顺利实施南汇划入浦东新区重大改革。浦东新区在完善行政管理体制、推动重大改革举措先行先试、加强资源整合等方面取得突破，实施了调整保税区管理体制、促进出入境便利化等一批重点改革事项。加快落实本市国资国企改革发展的意见，推进国有资产统一监管，实施了一批国有企业开放性、市场化重组，企业法人治理结构进一步完善。全面落实促进非公有制经济发展的政策措施，推进中小企业公共服务平台建设，非公有制经济增加值占市生产总值的比重达到47%左右。资本、产权等各类要素市场进一步发展。切实加强市场监管，整顿和规范市场秩序专项行动取得明显成效，社会诚信体系加快建设，市场中介机构和行业协会在规范中发展。主动应对国际经济环境变化，积极推进贸易便利化，着力优化口岸环境，增强口岸服务辐射能力，上海关区进出口商品总额达到5154.9亿美元，继续占全国1/4左右。改善投资环境，发展总部经济，外商直接投资实到金额达到105.4亿美元，比上年增长4.5%，新增79家跨国公司地区总部、投资性公司和研发中心。“走出去”迈上新台阶，全年对外投资总额比上年增长117%，对外工程承包和劳务合作营业额比上年增长31.8%。深入开展沪港、沪澳、沪台经贸合作。外事工作顺利推进。深入推动长三角地区一体化发展，积极参与长江“黄金水道”建设，进一步加强了与中西部地区和东北地区的合作交流。扎实推进对口支援工作。按照中央“三年任务、两年完成”的新部署，上海对口支援都江堰市灾后恢复重建加快推进，112个援建项目全面启动，其中55个项目已经完成，加强产业合作、结对帮扶和人才培训，强化援建项目、资金的监督审计，援建工作取得阶段性成果。

（七）注重政府管理创新，行政效能和服务水平进一步提高。

越是困难时期，政府的自身改革创新越要先行。加大行政审批制度改革力度，开展第四批行政审批事项清理工作，取消调整952项审批事项，接近前三批取消调整数的总和。优化审批流程，建设工程审批程序简化50%以上，44项审批事项实施并联审批，39项审批事项实施告知承诺，网上行政审批管理和服务平台建设稳步推进。结合市级政府机构改革，积极推进政企分开，第一批17个部门与所属企业彻底脱钩。全面完成区级政府机构改革。稳步推进部门预算改革，综合预算和零基预算管理模式进一步推行，“乡财县管”在全市推开。着力优化财政支出结构，改善民生、支持经济发展、对口支援等方面的投入得到重点保障，会议、公务接待、公费出国、公务购车用车等费用进一步压缩。扩大政府信息公开，主动向社会征求对经济适用住房、居住证转户籍等重大政策的意见，向市人代会报送文化建设事业费等政府性基金收支预算，向社会公开对口支援都江堰市灾后恢复重建项目及资金筹集使用情况、新增机动车额度拍卖历年收支及有关年度审计情况、财政支农资金和帮困助学资金等专项资金审计情况。依法行政工作继续推进，廉政工作力度进一步加大，公务员队伍建设不断加强。

各位代表，过去的一年，中国2010年上海世博会筹办工作全面进入临战状态。党中央、国务院高度重视，国家有关部门、兄弟省区市、香港特别行政区、澳门特别行政区和台湾地区以及国际社会鼎力支持、踊跃参与，世博会各项筹办工作有力、有序、有效推进。世博会园区主要场馆和基础设施基本建成，“一轴四馆”永久性建筑和一批外国自建馆、租赁馆、联合馆相继竣工。242个国家和国际组织确认参展，布展工作全面启动，中国馆、主题馆以及大部分国际、国内展馆和企业馆开始布展。宣传推介活动在20多个国家和地区，以及各省区市和港澳台地区开展。门票销售进展顺利。网上世博会已经开通。举办期间的活动策划总体方案基本完成，安全保障、交通组织、外事安排、旅游接待、志愿者服务等运营准备工作正在进一步深化细化。全社会广泛动员，各区县、各部门积极行动，开展一系列世博主题宣传和实践活动，强化窗口服务行业管理，加强市容市貌和城市管理顽症的综合整治，迎世博600天行动计划取得阶段性明显成效。

各位代表，过去的一年，是上海在逆势中奋进、转型中发展的一年。面对特殊时期、特殊考验，全市人民坚韧不拔，变压力为动力，化挑战为机遇，实现了“四个确保”，完成了各项目标任务，取得这些成绩极其不易，这是党中央、国务院和中共上海市委坚强领导的结果，是全市人民齐心协力、奋力拼搏的结果。我们深切感受到，攻克一切艰难险阻的力量源泉，始终来自于广大人民群众；全市人民对上海建设发展和政府工作的充分理解、全力支持和积极参与，是我们做好各项工作的强有力保证。在这里，我代表上海市人民政府，向工作和生活在上海、在各个领域和岗位上辛勤劳动、无私奉献的全体人民，表示最崇高的敬意和最诚挚的感谢！向给予政府工作大力支持的人大代表和政协委员，向各民主党派、工商联和社会各界人士，向中央各部门、兄弟省区市和驻沪部队、武警官兵，向关心和支持上海发展的香港、澳门特别行政区同胞、台湾同胞、海外侨胞和国际友人，表示最诚挚的感谢！

我们深知，前进的道路上还有许多困难和挑战，我们的工作中还有不少问题和不足。制约经济持续发展的结构性矛盾进一步凸显，转变经济发展方式的思路视野有待拓宽，推进力度需要进一步加大。影响科学发展的体制机制瓶颈依然不少，深层次的改革攻坚任务十分繁重，思想需要更加解放，突破力度需要进一步加大。一些民生难题迫切需要解决，就业的结构性矛盾仍然突出，社会保障可持续发展的难度加大，相当一部分群众仍存在住房困难，为老年人服务不能满足需求，历史遗留问题需要下更大力气解决。城乡发展不平衡依然突出，推进城乡一体化发展的任务还很艰巨。轨道交通运行和城市建设管理方面的安全事故还时有发生，城市管理还不能完全适应大规模建设发展的要求，“重在管理”的措施需要深入细致地落实。社会群体利益诉求多样化，深层次社会矛盾逐渐凸显，社会管理需要在创新中不断加强。政府职能转变必须进一步加快，社会管理和公共服务需要加强，应对社会公众事件的能力亟待提高。有些政府部门的工作落实不力，相互间协调配合不够，形式主义、官僚主义现象仍然不同程度地存在。特别是在整治非法营运中采用错误的执法方式，严重影响政府执法的公信力，严重损害人民群众的利益，依法行政、公正廉洁执法的能力和水平急需进一步提高。有些政府工作人员服务群众、服务企业、服务基层的观念淡薄，责任感、原则性不强，极少数人甚至违法违纪、以权谋私、贪污腐败。我们必须直面人民群众的关切，直面媒体舆论的关注，直面自身工作中存在的不足，勇于不断改进，善于主动应对，努力采取有效可行措施，切实解决好存在的问题与不足。

二、2010 年工作的总体要求和主要目标

2010 年是上海世博会的举办年，也是实施“十一五”规划的最后一年，我们面临非常光荣而又十分艰巨的任务。当前，世界经济出现了积极变化，逐步走出衰退，但全球经济复苏仍将是一个缓慢曲折的过程。国内经济总体企稳向好，但经济回升的基础还不稳定、不巩固、不平衡，仍处于企稳回升的关键时期。上海经济进入平稳回升的轨道，正处于加快转型升级的关键时期。党中央、国务院对上海发展寄予厚望，上海必须要在“四个率先”上取得实质性突破。新的一年，面对办好世博会的重大考验，面对率先转变发展方式的重大考验，面对解决新形势下民生和社会管理复杂难题的重大考验，面对公开透明、信息化、法治化条件下政府自身改革和建设的重大考验，我们既要看到复杂形势下的有利条件，增强必胜信心，善于抓住机遇、用好机遇；也要充分估计前进中的各种困难，增强忧患意识，善于改革创新、攻坚克难，在科学发展的道路上迈出新的步伐。

做好 2010 年政府工作，要在以胡锦涛同志为总书记的党中央坚强领导下，以邓小平理论和“三个代表”重要思想为指导，深入贯彻落实科学发展观，全面贯彻落实党的十七大、十七届三中、四中全会和中央经济工作会议精神，坚决按照中央五个“更加注重”的要求，认真落实九届市委十次全会和市经济工作会议的部署，确保世博会成功举办，确保经济发展方式转变取得新进展，确保民生持续改善，确保社会和谐稳定，确保“十一五”规划目标全面实现和高质量谋划好“十二五”发展，努力开创改革开放和社会主义现代化建设新局面，力争当好推动科学发展、促进社会和谐的排头兵。

综合各方面因素，今年全市经济社会发展的主要预期目标是：全市生产总值增长 8% 以上，地方财政收入增长 8%，城镇登记失业率控制在 4.5% 左右，居民消费价格指数与国家价格调控目标保持衔接，全社会研究与试验发展经费支出相当于市生产总值的比例达到 2.8% 以上，万元生产总值综合能耗进一步下降、完成“十一五”期间下降 20% 左右的目标，环保投入相当于市生产总值的比例保持在 3% 左右，城市和农村居民家庭人均可支配收入持续稳定增长。

三、全力办好中国 2010 年上海世博会

上海世博会是继北京奥运会后我国举办的又一个世界盛会，这既是中国的机遇，也是世界的机遇。世博会是人类文明成果荟萃的伟大盛会，每一届世博会都是见证人类文明成果的重要驿站。办好上海世博会，对于展示我国改革开放以来的巨大成就和文明进步形象、促进世界各国各地区交流合作和共同发展，对于上海建设具有国际影响力的城市品牌，具有十分重要的意义。举办世博会是今年的头等大事，全市各方面工作都必须围绕办好世博盛会、抓住世博契机来展开。

要在党中央、国务院的领导下，坚持科学办博、勤俭办博、廉洁办博、安全办博，举全国之力，集世界智慧，深入演绎“城市，让生活更美好”的世博主题，确保办成一届成功、精彩、难忘的世博会。

（一）坚持硬件建设与软件建设并举，认真做好世博园区各项筹备工作

全面完成世博园区建设和布展任务，以创新、创意、创造为世博赢得精彩。坚持高标准、高质量，确保外国自建馆、租赁馆、联合馆、企业馆、园区基础设施和各项配套设施全面如期建成。深化细化展示方案，完成中国馆、主题馆布展任务。积极推进参展各国和国际组织、各省区市、港澳台地区和企业完成布展工作。建成城市最佳实践区，配合参展城市做好案例展示工作。完成网上世博会系统和内容建设。

实现世博会筹备向举办工作的转换。做好世博园区试运营工作，策划并组织好开闭幕庆典、国家馆日、特别日、高峰论坛、主题论坛、省区市活动周和文化演艺等一系列重大活动，加强举办活动的组织演练，及时发现、解决存在的问题，完善各项运营服务保障工作，确保园区有序运行。

（二）精心做好安全和服务保障工作，确保世博会期间城市安全有序

安全是世博会成功的根本前提。要在上海世博会安全保卫工作协调小组的领导下，坚持群防群治，市区联手、园区内外联动，人防、物防、技防相结合，全面落实世博安保总体方案，明确各项安保责任，分解落实各项具体任务。立足世博园区与周边区域实际，注重实用，完善世博安保各类应急处置预案，加强实战综合演练，有效预防和处理各类突发事件，确保万无一失。

全力保障城市安全稳定。深入持久开展全市安全隐患排查整改，加强各类人员密集场所的定期安全检查，加大安全生产管理监督和源头治理力度，严防重特大事故发生。加强主副食品供应链管理，健全食品药品可追溯系统和产品质量安全风险管理机制，确保食品药品安全，强化产品质量监管。做好世博能源安全保障。加强城市突发公共卫生事件的监测预警和应急处置。健全以居住地为主的属地化维护稳定工作体制，逐级落实安全稳定责任制。强化社会治安综合治理，全面加强社会面的管控，有效预防、依法严厉打击各类违法犯罪活动，确保城市和谐稳定。

全面做好交通组织、外事安排、旅游接待、志愿者服务等工作。完善世博交通保障方案，科学组织、合理实施交通管理措施，重点保障公共交通服务，提高交通智能化水平，强化交通安全，力求实现服务世博交通与城市日常交通和谐运转。合理分工，统筹协调，精心组织安排好各项外事、内事重大活动，热情周到地做好国内外参展者的服务保障工作和参观者的旅游接待工作。充分发挥社区和社会组织在筹办世博会中的作用。全面加强世博志愿者招募、培训、管理和服务站点建设工作，深入开展志愿者服务活动，把志愿者队伍建成上海世博会一道亮丽的风景线。

（三）继续推进枢纽型、功能性、网络化重大基础设施建设，为世博会提供良好的设施支持

全面完成服务世博的基础设施建设。安全优质地完成世博园区以及周边地区市政公用配套等基础设施建设。基本建成虹桥综合交通枢纽及其配套快速路，确保虹桥国际机场扩建工程按期投入运营。继续加快轨道交通网建设，全面开工建设轨道交通11号线北段二期和南段、12号线、13号线一期，建成并投入运营轨道交通2号线延伸段、10号线，轨道交通运营线路总长达到430公里左

右。建成龙耀路隧道、闵浦二桥，推进军工路、长江西路、虹梅南路—金海路等越江工程建设。建成沪宁城际铁路、沪杭客运专线上海段，加快建设京沪高速铁路上海段、铁路金山支线，启动建设沪通铁路上海段。加快G40上海段等一批骨干道路建设。完成外滩地区综合交通改造和一批公共交通枢纽工程，用两年时间全部打通区与区之间的对接道路，进一步完善市域路网系统。

继续完善城市重大基础设施体系。建成外高桥港区六期工程，推进洋山深水港区四期工程的前期工作，启动大芦线二期工程，开展苏申内港线项目前期工作，完成大芦线一期和赵家沟航道整治工程，加快完善综合集疏运体系，促进水水中转发展。加快推进信息基础设施优化升级，进一步完善城市信息安全保障体系。推进天然气主干管网二期、电网和漕泾、吴泾、临港燃机等一批电源项目建设，建成东海大桥海上风电和一批光伏发电等新能源工程。将黄浦江两岸地区规划、土地、岸线控制范围从徐浦大桥向上游延伸，积极有序推进重点地区开发。

（四）巩固和扩大迎世博600天行动成果，提升社会文明程度和城市管理水平

广泛深入进行社会动员。进一步加强国内外宣传推介的广度和深度，多层面、多形式做好世博会期间新闻舆论宣传，扩大上海城市和上海世博会的国际影响力和吸引力。以每月的窗口服务日、环境清洁日、公共秩序日等为重点，深入开展“迎世博、讲文明、树新风”活动。完善城市文明指数测评工作。积极推进群众性精神文明创建活动，深入推进“文明观博”培训，普及文明礼仪，倡导文明风尚，革除不文明陋习，弘扬城市精神，全面提升城市文明程度和市民文明素质。

着力改善窗口服务质量。把提高窗口服务质量和水平与提升服务技能、便民利民、树立品牌相结合。完善窗口服务设施，建立健全窗口服务信息问讯系统，加强标识标牌、外语标示、无障碍设施、刷卡消费等服务设施建设与日常维护。强化窗口服务行业管理，畅通投诉渠道，开展服务满意度测评，加强监督检查，促进窗口服务行业服务水平整体提高。

切实加强城市管理。按照整洁、有序的要求，持续加大市容环境综合治理力度，深入开展“清洁城市、整治脏乱”和“百镇千村清洁保洁”行动，全面完成高架道路、江河沿岸、交通干线、重要地点、世博园周边等区域环境整治任务，优化城市景观布置。完善城市网格化管理运行机制，加强城市管理综合执法，标本兼治、疏堵结合，综合治理乱设摊、乱搭建、乱张贴等城市管理顽症。创新城市管理方式方法，建立健全城市市容环境保洁、管理顽症治理的常态长效管理机制，推进市政道路等城市公共设施管理养护体制改革。进一步加强城市地下空间的规划、建设、利用和管理。强化应急预案和应急管理体制、机制、法制建设，切实提高应急处置能力和水平。充分利用世博会东道主的有利条件，学习借鉴先进的城市发展理念和管理经验，努力提升城市管理的现代化水平。

各位代表，办好世博会，使命光荣、责任重大、任务艰巨。我们既要增强责任感和自豪感，人人当好东道主，在参与世博中乐于奉献，在参与世博中共享成就，充分展示热情好客、友善待人的风度和遵守规则、文明礼貌的形象，为办好世博会增光添彩；又要放眼长远，持续利用好世博契机，推动上海的科学发展。让我们携起手来，共同建设更美的城市、共同创造更好的生活、共同缔结更深的情谊！

四、加快推进经济发展方式转变

率先转变经济发展方式是关系上海经济当前和长远发展一项紧迫而重大的战略任

务。要创新发展理念，破解发展难题，在发展中转变方式、在扩大开放中转变方式、在发挥优势中转变方式、在逐渐改善民生中转变方式、在改革创新中转变方式。大力推进经济结构战略性调整，更加注重提高自主创新能力，提高节能环保水平，努力在经济发展方式转变上走在全国前列。

（一）深入贯彻落实国务院关于推进上海建设国际金融中心和国际航运中心的意见，加快形成服务经济为主的产业结构

加快发展现代服务业，是推进产业结构调整的关键举措。着眼于建设国际金融中心，积极配合国家金融管理部门，以金融市场体系建设为核心，以金融创新先行先试、优化金融发展环境为重点，加快推进金融中心建设各项工作，继续扩大金融发展创新成果，提升陆家嘴、外滩等重要金融集聚区的服务功能，做大做强金融业，进一步发挥金融促进经济增长和结构调整的作用。着眼于建设国际航运中心，探索建立国际航运发展综合试验区，加快发展航运集疏运体系和现代航运服务体系，充分发挥北外滩等航运服务集聚区功能，支持航运金融、航运保险、现代物流等高端航运服务业发展，重视航空服务业发展。着眼于建设国际贸易中心，提高市场开放度和贸易便利化程度，加快建设市场体系和完善商贸环境，积极推进虹桥商务区规划建设，促进内外贸联动，推动电子商务建设，发展新型商贸业态和会展业。加快发展会计、审计、法律、咨询、评估、设计等各类专业服务业和中介服务业。大力发展以软件、互联网服务、电信服务为重点的信息服务业。推动数字出版、新兴媒体、动漫游戏等文化产业加快发展。贯彻落实国务院关于加快发展旅游业的意见，做好中国世博旅游年相关工作，完善旅游业产业链，推动商旅文体结合。推进上海迪士尼项目、国际邮轮母港建设。继续扩大居民消费需求，推动消费结构升级。优化完善现代服务业集聚区、生产性服务业功能区和创意产业集聚区规划布局。

大力发展先进制造业，是推动产业结构优化升级的重要途径。加快临港装备产业基地建设，力争在核电、轨道交通装备等项目上取得新突破。加快长兴岛造船基地建设，推动船舶及海洋工程装备产业发展。培育壮大航空、航天等产业，促进大型客机总装基地、商用飞机发动机等项目建设。加快发展生物医药及医疗器械产业。继续推进微电子产业基地建设，推动实施12英寸集成电路芯片等项目，扩大拥有自主知识产权的第三代移动通信技术应用，引进中央企业参与电子信息产业资源重组。推进国际汽车城建设，积极发展新能源汽车和自主品牌汽车。推动精品钢材基地和上海化工区提升能级，优化发展钢铁和石油化工产业。建立健全重大产业项目推进落实机制，积极促进有竞争力的产业集群发展。继续鼓励企业加强技术改造，加快工业化和信息化融合发展。推进产业布局结构优化调整，严格控制规划工业区外的工业项目，推动先进制造业向重大产业基地和工业园区集聚。综合运用经济、法律、行政等手段，坚决淘汰高污染、高能耗、高危险的落后产能。

（二）紧紧围绕高新技术产业化，继续增强自主创新能力

抓好高新技术产业化，是上海迈向创新驱动发展阶段的必然选择。继续围绕新能源等九个重点领域，推进碳纤维、高效太阳能电池、车用永磁电机等一批项目加快开工，推进钠硫电池、3.6兆瓦海上风电机组、3000米深海半潜式钻井平台、大型关键铸锻件等一批项目取得突破，推进混合动力轿车、先进超高强钢产业化、动物疫苗等一批项目形成产能。优化项目推进机制，加强横向集成和纵向整合，落实支持政策，开发一批具有自主知识产权的技术，打造一批自主品牌产品，提升产业技术创新和应用水平。继续积极承接和实施国家重大专项任务，及时推进阶段性创新成果的转化与产业化。关注智能电网、物联网、云计算等创新热点，发展壮大电子标签、半导体照明等创新集群，积极培育战略性新兴产业。加快推进世博科技成果的推广和转化。

鼓励企业在高新技术产业化中发挥主体作用。全面落实政府采购自主创新产品、技术研发费用150%加计扣除等政策，引导企业加大研发投入，支持企业建立研发机构，鼓励企业购买科技研发成果。实施企业加速创新计划。大力发展“天使投资”、创业风险投资和股权投资，鼓励银行加大对科技型中小企业的信贷支持力度，支持科技企业上市融资，加快健全科技投融资体制。

进一步优化高新技术产业化环境。完善上海张江高新技术产业开发区的管理体制，促进创新资源集聚和整合，强化园区在创新创业和产业化中的载体作用。推动建立以行业龙头企业为主体、产学研共同参与的产业技术创新联盟，深化转制院所改革，加强行业共性技术研究。进一步提升研发公共服务平台功能，重点推进生物医药、集成电路等产业技术创新平台建设。加快完善科技中介服务体系。围绕抢占科技制高点、培育经济增长点和服务民生关注点，在生命科学、信息科学、材料科学等领域加强科技前瞻布局，强化基础研究和战略高技术研究。围绕世博会筹办、国家重大专项实施和高新技术产业化，加强知识产权创造、运用、保护和管理工作。深化国家科普能力建设试点。

加快培养和集聚经济社会发展急需的各类优秀人才。围绕建设“四个中心”和推进高新技术产业化，加快引进一批紧缺急需的领军人才和研发团队。加强创新人才队伍建设，完善选拔培养机制，加大创新资助力度。加快高技能人才培养，完善职业培训机制，实施首席技师培养计划。全面落实人才引进、奖励、安居和医疗等政策，着力优化人才发展环境。

（三）加强资源节约和环境保护，进一步改善城市生态环境

积极应对气候变化，推进节能降耗，加强资源节约和综合利用。严格实施强制性能耗标准和能效标识制度，严把高耗能建设项目和高耗能产品市场准入关。完善节能市场机制，促进合同能源管理和节能服务产业发展。强化节能目标责任考核，积极推进工业、建筑、交通、居民生活等重点领域和重点用能单位的节能改造和管理。统筹协调城市总体规划和土地利用规划，进一步加强规划管理和执法。健全耕地保护共同责任机制和节约集约用地机制，落实最严格的土地管理制度。加强水源地规划和保护，加快青草沙原水系统工程建设，推进二次供水改造。倡导绿色生产方式和生活方式，积极开展循环经济和低碳经济试点。

加强污染减排和防治，推进环境保护和生态建设。强化污染减排目标管理责任制，二氧化硫和化学需氧量排放量在全面完成“十一五”期间分别削减26%和15%目标的基础上，力争进一步下降。实施第四轮环保三年行动计划。加强大气环境治理和保护，有效控制扬尘、机动车尾气等大气污染，积极推进氮氧化物和挥发性有机物的污染治理。完成越江桥隧、高速公路噪声治理工程，加强机动车鸣号、工地施工等的噪声污染控制。加强水环境治理和保护，加快建设白龙港污水处理厂二期扩建等一批污水厂网工程和白龙港、竹园污水处理厂污泥处理工程，城镇污水处理率达到80%。坚持生活垃圾减量化、资源化、无害化，推进生活垃圾处理设施和老港固体废弃物综合利用基地建设。基本完成吴泾工业区环境综合整治。以金山卫化工集中区和宝山大场地区为重点，加快工业污染防治。建成辰山植物园和一批大型公共绿地，继续推进外环生态专项工程等生态绿化建设。深入推进本市太湖流域水环境综合治理项目。加强海洋生态环境保护和海洋资源开发利用。

（四）以郊区新城建设为重要抓手，促进城乡一体化发展

继续以空间布局优化促进结构调整和发展方式转变，加快郊区新城建设和能级提升。突出重点，集中资源，全面推进嘉定新城、奉贤南桥新城、青浦新城加快建设，继续推动松江新城完善功能，抓紧做好浦东南汇新城、金山新城的规划调整修编。全面提升闵行、宝山城市化水平。严格落实崇明现代化生态岛建设纲要。全市重大产业项目、重大基础设施布局和优质社会事业资源配置要向新城倾斜，加快建设连接新城与中心城的快速通道，推进“5+3+1”三级医院建设和一批优质学校建设。完善新城开发建设机制，抓紧研究制定相关配套政策，在土地、资金、产业发展、人口集聚等方面加大对重点新城的支持力度。深化小城镇发展改革试点，建设具有较强产业支撑和承载能力的新市镇，发挥其对新城建设的支撑作用和对农村的辐射带动作用。

推进农村基础设施建设和社会事业发展。加大各级政府投入，健全农村基础设施和社会事业的投入保障机制。继续推进农村公路建设和危桥改造，完成100个村庄改造和2500户低收入农户危旧房改造。加大农业面源污染整治力度，促进化肥、农药使用减量化，实行秸秆综合利用，推广绿肥种植。建成一批郊区污水处理厂和污水收集管网，完成4万户农村生活污水处理设施改造、143公里黑臭河道和1000公里村沟宅河综合整治，着力改善农村人居环境。适应郊区人口导入需求，新建一批中小学校和幼儿园，提高郊区农村师资水平，加强农村职业教育实训基地建设。进一步完善郊区农村基层卫生网络，加强乡村医生培养。继续推进农村数字电影放映等工程，丰富农民文化生活。

促进农业发展方式转变。新建设施粮田

1000公顷、设施菜田1667公顷、标准化畜禽养殖场和水产养殖场各55家，逐步提高农业基础设施建设标准和利用率。进一步加大对农民专业合作社的扶持力度，帮助合作社实现标准化生产、拓宽营销渠道。积极发展家庭农场等规模经营主体。启动水稻等农产品的产业技术体系建设，加快农业科技创新。

多渠道促进农民持续增收。实行新型农村社会养老保险制度试点，推进新型农村合作医疗区县统筹，逐步实现在村卫生室看病费用实时报销。加强农村富余劳动力就业培训，新增非农就业岗位10万个。积极拓展农业功能，加快发展农业旅游、林下经济，充分挖掘农业内部增收潜力。发展壮大农村集体资产，增加农民财产性收入。

继续深化农村改革创新。稳定和完善农村土地承包关系，确保土地承包经营权证发放到户，建立健全农村土地承包经营权流转市场和经营纠纷调解仲裁机制。深化落实对基本农田、水源地、公益林等的生态补偿机制。积极稳妥地推进农民宅基地置换试点和农村集体建设用地流转试点，在有条件的地方推进农村集体经济组织产权制度改革。继续促进村镇银行发展。

（五）聚焦重点领域和关键环节，不失时机地深化经济体制改革

转变经济发展方式，必须依靠体制机制创新增活力、强动力。继续深化浦东综合配套改革试点。在浦东新区大力推进政府管理创新，积极探索适应大区域特点、体现扁平化特征的新型行政管理体制。推进金融、航运等领域重大改革举措在浦东新区先行先试，争取设立房地产信托投资基金、船舶融资优惠等一批改革事项取得突破。充分发挥张江创新资源集聚的优势，着力推动科技投融资体制改革与高新技术产业化。加强外高桥、浦东机场、洋山深水港等港区和园区的资源整合和联动发展。强化城乡公共资源统筹配置，加快原浦东和南汇地区基础设施、基本公共服务和社会保障政策等的对接。

深入推进国资国企改革发展。加快综合性国资流动平台建设，成立专司股权管理的资本管理中心，发挥资本配置功能，盘活国资存量，促进国有股权流动，确保国资保值增值。大力推进国资国企开放性、市场化重组联合，鼓励和支持本市国有企业与中央企业、外地企业、民营企业、外资企业之间的兼并重组。促进国有企业主业与辅业分离、辅业转型，加快推动企业集团整体上市或核心业务资产上市，着力提高国有资产证券化率。分类完善国有企业法人治理结构。推进经营者市场化、职业化。完善国资监管制度，增强国资监管的规范性和透明度，在法人治理结构健全的企业推行信息公开试点。加强和改进非经营性国有资产的管理工作。

进一步改善非公有制经济发展环境。鼓励和支持民营经济在经济发展方式转变中发挥积极作用。破除各种壁垒，创新服务方式，加大扶持力度，切实解决制约民营经济发展的市场准入、资金融通、自主创新、人才引进、项目审批等突出问题。认真落实国务院关于进一步促进中小企业发展的意见，完善中小企业金融服务体系，加大财税扶持力度，减轻中小企业负担，加强中小企业改制上市培育工作，推动中小企业特别是创新、创业型企业加快发展。

深化垄断行业改革，扩大市场准入范围，降低准入门槛。完善政府购买公共服务机制，通过招投标、委托服务、管理承包、特许经营等市场化手段，鼓励和支持社会力量参与城市运营等公共服务。继续完善资源价格形成机制，进一步理顺水、电、燃气价格体系。

（六）继续扩大对内对外开放，不断提升开放型经济水平

坚持以开放促转型，深刻把握国际经济环境的新变化，全力做好对外经贸工作。继

续优化外贸结构，全力巩固传统市场，稳步开拓新兴市场，积极推动加工贸易转型升级，鼓励具有自主品牌和高附加值产品出口。扩大服务贸易规模，促进服务贸易与货物贸易协调发展。积极应对贸易和投资保护主义。发挥口岸优势和保税港区政策效应，发展离岸金融和离岸贸易，继续优化口岸环境，提高通关效率，降低交易成本。

优化吸收外资结构，抓住世博会外商云集的机会，创新引资方式，大力吸引跨国公司地区总部、投资性公司、营运中心、研发中心和结算中心，引导外资投向现代服务业、高新技术产业和先进制造业，发展离岸服务外包。鼓励有条件的各种所有制企业“走出去”，加快培育本土跨国公司和国际知名品牌，加强风险防范。进一步做好外事工作，围绕世博会筹办，充分发挥地方外事工作服务国家总体外交和上海经济社会发展的作用。继续扩大与港澳台地区的经贸往来合作。

更好地服务长三角、服务长江流域、服务全国。围绕共同办博和推进区域一体化，深入开展交通、科技、环保、能源、旅游等重点专题合作，促进长三角一体化发展。继续推进长江“黄金水道”建设，力争在沿江港口合作、物流服务平台建设和产权交易服务等方面取得进展。积极参与西部大开发、东北地区等老工业基地振兴和中部地区崛起，加快落实与兄弟省区市政府的合作协议。对西藏、新疆、云南、青海和三峡库区有关的9个对口支援地区，加大支援力度，提高工作成效。大力推进对口支援都江堰市灾后恢复重建的项目建设和软件援助工作，深化产业合作，继续强化资金监管，确保按照中央“三年任务、两年完成”的要求全面完成援建任务，确保每个项目都建成优质工程，使援建成果体现在当地群众得实惠上。

五、着力加强以改善民生为重点的社会建设

保障和改善民生，是政府工作的出发点和落脚点。要始终把群众的安危冷暖放在心上，坚持尽力而为、量力而行，突出重点、统筹兼顾，努力办好顺民意、解民忧、惠民生的实事好事。

（一）聚焦就业、社保、安居，着力解决民生问题

就业是民生之本。深化更加积极的就业政策，继续实施稳定岗位、职业培训、就业援助等三项计划，多渠道扩大和促进就业，新增就业岗位50万个。要把促进高校毕业生就业作为就业工作的重中之重，完善引导和扶持政策，充分动员社会各界力量，千方百计拓宽毕业生就业渠道。完善就业补贴机制，及时开展就业援助，帮助就业困难人员特别是零就业家庭人员实现就业。加强来沪从业人员的职业培训和就业服务。进一步落实鼓励创业带动就业的各项政策，加强创业公共服务，帮助更多的创业者成功创业。强化劳动保障监察，推进劳动争议仲裁机构和基层调解组织建设，促进劳动关系和谐稳定，切实维护职工合法权益。

保障是民生之基。继续完善保基本、广覆盖、多层次、可持续的社会保障体系，努力解除人民群众的后顾之忧。统筹提高养老金待遇，城镇企业和事业单位退休人员人均分别增加170元和140元，“镇保”和“农保”领取养老金人员人均分别增加70元和35元。继续扩大城镇职工基本社会保险参保人群，试点柔性延迟领取养老金年龄，探索建立养老保险基金的多元筹资机制。做好城镇企业职工基本养老保险关系的转移接续。完善医疗保险制度，逐步将城镇自由职业者、个体工商户基本医保纳入城镇职工基本医保，将大学生医保纳入城镇居民基本医保。调整医保药品目录。提高失业保险金标准和工伤保险待遇。完善小城镇社会保险制度。做好来沪从业人员综合保险制度与国家有关社会保

险办法的衔接。鼓励发展商业保险。改善低收入群众生活，提高最低工资和城乡最低生活保障标准。完善分类救助政策，实行医疗救助实时结算。健全居民经济状况核对机制，着力解决家庭支出型贫困问题。尊重历史，立足现实，努力解决历史遗留问题，完善支援外地建设退休回沪定居人员的生活和医疗帮困政策，对企业退休人员因病或非因工死亡增发一次性丧葬抚恤金。大力发展老龄事业，完善养老服务体系，新建养老床位1万张，为25万名老年人提供社区居家养老服务，进一步鼓励和扶持民办养老机构发展。开展老年人乐于参与、适合参与、方便参与的文化体育活动，丰富老年人精神生活。加强残疾人就业援助和康复服务。倡导“人人可慈善”理念，推动慈善事业健康发展。

住房是民生之要。坚持以居住为主、以市民消费为主、以普通商品住房为主，健全房地产市场体系和住房保障体系，尽力解决人民群众的居住问题。把住房保障作为民生工作的重点，花更大力气加快建设廉租住房、经济适用住房、动迁安置房、公共租赁房等保障性住房。编制并公布保障性住房发展规划，落实保障性住房用地，加快保障性住房大型居住社区及其教育、卫生、商业、社区服务、为老年人服务等配套建设。着力解决最困难市民的住房问题，做好廉租对象收入标准放宽后的申请审核及配租工作，提高实物配租比例，实现新增廉租对象应保尽保。着力解决新上海人、年轻人的住房困难，加快实施经济适用住房制度，下半年在中心城区全面推开，完善配套政策体系，逐步放宽准入标准，有序扩大经济适用住房申请和供应，新开工建设经济适用住房约400万平方米。着力解决本市居民历史遗留的住房困难，落实和完善旧区改造事前征询等制度，建立旧区改造基金，制定配套支持政策，继续推进杨浦平凉西块、虹口虹镇老街、黄浦董家渡13、15街坊等重点地块改造，鼓励有条件的区加大旧区改造力度，新开工建设动迁安置房约800万平方米。着力解决部分群众过渡性住房困难，积极推进公共租赁房、单位租赁房、人才公寓等租赁住房建设。按照诚信、规范、透明、法治要求，加强和完善对房地产市场的调控，均衡增加住宅用地总量，优化供地结构，依法严肃处理违规囤地，强化市场监管，抑制投资，打击投机，加强对住房租赁市场的培育和规范，促进房地产市场健康发展。

交通出行牵系千家万户。坚持行业公益性与运作市场化相结合，深入推进公交行业改革发展。落实公交优先发展的政策和措施。把强化轨道交通安全运营管理放在更加重要的位置，突出网络化运营，加强科学化管理，采取更加有力的管理措施，确保轨道交通安全有序运行。着力完善地面公交服务，调整优化地面公交线网，加强地面公交与轨道交通的衔接，在重要交通枢纽、集散地与大型居住区之间，进一步开通一批低价、便捷的社区巴士线路。进一步提高公交行业一线职工收入水平。改善出租汽车行业发展环境，稳步提高驾驶员营运收入和社会保障水平，促进出租汽车行业健康持续发展。坚决严格规范交通行政执法，坚决依法整治非法营运行为，维护交通运营市场的正常秩序。

（二）推进社会事业领域改革，提高社会事业发展水平

教育决定城市的未来，关系人的终身发展。实施中长期教育改革和发展规划纲要。深化中小学课程和教学改革，降低义务教育阶段课程的难度，切实减轻学生过重的课业负担，让每个孩子健康快乐地成长。继续推进中心城区优质义务教育资源向郊区辐射，努力促进义务教育均衡发展。全面完成来沪从业人员子女学校纳入民办教育管理，实现义务教育阶段的来沪从业人员同住子女全部进入公办学校或政府委托的民办小学就读，

免收学杂费和课本费，努力让生活在上海的每一个孩子有学上、上好学。新建50所幼儿园。鼓励高中办出特色。加强高等教育内涵建设，深入推进高校发展定位规划，优化学科专业布局结构，加强重点学科建设。以就业为导向，加强职业教育专业和课程体系建设，加快“双师型”教师队伍培养，推进中高职的有机衔接和联动发展。重视发展特殊教育。积极发展终身教育。加强教育国际交流与合作。进一步扶持和规范民办教育发展。

加强医疗卫生服务，是改善民生的重要体现。要深入推进医药卫生体制改革，努力解决好人民群众关心的看病就医问题。健全公共卫生服务体系，实施健康教育等基本公共卫生服务项目和重点疾病预防控制等重大公共卫生服务项目，促进基本公共卫生服务逐步均等化。继续加强重点传染病防控。全面落实国家基本药物制度，在基层医疗卫生机构配备使用基本药物，实行零差率销售，进一步减轻群众的用药负担。完善社区卫生服务中心收支两条线管理。稳步推进医疗资源纵向整合试点，完善公立医院管理体制和运行机制，努力为群众提供优质、方便的医疗服务。鼓励社会资本投入，积极发展高端医疗服务业。建立住院医师规范化培训制度，提高临床医师技能和水平。推进基于居民电子健康档案的卫生信息化工程建设。落实中医药事业发展政策，加快中医药事业发展。继续推进健康城市建设。在公共卫生和基层医疗卫生等事业单位实施绩效工资，建立健全绩效考核和管理制度。继续做好人口和计划生育工作，开展优生促进工程和人口早期启蒙工程，完善人口计生利益导向机制。进一步发展妇女儿童事业。

文化体育繁荣发展，彰显城市的魅力、活力和软实力。促进文化大发展大繁荣，大力推进文化体制改革，加快建设社会主义文化大都市。坚持以政府为主导，积极发展公益性文化事业，鼓励开展各类群众性文化活动，加强社区文化活动中心等基层文化设施建设，让广大群众就近便捷地享受公共文化服务。推进上海交响乐团、上海京剧院迁建等重大文化工程建设，促进文艺院团提升水平。推进全市有线电视网络整合和数字化整体转换，加快下一代广播电视网络建设。大力发展文化产业，加快经营性文化单位转企改制等各项改革，培育具有国际竞争力的文化产业骨干企业，增强新闻、出版、广播、影视、演艺等的文化原创和传播能力。鼓励各种文化创新活动，着力营造更加开放的文化发展环境。加大历史文化风貌区、优秀历史建筑和非物质文化遗产的保护力度，积极推进苏州河、黄浦江沿岸文化遗存开发利用。强化文化市场监管。繁荣发展哲学社会科学。启动第二轮地方志书编纂。进一步做好档案工作。全面贯彻落实国务院《全民健身条例》，大力开展全民健身活动。积极做好第四届全国体育大会备战和参赛工作。办好市第十四届运动会。推进2011年第十四届国际泳联世界锦标赛场馆建设，做好赛事筹备工作。

（三）创新体制机制和方式方法，着力加强社会管理

强化基层基础建设，是加强和改进社会管理的基本保障。要健全社区管理服务网络，规范社区事务受理服务中心运行机制和管理体制，完善社区居民生活服务体系。推进居委会、村委会自治能力建设，加强住宅小区物业管理和业委会建设。建立社区警民沟通、警社合作机制，完善社会化防治体系。加快实有人口信息管理系统共建共享平台建设，探索“两个实有”全覆盖服务和管理的长效机制。开展第六次人口普查。加强对社会组织的培育和分类指导，鼓励公益性社会组织参与社区服务。推进社会工作者队伍建设，提升专业服务水平。

加强基本制度建设，妥善化解社会矛盾。落实和完善重大事项社会稳定风险分析和评

估机制。健全初次信访事项评估督查、疑难信访事项核查终结、基层信访代理等机制，推行联合接访、律师参与信访，加大矛盾纠纷排查化解力度。建立健全乡镇、街道综治中心，构建综合治理大平台，加快形成基层大调解工作格局，努力把矛盾纠纷化解在基层，解决在萌芽状态。

调动社会各方面的积极性，维护团结和谐的局面。充分发挥工会、共青团、妇联等人民团体密切联系群众的桥梁纽带作用和参与社会事务管理的作用。促进民族团结进步。依法管理宗教事务。支持海外侨胞和归侨侨眷参与上海现代化建设。积极做好对台工作。增强全民国防观念，积极支持国防和军队建设。进一步做好拥军优抚安置工作，巩固发展军政军民团结。

六、依靠制度创新加强政府自身建设

紧紧围绕“两高一少”目标，以政府职能转变为核心，以制度建设为根本，以作风建设为保证，以行政审批制度改革和政府信息公开为重点，加快政府管理创新，着力推进依法行政，进一步增强政府的执行力、公信力和为民服务的能力。

（一）深化行政审批制度改革，不断提高行政效率

行政效率是衡量政府管理能力和服务水平的重要标准。继续推进行政审批事项清理工作，再取消一批审批事项。优化审批方式，扩大告知承诺和并联审批的实施范围，再简化一批事项的审批环节，再下放一批事项的审批权到区县。规范审批行为，加强标准化建设，实行目录管理。建成市级网上行政审批管理和服务平台，分批推动部门审批事项上网，力争年底全面实现网上审批。建立电子监察系统，实现对审批事项的全面、实时监控。积极推进部门内部处室审批权相对集中，更加注重加强政府服务与过程监管。

深化行政事业性收费改革。结合行政审批制度改革，继续清理行政事业性收费，尤其是工本类、资质资格类、登记类等收费事项。依法严控新增收费。严格执行收支两条线，实施预算统一管理，从制度上实现部门开支与各类管理服务性收费的完全隔离。

健全以行政首长为重点的行政问责制度，制定实施办法，进一步扩大行政问责范围。建立促进科学发展的干部考核评价机制，注重实绩和群众公认，强化考核结果运用。加快电子政务建设，切实加强政府信息资源整合共享，推进各类应用事项上网和网上协同办事，增强政府网站的办事服务功能。

（二）扩大政府信息公开，不断提高行政透明度

公开透明是服务政府、责任政府、法治政府和廉洁政府的重要标志。切实加大政府投资项目、公共政策、公共服务信息的公开力度。公开“扩内需、保增长”政府投资项目的相关情况，以及年度重大建设项目进展情况。公开年度国民经济和社会发展计划报告、各类中长期规划及实施评估报告等信息。加大公共政策、产业政策和教育、医疗、交通等公共服务类信息的公开力度。

推进财政性资金和社会公共资金公开透明运行。以部门预算、预算执行、财政转移支付为重点，依法有序地扩大预算信息公开，向市人代会报送的部门预算数量增加到100个。对部分涉及群众切身利益的专项资金，主动公开使用管理办法、操作流程和资金分配结果。公开地方政府债券筹集资金、国有土地使用权出让金、贷款道路建设车辆通行费、彩票公益金等政府非税收入情况，以及各类社会保险基金、住房公积金、房屋维修基金等社会公共资金的年度收支情况。

依法推进审计公开。公开非税收入和社

会公共资金的审计结果，逐步公开政府部门、国有企业、事业组织及其他单位财政收支、财务收支的审计结果。加大审计整改工作力度，完善审计整改报告、督查、结果通报和公告等制度，以公开促整改。

（三）继续加快职能转变，不断提高公共服务水平

全面完成政企分开改革，将所有市级政府部门直属企业划转市国资委监管，推动国资监管实现全覆盖。全面完成与企业协会的政社分开改革，实现企业协会与政府部门在人员、机构、财务、资产上的全部分开。进一步理顺市与区县职能关系，向区县特别是郊区下放更多的经济社会管理权限，激发区县发展活力。

完善公共财政体系。着力优化支出结构，继续在改善民生、加强公共服务、促进经济发展方式转变等方面加大投入。加强支出管理，将国库集中支付和公务卡改革拓展到所有市级全额拨款事业单位。按照建立完整政府预算体系的要求，研究建立由公共财政预算、国有资本经营预算、政府性基金预算和社会保障预算组成有机衔接的政府预算体系，统筹政府公共资源配置。深化部门预算改革，完善项目预算方式。推进政府采购制度改革，稳步扩大电子采购的范围和规模，试行通用产品市、区统一采购。落实统一规范的转移支付制度。坚持依法治税，进一步完善税收征管模式。

（四）严格规范行政执法，切实增强依法行政能力

推进行政执法规范化制度化。全面清理行政执法依据，制定完善相关法规规章，为公正廉洁执法提供有力支撑。加快建立健全行政自由裁量权基准、执法主体资格等制度，坚决执行行政执法责任和执法过错追究制度，推进行政处罚类信息公开，确保各项制度落到实处、起到实效。规范行政执法罚没款管理，建立全市统一的管理平台，推进罚没款收支情况公开，坚决杜绝收支挂钩。加强对执法的财政经费保障。从严管理行政执法队伍，开展分期、分批全员培训，严格执法人员资格管理，落实持证上岗制度，不合格人员一律不得上岗执法。

切实做好依法行政各项基础性工作。突出保障世博、改善民生、加强社会管理、维护公共安全等重点，积极推进政府规章建设。加强对规范性文件的监督和管理，严格执行有效期制度、评估清理制度和备案审查制度，切实清理不合法、不合理的规定。进一步提高行政复议工作质量，坚决纠正各种违规行政行为，切实做到严格按照法定权限和程序行使权力、履行职责。

（五）注重制度规范，进一步加强勤政廉政建设

完善政府决策制度。坚决执行重大事项集体讨论决定、合法性审查、专家咨询、社会公示和听证、决策后评估等决策制度。对重大公共政策，完善公众参与制度和程序，加强多层面、多方案分析论证，充分吸纳社会意见。健全决策责任制和重大决策失误责任追究制。

健全监督机制。以新增投资项目、重大工程项目和涉及民生的专项资金为重点，加大审计监督与行政监察力度。全面加强对筹办世博会资金全过程审计监督，确保所有资金使用经得起最严格审计。自觉接受市人大及其常委会的监督，主动接受市政协的民主监督，认真听取民主党派、工商联、无党派人士和各人民团体的意见。高度重视司法监督、舆论监督和社会公众监督。

加强廉政建设。坚决惩治一切贪污腐败，加大教育、监督、改革、制度创新力度，积极探索“制度加科技”的预防腐败新机制，不断拓展从源头上防治腐败的工作领域。深

入开展纠风工作，完善政风行风测评等制度，坚决纠正损害群众利益的不正之风。

全体政府工作人员特别是各级领导干部的思想、行为、作风，直接影响行政效能，直接关系政府形象。大力发扬艰苦奋斗的优良传统，厉行节约，继续严格控制会议、公费出国、公务购车用车等经费支出，坚决取消一切不必要、不合理的行政开支。高度重视公务员能力培养，完善公务员选调交流制度，扩大交流范围，逐步形成来自基层一线的公务员培养选拔链，引导干部特别是年轻干部更多地到基层锻炼，切实增强服务基层、服务群众、解决实际问题的能力。按照快报事实、慎报原因、求实为本、依法处置的原则，完善突发事件快速反应协调机制，强化对社会公众事件的分析研判，增强应对处置能力。

群众观点须臾不能忘记。每一位政府工作人员都要时刻牢记为人民服务的宗旨，时刻摆正人民公仆的位置，时刻把人民的利益放在心上，深入群众中间，紧贴群众脉搏，尊重群众意愿，尽心解难事，诚心办实事，热心做好事，用人民赋予的权力为人民谋福祉。

各位代表，高质量编制好“十二五”规划，是今年的一项重要工作。我们将围绕加快实现“四个率先”、加快建设“四个中心”，把编制“十二五”规划的过程作为集思广益、形成共识的过程，组织开展全市大讨论，聚焦加快经济发展方式转变、加强以改善民生为重点的社会建设、完善城市建设和管理体系、加快社会主义文化大都市建设、深入推进改革开放、全面加强政府自身建设等重大问题，谋划新发展，探求新思路。

各位代表，世博正在走来，世界关注上海。我们要紧密团结在以胡锦涛同志为总书记的党中央周围，高举中国特色社会主义伟大旗帜，以邓小平理论和“三个代表”重要思想为指导，深入贯彻落实科学发展观，在中共上海市委的领导下，解放思想，凝聚力量，奋力拼搏，开拓创新，成功举办世博会，加快推进“四个率先”，努力把“四个中心”和社会主义现代化国际大都市建设不断推向前进！

2009年上海市国民经济和社会发展统计公报

上海市统计局 国家统计局上海调查总队

2010年2月13日

2009年是浦东开发开放以来上海经济发展最困难的一年。面对国际金融危机冲击和自身发展转型的双重考验，全市人民在党中央、国务院和中共上海市委的坚强领导下，深入贯彻落实科学发展观，紧紧围绕“四个确保”要求，坚定信心，迎难而上，奋力拼搏，国民经济实现了持续回升，各项社会事业全面进步，人民生活继续改善。

一、综合

全年实现上海市生产总值（GDP）14900.93亿元，按可比价格计算，比上年增长8.2%（见图1）。其中，第一产业增加值113.82亿元，下降1.1%；第二产业增加值5939.96亿元，增长3.1%；第三产业增加值8847.15亿元，增长12.6%。第三产业增加值占全市生产总值的比重为59.4%，比上年提高3.4个百分点。

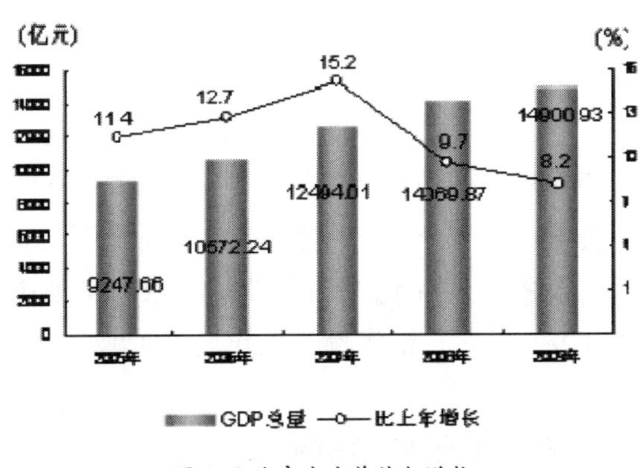

图1 上海市生产总值与增长

在全市生产总值中，公有制经济增加值7676.17亿元，比上年增长8%；非公有制经济增加值7224.76亿元，增长8.5%，占全市生产总值的比重由上年的47.8%提高到48.5%。其中，私营及个体经济增加值3583.72亿元，增长8.8%，占全市生产总值的比重达到24.1%。

全年经工商登记新设立的各类市场主体16.86万户，比上年增长30.7%。其中，企业10.75万户，增长31%；个体工商户6万户，增长30.3%。在新设立企业中，内资企业（不含私营企业）3959户，增长0.8%；外商投资企业5080户，下降20.3%；私营企业98482户，增长37.2%。

全年地方财政收入2540.3亿元，比上年增长7.7%。其中，增值税372.47亿元，增长11.2%；营业税839.68亿元，增长10%；个人所得税230.44亿元，增长12.5%；企业所得税481.69亿元，下降12.1%。全年地方财政支出2989.65亿元，比上年增长15.3%。其中，基本公共管理与服务支出206.68亿元，增长4%；公共安全支出163.41亿元，增长9.3%；社会保障和就业支出336.08亿元，增长0.3%；医疗卫生支出132.85亿元，增长8.6%；工业商业金融等事务支出357.14亿元，下降0.8%。

全年完成全社会固定资产投资总额5273.33亿元，比上年增长9.2%（见图2）。其中，城市基础设施投资2113.45亿元，增长21.9%。从产业投向看，第一产业投资11.41亿元，比上年增长35.8%，占全社会固定资产投资总额的比重为0.2%；第二产业投资1427.5亿元，增长0.5%，所占比重为27.1%；第三产业投资3834.42亿元，增长12.8%，所占比重为72.7%。从投资主体看，国有经济投资2618.61亿元，比上年增长14.1%，占全社会固定资产投资总额的比重为49.7%；集体经济投资132.3亿元，增长26.2%，所占比重为2.5%；股份制经济投资1174.81亿元，增长14.4%，所占比重为22.3%；外商及港澳台投资617.9亿元，下降17.4%，所占比重为11.7%。

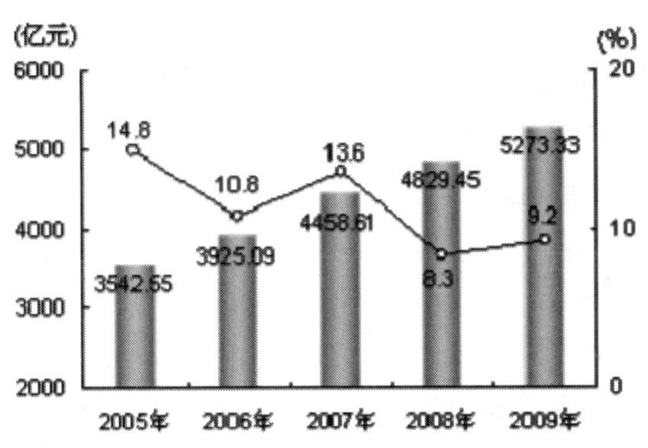

图2 全社会固定资产投资总额与增长

全年居民消费价格指数为99.6(见表1)。其中，食品类价格指数102.1;烟酒及用品类价格指数100.8；家庭设备用品及维修服务类价格指数101.5。

表1 居民消费价格指数

指　标	指数（上年=100）
居民消费价格指数	99.6
食　品	102.1
烟酒及用品	100.8
衣　着	99.3
家庭设备用品及维修服务	101.5
医疗保健和个人用品	99.4
交通和通信	97.5
娱乐教育文化用品及服务	98.0
居　住	96.6

全年工业品出厂价格指数为93.8，原材料、燃料、动力购进价格指数为89.8。

全年房屋销售价格指数环比累计上涨7.4%。其中，新建住宅销售价格指数环比累计上涨9.2%。在新建住宅销售价格中，商品住宅指数环比累计上涨9.9%。其中，普通商品住宅指数环比累计上涨11.1%。全年住宅租赁价格指数环比累计上涨1.9%。

二、农业

全年完成农业总产值283.13亿元，比上年下降0.9%。其中，种植业产值146.8亿元，下降1.8%；畜牧业产值65.84亿元，增长6.8%；渔业产值53.4亿元，下降7.6%。

全年粮食种植面积达到19.33万公顷；粮食产量达到121.68万吨，比上年增长5.2%。郊区奶牛良种率达到100%，生猪良种率超过95%，水稻、蔬菜良种覆盖率均超过96%。主要农副产品产量（见表2）。

表2 主要农副产品产量

产品名称	单位	产量	比上年增长（%）
粮食	万吨	121.68	5.2
蔬菜	万吨	394.40	–3.8
生猪出栏	万头	269.74	4.5
牛奶	万吨	21.25	–8.8
鲜蛋	万吨	6.17	–0.5
水产品	万吨	33.60	–8.8

至年末，全市有370家企业、800个产品获得农产品认证。其中，无公害农产品有308家企业、583个产品；绿色食品有45家企业、55个产品；有机农产品有17家企业、162个产品。

至年末，农机总动力达到98.21万千瓦。全年建成设施粮田0.57万公顷，设施菜田0.27万公顷。至年末，全市有12个市级现代农业园区；农业产业化龙头企业419家，实现销售419.5亿元，销售额比上年增长12%。

三、工业和建筑业

全年实现工业增加值5374.91亿元，比上年增长2.9%。其中，规模以上工业增加值

5152.02亿元，增长3%。在规模以上工业增加值中，轻工业增加值1632.01亿元，增长1.5%;重工业增加值3520.01亿元,增长3.7%。全年工业总产值24888.08亿元，比上年增长3.2%。其中，规模以上工业总产值23873.08亿元，增长3.2%。

全年电子信息产品制造业、汽车制造业、石油化工及精细化工制造业、精品钢材制造业、成套设备制造业、生物医药制造业等六个重点发展工业行业完成工业总产值15346.24亿元，比上年增长7.3%，占全市规模以上工业总产值的比重达到64.3%（见图3）。

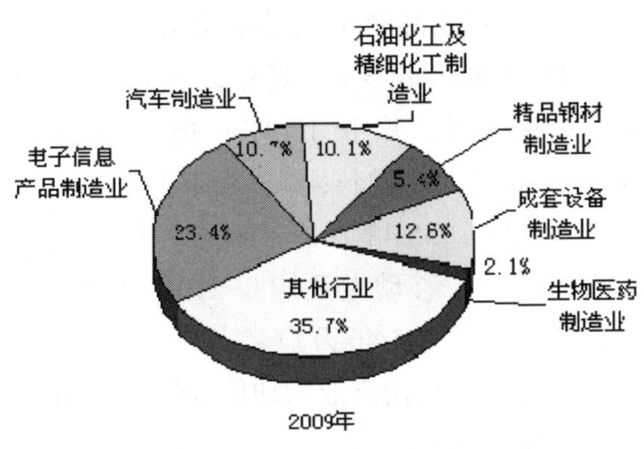

图3 六个重点发展工业行业占工业总产值的比重

全年高技术产业完成工业总产值5560.65亿元，比上年增长8.2%，占全市规模以上工业总产值的比重为23.3%。微型电子计算机、汽车等主要工业产品产量增长较快（见表3）。

表3 主要工业产品产量

产品名称	单位	产量	比上年增长(%)
微型电子计算机	万部	7320.15	26.5
成品钢材	万吨	2181.37	-0.3
汽车	万辆	125.03	55.0
#轿车	万辆	122.46	55.5
家用电冰箱	万台	189.15	28.4
电力电缆	万公里	51.97	16.6
发电量	亿千瓦小时	778.20	0.6
起重机	万吨	132.89	-0.5
乙烯	万吨	180.30	-0.9
化学原料药	万吨	2.57	45.6

全年规模以上工业企业实现利润总额1405.74亿元，比上年增长43.8%；实现税金总额1114.42亿元，增长33.4%。其中，国有及国有控股工业企业实现利润687.03亿元，增长1.1倍；实现税金770.02亿元，增长47.3%，占全市工业税金总额的比重为69.1%。全市工业企业亏损面为23.5%。全年工业企业经济效益综合指数为233.78，比上年提高10.48个点。

全年建筑业总产值3827.84亿元，比上年增长17.9%；房屋建筑施工面积19032.62万平方米，增长5.4%；竣工面积5397.15万平方米，下降5.7%。建筑企业按总产值计算的全员劳动生产率达到人均34.09万元，比上年提高16.1%。

四、批发和零售业

全年批发和零售业实现增加值2183.86亿元，比上年增长13.6%。

全年实现商品销售总额31974.39亿元，比上年增长19.3%。其中，批发销售额27568.74亿元，增长20.1%。至年末，全市共有商品交易市场1160个，全年成交额5100亿元，比上年增长12.6%。

全年实现社会消费品零售总额5172.88亿元，比上年增长14%（见图4）。其中，吃的商品零售额2060.58亿元，增长14.5%；穿的商品零售额639.9亿元，增长15%；用的商品零售额2296.21亿元，增长14.9%。分行业看，批发零售贸易业实现零售额4395.65亿元，比上年增长14.1%；餐饮业实现零售额761.5亿元，增长13.7%。

至年末，全市连锁商业网点达到13256家。其中，连锁超市门店3107家，便利店4352家。全年连锁商业销售额1819亿元，与上年基本持平。

五、交通、邮电和旅游

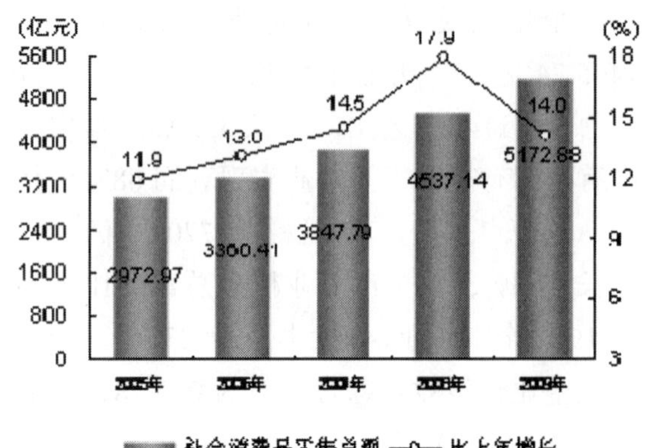

图4 社会消费品零售总额与增长

全年实现交通运输、仓储和邮政业增加值642.13亿元，比上年下降4.2%。

全年各种运输方式完成货物运输总量76967.57万吨，比上年下降8.8%。旅客发送总量11136.25万人次，比上年增长1.8%（见表4）。

表4 货物运输量与旅客发送量

指 标	单位	绝对值	比上年增长(%)
货物运输量	万吨	76967.57	-8.8
铁 路	万吨	941.32	-7.0
水 运	万吨	37983.00	-11.1
公 路	万吨	37745.00	-6.4
机 场	万吨	298.25	-1.2
旅客发送量	万人次	11136.25	1.8
铁 路	万人次	5161.07	-3.4
港 口	万人次	89.80	1.0
公 路	万人次	2995.00	2.1
机 场	万人次	2890.38	12.5

全年上海港口货物吞吐量达到5.92亿吨，比上年增长1.8%。全年港口集装箱吞吐量2500.2万国际标准箱，比上年下降10.7%。上海浦东、虹桥两大国际机场全年共起降航班47.7万架次，比上年增长5.8%；进出港旅客达到5699.96万人次，增长11.5%。其中，国内航线进出港旅客4089.65万人次，增长18.2%；国际及地区航线进出港旅客1610.31万人次，下降2.4%。

至年末，全市轨道交通线路达到11条，运营线路长度达到355.05公里（含磁浮线路29.1公里）。全年优化调整公交线路282条。其中，新辟98条。公交运营车辆1.63万辆，运营出租车4.91万辆。全年市内公共交通客运量51.27亿人次，比上年增长4.6%。其中，轨道交通客运量13.18亿人次，增长16.9%；公共汽电车客运量27.06亿人次，增长1.6%。

至年末，全市拥有各类民用车辆283.81万辆，比上年增长6.3%。其中，汽车147.3万辆，增长11.5%。在汽车拥有量中，私人汽车85.19万辆，比上年增长18.3%。

全年完成邮政电信业务总量875.45亿元，比上年增长5%。其中，邮政业务总量68.59亿元，增长18.9%；电信业务总量806.86亿元，增长4%。至年末，全市固定电话用户935.48万户。其中，住宅电话616.24万户。移动电话用户2106.32万户，比上年末增加225.46万户。

全年实现旅游产业增加值1007.08亿元，比上年增长6.9%。

至年末，全市已有星级宾馆298家，旅行社923家，A级旅游景点50家，红色旅游基地27个（见表5）。

表5 旅游设施情况

指 标	单位	绝对值
星级宾馆	**家**	**298**
#五星级	家	38
四星级	家	58
旅行社	**家**	**923**
#经营出境旅游业务的旅行社	家	42
A级旅游景点	家	50
#5A级景点	家	2
4A级景点	家	25
红色旅游基地	**个**	**27**
#全国红色旅游基地	个	4
工业旅游示范点	**个**	**53**
农业旅游示范点	**个**	**18**
旅游咨询服务中心	**个**	**30**
旅游集散中心站点	**个**	**6**

全年接待国际旅游入境人数628.92万人次，比上年下降1.8%（见图5）。其中，入境外国人489.74万人次，下降3.5%；港、澳、台同胞139.18万人次，增长4.7%。在国际旅游入境人数中，过夜旅游人数533.39万人次，比上年增长1.3%。全年接待国内旅游者12360.74万人次，比上年增长12.3%。其中，外省市来沪旅游者8483.68万人次，增长8.2%。全年国际旅游外汇收入47.96亿美元，比上年下降4.6%；国内旅游收入1913.8亿元，增长18.7%。

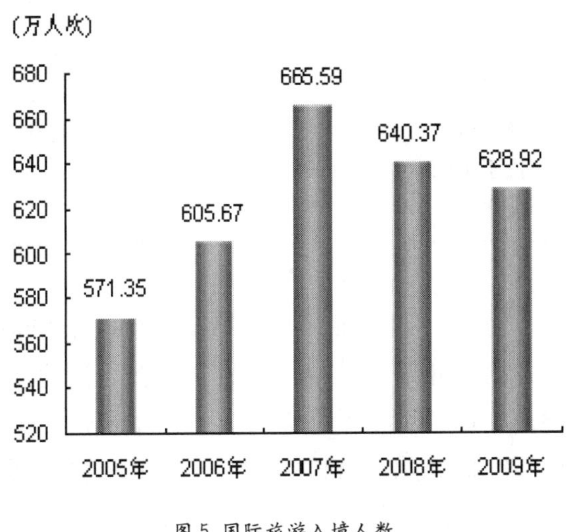

图5 国际旅游入境人数

六、金融和保险

全年实现金融业增加值1817.85亿元，比上年增长25.6%。

全年新增各类金融单位98家。其中，银行业9家，保险业16家。至年末，全市有各类金融单位787家。其中，银行业132家，证券业93家，保险业307家。至年末，在沪经营性外资金融单位数达到170家。其中，年内新增11家。

至年末，全市中外资金融机构本外币各项存款余额44620.27亿元，贷款余额29684.1亿元（见表6）。全年金融机构现金收入28079.22亿元，现金支出29033.36亿元，现金净投放954.14亿元。

表6 中外资金融机构本外币存贷款

指 标	绝对值（亿元）	比年初增减额(亿元)
各项存款余额	44620.27	9010.88
#企事业单位存款	22772.28	4979.24
储蓄存款	14357.65	2269.23
各项贷款余额	29684.10	5371.55
#短期贷款	8511.56	–329.94
中长期贷款	17933.57	4126.12
#中资商业银行人民币个人消费贷款	4262.65	1116.29
#住房按揭贷款	3912.88	996.07
汽车消费贷款	90.89	40.26

全年通过上海资本市场筹资4817.66亿元，比上年增长46.2%。其中，发行新股筹资1251.25亿元，增长70.6%；再次发行（增发、配股和权证行权）筹资2091.91亿元，增长39%；发行债券1474.51亿元，增长39.5%。至年末，上海证券市场上市证券数1351只。其中，股票914只，比上年增加6只。全年上海证券交易所各类有价证券成交金额44.19万亿元，比上年增长62.5%。其中，股票成交金额34.65万亿元，增长92%。上海期货交易所各品种总成交金额73.76万亿元，比上年增长1.6倍。银行间同业拆借与债券市场成交金额137.57万亿元，比上年增长24.2%（见图6）。上海黄金交易所总成交金额11030.63亿元，比上年增长22.6%。上海钻石交易所成交金额15.21亿美元，比上年增长16.4%。

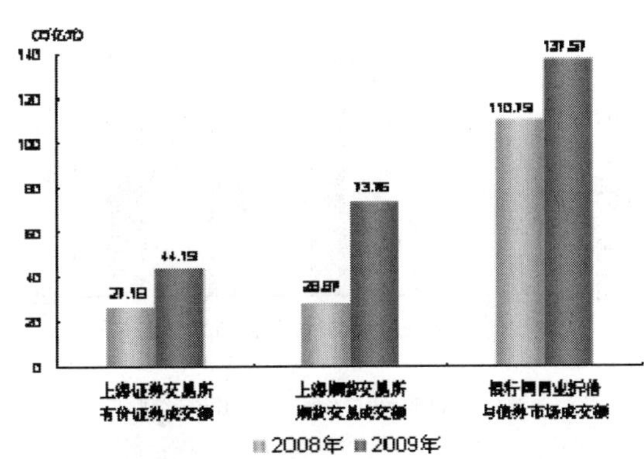

图6 证券、期货、银行间同业拆借与债券市场成交额

全年原保险保费收入665.03亿元，比上年增长10.8%。其中，财产险保险费收入151.81亿元，增长15.2%；人身险保险费收入513.22亿元，增长9.6%。在全年原保险保费收入中，中资保险公司保险保费收入552.17亿元，比上年增长10.4%；外资保险公司保险保费收入112.86亿元，增长13.2%。全年支付各类保险赔款及给付176.74亿元，比上年下降4%。其中，财产险78.5亿元，下降1.3%；人身险98.24亿元，下降6.1%。

七、对外经济

全年上海关区进出口总额5154.89亿美元，比上年下降15%。其中，进口总额1903.61亿美元，下降10.6%；出口总额3251.28亿美元，下降17.4%。

全年上海市进出口总额2777.31亿美元，比上年下降13.8%（见图7）。其中，进口总额1358.17亿美元，下降11.1%；出口总额1419.14亿美元，下降16.2%。全年外商及港澳台投资企业出口970.92亿美元，下降14.6%；私营企业完成出口174.04亿美元，下降16.3%；国有企业出口264.59亿美元，下降21.2%；集体企业出口9.48亿美元，下降24.3%。

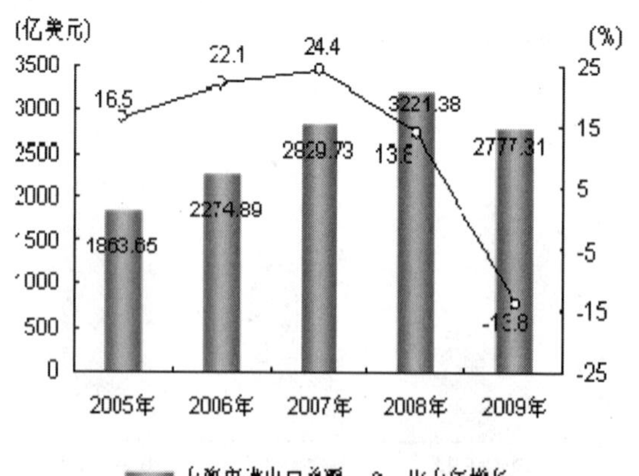

图7 上海市进出口总额与增长

在上海市出口总额中，高新技术产品出口636.16亿美元，比上年下降10.8%，机电产品出口1025.63亿美元，下降13.5%；一般贸易出口488.62亿美元，下降23.9%，加工贸易出口814.63亿美元，下降11.3%。

表7 上海市出口市场结构

指 标	绝对值（亿元）	比上年增长（%）
上海市出口总额	**1419.14**	**-16.2**
#亚洲	573.95	-14.2
#日本	160.84	-19.7
中国香港	109.86	-12.6
欧洲	370.76	-20.8
北美洲	343.68	-14.7
#美国	320.94	-13.8
拉丁美洲	58.64	-21.3
大洋洲	39.92	-13.7

全年批准外商直接投资合同项目3090项，比上年下降17.6%；吸收外资合同金额133.01亿美元，下降22.3%；实际到位金额105.38亿美元，增长4.5%。全年第三产业吸收外商直接投资实际到位金额76.16亿美元，增长11.4%，占全市实际利用外资的比重达到72.3%。全年批准总投资在1000万美元以上的外商直接投资项目177项，合同金额107.92亿美元。至年末，在上海投资的国家和地区已达144个。年内新增跨国公司地区总部36家、投资性公司13家、外资研发中心30家。至年末，在上海落户的跨国公司地区总部达到260家，投资性公司191家，外资研发中心304家。

全年新批对外投资项目166项，投资总额15.36亿美元。签订对外承包工程和劳务合作合同7480项；合同金额124.02亿美元，比上年增长12.2%；实际完成营业额73.41亿美元，增长31.8%；派出劳务人员1.39万人次，下降13.7%。至年末，上海对外承包工程和劳务合作涉及的国家和地区已达177

个。

至年末，已有242个国家和国际组织确认来2010年中国上海世博会参展。世博园区主要场馆和基础建设基本建成，“一轴四馆”永久性建筑和一批外国自建馆、租赁馆、联合馆相继竣工。

八、浦东改革开放

原南汇区划入浦东新区工作顺利实施。浦东新区全年实现增加值4001.39亿元，比上年增长10.5%（见表8）。

表8 浦东新区主要经济指标

指 标	位	绝对值	比上年增长（%）
增加值	亿元	4001.39	10.5
#第三产业增加值	亿元	2264.49	14.5
工业总产值	亿元	7038.19	6.7
固定资产投资总额	亿元	1420.77	16.2
社会消费品零售总额	亿元	859.63	14.4
出口总额	亿美元	576.50	-16.9
外商直接投资合同金额	亿美元	55.29	0.3
外商直接投资实际到位金额	亿美元	39.08	0.9

至年末，已有135家跨国公司地区总部入驻浦东。全年外高桥保税区完成集装箱吞吐量1353.8万国际标准箱，比上年下降12%。物流企业实现营业收入2313.6亿元，比上年下降1%。张江高科技园区电子信息产品制造业完成工业总产值194.91亿元，比上年下降21%；生物医药制造业完成工业总产值109.53亿元，增长26.5%。金桥出口加工区完成工业总产值2486.36亿元，比上年增长4.9%。

九、城市基础设施和房地产

全年完成城市基础设施建设投资2113.45亿元，比上年增长21.9%，占全社会固定资产投资总额的比重为40.1%，比上年提高4.2个百分点。其中，交通运输邮电通信投资1100.9亿元，市政建设投资623.21亿元，公用事业投资135.95亿元（见表9）。一批世博配套路网项目和中心城路网改造工程年内相继完成。长江隧桥工程和新建路、人民路、西藏南路越江隧道、内环线浦东南段、机场高速公路、沪杭高速上海段改建等工程建成通车。全市高速公路网通车里程达到767.5公里。

表9 城市基础设施建设投资

指 标	绝对值（亿元）	比上年增长（%）
城市基础设施建设投资	**2113.45**	**21.9**
电力建设	253.39	95.6
交通运输	978.24	16.6
邮电通信	122.66	13.0
公用事业	135.95	20.5
市政建设	623.21	14.7

全市自来水日供水能力达到1096万立方米，比上年增长2.5%。全年全市用电量1153.38亿千瓦小时，比上年增长1.3%（见表10）。至年末，全市家庭人工煤气用户151.5万户；家庭液化气用户310.2万户；家庭天然气用户达到366.8万户。

表10 公用事业

指 标	单位	绝对值	比上年增长（%）
自来水日供水能力	万立方米	1096.00	2.5
自来水售水总量	亿立方米	24.06	-0.9
#生活用水	亿立方米	18.47	2.7
工业用水	亿立方米	5.59	-11.3
用电量	亿千瓦小时	1153.38	1.3
#城市居民生活用电	亿千瓦小时	152.52	4.1
煤气销售总量	亿立方米	14.20	-19.7
液化气销售总量	万吨	40.10	-17.5
天然气销售总量	亿立方米	31.30	10.2

全年完成房地产开发投资1464.18亿元，

比上年增长7.1%；商品房施工面积9961.6万平方米，下降4.1%；竣工面积2104.98万平方米，下降15%；销售面积3372.45万平方米，增长46.9%。其中，商品住宅销售面积2928.04万平方米，增长48.9%。全年商品房销售额4330.22亿元，比上年增长1.3倍。其中，商品住宅销售额3620.23亿元，增长1.3倍。全年存量房成交过户面积2809.45万平方米，比上年增长98.8%。

十、城市信息化

全年实现信息产业增加值1632.39亿元，比上年增长6.4%。其中，信息服务业增加值768.48亿元，增长12.8%。至年末，通过CMM/CMMI3级以上国际认证的企业达到113家。其中，5级14家。172家企业获得计算机信息系统资质认证。其中，1级11家。经营收入超亿元软件企业135家。全市用于信息化建设的固定资产投资209.36亿元，占全社会固定资产投资总额的比重为4%。

至年末，集约化信息管线累计敷设5354.13沟公里，比上年末增加1346.99沟公里；互联网用户达到1250万人，增加90万人；宽带接入用户470.32万户，增加51.72万户，其中，家庭宽带用户数423.28万户；IPTV用户达到101万户，增加26.42万户。有线电视用户达到557.99万户，增加30.79万户，其中，有线数字电视用户84.36万户。

全年完成电子商务交易额3252.21亿元，比上年增长16.8%。口岸税费电子支付系统入网企业累计达到4000家，全年实现电子支付金额1048.48亿元，比上年增长4.4%。社会公共服务领域信息化建设不断深化（见表11）。

表11 社会公共服务领域信息化

指 标	单位	绝对值	比上年增长（%）
“市民信箱”累计注册用户	万人	385.46	增加24.26万人
全年“付费通”业务平台交易量	万笔	4649.81	增长22.3%
全年“付费通”业务平台交易额	亿元	46.53	增长31.1%
交通卡累计销售量	万张	4944.28	增加782.79万张
全年交通卡销售额	亿元	11.94	下降11.0%
银行卡累计发卡量	万张	10009.93	增加2094.71万张
全年银行卡交易额	亿元	9517.10	增长37.6%

至年末，数字证书累计发放175.18万张。社会信用体系持续完善。至年末，个人信用联合征信系统覆盖1109.62万人的信用信息，比上年末增加62.62万人；个人信用产品提供量达到1071.92万份，增加63.92万份。

十一、教育和科学技术

至年末，全市共有普通高等学校（含独立学院）66所；普通中等学校871所；普通小学751所；特殊教育学校29所。普通高校在校生和毕业生数持续扩大，中等学校在校生和毕业生数继续下降（见表12）。至年末，全市共有54家机构培养研究生。全年研究生教育共招生3.74万人，在学研究生10.35万人，毕业生2.83万人。全市九年义务教育入学率保持在99.9%以上。全年新增86所来沪从业人员子女学校纳入民办教育管理，并投入4300万元用于改善其办学条件，来沪从业人员子女在公办学校或政府委托的民办学校就读的比例达到92.7%。

表12 各级各类学校学生情况

类别	在校学生数(万人)	比上年增长(%)	毕业学生数(万人)	比上年增长(%)
普通高等学校	51.28	2.0	12.69	3.9
普通中等学校	77.07	−3.6	22.51	−13.5
普通中学	60.37	−2.3	17.03	−15.2
高中	17.76	−7.8	7.04	−26.0
初中	42.61	0.2	9.99	−5.6
中等专业学校	11.50	−4.8	3.39	−8.6
职业学校	4.14	−13.8	1.73	4.2
技工学校	1.06	−19.7	0.36	−36.8
普通小学	67.12	13.6	11.36	8.8
特殊教育学校	0.50	−1.7	0.09	8.8

至年末，全市共有21所民办普通高校，在校学生9.52万人；111所民办普通中学，在校学生8.22万人；171所民办小学，在校学生15.1万人。全市共有独立设置的成人高校18所，在校学生（含网络本专科）36.62万人；成人中等学校47所，在校学生3.43万人；职业技术培训机构789所，注册生185.8万人次；老年教育机构278所，在校学员51.47万人。

全年用于研究与试验发展（R&D）经费支出401亿元，相当于全市生产总值的比例为2.7%（见图8）。

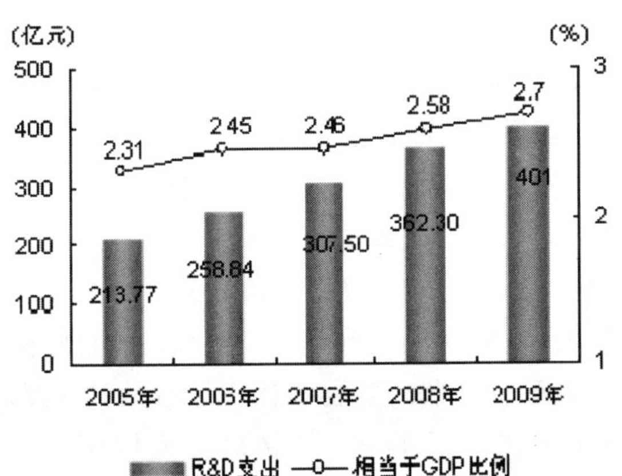

图8 R&D支出及其相当于生产总值的比例

全年共取得科技成果2166项。其中，属于国际领先的有260项，达到国际先进水平的有651项。在已颁布的2009年度国家科学技术奖励获奖人选和项目中，上海共有56项（人）获奖，占获奖总数的15%。全年受理专利申请量6.22万件，比上年增长17.8%。其中，发明专利2.2万件，增长23.5%。全年专利授权量3.49万件，增长42.7%。其中，发明专利5997件，增长40.8%。至年末，全市共有38家国家级企业技术中心和分中心；281家市级企业技术中心。全年新认定高新技术企业713家。至年末，全市共认定高新技术企业总数2500家。高技术成果产业化加快推进。全年新认定高新技术成果转化项目791项。其中，电子信息、生物医药、新材料等重点领域的项目占88.6%；拥有自主知识产权的项目占100%。至年末，全市共认定高新技术成果转化项目6581项。其中，69%的项目已实现产业转化。全年共签订各类技术交易合同2.71万项，比上年下降5.6%；合同金额489.86亿元，增长0.9%。

十二、文化、卫生和体育

至年末，全市有市、区（县）级文化馆、群众艺术馆29个，艺术表演团体112个，市、区（县）级公共图书馆28个，档案馆49个，博物馆111个。全市共有公共广播节目21套，公共电视节目25套。广播、电视综合覆盖率均达到100%。全年共出版报纸16.33亿份，各类期刊1.79亿册，图书2.74亿册。全年共组织开展各类群众文化活动和各级各类群众性业余团队活动41.8万场次，3593万人次参加。年内建成800个“农家书屋”，31家社区文化活动中心和1697个村级信息服务点。

至年末，全市共有卫生机构3013所，卫生技术人员13.09万人（见表13）。年内建立和完善5家危重孕产妇会诊抢救中心、6个危重新生儿会诊抢救中心和8个专科急救中心。完成郊区5家社区卫生服务中心、

43家社区卫生服务分中心、426家村卫生室标准化建设，实现800所村卫生室新型农村合作医疗实时报销。

表13 卫生机构情况

指 标	单位	绝对值	比上年增长(%)
卫生机构数	所	3013	7.3
# 医 院	所	296	-1.3
门诊部	所	376	5.0
社区卫生服务中心	所	284	6.8
疾病预防控制中心	所	21	-4.5
卫生监督所	所	20	平
卫生技术人员数	万人	13.09	2.5
# 执业医生	万人	5.11	-0.2
# 医院执业医生	万人	3.15	3.3
注册护士	万人	5.23	7.2

年内成功地举办了30项39次国际重大体育赛事和27项53次国内重要体育赛事。在第十一届全运会上，上海代表团共获得41枚金牌、34枚银牌、46.5枚铜牌，奖牌总数121.5枚，总分2548.25分，取得了运动成绩和精神文明双丰收。在第一届全国智力运动会上，上海代表团共获9枚金牌、10枚银牌、8枚铜牌，金牌榜名列全国第一。至年末，全市共建成社区公共运动场263处。其中，年内新建41处。

十三、人口、就业、人民生活和社会保障

至年末，全市常住人口总数为1921.32万人。其中，户籍常住人口1379.39万人。常住出生人口16.46万人。其中，户籍出生9.23万人。常住人口出生率为8.64‰。其中，户籍人口出生率为6.62‰。常住死亡人口11.32万人。其中，户籍死亡10.67万人。常住人口死亡率为5.94‰。其中，户籍人口死亡率为7.64‰。常住人口自然增长率为2.7‰。其中，户籍人口自然增长率为-1.02‰。

至年末，全市从业人员1058万人，比上年末增加4.76万人。全年新增就业岗位59.6万个。其中，农村富余劳动力实现非农就业11.6万个。全年新安置就业困难人员1.5万人，新消除零就业家庭2017户。全年完成农民工职业技能培训11.62万人。至年末，全市城镇登记失业人员27.87万人，城镇登记失业率为4.3%。

据抽样调查，城市居民家庭人均年可支配收入28838元，比上年增长8.1%；农村居民家庭人均年可支配收入12324元，增长8.2%。全年城市居民人均消费支出20992元，比上年增长8.2%。其中，服务性消费支出6656元，增长5.9%。农村居民人均生活消费支出9804元，比上年增长7.6%。其中，服务性消费支出2896元，下降3.5%。

据抽样调查，至年末，平均每百户城市居民家庭耐用消费品拥有量：家用轿车14辆，家用空调196台，移动电话223部，家用电脑123台。平均每百户农村居民家庭耐用消费品拥有量：彩电190台，洗衣机93台，热水淋浴器94台，移动电话174部，家用空调135台，家用电脑54台。

至年末，全市居民储蓄存款余额14357.65亿元，当年新增2269.23亿元。其中，定期储蓄存款余额9733.13亿元，新增1158.43亿元；活期储蓄存款余额4624.53亿元，新增1110.81亿元。

全年竣工新建居住区配套公建设施213万平方米。旧区改造力度加大，进度加快。全年拆除住宅建筑面积612.6万平方米，动迁居民6.54万户；完成高层旧住房综合整治1257万平方米，多层旧住房综合改造3274万平方米。至年末，城镇居民人均住房建筑面积34平方米；人均住房居住面积17.2平方米（见图9）。居民住房成套率达到95.6%。

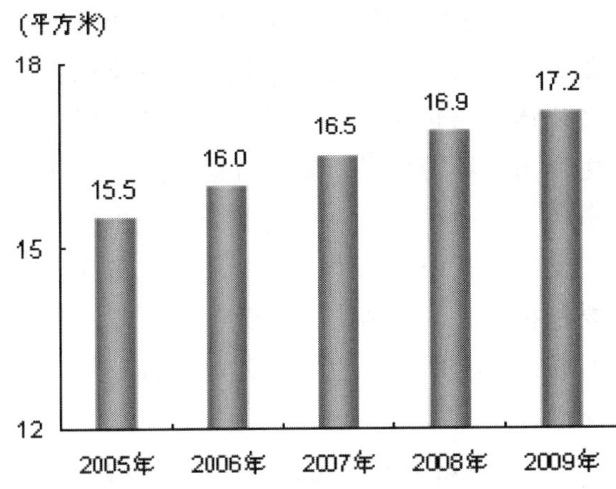

图 9 城镇居民人均住房居住面积

至年末，全市共有 845.71 万人（包括离退休人员）参加城镇基本养老保险，有 523.53 万人参加失业保险，全年领取失业保险金的人数 27.02 万人。至年末，小城镇社会保险参保人数达到 155.39 万人，其中，被征用土地农民参保人数 97.77 万人。外来从业人员综合保险参保人数达到 378.41 万人。有 5.62 万人纳入城镇高龄无保障养老政策。全市农村户籍人员养老保障覆盖面达到 99.1%。提高城乡低保标准和失业保险、工伤保险待遇。城镇最低生活保障标准从 400 元 / 月提高到 425 元 / 月；农村最低生活保障标准从 3200 元 / 年提高到 3400 元 / 年。

至年末，全市共有 26.36 万家城镇企业、机关事业单位，共 951.2 万人（包括离退休人员、个体工商户、自由职业人员）参加城镇职工基本医疗保险。至年末，居民医保参保人数（含普通高等院校学生）达 254.18 万人。

至年末，全市共有养老机构 615 家，床位 8.99 万张。其中，年内新增养老机构 33 家，新增养老床位 10084 张。在全市养老机构中，由社会投资开办的 321 家，床位 4.79 万张。年内新建老年人日间服务中心 54 家，为 21.9 万名老年人提供居家养老服务，对其中 12.9 万名生活困难且需照料服务的老人给予政府服务补贴。

全年各级政府支出城镇居民最低生活保障金 11.81 亿元，农村居民最低生活保障金 1.22 亿元，粮油帮困资金 0.56 亿元，支出医疗救助金 2.13 亿元。年内新办福利企业 113 家，新安置 2351 名残疾人就业。年内新建盲道 416.5 公里，铺筑坡道 7275 处，完成 4002 处公共场所无障碍设施改造。

十四、环境保护和安全生产

全年用于环境保护的资金投入 460.42 亿元，相当于全市生产总值的比例达到 3.09%。全年环境空气质量优良率达到 91.5%，比上年提高 1.9 个百分点。污水处理能力达到 686.5 万立方米 / 日，城镇污水处理率达到 78.9%，比上年增加 3.4 个百分点。年内完成竹园第一污水处理厂升级改造工程和 5 座郊区污水处理厂新建扩建工程。全年处置生活垃圾 710 万吨，生活垃圾无害化处理率达到 82.3%，比上年提高 5.4 个百分点。

全年新建绿地 1096 公顷。其中，公共绿地 582 公顷。至年末，城市绿化覆盖率达到 38.1%，人均公共绿地面积达到 12.8 平方米。全年新建公益林 560 公顷，经济林 530 公顷。森林覆盖率达到 11.6%。年内完成董家渡外马路绿地、蝴蝶湾绿地、大连路公共绿地和崇明新城公园等建设。

全年共发生道路交通、工矿商贸、火灾、铁路交通、农业机械生产安全事故 9512 起；造成死亡 1479 人，比上年下降 3.5%。其中，工矿商贸生产安全事故 576 起；造成死亡 368 人，下降 2.1%。道路交通事故 2831 起，比上年增长 3.1%；造成 1042 人死亡，下降 5.3%；2702 人受伤，增长 5.8%；直接财产损失 1216 万元，下降 17.2%。火灾事故 6086 起；造成 62 人死亡，增长 24%，其中生产经营性火灾事故造成 13 人死亡；41 人受伤，下降 28.1%；直接财产损失 0.39 亿元，下降 73.1%。铁路交通事故 16 起，比上年增长 1.7 倍；造成 6 人死亡，增长 20%。农业机械事故6起，比上年下降66.7%；造成1人死亡，与上年持平。全年亿元GDP生产安全事故死亡率为0.1。

说明：

1、本公报数为初步统计数。

2、本公报上海市生产总值、各产业增加值和总产值绝对数按当年价格计算，增长速度按可比价格计算。

3、信息产业包括信息产品的制造、销售和信息服务等活动。旅游产业增加值指来自境外、市外旅游者及本地居民在上海市内的旅游消费支出所形成的增加值。按消费性质可分为：旅行社服务业、旅游宾馆业、旅游运输业、邮电通讯业、旅游商业、餐饮业、城市交通业、文化娱乐业、金融业和其他服务业。信息产业、旅游产业的增加值是依据若干行业的有关资料进行跨行业核算的，不能将其与全市生产总值中其它行业的增加值进行简单加总，否则会造成重复计算。

4、地方财政支出包括基本公共管理与服务、国防、公共安全、教育、科学技术、文化体育与传媒、社会保障和就业、医疗卫生支出、环境保护、城乡社区事务、农林水事务、交通运输、工业商业金融等事务和其他支出。其中，基本公共管理与服务支出主要包括人大、政协、共产党、民主党派及工商联、群众团体，以及部分政府行政部门的支出。

5、根据国家规定，自2009年起，本市地方财政收支预算中的“城市公用事业附加”项目，调整纳入政府性基金收支预算，为便于同口径比较，2008年地方财政收支基数作了相应调整。

6、金融单位统计中，银行业统计至市分行；证券业统计至证券公司、基金公司、期货公司、证券投资咨询公司、证券市场机构和登记结算机构；保险业统计至保险集团、保险公司市分公司和保险中介机构。此外，金融单位统计包括各金融监管部门。

上海市城乡建设交通工作党委、市城乡建设交通委 2009年工作总结和2010年工作安排

一、2009年工作回顾

2009年是上海城乡建设交通工作取得显著成效的一年。面对国际金融危机的严峻形势和筹办世博的繁重任务，在市委、市政府的领导下，市建设交通两委团结带领全行业广大干部职工，深入开展学习实践科学发展观活动，紧紧围绕“四个确保”的总体要求，奋力拼搏，攻坚克难，全面加强城乡建设交通管理，扎实推进迎世博各项工作，圆满完成了年度目标任务，为保持全市经济的平稳较快发展做出了贡献。

1. 围绕保世博、保增长大局，重大基础设施建设成绩显著。重大基础设施建设投资规模创历史新高，全年城市基础设施投资达到2113亿元，同比增长约21.9%，占本市全社会固定资产总投资的40%左右，其中重大工程完成投资1693亿元，创历史之最，为保世博、保增长做出了重要贡献。一大批标志性的重大基础设施建成投运，世博“一轴四馆”、长江隧桥等相继建成。轨道交通7号线、8号线二期、9号线二期、11号线北段一期建成投运，全市轨道交通运营总里程达到355公里，枢纽型、功能性、网络化城市基础设施体系基本成形。同时，京沪高铁、崇启通道等在建项目有序推进。重大工程建设安全、质量总体受控，全市建设工程安全死亡事故数和死亡人数连续四年下降。积极落实中央和本市房地产市场调控政策措施，以加快保障性住房建设为重点，促进了房地产市场的持续发展；全市房地产开发年投资完成1464亿元，同比增长约7.1%。此外，对口支援都江堰灾后重建工作有序推进，62个交钥匙工程中已有40个项目竣工，批复总投资完成率达到70%，为今年全面完成对口援建任务奠定了良好基础。

2. 城市管理力度空前加大，迎世博600天行动成效明显。精心组织、广泛发动、全面推进迎世博600天市容环境整治行动，行动纲要所明确的三大工程30项既定任务超额完成，全市市容市貌明显改观，市民生活环境不断改善，600天行动得到群众的拥护和社会的认同。高架、江河、交通干线、重要地点和世博周边五大战役硬件建设基本完成。清洁建筑立面1亿多平方米；整治店招店牌8.8万余块；综合整治架空线230公里，整治公路675公里，完成城市道路车行道、人行道整治面积约1800万平方米；完成绿化整治、调整约3648公顷。“城市清洁”行动和郊区“百镇千村”清洁保洁行动深入推进。户外广告、渣土处置、违法建筑、施工扰民等重点顽症整治取得积极进展，拆除和调整户外广告共6.4万余块，共拆除违法搭建530余万平方米。制定实施35项标准规范和25项法制保障项目，为下一步全面提升城市管理水平奠定了坚实基础。城市网格化管理不断深化，目前已经覆盖全市所有区县、225个街道乡镇、约1000平方公里，基本实现城市化地区全覆盖，网格化案件结案率达98%。“12319”全年受理市民来电超过40万件，同比上升37%，办结率达97.5%。夏令热线满意度保持80%以上。

3. 国际航运中心建设取得重大突破，配套政策措施抓紧落地。贯彻国务院19号文意见和市政府实施意见，细化明确了五个方面、59项具体措施及责任分工，并积极争取

中央有关部委和兄弟省市的支持，健全部市合作推进机制，全力推进政策措施的落地，目前27项政策措施已经基本完成或取得明显突破。申嘉湖高速、郊环线东段等高速公路建成通车，苏申外港线航道整治完成，京沪高铁、沪杭高铁、虹桥综合交通枢纽等项目全力推进，虹桥机场扩建工程基本建成，现代航运集疏运体系进一步完善。2009年，上海港货物吞吐量达到5.9亿多吨，集装箱吞吐量达到2500万标准箱，分别位居世界第一、第二位；上海空港旅客、货邮吞吐量分别达到5700多万人次、298万吨，其中浦东国际机场货邮吞吐量位居世界第三；铁路、公路对外旅客发送量分别达5161万人次、2995万人次。洋山保税区免征营业税政策正式实施，境外邮轮沿海港口多点挂靠政策已经出台，启运港退税政策启动试点，江海直达船型推广等取得重要突破，船舶交易、船员市场、航运仲裁等工作正在有序推进，现代航运服务业发展进一步加快。

4. 民生工程全面推开，市民生活条件逐步改善。旧区改造工作力度加大，全市拆除二级旧里以下房屋超过100万平方米，同比增加40%。市委、市政府领导对口联系的五大重点地块改造全面加快。事前征询、数砖头加套型保底和就近安置等新机制成效明显，旧区改造速度明显加快，拆迁矛盾明显减少，动迁成本得到有效控制，受到市民拥护和社会好评。创新“大集团对口大基地”建设配套商品房的推进模式，八个大型居住社区建设加快推进，市政道路、公共交通以及教育、卫生、商业等配套设施加快完善。经济适用房、廉租房等住房保障体系建设取得积极进展。全年开工建设经济适用房项目400万平方米，颁布实施了《上海市经济适用住房管理试行办法》及配套文件，经济适用房配售工作在徐汇、闵行两区启动试点。廉租住房政策受益面进一步扩大，全市共新增受益家庭约1.4万户。积极研究制订了单位租赁房建设和使用管理的试行意见。综合改造旧居住区、2000户农村低收入户危旧房改造等2009年度市政府实事项目圆满完成；其中，全市共完成1257万平方米高层旧住房综合整治和3274万平方米多层旧住房综合改造，惠及居民约200万人。改造二次供水设施约5828万平方米，约98万户居民直接受益。新一轮公交改革不断深化，浦东、浦西和郊区“一区一骨干”的经营格局基本形成，行业公益性特征进一步突出，市场化机制进一步完善；公交优先政策全面实施，日均公共交通客运量达到1405万人次，同比增长4.6%，公共交通在全市出行方式中所占比重超过29%；换乘优惠和老人免费乘车政策日均惠及市民约276万人次，市民公交出行成本下降约15%；全年共优化调整公交线路260条，其中开辟城乡巴士50余条。认真贯彻“两个坚决”的要求，积极研究并制定出台相关政策措施，保障了出租汽车行业稳定。

5. 节能减排工作有序推进，城乡生态环境得到改善。第四轮环保三年行动计划加快实施，白龙港污水处理厂升级改造及扩容等项目按期建成，全市城镇污水处理率超过78%；道路交通噪声治理取得有效进展。严格执行新建建筑节能标准，完成既有建筑节能改造600万平方米，积极推进节能65%的居住建筑试点和可再生利用示范项目建设，完善政府办公建筑和大型公共建筑节能监管体系。交通节能减排加快推进，全年更新公交车3300余辆，国Ⅲ和环保车辆比例达到公交车辆总数的50%以上。城乡生态环境建设取得积极进展，青草沙水源地项目建设、大型公共绿地、世博场馆配套绿化、外环林带等绿化项目有序推进，崇明东滩互花米草生态控制、西郊淀山湖湿地修复等工程加快建设；全市新增绿地1040万平方米，城区绿化覆盖率超过38%。

6. 行政审批改革力度加大，大部制优势初步显现。2009年是大部制机构改革后正式运作的第一年。建设交通系统“两委四局”经过一年的调整与磨合，委、局都进一步提升了站位、理顺了关系、明确了职责，委、局之间既分工协作又统筹协调，整体推进大部制的优势初步显现。按照“两高一少”的目标，制订了《上海市建设工程行政审批管理程序改革试行方案》，将审批管理过程整合归并为两个牵头单位和四道主要程序，并在 9 个区县开展试点。大力精简行政审批事项，建设交通行业 339 项行政审批事项精简合并为 187 项，其中取消 47 项、合并 105 项，进一步简化了审批流程、提高了办事效率、方便了市民和企业。此外，结合国家燃油税出台，完成了公路养护管理经费分配方式改革，为全面提高公路管养水平奠定了基础。

7. 党的建设全面推进，为完成各项任务提供了坚强保证。建设交通系统各级党组织坚持解放思想、转变观念，认真落实党建工作责任制，切实加强和改进基层党的建设，深入研究新时期群众工作，全力化解突出信访矛盾，为推动城乡建设交通事业新发展、全面完成各项任务提供了坚强的思想、政治和组织保证。

*一是深入开展学习实践科学发展观活动，领导班子建设取得成效。*形成一批行得通、管得住、用得好的政策措施和规章制度，形成了有利于城乡建设交通事业科学发展的正确导向。根据《两委学习实践活动整改方案》列出的 14 大类 34 项具体整改事项，已基本完成 70% 左右。坚持理论武装，领导班子能力作风有新的提高。两委领导班子深入杨浦、卢湾等区实地考察学习旧区改造新做法，组织中心组成员赴江、浙考察，学习城乡建设、城市管理、交通发展的做法和经验。拓宽选人用人视野，干部队伍得到加强。打破行政隶属界限，从归口管理的中央在沪单位中选拔了一批优秀人才纳入后备干部人选。

*二是积极探索基层党建制度创新，党建工作格局进一步完善。*全面落实党建工作责任制，确保党的建设各项工作围绕中心任务发挥促进和保障作用。工地党建联建全面展开，社区物业、轨道交通、公园绿化、城管执法、交通水务、市政燃气等领域党建联建不断推进，资源整合型党建工作格局初步形成，基层党组织覆盖面不断拓展，针对建设交通系统与行业点多面广、流动分散的特点，进一步完善基层党组织设置形式、推进基层党组织工作创新。基层党组织的活力进一步增强，适应建设交通系统单位众多、工作职责各不相同的实际，找准基层党组织开展活动、发挥作用的着力点，加强党政机关、企事业单位以及区（县）建设交通行业的党建联动。

*三是扎实推进迎世博 600 天行动，精神文明建设取得成果。*高度重视宣传思想和舆论引导工作，把提高行业精神文明建设水平作为迎世博工作的重要方面，切实提高宣传舆论工作服务全局的能力和水平。以窗口服务行业“五比五赛”活动为载体，发挥建设交通各行业职工在迎世博行动中的积极作用，一批先进行业、单位被评为市文明行业、市文明单位和建设部、交通部“行业文化示范单位”、“行业文明示范点”等荣誉称号。组织开展“春运热线”、“夏令热线”等社会宣传活动，及时发布重大政策动向和权威信息，产生了良好的社会反响。

*四是切实改进新时期群众工作，有力维护了社会和谐稳定。*贯彻市委要求，对七类动拆迁引发的突出信访矛盾进行了调查研究，形成了矛盾化解方案，两委建立了工作班子，主要领导深入现场指挥决策，面对面与群众沟通，协调处理重大疑难问题，有力地维护了全市社会稳定的大局。切实改进各级领导干部的作风，积极回应群众诉求，改进工作方式，在解决“断头路”等民生问题、对口帮扶经济薄弱村等方面取得了成果。

五是扎实开展建设工程领域专项治理，

党风廉政建设取得进展。惩治和预防腐败体系建设全面推进，制定了《贯彻落实<建立健全惩治和预防腐败体系2008—2012年工作规划>的具体措施》，修订了《贯彻落实〈党委（党组）实施“三重一大”制度的若干意见〉的实施办法》，认真贯彻落实中央关于党政机关厉行节约的规定。反腐败斗争保持高压态势，接受群众信访和电话举报585件，立案16件，受党纪处分9人，受政纪处分5人，严肃执纪和责任追究，对有关责任人进行了通报批评和责任追究。建设工程领域专项治理深入开展。成立了专项治理领导小组和工作机构，梳理了关键环节、关键部门和岗位，召开了专项治理动员大会，对8个方面37项专项治理任务进行了部署。政风行风建设取得进展，市政供气行业通过“重点评”和“全面测”，推动政府部门和公共服务行业加强服务管理，改进了工作作风，提高了工作效率。

回顾一年来的工作，我们所取得的每一项进展、每一步提高，都离不开市委、市政府的正确领导，离不开全市方方面面特别是各区县的支持配合，离不开建设交通行业各单位特别是中央在沪单位的共同努力，更离不开行业全体干部职工的辛勤付出。借此机会，我代表市建设交通两委，向大家表示衷心的感谢。

总结一年来的工作，我们感到既有经验可供借鉴，也有教训应当吸取。主要有以下三点体会：

（1）城市建设和管理的难度越来越大，要求我们必须进一步突出管理、强化市区联手、推动制度创新。当前，工程建设推进越来越艰难，城市管理任务越来越繁重，而我们工作中“重建轻管”的问题仍比较突出，一些管理顽症屡禁不绝，事故隐患频频发生。为此，必须进一步突出管理，把城市管理放到更加重要的位置，进一步加大管理力度和投入，进一步加强管理储备，在项目规划立项和前期政策制订阶段，就尽可能想深、想细、想全，真正落实“建管并举，重在管理”的要求。必须强化市区联手，建设交通管理各项工作，都要紧紧依靠区县和基层部门，充分发挥其积极性和能动性，形成市区工作合力。必须推动制度创新，在突击整治管理顽症的同时，要更加注重制度建设和制度创新，加快完善相关的法规、规范和标准，形成长效管理机制。

（2）行业发展中的市民参与意识越来越强，要求我们必须坚持群众观点、问政于民、统筹兼顾。当前，市民与社会参与城市建设和管理的意识日益增强；从本质上讲，我们工作的出发点和落脚点也是为群众服务，为此，必须坚持群众观点。在重大政策和重大项目的前期研究阶段，就要认真评估对群众利益的可能影响；工程建设要加强文明施工管理，尽量把对市民群众生活的影响减少到最低程度，必要的社会建设成本要纳入工程预算范围；城市管理要更加重视市民群众的感受和需求；必须坚持问政于民，扩大社会参与范围，完善参与机制，努力推进和谐社会建设。在化解各类新老涉民矛盾时，必须坚持统筹兼顾，必须保持政策的前后衔接和左右平衡，严守政策底线，防止解决一个、反弹一批。同时，逐步建立从源头预防新矛盾产生的长效机制，推进行业和谐发展。

（3）应对处置公共危机的要求越来越高，要求我们必须做到快速反应、公开透明、举一反三。当前正处于公共危机多发期。去年我们系统发生的“倒楼”、“钓鱼”执法、地铁撞车、河南路桥开裂等事件，造成了较大社会负面影响。通过处理上述事件，我们感到，应对公共危机要努力做到三个必须：必须快速反应，及时采取措施，防止事态恶化。发生事故后，要实事求是，快报事实、慎报原因；事故调查时，决不能凭主观臆断妄下结论，更不能为迎合舆论草率公布。必须公开透明，要主动引导舆论，及时发布正面信息，避免因权威信息缺失给谣言炒作留出时间和空间。必须举一反三，危机发生后，要举一反三，努力将坏事变成好事，着力解决公共危机产生的制度性、政策性、根源性的问题，防止类似事件再次发生。

二、2010年工作安排

2010年是上海世博会的举办之年，也是实施“十一五”规划的最后一年。中央经济工作会议对当前国际国内经济形势都作了全面分析和科学判断；市委、市政府明确了今年“五个确保”的总体目标，对此我们必须深刻领会和认真贯彻。同时，结合城乡建设交通工作实际，我们要重点把握好今年的四个特点：

首先，是世博举办之年。保世博，是今年全市一切工作的主线。建设交通行业与世博会举办密切相关，要举全行业之力，全面按期建成世博配套设施，全面展示迎世博600天行动成效，全面做好世博会举办期间的服务保障工作，努力为办成一届成功、精彩、难忘的世博会作出贡献。

其次，是转型关键之年。当前国内经济总体企稳向好，上海经济正处于加快转型升级的关键时期。建设交通行业要紧紧围绕上海转型发展的要求，努力实现在转型中发展、在发展中转型。要保持重大基础设施建设投资规模，进一步加快重大产业项目建设，继续加快发展现代航运服务业；同时，必须高度关注房地产问题，这既是发展问题和民生问题，更是政治问题和社会问题。

第三，是规划衔接之年。今年是实施“十一五”规划的最后一年，也是制定“十二五”规划的关键一年。既要确保“十一五”目标的全面完成，更要高质量地谋划好“十二五”长远发展。这对我们如何充分发挥大部制的优势，以编制“十二五”规划为契机，强化城乡、建管和综合交通的统筹，加强各专业规划的衔接，提升现代化城市综合管理水平，提供了很好的机遇，也提出了更高的要求。

第四，是重在管理之年。世博会前，中心城大规模工程建设将告一段落，枢纽型、功能性、网络化城市基础设施体系基本形成。充分发挥已建设施的功能，不断提高设施运行效率和管理水平，营造整洁、有序、高效、安全的城市环境，使2010年世博会成为上海城市建设管理水平突破提升的新开端，真正体现“建管并举、重在管理”要求，这将是今年乃至“十二五”面临的迫切任务。

面对新形势和新任务，2010年建设交通行业的总体工作思路是：坚持以邓小平理论和“三个代表”重要思想为指导，深入贯彻科学发展观，全面落实党中央、国务院和市委、市政府的决策部署，围绕一条主线——紧紧围绕“服务保障世博成功举办”这条主线；坚持两手抓——一手抓“十一五”目标任务完成，一手抓“十二五”长远发展谋划；突出三项重点——中心城旧区改造、郊区新城建设和国际航运中心建设；力求五个突破——力求在城乡一体化建设、城市管理水平提升、民生条件改善、生态环境建设、政府职能转变五个方面取得新突破，力争为本市加快转变经济发展方式、促进经济平稳较快发展作出新贡献。

2010年要重点做好以下八项工作：

1. 以服务保障世博成功举办为主线，全面提升现代化城市管理水平。办好世博会，是今年建设交通行业一切工作的重中之重。要全力以赴做好世博会各项筹办工作，并抓紧实现由筹备工作向举办工作转换。同时要抓住世博契机，进一步完善城市功能，进一步突出加强城市管理，全面提升现代化城市管理水平。

（1）*全面建成世博配套基础设施*。坚持高标准、高质量，确保世博场馆、园区基础设施和各项配套设施全部按期建成。外滩通道，虹桥枢纽配套快速路中的嘉闵高架、北翟高架和漕宝路地面道路，4个世博水门以及20个公交枢纽等项目，确保今年3月份建成。龙耀路越江隧道争取4月份建成，虹桥枢纽交通中心今年3月份投运。

（2）全力保障世博安全有序运营。全力做好世博交通保障。落实交通排堵保畅措施，严格掘路管理，压缩掘路项目总量。细化完善世博综合交通保障方案，科学合理实施相关引导政策和管理措施，努力为世博会提供安全、便捷和舒适的交通服务，并尽可能减少对城市日常交通的影响。继续完善不停车收费系统，推进长三角地区互联互通。全力确保城市安全运行。细化落实“环沪护城河”工程，加快设置公路道口检查站工作的落实，完善与周边省市的对接联动。加强城市基础设施运营安全管理，以道路桥隧、轨道交通、燃气、水安全和危险品运输以及大型工程车辆运输整治等为重点，确保世博期间城市安全有序运行。以做好2010年春运工作为契机，抓紧开展世博交通和安保演练；强化应急预案和应急指挥体系建设，切实提高应急处置能力和水平。

（3）全面提升现代化城市管理水平。切实转变工作理念和重心。坚持“建管并举、重在管理”，把加强管理放在更加突出的位置。针对枢纽型、功能性、网络化城市基础设施体系逐步形成的新形势，以市级城市维护项目管理体制调整为契机，进一步加大维护投入力度，进一步加强设施维护和运行管理，充分发挥现有设施功能，进一步提高现代化城市管理的效率和水平。全面展示和巩固600天行动成效。继续实施第六个百日行动计划，全面完成高架道路、江河沿岸、交通干线、重要地点和世博周边市容环境整治任务，全面展示和巩固迎世博600天行动成效，全力做好184天世博会举办期间的运营服务保障。建立和健全后世博长效管理机制。继续深化城市网格化管理，推动网格化向城镇化地区拓展；进一步完善市政、绿化专业网格化系统，逐步拓展至其他行业；进一步加强与“12319”的联动，完善管理流程和考核机制。总结世博会筹办和举办经验，在35项标准规范和25项法制保障项目基础上，完善相关法规、标准和制度，推进制度完善、科技进步和管理创新，推动突击整治逐步转变为长效管理。

2. 以加快转变发展方式、保持经济平稳较快发展为目标，继续加快城乡基础设施体系建设。继续保持重大基础设施投资规模，全面加快郊区新城建设和保障性住房建设，对加快建成与“四个中心”相适应的枢纽型、功能性、网络化基础设施体系具有重要意义，对推动上海经济发展转型、确保后世博全市经济社会平稳较快发展具有重要作用。

（1）继续加快重大工程建设，完善城市基础设施体系。继续推进重大基础设施建设，进一步提高重大基础设施投资的质量和效益，更加注重改善民生，更加注重城乡统筹，不断完善和提升城市功能。加快续建项目建设进度。建成沪宁城际铁路、沪杭客运专线上海段，加快推进京沪高铁上海段、崇启通道等对外交通项目建设。全面推进11号线南段等轨道交通项目建设；基本建成轨道交通10号线、2号线东延伸等，全市轨道交通运营里程达到约430公里。确保新建项目尽快开工。加快启动S6、S26东延伸、G1501西段拓宽等高速公路、快速路的建设和拓宽，启动迪斯尼配套道路等大浦东路网建设。加快推进军工路、长江西路等越江工程。加快大型客机项目、天然气管网二期工程等重大产业项目建设，为推动产业结构优化升级夯实基础。加强重大工程项目储备，做好预备项目前期工作。进一步加强建设工程安全、质量管理。全面完成对口援建任务。按照中央“三年任务、两年完成”的部署，继续加快对口援建项目建设，力争今年6月30日基本完成援建项目的主体任务，努力使上海援建工作走在全国前列。切实加强文明施工管理。落实《上海市建设工程文明施工管理规定》，继续开展文明施工专项整治，重点加强施工占路和声、光、尘管理，切实减少对市民生活、周边环境和城市交通的影响。

（2）*全面加快郊区新城建设，推动城乡统筹发展。*全面加快郊区新城建设，是本市统筹城乡发展的重要举措。要吸取过去中心城和新城建设的经验和教训，坚持规划先行，坚持功能开发、基础设施建设和生态环境建设并重，更加注重产业、居住和生态功能的有机结合，着力推进城乡基本公共服务均等化，让郊区群众在新城建设和新农村建设中改善生活、得到实惠。要加快制定郊区新城相关专业规划和标准。积极参与郊区新城规划修编调整，增强工作主动权；抓紧研究制定郊区新城建设的相关专业规划，制定完善新城和村镇建设的相关建设标准、技术规范，加强地下空间规划、城市共同沟建设及架空线入地等统筹，从制度上防止中心城建设的问题在郊区重演。要加快完善郊区新城基础设施配套。重点是加强新城与中心城区、与其他城镇的快速通道建设，将通往新城的轨道交通线路，作为下一步全市轨道交通建设的重点。开工9号线西延伸段，加强郊区新城与市中心的交通联系。开工建设虹梅南路、辰塔路等越江工程，缓解越江瓶颈，支持郊区新城发展。加快推进林海公路、松卫公路等区域路网建设。加快建设奉贤南桥、金山新城等公交枢纽和公交保养场。

（3）*全力加快保障性住房建设，促进房地产市场健康发展。*坚持以居住为主、以市民消费为主、以普通商品住房为主，进一步健全住房保障体系和房地产市场体系。贯彻中央关于加快保障性住房建设的决策部署，全面加快经济适用房建设，加强与规划、资金的衔接，新开工建设约400万平方米经济适用房和约800万平方米动迁安置房；继续加快推进大型居住社区建设，按照“同步规划、同步设计、同步建设、同步投用”的原则，进一步完善市政公建配套设施和服务。积极推进公共租赁房、单位租赁房、人才公寓等租赁住房建设。认真贯彻落实中央和本市关于房地产市场调控的各项政策措施，以编制住房建设发展规划为先导，稳定房地产市场预期；加强建设、规土、房管等部门之间的管理联动，完善土地招拍挂和商品房预售等制度，进一步加强和改善房地产市场调控；进一步调整完善住房公积金个人购房贷款政策，支持居民自住和改善性需求，抑制投资性购房，打击投机性购房，努力保持房地产市场平稳健康发展。

3.以加快推进国际航运中心建设为重点，全力推进现代交通运输业的发展。深入贯彻落实国务院19号文的要求，进一步完善部市、省市协调机制，全面落实交通运输部与上海市《加快推进国际航运中心建设合作备忘录》，以进一步优化现代集疏运体系和加快发展现代航运服务体系两个体系建设为重点，深化综合试验区政策研究，力争2010年基本建成两个体系框架。同时，以加快发展现代交通运输业为导向，全力推进综合交通运输体系发展。

（1）*进一步优化现代集疏运体系。*继续推进洋山深水港区四期前期工作和外高桥港区、吴淞口国际邮轮母港等建设，加快内河高等级航道建设和航道整治，继续推进苏申外港线、杭申线两大内河改造工程，完成大芦线一期和赵家沟航道整治工程。积极依托长江黄金水道，抓住长江干线船舶标准化机遇，推动江海直达船型的实际应用，进一步提高水水中转比例；启动郊环越江货运通道建设，继续推进航空枢纽建设，优化铁路枢纽布局，加快铁路路网建设和货场调整，积极发展海铁联运。继续加强与长江沿岸及国内其它港口的联系，进一步加强相互之间的港航合作交流。

(2) 积极发展现代航运服务体系。推动航运经纪人发展，争取建立班轮公司区域营运中心，鼓励船舶管理等航运企业入驻上海；加快中国船员专业人才市场建设，积极争取中国船员评估中心、国家海员招募中心、国际海员救助中心落户上海；继续支持北外滩、陆家嘴、临港新城等服务集聚区建设，加强船舶交易市场建设，推进航运综合信息共享平台建设；明确国际航运发展综合试验区的政策定位；争取国家有关部门支持，推动简化特案免税登记程序，继续推动落实好启运港退税政策，深化落实洋山保税港区航运企业营业税免征政策，推动“三港三区”一体化联动；继续推动邮轮产业发展，落实邮轮多点挂靠等政策。召开国际航运上海论坛，扩大上海国际航运中心影响力。

(3) 协调推进综合交通运输体系发展。以两港（海港、空港）、两路（铁路、公路）为重点，着力完善多层次的客货运通道和对外交通运输网络。以“零换乘”为目标，以市区与郊区之间的轨道交通和“P+R”枢纽建设为重点，加快确立以轨道交通为骨干、地面公交为基础、出租汽车为补充、交通枢纽为衔接的城乡公共交通体系。依托功能性、枢纽型、网络化的交通基础设施，进一步优化现代物流通道，加快建立和完善“多式联运、无缝衔接”的物流集疏运网络，促进口岸物流、制造业物流和城市配送物流等现代物流业发展。努力构筑与上海“四个中心”建设相适应、与城市功能布局相协调的一体化现代综合交通运输体系。

4. 以新一轮旧区改造为重点，不断改善市民生活条件。坚持以人为本、高度关注民生，突出居住、交通条件改善，坚持实事求是、尽力而为，以新一轮旧区改造为重点，加大民生改善工作力度，着力解决事关群众切身利益的重要民生问题。

(1) 着力改善市民群众的居住条件。重点完善包括廉租房、经济适用房、旧区改造动迁房、租赁房在内的住房保障体系，全力以赴解决好普通百姓的住房问题。全面贯彻落实中央关于加快棚户区改造的要求，加快推进新一轮旧区改造，编制完成“十二五”旧区改造规划，按照“过程全透明、结果全公开”的要求，全面推行旧区改造新机制，完善房屋拆迁补偿安置政策，严格房屋拆迁“阳光操作”制度，加强拆迁存量基地管理。进一步扩大廉租住房制度受益面，力争全年新增廉租受益家庭2.1万户；提高实物配租比例，全年新增实物配租家庭1.2万户。抓紧开展经济适用房配售工作，在条件成熟的其他区县有序扩大轮候供应。完善相关指导政策，推进公共租赁房、单位租赁房、人才公寓等租赁住房建设。继续推进二次供水改造，提高居民用水水质。进一步加强物业管理，提高物业服务水平。

(2) 着力解决市民群众的出行问题。贯彻落实公交优先战略，深化推进公交行业新一轮改革，不断完善行业公益性和运作市场化的运作机制。做好轨道交通新线试运营准备，严格通车前的安全检测验收；进一步强化轨道交通网络化运营管理，确保轨道交通安全有序运行。加大公交线网优化调整力度，进一步加强公交与轨道交通的无缝衔接。全面推进区域断头路接通工程，力争开工29条、完成10条。继续贯彻“两个坚决”的要求，坚决依法整治非法营运，坚决严格规范执法行为；坚持疏堵结合，完善区域公交线网，加快发展社区巴士，完善重要交通枢纽和大型居住区的公交服务，压缩非法营运滋生的空间。贯彻落实市政府促进出租汽车行业健康持续发展的意见，深入研究和稳妥出台相关扶持政策，保持出租汽车行业持续健康发展。

(3) 着力改善郊区居民生活条件。加快推进郊区生态宜居环境建设，不断完善郊区水、煤气和污水、生活垃圾等环境设施，协同做好优质卫生、教育、文化、商业等资源的同步配套工作。全面完成3000余户低收入农户危旧房改造，和100个村庄改造等市政府实事项目。继续支持乡村公路建设和农村危桥改造，推进农村村内道路改造。推进郊区供水集约化厂网建设。完成郊区126公里黑臭河道和1000公里村沟宅河综合整治；加快推进农村生活污水处理，力争全年完成4万户农村生活污水处理设施改造。

5. 以加大节能减排工作力度为突破口，进一步改善城乡生态环境。节能减排是改善城乡生态环境、提高市民生活质量的重要举措。要结合低碳经济的发展趋势和节能减排的刚性要求，以建设“宜居城市”为目标，进一步加大节能减排工作力度。

（1）加快实施环保三年行动计划。全面推进第四轮环保三年行动计划，加快建设白龙港污水处理厂二期扩容等一批污水厂网、竹园污水处理厂污泥处理工程，全市城镇污水处理率提高至80%以上。推进老港固体废弃物综合利用基地建设。完成越江桥隧、高速公路噪声治理工程。

（2）推进建筑节能和交通节能减排。研究探索低碳模式及评价体系，落实激励政策，强化过程监管，加大建筑节能力度。推进虹桥低碳商务区示范建设。全面推动新建建筑节能向既有建筑节能改造发展，由建筑运行节能向建筑施工节能发展。规范住宅全装修建设管理，提高新建商品住宅全装修建设比例，推进住宅节能省地和产业现代化。充分发挥交通节能减排专项扶持资金的作用，大力推进交通节能减排。加快公交车环保更新步伐，进一步提高公交运行效率和出行比例。在城市公交、建设工程、环卫等领域加大新能源车辆应用推广力度。继续加强对高能耗、高污染、低质量船舶的整治。

（3）加强城乡生态环境建设。加快城乡生态环境建设，建成辰山植物园，继续推进青草沙水源地、苏州河综合整治三期等项目建设，加快推进外环生态专项闵行区段、浦东滨江森林公园二期和中心城区及大型居住区绿地公园等建设，继续推进崇明东滩互花米草生态控制工程。力争城区绿化覆盖率提高至40%。

6. 以深化政府职能转变为核心，进一步加强政府自身建设。围绕“两高一少”的目标，以深化政府职能转变为核心，继续完善管理体制，加强法制建设，扩大社会参与，不断提高公共管理和服务水平。

（1）深化体制改革，提高行政管理效率。充分发挥大部制的优势，进一步增强“两委四局”的工作合力，进一步加强区县建设交通系统的统筹。继续推进系统政企分开、政事分开、政府与社会中介组织分开。稳妥推进市政公用设施运行维护管理体制改革。研究完善高速公路建设和管理办法。全面落实公路养护管理经费改革的各项措施。深化建筑建材业体制改革，探索体制机制法制创新，全面提高建设工程质量安全管理水平。继续推进建设工程行政审批制度改革，进一步优化审批方式，加快推进网上审批，不断下放审批权限，加强过程监管，提高行政管理效率。

（2）加强法制建设，提高依法行政水平。一方面，以修订系统立法规划框架为契机，进一步加强法制建设，抓紧建设工程质量安全管理、建筑节能、防汛管理、公园管理、公共汽电车管理等相关法规的制定、修订和立法调研，抓紧做好乡村公路管理、房屋拆迁管理等政府规章的研究制定，加快制定完善相关配套的规范标准，增强相关法规标准的操作性。另一方面，坚持依法行政，坚决禁止不正当、不规范、不合法的行政执法行为。要重点加强对城市管理、交通行政等执法的层级监督，完善内部审核和自我纠错机制，加强执法人员的教育，切实提高规范执法和文明执法水平。

（3）扩大社会参与，提高公共服务水平。在公共工程建设、公共政策制订和公共资源配置等涉及市民社会利益的政策措施出台前，要坚持问政于民，广泛征求市民、企业等社会相关方面的意见；要扩大社会参与，进一步扩大范围、拓展深度、完善机制。要善于通过多数群众做少数群众的工作，善于引入社会中介、专业人士等体制外力量，善于借助报纸、网络等媒体力量，并积极争取人大代表和政协委员的理解和支持。要通过社会参与主体的多元化，来推动政府公共决策的科学化，来帮助我们提升公共管理服务水平。要妥善应对处置公共危机，提升应急管理的能力。加强服务型政府建设，增强管理就是服务的意识，加大主动帮扶行业企业特别是中央在沪企业的力度。

1. 以编制“十二五”规划为契机，抓紧谋划上海城乡建设交通事业未来发展。2010年是“十二五”规划的制定之年。要在加强“十一五”总结评估、确保2010年和“十一五”各项目标任务完成的基础上，加快“十二五”规划编制工作。

*（1）认真做好“十一五”规划的总结评估。*今年是“十一五”的最后一年，要对照规划的目标任务进行全面梳理，特别是对与规划目标还存在一定差距的工作要抓紧推进，力争各项工作按时完成。在此基础上，要对“十一五”规划的执行效果进行全面评估，对规划的完成情况做出科学评价，以便我们在编制“十二五”规划的工作中能够把准方向、明确工作重心，提高规划的编制水平。

*（2）全面做好“十二五”规划的编制。*要把编制“十二五”规划作为今年的一件大事来抓，在规划编制中集中民智、凝聚共识、破解瓶颈、形成合力，做到“三个更加注重”：一是更加注重规划统筹。要充分发挥大部制优势，加强建设交通领域各专业规划的统筹平衡，特别要重点加强轨道交通、铁路、机场等综合交通规划的统筹平衡。既要立足上海自身发展转型，也要着眼于服务长三角、服务长江流域和服务全国发展。二是更加注重规划衔接。加强“十二五”规划的前后、左右衔接，前看“十一五”，后看“十三五”，保持规划的连续性；进一步加强与人口、产业、地下空间等相关规划的衔接，同时加强与发展改革、规划土地、农委等横向兄弟部门的沟通协调。三是要更加注重规划过程。要把“十二五”规划的编制过程，当作集思广益、群策群力的过程，广泛征求社会各方意见，拓宽参与规划决策渠道。加强体制内外研究力量的互动，充分听取不同单位、不同专业、不同领域的专家意见，使规划体现科学性、操作性和指导性。

*（3）加强前瞻性、战略性和基础性的研究。*一是在认真做好当前工作的同时，要着眼行业的长远发展，大力开展前瞻性研究。要研究世博会后城市建设与管理的定位问题；要认真研究基础设施养护的规律，以前瞻性的思考突破管理的传统模式等。二是在做好本职工作的同时，要积极提升站位，大力开展战略性研究。如要从全市的角度开展加强城市公共安全管理的思路与措施研究，供市政府在进行统筹协调时参考。三是在做好日常工作的同时，要积极强化基础性研究。

8. 以提高党建科学化水平为目标，切实加强和改进党的建设。全面贯彻党的十七届四中全会和九届市委九次全会精神，团结带领全系统各级党组织和广大党员，把推进党的建设伟大工程和推进上海建设交通事业发展紧密结合起来，凝聚力量，推动发展，维护稳定，促进和谐，全面完成各项任务，在重大现实考验和检验面前交出满意答卷。

*（1）适应新形势新任务要求，切实加强领导班子和干部队伍建设。*加强领导班子思想政治建设，提高各级领导班子运用科学发展观干事创业的能力与水平。以创建学习型党组织为标准，加强和改进各级领导班子的学习。坚持党委中心组学习制度，改进学习方式，加强与区县、基层联组学习，深入

重大工程同基层一线联动，提高学习的针对性、有效性。坚持领导班子务虚制度和领导干部调查研究制度，把理论学习聚焦在回答建设交通领域改革发展稳定的重大问题上。提高选人用人公信度，建设高素质的干部队伍。规范干部选拔任用提名制度，健全干部考察制度，增强干部选拔任用工作透明度和公开性。加强后备干部队伍建设，坚持正确的用人导向，建立来自重大工程、城市管理等基层一线的党政干部培养选拔链，使基层一线的优秀干部脱颖而出。建立促进建设交通事业科学发展的干部考评机制，探索干部实绩的“公开公示公议”，加大群众满意度评价权重。完善干部交流制度，疏通与区县、中央在沪单位等不同领域的交流渠道。坚持党管人才原则，加强建设交通行业人才队伍建设。制定和实施《上海市城乡建设交通行业人才发展中长期规划实施意见》，聚焦国际航运中心建设，加快航运重点领域、特殊岗位的人才培养，加强高层次人才和高技能人才建设。跟踪重大项目工程建设，有计划培养、引进、储备一批项目管理、设计施工领域紧缺人才。

（2）*推进制度创新，着力提高党建科学化水平*。坚持民主集中制原则，完善党内民主决策机制。进一步完善党委议事决策规则，严格执行“三重一大”集体决策制度，加强党委决策咨询工作，做好重大问题前瞻性、对策性研究。落实和完善党代会代表任期制，探索符合实际的企事业单位党代会代表发挥作用的途径方法。扩大党内基层民主，切实保障党员民主权利。推进各级党组织的党务公开，规范党务公开项目，严格党务公开程序。积极探索党员议事制度、党内事务党员听证咨询制度，完善党内情况通报制度、党员巡视制度，推广群众测评党员、党员测评支部、支部测评党委的“三测评”制度，实施党员定期评议基层党组织领导班子制度。把正常换届选举作为加强党内民主建设的基本要求认真抓好落实。创新党的活动方式，进一步完善党建工作格局。不断深化与推进建设工地、轨道交通建设运营、物业管理、公园绿地、城管执法、交通、水务、市政燃气等行业领域与社区党建联建工作，进一步整合资源，形成合力，并在实践中探索与完善党建联建制度规范和工作机制。

（3）*加强基层党组织建设，充分发挥党员先锋模范作用*。全面深化“党员世博先锋行动”，推动各级基层党组织和广大党员积极投入世博先锋行动，激励党员在岗位上建功立业的同时，带头参加志愿服务和公益活动。围绕服务世博、奉献世博，深入开展“世博先锋行动”，充分发挥党组织战斗堡垒作用和共产党员先锋模范作用。优化党的基层组织设置，探索党员教育管理新机制。从建设交通系统和行业点多面广、流动分散特点出发，坚持支部建在工地上、建在船舶上、建在项目上，探索向阶段性重大建设工程派驻党工委和建立临时党组织的做法，实行党员组织关系由一个党组织主管、参加多个组织活动的做法，为党员发挥作用拓展领域与空间。进一步加强基层党组织带头人队伍建设。建立健全党支部书记选拔培养机制，探索建立精干的职业化、专业化党务干部队伍。建立健全基层党建资源支撑体系，确保基层党建工作有人管事、有钱办事、有场所议事。落实“三服务”要求，构筑党内服务体系，健全党内激励、关怀、帮扶机制，深化创新城乡结对帮扶工作。

（4）*加强作风建设，努力做好新时期社会群众工作*。加强干部队伍作风建设，切实提高做群众工作的本领。切实办好顺民意、解民忧、惠民生的实事，着力解决人民群众最关注的住房、公交等突出问题，尽力缓解因大建设给人民群众带来的暂时不便和影响，努力化解长期发展中积累的矛盾问题。继续牵头抓好重大工程项目、旧区改造重点地区和重大涉民矛盾化解工作，深入排查梳理、全力化解动拆迁突出信访矛盾，使信访矛盾存量逐年减少、增量有效控制。继续开展“走进基层、服务群众”活动，坚持密切联系群众各项制度，结合系统与行业实际，畅通自下而上反映渠道。全员发动，交出“迎世博、办世博”的满意答卷。世博会召开前，开展“奔向世博会，冲刺100天”活动。在世博会召开期间，开展“当好东道主，添彩世博会”系列活动。不断提高社会动员能力和舆论引导水平，继续宣传重大工程中涌现出的创新团队和杰出人物，加强对服务品牌、服务标兵的宣传，加大服务世博、宣传世博的力度，继续办好“春运热线”和“夏令热线”活动。加强舆论监督整改工作，按照“限时整改，及时反馈，责任明确，流转顺畅”的原则，建立健全舆情整改工作机制。

（5）*推进党风廉政建设，加快健全完善惩治和预防腐败体系。*继续抓好“讲党性、重品行、作表率”主题教育，有针对性地开展示范教育、警示教育、岗位廉政教育，着力解决党员干部中不适应新任务要求、不符合党的性质和宗旨的问题。认真贯彻落实《上海市加强廉政文化的实施意见》，积极推进廉政文化建设融入系统各领域。强化干部监督管理，健全权力运行监督制约机制，加强对重大决策、重要干部任免、重大项目安排和大额度资金使用等决策规程和程序执行情况的监督，加强对民主集中制、民主生活会、领导干部述职述廉、诫勉谈话、函询等制度执行情况的监督检查。深化重点领域和关键环节改革，深入推进行政审批制度和行政执法体制改革。加强有形建筑市场、城市养护市场、交通运输市场的监管，规范招投标工作，加强分包管理，实行总包责任制和承诺明示等诚信管理制度。进一步整合和完善建设工程项目管理等信息平台，逐步推行行政审批电子监察。加大案件查处力度。严厉查处发生在领导机关和领导干部中滥用权力、贪污贿赂、腐化堕落、失职渎职的案件；严肃查办官商勾结、权钱交易和严重侵害群众利益的案件；严肃查处在工程建设中规避招标、虚假招标及违法转包分包的案件。加强对信访、审计、巡视等工作提供的案件线索的分析研判。强化工程建设领域突出问题的专项治理，及时纠正问题，落实监管责任，推广典型经验，完善规章制度，巩固治理成果。

同志们，举世瞩目的世博会即将拉开帷幕。幸逢世博百年盛事，我们备感机遇难得、使命光荣；确保世博成功举办，我们深感任务艰巨、责任重大。我们一定要在市委、市政府的坚强领导下，举全行业之力，团结拼搏、争分夺秒、全力以赴，以决战的姿态，扎实的工作，全面做好世博服务保障，全面展示行业精神风貌，全面完成今年的工作目标，向市委、市政府和全市人民交出一份满意的答卷！

一、城市规划

（一）综述

2009年是市规划国土资源局组建后全面履行各项职能的第一年。2009年的规划和国土资源管理工作紧紧围绕市委、市政府关于实现“四个确保”（保增长、保民生、保稳定、保世博）的总体目标，以“机构改革、规土合一、流程再造”为契机，加快工作磨合、资源整合、思想融合，各项工作全面推进并取得了一定成效。

2009年市规划国土资源局组织编制完成并经市政府批准了《上海市江湾历史文化风貌区保护规划修编——暨长海、五角场社区控制性详细规划》、《黄浦江两岸北延伸段地区结构规划》、《上海市长兴岛岛域总体规划（2008~2020年）》、《虹桥商务区控制性详细规划》、《上海市内河港区布局规划（2007~2020）》等11个重点地区规划。同时，深入开展《上海市城乡规划条例》的起草工作。对规划国土资源系统行政执法依据进行了梳理，主要行政执法事项142项，执行的法律、法规、规章128件，取消行政执法事项1件（土地使用金的征收）。按照上海市及各区县雕塑布局总体规划，2009年市规划国土资源局全力推进了上海重点城雕项目的建设实施，新建城市雕塑94座。

2009年，市规划国土资源局着力优化规划和国土资源业务管理流程，提高行政管理效能。会同市建设交通委研究制定了《上海市建设工程规划、土地审批流程改革实施办法》，研究制定了规划土地管理部门竣工验收事项并联办理实施办法等4个规范性文件，以“并联审批、管办分离”为切入口，按照“能并不串、能合不分、依法合规、公开透明”的工作原则，梳理并联审批事项，开展标准化业务梳理。

城乡测绘、地名、城建档案、干部教育、规划展示等各项工作顺利开展。

（二）规划编制

【市政府批准《上海市江湾历史文化风貌区保护规划修编——暨长海、五角场社区控制性详细规划》】2005年11月《上海江湾历史文化风貌区保护规划》经上海市政府批复。2007年下半年杨浦区府向市政府提出了修编申请。按照市政府要求上海市规划和国土资源局会同市文管、房地、建委、发改委等有关部门对修编的必要性和可行性进行了研究及论证，并形成书面材料专题上报市政府。2008年3月市政府同意修编，随即上海市规划和国土资源局开始启动江湾风貌区保护规划修编工作。同时，为了与全市中心城区控制性详细规划全覆盖工作相衔接，便于规划管理及信息公开等，经研究决定，结合《保护规划》修编工作，纳入长海、五角场社区控制性详细规划内容，统一为《上海市江湾历史文化风貌区保护规划修编——暨长海、五角场社区控制性详细规划》(以下简称《修编暨控详规划》)，按照整合后的《修编暨控详规划》严格指导规划范围内的规划管理工作。

2008年8月8日～9月6日，在杨浦区城市规划展示馆和杨浦区规划网站对该《修编暨控详规划》公示，规划成果并于9月27日，11月14日、11月20日，分别通过了区级相关部门论证会、市规划委员会办公室会议、以及风貌区规划管理特别论证会。

2008年12月按程序上海市规划和国土资源局将《修编暨控详规划》成果上报市政府，2009年2月16日市政府以(2009)12号文正式批复了《上海市江湾历史文化风貌区保护规划修编——暨长海、五角场社区控制性详细规划》。

【市政府批准《黄浦江两岸北延伸段地区结构规划》】按照黄浦江综合开发的计划安排，上海市规划和国土资源局会同市浦江办组织编制了《黄浦江两岸北延伸段地区结构规划》，经过市规划委员会办公室审议等程序，并根据市环保局对于该规划环境影响报告的审查意见，市规划国土资源局、市浦江办以沪规土资划[2009]109号文，将《黄浦江两岸北延伸段地区结构规划》联合上报上海市政府。市政府于2009年2月正式批复同意该规划。

根据规划，黄浦江两岸北延伸段地区规划范围为北起吴淞口，南至翔殷路－五洲大道，范围内黄浦江长度约13.3公里，两岸总用地面积约35.81平方公里。规划目标是：通过对黄浦江两岸北延伸段地区进行整体感优化和用地调整，逐步将其建设成为产业优化、布局合理、交通便捷、环境优美、生态平衡的滨水城区。黄浦江两岸北延伸段地区以现代工业和研发、生态涵养、休闲旅游、水上集散为主要功能发展导向，突出现代工业、高科技研发、生态、旅游、水上集散、城市基础设施建设以及城市发展储备等七大功能。规划按照滨江第一层面——滨江第二层面——公共中心三个层次进行功能布局，滨江第一层面为滨江生态绿轴，滨江第二层面为多种功能复合的滨江城区，公共中心为滨江第二层面中设置的公共活动中心和专业中心。

黄浦江两岸北延伸段地区规划陆域开发总建筑面积控制在670万～730万平方米。规划地区总居住人口约4.4万人。地区将根据“统一规划、分期实施、总量控制、结构调整”的原则，推进产业布局调整，加强生态环境建设，2020年后原则上不再保留生产性工业用地，并将建立长效监督制度。

黄浦江两岸北延伸段地区规划绿地系统由连续的滨江绿地、连接滨江与纵深腹地的绿带、城市公园和生态绿地四部分组成，开放空间系统由滨江绿化开放空间、绿化渗透轴和滨江开放空间节点组成。

【市政府批准《上海市长兴岛岛域总体规划（2008~2020年）》】按照上海市委、市政府有关指示精神，为贯彻实施国家产业发展战略和本市崇明、长兴、横沙三岛联动发展战略，加快推进长兴岛的开发建设，市规划国土资源局、市长兴岛开发办、崇明县政府联合组织编制了《长兴岛岛域总体规划（2008~2020年）》，并于2009年3月获上海市政府批准实施。

本次规划按照市委、市政府关于长兴岛开发贯彻落实科学发展观构建社会主义和谐社会的要求，紧紧围绕产业发展、基础设施、城镇建设、社会配套和生态保护“五位一体”的目标任务，进一步挖掘、提升了“世界先进的海洋装备岛、上海的生态水源岛和独具特色的景观旅游岛”的规划功能定位。规划至2020年，长兴岛常住人口达25万人左右；规划总用地约160.6平方公里，其中青草沙水库面积约67平方公里，城镇建设用地约55.6平方公里。

规划形成南部产业基地、中部城镇区、北部生态空间的发展格局，城镇区包括凤凰镇区和圆沙社区；产业基地包括中船、中海、振华三大企业基地和配套产业基地；生态区包括青草沙水库保护区和外围生态缓冲区。规划生态岸线约37公里，可利用岸线约35.2公里，其中，生活岸线约3公里，生产岸线约21.5公里。规划形成“三横多纵、环网相连”的岛域道路系统格局，建设“一横、一环、十五纵、三湖”的水系统，扩建长兴水厂、长兴岛污水处理厂、建设长江口支撑电厂等基础设施，为长兴岛发展提供完善的市政设施配套。规划还提出了长兴岛“蓝天碧水，白墙红瓦”的总体景观意向，对马家港地区、长江大桥东侧地区、潘圆公路沿线、横沙渔港地区等标志性门户景观区域提出了景观设计引导要求。

本次规划进一步研究深化了长兴岛的功能定位和发展目标，并立足于岛域的资源和环境条件合理确定了发展规模、空间布局、产业发展、城镇建设、生态保护等方面的内容，为全面建设世界先进的海洋装备岛、上海的生态水源岛和独具特色的景观旅游岛提供了重要的规划依据和技术支持。

【市政府批准《黄浦江北延伸段WN7单元控制性详细规划》】2009年5月27日，上海市人民政府以沪府[2009]50号文件批准《黄浦江北延伸段WN7单元控制性详细规划》。WN7单元规划范围东起黄浦江，西至淞宝路、牡丹江路，南起外环线，北抵宝杨路，规划总用地面积约233.8公顷，沿黄浦江岸线长约3.7公里。

WN7单元规划功能定位是以水上集散、生态、旅游、商业办公、居住五大功能为主的滨水社区，规划形成“一带、四区”的布局结构。“一带”为黄浦江滨江生态绿化带；“四区”为水上集散区、商业文化区、生态旅游区和居住生活区。

规划WN7单元内公共服务设施用地约34.2公顷，占城市建设用地的14.6%，规划居住用地约69.4公顷，占城市建设用地的29.7%，规划公共绿地约85.5公顷。规划WN7单元总建筑面积约175.1万平方米，其中住宅建筑面积约88.2万平方米，商办建筑面积约 62.0 万平方米。规划地区居住人口约 2.2 万。

道路交通规划与基础设施规划方面，加快吴淞客运中心及其配套设施建设，预留 A30 越江隧道的实施空间，结合实施进一步完善公共交通设施，并处理好与周边地区的交通关系，深化地下空间利用的规划研究。绿地景观规划和历史风貌规划方面，深化炮台湾湿地公园设计方案，体现地区历史文化特色。

【市政府批准《黄浦江南延伸段 WS3 单元（B 单元）控制性详细规划局部调整》】2009 年 8 月 7 日，上海市人民政府以沪府 [2009]62 号文件批准《黄浦江南延伸段 WS3 单元（B 单元）控制性详细规划局部调整》。

黄浦江南延伸段 WS3 单元（B 单元）规划范围东至瑞金南路、日晖港，南至黄浦江、龙华港，西至宛平南路，北至中山南二路，总用地面积约 182. 3 公顷。

黄浦江南延伸段 WS3 单元定位为：以生命科学创新、国际化医疗服务、医药商务为重点，融医疗、研发、文化、居住、旅游和生态功能为一体的国际医疗保健中心、生命科学研发中心、国际医药设备物流中心和专业培训与学术交流中心。

WS3 单元内城市建设用地面积 180.21 公顷，其中公共设施用地面积 66.76 公顷，居住用地面积 41.74 公顷，绿地用地面积 33.74 公顷，道路广场用地面积 36.07 公顷，市政公用设施用地面积 1.88 公顷。规划范围内总建筑面积约 265.03 万平方米，其中住宅建筑面积约 92.46 万平方米，商业办公建筑面积约 151.23 万平方米，其他建筑面积 21.34 万平方米。

强化绿化景观和滨江公共开放空间规划，黄浦江沿岸规划控制 50 ~ 200 米左右的公共绿地，根据规划要求设置相关配套公共服务设施、防汛墙、公交站点、景观雕塑、停车等设施。

进一步完善公共交通体系，加强滨江地区的可达性，合理配置文化、教育、医疗、体育、福利等设施，确保滨江地区防汛、排涝、消防等公共安全。

【市政府批准《黄浦江两岸北延伸段 EN2 单元局部地块控制性详细规划》】2009 年 4 月，上海市政府以沪府 [2009]23 号文批复《黄浦江两岸北延伸段 EN2 单元局部地块控制性详细规划》。

根据《黄浦江两岸北延伸段地区结构规划》，从 2008 年 6 月开始，上海市规划和国土资源管理局会同市发展改革委，市经委、浦东新区政府等相关部门开始编制《EN2 单元局部地块控详》。经规划方案公示和评审会，于 2009 年 3 月上报市政府。

EN2 单元局部地块控详规划范围东至中高公路，南至黄浦江，西至双江路，北至港城路，规划总用地面积约为 99.45 公顷。

规划区功能定位为以总部办公、科技研发和技术培训为主，适量高科技、环保的新型产业为依托的滨江特色产业区。

规划区形成“两心、两带、三组团”的布局结构，分为总部办公区、研发区、研发校园区、物流区、新型产业区、研发生产区和滨江绿化景观区等功能分区。

规划区总建筑面积 124.7 万平方米，远期工作人口约 1.8 万人。规划工业、研发用地约 69.3 公顷，占总用地面积的 69.7%；仓储物流用地约 4.4 公顷，占总用地面积的 4.4%；规划绿地 16.0 公顷，占总用地面积的 16.1%，其中公共绿地 12.0 公顷，生产防护绿地 4.0 公顷。

规划区道路系统包括城市主干路、次干路和支路，同时控制一条东西向通道，兼顾地区应急、安全等交通功能。

规划区的绿地系统由滨江绿地、生产组团隔离绿地、道路防护绿地和地块内部绿地组成。其中，规划 30 — 80 米的滨江绿带，并结合地块开发形成集中的公共绿地核心空间。地区产业发展要达到环保标准，满足区域整体生态和谐。

【市政府批准《黄浦江两岸北延伸段 WN1 单元 X3X4 地块控制性详细规划》】2009 年 6 月，上海市政府以沪府 [2009]52 号文批复《黄浦江两岸北延伸段 WN1 单元 X3X4 地块控制性详细规划》。

为落实军工路越江隧道相关动迁企业安置用地要求，自 2008 年 11 月起，上海市规划和国土资源管理局会同杨浦区政府等相关部门开始编制《X3X4 地块控详规划》。经规划方案公示和评审会，于 2009 年 5 月上报市政府。

X3X4 地块控详规划范围为军工路、规划 X3 路、规划 X4 路、规划 Y1 路围合街坊，规划总用地面积约为 11.2 公顷，属于黄浦江两岸北延伸段 WN1 单元范围内。

规划区功能定位为发展以高新技术产业、总部、研发等为主的现代工业。

规划区总建筑面积控制在 19.6 万平方米以下。规划工业用地约 8 公顷，占总用地面积的 70.9%；规划公共绿地 0.7 公顷，占总用地面积的 6.4%；交通设施用地 0.15 公顷，占总用地面积的 1.3%。

规划区道路系统包括城市主干路和支路，并控制一条街坊通道，为地块出入交通服务。

【市政府批准《上海市户外广告设施设置阵地规划》】为了进一步规范上海市户外广告管理，进一步塑造良好城市景观环境，更好迎接 2010 上海世博会的召开，上海市规划和国土资源管理局按照市委、市政府的指示精神，根据《上海市户外广告设施管理办法》的有关规定，结合迎世博 600 天行动计划的工作要求，于 2008 年 4 月开始组织编制上海市户外广告阵地规划。此后，市规划国土资源局在迎世博 600 天行动办公室指导下，会同上海市绿化市容局、上海市工商局以及 19 个区县规划管理部门，充分听取了各区县政府以及市政府法制办、市建委、市交通局等相关部门意见；通过座谈会、工作调研等多种方式，充分听取了市广告协会、市广告协会户外委员会和户外广告从业人员的意见。2008 年 10 月 10 日至 11 月 10 日，市规划国土资源局对规划进行了网上公示，收到社会各界的书面意见一百余份。在充分听取各界意见并对《上海市户外广告设施设置阵地规划》进行反复优化完善后，市规划国土资源局于 2009 年 4 月将规划成果上报市政府。2009 年 5 月 12 日，上海市政府批准了《上海市户外广告设施设置阵地规划》。

《上海市户外广告设施设置阵地规划》规划的编制，重点是体现“科学规范、标本兼治、注重长远”的精神，在指导思想上，以户外广告设置展示区、控制区、禁设区的三区划定和规划管理要求明确为重点，增强规划编制的科学性和实施的可操作性，力求使户外广告设置体现上海景观特征和人文内涵，成为展示上海物质文明和精神文明的窗口，成为展示上海海派特色和发展前景的阵地。

【市政府批准《虹桥商务区控制性详细规划》】虹桥商务区，位于上海市中心城西侧，沪宁、沪杭发展轴线的交汇处，结合虹桥综合交通枢纽布局设置，是推进上海“四个中心”建设、加快与长三角区域一体化发展的重大战略部署。

虹桥商务区规划范围分为三个层次：虹桥商务区主功能区规划用地面积约 26.3 平方公里；虹桥商务区拓展区，规划用地面积约 60.3 平方公里。虹桥商务区核心区面积约 3.7 平方公里的范围，其中首期启动建设区范围约 1.4 平方公里。

2005年，上海市会同铁道部、民航总局，经过多次方案比选和研究论证，明确高速铁路客站选址方案，确定了结合依托虹桥机场建设虹桥综合交通枢纽的战略构想。此后，市规划部门组织开展了一系列规划研究和编制工作。2009年7月16日，上海市人民政府以沪府[2009]55号文件批准了虹桥商务区（主功能区）的控制性详细规划。

虹桥商务区（主功能区）规划范围为东至环西一大道、西至现状铁路外环线、南至A9沪青平高速公路，北至规划北翟高架路，总用地面积约26.3平方公里。

规划功能定位为服务长江三角洲地区的商务中心和大型综合交通枢纽，是实现上海“四个率先”、建设“四个中心”和现代化国际大都市的重要战略空间。根据功能定位和综合交通发展要求，规划形成“一环两轴三核五区”的布局结构，即外围生态绿环；东西向核心功能发展轴和南北向公共功能发展轴；沿东西向发展轴布置中部综合交通功能核心、西部商务功能核心和东部功能核心；形成核心片区、机场片区、北片区、南片区和东片区五个片区。

围绕综合交通枢纽功能配置和完善，形成集机场、高速铁路、城际铁路、磁悬浮、长途高速客车和城市轨道交通、城市公交、出租等对外、对内交通方式于一体、高效便捷的综合交通系统。加快综合交通枢纽规划建设，进一步完善商务区周边地区的综合交通规划，加强商务区内外交通衔接和重要节点的交通组织。

规划总建设规模约1100万平方米，其中对外交通设施约300万平方米，商务办公等公共设施约490万平方米。在确保枢纽交通功能的基础上，开发建设中结合地区交通系统完善和环境影响要求，合理安排建设规模和建设时序。

根据地区功能布局和分阶段的建设推进，综合安排给水、燃气、供电、雨污水、通信邮政、消防、环卫等市政基础设施的建设实施。加强地下空间综合利用，统筹安排功能设置和空间布局，强化纵向分层、横向连通，预留公共联系通道和公共市政管线的布置空间。

根据批准的控制性详细规划，将进一步加强公共空间和环境景观建设，深化商务核心区的功能业态和空间形态分析，进一步完善核心区和重要节点的城市设计研究，细化重点区域的公共开放空间、街道界面、建筑布局、地下空间等规划控制要求，指导商务区的开发建设。

【市政府批准《上海市内河港区布局规划（2007~2020）》】依据国务院批准的《上海市城市总体规划（1999~2020）》、交通部和上海市政府联合批准的《上海市内河航运发展规划（修订报告）》和各区县域总体规划实施方案，按照市政府部署，为进一步完善上海港内河集疏运体系，促进本市内河港区规模化、集约化、现代化、公用化发展，归并、整治现有码头，原市规划局、市港口局于2007年7月联合开展了《上海市内河港区布局规划》的编制工作。经过市规划委员会办公室专家和市政府相关部门的审议、网上公示等程序，并根据市环保局对该规划环境影响评价报告的评审意见，2008年10月，原市规划局、市港口局以沪规划[2008]865号文，将《上海市内河港区布局规划》联合上报市府。市政府于2009年9月，以沪府[2009]79号文，正式批复同意该规划。

该规划在分析长三角区域发展以及上海港集疏运的水运需求基础上，借鉴国内外内河航运建设的经验，以“统一规划、合理布局，完善功能、分步实施”为原则，对本市内河港口吞吐量进行了预测。预测到2020年，内河港区吞吐量达到20100万吨左右，其中集装箱约364万标箱。

结合本市产业布局、区域发展、城市交

通和内河航道等条件，通过对现有内河港区资源的整合，提出了“主要、重要、一般”三个层次的内河港区布局。规划确定了外高桥、芦潮港、罗蕴三个主要港区，蕴东、安亭、塔汇、六团、三墩、钱桥、漕泾等七个重要内河港区，初步确定全市范围内 43 个一般内河港区及有客观需求的其他港区的内河港区体系，引导企业码头提供公众服务，基本形成布局合理、层次分明、功能明确的内河港区体系。

转变内河港区发展方式，加大内河港区航道的环境保护力度。内河港区要依靠规模经营、规范管理及设施更新、技术创新，提高装卸效率和经济效益；充分利用上海的水域和水运资源，促进节能减排工作，缓解道路交通拥堵；妥善处理内河港区与周边区域发展及水源保护等关系，集中控制和管理环境风险，保护和改善生态环境。同时规划还提出了近期建设计划并对规划实施提出建议。

三、规划管理

【启动《上海市城乡规划条例》的起草工作】2009 年，上海市规划国土资源管理局以贯彻落实《城乡规划法》为主线，对原地方法规《上海市城市规划条例》进行全面修改，深入开展《上海市城乡规划条例》的起草工作。新的条例将在总结近年来上海城乡规划管理经验的基础上，进一步强化城乡统筹、城乡一体化理念，进一步完善城乡规划体系，并重点加强对乡村地区的规划管理；同时，将充分发挥市、区县和乡镇各级政府在规划管理中的积极作用，形成层次清晰，分工合理、职能明确的新的城乡规划管理体制。

【推进行政审批制度改革】按照上海市政府对行政审批制度改革的总体部署，上海市规划国土资源管理局局根据规划和国土资源机构整合的新要求，深入探索和研究适应新形势下规划国土资源管理的新机制，积极推动“两规合一”和管理流程再造，与市建交委等部门联合制订了《上海市建设工程行政审批管理程序改革试行方案》，并经市政府办公厅转发。同时，对外公布了《上海市建设工程规划、土地审批流程改革实施办法》、《上海市建设工程设计方案规划方案公示规定》等配套文件，对内进一步精简行政审批环节，推行规划和土地管理程序并联审批，明显提高了工作效率。

此外，根据全市第四批行政审批清理工作要求，对涉及局系统行政审批事项、前置审批事项进行清理。结果为保留 45 项审批事项，调整 22 项审批事项。

【进行法规梳理】根据市政府法制办要求，市规划国土资源局对规划国土资源系统行政执法依据进行了梳理：主要行政执法事项 142 项，执行的法律、法规、规章 128 件，取消行政执法事项 1 件（土地使用金的征收）。

按照建设部、监察部要求，在各区县规土局配合下，对本市涉及调整用地性质、变更容积率的法规文件进行梳理，提出清理意见。

【进行行政复议和行政诉讼工作】2009 年，上海市规划和国土资源管理局共收到规划类行政复议申请案件 49 件，其中涉及政府信息公开类 13 件，行政许可类 18 件，行政处罚类 7 件，履行职责类 6 件，其他类 5 件。经审理，决定不予受理 8 件，告知受理机关 6 件，受理 35 件。复议决定维持 17 件，撤销 1 件，终止 2 件，履行职责 1 件，驳回 2 件，其他处理 9 件，未审结 3 件。建设部、上海市政府受理的复议案件中，因规土局具体行政行为而引起的规划类复议案件 15 件（其中涉及

政府信息公开类9件，行政许可类5件，其他类1件）。复议决定维持11件，终止1件，驳回2件，其他处理1件。

2009年，全市规划系统共发生诉讼案件77件，应诉机关均为原具体行政行为机关。其中复议后应诉17件，判决驳回诉讼请求4件，维持10，撤诉1件，其他处理1件，未审结1件；未经复议直接应诉61件，判决驳回申请3件，驳回诉讼请求26件，维持23件，限期履行职责1件，撤诉5件，其他处理1件，未审结2件。败诉率占案件数的0.01%。

【推进全市城市雕塑规划建设】在以世博雕塑建设为中心工作，全力推进本市城雕建设工作思想的指导下，2009年上海市城雕办会同上海世博局筹备完成世博雕塑建设前期准备工作和全面开展世博园区四大雕塑项目的实施建设。6月在上海城雕艺术中心举办了“中国2010年上海世博园区雕塑项目入选方案展”。7月组织了“中国2010年上海世博会园区雕塑项目入选方案评审会”。从中遴选出74个建设实施方案。目前，世博雕塑项目正在抓紧进行具体雕塑项目的制作、安装监理工作，确保2010年3月全部完成世博园区雕塑的建设工作。

按照上海市及各区县雕塑布局总体规划，2009年市规划国土资源局全力推进了上海重点城雕项目的建设实施，新建城市雕塑94座。

按照住房建设部、文化部工作要求，上海市城雕办会同市文广局认真组织开展了建国60周年“新中国城市雕塑建设成就奖”推选工作，选送出16个上海雕塑项目报送参选。经评比，共有7个雕塑项目获得建设部、文化部颁发“新中国城市雕塑建设成就奖”，1个雕塑项目获得“新中国城市雕塑建设成就提名奖”。

2009年市规划国土资源局组织开展了“迎国庆、迎世博上海优秀城市雕塑项目评选活动”，产生上海优秀城市雕塑作品大奖60个、优秀奖40个，优秀组织奖10个、组织奖8个。

2009年上海城雕艺术中心在开展馆藏作品常年展示区筹建工作和建立健全各项管理制度的同时，努力发挥城雕艺术中心的展示功能作用。成功举办了3场展览，1场雕塑捐赠仪式。

建设雕塑艺术流动展示平台是国际大都市城雕建设的有效补充，2009年南京路雕塑展示平台成功举办第十届南京路雕塑邀请展，另新增了普陀区长风生态商务区展示平台。

（四）核发许可情况统计

2009年全市核发建设项目选址意见书用地面积统计表

区 县	件 数	居住面积	公共设施面积	对外交通面积	工业面积	道路广场面积	市政公用面积	仓储面积	绿地面积	特殊面积	水域其他面积	总 计
市局	217	36737.8	4325212	7637033	885680	2797985	2680174.42	0	2925489	76700	523848	21888859.22
黄浦区	8	0	29600	0	0	0	1500	0	0	0	11790	42890
卢湾区	2	0	590	0	0	0	0	0	0	0	1484	2074
徐汇区	28	134063.9	125538	0	0	53402	12937	0	79300	0	661	405901.9
长宁区	14	7630	80713.6			11465	5900		67990		5237	178935.6
静安区	9	4220	220	0	0	0	0	0	2100	0	0	6540
普陀区	12	72400	117177	0	0	0	0	0	0	0	0	189577
闸北区	4	30078.9	30002.5	0	27695	10442.7	0	0	17634.4	0	121596.5	237450
虹口区	6	12380	4124	0	0	2594	0	0	1410	0	14775	35283
杨浦区	16	139239.4	93930	0			11439	6353.6	315500	5800		572262
闵行区	164	613701	1929426	23604	1530621	1430225	136015	164440	614473	0	339808	6782313
宝山区	103	209297	374591	217120		1494562	65688.4		486205		17120	2864583.4
嘉定区	79	386231	236257	0	0	2103153.92	83674	10687	904557	0	218319	3942878.92
浦东新区	10	0	0	0	0	441400	0	0	0	0	3287400	3728800
金山区	101	163058.1	489146.1	0	782526.5	441177.7	369017	0	17607	0	2351634.8	4614167.2
松江区	136	3400527.8	4228755	4161	118298	1075177.14	270733	146930	29965		104906	9379452.94
青浦区	69	352529.4	130803			1481937	279068.76		145265.5		46020640	48410243.66
南汇区	38	162435	219839			381146	15451.2		1770			780641.2
奉贤区	32	175193.3	145805	0	190090.9	0	1773192	0	30000	69056	0	2383337.2
崇明县	107	1197500.7	2062968.5	0	431346	1056354	84309.35	0	55769	65503	1410189	6363939.51
临港新城	55		532945	358598	45520	487578	26822		30601		435848	1917912
洋山保税港区	0											
总计	1210	7097223.3	15157642.7	8240516	4011777.4	13268599.46	5815921.13	328410.6	5725635.9	217059	54865256.3	114728041.8

2009年全市核发建设用地规划许可证用地面积统计表

区县	件数	居住面积	公共设施面积	对外交通面积	工业面积	道路广场面积	市政公用面积	仓储面积	绿地面积	特殊面积	水域其他面积	总计
市局	1067	1045200	18656813	24810383	2878305	15475849	10836082	0	11189857	6667	6645745.2	91544902
黄浦区	7	0	34342.8	0	0	0	0	0	0	0	11790	46132.8
卢湾区	4	0	1180	0	0	0	0	0	0	0	2968	91591035
徐汇区	57	476379.4	544628.7	0	0	139266.2	10139	0	75634	0	7394	1253441.3
长宁区	11	23465.97	64390.6	0	0	4861.9	6846	0	0	0		99564.47
静安区	20	0	219033.1	0	0	0	0	0	2100	0	0	221133.1
普陀区	40	197296	578730	1300	0	22000	0	0	0	0	0	799326
闸北区	19	306409.2	159740.1	0	55390	45866.9	6674	0	37679.4	0	243193	854952.6
虹口区	15	30948.3	50354.7	0	0	4154	0	0	2410	0	14775	102642
杨浦区	51	407860	268565.7	0	1562.4	81552.8	4994.8	0	545170	0	125774.4	1435480.1
闵行区	129	1789731	2104691	17498	954888	1781103	106127	0	770639	0	297391	7822068
宝山区	99	1262686	160169.3	17969.2	1490278	700590.8	16322.8	0	8574.9	0	3814.2	3660405.1
嘉定区	232	3670235	800379.7	106768	3892231	2369748	35048.2	46686.8	1627938	11319.9	88785.8	12649141
浦东新区	24	0	0	0	0	509600	0	0	0	0	6574800	7084400
金山区	231	1076065	1210909	0	5770219	513202.5	488718	128189	69579	0	3886568	13143449
松江区	264	6680778	14495548	29647	1863461	727773	718215.4	81193.8	45904.8	0	87831	24730352
青浦区	99	354911.7	436594.9	4000	624169	965324	81689.46	0	137237.3	0	60779.7	2664706.1
南汇区	307	2771177	462243.6	0	2224640	484874.1	1217261	0	111486.2	20253	4889948.7	12181883
奉贤区	74	865114.2	42488	0	974250.7	0	2686150	0	0	0	23288.6	4591291.9
崇明县	118	2950020	2381841	0	2813769	531887.7	389456.6	0	397064.4	0	213161.3	9677200
临港新城	95	1091260	1470573	0	1572433	2788027	31366.3	1894951	50098	0	75450.6	8974158.3
洋山保税港区	4	0	0	0	0	0	0	194620.2	0	0	0	194620.2
总计	2967	24999536	44143216	24987565	25115597	27145681	16635091	2345641	15071372	38239.9	16585561.3	197067500

2009年全市核发建设工程规划许可证建筑面积统计表（许可处）

区县	件数	别墅面积	普通住宅面积	宾馆面积	商厦面积	办公面积	其他面积	行政办公面积	工业仓储面积	市政公用面积	文教面积	体育面积	医疗面积	交通面积	特殊面积	总计
市局	292	809.26	222927.8	289571.1	141560.6	1028576	245143.6	17547.2	1842203	786196	90113.2	0	161083.2	1503975	181750.4	6511456
黄浦区	26	0	76335.83	0	4641.95	3685	194312.8	181.99	0	4513.5	9289.39	0	0	0	0	292960.4
卢湾区	24	0	10981	0	7935.1	171377	4424.1	5965	5918	0	26895	4579	0	0	0	238074.2
徐汇区	87	0	859974.4	0	71838.14	199527.2	134715.2	5689.4	7874.28	53104.94	244535	10704.2	188604.7	688.06	0	1777256
长宁区	72	4071.7	422602.3	0	0	116457.5	97568.61	4869.23	44642.08	71506.5	11905.6	0	697.3	606.94	0	774927.8
静安区	46	0	4645	53323	113781	143089.1	23769	24.6	0	3526	0	0	6940	0	649	349746.7
普陀区	85	0	1636091	125324	77294.91	26815.96	50594.78	0	130766.9	13448	35846.13	0	0	0	118478.2	2214660
闸北区	58	0	623072.4	0	49875.14	136797.8	16643.47	5909.3	43831.89	0	35795	0	138302.6	28108.8	2438	1080774
虹口区	27	0	123929.5	18292	134049.1	206184	78070.7	0	9568.4	1179.6	24276.7	0	4668.9	1009	0	601227.9
杨浦区	91	0	660352.2	0	660	266777	20470.25	13883.47	171967.8	1257.8	91221.85	0	52003.93	74277.46	8549.66	1361421
闵行区	334	447843.5	2983702	0	389893.1	142331.2	421537.8	24965.1	1866235	274747.8	305761.2	19715.62	52299.39	0	26972	6956004
宝山区	236	27307.8	1502022	0	244868.8	56867	56688	0	1368132	264485.6	224461.9	18480	65690.32	1459	49136	3879598
嘉定区	337	42999	2999371	30845	265170	162911.5	107891.4	24609	2533136	64152.93	179196.1	3770	171901	0	359503.7	6945457
浦东新区	4	201308	0	0	0	0	0	0	65873.04	0	0	0	0	0	0	267181
金山区	200	62085.04	867818.9	10735.24	114348.7	35250	42080.58	15438.8	1538329	9017.42	15646.84	0	9676.61	0	8993	2729420
松江区	369	334373.4	2625881	129750	216713.9	58275.95	285534.7	7989.49	2144450	32086.14	134802.4	0	80702.68	885.81	99763.18	6151208
青浦区	240	182976	888832	86822	327460.4	44432.4	216591	1758.5	1290514	27301.89	82083.45	12836	22307.7	170	5990	3190075
南汇区	195	57155.8	1456016	6780.78	157867.5	45352.27	191108	11054.9	1695498	48696.02	134571.7	0	126944	12240.96	58491.46	4001777
奉贤区	146	61214	809127.4	0	101853	21474.8	0	0	1165778	1557.8	259776.1	0	0	0	0	2420781
崇明县	60	0	889131.7	26420.1	17764.99	23271.58	0	70284.67	74023.56	11836.34	58354.03	6261	0	1230.8	5953.24	1184532
临港新城	81	0	1103936	0	108054.6	141933.3	618	29034.2	1349702	7998.9	78321.94	0	72059	0	0	2891659
洋山保税港区	1	0	0	0	0	59508	0	0	0	0	0	0	0	0	0	59508
总计	3011	1422144	20766749	777863.2	2545631	3090895	2187762	239204.9	17348443	1676613	2042853	76345.82	1153881	1624652	926667.8	55879705

2009年全市复验灰线、竣工验收情况统计表

区县	竣工件数	竣工总面积	放样件数	放样总面积
市局	134	2941128.19	229	1960119.05
黄浦区	12	261427.84	27	129757.79
卢湾区	6	69589.4		
徐汇区	26	490048.6	99	418277.37
长宁区				
静安区	12	657182.1	30	429238.5
普陀区	56	2050660.4	61	720076.01
闸北区	34	342864.6	327	688582.24
虹口区	16	481732.1	30	294121.2
杨浦区				
闵行区	178	4901956.89	606	3693345.24
宝山区	204	4746130.5		
嘉定区				
浦东新区				
金山区	211	2749733.81	352	1183216.38
松江区	367	6958337.56		
青浦区	181	2551673.22		
南汇区	204	4179129.94		
奉贤区				
崇明县	52	106699.87	112	363407.02
临港新城	46	1652062.92		
洋山保税港区	3	159767	5	42950.3

（市规土局供稿）

（一）综述

2009年，市重大工程年初共安排正式项目86项、预备项目36项，年计划投资1549.64亿元，计划新开工项目18项、计划建成或基本建成项目23项。按照市委、市政府"四个确保"的总体要求，不断完善推进机制，工程建设明显加快；不断防范工程风险，安全质量全面受控；不断化解各种矛盾，确保工程顺利推进，全面完成年度投资建设任务，在迎战危机、确保增长、促进发展方面做出贡献。实际实施重大工程投资建设项目96项，完成投资1692.68亿元，新开工项目28项、建成或基本建成28项。有10位个人评为杰出人物、5个集体评为优秀创新团队、345名个人评为建设功臣、9家单位评为金杯公司、11个单位评为金杯集体，202家公司（单位）被评为优秀公司（单位），涌现出一批优秀集体、记功个人和优秀组织者，受到表彰。结构与规模方面，一是投资建设枢纽型、功能性、网络化重大基础设施项目60个，占项目总数的69.7%；年计划投资1156.78亿元，占年计划总投资的74.6%。二是投资建设产业结构优化升级项目11个，占项目总数的12.8%；年计划投资53.87亿元，占年计划总投资的3.5%。三是投资建设以改善民生为重点的重大社会事业项目11个，占项目总数的12.8%；年计划投资96.42亿元，占年计划总投资的 6.2%。四是投资建设世博会工程项目 4 个，占项目总数的 4.7%；年计划投资 242.58 亿元，占年计划总投资的 15.7%。五是为加大投资、拉动内需预备项目转正及新增项目 12 个，年计划投资 110.73 亿元。（见表一、二）

表一　项目结构与投资规模

项目类别	项目数（个）	占总数比例（%）	计划投资数（亿元）	所占比例(%)
重大基础设施	60	69.7	1156.78	74.6
重大产业	11	12.8	53.87	3.5
重大社会事业	11	12.8	96.42	6.2
世博场馆及配套	4	4.7	242.58	15.7
小计	**86**		**1549.65**	
转到预备项目	2		1.85	
转正新增项目	12		110．73	
合计	**96**		**1658.53**	

表二　2009年重大工程项目一览表

序号	项目名称
1	京沪高速铁路上海段
2	上海至南京城际轨道交通
3	上海动车段
4	虹桥机场扩建工程
5	S26高速公路东段
6	外高桥港区六期工程
7	虹桥综合交通枢纽基础设施
8	杭申线航道整治工程
9	上海崇明越江通道工程（浦东五号沟—陈海公路，全长25.5公里）
10	S26沪苏高速公路新建工程（市界—A30公路同三段，全长约7.6公里）
11	G60沪杭高速公路改建工程（市界—A20公路莘庄立交西侧，全长约45.6公里）
12	上海国际航运服务中心（含航运大厦）
13	S32机场高速公路(含闵浦大桥)新建工程(市界–浦东国际机场,全长约80公里)
14	大芦线航道整治一期工程
15	赵家沟航道整治工程(赵家沟航段[黄浦江至浦东运河]和顾路航段[赵家沟至规划嫩江河],总里程约11.86公里)
16	苏申外港线航道整治工程
17	军工路越江工程
18	新建路越江工程
19	人民路越江工程
20	龙耀路越江工程
21	长江西路越江工程
22	闵浦二桥新建工程
23	西藏南路越江工程
24	打浦路隧道复线
25	外滩通道改建工程（中山南路—吴淞路海宁路，全长约3.7公里）
26	东西通道（浦东段）拓建工程（银城西路—申江路，全长约7.9公里）

27	中环线浦东段新建工程(上中路越江隧道–申江路,全长约15.6公里)
28	浦东国际机场北通道新建工程(申江路–主进场路,全长约15.6公里)
29	迎宾三路
30	轨道交通2号线东延伸段
31	轨道交通7号线工程
32	轨道交通9号线二期（首段）工程
33	轨道交通10号线工程
34	轨道交通11号线（北段）工程
35	轨道交通12号线(七莘路–上川路站,全长39.5公里)
36	铁路上海站北广场综合交通枢纽工程
37	上海西站综合改造
38	公交枢纽（包括富锦路综合客运交通枢纽、长江南路综合客运交通枢纽、江杨北路综合客运交通枢纽等16个子项目）
39	国家重大天然气项目配套工程(包括液化天然气LNG项目一期、五号沟LNG备用站、上海天然气主干管网二期)
40	上海漕泾电厂工程
41	上海吴泾热电老厂改造工程
42	上海临港燃气电厂一期工程
43	500千伏静安输变电工程
44	500千伏外高桥三期送出工程
45	500千伏漕泾电厂送出工程
46	北京西路–华夏西路电力电缆隧道
47	220千伏输变电工程(包括南市输变电工程、连云输变电工程、宛平输变电工程、闵北输变电工程、新龙华输变电工程、青虹输变电工程、沪崇电网联网输变电工程)
48	中科院浦东科技园
49	城市水资源开发利用(南方)国家工程研究中心
50	上海汽车工程研究院自主品牌研发中心扩建项目
51	上海超级计算中心三期工程
52	临港装备产业基地上海汽车自主品牌新产品技术改造项目
53	宝钢集团浦钢搬迁工程
54	上海外高桥造船有限公司海洋工程及高技术船舶配套项目
55	上海电气风电设备公司3.6兆瓦海上风机研制和2兆瓦风机产业化
56	“中华”专用生产线技术改造项目
57	上海中心大厦
58	外高桥粮食储备库及码头设施项目
59	经济适用房建设
60	金山医院迁建金山新城项目
61	市级医院综合楼建设(包括第六人民医院医技综合楼、瑞金普通病房综合楼、仁济医院门急诊医技综合楼、新华医院综合楼4个子项目）
62	文化广场改造工程
63	大世界保护修缮工程
64	上海应用技术学院奉贤校区二期工程
65	上海电机学院临港校区一期项目
66	上海东方体育中心
67	自然博物馆迁建

68	上海交响乐团迁建工程
69	苏州河环境综合整治三期工程（包括水系截污治污工程、青浦污水收集管网工程等4个子项目）
70	竹园污水处理厂升级改造工程
71	竹园污水处理厂污泥处理工程
72	白龙港污水处理厂污泥处理工程
73	西干线改造工程
74	市区生活垃圾内河集装化转运系统
75	东海大桥100兆瓦海上风电示范项目
76	青草沙水源地（包括长江取水泵闸和输水泵站、青草沙水库、长江过江管、陆域输水管线和增压泵站4个子项目）
77	中心城排水系统(包括大光复西排水系统工程、普善地区排水系统低标准改造工程等15个子项目)
78	辰山植物园
79	上海西郊国际农产品交易中心
80	集体经济相对困难村的村内道路建设和危桥改造
81	世博园区场馆及配套项目（包括公共活动中心、中国馆、主题馆、世博馆、演艺中心、世博村、场馆及配套设施等35个子项目）
82	世博园区主要基础设施项目（包括道路、集散广场、人形平台及综合广场、给排水工程、水工工程、绿地工程、地下空间工程等73个子项目）
83	世博园区场馆及配套项目（包括公共活动中心、中国馆、主题馆、世博馆、演艺中心、世博村、场馆及配套设施等35个子项目）
84	轨道交通13号线一期工程及世博联络线项目(华江路站–长清路,全长23公里)
85	世博配套路网(包括西藏南路、南车站路、内环线浦东段快速化改建工程等25个子项目）
86	铁路金山支线改造
87	杭申线航道整治工程
88	11号线南段（龙阳路～临港新城）
89	500千伏漕泾电厂送出工程
90	500千伏练塘工程
91	郊区三级医院迁建项目（六院临港分院等5+3项目）
92	上海金融学院综合实验中心及后勤配套建设工程
93	上海宝山邮轮停靠码头
94	上海至杭州铁路客运专线（上海段）
95	林海公路
96	中科院生命科学基础研究与应用研究平台及技术保障条件建设项目

【计划投资全面完成】2009年，市重大工程建设计划投资1549.64亿元。按照市委、市政府“四个确保”的总体要求，共完成投资1692.68亿元，占上海全社会固定资产投资总额的32.1%。（见表三）

表三　2009年重大工程建设项目投资完成一栏表

序号	项目分类	项目总数（个）	完成投资（亿元）
1	世博会建设项目	4	250.34
2	重大基础设施建设项目	59	1161.56
3	重大产业建设项目	11	67.06
4	社会事业建设项目	10	75.03
5	转正新增建设项目	12	138.69
合　计		96	1692.68

【计划开工项目全面启动】2009年，重大工程计划新开工18个项目，实际有京沪高速铁路、市区生活垃圾内河集装化转运系统、浦钢搬迁罗泾工程第二步实施项目、市级医院综合楼建设等28个项目开工建设。（见表四）

表四　2009年重大工程开工项目一栏表

序号	项目名称	计划总投资（万元）	开工时间(年月)
1	外高桥港区六期工程	350000	2009.01
2	崇明至启东长江过江通道	414800	2009.01
3	苏申外港线航道整治工程	23536	2009.02
4	长江西路越江工程	302000	2009.01
5	东长治路～长阳路道路改建项目	264000	2009.03
6	迎宾三路	150000	2009.03
7	上海西站综合改造	189000	2009.01
8	上海临港燃气电厂一期工程	554700	2009.06
9	中科院浦东科技园	600000	2009.01
10	城市水资源开发利用国家工程研究中心	10457	2009.01
11	上海超级计算中心三期工程	10352	2009.05
12	上海机电学院临港校区一期工程	90000	2009.06
13	上海东方体育中心	201791	2009.01
14	上海自然博物馆	72030	2009.06
15	上海交响乐团迁建工程	33000	2009.09
16	竹园污水处理厂污泥处理工程	80024	2009.06
17	铁路金山支线改造	408400	2009.12
18	杭申线航道整治工程	129626	2009.05
19	11号线南段（龙阳路～临港新城）	1428900	2009.12
20	500千伏漕泾电厂送出工程	28699	2009.02
21	500千伏练塘工程	260190	2009.05
22	郊区三级医院迁建项目（六院临港分院等5+3项目）	421000	2009.09
23	上海金融学院综合实验中心及后勤配套建设工程	34775	2009.06
24	上海宝山邮轮停靠码头	85000	2009.01
25	上海至杭州铁路客运专线（上海段）	1175400	2009.04
26	林海公路	243559	2009.07
27	中科院生命科学基础研究与应用研究平台及技术保障条件建设项目	58100	2009.05
28	上海国际航运服务中心（含航运大厦）	660000	2009.04

【计划建成或基本建成项目全面实现】2009年，重大工程计划23个项目建成或基本建成，政府加大投资规模，依靠积极的财政政策，各部门加大推进力度，确保上海崇明越江通道工程、沪杭高速公路改建工程、轨道交通7号线工程等28个项目基本建成，投入运行。（见表五）

表五　2009年重大工程基本建成项目一栏表

序号	项目名称	累计完成投资情况（万元）	基本建成时间（年月）
1	虹桥机场扩建工程	1474178	2009.12
2	上海崇明越江通道工程	1174562	2009.10
3	G60沪杭高速公路改建工程	143442	2009.12
4	S32机场高速公路（含闵浦大桥）新建工程	1438002	2009.12
5	苏申外港线航道整治工程	11051	2009.12
6	新建路越江工程	435425	2009.12
7	人民路越江工程	385450	2009.12
8	西藏南路越江工程	130038	2009.08
9	打浦路隧道复线	162788	2009.12
10	中环线浦东段新建工程	777814	2009.12
11	浦东国际机场北通道新建工程	793630	2009.12
12	轨道交通7号线工程	1571080	2009.11
13	轨道交通9号线二期（首段）工程	729863	2009.12
14	500千伏静安输变电工程	210000	2009.12
15	500千伏外高桥三期送出工程	364614	2009.05
16	北京西路～华夏西路电力电缆隧道工程	111078	2009.12
17	上海超级计算中心三期工程	9317	2009.06
18	外高桥粮食储备库及码头设施（外围配套）	154518	2009.12
19	大世界保护修缮工程	6892	2009.12
20	竹园污水处理厂升级改造工程	103344	2009.12
21	市区生活垃圾内河集装化转运系统	51790	2009.11
22	中心城排水系统	129168	2009.12
23	辰山植物园	196000	2009.12
24	集体经济相对困难村的村内道路建设和危桥改造	179845	2009.12
25	世博园区场馆及配套项目	1675387	2009.12
26	世博园区主要基础设施项目	771366	2009.12
27	世博配套路网	1623738	2009.12
28	500千伏漕泾电厂送出工程	28699	2009.12

【节点计划全面受控】一是围绕成功举办世博会，世博会场馆及配套项目建设加快推进。中国馆、世博轴、世博中心、世博会主题馆、世博演艺中心以及城市最佳实践区等基本完成；浦东11个联合馆、42个租赁馆全部落成；43个外国国家和国际组织自建馆建设进入冲刺阶段；浦西18个企业馆已有17个完成土建施工，进入装修布展；世博公园、水上入口、市政道路、高架步道、能源中心等配套基础设施全部完成；陆上出入口、停车场全面进入收尾。二是围绕长三角区域联动，重大基础设施建设顺利推进。外高桥港区六期工程、

上海至杭州铁路客运专线、长江西路越江工程、杭申线航道整治工程等一批项目开工建设；虹桥综合交通枢纽基础设施、沪常高速公路（S26）新建工程、京沪高速铁路上海段、13号线轨道交通工程、军工路越江工程等一批工程加快推进；虹桥国际机场扩建工程、上海崇明越江通道工程、轨道交通7号线、新建路和人民路越江工程、中环线浦东段等一批工程基本建成。三是围绕节能减排，生态环境项目建设有序推进。上海临港燃气电厂一期工程、竹园污水处理厂污泥处理工程、500千伏练塘工程等项目启动建设；东海大桥海上风电示范工程、500千伏漕泾输变电工程、苏州河环境综合整治三期、白龙港污水处理厂污泥处理工程、青草沙水源地工程等项目取得阶段性成果；500千伏静安输变电工程、北京西路至华夏西路电力隧道工程、中心城排水系统、竹园污水处理厂升级改造工程、辰山植物园项目、市区生活垃圾内河集装化转运系统等项目基本建成。四是围绕产业结构优化升级，重大产业项目积极推进。中科院浦东科技园、城市水资源开发利用（南方）国家工程研究中心等项目陆续开工建设，上海超级计算机中心三期工程启动建设，并提前完成；上海汽车工程研究院自主品牌研发中心、上海汽车临港产业基地自主品牌新产品技术改造项目取得阶段性成果；先进制造业项目建设取得新成就，宝钢浦钢搬迁工程第二步实施项目、上海外高桥造船基地有限公司海洋工程及高技术船舶配套项目、上海电气风电设备公司3.6兆瓦海上风机研制和2兆瓦风机产业化等项目有了一定的进展。五是围绕改善民生，重大社会事业项目全面推进。经济适用房建设加快，杨浦江湾地块、宝山共康地块、浦东、普陀等基地全面开工建设，徐汇区、闵行区开始配售试点，集体经济相对困难村的村内道路建设和危桥改造基本完成；上海应用技术学院奉贤校区二期工程加快推进，上海电机学院临港校区一期工程、上海金融学院综合实验中心及后勤配套建设工程全面启动；金山医院迁建金山新城项目、市级医院综合楼建设进展顺利，郊区三级医院迁建项目全面启动；大世界保护修缮工程基本完成，文化广场改造加快推进，上海东方体育中心、上海自然博物馆迁建等项目开工建设。

（二）重大基础设施建设

【概述】2009年，安排重大基础设施建设项目59个，完成投资1161.56亿元。枢纽、港口建设：外高桥六期工程码头主体工程完工，1538米码头全面贯通；上海宝山邮轮停靠码头和上海国际航运服务中心开始建设；承担水水中转任务的苏申外港线航道整治工程基本完成、杭申线航道整治工程启动实施、赵家沟航道整治工程和大芦线航道整治一期工程继续推进；虹桥国际机场扩建工程基本建成，明年3月将投入使用，同时虹桥综合交通枢纽基础设施建设10个项目全面推进，部分基本完成，虹桥综合交通枢纽配套快速路结构全部贯通，即将通车；铁路上海站北广场综合交通枢纽加快推进。高速公路建设：国家高速公路网沪陕高速（G40）重要组成部分的崇明至启东长江过江通道工程启动建设；沪苏高速公路（S26）新建工程主线沥青摊铺完成，沪杭高速公路（G60）改建工程主体高架建成通车、地面道路将于明年3月完成；申嘉湖高速公路（S32）、上海崇明越江通道工程顺利完成通车，高速公路运营里程达到767公里。铁路项目建设：上海西站综合改造、铁路金山支线改造、上海至杭州铁路客运专线启动建设，京沪高速铁路上海段、沪宁城际轨道交通（上海段）、上海动车段取得阶段性成果。轨道交通网建设：7号线、9号线二期、11号线北段一期工程、

13号线世博联络段基本建成通车，运营里程达到330公里；2号线东延伸工程、10号线工程等项目世博会前将基本建成，运营里程将达到428公里；11号线北段二期、12号线、13号线工程加快推进，11号线南段工程开工建设，在建里程达到140多公里，在建车站71座。越江设施建设：闵浦大桥建成通车，闵浦二桥新建工程结构贯通；新建路、人民路、西藏南路越江工程建成通车，打浦路隧道复线工程基本建成；军工路越江工程、龙耀路越江隧道工程推进顺利，长江西路越江隧道开工建设。骨干道路建设：中环线浦东段新建工程、浦东国际机场北通道新建工程基本建成通车；外滩通道改建工程、东西通道拓建工程等一批骨干道路全面推进；东长治路——长阳路道路改建工程、迎宾三路、林海公路全面开工。能源设施建设：国家重大天然气项目配套工程进展顺利，部分干网已通气；上海临港燃气电厂一期工程、500千伏漕泾电厂送出工程、500千伏练塘工程开工建设；东海大桥100兆瓦海上风电示范工程、500千伏漕泾输变电工程、220千伏输变电工程施工取得重大进展；500千伏外高桥三期送出工程、500千伏静安输变电工程、北京西路至华夏西路电力隧道工程、500千伏漕泾电厂送出工程等一批电力工程项目基本建成投入使用。新一轮三年环保行动计划项目建设：竹园污水处理厂污泥处理工程开始实施，苏州河环境综合整治三期工程取得阶段性成果，防汛墙加固等工程基本完成；13个中心城排水系统低标准改造工程、竹园污水处理厂升级改造工程全部完成，投入运行；白龙港污水处理厂污泥处理工程、西干线改造工程取得突破性进展。环境项目建设：上海漕泾电厂“上大压小”新建工程“拆二建一”异地改造、上海吴泾热电老厂改造工程进展顺利；青草沙水源地工程推进顺利，水库基本建成，两条过江管结构贯通；辰山植物园、市区生活垃圾内河集装化转运系统基本建成。

【外高桥港区六期工程开工建设】1月，外高桥港区六期工程开工建设。该工程位于长江口南港南岸的五号沟地区，距吴淞口灯桩16.5公里。港区北面与长兴岛隔江向望，西北与外五港区相邻。工程建设规模：5个大船泊位，包括：1个10万吨级和2个7万吨级集装箱泊位，2个5万吨级汽车滚装泊位；内侧2个长江驳泊位。设计年吞吐量210万标准箱和60万辆汽车。

【崇明至启东长江过江通道工程启动】1月，崇明至启东长江过江通道工程正式启动。崇明至启东长江过江通道工程起于上海长江隧桥工程终点处与其顺接后向北，至崇明岛北侧转向西，于江中省界处与崇启通道江苏段顺接，全长约51.2公里，其中上海段30.735公里。工程按高速公路标准，双向六车道，设计车速100公里/小时。

【苏申外港线航道整治工程开始实施并完成】2月，苏申外港线航道整治工程开始实施；12月，整治顺利完成。该工程位于青浦区和松江区内，起于省界，止至黄浦江分水龙王庙，全长35.5公里。主要工程内容：航道工程、停泊区及配套设施和助航设施，工程实施后，满足Ⅲ级通航要求。

【长江西路越江工程启动建设】1月，长江西路越江工程启动建设。该工程起于浦西郝桥港东侧，沿长江路向东下穿上钢一厂铁路专用线、军工路、逸仙路高架和东海船厂码头后过黄浦江，接浦东规划港城路，沿港城路至双江路止。隧道总长2812米，建设规模为双管单层双向六车道，主线设计车速60公里/小时。

**【东长治路～长阳路道路改建项目全面展

开】3月，东长治路~长阳路道路改建项目全面展开。该工程位于虹口区北外滩地区，主要建设内容包括：道路工程、排水工程及附属工程，架空线同步入地。东长治路~长阳路（旅顺路~大连路）设计车速为40公里/小时。

【迎宾三路正式开工】3月，迎宾三路正式开工建设。迎宾三路西起申昆路，终点为G318/虹桥路平交口，接顺虹桥路，途经闵行和长宁两区，全长3178米。迎宾三路道路等级为城市次干路标准，行车速度40公里/小时。

【上海西站综合改造全面启动】1月，上海西站综合改造全面启动。上海西站综合改造工程位于普陀区铁路上海西站地区，规划范围东起真华路下立交，西至真南路~桃浦东路下立交，南起桃浦路，北至富平路，总用地面积37.3公顷，其中包括铁路用地9.85公顷，市政基础设施用地14.82公顷，商业开发用地12.63公顷。工程主要建设内容包括：上海西站地下南北通道相关工程、周边配套道路广场建设工程、公交枢纽建设工程和国铁上海西站改扩建相关工程。

【铁路金山支线改造工程开工建设】12月，铁路金山支线改造工程开工建设。铁路上海站北广场综合交通枢纽工程范围：北至中兴路、西至恒丰路、南至交通路、东至大统路。主要建设内容包括：路局区域的改建改造、站前中心广场建设、公交枢纽站点建设、周边配套路网建设。工程总投资约43亿元，计划于2010年上海世博会前建成，投入使用。

【11号线南段（龙阳路~临港新城）启动】12月，轨道交通11号线南段启动。轨道交通11号线起点为浦东新区龙阳路站，终点为临港新城站，全长58.96公里，其中高架线路长约45.22公里，地下线路长约13.74公里。全线共设11座车站，其中高架车站9座，地下车站2座；另设3座变电所、1座控制中心、2座停车场。

【杭申线航道整治工程开始实施】5月，杭申线航道整治工程开始实施。杭申线上海段（浙江省界——分水龙王庙）工程范围：由大蒸港、圆泄泾二个航段组成，航道总里程17.24公里。工程主要内容：航道工程、桥梁工程、其他辅助工程。

【上海宝山邮轮停靠码头开工】1月，上海宝山邮轮停靠码头工程开工。该工程位于上海市宝山区吴淞口北侧的炮台湾防护堤水域岸线，宝山支航道内，向东南距吴淞口约2公里。上海宝山邮轮停靠码头水域规划岸线总长1500米，一期新建2个大型邮轮泊位，岸线长度774米，同时可停泊1个10万吨级邮轮和1个20万吨级邮轮，码头综合通过能力为60.8万人次/年，满足预测的2015年56万人次/年的旅客通过需求。二期将根据发展速度和实际需要改造建设另外两个邮轮码头泊位。

【上海至杭州铁路客运专线（上海段）开始建设】4月，上海至杭州铁路客运专线（上海段）启动建设。上海至杭州铁路客运专线东连上海，西接杭州，途经松江、金山、嘉兴、桐乡、海宁、余杭等市（区），线路总长约153.49公里，其中上海市境内53.65正线公里。全线共设松江南、金山北、嘉善南、嘉兴南、桐乡、海宁西、余杭南7个车站，速度目标值为350公里/小时。

【林海公路开工建设】7月，林海公路开工建设。该工程北起杨高南路–S20立交以南（不含立交），南至杨高南路–S30立交（含立交）。全长26.07公里。主线按照一级公路标准设计、双向六车道规模建设，设计车速为 80 公路 / 小时。

【虹桥机场扩建工程基本完成】12 月，虹桥机场扩建工程基本完成。该工程位于上海虹桥国际机场。工程建设主要包括机场工程、供油工程、民航空管及上海监管办工程三部分。工程于 2007 年开工建设，于 2010 年 3 月投入运行。

【沪杭高速公路改建工程基本建成】12 月，沪杭高速公路改建工程基本建成。该工程西起松江立交东侧，向东经新桥镇新桥立交，经南新铁路地道，直至莘庄立交西侧，基本遵循原有道路走向，全长 18.5 公里。工程主要内容：收费口西移、主线扩容。拓宽改建后的沪杭高速公路（莘松段）收费站以西路段由双向 4 车道增至双向 8 车道，按高速公路标准设计；收费站以东至莘庄立交，规模增至高架道路双向 6 车道加地面辅道 4 车道，大大提高了此段道路的通行能力。

【长江隧桥绿化工程正式开工建设】3 月，上海长江隧桥绿化工程正式开工建设，有着 25.5 公里长的长江隧桥工程，其绿化工程分为大桥段和隧道出口处两个施工地点。施工范围为道路红线内的中央分隔带、道路两侧绿化带、立交区域、管控中心及服务区。绿化面积约 27 万平方米，选用红花美女樱、金叶女贞、蜀桧、海桐、红叶石楠等 50 多个品种，种植乔木 2.6 万余株。

【长江隧桥 AC-25C 沥青铺装试验段开工】3 月 21 日，长江隧桥工程 AC-25C 试验段开始沥青铺装施工。通过沥青铺装试验，进行隧桥铺装力学分析，取得铺装层受力状况，特别是在低温、常温、高温和超载情况下铺装层疲劳特性等各技术参数后，长江隧桥工程沥青铺装施工将全面展开。上海长江隧桥工程沥青铺装包括三部分：长江隧道沥青混合料路面铺装、长江大桥接线道路与桥梁沥青混合料路面铺装以及长江大桥跨江段主桥钢桥面沥青混合料铺装。

【长江大桥工程崇明 10kV 开关站受电成功】6 月 25 日，长江大桥工程崇明 10kV 开关站受电正式启动。本次受电启动是长江大桥供配电系统的一个重要节点，受电启动一次成功，为长江大桥沿线各用电单元提供可靠的动力电源，意味着供配电系统及各用电单元具备了调试条件。

【上海长江大桥钢桥面环氧沥青铺装胜利告捷】8 月 19 日，最后一台压路机开出大桥钢桥面，标志着上海长江大桥钢桥面环氧沥青铺装全面完成，实现了总体工期中的一个关键节点。上海长江大桥采用分离式钢箱梁的斜拉桥，钢箱梁位于主塔两边，其中钢桥面主桥环氧沥青铺装总长 1430 米，是目前国内跨径最大的、总长最长的桥梁环氧沥青铺装工程。桥面铺装结构采用国产环氧沥青混凝土作为桥面铺装材料。铺装厚度为 5.5 厘米（下面层 3.0 厘米，上面层 2.5 厘米）。桥面铺装施工历时 56 天的紧张施工，为上海长江大桥钢桥面环氧沥青施工划上了圆满的句号。

【上海长江大桥 LR22 大位移伸缩缝全部吊装完毕】8 月 29 日，国内设计难度最大、位列世界技术先进前茅—上海长江大桥 LR22 大位移伸缩缝全部吊装完毕。4 条伸缩缝分别安装于大桥主塔两侧 PM59、PM64 及 PM52、PM57 侧，6 月 25 日开始对上行线侧 PM59、PM64 上的 LR22 伸缩缝进行吊装，8 月 29 日完成下行线侧 PM59、PM64 的 LR22 伸缩缝吊装入槽和安装调平。上海长江大桥 LR22 伸缩缝装置最大位移量为 1760 毫米，该伸缩缝维修养护时不需要阻断桥梁正常交通运行，在设计和制造上已经预留了轨道交通的设计，将来轻轨过江时伸缩缝装置不需要做大的改动，同时该伸缩缝装置也预留了电子监控系统的安装位置，为桥梁全面的电子化管理预留了空间，是迄今为止国内设计难度最大、技术最先进的伸缩缝装置，同时该伸缩缝装置技术的先进性在全世界也位列前茅。

【上海长江大桥实施荷载试验】8 月 28 ~ 29 日两天，进行了三座连续梁桥荷载试验，共用总重 30 吨加载车辆 24 辆，分不同工况对主桥各个控制断面应力、挠度等参数进行测量；以不同时速对桥梁进行试验，测量了各桥的冲击系数等参数，全部满足设计要求。

【上海长江大桥工程通过交工验收】9 月 28 日，上海长江大桥工程通过交工验收。验收委员会认为，长江大桥工程设计科学严谨，内容完整，各项技术合理，结合公轨共面条件，基于行车安全性和经济性，提出了公轨共面桥梁的技术标准，满足国家相关规范和标准的要求，长江大桥工程的质量整体合格，工程符合交工验收条件。

【上海长江隧桥全面亮灯】10 月 18 日晚 6 点，上海长江隧桥全面亮灯。长江隧桥在照明工程上竭力推广节能新技术，体现了绿色环保理念。在隧桥照明设计过程中，技术人员通过专用的计算软件，对照度进行计算，从而快速方便地确定灯具布置形式、杆高、路灯间距、光源容量，实现合适的照度。隧道内照明首次采用了与现有其他隧道不同的照明方式 –LED 光源，大桥道路照明光源首选高压钠灯。长江大桥包括引桥全长 14.1 公里，道路照明路灯约为 1200 盏。在相同的照明指标要求下，采用高压钠灯光源要比金卤灯光源每年节电约 65.7 万度。大桥道路照明的控制结合全桥综合监控系统的实施，组成具有远程遥控、遥测、遥讯和数据信息处理等功能的控制系统，可对全桥各区域路灯进行准确的遥控开关灯，避免因早开或晚关造成的能源浪费。

【上海崇明越江通道工程建成通车】11 月，上海崇明越江通道工程（上海长江隧桥工程）建成通车。该工程起于上海市浦东新区的五号沟，经长兴岛到达崇明县的陈家镇，全长 25.5 公里。工程采用“南隧北桥”方案，即以隧道形式穿越长江口南港水域，长约 8.95 公里；以桥梁形式跨越长江口北港水域，长约 16.65 公里。工程按高速公路标准，双向 6 车道，设计荷载公路 I 级，设计车速 80 ~ 100 公里 / 小时。

【机场高速公路（含闵浦大桥）新建工程建成投运】12 月，机场高速公路（含闵浦大桥）新建工程建成投运。该工程西起上海市与浙江省交界，接浙江省申嘉湖高速公路，经金山、青浦、松江、闵行和原南汇五区，至浦东机场南进场路，全长 83.512 公里。

【新建路越江工程建成投入运行】12 月，新建路越江工程建成投入运行。该工程浦西段北起海伦路海拉尔路，沿新建路穿越周家嘴路、东余杭路、唐山路、东长治路、东大名路后向南过黄浦江（在东余杭路设一进口匝道，唐山路设一出口匝道），接浦东银城东路（进口匝道接银城东路，出口匝道接银城中路），隧道总长 2355 米。工程建设规模为双管单层双向 4 车道，设计车速 40 公里 / 小时。

【人民路越江工程建成投入运行】12 月，人民路越江工程建成运行。该工程西起人民路淮海东路，沿人民路向东越江后至东昌路浦东南路。浦东段在左转接浦城路地面定向匝道的内侧增设进入银城东路下立交的地下车道；浦西段出入口匝道为河南南路东侧对称布置，隧道总长 2325 米。主线建设规模为双管单层双向 4 车道，主线设计车速 40 公里 / 小时。

【西藏南路越江工程建成试通车】8 月，西藏南路越江工程建成试通车。该工程自西藏南路 - 中山南路交叉口起，沿西藏南路向穿越江南造船厂原址、黄浦江至浦东，沿滨洲路穿越浦明路、雪野路、浦东南路至博文路 - 云莲路交叉口，隧道总长 2202 米。建设规模为双管单层双向 4 车道，设计车速 40 公里 / 小时。世博会举办期间，该隧道作为世博会浦西和浦东园区的专用越江通道。

【打浦路隧道复线建成通车】12 月，打浦路隧道复线建成通车。该工程位于既有打浦路隧道以西，浦西接瑞金南路 - 中山南路交叉口及龙华东路 - 大木桥路交叉口，浦东接长清路 - 耀华路交叉口，隧道总长 2416 米。建设规模为单管单向 2 车道，设计车速 40 公里 / 小时，与既有打浦路隧道组成一组双向 4 车道的越江通道。

【中环线浦东段新建工程基本建成】12 月，中环线浦东段新建工程（上中路越江隧道 - 申江路）基本建成，投入运行。该工程西起上中路越江隧道，东至申江路，全长 15.6 公里。济阳路以东段采用“高架快速路 + 地面辅道”总体布置形式，济阳路以西段与上中路越江隧道相接，采用“地面快速路 + 地面辅道”布置方案。全线建设规模为：主线采用双向 8 车道，地面辅道采用双向 6 车道。道路主线建设标准为城市快速路，设计车速 80 公里 / 小时；辅道及地面道路为城市主干路 I 级，设计车速 50 公里 / 小时。

【浦东国际机场北通道新建工程建成通车】12 月，浦东国际机场北通道新建工程建成通车。该工程位于浦东新区南部，穿越张江功能区域和川沙功能区域，西起申江路（接中环线申江路立交），东至浦东国际机场主进场路，长约 15.6 公里。道路采用“高架 + 地面道路”形式，主线规划为城市快速路，设计车速 80 公里 / 小时；地面道路规划为城市主干路，设计车速 50~40 公里 / 小时，双向 6~4 车道。

【轨道交通 7 号线工程建成运营】11 月，轨道交通 7 号线工程建成，投入运营。始于宝山区外环线陈太路（锦秋路）口，终于浦东新区龙阳路新国际博览中心。沿途经宝山、普陀、静安、徐汇、浦东五个行政区，全长 30.045 公里，设 28 座车站。在新村路附近设控制中心 1 处，在新村路和上南路附近各设主变电站 1 座，设陈太路停车场及综合基地和龙阳路辅助停车场。采用 6 节编组的大型车，全线单程运行时间约 1 小时。

【轨道交通 9 号线二期（首段）工程建成试运行】12 月，轨道交通 9 号线二期（首段）工程建成，投入试运行。轨道交通 9 号线二期工程线路始于宜山路站（不含），止于浦东新区的东靖路站，经过徐汇、卢湾、黄浦和浦东新区四个行政区，线路总长 26.219 公里，共设 15 个车站，将与 11 条轨道交通线路相互换乘。此次建成试运行的线路总长 14.472 公里，有徐家汇、东安路、大木桥路、打浦桥、马当路、西藏南路、中华路、浦东南路、世纪大道、民生路 10 个站。

【世博配套路网建设基本完成】12 月，围绕世博园区周边道路交通体系建设，世博配套路网项目基本完成。基本建成的项目有：浦西为南车站路 - 瞿溪路 - 普育东路 - 跨龙路 - 陆家浜路、斜土东路 - 国货路（西藏南路 - 海潮路）、制造局路（龙华东路 - 中山南一路）、西藏南路（淮海路 - 中山南路）、瑞金南路

（肇嘉浜路－中山南一路）、东安路（丰溪路－肇嘉浜路）等工程项目；浦东为内环线浦东快速化改建工程、高科西路（浦东南路－杨高南路）新建工程、浦明里（龙阳路－浦电路）改建工程、浦东南路（浦电路－上南路）、耀华路（上南路－长清路）改建工程、杨高路（环南一大道－龙阳路立交）改造工程、浦建路（浦东南路－环龙路）改扩建工程、成山路（长清路－杨高南路）拓建工程、东方路（浦东南路－龙阳路）改建工程、金桥路（军工路隧道－锦绣东路）改扩建等工程项目。

【上海临港燃气电厂一期工程启动】6月，上海临港燃气电厂一期工程启动。该项目位于临港新城西南部的重装备园区，芦潮港以西10公里，距临港新城15公里，距上海城区约70公里。厂址北侧为上海液化天然气（LNG)输气管线接入上海天然气管网的门站、东侧以E7路为界与外高桥造船有限公司毗邻。工程建筑面积39469.48平方米，主要由主厂房、综合办公楼、GIS楼、化学水处理室等组成。

【竹园污水处理厂污泥处理工程开工建设】6月，竹园污水处理厂污泥处理工程开工建设。本工程主要解决竹园第一污水处理厂、竹园第二污水处理厂、曲阳水质净化厂和泗塘水质净化厂等四座污水处理厂产生的污泥。工程位于上海市浦东新区沿塘路北、上海航道局疏浚船舶基地以东，合流污水一期排放口以西地块。本工程占地面积约5.83公顷(包括远期工程用地)。主要建设内容包括：脱水污泥接收，仓储及物料输送系统；污泥干化系统；污泥焚烧系统；余热利用系统；烟气处理系统；半干污泥储存仓库及输送系统；生产用水处理系统；除臭；以及厂区总体布置、道路交通、供排水、蒸汽供给、消防等配套工程。

【500千伏练塘工程开工】5月，500千伏练塘工程开工。该工程主要建设内容。一、500KV练塘变电站新建工程：新建1000MVA主变压器2组；500KV本期出线4回，至泗泾、变2回，至漕泾变2回；220KV本期出线12回。二、500KV泗泾变电站扩建出线间隔工程：新增出线2回，至练塘变。三、500KV漕泾变电站扩建出线间隔工程：新增出线2回，至练塘变。四、500KV练塘变至泗泾双回线路工程：新建双回500KV练塘变至泗泾双回线路，长度2*34公里，全线按双回架设，导线截面6*630平方米。五、500KV练塘变至漕泾双回线路工程：新建双回500KV练塘变至漕泾双回线路，长度2*59公里，其中练塘出口处2*17.5公里与规划的沪西换流站至练塘变双回线路按同塔四回架设，导线截面6*630平方米。六、500KV王店变至南桥I、II回线路改造工程：为配合500KV漕泾变至练塘变线路建设，部分线路沿其中一回路改造为同塔双回架设。七、相应的光纤通信工程。

【500千伏静安输变电工程建成】12月，500千伏静安输变电工程建成。500千伏静安输变电工程根据上海城市发展规划和上海电网“十一五”规划方案，为根本解决上海浦西内环线以内中心城区电力供应日益紧张的局面，并满足2010年世博会的供电需要，经国家发展和改革委员会发改能源［2006］1998号文核准同意建设500千伏世博输变电工程。工程包括世博变电站本体工程、500千伏三林站至世博站电缆线路工程、500千伏世博变电站进线段隧道接头部分工程和光纤通讯工程等四部分。1、接入系统方案本期工程中世博站以2回500千伏地下电缆接入规划建设的500千伏三林开关站。2、变电站规模500千伏进线电缆：远景3回电缆进线，其中2回至500千伏三林站，1回至500千伏南桥站；本期2回电缆进线，至500千伏

三林开关站。220千伏进出线电缆：远景20回电缆，其中出线19回，进线1回；本期14回电缆，其中出线13回，进线1回。站内500千伏主变与220千伏主变连接电缆：远景2回，本期1回。110千伏出线电缆：远景12回电缆，本期12回电缆。35千伏出线电缆：远景36回电缆，本期36回电缆。3、500千伏电缆线路规模本期工程中，世博变～三林开关站电缆线路按单相、双回路铺设，每相电缆长度约17.2公里，电缆采用交联电缆，电缆线路导体截面按2，500平方毫米。500千伏世博变电站进线段隧道接头部分工程配合世博站本体工程同步建设世博变电站进出线接头部分的三段电缆隧道，长度约为225米。世博变电站拟建成为多电压等级500千伏全地下终端变。

【500千伏外高桥三期送出工程建成】5月，500千伏外高桥三期送出工程建成。500千伏外高桥三期送出工程根据用电规划，由国家发展和改革委员会发改能源［2007］1115号核准同意建设上海外高桥电厂三期送出、南汇输变电和三林输变电工程。新建500千伏南汇输变电工程：1、新建500千伏南汇变电站：主变2×1,000兆伏安、500千伏出线4回，采用2个完整串和2个不完整串（H-GIS组合电气）；220千伏采用双母线双分段接线（H-GIS组合电气）。2、新建500千伏顾路～南汇输电线路：线路全长48公里，按同塔双回路设计；全线共用铁塔129基，导线采用6×LLBJ-630/45铝包钢芯铝绞线。新建500千伏三林开关变电站：远景：主变4×1,000兆伏安、500千伏出线9回、220千伏出线22回。本期：500千伏开关站，500千伏出线8回，采用5个完整串和2/3GIS断路器接线方案，共安装15台断路器。3、新建500千伏南汇－三林输电线路：线路全长44公里，其中三林开关站进线段3.5公里与杨高变开断线路同塔四回路架设，其余按同塔双回路设计；全线共用铁塔122基，导线采用6×LLBJ-630/45铝包钢芯铝绞线。4、新建500千伏杨高～南桥输电线路开断环入三林站：线路全长23.5公里，其中20公里为与220千伏线路同杆同塔四回路，3.5公里为同塔双回路设计；全线共用铁塔66基，导线采用4×ACSR/AW-720/50铝包钢芯铝绞线。新建500千伏外高桥三期～顾路输电线路工程：线路全长11.5公里，按同塔双回路设计；全线共用铁塔34基，导线采用4×ACSR/AW-720/50H和4×LLBJ-400/35铝包钢芯铝绞线。

【北京西路～华夏西路电力电缆隧道工程建成】12月，北京西路－华夏西路电力电缆隧道工程建成。北京西路～华夏西路电力隧道工程经上海市发展和改革委员会沪发改城［2007］036号批准同意建设北京西路～华夏西路电力电缆隧道工程。该工程起点为：北京西路、大田路口世博变电站内工作井内壁（即世博4#工作井内壁与隧道接口），终点为：锦绣路、华夏西路口、三林变电站围墙外1米。工程规模：隧道全长约15公里（不含工井），其中隧道内径5.5米，长约8.84公里，采用盾构法施工；隧道内径35米，长约6.14公里，采用顶管法施工；沿线共设15座工作井。线路走向：工程自北京西路世博站4#工作井起，沿南北高架路西侧向南，穿过延安中路、淮海中路、徐家汇路至斜土路；折向东，沿斜土路至南车站路；折向南，沿南车站路、花园港路至南市电厂，向南穿越黄浦江，至浦明路；折向东北，沿浦明路至龙阳路；折向东，沿龙阳路南侧绿化带至锦绣路；折向南，沿锦绣路至华夏西路，与三林站电缆隧道相接。

【竹园污水处理厂升级改造工程建成投入运营】12月，竹园污水处理厂升级改造工程建成投入运营。该工程主要建设内容包括污水处理系统、污泥处理系统及除臭系统、自控系统升级改造工程等。污水处理系统部分需新建细格栅间4座、曝气沉砂池1座（与细格栅间合建）、配水井3座、生物池2座、平流沉淀池1座、鼓风机房1座、紫外线消毒渠1座、沉淀池配水井1座等；改造原有沉淀池、1＃～2＃切换井、快速混合池、化学生物絮凝池、出口泵房、出流井等。污泥处理系统需新建污储泥池1座、泥浓缩机房1座、污泥泵房1座（与平流沉淀池合建）。

【市区生活垃圾内河集装化转运系统建成投用】11月，市区生活垃圾内河集装化转运系统建成投用。市区生活垃圾内河集装转运系统是利用市区蕰藻浜环卫码头和徐浦码头为转动枢纽，以蕰藻浜、黄浦江、大治河为主要水运路线，发挥内河航运优势，将市区生活垃圾经过压缩以集装箱的形式运输到老港填埋场，建立市区生活垃圾到老港的长期、可靠、环保低成本的运输系统。该项目由徐浦垃圾转运码头、蕰藻浜垃圾转运码头、老港垃圾转运码头三部分组成。

【中心城排水系统基本完成】12月，中心城排水系统基本完成。中心城区排水系统主要包括14个子项。1、万航排水系统改造工程：万航排水系统改造工程东起胶州路，南至永源浜路，西沿镇宁路、万航渡路，北临苏州河，服务面积164公顷。主要建设内容：与江苏路调蓄池合并建设万航泵站，设计规模13.58立方米/秒，占地面积2，860平方米，干管支管3，780米。2、汉阳排水系统工程（一期工程）：汉阳排水系统工程服务范围为北起周家嘴路，南至黄浦江，西起虹口港，东至大连路、长阳路、杨树浦路，服务面积202公顷。一期工程主要内容：新建汉阳雨水泵站土建部分，包括泵站平面布置，排水泵房的土建，变配电间及附属用房的土建工程、建筑景观；4，000×2，400毫米进水箱涵及2，400×2，200毫米出水箱涵。3、文庙排水系统工程：文庙排水系统工程服务范围北起王家码头路与复兴东系统为界，南至陆家浜路与陆家浜系统为界，东起外马路，西至大兴街。服务面积94公顷。该地区为合流之排水体制。主要建设内容：新建规模为6立方米/秒地下排水泵站1座，选址原泵站西北侧，占地面积185平方米，地上建筑面积控制128平方米内；恢复董家渡路泵站进水管150米，董家渡路和外马路直径600～1，000毫米合流管400米，污水二期直径1，000～2，000截流总管430米，泵站出水箱涵60米等。4、民星（北）排水系统工程：民星北雨水系统服务范围从森林公园以北、沿河杨支线－殷行路向北约100米－闸殷路－铁路何杨支线－闸北发电厂－黄浦江围合地块，服务面积约3.38平方公里，另解决M8线车辆段2.3立方米/秒雨水排放需求。主要建设内容：闸殷路与水进水总管及雨水泵站。雨水泵站土建按远期规模一次建成并设置旱流污水截流设施。水泵及其他主要设备按近期规模配置。工程规模：建设直径2，200～2，700毫米闸殷路雨水进水总管351米；雨水泵站设计规模20.6立方米/秒，近期规模10.3立方米/秒；旱流污水截流泵规模0.097立方米/秒。5、新延安东排水系统工程：为配合外滩通道和人民路隧道工程建设，对所受到影响的延安东、新开河两个排水系统和外滩雨水泵站进行整合改造。现延安东排水系统服务范围：东起中山东一路、黄浦江、西至黄陂南路；南起人民路、金陵东路；北至福州路，服务面积87公顷。现新开河排水系统服务范围：东起中山东二路、黄浦江、西至河南南路；南起东门路；北至金陵东路，服务面积59公顷。现外滩雨水泵站服务范围：该泵站主要收集中山东一路（苏州河～延安东路）路面雨水及沿线部分雨水，服务面积20公顷。合并后的新延安东排水系统的服务范围，即为上述三座泵站的原服务范围，总服务面积为166公顷。新延安东排水系统已按规划作为系统工程整体设计考虑，其中部分管道结合相关工程实施，部分利用原有管道，部分由本工程实施。列入本工程实施的内容为：（1）系统总管：在人民路和新开河路敷设系统总管直径2，700毫米管道长约370米，2根2，200×1，500箱涵长约100米(单根长度)。(2)系统连通管：在四川南路敷设系统连通管直径2，000毫米长约305米。（3）新建新延安东排水泵站：位于人民路隧道北侧，中山东二路东侧地块，半地下式结构，占地面积约2，300平方米。废弃原有延安东泵站、新开河泵站和外滩雨水泵站。6、苗圃西（临空北块）排水系统工程：苗圃西（临空北块）排水系统工程泵站服务范围西起环西一大道，南至双泾枝河，北面和东面为苏州河。总服务面积140公顷，其中约4公顷为水域面积。工程主要建设苗圃西雨水泵站，泵站服务系统末端管网雨水量7.2立方米/秒，泵站设计雨水规模Q雨=8.64立方米/秒。旱流污水截流泵站设计最大流量Q雨=8.64立方米/秒。泵站远期设置初期雨水调蓄池，池容2，500立方米，近期保留用地。7、北新泾排水系统完善工程：北新泾服务范围东起新泾港、西至外环线、北临吴淞江、南频午潮港，总泄水面积约5.53平方公里，排水体制为分流制。工程内容及规模：金钟路（淞虹路－平塘路），敷设一根直径2，700毫米系统总管，长约280米；增设3台混流雨水泵，单泵流量3.575立方米/秒。8、大光复西排水系统工程：大光复西排水系统工程北起沪宁铁路，南沿苏州河，东始农林路，西至岚皋路、武宁路。雨水系统服务范围含华池路以北管弄新村范围，服务面积为244.8公顷；污水系统服务面积为205.3公顷。工程主要建设内容：（1）新建合流泵站建1座，选址镇坪路、光复西路西北侧，临近苏州河，设计规模为雨水15.02立方米/秒、污水截流1.64万立方米/秒。污水截流专用管直径1,200毫米,长505.5米,废除原光新路泵站,原光复西路泵站2座。(2)埋设合流管道直径800～2，000毫米长约1，829.5米，系统总管直径2，400～2，700毫米长约615米，箱涵3500×1，650毫米长约205.5米。（3）兰田路按原结构修复约405米；石泉路，凯旋北路，镇坪路按原基层结构修复，并全路加罩面层共计约1，870米。（4）新建规划一路，等级为城市支路，道路规划红线宽16米，长约80米。9、新师大排水系统改造工程：新师大排水系统改造工程西起大渡河路、中江路，东南临苏州河，北至金沙江路。服务面积208公顷。主要建设内容：敷设凯旋路、中山北路、枣阳路、大渡河路、金沙江路、光复西路、怒江路及泵站进出水等直径600～2，400毫米合流管道5，650米；新建合流泵站1座，其中雨水泵站设计规模8.55立方米/秒、污水截流泵站设计规模1.12立方米/秒；新建调蓄池1座，总容量3，500立方米。泵站和调蓄池选址光复西路南侧上海酵母厂内，占地按3，000平方米控制。10、华泾北地区排水系统工程：华泾北地区排水系统工程东起黄浦江、西至东新港、北起淀浦河、南至华泾港。服务面积153公顷。系统采用分流制排水体制，雨水经泵站提升排入淀浦河，污水纳入吴闵外排总管。主要建设内容：敷设龙吴路（华发路～淀浦河）污水管道和雨水管道，新建雨水泵站1座。11、蒲汇塘排水系统改造工程:蒲汇塘排水系统改造工程服务范围东起华山路以西200米，漕溪北路以东300米处，西至轨道交通明珠线，北起淮海西路，南至中山西路以南200米，汇水面积2.38平方公里。在宜山路中山西路东南角，临近蒲汇塘处新建合流泵站，占地3，360平方米。原有蒲汇塘泵站废除。12、大定海排水系统改造工程：大定海排水系统改造工程北起周家嘴路，南至黄浦江，西起临青路，东至运河，服务面积425公顷。近期主要建设内容：敷设双阳

路、长阳路、平凉路、隆昌路、内江路、杨树浦路、腾越路、宁武路等直径600～3，500毫米合流管道7，862米；新建合流泵站1座，其中雨水泵站设计规模21.88立方米/秒、污水截流泵站设计规模1.72立方米/秒；新建调蓄池1座，总容量9，200立方米。泵站和调蓄池选址上棉十七厂内，占地按5，000平方米控制。13、普善地区排水系统低标准改造工程：普善地区排水系统低标准改造工程东起共和新路、芷江西路、和田路、西至彭越浦，北起柳营路，南至交通路、沪宁铁路。总汇水面积227公顷。工程主要内容有中兴路直径1，200～2，400毫米总管2，120米，育婴堂路上海隧道工程股份有限公司直径1，000～1，500毫米支管650米，直径1，350毫米污水截流管823米；大洋桥泵站，设计规模流量Q=9.2立方米/秒。结合道路拓宽工程实施直径600～1，350毫米管道，长约3，495米。14、吴中排水系统工程：吴中排水系统东起轨道交通明珠线、西至桂林路以西100米、南起蒲汇塘、北至徐虹铁路支线，服务面积约1.35平方公里。设吴中路雨污水合建泵站1座，占地约3，190平方米。系统中雨水管道3，585米、污水管道4，600米，道路73，074平方米，并设桂林路跨越蒲汇塘桥梁1座。

【500千伏漕泾电厂送出工程建成】12月，500千伏漕泾电厂送出工程建成。

【辰山植物园建设完成】12月，辰山植物园建设完成。上海辰山植物园位于松江区佘山西南部，总占地面积207公顷，建筑占地面积约5万平方米。工程主要建设内容包括绿化、建筑、土方、道路地坪、驳岸挡墙、桥梁、园林小品、停车场、给排水、电气照明、变配电、监控、通讯以及总体等工程。

【概述】2009年，是上海世博园区建设全相关资料：

上海宝山邮轮码头

上海吴淞口国际邮轮停靠码头建设在上海市宝山区吴淞口北侧的炮台湾防波堤水域岸线，工程位于上海市宝山区宝杨路1号，基地东至防汛堤、西至护城河、南至宝杨路、北至亚通码头，总建筑面积约55620平方米。

上海吴淞口国际邮轮码头及公共配套设施项目是2010年上海世博会配套项目和上海国际航运中心建设的重要组成部分。上海吴淞口国际邮轮码头具有地理环境优势，A20、A30、逸仙路高架等快速干道与M1、M3、M7轨道交通和四通八达的地面公交，共同形成了完善的综合道路网络和轨道交通系统，从而体现了港口和上海市中心的无缝对接。快速公路网、铁路、航空更加迅速、舒适、便捷地将客人送往长三角及国内各个区域。

上海吴淞口国际邮轮码头水域规划岸线总长1500米，一期新建2个大型邮轮泊位，岸线长774米，同时可停泊1个10万吨级邮轮和1个20万吨级邮轮。同步建设连接码头和后方的通关平台及引桥。码头综合通过能力为60.8万人次／年，满足预测的2015年56万人次／年的旅客通过需求。码头上设登船廊道、客运大楼和登船设备，游客通过登船设施进入客运大楼进行通关。二期将根据发展速度和实际需要改造建设另外两个邮轮码头泊位。

一期新建码头长774米、宽32米，结构型式为高桩梁板结构。通关平台将码头和引桥连接起来，为倒三角形，两侧园弧半径为250米，面积约34824平方米。引桥线型中心线为园弧，半径为1955米，至通关平台引桥长度513.69米，宽度为15米，引桥结构采用30米跨径钢筋混凝土梁式结构。

客运大楼是一个国际邮轮航线港口客运站，满足两艘10万吨级以上邮轮的旅客舒适便捷候船、通关、换乘、旅游等多项服务。主要有出境功能区域、入境功能区域、行政管理及设备区域和停车区域四个部分组成。客运大楼为低上二层（局部设有夹层），总建筑面积22258平方米，其中主体建筑面积19553平方米（包括夹层），登船廊道建筑面积2705平方米，总建筑高度23.30米。客运大楼主体建筑上部结构采用钢筋混凝土框架结构，屋面为单层钢网壳结构。

工程建成后，不仅将有助于加快上海国际航运中心的建设，以邮轮经济促进上海旅游业，从而带动相关产业发展，促进区域经济，提升上海国际城市形象；同时也是宝山现代化滨江新城建设的重要窗口。该项目的建成，也将有效的缓解目前大型邮轮较难停泊上海水域的现状，并与北外滩国际客运中心形成功能互补。

（三）世博园区项目

面最关键的一年，安排重大建设项目有世博园区场馆及配套项目和世博园区主要基础设施项目两大类，年计划安排投资142.68亿元，完成投资140.93亿元，占年计划投资的98.78%。场馆建设加快实施。中国馆、世博轴、世博中心、世博会主题馆、世博演艺中心以及城市最佳实践区等进入收尾阶段；浦东11个联合馆、42个租赁馆全部落成；43个外国国家和国际组织自建馆建设进入冲刺阶段；浦西18个企业馆已有17个完成土建施工，进入装修布展。园区内基础设施项目建设有序推进。世博公园、水上入口、市政道路、高架步道、能源中心等配套基础设施全部完成；陆上出入口、停车场全面进入收尾；道路、隧道、水门、轨道交通、交通枢纽等项目全面推进，大部分项目已建成，为举办成功、精彩、难忘的世博会打下良好基础。

【澳大利亚国家馆启动建设】1月7日澳大利亚国家馆破土动工。澳大利亚是上海世博会首批开始建造自建馆的国家，位于2010年上海世博园区东南亚和大洋洲展区内，紧邻世博会中心地带，总面积为4800平方米。2月25日，2010年上海世博会澳大利亚国家馆地基工程正式竣工，成为首个通过这一施工关键节点的国家馆。

【上海世博工程(中国馆)6台大型主体设备冷冻机组成功吊装就位】 3月初，世博工程(中国馆)6台大型主体设备冷冻机组成功吊装就位，标志着世博园区机电设备安装工程已全面进入施工高峰。

【中国2010年上海世博会世界气象馆正式开工】3月3日，中国2010年上海世博会世界气象馆正式开工并公布设计方案，世界气象组织也是唯一一个确定自建馆的国际组织。

【上海世博会英国国家馆破土动工】3月12日，英国在上海世博会园区栽下两棵银杏树庆祝英国国家馆的破土动工。英国国家馆位于C片区，面积达6000平方米。

【上海世博会浦东7个临时租赁场馆正式建成】3月27日，上海世博会浦东7个临时租赁场馆在迎世博倒计时400天到来之际正式建成。 这批完工的建筑，是世博会AB片区第一批建成的临时租赁场馆，该批建成的浦东临时场馆分别为：柬埔寨国家馆、文莱国家馆、斯里兰卡国家馆、卡塔尔国家馆、红十字组织馆、世界贸易协会馆、国际信息发展网馆等七个展馆。均为独立的单体建筑展馆，建筑面积500平方米至2000平方米不等，主体结构采用门式钢架体系，为地上一层、局部二层的轻钢结构临时展馆。

【上海世博会阿联酋国家馆破土动工】4月2日，中国2010年上海世博会阿联酋国家馆破土动工仪式在世博园区举行。阿联酋国家馆位于A片区，面积3452平方米。

【上海世博会“一轴四馆”永久性建筑全部实现结构封顶】4月5日，世博永久性场馆“一轴四馆”即世博轴、中国馆、主题馆、世博中心、演艺中心中开工最晚、单体钢结构量最大的工程———世博演艺中心，已顺利完成大型钢结构吊装，这也标志着世博园区五大永久性建筑全部实现钢结构封顶目标。

【上海世博会香港馆正式开工建设】4月10日，中国2010年上海世博会香港馆正式开工建设。位于世博会浦东园区的香港馆，将以“无限城市—香港”为主题，介绍香港的特色、凸显香港的创意以及与内地和世界各地的紧密联系。

【上海世博会中国航空馆奠基】4月20日，中国航空馆设计方案正式发布，同时中国航空馆奠基典礼在世博规划区浦西园内举行。中国航空馆由中航工业和东航集团共同投资2.8亿元建造，占地面积4000平方米。建筑外形洁白、柔软、光滑、圆润，如同浦西岸边一朵白云。

【上海世博会台湾馆正式动工建设】8月17日，2010年上海世博会台湾馆正式动工建设。以“山水心灯”为参展主题的台湾馆位于世博园区A片区，紧邻世博轴。

【世博公园后滩公园基本建成】9月11日，世博公园后滩公园基本建成。世博公园北临黄浦江、南至浦明路，西起打浦路隧道，东至世博园区庆典广场，用地面积约23公顷。

作为世博园区内的滨江核心景观，世博公园为人们铺展了一副水与绿交织的缤纷画卷。

【世博轴完成主体结构施工】9月13日，连接世博中国馆、主题馆、世博中心、演艺中心的世博轴主体结构施工完成。作为世博轴的最大亮点，6个阳光谷尺寸不一、间距不一、形状也不完全一样。在6个形如喇叭、距地30米高空的阳光谷的施工中，动用了机器人，焊接了11060个节点。

【上海世博会主题馆主体建筑竣工】9月28日，主题馆竣工及移交布展仪式在上海世博园区举行。上海世博会主题馆主体建筑在经过688天的建设后顺利竣工，成为上海世博会永久性建筑“一轴四馆”中率先竣工的展馆。

【上海世博会联合馆、租赁馆竣工交接】11月2日，中国2010年上海世博会联合馆、租赁馆竣工交接仪式在位于世博园区C片区的中南美洲联合馆内举行，这标志着租赁馆、联合馆自此进入布展阶段，同时也吹响了上海世博会临时场馆建设最后冲刺的号角。联合馆和租赁馆均为上海世博会的临时场馆，位于浦东园区的A、B、C片区。世博会浦东园区临时场馆及配套设施项目共由A、B片区和C片区11个组团地块及样板组团地块、B06餐饮中心地块、C03浦东后勤物流中心地块组成，含自建馆在内总占地面积90余万平方米，总建筑面积约40万平方米。其中，组织者实施的临时场馆包括42个租赁馆、11个联合馆以及相应的配套设施，这些临时场馆的总建筑面积约15万平方米，可为188个国家和国际组织提供展区，约占本届世博会总参展数的78%。

【上海世博会110千伏蒙自变电站正式投运】12月25日，110千伏蒙自变电站正式投运，这是上海建成的首座智能变电站。至此，上海电网七项世博电力核心工程的基建任务圆满完成。蒙自变电站是世博浦西园区电力能源的“心脏”。该站国产化的主变压器具有较强的适应性和低损耗、低噪声、绝缘性能好、无毒、不燃、不爆等特点；主变压器余热利用和冰蓄冷技术运用，有效降低了二氧化碳排放。蒙自站还是本市首次采用地源热泵空调系统、吸附式余热回收系统和冰蓄冷系统作为变电站空调联动系统，可节能30%至50%。

（四）社会事业项目

【概述】2009年，调整安排重大社会事业建设项目10个，完成投资75.03亿元，项目平稳推进。经济适用房建设加快，杨浦江湾地块、宝山共康地块、浦东、普陀等基地全面开工建设，徐汇区、闵行区开始配售试点，集体经济相对困难村的村内道路建设和危桥改造基本完成。上海应用技术学院奉贤校区二期工程加快推进，上海电机学院临港校区一期工程、上海金融学院综合实验中心及后勤配套建设工程全面启动。金山医院迁建金山新城项目顺利推进，市级医院综合楼建设进展顺利，郊区三级医院迁建项目全面启动。大世界保护修缮工程基本完成，文化广场改造加快推进，上海东方体育中心、上海自然博物馆迁建等项目开工建设。

【上海机电学院临港校区一期工程开始建设】6月，上海机电学院临港校区一期工程开始建设。上海电机学院临港新校区位于上海临港新城中心区的西侧，占地面积约924亩，北临规划路，南至橄榄路，东接规划路，西至林荫路及芦潮引河，与上海海洋大学新校区毗邻。临港新校区总体规划校舍建筑面积约26万平方米，可容纳学生10000人。

【上海东方体育中心开工建设】1月，上海东方体育中心开工建设。上海东方体育中心位于黄浦江东、川杨河南、济阳路西、规划路北侧，包括综合体育馆、游泳馆、室外跳水池、新闻中心及停车场、公交站点等相关配套设施。项目总用地面积34.75万平方米，总建筑面积16.38万平方米。主要建设内容：一、综合体育馆。综合体育馆是世界锦标赛的主赛场，将搭建1个标准游泳池、1个热身池，举行世锦赛游泳和花样游泳项目比赛。场馆固定座位12000个，搭建泳池后，固定和活动座位总数可达18000个。世锦赛后，该场馆可用于申办影响大、可持续发展的国际重大体育赛事。二、游泳馆。游泳馆内将建成10泳道标准游泳池、热身训练池、跳水池和温水游泳池各一个，设置座位5000个，举行世锦赛水球项目比赛。世锦赛后，将用于承办单项国际游泳赛事，供国家游泳队和上海游泳队训练，以及向市民开放。三、室外跳水池。室外跳水池包含1个跳水池和1个10泳道标准游泳池，设置座位5000个，举行世锦赛跳水项目比赛。室外跳水池坐落于人工湖的岛上，屋盖结构为一个“半月”形平面，它的设计是上海东方体育中心的一大亮点，在开放式的座席上，观众可以从不同角度欣赏整个东方体育中心，纵览浦江两岸的水岸景观。四、新闻中心。上海东方体育中心将建造一座独立的新闻中心。东方体育中心定位于不断承办高规格赛事，设立赛事新闻中心，既能为采访赛事的记者们提供高质量的软硬件工作条件，也是通过服务媒体来办好赛事，让媒体更好地报道赛事，宣传上海。五、地下停车及辅助设施。约7000平方米的地下停车，作为满足部分日常办公的停车需求，体育比赛时的停车需求拟通过地面停车解决。结合目前的方案设计，仅靠地面停车可能无法满足体育场馆举行比赛时的停车需求，因此考虑增设一部分地下停车面积，以更好的满足赛时的停车需求。增设的地下停车面积约8000平方米。

【上海自然博物馆启动建设】6月，上海自然博物馆启动建设。上海自然博物馆工程位于山海关路－南北高架－北京西路－石门二路围合之静安雕塑公园地块的西部。基地面积地上约为12000平方米，地下约为16200平方米，总建筑面积约45,257平方米：地上三层，地下二层，地上面积约为12,652平方米，地下面积约为32,605平方米。

【上海交响乐团迁建工程开始实施】9月，上海交响乐团迁建工程开始实施。上海交响乐团迁建工程位于复兴中路1380号。本项目占地面积约为16318平方米（以实测为准），总建筑面积为19950平方米，地上建筑面积5270平方米，地下建筑面积14680平方米，绿地率30%。主要建筑包括：1200座的大交响乐排演厅、400座小排演厅、2000平方米的上海交响乐团博物陈列展示区以及各声部排练室和办公辅助用房。

【郊区三级医院迁建项目（六院临港分院等5+3项目）全面启动】3月，郊区三级医院迁建项目（六院临港分院等5+3项目）全面启动。主要是：一、上海市第六人民医院临港新城医院项目。该项目位于上海市浦东新区环湖西三路222号。项目规划占地面积99994.1平方米，总建筑面积72000平方米（其中地上建筑面积65754平方米，地下建筑面积6305平方米）。主要由门诊医技楼、急诊楼、病房住院部、感染病房楼、行政楼、后勤用房组成。二、上海交通大学医学院附属瑞金医院（嘉定）工程。上海交通大学医学院附属瑞金医院（嘉定）项目位于上海市嘉定区，南至双丁路，北至希望路，西至合作路，东至永盛路。项目规划占地面积

90,456 平方米，建筑面积 72,000 平方米（其中地下建筑面积 11,182 平方米，地上建筑面积 60,818 平方米）。项目主要由门急诊医技住院综合楼高层部（九层）和裙房部（三层）组成。三、复旦大学附属华山医院（北院）新建工程。本项目位于上海市宝山区顾村镇。项目规划占地面积 98490 平方米，建筑面积 72187 平方米（其中地下建筑面积 8306 平方米，地上建筑面积 63881 平方米）。主要由住院楼、门急诊楼、医技楼、传染楼和行政楼组成。四、上海长征医院浦东新院项目。长征医院浦东新院项目的建设地点位于上海市浦东新区曹路镇，东邻金钻路、南靠金海路、西沿浦东运河绿化带，北接动迁居民安居房，建设用地面积约 20 万平方米（约 300 亩），建筑面积约 36.1 万平方米（其中包括地下面积约 10 万平方米）；设置住院病床 2000 张。建设内容主要包含五大功能区域：一是医疗区域，包括门诊中心、急诊中心、住院中心、医技中心。二是教学区域，包括能容纳 2000 名本科生、进修生、研究生的教学中心和宿舍大楼。三是科研区域，包括科学研究中心和学术交流中心。四是保健区域，按照院落相对独立、设施配套齐全、环境优美宜人的标准建设。五是辅助功能区域，包括行政管理中心、药品配送中心、器材设备中心、信息管理中心、后勤保障中心等。五、上海市奉贤区中心医院迁建工程项目。上海市奉贤区中心医院迁建工程项目位于上海市奉贤区南奉公路 6600 号。项目规划占地面积 121792 平方米，建筑面积 84000 平方米（其中地下建筑面积 8965 平方米，地上建筑面积 75035 平方米），建设规模为 700 张床位。主要由门急诊楼、医技楼、1# 病房楼、后勤楼、行政楼等组成。六、上海交通大学医学院附属新华医院崇明分院扩建项目。上海交通大学医学院附属新华医院崇明分院扩建项目位于崇明县城桥镇南门路（现新华医院崇明分院西侧），东至东门路，南至长江大堤青坎线，西至崇安路、崇安变电站和居民住宅，北至物资新村范围内。项目规划占地面积 21430.22 平方米（其中地下建筑面积 4350 平方米，地上建筑面积 31650 平方米），建筑面积为 36000 平方米。主要为扩建病房、医技以及后勤保障等配套服务设施。七、上海交通大学医学院附属仁济医院（闵行）新院项目。本项目位于闵行区浦江镇江月路以北，浦锦路与浦池路之间，还南河两侧的地块，占地 71000 平方米，（具体以规划主管部门实测为准）。主要建设内容为门急诊、医技、住院、科研教学和宿舍等配套设施，内设床位 600 张，总建筑面积 72000 平方米。八、复旦大学附属中山医院青浦分院工程。复旦大学附属中山医院青浦分院扩建工程项目位于上海市青浦区复旦大学附属中山医院青浦分院现址北侧。项目规划占地面积 36905 平方米，，建筑面积 62618 平方米（其中地下建筑面积 15143 平方米）。主要由急症、医技、病房、行政楼组成。

【上海金融学院综合实验中心及后勤配套建设工程开工】6 月，上海金融学院综合实验中心及后勤配套建设工程开工。上海金融学院浦东校区位于上川路 995 号，综合实验中心及后勤配套工程是根据学院发展需要，经有关部门批准实施。本项目计划总投资约 34，775 万元，总建筑面积 58，398 平方米。主要建设内容：包括综合实验中心，建筑面积 15,661 平方米；师生活动中心建筑面积 9，032 平方米；人防地下室建筑面积 3，432 平方米；学生宿舍 1 号楼建筑面积 12，882 平方米（其中地下建筑面积 980 平方米）；学生宿舍 2 号楼建筑面积 9，611 平方米（其中地下建筑面积 735 平方米）；学生食堂建筑面积 6，398 平方米；体育场看台建筑面积 935 平方米；变电所、水泵房、门卫等附属用房建筑面积 447 平方米。

【大世界保护修缮工程基本完成】12月，大世界保护修缮工程基本完成。该工程位于上海西藏南路1号。大世界于1928年建成，现为文物保护建筑，占地3600平方米，此次修缮工程是消除大世界建筑的安全隐患，恢复大世界原有建筑风貌，对内部结构进行加固和修缮，安装水、电、风等系统和消防、安全监控系统。

（五）产业设施项目

【概述】2009年，投资建设产业结构优化升级项目11个，完成投资67.06亿元，项目推进总体平稳。高新技术项目建设：中科院浦东科技园、城市水资源开发利用（南方）国家工程研究中心、中科院生命科学基础研究与应用研究平台及技术保障条件建设项目陆续开工建设；上海超级计算机中心三期工程启动建设，并提前完成，主机实现开通，为培养人才、科技创新、产业升级创造条件。自主品牌研发项目建设：上海汽车工程研究院自主品牌研发中心一期工程工艺设备调试完毕，投入运行，二期工程启动建设。上海汽车临港产业基地自主品牌新产品技术改造项目新增车型工艺设备安装完成。先进制造业项目建设：宝钢浦钢搬迁工程第二步实施项目加快推进；上海外高桥造船基地有限公司海洋工程及高技术船舶配套项目取得重大进展；上海电气风电设备公司3.6兆瓦海上风机研制和2兆瓦风机产业化项目有了一定的进展。现代服务产业项目建设：外高桥粮食储备库及码头设施基本建成，上海卷烟厂“中华”牌卷烟专用生产线技术改造取得新进展；上海西郊国际农产品交易中心一期完成，二期正在加快建设；上海中心大厦项目进展良好。

【中科院浦东科技园开工建设】1月，中科院浦东科技园开工建设。中科院上海浦东科技园是由中科院与上海市合作建设的科技创新基地，位于上海浦东张江高科技园区中区，城市主干道罗山路以东，川杨河以南、向阳河以西、华夏中路以北。根据中科院和上海市签订的协议，上海市将积极支持浦东科技园建设，确保浦东科技园的建设用地需求。按照一次规划、按需供地的原则，在国家土地法律、法规和政策许可的范围内，负责完成动拆迁和“七通一平”并承担相应费用，以划拨方式供应土地。主要建立新技术创新基地（包括信息技术、能源与环境技术、新材料技术和空间技术等）、医药与生物技术创新基地、交叉前沿科学研究创新基地，建立致力于高水平人才培养的教育基地（研究型大学）。

【城市水资源开发利用国家工程研究中心开始建设】1月，城市水资源开发利用国家工程研究中心开工建设。本工程建设内容主要包括总部基地、水资源部、给水部、排水部和工程部。

【上海超级计算中心三期工程开始实施并提前完成】5月，上海超级计算中心三期工程开始实施。该项目主要建设内容：主机系统相关外围设备、网络建设工程、应用软件与平台建设、机房改造、环境工程等。工程于6月提前完成。

【中科院生命科学基础研究与应用研究平台及技术保障条件建设项目启动建设】5月，中科院生命科学基础研究与应用研究平台及技术保障条件建设项目启动建设。该工程位于上海市徐汇区，位于肇家浜路岳阳路口，工程建筑面积104650平方米，其中新建95885平方米，改造8765平方米。主要由生命科学实验楼、科教综合楼新建楼、地下车库（3 座）、细胞实验楼改造工程、职工与学生食堂改扩建工程组成。

【上海国际航运服务中心（含航运大厦）开工建设】4 月，上海国际航运服务中心（含航运大厦）开工建设。本工程位于上海市虹口区外滩地区，西起公平路、东至瑞丰大厦及秦皇岛码头、北靠临江小区至杨树浦路、南临黄浦江。工程建筑面积 58 万平方米，主要由 14 幢商务办公楼组成。

（王国君）

三、市政建设

（一）综述

2009 年是迎世博的关键一年，根据市委、市政府提出的“四个确保”，以及市建设交通两委提出的工作要求，紧紧围绕六个“一百天”的阶段目标和重点，以 600 天城市道路整治为契机，全面推进了年度工作的开展。

针对群众反映比较强烈的本市城市道路管理行业存在的一些重点难点问题，加强了破解的力度。例如，路面质量差是市民较普遍的反映，其中又以窨井盖破损、沉降为解决路面质量的难题问题。通过引进自调式防沉降窨井盖，制定技术标准与工法，召开现场推广会，有效解决了窨井盖沉降和盖框差问题，一半以上的区已在使用新型的窨井盖。同时，随着迎世博 600 天整治行动计划的推进，全市 50% 以上道路得到整治，路面质量将大幅提升，基本解决道路质量差问题。

为切实落实市委、市政府和市建交委提出的“提高上海道路建设水平”要求，一方面进一步完善质量控制体系：制订道路整治质量督查及交流活动方案，建立督查机制，开展质量抽检，确保迎世博 600 天城市道路整治质量达到相关标准和要求；另一方面完善市政设施巡查机制，提高设施病害快速处置能力：建立了由市市管处、各区市政工程管理署、养护作业单位等组成的城市道路“三级”巡查网络，分级同步开展巡查处置工作。

完成了《上海市城市道路养护市场专题调研》和《上海市城市道路路权管理研究》的调研课题。《上海市城镇道路管理办法》立法调研，已完成调研报告和条文初稿，为下一步正式立法做好前期准备工作。

2009年，紧紧围绕全面完成迎世博600行动计划的主要任务，按照“以人为本，服务交通”的指导思想，明确加强行业管理、建立长效管理体制的工作目标，进一步建立法规管理、规范标准、考核评价三大体系，完善信息化管理的五大系统。

（二）市政道路迎世博600天行动

【概况】2009年是本市迎世博600天行动推进和落实的关键之年，上海市市政设施管理行业根据市委、市政府提出的“四个确保”，以深入贯彻落实科学发展观为己任，坚持市政设施“以人为本，服务交通”的服务理念，统筹兼顾、合理安排、周密筹划、扎实推进，全力以赴投入迎世博600天行动计划工作中，各项迎世博整治项目在既定时间节点内基本或超额完成，行业内各项工作卓有成效，市政道路管理工作及服务水平进一步得到提升。

【市属设施项目基本完成】迎世博600天行动中市属设施整治项目共有41项，主要包括高架设施外立面涂装、路面铣刨加罩、附属景观灯光、绿化改建以及跨苏州河桥梁景观改造等项目。截至目前，大部分既有整治项目均已完成外场作业，进入项目验收阶段；少数进入收尾阶段的项目，将进一步合理安排施工时间和施工工序，依靠现有的组织优势，充分发挥各单位的主观能动性，确保按时完成。

【区属设施任务超额完成】除个别道路受架空线入地、轨道交通等重大工程施工影响外，各区县整治项目基本能做到年内开工年内竣工。截至2009年底，外环线内累计完成车行道整治近1400万平方米，人行道整治近436万平方米，均超额完成了既定任务量。此外，2009年全市累计完成拆除、调整人行道设置设施约22000余处，使得人行道各类设施较之前更为规范有序、市民通行环境安全通畅、城市空间景观协调。路名牌更新方面，全市原计划更新工作已全面完成，共累计更换18296套。

【越江桥隧项目按计划有序实施】黄浦江越江公司整治项目主要包括杨浦大桥防噪屏更新、标志标线更新、浦西引桥涂装工程，以及延安东路隧道路面设施整修等项目，目前除标志标线项目尚在施工中外，其余项目已经完成；新增项目杨浦大桥路面大修、杨浦大桥钢梁防腐油漆正在实施，预计3月底完成。久事公司整治项目主要包括南浦大桥浦西引桥涂装、主桥钢箱梁涂装及景观灯光改造等，目前除景观灯光改造项目因配合世博灯光工程尚未实施外，其余项目顺利完成；新增主塔及主桥区域混凝土涂装、浦东浦西桥孔整治及浦东绿化改造项目也已完成。

【坚持“三整”标准要求，分类实施推进】迎世博600天行动各项整治任务严格按照市城市管理指挥部办公室明确的“整容少量、整治适量、整洁大量”的标准要求，有针对性地实施分类整治，并结合周边区域环境，突出重点、精心安排，确保整治达标。例如静安区市政配套局在主干道延安中路整治中，严格按照整治标准，广泛采用自调式窨井盖板，并主动联系将公用事业井全部调换成自调式窨井盖，使路面平整度得到了显著提高。

【严格抽查，确保整治质量过关】为确保整治项目质量达标，在行业中开展了城市道路整治质量的督查工作，印发了迎世博600天道路整治质量督查及交流活动方案，重点对中心城区道路整治质量进行了督查及交流，并通过巡路制度，每周对2个中心城区进行全面督查，结合进度、安全、文明施工等方面，重点对质量进行交流，确保存在问题即知即改。组织对中心城区600天整治道路中部分车行道平整度、沥青路面压实度及厚度、人行道平整度及强度等数据进行了抽检，帮助区市政管理部门加强对施工单位、材料供应商的督察监管，共同推进600天城市道路整治质量达到相关要求。

【打造样板道路，为后续整治工作提供经验】为了给整治工作提供参考标准及指导，全市打造了以延安路为首的一批样板道路，通过实施高架涂装工程、悬挂绿化更新、交叉口景观改造、匝道改造，以及沿线人行天桥涂装、架空线入地、车行道人行道综合整治等一系列整治工程，结合沿线两侧建筑立面整治、绿化整治等市容环境综合整治，延安高架及地面道路整体面貌焕然一新，形成了本市市容环境整治具有代表性的样板路段，为后续整治工作提供了借鉴和宝贵的经验。

【突出特色亮点，城市道路水平显著提高】在整治过程中，各区县结合自身实际情况，突出重点，展示特色，有效改善了城市道路面貌。例如闸北区天目西路（华盛路—恒丰路），以及黄浦区老城厢地域的瞿溪路、丽园路、迎勋路等，经整治后面貌焕然一新；静安区万航渡路通过实施拓宽工程，大大改善了通行状况，也提升了道路品位；徐汇区对肇嘉浜路等9条道路进行了景观综合整治，并配合衡山路休闲街建设，对其周边康平路等7条道路人行道板采用特制的舒布洛克大方砖，突出了简约、素雅的风貌区特点；闵行区积极协调金平路景观步行街建设工程，使金平路成为继青年路、永德路步行街之后该区规模最大、设计最合理、功能最齐全、景观最亮丽的步行街。此外，普陀区长寿路和武宁路、宝山区江杨南路和沪太路、虹口区广中路等，经过600天行动整治，整体水平显著提高。

【编制世博会运行保障方案】根据各区县上报的保障方案，编制了《世博会市政设施保障工作方案》，就具体工作目标、工作架构、主要任务措施以及时间安排等作了详细明确。市管处及各区县市政管理部门成立了以主要领导牵头的世博保障领导小组及工作小组，各区县根据设施特点、常见突发运营事故类型，分别建立了一支统一领导、分级管理、突出专业特点的应急抢险队伍，配备了应急物资，初步形成了城市道路应急保障网络，为世博会的顺利召开提供必要的设施保障。其中，黄浦署提前部署，本着“以块为主、及时发现、快速处置”的行动目标，将全区责任范围划分为6个街道、26个责任区及66个岗位，署领导担任街道负责人，署其余员工担任责任区负责人，发现问题及时由相关负责人深入处理，确保应急工作得以快速有效处置。

【进一步完善应急管理工作】2009年，要求各越江设施项目公司继续实施应急预案的年度修订工作，并在全市范围内开展市属设施反恐防范自查，稳步推进市管设施及越江桥隧迎世博600天安全保障项目实施。此外，完成了《上海市处置桥梁隧道运行事故应急预案》修订工作，并由市政府办公厅转发。上海市市政道路应急指挥室建设工作同步有序推进。各区县市政管理部门结合城市道路突发事件应急处置情况及有关专家的建议，制定了周密可行的应急预案，明确各类突发事件的防范和处置程序，加强道路巡视检查和修复，确保世博会期间城市道路安全、完好、畅通、整洁。

【广泛动员，激发行业参与热情】2009年，在全行业通过各类推进会、专题会等，持续加大宣传力度，广泛动员全行业参与迎世博600天行动各项工作，统一思想，明确目标，强调迎世博整治工作的重要性、紧迫性，与各区县内部动员相结合，使全行业形成了热情参与、主动作为的良好局面。

【建立信息及时报送机制】在整治过程中，做好信息报送工作，及时汇总行业各类动态上报市建设交通委和市城市管理指挥部办公室。各区县市政管理部门也按照行业要求，积极抓好信息的提炼与报送工作，并主动接受媒体及社会的监督，通过电视、报刊等展示市政管理工作的进展与成果，力争做到“体现市政特点、展示工作特色、紧扣时代主体、弘扬精神风采”。如虹口区市政署将600天简报由月报升级为周报，内容详尽、充实，注重特色信息、精品信息、创新工作思路及做法；宝山区市政署围绕市政建设、600天整治、无名道路整治等主动进行宣传，全年被录用信息总量达409篇/幅。

（三）公路建设管理迎世博600天行动

【概况】截至2009年年底，共完成约90%任务量，三年整治完成971.403公里，完成94%任务量；其中，高速公路完成153.882公里，市管公路完成220.492公里，区县公路完成597.029公里，分别完成计划的95.0%、94.9%和93.5%；拆除广告1709块，完成原计划1354块的126%；安装国省县道路名牌8648块，完成调整计划8811块98.2%的任务量；环境整治完成1160.66公里，完成任务量的94%；在做好G2京沪高速上海段交通标志更换工作的基础上，组织实施了全部收费高速公路命名编号调整和相关标志更换工程，完成工作量的90%；完成高速公路噪声整治139处，完成任务量的35%；完成公路绿化整治24.85公顷，完成任务量的98.4%；应急设备和保洁设备购置获得市建交委批复。

【设施服务水平得到进一步提高】根据建设部公路局《2010年全国干线公路养护与管理检查方案》，拟定迎检方案，召开行业动员大会，细化迎检任务，明确迎检目标，分解迎检责任，提出行业要求；继续推进了农村公路管理体制改革，4个区县的实施方案已经区县政府批复；研究制定了养路费分配方案并获市政府批复，开展了公路养护经费使用暂行规定和绩效考核细则的起草工作，完成了市管公路新一轮养护招投标；完成了G1501并板段的道路整治和G1501北环漳浦河桥的整治工作；实施了S5客车弹性收费政策，加强流量分析，开展了后评估；进一步完善了长三角高速公路电子不停车收费系统管理，指导了4条新增高速公路的车道建设，开设ETC专用车道56根，总车道达到107根，发展用户3.5万个；完成了12122路网统一服务电话的建设并正式投入运行；完成了S32申嘉湖、G1501东环、G40上海段等高速公路联网管理运行工作；对全市公路桥梁隐患开展了排查，重点抽查了122座危桥，制定了《上海公路桥梁养护管理工作制度》；重点做好了春运高峰及清明祭扫、“五一”、“十一”黄金周等期间的高速公路排堵保畅工作，并受到市、委领导肯定；高度重视防台防汛工作，组织开展了防汛防台专项演练，有效应对了“莫拉克”强台风、强降雨等极端灾害性天气。

【通行费征收工作平稳有序开展】全年共征收贷款道路通行费33.01亿元，总体征收情况平稳并得到上级领导肯定；研究制定了成品油税费改革人员安置方案，深化改革，稳步推进，按照自愿原则顺利稳妥地做好了63名税费改革人员的安置工作；加强与有关部门协调沟通，积极探索建立通行费征收协查机制，保证了通行费征收工作的顺利进行。

【项目前期和公路建设取得新进展】组织开展了包括《上海与嘉兴对接道路规划及建设时机研究》等区域性路网规划和《上海高速公路收费政策研究》等10项行业发展管理战略研究；开展了20项市属重大项目的预可行性研究和工程可行性研究工作，完成10个项目的工可研究、选址批复、环评批复并获发改委批复；完成公路自建项目投资近4.18亿元，实现了S32省界段通车，完成了曹安路拓宽改建交工验收，实现了沪太路主体工程拓宽改建全线通车，完成G1501同三段竣工验收，协调解决了G1501北环富锦路移交，重点抓好了曹安路24号桥、墨玉路下穿孔等重大工程项目施工安全；配合推进了34条区管干线公路、22条大基地配套公路、63条区区对接道路设计前期和建设工作，基本建立了区管公路建设监管网络体系。

【基础管理效能得到进一步提高】《关于加强本市高速公路设施管理的通告》出台，《上海市乡（镇）村公路管理办法》、《上海市收费高速公路运行管理规定》和《上海市高速公路电子不停车收费管理规定》开始了起草工作；高速公路路政管理模式改革迈出了实质性的一步，开展了高速公路路政区域化管理的试点调研，组建了东区路政执法队伍；实行行政领导包案制，责任到人，重点突破，有效破解决了G1501北环设施移交、浦星公路整治、车辆编制、招商高速公路竣工验收等5项久拖未决的难题；完成了《区县公路养护监管机制》、《四新技术开发和推广运用机制》等6项管理课题研究，配合实施了2项市建交委的管理课题研究；逐步开展了全面预算管理，进一步加强了资金监管；完成了经济责任审计和工程审计管理等重点工作。分解了安全、维稳和信访目标任务，做好了责任签约工作，建立并巩固了安全、维稳和信访月度例会制度；全年共受理信访1997件，无群体性突发事件发生；积极推进了江桥地块和南昌路地块两个项目的建设工作。

【加大精神文明创建力度】制订了《上海市公路管理处2009-2010年度文明单位创建规划》，组织职工参加“文明在脚下”交通志愿者活动近百人次，梳理下发了公路窗口行业规范服务标准，制作发放了《上海公路窗口行业从业人员服务世博宣传手册》，举办了5期共481人次的行业班组长“创文明行业规范服务、世博知识培训班”，窗口从业人员培训率、知晓率达到100%；组织开展了以“五比五赛”为主要内容的立功竞赛、四面流动红旗、工人先锋号等创建评比活动；组织开展了ETC、夏令热线等大型“三五”集中行动8次；加大公路收费窗口形象建设力度，完成了收费员着装、收费亭标识、收费亭内物品摆放、文明用语、垃圾箱设置和路网服务电话“六个统一”工作，公开了公路行业对外服务承诺，在各收费站设置便民服务点，推广“英语服务窗口”，公路收费服务窗口在市文明办、600办组织的对全市42个窗口行业文明指数测评中上升了5个百分点。

【狠抓养护文明施工，提高文明工地创建水平】建立了上海公路迎世博排堵保畅、文明施工巡查机制，大力推进文明工地创建活动。

【加强安全维稳工作，确保公路行业和谐有序】成立了公路行业世博安保工作领导小组和工作小组，加大了对道路桥梁、重大工程安保工作的检查督促力度；制定了《上海公路行业世博安全保卫工作方案》，与行业单位签订了公路行业维护稳定和信访工作责任书；梳理了各类突发公共事件的应急预案，组织了徐浦大桥突发事件应急处置演练，提高了处置突发事件的应变能力；完善了五项维稳制度，确保了上海公路的一方平安。

（四）市政设施管理

【概况】2009年，全市完成了中心城区共计1321公里，郊区500多公里道路三项指标的检测，完成快速路、大型桥隧共800公里的平整度检测工作，同时还完成迎世博600天整治道路平整度检测与评估报告，根据检测结果分析，全市道路总体路况处于良好的状态，应继续加强养护以保持路况水平。桥梁方面，共完成1589座城市桥梁技术状况BCI的分析评价和定级，其中D级桥梁33座（27座桥梁因“一票否决”被直接判定为D级桥梁），E级1座，市管处要求相关区采用相应的工程措施。对D、E级桥梁重点监控，安排计划进行特殊检测和评价，确保设施安全受控。

【进一步推进城市道路专业网格化管理】2009年，市政专业网格化有序运作，共立案667起，结案663起，结案率达99.4%。为配合迎世博整治工作开展，市政专业网格化管理的巡视范围已调整为高架下部内环高架（南浦大桥—沪太路），高架上部南北、延安、内环高架全线。同时，新增了巡视内容，将高架立柱、盖梁、防撞墙等涂装整治后容易污损的附属设施纳入网格化巡视内容，确保整治成果得以巩固。

【建立健全城市道路“三级”巡查网络】下发《关于加强城市道路巡视处置工作的通知》（沪市管〔2009〕170号），建立了由市市管处、各区县市政管理署、养护作业单位等组成的城市道路“三级”巡查网络，分级同步开展巡查处置工作，也为健全各区县城市道路巡视处置工作提供指导意见。在此基础上，市市管处新建了“双休日巡路”制度，每周六由处领导带队进行巡路，巡路内容涉及直管及行业管理的城市道路及其附属设施、地道、天桥、桥梁及桥荫桥孔等各类市政设施，以及各区县重点区域。各区县市政管理部门积极响应，日常巡路制度得到了有效完善。其中，宝山区市政署日常巡路与处置工作开展较好，有专人负责管理、专业队伍修复，做到天天巡路不间断，对巡路中发现的病害有详细的修复单，并与巡路路单一并装订成册，形成电子文档进行汇总。

【完善城市道路掘路巡查机制】为进一步加强掘路管理工作，针对城市道路重复掘路、掘路未修复、修复不及时和修复质量差等突出问题，2009年8月起结合城市道路每周巡查，同步对各区城市道路掘路管理的现状进行巡视，进一步完善和提高日常的掘路管理，避免重复掘路、修复不及时等势头的日益增长，同时对各区市政署道路养护管理起到了一定的督促作用，对中心城区道路设施的平整完好给予了制度上的保障。

【加强文明施工管理】2009年全市道路施工项目众多，重复掘路、长时间施工、施工扰民等问题成为社会热议焦点。在迎世博600天整治行动中，各区以创建各类文明工地为契机，开拓创新，切实抓好文明施工管理。

如徐汇区市政署为控制扬尘和渣土乱倒，主动与区绿化市容局、区交警沟通协调，从源头抓起，实行工地渣土统一管理；闵行、长宁区市政署都加强了文明施工的督察力度，对存在问题当场要求整改并进行不定期复查；虹口区市政署创新思路，在施工合同中附加了“文明施工不力扣款”条款，扣款情况根据署日常巡查及媒体曝光情况判定，增强了文明施工的约束力度。

【健全行业法规体系，完善标准规范体系】起草《上海市占用城市人行道设置设施管理规定》、《上海市城镇道路管理规定》，修改《上海市城市桥梁桥孔使用管理规定》等。《城市道路预防性养护技术规程》、《水泥混凝土路面处置及加铺沥青面层技术规程》等9个技术规程在编制中；继续定额编制与修编工作，梳理完善定额体系；《上海市市政设施养护维修预算定额》、《上海市越江设施养护维修预算定额》、《上海市黄浦江大桥养护维修预算定额》编制工作也按计划在正常开展。

【严格行政审批，加强执法工作】按照市建设交通委要求，2009年开通了行政许可审批一门式受理服务，并加强了“新路”审批管理工作。各区县审批管理工作基本达到了行业相关要求，审批规范，管理到位。尤其是中心城区对迎世博600天整治后的道路严格进行把关，凡涉及新路审批的，能够按要求上报市建设交通委；同时又能理解横向单位的难处，对特殊的世博工程开“绿灯”，加快审批流程、加强批后管理、严控修复质量。编写路政管理手册，明确窗口工作人员的行为规范。继续做好路政巡视执法，针对市属设施保护区施工较多的情况，加强重点区域巡视，确保设施安全运行。

【有效化解行业难点顽症】针对近年来本行业存在的一些重点难点问题，市区两级管理部门不断总结经验，加强了破解的力度。例如，路面质量差是市民较普遍的反映，其中又以窨井盖破损、沉降为解决路面质量的难题问题。通过引进自调式防沉降窨井盖，制定技术标准与工法，召开现场推广会，有效解决了窨井盖沉降和盖框差问题，目前大部分区已投入使用了新型窨井盖。随着迎世博600天整治行动计划的推进，全市50%以上道路得到了整治，路面质量将大幅提升，基本解决道路质量差问题。

【勇于创新，推动行业不断发展】为了提升管理水平，各区县市政管理部门不断创新，探索使用新材料、新技术、新方法。例如黄浦区市政署为了克服交通矛盾，快速施工，采用美国先进的混凝土修复技术，对淮海东路（西藏南路—人民路）路面进行双层环氧薄层铺装“白改黑”整治，使道路平整度、降噪等方面都有所提高；闵行署以点带面，逐步推行精细化养护，采用新型的小型机械，按照新标准、新技术对人行道修复，有效解决了扬尘、切边不齐、修复松动、效率低下、质量不过硬等突出问题；卢湾区市政署在实施徐家汇路下立交大修工程中，路面采用SMA改性沥青，选用整体型钢制材料集水沟，增强了集水沟与地道连接强度，并在防水堵漏时采用注浆止水，后用高分子密封材料柔性保护，最后采用刚性保护的措施，不仅改善了下立交的行车条件，还减少了车辆行驶震动，以及跳车噪音。

（市路政局　市政行业协会供稿）

（五）燃气管理

【概况】至2009年底，全市居民燃气用户总数828.42万户，比上年增长5.53%。其中天燃气用户366.78万户，比上年增长19.13%；人工煤气用户151.48万户，比上年减少34.08万户，继续呈下降态势；液化气用户为310.16万户，比上年增长6.37%。全年销售天然气31.3亿立方米，比上年增长10.4%；销售人工煤气14.2亿立方米，比上年下降19.59%；销售液化气40.1万吨，比上年下降17.44%。全市燃气管线总长21153.09公里，其中天然气管线长度14996.61公里、人工煤气管线长度6156.48公里。全市取得燃气经营许可的企业52家，取得燃气供气许可的供气站点510个，办理燃气器具安装维修许可证的企业204家，办理燃气器具销售备案的企业121家，办理家用燃气泄漏报警器和燃气泄漏安全保护装置备案的企业15家。年内，多个上海市地方标准发布实施：1月1日起施行《燃气服务质量规范》，6月1日起实施《城镇燃气泄漏报警器安全技术条件》（修订），8月1日起实施《燃气直燃型溴化锂吸收式冷（热）水机组安全和能效技术要求》，12月1日起实施《重点单位重要部位安全技术防范系统要求第14部分：燃气系统》。市燃气管理处命名卢湾区打浦桥街道等69个街道（镇）为2009年度“燃气安全示范社区”，命名上海大众燃气有限公司市场部业务大厅等75个服务窗口为2009年度“燃气服务示范窗口”。市燃气行业协会主办的“沪燃网”（www.smga.org.cn）在年底试运行。11月7日，燃气行业“迎世博、保供应、安全用气百日活动”启动，首次把出租房作为检查重点，建立出租房安全检查档案，并确定每年11月7日为上海市“安全用气宣传日”。

【燃气空调和分布式供能系统推进工作有成效】燃气行业开展分布式功能系统和燃气空调推进工作，至12月31日，全市共竣工燃气空调项目19个，总计燃气空调76台，总制冷量118210千瓦，共计补贴1182.10万元。

【燃气空调发展专项扶持办法出台】2008年11月，市政府转发市发展改革委、市建设交通委、市经济信息化委、市科委和市财政局联合制定的《上海市分布式供能系统和燃气空调发展专项扶持办法》，对全市范围内建筑物建成并投入使用纳入市推进计划的分布式供能系统和燃气空调的医院、宾馆、大型商场、商务楼宇、工厂等，给予设备资金补贴、电网并网支持、天然气价格和掘路收费优惠等政策支持；并要求政府投资的重大基础设施建设项目优先使用分布式供能系统和燃气空调。（冉起）

四、市容环卫

(一) 综述

2009年市容环境卫生管理和城管综合执法工作，紧扣迎世博600天市容环境各项任务，突出服务民生，勇于突破难点，重点区域环境得到优化，全市总体环境水平明显提升。在行业规划、法制、政策等管理基础性建设上取得了较大进展，公共服务供给能力进一步增强，长效管理管理的基础进一步夯实。组织编制并发布了《上海市绿化系统规划实施意见（2008~2010）》、《老港固体废弃物综合利用基地规划》、《黄浦江岸线码头规划》等一系列涉及行业长远发展的规划。积极开展立法制定的研究、储备工作，进行了《上海市城管执法条例》编制的研究工作；有关世博后流动广告、渣土垃圾等方面长效管理机制建设的立法研究已展开。城管执法规范化建设落实基层，执法成效进一步凸显。市容景观建设推进加快，生活垃圾处置基础设施建设逐项落地。市容环卫城管执法便民措施不断拓展，全市公共厕所建设与服务得到强化，所有环卫公厕实现免费开放。农村村容环境逐步提升；中小道路和重点水域环境水平不断改观；市容环境卫生责任区管理达标工作落实有效，居住小区生活环境得到切实改善，市民群众对行业工作的满意度不断提升。生活垃圾安全处置和基础设施建设逐项落地，全年处理生活垃圾710万吨，无害化处置率达到82.3%。

（二）市容综合管理

【街镇市容环境卫生责任区管理达标活动】以市容环境联席办为平台，组织开展了街镇责任区达标活动，推出了作业、管理、执法、责任单位“四位一体”有效管理模式，并与市文明办联手，借助文明社区建设的载体加大了推进力度。2009年9月29日，市政府召开了责任区管理工作推进会，进一步明确推进工作目标和要求。同时，市绿化市容局分头召开区（县）、街道（镇）细化工作会议，深化细化落实责任区管理工作。全市118个街道（镇）参加达标创建，已有94个街道（镇）完成了达标创建，并初步建立了常态整改纠错机制。另有7个正在创建，完成了2009年90个创建计划目标。

【“清洁城市行动”扎实开展】组织开展“迎五一”、“迎国庆”、“迎新年”清洁城市行动，集中力量，重点解决中小道路、集贸市场、城郊结合部等七个市容环境薄弱区域的脏乱问题，取得明显成果。一是重点区域环境脏乱现象得到改观。中环线内10个区七类环境薄弱区域的脏乱问题70%得到了有效的解决，环境污染点明显减少。中心城区乱设摊总数比去年年底下降了31%；跨门营业比去年年底下降了36%。二是环境脏乱治理效率得到提升。中心城区保洁管理服务已形成30分钟、2小时、24小时解决问题运行框架，基本实现了道路广场上出现纸屑、塑料袋等垃圾30分钟内清除，0.5平米以下小堆垃圾2小时清除，大堆垃圾24小时内清除。三是城市保洁质量得到提高。有效消除了一批道路与街巷弄口、通道、无名街巷等区域保洁空白点，全市扩大保洁范围138万平方米。中心城区已有3300条段、2720公里的道路延长保洁时间，增加保洁人员2700多人，增加经费6650万元。四是城市市容环境管理能力得到增强。完善了市、区、街道（镇）三级督查机制、快速纠错整改机制，建立了市、区联动，条块结合，条条联手的治理格局，城市市容环境应急化解能力明显增强。

【推行大型户外活动环境卫生承诺制】围绕迎世博组织开展了系列动员活动。每月15日“环境清洁日”，以“洁净的城市，可爱的家”为主题，组织发动全市各单位、全体市民开展“人人动手，清洁环境”集中行动。探索推行大型户外活动环境卫生承诺制，在上海植物园花展、南汇桃花节等活动期间进行了试点，取得一定成效。组织了“我微笑，我捡起”大型志愿者行动，倡导宣传“文明在手中，垃圾不落地”，得到市民响应。

【综合治理乱设摊】根据“标本兼治、重在治本，堵疏结合、因势利导，条块结合、以块为主”的治理原则，按照“堵要严、疏要实”的要求，实施禁止与疏导相结合的治理工作，落实严禁、严控、控制三种区域和针对不同设摊类型的差别化管理措施。本市中心城区乱设摊总数控制在8000个以内；跨门营业总数控制在2200个以内，乱设摊数量处于可控状态。

【开展铁路、轨交、国省道沿线以及公共交通枢纽区域市容环境整治】铁路、轨道交通、国省道市容环境专项整治基本完成。共清除暴露垃圾14.6万吨，规范摊亭棚3910只，拆除违法建筑8万平方米，清除“三乱”104.5万余处，整治围墙近329万平方米，清除水域及两岸垃圾 2.8 万吨，整治环卫等公共设施 5944 只。全年共完成两大机场、两座火车站、40 个轮渡站、44 个公交枢纽站、36 个长途客运站的市容环境整治工作。清除暴露垃圾 2 万余吨，清除“三乱”4.3 万处，粉刷清洗外立面 33.9 万平方米，调整拆除广告标牌 1.5 万块，整治店招店牌 1.5 万块，整治围墙 6.4 万米，拆除破棚简屋 8723 平方米，整治亭棚 353 只，增设更新环卫设施 785 只。

【开展“百镇千村”清洁保洁行动】按照“清洁、整齐、有序、卫生”工作目标，结合“百镇千村”清洁保洁行动，完成了 1183 个（占全市达标村数量 76%）“村容整洁达标村”复查工作，村容环境得到有效巩固。结合自然村落综合整治工作开展“示范村”建设，年内 20 个建制村成功创建成为“村容整洁示范村”。开展了“整洁镇”试点工作。结合“百镇千村”清洁保洁行动加强农村环境保洁，切实推进“统一用工方式，统一报酬标准，统一考核机制”的保洁服务新机制，加强调整和优化农村环境卫生保洁员队伍，各区县农村保洁员上岗总人数超过 2.5 万人。全力推进村容环境建设志愿者队伍建设，农村志愿者达到约 3.5 万名。

【全市环卫公厕实行免费开放服务水平同步提高】全面完成市府实事公厕建设项目及迎世博应急公厕项目。全市新建环卫公厕 230 座；完善、更新公厕导向标志累计达 2918 块，对公厕的英文标识规范进行指导和督促，进一步提高了本市的公厕服务能力。为世博会场馆周边区域配套已建成 6 组拖动式应急公厕和 42 组拉臂式应急公厕。年内全市环卫公厕免费开放约 2400 座。各区市容环卫管理部门、作业公司及公厕窗口服务人员加强公厕设施的日常维护保养，做到作业质量不下降、服务水平不下降，增加和完善硬件设施，使公厕服务更为人性化。新增社会单位开放公厕 507 座，弥补环卫公厕布局上的不足，同时加强管理和督促，规范社会单位公共厕所开放和服务管理。

【“民呼我应”为民排忧解难】按照“倾听市民诉求，服务民生需求”的要求，强化群众投诉问题的解决力度。全年共受理各类群众投诉举报、咨询等约 10.2 万件，其中绿化林业、市容环卫投诉量分别同比下降 46%、20%。深入开展“夏令热线”服务、暴露垃圾整治、环卫公共设施保洁等各项便民服务行动，力争把问题解决在群众投诉前，得到市民群众好评。拓展公园便民利民服务措施，开展公园每日免费为游客供应开水、每周开展家庭养花义诊、每月开展健康医疗咨询等服务。在夏令热线期间，通过环卫作业扰民整治、暴露垃圾整治、渣土整治执法、责任区环境卫生清洁、环卫公共设施保洁、公共绿地清洁和水域环境整治等各项便民服务行动，受理群众各类投诉举报、咨询和建议约 1.5 万件，并做到件件有回复，为群众解决了万余个身边的环境问题，受到群众好评。

（三）综合执法

【修订《上海市市容和环境卫生管理条例》等法规规章】紧紧围绕 600 天法制保障计划任务，配合市人大完成了《市容环卫条例》的修订，明确了城管执法机构作为执法主体的权力、行为规范和监督的有关规定，增加了街道人民政府作为市容环境卫生管理的责任主体等内容，新条例于 5 月 1 日起施行。同时还参与修订《上海市拆除违法建筑若干规定》以及 6 部有关世博临时通告的修改、制定工作；及时做好出台的各项法规、通告贯彻实施的各项准备工作，先后编制完成了

20多项配套规范性文件；积极组织开展法规、通告贯彻实施的培训、宣传，增强管理执法人员的责任意识，确保各项法规、通告真正贯彻执行到位。

【拓展市容环卫城管执法便民措施】组织开展了"迎五·一清洁行动"，集中力量重点解决中小道路、集贸市场、城郊结合部等七个市容环境薄弱区域的脏乱问题，环境污染点明显减少。加强保洁管理服务，中心城区基本形成30分钟、2小时、24小时解决问题运行框架。消除了一批道路与街巷弄口、通道、无名街巷等的保洁空白区域，全市扩大保洁范围138万平方米。建立了城管执法百支分队进千个社区服务制度，240余支分队落实结对社区2300多个。健全城管执法部门24小时值班制度，市民可以全天候实现诉求信息的沟通和反馈。提升环卫公共服务水平，新建压缩站89座，新建垃圾房207间、改建3472间，新建倒粪站11座、改建174座，新设废物箱1.23万只、更换1.62万只。其中二级旧里以下区域新建垃圾房20间、改建382间，新建倒粪站8座、改建174座。

【开展系列城管专项执法】加大对违法建筑、乱设摊、乱倒渣土、"乱张贴、乱刻划、乱涂写"等城市顽症的执法力度，有效遏制城市"脏、乱、差"现象。开展"校门清"集中整治行动、"清洁城市"专项整治行动、"夏令热线"特别行动、一次性塑料饭盒专项执法行动、世博会知识产权保护专项行动、国庆市容环境专项整治行动等执法工作；扎实推进平安建设实事项目，积极推进农村拆违、城中村整治、无证无照餐饮店整治及流浪乞讨救助等工作，有效维护了城市有序安宁的社会秩序。全市共开展行政执法检查113.5万余次，出动执法车辆64.2万余台次，出动执法人员239.8万余人次，巡查道路（河道）159.9万余条次，巡查单位（区域）135.7万余次，行政处罚案件14.1万余起。

【违法建筑治理初见成效】认真贯彻落实《上海市拆除违法建筑若干规定》，建立了市拆除违法建筑工作联席会议制度；完善了违法建筑举报制度；全市共拆除违法建筑531万平方米，已顺利实现了年度400万平方米的预定目标；其中拆除新增违法建筑36万平方米。拆除存量违法建筑495万平方米，包括拆除迎世博"两个五"重点保障区域违法建筑252万平方米，在一定程度上控制了街面和重点区域的违法建筑增长态势。

【开展城管基层分队规范化建设】顺利推进徐汇等五个区城管大队"参公管理"工作，组织完成724名城管队员参加过渡考试。继续推进《上海市城市管理行政执法基层分队规范化建设若干规定》，加强全市城管执法系统基层建设，68个分队完成创建申报工作。强化城管队员执法培训，全年共组织岗位培训19期，新上岗队员培训2期，共培训执法队员2700人次。强化督察工作，坚持行为规范督察与执法实效督察并重，全市各区县城管大队和水管处共出动督察人员3万余人次，发现和处理执法实效问题1.2万起，纠察违反《上海市城市管理行政执法人员行为规范（暂行）》的执法队员2千余人次，不断提升队伍形象和执法实效。

【推行区域差别化城管执法管理模式】明确了严禁区、严控区和控制区等不同管控标准，采取差别化、精细化的执法勤务模式和工作措施，提升了全系统的执法效率和质量；加大行政执法协调力度，有效减少了城管执法"盲区"，提升了区际结合部的执法管理实效；建立联动执法机制，在健全了市、区两级城管综合执法联席会议制度的基础上，主动联合公安、工商、食药监、房管、规土等管理部门，构建联动执法机制，提高城市管理执法的有效性，确保了城市的正常、有序运行。

（四）城市垃圾管理

【俞正声到老港填埋场实地调研】 3月30日下午，中共中央政治局委员、上海市委书记俞正声到老港填埋场调研，俞书记听取了城投公司、环境实业和老港填埋场负责人的简要汇报，考察了老港生活垃圾内河集装化转运码头、一二三期封场项目，并到刚刚完成土壤平整和排水沟修复等工作的17号单元和堆高20余米的垃圾填埋区实地察看了生活垃圾卸运、推铺、压实等作业环节，要求老港填埋场一定要坚持作业标准，尤其在异味控制方面要进一步加强日覆盖，做到规范作业。俞书记详细询问了垃圾产沼和发电的情况，强调要进一步加大科研力度，研究和推进使老港填埋场可持续发展的项目，建造一个生态老港，实现资源的循环利用。俞书记特别指出要尽可能地采取有效措施，重视和减少填埋场对周边地区的环境影响，切实改善水污染和异味等环境问题。陪同调研的还有市环保局主要领导等。

【老港固体废弃物综合利用基地获批】 上海市发展改革委于2009年12月批复（沪发改环资(2009)104号）老港垃圾焚烧厂一期工程项目建议书。根据《老港固体废弃物综合利用基地规划》，该工程选址于该基地规划范围东南角，0号大堤以西，宣黄公路以北。项目占地面积约16.5公顷。 按一次规划、分期实施，一期工程建设规模为日处理生活垃圾3000吨。部分共用设施按远期规模预留。工程主要内容包括：焚烧厂主厂房、垃圾进料、垃圾焚烧炉、余热锅炉、汽轮发电机组、烟气净化、飞灰处理、渗滤液处理等设施，以及配套的厂内道路、绿化、供水、排水、电气、自控、环保、在线监测、监控等附属设施。

【提升生活垃圾处理基础设施的环保水平】 加强市级处理设施的监管，提高处理质量，控制处理设施对周边环境的影响，确保生活垃圾处理设施安全、平稳运行。推进基础设施建设，建成江桥生活垃圾焚烧厂渗沥液处理扩建工程、老港填埋场四期渗沥液处理扩建工程、长宁田度环卫基地等设施；启动老港固体废弃物综合利用基地相关项目，基本建成老港填埋场西侧防污染隔离林工程，共建成隔离林1227亩；老港填埋场一、二、三期封场项目已开工建设；江桥生活垃圾焚烧厂技改扩能工程工艺技术方案正在进一步完善和优化。基本建成市区生活垃圾集装化转运系统和浦东800吨/日中转站。

【上海六大部门联合重拳整治大型工程车运输违规行为】 12月11日，市建设交通委、市绿化市容局、市交通港口局、市公安局、市城管执法局、市安全监管局联合召开的“上海市加强工程车辆运输管理大会”上获悉，六大部门将按照严格管理、规范行为、严肃执法、打击违章“的方针，针对大型工程车辆事故多发频发现象，集中2个月时间，在虎年春节前，重点治理大型工程运输车辆超载超速、交通肇事、非法营运等突出问题，全面规范运输行为，全力确保交通运输和市民群众生命财产安全及市容环境的整洁有序。六部门各施其职，通过面检查运输企业、组织建筑渣土车辆驾驶员专项培训、规范运输市场、加强渣土运输招投标工作的监管、实施工地专人监管等举措，继续加强联合执法，城管、交警、建设、市容、交通、安监等执法部门保持高压态势，严厉打击非法营运、严重超载、违反交通信号灯通行、故意遮档、污损号码等违规行为，依法加大扣车力度。对违规行为实施相关责任追究制。各纪检监察机构加大行政监察力度；对滥用职权、贪赃枉法的坚决严惩。

【持续加大执法力度渣土整治取得突破】出台《上海市建筑渣土管理实施细则（试行）》，初步建立了“一区一价、对口消纳、区域专营、卸点付费”的建筑渣土管理新机制，全市17个区确定了专营企业和运输处置指导价格，12个中心城区开设了运输处置经费监管账户，24个工地实施了卸点付费，郊区提供了23处对口消纳卸点，消纳量近800万方。加强建筑渣土专项整治，在全市建筑渣土申报总量同比上升15%的情况下，全市建筑渣土偷乱倒总量同比下降22%。加强渣土车辆信息化管理，对25家运输企业、600辆运输车、15个建设工地、2个中转码头安装了卸点付费监管系统。2300多辆有资质的渣土车已全部安装完毕。加大联合执法力度，市、区城管部门和市交警总队组织区域性、阶段性建筑渣土整治行动100余次，查扣、处罚运输车辆7万余起；非法或不规范运输处置建筑渣土现象明显减少。中心城区运输车辆超载情况有所收敛，对控制道路洒落、扬尘污染起到了积极作用。

【提升餐厨垃圾处置能力】一是强化源头管理，加强申报工作，全年平均申报量711吨/日；在静安区试点开展“绿色餐饮－适量点餐、餐后打包”活动，引导企业在树立社会责任的同时，也获得了环境效益与经济效益的双赢，平均餐厨垃圾减量20%，饭店上座率提升20%，年底活动拓展至中心城区的60余家餐饮企业。二是加强收运管理，制定了《上海市餐厨垃圾收运作业规范》，并在静安区全面试点；实施了餐厨垃圾收运车辆物流信息化监控，对12个中心城区的53辆机动收运车辆实施了动态作业监管。三是提升餐厨垃圾处置能力，全市形成8家厨余垃圾处置厂（处置能力750吨/日），2家废弃食用油脂处置厂（处置能力75吨/日）的规范化处置系统。全年共收运餐厨垃圾19.3万吨（其中废弃食用油脂约0.9万吨）。

【疏堵结合严控一次性塑料饭盒视觉污染】积极落实市府专题会议精神，加大对本市生产企业的管理力度，同时对外省市产品非法销售行为实施重点打击，完善了管理和执法联动长效机制，在闸北、浦东等区开展集中整治，有效打击违法现象；结合“迎世博”环境保障要求颁布了《上海市第四批禁止使用一次性塑料饭盒实施范围》，加强宣传、加强检查，加快逐步禁止步伐。着力巩固回收处置系统正常运作，视觉污染继续得到有效控制，回收平稳，至年底共回收一次性塑料饭盒1.1亿只，再生造粒348吨。

【开展分类回收“绿色帐户”活动和“易纸行动”】以社区居民为对象，开展了“绿色帐户”活动，逐步形成了“专项回收日”制度，活动覆盖10个中心城区、77个街道、140多个居委的400余个小区，累计活动706场次， 约10.2万人次参加，回收了有害垃圾924公斤，可回收物2611公斤，家用电子废弃物1258公斤；11月起以社会企业为对象，启动“易纸行动”，已有近70家企业报名参与，回收办公废纸4074公斤；以学校为对象，组织海报设计、创意征集、知识竞赛、绿色回收日等主题实践活动，活动覆盖230所中小学、幼儿园。为废弃物管理社会化机制的建立提供了有益实践。

【提升生活垃圾分类覆盖率】世博周边区域居住区、广场道路及主要宾馆景点、交通站点已基本实现分类新方式全覆盖。年内新推进分类居住区2246个，累计达到3700余个，已覆盖到全市50%封闭式居住区，新增垃圾分类企事业单位1449个，道路近1200条

（段），公园、车站等380处，新配分类废物箱近2万组。建立了有害垃圾联单管理制度；完善并落实“废弃物管理告知单”制度，督促区县提升分类工作质量。

【加强郊区镇级生活垃圾简易填埋场管理】农村环卫设施改建有序推进。按照《本市郊区镇级生活垃圾简易填埋场管理办法》，年内关闭了3座镇级填埋场，组织2次专项检查，加强在用镇级填埋场管理，14座在用填埋场的日常管理水平明显提高，群众投诉减少。为切实解决农村外来人口集中居住区环卫基础设施不足、设备落后的问题，加快设施设备的改建速度，年内共完成281座公厕、270座垃圾箱房新建和改建工作。

【规范作业减少装修垃圾混装混运现象】一是完善网上申报系统，加强装修垃圾申报管理，至年底全市装修垃圾申报量达200万吨；二是定期开展运输车辆车况检测，共计检查车辆1300多辆次，对450余辆实施暂停处理，极大遏制了违规作业、车况不达标等现象；三是不定期抽查各区中转设施，基本杜绝了大规模混装混运现象；四是通过深入研究，初步提出了“有序堆放、规范收费、专营收运、物流调控、资源利用、财政支持”的管理新思路，为下一步规范装修垃圾管理工作打好基础。

生活垃圾分类回收利用情况

单位	有害垃圾量(吨)	玻璃(吨)	可回收物品数量(吨)				其他垃圾量(吨)	大件垃圾量(吨)
			废纸	废塑料	废金属	其他		
合计	205.07	2790.12	12017.16	5657.83	5787.25	11089.28	933088.34	135339.93
黄浦	3.37	98.2	58.93	15.34	8.43	0.5	33729.8	3647.13
卢湾	52.76	120.91	2040.55	289.33	0.58		18427.11	16211
徐汇	35.1	443	2471	896.3	473.3		24554.3	
长宁	23	62	1032	1469	2899	1649	252845	10000
静安	1.049	29	43.43	16.35	24.16		2895	6096
普陀	0.80	1386.27	3191.32	899.16	1455.06	6989.78	10776	2525.2
闸北	61.73	8.93	735.02	49.63	45.36		47785.11	28466
虹口	1.42	244.3	271.9	213.8			19362.3	2610
杨浦			51.98	30.9	19.3		12286	63855
闵行	3.44	4.25	30.09	12.14	1.17		37624.34	40.08
宝山	1.58	1.75	16.12	4.64	0.83			
嘉定	2.657	22.84	23.5	24.12	9.175			
浦东	12.27	12.3						1444.26
金山	1.52	2.64	30.9	18.8	0.47	2450		
松江	3.08	64.73	1833.52	1018.62	790.75		460000	287
青浦		133.176	174.972	693.926	56.84		293.43	148.7
南汇		153.9					6863.47	
奉贤	0.29	1.65	10.34	4.91	1.33		5538.78	9.56
崇明	1	0.27	1.59	0.86	1.49		107.7	

（五）广告霓虹灯管理

【规划先行推进户外广告规范管理】5 月 12 日市政府批准《上海市户外广告设施设置阵地规划》后，组织各区对照规划要求，全面梳理和统计按规划要求需拆除的广告设施，进一步完善了拆除工作方案。全市累计拆除各类户外广告设施 3.3 万块，其中，已拆除楼顶、墙面广告设施约 9300 余块、地面广告约 22600 余块、高立柱广告设施 540 个，禁设区范围内的楼顶、墙面广告设施及展示区、控制区范围内违反规划要求的广告设施全部拆除，道路地面广告已基本拆除；跨区域户外广告拆除有序推进，美亚自行车棚、警务幕墙、出租车扬招牌拆除工作也已全面完成；新建人民日报阅报栏 350 个，新村指示牌的进行调整；整治店招店牌 4.6 万块。全市高架、主要道路户外广告过多、过密的情况有了明显改观。

【区域性景观灯光建设取得新进展】2 月份，经市政府办公厅批准实施《上海市中心城重点地区景观灯光发展布局方案》，市、区两级按照《布局方案》要求开展迎国庆 60 周年和迎世博的灯光建设。建设重点为中心城区，包括黄浦江及两岸、两条景观灯光环线以及人民广场及周边地区、南京路商业街等。其他如普陀和长宁区苏州河沿线的景观灯光让人耳目一新，闵行和长宁的延安高架两侧灯光建设使延安路灯光全线贯通。除各种建筑灯光以外，各区还为国庆专门设置了一批新颖美观的节庆灯光和灯光小品，烘托出欢乐喜庆的节日氛围。郊区如安亭老街，在景观灯光的装点下焕然一新。黄浦、卢湾和浦东新区已完成了世博会园区进出的 11 条道路景观灯光建设方案的设计工作，并已着手实施。迎世博景观灯光各项建设任务取得积极进展，中心城区完成 1800 余幢楼宇灯光建设或改造。黄浦江两岸 8 处创意（动态）灯光建设顺利。

（六）水域清洁管理

【迎世博黄浦江水域趸船换新颜】针对黄浦江吴淞口至关港水域的 168 艘趸船，按照重点区域开展“整洁、整治、整容”，一般区域开展“整洁、整治”的要求，开展了“逐户逐船”的全面排摸，整理基本信息和存在的立面脏、乱、差问题并网上公示。会同市浦江办、市交港局、市海事局召开了“迎世博黄浦江沿岸趸船立面整治专题会”，通过在董家渡海事处等单位开展试点，带动其他单位趸船实现趸船容貌“四无”标准。在确保完成 168 艘趸船整治任务的基础上，还额外完成了 67 艘趸船的整治项目，重点水域内 93 艘全部完成，全面改善了黄浦江景观水域两岸趸船码头面貌。

【中小道路和重点水域环境水平不断改观】针对部分中小道路市容环境脏乱差的问题，开展对乱设摊、乱堆物、乱搭建、暴露垃圾、户外广告、非机动车乱停放、路面坑洼污浊，沿街建筑立面、店招店牌等方面的专项整治，有效改善了中小道路环境面貌。全市累计完成 1159 条中小道路整治，围墙修复 149.5 万平方米，立面粉刷 624.8 万平方米，摊亭棚整治 22.8 万平方米，店招店牌整治 60 万平方米，清除乱堆乱放 4.3 万余处，跨门营业取缔 5.6 万处，“三乱”消除 133.7 万余处。加强了黄浦江、苏州河水域和两侧陆域市容环境保洁，重点整治趸船 168 艘、支流河口 204 个。

【布设拦截打捞新设施，落实上游干流保洁力量】在市管水域确定 16 对拦截打捞设施的位置及设置形式，通过招标咨询、技术标准的编制、项目管理单位的确认、建造监理单位的比选及合同签订、专项资金的申请等流程，确保工程按期完成。在区管水域设置23对拦截打捞设施，指导协助相关区完成选址、设计工作，召开专题推进会议，积极促进各区拦截打捞设施任务的完成。至年底共新增39对拦截打捞设施。同时继续推进水域事权下放工作，积极推进落实黄浦江、苏州河上游5个区的干流水域（约113公里）保洁力量，对各区进行全方位的指导，加强协调，消除上游作业盲点，提升市管水域保洁质量。青浦、闵行、奉贤、松江通过划块管理，自主建队、采购服务等方式已落实力量开展日常保洁工作。

【开展水域环保社会宣传】一是倡导居民践行《迎世博文明行动计划》，分阶段组织实施“迎世博，水域文明行”系列宣传活动，以客运码头等交通集散地为重点，在每月15日环境整治日活动中积极开展“迎世博，水域文明行”轮渡宣传活动。二是联合政府部门、社会团体，在每一个迎世博百日，开展主题宣传活动，举办“垃圾抛物展”、“水域废弃物DIY创意展”和“环保嘉年华”等活动，全年累计发动高校、沿岸白领志愿者约600人次，宣传市民约8万人次。三是积极引导社会舆论，通过电视台专题报道、《青年报》整版报道对水生植物、便民措施等工作进行深度宣传，全年累计在全市各大媒体宣传报道达到百余则。

【水生植物治理】一是关口前移，制定全年监控方案，指导协调上游金山区、浙江平湖等地区开展拦截打捞。二是及时启动预警监控，根据“蓝、黄、橙、红”四色预警制度，完善了“监控全面、预警准确、责任清晰、应对有效”的工作机制。三是建立信息平台，加强与市、区两级相关职能部门的协调，建立联手防控、信息共享的工作机制，发布专报14期，为新闻媒体和市有关方面提供准确的信息；四是在部分主要支流和河口的加设拦截设施，增强了打捞力量，有效减少黄浦江干流水生植物污染压力。在绿萍整治中，金山、青浦两区共打捞绿萍5.5余万吨，环境实业公司打捞绿萍3549吨。在水葫芦整治中，金山、青浦两区共打捞水葫芦12余万吨；环境实业公司打捞水葫芦16余万吨。

（朱天恩）

五、绿化林业

（一）综述

2009年是新的绿化市容局第一个完整的工作年，是“迎世博”各项工作的全面推进的关键年。全行业积极发挥机构改革后的体制优势，紧紧抓住世博机遇，在推进事业发展、提升管理水平等方面都取得了较为明显的成效。组织编制并发布了《上海市绿化系统规划实施意见（2008~2010）》，重点推进大型公共绿地、世博会场馆区配套绿化建设，加快屋顶绿化、桥柱绿化等立体绿化建设。全市新建各类绿地1096公顷，其中公共绿地582公顷。积极推进外环生态专项建设，辰山植物园除温室部分基本建成。贯彻落实市委《关于推进林业健康发展，促进生态文明建设的意见》，推进落实生态公益林补偿制度和黄浦江水源涵养林失地农民保障问题。完成长江防护林等其他防护林二期工程建设工作，完成造林2.6万亩，实施封育1万亩。年内共新建在建外环林带91公顷。野生动植物保护管理和湿地和自然保护区管理进一步加强；绿化景观优化工作推进有力；公园品质切实提升；绿化便民服务不断深化；兴林富民取得新进展。

（二）绿化园林

【全民义务植树活动】 2009年3月12日全市有约3.5万市民冒雨积极参加义务植树活动，掀起了一波植树和绿化宣传活动高潮。卢湾区的植树节活动主题定为“绿色世博，创意无限”，在占地3000多平方米、位于卢浦大桥下的“创意林”中种植了银杏、白玉兰、茶花、桂花、棕榈等植物，同时，设置一组与世博主题相关的景点，展示历年世博会的地点与日期，向市民宣传世博知识；上海、都江堰两地市民代表联手在中山公园种下上海市花白玉兰、都江堰市树银杏，表达两地“手牵手，心连心，共为地震灾区重建添份绿”的浓浓情意；普陀区在长风生态城的3000平方米的植树点披上了新绿；闵行区七宝大绿地为市民提供的义务植树点达到了30000平方米。绿化部门的10万盆花进家庭活动，把绿意洒向社区、家庭。24日上午，中共中央政治局委员、上海市委书记俞正声，市委副书记、市长韩正，市人大常委会主任刘云耕，市政协主席冯国勤，市委副书记殷一璀等来到松江上海辰山植物园，上午9时，俞正声等市领导来到上海辰山植物园，听取关于植物园建设进展情况的汇报。随后，市领导来到玉兰园植树现场，与100多名公务员一起挥锹铲土、分组植树。

【俞正声、韩正等领导与市民共同聆听城市森林音乐会】 4月30日下午，“迎世博倒计时一周年”城市森林音乐会在上海共青森林公园优雅上演。中共中央政治局委员、上海市委书记俞正声，市委副书记、市长韩正等市领导来到市民中间，一起在春色盎然的森林绿地中聆听美妙的音乐。来自中国人民解放军军乐团、中国人民解放军海军军乐团的艺术家们，联袂演奏了《魅力上海》等世博优秀歌曲和世界经典音乐作品。一座座中国馆的立面造型竖立在共青森林公园的各个入口，营造了浓厚的世博气息，2000多名社区市民群众和游客在享受音乐盛宴之余，还在公园内参与了各类迎世博的互动活动。

【第二十一次市长国际企业家咨询会议代表到崇明东滩参观考察】 10月31日下午，上海市市委副书记、市长韩正与普华永道名誉主席沈德培、银瑞达董事会主席沃伦伯格等近30位国际知名企业“掌门人”及随行人员、新闻媒体等约100余人，齐聚上海崇明东滩鸟类国家级自然保护区参加鸟类环志活动，亲手放飞“国际旅客”黑腹滨鹬，通过宣传生态和环保以庆贺市长咨询会议的召开。韩正市长还兴致勃勃地来到东滩野外监控系统演示点，操作遥控高清监控摄像头，高兴地观察到了一群在东滩栖息的野鸭，他要求继续加强信息化手段，不断提升生态环境保护管理水平。

【全市绿化市容系统工作会议召开】 1月22日上午，上海市绿化和市容系统工作会议在市政府三楼会议室召开。沈骏副市长、尹弘副秘书长、市城乡建设交通委及市绿化市容局党政领导等出席会议。沈骏副市长在会上做了重要讲话。他首先充分肯定了市绿化市容局组建以来各项工作取得的成绩，对进一步做好绿化市容工作，提出三点要求：一是要统一思想，提高认识，加快推进机构融合，促进政府职能转变，强化为民服务。二是要抓住机遇，狠抓落实，高效完成600天行动计划各项任务。要做到“四个到位”，即：思想认识要到位，工作力度要到位，社会动员要到位，责任落实要到位。三是解放思想，加快向服务型城管转变。突出“执法也是服务”的理念，坚持依法严格执法，加强队伍建设，提升队伍素质。会议对2009年全系统需要大力推进的六个方面重点工作做了全面部署。

【绿化林业网格化系统全面建成】年初启动绿化林业专业网格化建设，系统覆盖全市范围的绿地、林地、湿地和野生动植物资源管理，由上海城市发展信息研究中心和上海市绿化管理信息中心共同负责，各区县绿化和林业主管部门共同配合。为确保全市绿化林业专业网格化系统的建设质量，选择了黄浦区、长宁区、宝山区、嘉定区先进行试点，并于2009年7月已开始试运行。在总结试点经验基础上，其他区县绿化、林业管理部门于年底全面完成绿化林业专业网格化建设工作。绿化林业专业网格化系统应根据资源整合、集约化的原则，开展建设工作。配备的巡查队员和巡查车安排人员经费和车辆维护等费用，经费纳入日常预算，保障本区县绿化林业专业网格化管理的日常运行。

【建立健全绿化林业行业管理标准体系】完成了林业标准体系、园林绿化标准体系和上海市容环卫标准体系编制工作，建立了较为完备的行业管理标准体系，为推进行业标准化建设奠定了基础。完成《上海绿地维护定额》编制工作并试行，正式发布了《生态公益林建设技术规范》，《园林绿化过程施工质量验收规范》，完成了《园林绿化养护技术等级标准》（修编）等多项地方工程规范和地方标准报批稿。积极开展园林绿化养护定额编制，强化《公共图形信息符号设置规范》、《园林绿化植物废弃物处置技术规范》和《园林绿化过程施工质量验收规范》3个新颁布标准以及公共厕所规划、设计、保洁系列标准的宣传贯彻工作。

【举办“美化上海 迎接世博——2009上海花展”】本次花展从4月3日起在上海植物园举办，于5月10日顺利闭幕，历时38天，共计接待游客30余万人次，创下历年之最。自从2007年成功举办第一届上海花展以来，上海植物园已经连续成功举办了三届花展。花展作为“世博会前的最后演练”，无论是花镜布置还是景点应用，选用的花卉多为前两年花展上由游客投票选举出来的“我想在世博会上看到的花”，结合将在世博会上应用的最新园艺技术集中展示，使得游客能提前感受世博会期间的园艺景观。花展上共计展出的47个大小景点和容器组合，尤以“墙上开花”技术为先导的最新园艺技术而熠熠生辉。花展还开辟了“市民养花精品展”；首次尝试将演出搬进植物园，既有社区居民的民俗文化演出，也有cosplay、街舞等活动。园区的各大景点都有穿着红背心的志愿者，或悉心讲解、或维持秩序、或指引道路、或清扫垃圾，为上海花展的顺利运作做出了自己的贡献。

【继续推进立体绿化】以屋顶绿化为重点的立体绿化，其节能减排的效果不容小觑，结合“迎世博”600天环境整治活动，在南北高架徐家汇路上下匝道侧墙进行了绿屏试点，实施高架沿线空间增绿计划，完成浦西中环线补充立体绿化等。在各区（县）的积极努力下，全年完成屋顶绿化18.2万平方米，绿墙8.42万米，其它立体绿化3.25万米。大大超过了年度10平方米屋顶绿化的计划目标。8月19日，以“绿色、节能、环保”为主题的2009国际屋顶绿化（立体绿化）发展论坛在上海浦东新国际展览中心举行，来自上海和外地的300多位代表参加了论坛，国内外7位专家做了专题发言，交流探讨屋顶绿化（立体绿化）对节能减排的作用和意义、分享屋顶绿化（立体绿化）的应用技术、新型工艺和材料，共同展望屋顶绿化（立体绿化）发展的前景。论坛的举办，进一步提高了社会公众对屋顶绿化、立体绿化的认知度，扩大和提升屋顶绿化和立体绿化应用技术，进一步促进屋顶绿化、立体绿化相关材料和产业的发展，为今后立体绿化的发展起到了很好的推动作用。

【整治调整绿地 优化绿化景观】全市累计完成绿地整治2747公顷，绿地调整改造662公顷，立体绿化34公顷；更新行道树设施约4.4万套；完成老公园改造14座。同时对部分绿地景观面貌较差、绿地养护不到位的绿地进行了改造和整治，整治绿地250公顷，改造绿地214公顷。完成了西藏南路等进入世博园区11条主要通道的绿化景观优化方案，确定了“欢庆锣鼓”等11个花卉布置主题。地铁站点绿化恢复工作得到有序推进，基本完成了116个地铁站点和1个高架区间绿化的恢复方案的规划设计，8号线二期、11号线嘉定段、7号线等36个站已恢复绿化约38公顷。

【12座老公园改造更新服务设施提升品质】列入市政府实事的12座老公园改造项目全面完成。共有济阳、上南、工农，复兴岛、波阳、民星、淮海、曹杨、方塔、天山、滨海和交通等12座公园完成改造，扩大活动场地。更新和完善给排水、电气、地坪、无障碍设施等基础设施，完善建筑小品、标识标牌、垃圾箱、园椅园凳等服务设施。规范了公园经营服务的面积和项目，加强了管理、服务人员责任意识，以人为本，拓展公园服务功能。同时延续老公园原有风貌，使公园原有特色、风格、布局和植被得以保护和延续。已累计完成26座老公园改造。积极推进公园无障碍设施改造，完成上海动物园、上海植物园等5座市级公园无障碍改造。开展“迎世博、学礼仪、学英语”培训，加强公园窗口建设，服务水平进一步提升。

【开展生态保护夏、冬令营活动】2009年8月，上海植物园针对青少年儿童首创“探访植物园里的夜精灵”科普夏令营活动，23天一共组织了九次夜游活动，累计参与人数达到342人。培养了小朋友对自然的好奇心，学到了课本上没有的知识，丰富了暑期生活。据调查，家长对活动的满意度达到95%以上。上海动物园举办2009亲子夏令营活动，共接待130个家庭370人次。亲近动物，夜游等项目和“摸石头过河”、动物餐厅等游戏，颇受家长和孩子们的欢迎，锻炼了儿童社交能力，增加了家长们交流育儿经验的机会，满足了家长和孩子们共同的需求。共青森林公园为了给青少年提供更广阔的活动空间，利用淡季在暑假和寒假组织开展夏、冬令营活动，在春秋游高峰，和学校一起组织开展定向运动，公园已成为上海市区最大的定向运动基地。全年团体游客量达13万余人次。

【举办果品进公园展示宣传活动】根据本市柑橘生产地乡镇政府建议和局领导“本市公园应为郊区农民提供服务”的批示，分别在市区的人民公园、中山公园、闸北公园和杨浦公园等中心城区公园，组织举办了“盛夏优质果品展”和“金秋优质果品展”。参展企业（包括农民专业合作社）34家，果品销售20万元，两次展览参观市民超过50万人次，取得了良好的品牌宣传效果，架起了市郊优质果品进市区的桥梁，受到参展果品企业与广大果农的欢迎，以及市民的青睐。

【古树名木保护】2009年全市古树名木和古树后续资源（以下简称古树）保护工作有很大提高。古树养护管理工作如建设时期古树保护、古树名木宣传、认养活动等进一步得到重视；大部分区县古树保护经费得到保证，古树复壮工作得到进一步开展；全市新确认古树8株、古树后续资源6株，包括朴树、枫杨、乌桕、香樟等树种。全年各区、县古树管理部门共巡视古树8967株次，有异常情况的554株次，制定保护方案的519株次。确定了5个市级古树保护示范点项目，分别位于奉贤、闵行、青浦、浦东4个区，涉及6株一级保护古银杏，建设内容包括古树周边拆房、扩地、建围墙、设置排水系统、铺设透气砖、配植地被植物等，并对古树进行修剪、防腐及复壮措施，从而改善古树生长环境，以古树为中心建成主题景观绿地。完成《上海市古树名木生长评价及保护模式研究》古树叶绿素和生长量测试与分析及香樟土壤测试等节点目标；完成金山、长宁等区6个古树点的光触媒防腐技术的应用；利用Picus无损检测技术对全市一、二级保护及濒危古树进行全面检测。目前已对152株古树183个截面完成了检测，收集了相关的图像及数据，并及时将检测情况反馈给区、县古树管理部门，为对古树采用有效的复壮措施提供了科学依据。对全市1189株古树和古树后续资源实现了GPS定位，同时在静安、徐汇、卢湾开展了“电子标识在古树名木上的应用推广”项目试点工作。

【建设外环线环城绿化带】上海市外环线500米环城绿带规划是《上海市城市总体规划》的重要组成部分。规划绿带的基本宽度为沿外环线道路两侧500米宽，全长98公里，规划总面积为62平方公里，整体形态为“长藤结瓜、以藤为主”，涉及浦东新区、宝山区、普陀区、嘉定区、长宁区、闵行区、徐汇区、南汇区等八个区。自1995年启动建设，1995年至2002年，配合外环道路建设完成了100米林带建设，建绿面积约925公顷，100米林带全线基本贯通。

2002年发布《上海市环城绿带管理办法》，以政府规章形式将环城绿带的建设管理纳入法制化的轨道。2002年~2003年7月，启动了400米一期工程，采用“政府引导、市场化运作、全社会参与”的新机制，编制《上海市生态专项建设工程指导性意见》、《上海市生态专项建设工程控制性图则》等以指导各区的详细规划编制及方案设计。通过全民义务植树和吸引企业“租地备苗”形式，建绿面积约为2704公顷，其中在规划绿带内建绿约1680公顷，主要范围是绿线内的农田和荒地。剩余约3600公顷中扣除规划的奥林匹克公园和布谊诺项目用地及浦东其他用地约2125公顷外，还有约1590公顷作为生态专项建设工程已纳入新环保三年行动计划，自2005年启动，计划2012年基本建成。至2009年底，建成绿地520公顷。

环城绿带目前已建绿地，养护管理全部属地化，由所在区绿带主管部门负责养护，养护经费由区财政统一核拨。所有养护队伍采用公开招标方式进行确定。2007年制定《上海市环城绿带养护标准》，并定期开展病虫害监测预测预报工作及防火监控建设，组织绿带半专业化的消防队伍。区绿带部门与所在区的公安、城管、消防等专业部门构建协作机制，借助专业力量参与综合管理。

【推进绿化市容服务进社区等便民服务】拓展绿化“三进”服务，开展绿化市容服务进社区“同创共建”活动。优化改善老居住区绿化环境，完成350个老居住区绿化调整改造，树木生长挡风遮阳矛盾基本缓解。开展“十万盆花进家庭”活动，140多个街道（乡镇），450多个居委会参与。

【开展暑期公园绿地周末露天电影放映】为满足广大市民游客的精神文化生活需求，推进绿化与文化相融相长，上海市绿化市容行业决定开展第五届暑期露天电影进公园活动，将从6月下旬至9月下旬，在全市18个区的38座公园绿地免费放映约192场露天电影。其中既有《家有喜事2009》等国产片，也有《千钧一发》、《深湖巨兽》、《火线战将》、《黎明行动》、《江汉怪物》等热门大片，成为市民消夏的选择之一，体现政府改善市民生活环境，活跃市民文化生活，推进公共服务均等化的举措之一。

（三）林业管理

【《上海市森林管理规定》正式实施】《上海市森林管理规定》（以下简称《规定》）已经2009年9月14日市政府第56次常务会议审议通过，韩正市长于2009年9月21日签署市政府第17号令公布，11月1日起正式施行。《规定》主要包括建立森林生态效益补偿制度、对林木和林地实施分类保护管理、明确林木的养护责任和标准、细化相关行政许可事项四个方面。《规定》还明确了上海建立森林生态效益补偿制度。今后上海首次从国外引进的林木种子、苗木及其他繁殖材料，应当在引种前开展风险评估，避免生物入侵的危害。对于在森林、林地内，擅自迁移、采伐林木和毁林取土的行为，将根据林木补偿标准的3倍以上5倍以下的罚款。除农民承包地上种植的经济林以及农民房前屋后、自留地上种植的零星林木外，迁移林木应当办理林木迁移许可证。《规定》明确要求，市和区、县林业主管部门应当建立有害生物疫情监测预报网络，健全有害生物预警防控体系，加强植物检疫，编制有害生物灾害事件应急预案，落实有害生物防控物资储备。一旦发现突发有害生物事件，区、县林业主管部门应当及时调查核实，查实后应当立即启动应急预案，避免对上海的植物生存造成了危害。

【贯彻落实中央林业工作会议精神和市委有关林业工作要求】围绕中央林业工作会议精神的贯彻落实，按市领导要求，提出了关于进一步推进本市林业健康发展的工作建议，经市委市政府同意印发。根据市委18号文件要求，细化落实具体政策，会同与市发展改革委、市财政局有关部门制定了《关于推进林业健康发展，促进生态文明建设的若干政策意见》，提出了2010–2012年本市林业发展计划和相关政策建议，供市政府决策参考。推进建立公益林生态补偿制度，细化完善了财政转移支付工作方案和考核管理办法，经市政府常务会议通过，已于年内实施。开展第七次森林资源清查工作。制定了本市森林资源“一类调查”和“二类调查”工作方案，组建本次森林资源清查工作的领导小组和工作班子，开展了人员培训。年内，“一类调查”外业任务已完成；“二类调查”在完成嘉定区试点的基础上，其他区县的“二类调查”也已全面展开。

【“兴林富民”取得进展】引导发展林下经济，依托林业养护社，积极探索各种林地复合经营模式，总结推广南汇区果园插种蔬菜、崇明县林地养鹅、宝山区和嘉定区林地养鸡、松江区林地养獐等林地复合经营模式，取得了一定成效。加强经济果林指导管理，对全市34家“服务世博果品供应基地”的果品生产全过程监管力度，确保果品安全；完成了“2009年迎世博上海市优质桃评比”活动的参评申报工作，全市有46家果品生产企业、34个品种参评；举办了2009迎世博上海优质果品展活动，开放公园给果农设摊销售水果，销售总值20万元，为郊区果农搭建资产果品进入市区的桥梁；落实新农村示范点建设各项工作，与嘉定区政府共建马陆镇大裕村新农村示范点。

【组织林业基础工作调查】一是按照国家林业局部署，在全市范围内开展了林业本底调查，摸清本市区县、乡镇林业站、以及林业养护社机构队伍、办公场所、技术装备，以及承担林业资源管理的工作任务等基本情况。二是组织对郊区109个林地复合经营单位和本市4423家林业产业企业的调研，通过数据统计分析，排出了7种林地复合经营模式和36个产值居林业一、二、三产前列的企业，形成了《上海市生态公益林实施生态高效复合经营的调研报告》，为指导本市林地复合经营和筹备成立“林业产业协会”提供了依据。三是完成苗木生产基地现状调查，准确掌握了全市苗圃生产和经营情况，修改完善了《上海市林木种苗统计管理办法》，为实行分类管理和指导、建立上海市造林优良树种推荐名录奠定基础。

【积极做好森林防火工作】根据国务院、国家森林防火指挥部、国家林业局有关要求，切实做好重要时段、重点区域的森林防火工作，主动争取上级部门支持，出台发布了《上海市人民政府办公厅关于进一步加强本市森林防火工作的通知》(沪府办发〔2009〕15号)和《上海市人民政府办公厅关于转发市林业局制订的上海市处置森林火灾应急预案的通知》(沪府办〔2009〕81号)，积极做好全市森林防火演练工作。

【加强森林资源监管和专业执法】按照市政府的统一部署，落实黄浦江水源涵养林的林木登记工作。贯彻落实《上海市森林管理规定》，对林业行政许可作进一步规范。全年共办理林木迁移、林木采伐和林地征占用行政许可事项94件，其中林木迁移3项，迁移林木2175株；林木采伐68件，采伐林木蓄积7553.44立方米；征占用林地23件，缴纳森林植被恢复费4181.27万元。组织开展了以打击破坏森林资源违法行为为主要内容的“绿盾三号”行动。对1120家苗圃地开展产地检疫，检疫苗木面积98000多亩，产地检疫率达到99.8%。实施现场调运检疫720批次，签发调运检疫证88352份，运输证96917份；加强对木材检疫的监督管理；因企业非法调运带疫苗木实施行政处罚1家，截获携带外来有害生物苗木21批次，并在第一时间对感染疫情的苗木进行销毁。建立了出省木材运输、苗木产地与调运、绿化工程复查复检等检疫报检员制度，提高植物检疫的有效性和覆盖面，从源头上切实控制外来有害生物的入侵。

【组建全市林业有害生物灾害应急防控队伍】以迎世博600天行动计划项目和国债资金投入为契机，分别在浦东、嘉定、松江、闵行四个区首次组建了4支共60人的市级林业有害生物防控应急队伍，配备了车载高射程打药车、喷雾机、烟雾机和打孔注药机等现代化防治药械；起草《上海市林业有害生物灾害处置应急预案》，建立了应急防控机制，开展技术培训，明确了应急防控责任，规范了应急防控行为。7月，组织开展了林业有害生物灾害应急除治演练，锻炼了队伍，提高了能力，展示了形象。

（四）野生动植物资源保护和管理

【开展野生动物保护法律法规执行年活动】一是加强集贸市场、餐饮酒店等违法破坏行为易发区域的日常巡视及执法检查。全年共出动55车次，165人次，巡查单位99家/次，执法检查乱捕乱猎10起，收缴网具75件、没收青蛙3100斤、蟾蜍5500斤、蛇715条、暹罗鳄5条、巨蜥2条、蟒蛇3条、陆龟4只，熊掌4只、罚款40080元。二是积极进行处理群众举报及收容救助工作。全年共计处理群众举报咨询事项92起，收容各种野生动物54头/只。三是严格行政许可后续监管，促进经营利用行为规范开展，分别对8区1县25家养殖国家重点保护野生动物的驯养繁殖单位进行了实地检查。

【组织野生动物保护专项执法和联合执法】先后组织区县开展了“春季候鸟迁飞和蛙类出蛰期间”和“秋季候鸟迁飞期间”的专项

执法行动，并通过定期督促和联合执法等形式，推进全市专项执法工作的有效开展。全年共出动了2672人次、761车次，检查了农贸市场406家、餐厅559家、大卖场31家、花鸟市场73家、古玩市场23家、野生动物驯养繁殖单位84家，查处非法运输46起、乱捕乱猎208起，收缴青蛙5587斤、蟾蜍11855斤、蛇2339条、鸟4387只、熊掌4只、其他各类野生动物24种94只，拆除各种网具288张、罚款60900元。同时，积极争取相关司法及工商、城管部门的支持，先后联合开展了打击铜川路水产批发市场内非法批发销售蛇蛙、集中整治了成都北路高架下自发形成的贩卖野生鸟类市场、以及中心城区个别商铺象牙非法贸易和延安西路百瑞宠物店非法经营珍贵濒危野生动物案，均取得了显著成效。

【开展上海市野生动物重要栖息地的调查与评估】与华东师大合作，对上海市10个郊区（县）现状较好的野生动物重要栖息地进行系统的生物多样性和环境评价，以了解这些地点的生物多样性水平，定量评估、排序这些重要栖息地的保护价值。本次调查，共选取本市多种生态类型的45块栖息地，总面积近20000公顷，通过调查，掌握了这些栖息地的基本属性状况、野生动植物资源状况和水质状况等多项指标，并将数据进行整理和指数模型计算，获得了各栖息地的综合得分。此外选择滨江森林公园开展鸟类投食招引示范研究，通过在公园绿地中建立系统的食物投放机制，探讨改善公园绿地的栖息地生态服务功能，丰富公园绿地内的鸟类多样性水平的方法。

【举办第28届“爱鸟周”系列活动】围绕“关爱鸟类，关注自然，共建生态文明”主题开展了第28届“爱鸟周”系列活动。充分发挥市、区管理部门的联动、社会团体的齐动和广大市民共同参与的互动，共有30000余名市民参与了活动，相应举办了第四届市民观鸟大赛、“迎世博，呵护你身边的野生动物”系列宣传展板巡展和“我身边的野生动物保护感人故事”征文等活动。活动开展以来，共开展专题展览7次，开设专题讲座5次，进社区活动2次，鸟类知识竞赛2次，中小学生摄影展1次，发放宣传资料1万余份，各类媒体宣传报道近50次。在全市的114所野生动物保护特色学校中组织开展“绿野寻踪”少儿野生动物保护知识竞赛上海赛区活动。

【滨江森林公园开展獐的野化放养】2009年11月5日，12头獐在上海滨江森林公园释放，开展野化训练。目标是在上海地区建立可自我繁殖、稳定的獐野生种群，恢复上海地区生物多样性，完善生态系统，同时实现该濒危物种的迁地保护。作为国家二级保护动物，IUCN红皮书渐危种，獐早在新石器时代在上海地区就有分布，19世纪80年代，上海市郊青浦及奉贤等地的獐也很多，但在20世纪初，上海的野生獐全部绝迹。2007年，獐踏上了回归上海的征程，经过两年的管理和监测，该种群已经适应上海的气候等自然条件且成功繁殖，开始进行野化训练。为了科学地监测和野化獐，科研人员在进行体征测量和个体标记的同时，也为进行野放的獐佩带了先进的无线电项圈对其实施定位跟踪监测。之后将以此通过科学手段对獐在公园大型人工生境中的家域定位、活动节律、食性组成以及其对植被、水质、物种多样性等环境因子的综合影响和其对人为干扰的响应等进行科学研究。

【加强国外引种植物和世博景观苗木储备监管】根据世博园区等对国外植物引种需求，主动、提前为世博引种做好服务工作。全年共受理审批世博引种120批次，引种植物49种、4420株。既确保了2010年上海世博会对引进植物需求，又把国外植物引种风险降到最低限度。同时加强引种后的监管。制定了《上海“世博”国外植物引种风险评估与检疫监管实施方案》，严格引种监管。重点加强对从日本引进的912株大型景观植物检疫监管，落实专人负责，建立植物档案，挂上引种标牌，随时现场检查。制定《服务世博果品供应基地标准》，对全市申报的62家果品生产单位的果园进行筛选，初步确定34个基地作为“服务世博果品供应基地”候选基地。对世博园区所需的2000株容器乔木和4162株开花灌木的苗木储备进行监管，制定相关技术标准，明确监管苗木的供应时间、容器规格、基质、养护等技术要求和相关程序。不定期对中标企业生产过程进行现场监督检查，重点跟踪中标企业的生产计划落实情况和技术措施的应用情况，为世博储备优质景观植物提供保障。

【完善有害生物监测预警网络体系】充实了7个国家级中心测报点、13个市级中心测报点和50个不同区域“四类林”与经济果林监测点的技术装备和人员配备。依托三级监测预警网络体系，在实施常规监测预报的同时，建立周巡视监测报告制度和有害生物灾情报告制度，明确了各区县重点监测区域和重点监测对象，加强了对生态敏感区、景观路段与经济果林等重点林地，以及水杉赤枯病、杨小舟蛾等常发性重点有害生物的监测预警和灾情报告。开展PDA应用技术培训，扩大PDA试点范围，为实现林业有害生物网格化管理奠定基础。严格防范重大危险性林业有害生物入侵。在全市重点区域实施对美国白蛾成虫、松材线虫病防治；加强对松墨天牛的监测，开展了红棕象甲疫情普查和亚洲型舞毒蛾的监测工作。

【建立生态功能定位监测点】为科学合理评价林地生态功能和对社会的贡献，更好地为建立良好的林相结构和植物群落提供科学理论依据，制定了生态定位监测点建设方案，编制监测程序，确定了监测内容及监测点设施设备的添置。结合科技下乡工作和相关课题的实施，利用原有的SPAC生理生态环境监测系统，在松江叶榭黄浦江水源涵养林设定了生态功能定位监测试点，目前已完成安装调试并开始采集数据。同时，分别在松江、奉贤等区县和外环林带建立了固定实验样地，开展森林群落演替情况，以及林木尺检、郁闭度、植被盖度、病虫害、生物量、土壤理化性质等因子的调查，分析林分结构变化，掌握森林群落演替规律。

【湿地和自然保护区管理进一步加强】一是推进上海西郊淀山湖湿地修复工程，完成了一期工程工可报告和环评报告的编制和上报，625亩湿地修复示范区工程基本完成，种植池杉270亩，其他水生植物120亩，改造现有养殖鱼塘92.4亩。二是南汇东滩滩涂促淤与湿地动态保护的关键技术与示范项目。已确定了实施区域，对工程进行前期设计与基础本底研究，并经过招投标程序确定了施工单位和工程监理单位，预计2010年初完成。三是编制完成《长江口湿地保护和合理利用对策研究报告》并组织专家评审；编制完成《上海湿地公园建设发展规划》。

【推进崇明东滩互花米草控制与治理项目】互花米草控制和鸟类栖息地优化的各项前期工作顺利推进，完成项目环境影响评价报告报批工作及项目建设内容、规模、工程方案和投资估算再评估工作。《项目可行性研究报告》已获得市发改委批准，相关单位已经开展该工程的初步设计工作。北八滧区域1500亩的互花米草控制及鸟类栖息地优化实验工程实施以来已完成植被、地形、水位等方面的调整与控制，鸟类栖息数量和种类逐渐增多，优化效果逐步体现。通过多次对互花米草生长情况调查，掌握了互花米草的分布情况、生长速度，制定实施了控制方案，控制了该区域的互花米草生长和扩散，雁鸭类、鸥类、鹭类等已在该区域内栖息，为即将实施的24平方公里的互花米草控制和栖息地优化工程积累了经验。

【**崇明东滩数字标本馆进入试运行**】崇明东滩数字标本馆利用计算机技术，数码摄影技术，多媒体技术、电子存储技术等，建立崇明东滩常见物种的电子档案，通过数据库技术，实现对东滩物种信息的管理，支持交互物种检索功能，通过多媒体、网络化平台构建等手段，实现查询和展示。该系统支持本地查询和展示，并可通过网络化平台实现远程资源共享。展示内容涉及崇明东滩的鸟类、鱼类、两栖和爬行类、底栖和浮游生物、哺乳动物和植物以及东滩的地形地貌和生态资源等。它可以作为崇明东滩科普教育、科学研究以及保护区资源管理的便捷工具。

【**野生鸟类环志和监测**】完成迁徙水鸟的环志及彩色旗标工作。崇明东滩保护区2009年度环志工作分为春季北迁季节和秋季南迁季节两部分，共环志旗标水鸟41种5211只，回收水鸟7种56只，编码旗标的回收及目击共有16笔。首次回收到澳洲塔斯马尼亚岛环志的翻石鹬。积极探索芦苇带鸟类的环志监测，共开展芦苇带鸟类环志6次共计54天，保证每月一次。共捕捉鸟类29种648只，其中包括国家二级保护鸟类小鸦鹃1只，中国濒危动物红皮书接近濒危物种震旦鸦雀442只。年内共进行了16次水鸟同步调查，共记录到水鸟83种，33042只，分别隶属于8目14科，基本上是涉禽和水禽为主，其中涉禽的鸻形目、鹳形目和水禽类的雁形目种类最多。

（秦磊）

六、环境保护

(一) 综述
(二) 环境质量
(三) 污染防治
(四) 环境保护管理
(五) 环保执法

(一)综述

2009年是本市第四轮环保三年行动计划的开局年，也是推进“十一五”污染减排的攻坚年。在市委、市政府高度重视和全社会共同努力下，全市围绕“保增长、调结构、促改革、惠民生”大局，以“迎世博”为契机，以滚动实施环保三年行动计划为抓手，以污染减排为核心，进一步加大了环保工作推进力度，取得了明显的成效。

第四轮环保三年行动计划进展良好，主要污染物排放量继续下降，并提前一年实现“十一五”主要污染物总量控制目标。全市环境质量总体稳中趋好。环境空气质量总体呈现好转趋势，环境空气质量优良率首次超过90%，达到91.5%；水环境质量总体保持稳定，黄浦江、苏州河总体水质有所改善；声环境质量基本稳定；辐射环境质量保持正常。

(二)环境质量

【空气质量概述】2009年，上海市环境空气质量为优良的天数有334天，较2008年增加6天。其中，一级天数有107天（占29.3%），为历年最多；优良率首次超过90%，达91.5%，较2008年上升1.9个百分点。全年首要污染物为可吸入颗粒物的有344天，占总数的94.25%；首要污染物为二氧化氮的有14天，占总数的3.84%；首要污染物为二氧化硫的有3天，占总数的0.82%；可吸入颗粒物和二氧化硫同为首要污染物的有1天，占总数的0.27%；可吸入颗粒物和二氧化氮同为首要污染物的有3天，占总数的0.82%。近五年（2005~2009年）的监测数据表明，上海市环境空气质量优良率已经连续五年高于88%，并总体呈现改善趋势。

【可吸入颗粒物】2009年，上海市可吸入颗粒物（PM10）年日均值为0.081毫克/立方米，达到国家环境空气质量二级标准，较2008年下降0.003毫克/立方米。近五年（2005~2009年）的监测数据表明，上海市可吸入颗粒物年日均值均达到国家环境空气质量二级标准，可吸入颗粒物污染总体呈下降趋势。

【二氧化硫】2009年，上海市二氧化硫（SO2）年日均值为0.035毫克/立方米，达到国家环境空气质量二级标准，较2008年下降0.016毫克/立方米。近五年（2005~2009年）的监测数据表明，除2005年外，上海市二氧化硫年日均值均达到国家环境空气质量二级标准，二氧化硫污染总体呈下降趋势。

【二氧化氮】2009年，上海市二氧化氮（NO2）年日均值为0.053毫克/立方米，达到国家环境空气质量二级标准，较2008年下降0.003毫克/立方米。近五年（2005~2009年）的监测数据表明，上海市二氧化氮年日均值均达到国家环境空气质量二级标准，二氧化氮污染总体呈下降趋势。

【酸雨和降尘】2009年，全市降水pH平均值为4.66，酸雨频率为74.9%，较2008年下降4.3个百分点。全市区域平均降尘量为7.4吨/平方公里•月，道路降尘量年均值为21.4吨/平方公里•月，与2008年相比，区域降尘量下降0.4吨/平方公里•月，道路降尘量下降1.4吨/平方公里•月。

【水环境质量概述】2009年，上海市水环境质量总体保持稳定。黄浦江总体水质状况略有改善，苏州河总体水质状况轻微改善，长江口总体水质状况较2008年有所好转。

【黄浦江】根据上海市水环境功能区划和相应的水质控制标准，黄浦江淀峰和松浦大桥2个断面水质控制标准为II类水，临江断面水质控制标准为III类水，南市水厂、杨浦大桥和吴淞口3个断面水质控制标准为IV类水。与2008年相比，2009年黄浦江淀峰、松浦大桥、临江、南市水厂、杨浦大桥和吴淞口断面水质综合污染指数（计算方法附后）分别下降8.3%、5.3%、11.1%、15.3%、5.5%和4.1%。黄浦江总体水质状况略有改善。近五年（2005~2009年）的监测数据表明，2005~2008年黄浦江总体水质状况基本保持稳定，2009年黄浦江总体水质状况有所好转。

【苏州河】根据上海市水环境功能区划和相应的水质控制标准，苏州河白鹤断面水质控制标准为IV类水，黄渡、华漕、北新泾桥、武宁路桥和浙江路桥5个断面水质控制标准为V类水。与2008年相比，2009年苏州河白鹤、黄渡、华漕、北新泾桥、武宁路桥和浙江路桥断面水质综合污染指数分别下降17.6%、20.7%、19.3%、12.5%、9.0%和6.4%。苏州河总体水质状况轻微改善。近五年（2005~2009年）的监测数据表明，苏州河总体水质状况有所好转。

【长江口】根据上海市水环境功能区划和相

应的水质控制标准，长江口水域水质控制标准为II类水。与2008年相比，2009年长江口徐六泾、浏河和白龙港断面水质综合污染指数分别下降1.5%、8.3%和13.5%，吴淞口、竹园和朝阳农场断面水质综合污染指数分别上升3.4%、1.2%和4.1%。长江口总体水质状况有所好转。近五年（2005~2009年）的监测数据表明，长江口总体水质状况有所好转。

【**水环境重点整治河道**】2009年，全市水环境重点整治河道监测涉及宝山、闵行、浦东、嘉定、金山、松江、奉贤、青浦等8个区的27条考核河道计27个断面，水质综合污染指数（选择溶解氧、高锰酸盐指数、五日生化需氧量、氨氮、总磷5项主要污染物，采用III类水标准计算得出，下同）在1.13~3.88之间。其中，中心城区重点整治河道水质综合污染指数在1.33~3.15之间，郊区重点整治河道水质综合污染指数在1.13~3.88之间。郊区重点整治河道总体水质与中心城区基本持平。2009年，8个区的水质综合污染指数在1.30~3.05之间，其中，青浦区最高，奉贤区最低。8个区中，奉贤区所有监测断面的水质均达到相应的水环境功能区要求，达标率为100%；闵行区和浦东新区部分监测断面的水质达到相应的水环境功能区要求；其余5个区所有监测断面的水质均未达到相应的水环境功能区要求。

【**水环境质量考核断面**】2009年，全市水环境质量考核涉及徐汇、长宁、普陀、闸北、虹口、杨浦、宝山、闵行、浦东、嘉定、金山、松江、奉贤、青浦、崇明等15个区县的41条河道计58个断面，水质综合污染指数在0.57~4.45之间。其中，中心城区考核断面水质综合污染指数在1.08~4.45之间，郊区考核断面水质综合污染指数在0.57~3.47之间。郊区河道总体水质优于中心城区。2009年，15个区县的水质综合污染指数在0.63~3.59之间，其中，普陀区最高，崇明县最低。15个区县中，虹口区、奉贤区和崇明县所有考核断面的水质均达到相应的水环境功能区要求，达标率为100%；杨浦区、浦东新区、金山区和松江区部分断面达到相应的水环境功能区要求；其余8个区所有考核断面的水质均未达到相应的水环境功能区要求。

【**声环境质量概述**】2009年，上海市区域环境噪声达到相应功能的标准要求，但道路交通噪声夜间时段未能达到相应功能的标准要求。

【**区域环境噪声**】2009年，上海市区域环境噪声昼间时段的平均等效声级为54.9dB（A），较2008年下降2.1dB（A）；夜间时段的平均等效声级为47.8dB（A），较2008年下降2.1dB（A）。近五年（2005~2009年）的监测数据表明，上海市区域环境噪声均达到相应功能的标准要求，2005~2008年总体保持稳定，2009年较2008年有所好转。近五年（2005~2009年）的监测数据表明，上海市酸雨污染总体呈上升趋势。

【**道路交通噪声**】2009年，上海市道路交通噪声昼间时段的平均等效声级为69.8dB（A），较2008年下降1.6dB（A）；夜间时段的平均等效声级为64.4dB（A），较2008年下降2.0dB（A）。主要道路交通干线昼间和夜间时段的平均车流量分别为1842辆/小时和948辆/小时，与2008年相比，昼间和夜间时段的平均车流量分别减少190辆/小时和189辆/小时。近五年（2005~2009年）的监测数据表明，2005~2008年上海市道路交通噪声均未能达到相应功能的标准要求，总体保持稳定，2009年上海市道路交通噪声昼间时段达到相应功能的标准要求，较2008年有所好转。

【电离辐射】环境天然放射性水平方面，对 γ 辐射空气吸收剂量率、γ 辐射累积剂量的监测及气溶胶、雨水沉降物、水汽、地表水、地下水、海水、土壤等样品的分析结果表明，本市空气、水体、土壤等介质中的放射性核素浓度处于正常水平，全市各监测点的 γ 辐射空气吸收剂量率与历年的监测结果相当。

核与辐射技术应用方面，对伴生放射性矿物利用设施、非密封放射源使用场所、密封放射源使用场所、加速器使用场所及射线装置使用场所周围环境的监测结果表明，γ 辐射水平均符合《电离辐射防护与辐射源安全基本标准》(GB 18871–2002) 中规定的年累积剂量限值。

【电磁辐射】电磁辐射环境方面，对上海动物园、共青森林公园、龙华烈士陵园、世纪公园、陆家嘴中心花园、人民公园、奉贤古华园及嘉定孔庙共 8 个背景点进行监测，工频电场强度为 0.105~ 0.604 伏特 / 米，工频磁感应强度为 0.029~0.203 微特斯拉，综合电场强度为 0.42~1.06 伏特 / 米。与历年相比，本市电磁辐射环境背景值无明显变化。

电磁辐射设施方面，对东方明珠等 6 个广播发射塔、500 千伏南桥变电站等 4 个变电站、500 千伏桥行输电线等 4 条高压送电线、卫星地球站、浦东机场雷达站、移动通信基站、磁悬浮列车及电气化铁路进行了监测，结果表明，主要电磁辐射设施周围环境的工频电场强度、工频磁感应强度和综合电场强度均符合《500 千伏超高压送变电工程电磁辐射环境影响评价技术规范》（HJ/T24–1998）的推荐限值规定和《电磁辐射防护规定》（GB8702–88）中的相关要求。

（三）污染防治

【污染减排概述】为确保完成 2009 年减排任务，市环保局会同相关部门，从加强领导、推进减排工程建设、规范运行管理、落实奖惩责任等方面入手，有序推进污染减排工作。

【落实污染减排目标责任】制定了污染减排年度工作计划，将任务分解到各有关区县、有关委办局和具体实施单位，并将 2009 年污染减排指标完成情况作为考核各区县和各部门的重要依据。

【加快推进重点减排工程建设】污水处理方面，2009 年建成了竹园第一污水处理厂升级改造（170 万立方米 / 天）等一批污水处理工程，完成污水收集管网 150 余公里。电厂脱硫方面，建成了上海石化 2 台机组和宝钢电厂 1 台机组共 47.5 万千瓦脱硫设施，累计建成 1067 万千瓦机组的脱硫设施。

【持续推进结构调整】2009 年全市完成产业结构调整项目 846 项；按期关停了杨树浦电厂和闵行电厂共 21 万千瓦燃煤小机组。持续推进清洁能源替代，累计实施清洁能源替代 6000 多台（眼）炉窑，关停了上海焦化有限公司 2 台焦炉等一批污染重的工业窑炉。

【进一步加强对减排设施的监管】在进一步完善监管机制的基础上，对已建减排设施开展了定期的现场核查。目前已建减排设施总体运行管理状况良好，白龙港污水处理厂出水水质接近一级 B 标准，电厂脱硫设施脱硫效率基本达到 90%以上。

【推进减排激励政策的落实】共有 7 家电厂和 30 座污水处理厂享受了超量削减补贴，有效地挖掘了企业减排潜力。出台了《上海市脱硫石膏综合利用和安全处置实施方案》，明确在2009-2011年间对利用脱硫石膏的企业予以补贴。经环境保护部核定，2009年上海市化学需氧量排放量为24.34万吨，在2008年的基础上削减8.74%；二氧化硫排放量为37.89万吨，在2008年的基础上削减15.05%。两项污染物的年度削减比例双双位居全国第一，并提前一年实现“十一五”主要污染物总量控制目标。

【迎世博环境安全保障】对全市在用的取水口周边16平方公里及黄浦江上游水源保护区范围内的化工、制药、电镀、印染等8类风险企业落实了限期关闭、跟踪监管等措施，对黄浦江上游水源一级保护区内浮吊船进行了全面清理，并对进入黄浦江上游水源保护区的危险品运输船舶安装了GPS全球卫星定位仪，以确保世博饮水安全。

制定了上海世博会期间放射性同位素生产、销售、使用、运输、贮存、处置六个环节的管控措施，组织各区县环保局对全市放射性同位素利用单位进行了反恐督导检查。召开了全市各探伤单位负责人参加的“世博会期间γ探伤源管控工作座谈会”，落实世博会期间γ探伤源的管控措施。牵头组织本市相关部门、单位开展了跃龙化工厂放射性废物处置工作。

完成了本市社会化应急处置队伍建设，落实了危险废物持证单位应急预案编制与应急演练，基本形成本市反恐应急体系。2009年，妥善完成了4家企业搬迁遗留剧毒化学品的清除工作，应急处理了12起危险废物污染突发事件，共处理处置突发事件危险废物60余吨。

【迎世博环境整治】在全市已经建立的区域、道路降尘监测网络基础上，2009年开展了世博园区、虹桥综合交通枢纽等15项市政重点工程的降尘监测工作，并及时对监测结果进行评估，会同相关部门开展执法检查，控制扬尘污染。

为减少机动车冒黑烟现象，环保部门继续会同交警部门采用路检和行业整治相结合的方式开展机动车尾气执法监督，检测机动车3万多辆，对近千辆机动车尾气检测超标车辆除暂扣行驶证外，一律要求维修保养。环保部门联合交通行政主管部门检测公交车17160辆次，发出责令限期整改通知158份，处罚24家次。

7月至9月，在每月两次对全市原70个禁鸣监测点进行监测的基础上，增加随机监测点，并将违法鸣号的机动车有关信息提供给交警部门作为管理参考依据。据统计，从7月15日至9月15日，共出动交警约15万人次，查获违法鸣号77182起。违法鸣号现象呈现逐渐下降趋势，机动车违法鸣号率也从上半年的3.7%下降至3%。

市环保局会同市农委制订了《2010年上海世博会期间秸秆禁烧工作方案》，明确了各级政府的责任，建立了部门协同机制和信息通报制度，通过调整种植结构、提高秸秆综合利用率、加强空气质量监测和预警等措施，确保世博会举办期间环境空气质量不因秸秆焚烧而显著下降。

由市水务局牵头负责，对本市18条区界河道采取清除垃圾、整修边坡、拆除部分违章建筑、种植绿化、疏浚底泥等措施，进行环境综合整治。建立河道巡查制度，重点关注世博园区周边、中心城区等重点区域以及水环境质量薄弱、人口聚集、主要交通要道周边等区域的河道环境，并针对一些河道突发的环境脏乱差现象，及时启动应急处置工作。

建立了世博期间长三角区域环保合作机制，明确了两省一市联合进行电厂、机动车、秸秆焚烧等污染联防联控的工作机制和任务，初步形成了长三角区域空气污染联防联治的良好局面。

【第四轮环保三年行动计划概述】2009年是第四轮环保三年行动计划的起步之年，在全社会的共同努力下，第四轮环保三年行动计划开局顺利。260个项目的启动率达83%，完成率达到26.5%，其中，125个建设项目完成了26个，135个管理型项目完成了43个，较好实现了年度计划目标。一批重点难点项目陆续建成或取得明显进展。

青草沙水源地建设实现水库龙口合拢，岛屿管线和过江管的东线已全线贯通；竹园第一污水处理厂升级改造工程已建成并通水调试，完成了青浦第二、奉贤东部等郊区污水处理厂的新建或扩建工程，启动了白龙港污水厂扩建二期、竹园污泥处理等污水和污泥处置项目；白龙港污水处理厂污泥处理工程已开始设备安装；黑臭河道整治和太湖流域水环境综合治理工作稳步推进。

“十一五”期间计划建设的燃烧电厂脱硫工程全部建成，启动了电厂脱硝试点；112台10蒸吨/小时以上工业锅炉二氧化硫治理达标工程已完成86台；新车提前实施国Ⅳ标准工作推进顺利，保障国Ⅳ标准油品供应的汽油脱硫装置建设如期完成，5座机动车I/M检测示范站完成验收，完成了177座加油站的油气回收设施改造。

市区生活垃圾内河集装化转运系统已投入试运行，建成了老港生活垃圾填埋场渗滤液处理和污水永久排水通道工程；医疗废物处置完善工程的处置设施已基本完成，部分生产线开始正式运行；461个高架道路沿线噪声敏感点治理已基本结束。

老港风力发电项目已基本建成，8个循环经济试点项目推进顺利，出台了循环经济补贴政策。

绿肥、商品有机肥和专用配方肥的年度推广任务已完成；共完成了118个村庄综合改造，受益农户超过2万户。世博园区生态建设工作绝大部分已完成，崇明生态环境建设正在抓紧推进；杨浦大连路绿地等5块公共绿地已完成建设，上海辰山植物园将在世博前开园。

吴泾工业区环境综合整治已进入冲刺阶段，上海焦化有限公司污染严重的2#、3#焦炉及煤焦油生产线已全部关闭；金山卫化工集中区域环境综合整治实施计划纲要获市政府批复同意，部分项目已开始实施；工业区污水纳管工作全面推进。

至2009年底，共有19项政策、条例和能力建设完成制定或落实。

【污染源普查成果开发与应用】2009年，上海市第一次全国污染源普查工作顺利通过了国家污染源普查领导小组验收，《上海市第一次全国污染源普查报告》被评为二等奖。在普查基础上，梳理分析了本市工业源VOCs排放的区域分布和行业分布，研究提出了上海市主要污染源VOCs排放清单，并通过了专家验收。

为了最大限度地利用好普查数据，市环保局对污染源普查成果作了进一步开发。利用GIS技术，对重点污染源进行了空间定位，建立了“上海市污染源普查数据综合分析系统”，可按不同区域对污染源普查数据进行编辑、查询、统计和汇总分析。该成果已初步应用于环境管理和决策制定工作中，协助相关部门完成上海市饮用水源保护区划分、上海市浦东新区战略环评、世博空气保障计划编制等工作，并成为上海市“十二五”环保规划编制的重要依据之一。

（四）环境保护管理

【完成环境保护“十一五”规划中期评估】根据环境保护部和国家发展改革委要求，市环保局、市发展改革委会同市政府有关部门开展了环境保护“十一五”规划中期评估工作。评估结果显示：在市委、市政府的正确领导下，上海市“十一五”环境保护工作总体进展良好，并预计2010年能够完成国家下达给我市的“十一五”环境保护目标和指标。其中，预期性指标中环境空气质量优良率已经多年保持在85%以上，长江口水源地水质达标率保持在90%以上，机动车定期检测率已经达到80%以上，扬尘和烟尘控制区正在按计划顺利开展，万元生产总值能耗、水耗指标已提前完成规划目标任务，环保投入在近几年均占到全市国民生产总值3%以上。约束性指标中城镇污水二级生化处理率已达到75.5%，超过预期到2008年达到75%的目标，预计到2010年可达到80%以上。工业区污水管网完成全覆盖，2008年集中处理率达到90%以上，预计到2010年可顺利完成规划目标。生活垃圾无害化处理率2008年达到76.9%，预计到2010年可以达到80%—85%的水平。

【启动环境保护“十二五”规划编制工作】根据国家、市政府的部署，2009年上海市环保部门全面开展了环境保护“十二五”规划编制工作。

环境保护“十二五”规划将总体设计和统筹“十二五”时期本市环境保护各项工作，推动落实科学发展观、探索环保新道路、推进历史性转变、建设生态文明、促进经济社会又好又快发展。重点是研究提出上海市环境保护“十二五”规划基本思路和规划纲要；研究制定中长期战略、总量控制、产业发展污染防治、水环境保护、大气环境保护、固体废物污染防治、农村与生态保护、辐射环境等专项规划；参与13个上海市“十二五”相关重点规划的研究工作，如：产业结构和布局规划、土地利用规划、能源规划等，发挥环保部门在政府综合决策中的重要作用。

至2009年底，已形成上海市环境保护“十二五”规划基本思路，提出了“十二五”期间环境保护工作的“四个着力点，八大领域”。纵向上以削减总量、提高质量、防范风险、优化发展作为四个着力点，横向上以水、大气、固体废物、工业、农业与农村、生态、噪声、辐射为八大重点领域。重点研究如何通过总量控制推动上海经济社会与环境协调发展；如何通过多种污染物和区域协同控制，进一步提高环境质量；如何通过防范环境风险，保障环境安全；如何通过构建环保主动预防体系，发挥优化经济发展作用。

【环保投入】2009年，全市环保投入约460.42亿元，占同期上海市生产总值(GDP)的3.09%。其中，城市环境基础设施建设投资为282.74亿元，污染源治理投资为99.27亿元，生态建设投资为12.20亿元，环境能力建设投资为2.30亿元，环保设施运转费为38.77亿元，循环经济及其他方面投资为25.14亿元，分别占投资的61.41%、21.56%、2.65%、0.50%、8.42%和5.46%。

【环评管理】2009年，本市加强建设项目环保审批服务，配合国家抵御世界金融危机、解决民生和拉动内需项目，加强前期介入与协调沟通，在不放松环保要求的前提下加快审批进程，为一批国家投资项目、大型居住社区建设等开辟“绿色通道”。

积极配合2010年世博园区内建设项目的投运，加快环保审批，及时保证场馆和配套服务用房的交付使用，简化手续实行相关告知承诺制度。

持续推进规划环评和区域环评。市环保局完成了上海市内河港区布局规划环评及审查，协调推进上海市第二轮轨道交通规划。积极参与改建铁路上海至金山扩建改造工程、北翟路中环线立交工程、江桥生活垃圾焚烧厂技改及扩能工程等一批重大工程的前期协调和环评审批，并加强了项目的中后期管理和公众参与等工作。

继续执行“批项目，核总量”制度。市区两级环保部门共审批环评文件 15072 个，其中环评报告书 498 个，环评表 7257 个，登记表 7317 个。

【环境监测】2009 年，本市加强地表水环境质量常规监测，包括污染物入境通量监测、水环境功能区水质监测、水环境生态监测、饮用水源地水质以及特定项目监测和上游来水中微量有机物监测，参与国家近海网、长江网、太湖网的水质监测工作，开展苏州河生态恢复的监测工作，并在进行生物群落学监测的基础上，开展一系列的实验生态工作。在蓝藻 “水华”高发季节，以在线自动监测和遥感监测工作为核心，结合实验室分析和现场人工巡查，开展淀山湖蓝藻“水华”监测工作。

环境空气质量监测方面，重点做好环境空气质量自动监测站的规范化运行管理以及现场质量保证和质量控制，加强各类环境空气质量监测数据的有效性审核力度。密切关注环境空气中的臭氧和一氧化碳浓度变化情况，做好臭氧和一氧化碳日报、预报工作，探索 VOC 等光化学烟雾前体污染物的监测方法，开展灰霾监测试点研究。结合《2010 年上海世博期间环境质量监测及空气污染预警体系建设实施方案》的实施，构建具有世界先进水平的世博会园区环境质量监测体系。在现有空气质量预报基础上，进行世博会空气质量预报模型开发研究，为世博会顺利召开提供技术保障。

声环境质量监测方面，随着上海市声环境质量监测点位优化调整方案的批准，及时组织调整和实施本市声环境质量监测工作。

污染源监测突出针对性，加大了对不稳定达标企业的监测力度，加强实时监控，提高信息采集、集成和综合分析能力，为污染源的监督管理、长效动态管理提供切实可靠的依据。

全年共获地表水、空气、噪声、生物和放射性等环境要素监测数据 329.69 万个，其中，自动监测数据 303.97 万个，水质常规监测数据 11.55 万个，环境空气监测数据 1.54 万个，噪声、生物和放射性监测数据 12.63 万个。

对 16 家国控废水重点污染企业、37 家上海市市级废水重点监管企业、18 家国控废气重点污染企业、44 家上海市市级废气重点监管企业和 43 家污水处理厂进行了监督监测，实施突击抽查监测 245 次，共获得重点污染源监测数据 3.41 万个，其中，废水监测数 2.58 万个，工业炉窑、废气监测数据 0.83 万个。

【水源地保护】2009 年，经过广泛征求意见和多次修改完善，完成了《黄浦江上游、青草沙、陈行和东风西沙饮用水源保护区划分方案》的编制，启动了保护区红线定界工作，完成了黄浦江上游与陈行水库一级、二级保护区内清拆和整治对象的调查排摸工作，并完成了陈行水库一级保护区 8.5 公里的围栏建设和 30 余块警示标志的设立。

初步建立了饮用水源生态补偿机制。市政府印发了《关于本市建立健全生态补偿机制的若干意见》（沪府〔2009〕82 号），青浦、松江等 7 个区县获得了市财政下达的 2009 年度饮用水源生态补偿转移支付资金。

【固体废物管理】随着本市危险废物污染防治规划的推进落实，本市固体废物的综合利用和无害化处置能力不断健康发展，布局不断调整优化，危险废物的非法转移得到有效遏制。2009 年，纳入本市危险废物管理（转移）计划备案企业达到 3807 家，危险废物 2009 年度本市转移量为 24.3 万吨，跨省市转移量为 4.02 万吨。

本市危险废物处理处置网络进一步得到

完善。2009年共有49家持有“上海市危险废物经营许可证”的企业，其中安全填埋类1家，焚烧处理类11家，物理化学处理类14家，综合利用类23家，年处理处置能力达到39.3万吨。

2009年，本市共集中无害化处置医疗废物1.5万吨，疑似H1N1甲型流感废物137吨，确保了城市环境安全。

2009年，本市新增2家电子废物拆解、利用、处置企业，累计企业已达7家，其中3家被招标确定为家电“以旧换新”的废旧家电拆解、处置企业。3家企业全年共接受拆解“四机一脑”（即废彩电、空调、冰箱、洗衣机和电脑）50余万台。

【发布世博会环境报告】2009年7月27日，《中国2010年上海世博会环境报告》正式发布。该报告从全市、世博园区和公众参与等三个方面，详细记录了上海自申办世博会以来的9年多时间里，社会各界参与和实践环境保护，共同演绎“城市，让生活更美好”世博主题的情况。

【环境科技】2009年，开展了“上海市十二五环境保护规划前期研究暨2025远景规划”和相关专项规划研究，“2010年上海世博会空气质量保障措施研究”，“上海市污水处理厂氮、磷减排对策研究”，“淀山湖水文水质建模与水华预警初步研究”，“崇明岛生态环境指标体系与监测网络优化研究”，“上海环保地方立法后评估指标体系研究”等环保科研工作。市环境科学研究院牵头完成的“城市景观水体生物净化关键技术研究与苏州河梦清园示范”课题获上海市科学技术进步一等奖，市环境监测中心牵头完成的“上海市水污染源在线监测系统及在线监测系列规范”和“上海市环境空气质量预测预报系统的建立及在高污染日预警联动中的应用”两项课题分获上海市科学技术进步二等奖。

【环境标准】2009年，经市政府同意，市环保局和市质量技监局联合发布了修订的《上海市污水综合排放标准》（DB31/199–2009）。新标准自2009年10月1日起实施，同时代替原标准DB31/199–1997。

【清洁生产】为贯彻落实《中华人民共和国清洁生产促进法》，根据环境保护部《关于进一步加强重点企业清洁生产审核工作的通知》（环发〔2008〕60号）要求，市环保局、市经济信息化委联合发布了本市2009年度重点企业清洁生产审核名单，共计55家，其中市级重点监管企业11家。除部分“双有”（有毒、有害）、“双超”（超总量、超标准）企业外，还涉及化工、制药、印染、电镀等重污染行业的企业，以及二氧化硫和化学需氧量减排的重点污染源企业。

【公众参与】2009年全市围绕“绿色世博”、“污染减排”、全面推进环保三年行动计划等内容，开展了一系列宣传活动。2009年世界环境日宣传活动以上海“迎世博，创建国家环保模范城市”为主线，结合2009年世界环境日的中国主题“减少污染 行动起来”，联合国环境署主题“地球需要你，团结起来应对气候变化”展开，全市18个区县举办了形式多样的宣传活动。

中华环保世纪行（上海）宣传活动围绕“迎世博，让环境更美好”主题，组织记者进行了集中采访，开展了2008年上海市中华环保世纪行宣传活动好新闻评选工作。

开展了首批上海市绿色社区的推荐、评审和命名活动，新家园、裕华小区等18个社区被命名为“上海市绿色社区”。

《上海环境》和《上海环境热线》加强政务信息公开、环境网络宣传，网站浏览量达4804555人次。

（五）环保执法

【环保立法】2009 年 12 月 10 日，市人大常委会通过了《上海市饮用水水源保护条例》，自 2010 年 3 月 1 日起正式施行。《上海市饮用水水源保护条例》的出台，使本市饮用水水源依法保护实现全覆盖，严化了各级保护区的管理要求，强化了船舶、码头污染风险控制，明确了畜禽养殖、水产养殖和农药、化肥使用的管理要求，加大了违法单位的责任追究力度，对建立健全饮用水水源保护生态补偿制度作出了明确规定。

2009 年 12 月 5 日，市政府颁布了《上海市放射性污染防治若干规定》，自 2010 年 1 月 15 日起施行。该规定在上位法基础上，根据本市实际管理需要作进一步的具体细化规定：明确了市和区、县两级环保部门对放射性污染防治的执法分工，加强了对含放射源探伤装置的管理，突出了放射性物质的运输监管，细化了放射性污染事故的应急管理要求。

【加大执法检查力度】根据环境保护部等八部委要求，2009 年本市环保专项行动重点开展了三大类 16 项执法检查和执法后督察，以巩固 2008 年环保专项行动成效。据不完全统计，全市共出动执法检查 25600 余人次，检查企事业单位 21350 余户次，检查机动车 30068 辆，处理信访案件 12692 件，立案查处违法排污单位 881 家，责令 144 家违法企业停产、关闭、搬迁。挂牌督办了一批重污染企业的污染整治工作，对一批不能稳定达标的污染企业实施了限期治理，解决了一批群众反映强烈、举报和投诉集中的难点、热点环境问题，保障了群众的环境权益，促进了主要污染物减排工作的顺利实施。

【环保违法企业名单上网公布】2009 年世界环境日和 2009 年年底，市环保局分两批公布了全市环保系统查处的环保违法企业黑名单共 1149 户次，对严重违法案件和违法单位实行分级分批挂牌督办，并组织媒体曝光，加强了社会监督，确保了整改措施的落实。

【完善环境执法监督机制】2009 年，市环保局积极推进长三角重点企业环境行为信息公开工作，江、浙、沪两省一市环保部门联合制定了《长江三角洲地区企业环境行为信息公开工作实施办法（暂行）和《长江三角洲地区企业环境行为信息评价标准（暂行）》，发布了《关于组织开展长江三角洲地区重点企业环境行为信息公开工作的通知》，明确了评价标准、工作程序和时间要求。2010 年 6月将由三省市环保部门联合发布评价结果。

【投诉受理】2009 年，全市环保系统共受理环境污染投诉 27486 件，其中，来信 1999 件 /18810 人次，办结率为 97.1%；来电 21973 件，办结率为 99.5%；来访 797 批 /2256 人次，办结率为 98.0%，电子邮件 2717 件，办结率为 99.2%。

根据投诉内容分类：水污染投诉 2172 件，大气污染投诉 8884 件，噪声污染投诉 11490 件，固废污染投诉 184 件，放射性污染投诉 13 件，电磁辐射投诉 240 件，油烟气污染投诉 2391 件，危险化学品投诉 30 件，农业化肥污染投诉 59 件，畜禽养殖污染投诉 92 件，新建项目投诉 249 件，环境监测投诉 9 件，政风行风投诉 33 件，其他投诉 1640 件，分别占环境污染投诉总量的 7.9%，32.3%，41.8%，0.7%，0.04%，0.9%，8.7%，0.2%，0.2%，0.3%，0.9%，0.03%，0.19%和 6.0%。

（市环保局供稿）

七、水务管理

(一)综述

2009年，上海市水务工作紧紧围绕上海“四个确保”的全市大局，以公共服务助力世博筹办，以加快发展保障民生改善，以深化改革推进职能转变，较好地完成了年度各项目标任务，继续保持了水务改革、发展、稳定协调发展的良好局面。

1. 积极实施水务系统迎世博600天行动计划。推进二次供水设施改造，提高了5604.8万平方米建筑面积、92万户、276万人口的饮水质量，保障了城乡供水服务；有序推进防汛工程建设，完成10个排水系统建设和73条路段积水改善工程，开展下水道养护大会战，市区积水状况大为改善，并及时处置防汛突发事件，做到了无伤亡、少损失，确保了城乡平安度汛；全面完成681公里黑臭河道专项整治，以及2011公里村沟宅河整治和2.24万户农村生活污水治理任务，实施黄浦江、苏州河堤防绿化、设施美化和138

座水闸闸容闸貌改观工程，城乡水环境面貌进一步改善，广大市民切身感受到了水惠民生的明显成效。

2. 扎实推进水务基础设施建设。加快水源地规划与建设，青草沙水源地主体工程基本建成；源江水厂一期、南市水厂改造一期工程正式投产，南市水厂、临江水厂深度处理工艺升级可于世博会前投入运行；推进郊区集约化供水，新开工3座郊区水厂，关闭5座乡镇水厂；第四轮环保三年行动计划水环境治理项目实现开工过半，竹园第一污水处理厂升级改造建成调试，西干线改造主体工程基本完成，竹园、白龙港污泥处理处置工程有序推进，污水收集管网敷设230公里，城镇污水运行在线监测系统投入使用，全市城镇污水处理率达到78.9%，可望提前实现本市COD减排“十一五”目标；基本完成苏州河防汛墙改造，扎实推进太湖流域水环境综合治理项目；实施滩涂促淤5.27万亩、圈围造地3.77万亩，成陆0.32万亩。当年完成水务投资145亿元，工程建设的安全、质量、进度总体受控，为持续改善民生奠定了较为扎实的物质基础。

3. 着力深化改革推进职能转变。结合新一轮政府机构改革，上海市水务局和上海市海洋局合署办公，理顺海洋管理体制，注重加强自身建设，全市两级海洋行政管理机构已基本到位，海洋工作保持了不断不乱，合署办公实现了平稳开局；推进政企彻底分开，进一步理顺了水利工程建设运行体制；完善水价形成机制，相继出台城乡水价调整方案，节水型社会建设稳步推进；加强规划管理，重点规划编制取得新进展；结合局科技委换届，加强评估中心、专业研究室建设，科学决策支撑更加有力；举办第三届“长江论坛”和“2009　上海海洋论坛”，承办全国水利信息化会议，参展全国海博会、水博会，取得了促进交流、扩大宣传的良好效果；精简审批事项，规范执法行为，推进信息化应用，建成行政审批网上办事系统并投入试运行，政府信息更加公开、透明。

（邓一露）

（二）防汛防台

【雨水情】降水量:2009年上海市平均降水量为1322.5毫米，比常年偏多21.4%，比上年增加6.8%，属丰水年。其中汛期（6月1日~9月30日）全市平均降水量为698.2毫米，比常年偏多26%，比上年增加3.6%。

梅雨:2009年上海市于6月20日入梅，7月8日出梅，梅雨期历时19天，其中雨日为11天。梅雨期间，中心城降水量为160.9毫米，比常年值偏少约三成。郊区崇明县降水量最大，达256.7毫米，金山区降水量最少，为59.3毫米。

暴雨:2009年上海市较大范围暴雨有四次，7月22日暴雨集中在奉贤、金山、青浦和松江一带，雨量最大为金山区站，日雨量达122.9毫米；7月30日暴雨集中在中心城、嘉定、宝山、青浦等地区，雨量最大为青浦区站，日雨量为120.2毫米；8月2日暴雨为2009年上海地区雨强最大的一场暴雨，其中中心城、闵行、宝山等雨量超过100毫米，奉贤区雨量达到172.9毫米；8月10日，全市普降暴雨，青浦和松江部分地区雨量超过100毫米。

【汛情特点】6月1日~9月30日本市汛期经受住了台风“莫拉克”外围影响、8次天文大潮汛、3次暴雨到大暴雨、7次局部暴雨、1次局部特大暴雨等的严峻考验。其中黄浦江上游米市渡潮位38次超过警戒线。汛期总体情况：

降水量偏多。据徐家汇观测站资料统计，汛期累计降水量为810.5毫米，比常年值642

毫米偏多近三成。其中梅雨量为159.3毫米，较常年值（244.4毫米）约少3成，但7月和8月降水量为501.2毫米，较常年值偏多近7成。

雷暴雨等强对流天气偏多。上海中心气象台先后发布暴雨红色预警信号1次、橙色预警信号6次、黄色预警信号15次、蓝色预警信号1次，市防汛指挥部发布防汛防台橙色预警信号4次（其中局部3次）、黄色预警信号14次，蓝色预警信号5次。

台风影响较弱。汛期本市仅到台风“莫拉克”外围影响，风雨有限，比常年偏少1个。

汛期潮位不高。2009年汛期，黄浦江吴淞站、黄浦公园站潮位连续第4年均未超过警戒线，为多年罕见，米市渡站超警戒线38次（2008年为33次），最高为4.02米。

【防汛防台工程建设】年内，进一步完善“千里海塘、千里江堤、区域除涝、城镇排水”四道防线。有序推进防汛工程建设，完成10个排水系统建设和73条路段积水改善工程，开展下水道养护大会战，市区积水状况大为改善，并及时处置防汛突发事件，做到了无伤亡、少损失，确保了城乡平安度汛。

（邓一露）

（三）城市供水

【自来水供应量】2009年本市集约化供水工作进一步推进，年内关闭乡镇自来水厂5座，到2009年9月底，全市共有自来水厂113座，自来水厂供水能力为1096万立方米/日，比上年增加2.5%。年供水总量为30.47亿立方米，比上年减少1.4%。售水总量为24.06亿立方米，比上年下降0.9%。其中一般工业用水5.59亿立方米，比上年减少11.3%；城市公共用水8.73亿立方米，比上年增加1.7%；居民生活用水9.73亿立方米，比上年增长3.6%。2009年全市最高日（7月20日）供水量达991万立方米。

【上海市人大审议通过《上海市饮用水水源保护条例》】12月10日，上海市第十三届人大常委会第十五次会议审议通过《上海市饮用水水源保护条例》。条例首次明确黄浦江上游、青草沙水库、陈行水库和东风西沙水源为本市主要饮用水水源地。该条例自2010年3月1日起施行。

【有效应对咸潮入侵】据统计，2008年秋冬至2009年春，本市长江口共发生7次咸潮入侵，历时最长为9天2小时，最短为2小时，长江口取水口氯化物浓度最高达1302毫克/升。

【节水型社会建设】2009年完成各类节水措施584项，全市最高日节水量7.85万立方米。更新改造居民便器水箱配件3.1万套，累计改造21.56万套。全市万元GDP取（用）水量降至84立方米，万元工业增加值用水量降至157立方米，中心城区工业用水重复利用率提高至82.1%。建成第二批18个节约用水示范小区、3所节约用水示范学校、3家节约用水示范单位，以及340个节水型小区（社区）、8所节水型学校（校区）、1个节水型工业园区、25家节水型企业（单位）。

【分步调整本市居民用户水价】6月11日，市发展改革委（物价局）同意分步调整本市居民用户水价。本市在市属供排水企业的服务区域内，自2009年6月20日起，每立方米自来水价格从1.03元调整为1.33元、排水费从0.90元调整为1.08元；自2010年11月20日起，每立方米自来水价格从1.33元调整为1.63元、排水费从1.08元调整为1.30元。调整后的居民用户水价实行单一制，排水费不再实行超基数加价。排水量仍按用水量的 90%计量。

（邓一露）

（四）城市排水

【第四轮环保三年行动计划水环境治理专项】2009 年是实施上海市第四轮（2009~2011 年）环保三年行动计划的第一年，水环境治理项目实现开工过半的良好开局。全市 565 条段 660 公里黑臭河道专项整治工程全面完成，村沟宅河整治完成 1333 公里，农村生活污水治理完成 2.24 万户。苏州河防汛墙改造基本完成，太湖流域水环境综合治理项目扎实推进。竹园第一污水处理厂升级改造工程建成调试，西干线改造主体工程基本完成，竹园、白龙港污泥处理处置工程有序推进。郊区新建、扩建污水厂 5 座，新增污水收集管网 230 公里。2009 年，全市城镇污水处理率达到 78.9%。城镇污水处理厂共削减 COD 量 40.36 万吨，比上年增加 2.71 万吨，为本市提前一年实现“十一五”COD 减排目标作出了重要贡献。

【市政府批准《上海市城镇排水污泥处理处置规划》】10 月 14 日，市政府批准市水务局组织编制的《上海市城镇排水污泥处理处置规划》，并要求由市水务局会市发改委、建交委、环保局等相关部门推进实施。本规划作为全国各省市层面第一个污泥处理处置规划，主要体现了以下四个方面特点：一是注重统筹兼顾，强调系统性和整体性。规划范围覆盖全市，对中心城区污泥的处理处置予以重点研究，为各区县的污泥处理处置规划提供指导意见；二是注重因地制宜，强调区域特点。根据上海城市土地资源紧缺、降雨多、人口密度较高等特点，借鉴了国内外类似大城市的相关经验，制定了适合上海城市特点的污泥处理处置方案；三是注重可操作性，强调近远结合。根据中心城区、郊区城镇污水厂规模以及污泥处理处置出路消纳和污泥处理设施建设情况，平稳过渡；四是注重科技支撑，强调基础课题研究。

【发布《上海市污水排入城镇下水道水质标准》】5 月 6 日，市质量技术监督局发布《上海市污水排入城镇下水道水质标准》（DB31/445–2009），该标准自 2009 年 9 月 1 日实施。同月，上海市环保局与上海市质量技术监督局联合发布《上海市污水综合排放标准》（DB31/199–2009），该标准替代 DB31/199–1997，自 2009 年 10 月 1 日实施。

【竹园第一污水处理厂升级改造工程完工】竹园第一污水处理厂升级改造工程完工，12 月 26 日进入清水调试和系统联动调试阶段，预计 2010 年 4 月前可投入试运行。升级改造后的处理规模为 170 万立方米 / 日，污水处理工艺由化学沉淀的一级加强处理升级到生物处理，出水水质标准执行《城镇污水处理厂污染物排放标准》（GB18918–2002）中二级排放标准。

（邓一露）

（五）水利建设

【郊区水利建设】2009 年，全面完成 681 公里黑臭河道专项整治，郊区城镇化地区河道基本消除黑臭；完成 22445 户农村生活污水处理计划，进一步促进了农村水环境面貌和人居环境的改善；完成村沟宅河整治计划 1333.8 公里，涉及嘉定、浦东、原南汇、奉贤、松江、金山、青浦和崇明等 8 个区县，有效改善了村落整体面貌和排水状况；开展了金山区新农北圩、崇明县横沙、长兴低洼地防洪除涝工程建设，新建排涝泵站5座、方涵18座、泵闸2座，受益面积达3.4万亩；实施以灌溉泵站、灌排渠系等为重点的农田水利基础设施建设，新建改建灌溉泵站69座、排涝泵站15座、涵闸14座，为5.06万亩设施粮田和1.22万亩设施菜地提供了保障，进一步夯实了农业增产、农民增收的基础；积极组织实施中央小型农田水利专项工程和重点县工程建设。

【水利工程质量安全监督】2009年，上海市水利建设工程质量监督中心站共监督水利工程项目244项，其中当年受监项目123项，上年结转未完工项目121项。2009年度受监重大工程有：后滩公园防汛墙、E18地块滨江绿地防汛墙、上海辰山植物园西南块隧桥水闸等。经核定，竣工项目单位工程合格率100%，优良率68%。监督过程中开具质量行为整改通知单57份，安全行为整改通知单45份，局部暂停整改指令1份。年内水利建设工程未发生质量安全事故。

【太湖流域红旗塘工程（上海段）通过竣工验收】8月28日，太湖流域红旗塘工程（上海段）顺利通过竣工验收。红旗塘位于上海市青浦区和松江区境内，是浙江省嘉善地区和上海市青松金地区排水入黄浦江的主要河道，兼有灌溉、供水和航运等方面的作用。红旗塘工程（上海段）边建设边发挥作用，有效地抗御了2005年“麦莎”和2009年“莫拉克”等台风带来的风暴潮侵袭，同时改善了交通、航运条件和生态环境，社会、经济效益显著。

【市水务部门全力以赴遏制河道水葫芦爆发】11月初寒潮过后气温明显上升为水葫芦生长创造了适宜条件，全市范围内水葫芦生长呈爆发态势。根据统计数据，11月份全市水务管理范围内河面100平方米以上水葫芦聚集共发生36次。当月全市共出动船只6.2万艘次，出动保洁员18.5万人次，共打捞水葫芦3.5万吨、绿萍0.8万吨、其它垃圾3万吨，有效遏制水葫芦集中爆发态势。当年本市水葫芦生长有三个特点：一是爆发期明显提前。与往年12月份出现水葫芦爆发相比，今年水葫芦爆发期约提前了一个月。这与11月初寒潮过后气温明显上升，有利于水葫芦生长有一定关系。二是爆发区域有明显的地域性。近期水葫芦爆发主要集中在金山、青浦等与江浙交界地区。据统计，金山、青浦、嘉定三区与江浙交界河道达94条之多，由上游顺流而下的水葫芦等水面垃圾超过三区打捞总量的一半，给三区河道保洁工作带来巨大压力。三是爆发态势迅猛。金山、青浦等水葫芦重灾区，近期一次性聚集面积达1平方公里以上的水葫芦已出现将近10次，不少河段如掘石港、太浦河等往往前一波水葫芦刚刚打捞完毕，一夜之间由上游下漂的水面垃圾又会铺满河面。

（邓一露）

（六）水政管理

【水务规划】认真开展水务规划编制工作，一是全国省市层面第一个污泥规划—上海市城镇排水污泥处理处置规划获市政府批准，由上海市水务局会同市发展改革委、市环保局等相关部门组织实施；二是组织编制了上海郊区供水集约化规划，并经上海市政府原则同意；三是蕴藻浜和淀浦河综合整治规划基本完成，在进一步修改完善后上报市政府；四是全面启动上海水务“十二五”规划编制工作，完成滩涂“十二五”规划编制。

【水务行政审批】全年，市水务业务受理中心受理水务行政许可事项42665件，其中涉及水利行业657件、供水行业40509件（其中用水计划指标的核定或批准40197件）、排水行业1499件；各区、县水务行政许可机构（窗口）受理水务行政许可事项4685件，其中涉及水利行业1420件、供水行业337件（其中用水计划指标的核定或批准302件）、排水行业2928件。

【水务执法】全年，上海市水务执法机构共组织行政执法检查9688次，出动执法人员25376人（次）；市水务行政执法总队查处各类违法案件445件，罚款金额566.953万元；各区（县）水务局（建委）查处各类违法案件772件，罚款482.947万元。

【第三届长江论坛在上海举办】4月20～21日，由上海市人民政府和水利部长江水利委员会联合主办的第三届长江论坛在上海举办。第三届长江论坛主题是“长江河口城市”，由一个主论坛，包括开幕式、主旨发言、省部长高峰论坛、闭幕式和五个分论坛组成，为期一天半。论坛通过了《第三届长江论坛上海宣言》。

（七）太湖流域管理

【太湖水政管理】我国第一部流域性管理法规--《太湖管理条例》已由水利部正式上报国务院，并列入国务院2010年立法工作计划一档项目。2009年上半年国务院法制办已第一轮征求流域省市和国务院有关部委意见，并于11月初赴太湖流域开展专题调研。太湖局认真做好水利部部务会议、部长专题办公会议、国务院法制办调研等阶段草案修改，2009年12月底已将新一轮修改稿完善后报水利部。

围绕世界水日、中国水周及《水土保持法》颁布实施18周年等开展普法宣传教育活动，编演的《美丽的太湖》舞蹈入选水利部水利法制宣传优秀文艺节目，获舞蹈类一等奖。

太湖局行政许可网上审批系统投入试运行。修订了太湖局行政许可工作规定，进一步明确部门职责、办理流程、审批时限等；修订印发了行政许可办事指南、格式文本。

组织召开了太湖流域“一湖两河”水行政执法联合巡查第一次联席会议，总结流域与区域联合巡查工作。开展了流域和区域总队联合巡查与检查，对湖州父子岭耐火集团违法填湖等十多个重点违法案件进行了现场督促检查。加大违法案件督办查处，办结了苏同黎公路太浦河大桥未批先建违法案件，查办了东太湖湿地保护违法项目、环太湖湿地违法项目、生态渔村违法项目等。组织开展了专项执法检查，对竺山湖旅游度假村擅自填湖、东太湖生态岛不按批复要求施工等水事违法项目进行了依法处理。

完成《“一湖两河”违法案件高发区（苏州）现状及特征研究》，推进重点地区水行政执法。完成水政监察卫星遥感动态监测系统建设，开展了执法基地二期等水政监察设施建设，执法能力不断提高。

为维护国庆60周年省际边界地区社会稳定，组织开展了浙闽边界地区水事矛盾纠纷排查化解活动，督促协调地方政府推动大岩坑跨流域引水补偿水库建设，妥善处理了杨梅洲电站与友谊电站水事矛盾。积极做好浙闽边界交溪流域水资源规划实施有关工作。

【太湖水资源管理】全国水资源管理工作会议后，太湖局专门组织召开流域片水资源管理与保护工作座谈会，深入研究太湖流域贯彻落实水资源管理“三条红线”的具体措施。经过系统梳理，研究提出了关于实行最严格水资源管理制度的工作安排，拟用2–3年时间完成相关工作，并在“十二五”期间全面贯彻落实水资源管理三条红线。

积极推进太湖用水总量控制。为推进流域取水许可总量控制指标方案的实施，对河道外取水许可总量控制、经济社会用水约束性和预期性指标等数据进行了全面复核，组织研究落实总量控制方案调控措施。组织开展太湖水量分配方案编制。组织完成新安江流域取水许可总量控制指标方案编制。

加强取水许可监督管理。继续推进流域片取水许可清理，2009年共核发取水许可证6份，许可水量92.5亿m3，批准取水许可申请和水资源论证报告书8份。协助水利部对福建福清核电二期工程水资源论证进行预审；对吴江市东太湖应急备用水源地专题论证报告进行审查。加强对直管取水户计量设施、取退水的监督检查。组织协调新安江水力发电厂水资源费征收，有效推动地方水资源费征收工作。

编制印发2008年度流域片水资源公报，组织完成流域内第二批全国节水型社会建设试点上海市浦东新区、浙江省义乌市、福建省莆田市中期评估。

【太湖流域规划】2009年，太湖局会同流域各省市加大力度，狠抓落实，全力推进流域综合规划编制，总体进展顺利，目前已基本完成规划编制。期间多次组织有关部门（单位）集中办公，补充修改规划报告，2009年4月、6月、10月分别完成总报告第二、三、四稿编制，多次召开局长办公会议和专家技术讨论会研究完善规划成果，先后完成规划报告四次修改完善。在2009年12月召开的规划报告专家咨询会上，与会专家对规划报告质量给予了充分肯定。

组织完成流域重要河湖岸线利用规划、流域地下水规划、流域重点地区中小河流近期治理建设规划、省际边界重点水事矛盾敏感地区水利规划等编制工作，基本完成流域水文“十二五”规划编制，组织开展保障国家粮食安全水资源保护与开发利用规划、流域片重要河道采砂规划编制，启动流域水利发展“十二五”规划编制。同时继续加强流域规划管理，进一步规范流域涉水开发利用行为。

2009年，太湖局紧紧抓住太湖流域水环境综合治理和国家扩大内需的历史机遇，组织并协调流域水利（水务）部门大力推进各项水利工程前期工作。经过一年努力，各项重点水利工程前期工作取得重大进展，各省市工作全面推进。

为推进太浦闸除险加固工程，太湖局积极主动向水利部汇报，反复多次与地方沟通协调，得到水利部领导和有关司局的鼎力支持和地方水利部门的理解，陈雷部长、矫勇副部长、刘宁副部长先后亲自组织协调太浦闸除险加固工作，工程前期协调工作取得突破。2009年6月，太湖局分别与两省一市水行政主管部门就太浦闸除险加固工程实施方案协调意见签署了纪要。2009年8月，太浦闸除险加固初步设计报告通过水规总院复审，历时多年的太浦闸除险加固工程前期工作协调终于取得一致意见。

太湖流域水环境综合治理重点水利工程走马塘延伸拓浚工程已开工建设；东太湖综合整治工程可研已通过国家发改委委托的咨询评估；太湖污染底泥疏浚试验工程可研已上报国家发改委；太湖流域水环境综合治理引排通道工程总体任务和效果论证、太湖流域水资源监控与保护预警系统可研、望亭水利枢纽更新改造工程初设、新沟河延伸拓浚工程可研、太嘉河工程可研、杭嘉湖地区环湖河道整治工程可研等已通过水利部水规总院（或水规总院会同太湖局）审查；新孟河延伸拓浚工程河线论证、苕溪清水入湖工程可研等已通过水规总院会同太湖局组织的技术讨论。

在2009年4月召开的太湖流域水环境综合治理省部际联席会议第二次会议上，国家发改委对太湖局在流域水环境综合治理中开展的工作给予了肯定。9月21日，水利部会同两省一市人民政府召开太湖流域水环境综合治理水利工作协调小组第二次会议，认为太湖流域水环境综合治理水利工作开局良好。

【治太一期工程竣工】治太一期工程竣工验收基本完成。在涉及部分历史遗留问题时间较长、原因较复杂的情况下，太湖局积极组织督促省市推进相关工作，切实抓好实施项目建设，努力推进竣工验收进度。组织完成杭嘉湖北排通道（浙江段）、红旗塘（上海段）工程竣工验收；完成拦路港（一期）工程总体质量评定。至2009年底，治太十一项骨干工程已有望虞河、太浦河、杭嘉湖南排后续、环湖大堤、红旗塘、杭嘉湖北排通道、东西苕溪防洪、武澄锡引排等八项工程完成竣工验收。

加强局直属建设项目管理，太湖水资源移动监测船已于2009年12月25日下水，开始进行内部装饰、监测分析实验仪器安装等工作。青浦水文巡测基地、浙皖水环境监测分中心建设前期工作基本完成。太浦闸水文站完成搬迁建设，杭州水文基地前期工作有效推进。

【太湖汛情】2009年太湖流域年降水量流域西部大于东部，暴雨中心在浙西区。流域全年降水量1323.9毫米，较常年偏多12%，各分区降水量均偏多。太湖流域汛前期（1~4月）降水量339.9毫米，较常年偏多7%；汛期（5~9月），降水量776.1毫米，较常年偏多9%；汛后期（10~12月），降水量207.9毫米，较常年偏多34%。

2009年，太湖流域于6月20日入梅，比常年晚5天，7月8日出梅，与常年同期持平，梅雨期18天，梅雨量161.0毫米，比常年偏少25%。梅雨空间分布不均，北多南少；以过程性雷阵雨为主，局部地区有短时强降雨。

2009年，太湖最高水位4.23米，出现在8月16日，为2000年以来最高水位；最低水位2.87米，出现在2月14日，年平均水位3.31米。全年超警戒水位天数达46天，出现在7月29日到9月12日。与常年同期水位相比，多数时间太湖水位较常年偏高，偏高最大达0.96米。汛期（5~9月），太湖水位出现明显涨落过程，7月下旬，由于流域持续降雨，太湖水位持续上涨，29日达到3.52米，首次超警戒；8月16日，太湖水位达到今年最高水位4.23米；8月17日到9月底，太湖水位回落，到9月14日，太湖水位3.49米，降到警戒水位以下；太湖水位超警46天。梅雨期间，与同期防洪控制水位相比，太湖水位总体略偏高。

2009年，地区河网水位变化过程与太湖水位相似。汛前2月下旬至3月上旬，地区河网水位有上涨过程；7月下旬至8月上旬，地区河网水位普遍大幅上涨，流域大部分站点超警戒水位，部分站点超保证水位，年最高水位基本出现在“莫拉克”台风影响期间；汛后，地区河网水位总体较平稳，11–12月期间出现两个小幅上涨过程，部分站点出现超警水位。

2009年，太湖流域主要受到8号台风“莫拉克”影响。受其影响，太湖流域自8月8日起开始降雨，至8月12日8时，全流域平均降雨量87.2毫米。其中，各分区降水量浙西区最大132毫米，其次是湖西区97.7毫米，其余各分区在60~80毫米之间。台风期间，流域大部分地区站点累计雨量在50~100毫米之间，湖西山区、湖西沿江地区站点累计雨量在100~200毫米之间，浙西上游山区站点累计雨量在100~300毫米，其中市岭达465毫米。台风期降雨主要集中在8月9~10

日两天。

【太湖防汛】2009年3月24日，国家防总批复同意成立太湖流域防汛抗旱总指挥部，办公室设在太湖局。4月24日，太湖防总成立大会暨2009年防汛抗旱工作会议在南京召开，陈雷部长到会并做重要讲话，国家防总副总指挥、水利部部长陈雷，太湖防总总指挥、江苏省省长罗志军亲自为太湖防总揭牌。

国家防总和水利部高度重视太湖流域防汛工作，国家防总副总指挥、水利部部长陈雷，国家防总副秘书长、中国气象局副局长矫梅燕先后率领国家防总检查组对太湖流域和浙闽地区防汛抗旱工作进行了检查。按照国家防总和水利部的部署，太湖局认真组织做好流域各项汛前准备，组织开展汛前检查。开展了太湖防御洪水方案、太湖流域洪水调度方案修订等基础性研究工作。

2009年汛期，太湖流域遭受持续性强降雨和“莫拉克”台风影响，太湖发生流域性洪水，太湖水位达4.23m，为十年以来最高水位。在国家防总和水利部的正确领导下，太湖防总精心组织，及时启动防汛应急响应，加强监测、加强预测、加强会商，科学调度，充分发挥太湖调蓄和沿长江、沿杭州湾口门工程的泄洪排涝作用，保障了流域防洪安全，为庆祝建国六十周年提供了良好的社会环境。期间，针对下游杭嘉湖平原出现严重涝情，在保障流域防洪安全的前提下，通过科学分析，紧急协商，果断决策，对太浦闸泄洪流量进行控制，有效缓解了浙江省嘉兴北部地区的防洪压力。既保障了流域防洪安全，又为区域排涝创造了条件，实现了流域防汛的上下游统筹和流域与区域统筹。

【太湖水体水质】1. 水质：与2008年相比，2009年太湖水质有所好转，主要水质指标高锰酸盐指数、氨氮、总氮、总磷、叶绿素a的浓度均有所下降。2009年，太湖未发生大面积的黑臭现象。

2. 太湖水源地水质：2009年太湖主要水源地中除渔洋山水源地外，其它水源地水质均较2008年有所好转，没有发生影响饮用水安全的水污染事件。贡湖南泉水厂、锡东水厂和金墅港水源地与2008年相比，总体水质均改善了一个类别。渔洋山水源地高锰酸盐指数、氨氮和总氮的浓度略高于2008年，总体水质有所下降。浦庄寺前水源地和吴江水厂各项指标浓度均较2008年有所下降，总体水质有所好转。

3. 入湖河流水质：2009年，太湖入湖河流水质劣Ⅴ类数量下降，水质呈现好转趋势。其中，江苏省16条入湖河流中水质劣Ⅴ类为7条，较2008年减少2条，而且定类指标的浓度也有下降；浙江省8条入湖河流中水质没有劣Ⅴ类，而2008年长兴港水质为劣Ⅴ类。

4. 主要污染物入湖总量：2009年通过环太湖河流入湖的高锰酸盐指数4.72万吨，总磷0.164万吨，总氮3.69万吨，氨氮1.19万吨，均比2008年减少。

5. 湖体综合营养状态：2009年太湖为中度富营养状态，综合营养指数为60.9，较2008年的62.8有所下降。从分湖区营养状态变化来看，2009年太湖营养状况有所改善，中度富营养面积从2008年的1897.6km^{2}减少到2009年的933.3km^2，轻度富营养面积从2008年的440.4km^{2}增加至2009年的1404.7km^2。

【引江济太】为保障太湖不发生大面积水质黑臭和饮用水安全，依据水利部批复的《太湖流域引江济太调度方案》，应江苏省防办请求，经商有关省市，太湖局于4月27日紧急启动了引江济太水资源调度。全年通过常熟水利枢纽共引长江水13.1亿立方米，通过望亭水利枢纽入湖4.9亿立方米，通过太浦闸向江苏、浙江、上海等下游地区增供水11.2亿立方米。水质监测数据表明，望虞河干流沿线水质得到明显改善，入湖水质一直保持或优于Ⅲ类，太湖和贡湖水源地水质都较2008年同期有较大改善，贡湖水源地蓝藻发生情况明显轻于2008年同期。通过实施引江济太水资源调度，加快太湖水体流动，配合太湖水环境综合治理相关措施，2009年太湖没有暴发大规模蓝藻。

为保障流域引江济太工作长效、常态和有序实施，太湖局组织流域各省市开展了《太湖流域引江济太调度方案（试行）》编制工作。2月27日，水利部在上海主持召开了《太湖流域引江济太调度方案（试行）》审查会。4月16日，水利部行文印发了《太湖流域引江济太调度方案》。

（邵曦钟）

(一)综述

2009年，上海市政府常务会议审议通过了《上海市土地利用总体规划(2006~2020年)(送审稿)》并送国务院报批。在推进土地利用总体规划修编中，同步开展了“两规合一”工作，在分解国家下达的各项用地指标的同时，着力优化用地结构和空间布局，组织编制了《上海市工业用地布局规划》，规划确定104个产业区块、790平方公里的工业用地，对保障先进制造业和现代服务业发展发挥了积极作用。

2009年国土资源部下达上海市安排的年度新增建设用地计划5007公顷，其中农用地转用计划4387公顷(耕地3543公顷)。按照“统分结合”的办法，市统筹的新增建设用地计划2407公顷，分配下达区县安排的新增建设用地计划2600公顷。2009年全年招拍挂出让国有建设用地共计594幅，面积2922.5公顷。其中，住宅用地出让180幅，约1453公顷，包括商品住宅用地102幅、约835公顷；配套商品住房用地66幅、约480公顷；大型居住社区用地12幅、约138公顷。商业办公用地公告出让94幅，面积291公顷。工业用地公告出让320幅，面积1178.5公顷。同时，加大经济适用房土地供应，全年经济适用房用地划拨22幅，约116公顷。

2009年，对全市土地储备地块储备计划管理机制进行了调整，不再逐块办理单独地块的储备计划核发工作，而是强调发挥土地储备规划作用，依据规划一次性下达年度储备计划。

根据国土资源部《招标拍卖挂牌出让国有土地使用权规范》要求，积极探索建立国有建设用地使用权出让预申请制度，下发了《关于试行上海市国有建设用地使用权出让预申请制度的通知》(沪规土资地[2009)1281号)。

加快推进了市、区县规划国土资源的机构整合，依托信息化系统，加快推进管理、审理和监管“三分离”工作制度的建立，加快构筑“市—区县—乡镇”三级管理的联动机制。着力推进重点领域和关键环节的改革创新，先后开展了建设用地出让预申请、城乡建设用地增减挂钩、农村集体建设流转、地质资料信息服务集群化和产业化等试点探索。

全面推进《上海市地面沉降“十一五”防治规划》各项工作任务，编制了《上海市2009年地下水开采与回灌方案》，明确了全市地下水采灌分布指标，进一步压缩开采量，增加回灌量。同时，在地质资料信息集群化、浅层地热调查评价等方面工作开展顺利。

2009年，全市住宅建设完成投资922.81亿元，占全市固定资产投资的17.5%，比上年增长5.9%。其中商品住宅投资918.68亿元，占全市房地产开发投资的62.74%。全市完成住宅施工面积6581.16万平方米，同比下降6.8%，竣工面积1522.07万平方米，同比下降19.9%。

本市动迁安置房（配套商品房）项目共认定地块70幅，规划用地面积约662.27万平方米，规划建筑面积982.63万平方米；完成土地招标67幅，供应土地约451.03公顷；实现新开工面积约836万平方米（其中市属项目新开工约310万平方米，区属项目新开工约526万平方米），竣工约488.57万平方米；总计搭桥供应房源约558万平方米；完成投资约207.93亿元，顺利推进了上海世博、高架、轨道交通等市重大市政、重点旧改项目动迁。

全市累计审核发放新建住宅交付使用许可证443件，计7262幢、2044万平方米。全市各区（县）房管部门积极开展创建节能省地型“四高”优秀小区工作，完成“2009年创建上海市节能省地型‘四高’优秀小区”项目53个，建筑面积963万平方米，超额完成年初确定的创建50个小区的目标。其中12个项目，通过国家住房和城乡建设部2A级或3A级住宅性能认定的预审（终审）。

2009年，本市经济适用住房建设项目再次被列入市重大工程，并确定了“2008、2009两年开工建设600万平方米经济适用住房”的目标任务。2009年新开工项目主要分布在杨浦、宝山、闵行、青浦、嘉定、松江、虹口、普陀等区。截至年底，2008、2009两年累计开工经济适用住房约605万平方米，可供预售面积约140万平方米，顺利完成市重大工程建设目标。

（二）住宅建设

【节能省地型住宅建设工作】2009年，上海继续加大节能省地住宅建设工作推进力度，市、区两级推进落实《关于本市新建住宅节能省地发展的指导意见》。以中小套型住宅建设为重点，推进居住区节地。落实65%节能标准试点项目25万平方米，规模化可再生能源利用项目135万平方米；以住宅全装修为突破口，推进住宅节材。重点做好对中小套型保障性住房的技术支持和服务，优化户型设计，增加单位土地的住宅套数产出率和空间的使用效率；全年完成征询住宅用地71块，落实在建全装修项目75个，约415万平方米，加大对全装修住宅建设过程的监管力度；以提高水资源的循环利用率为目标，推进居住区节水。会市水务局、市建交委颁发《关于本市加强新建住宅节约用水管理的意见》，推进节水型器具应用，规范人工水景观使用，倡导雨水和河道水利用；全年共落实新建住宅试点示范项目9个，总计约124万平方米，安排建筑节能专项扶持资金2114万元，较好促进开发企业积极性、主动性的提高；积极利用《上海市经济信息化委、市发展改革委、市财政局关于组织实施2009年财政补贴高效照明产品推广工作的通知》等国家和地方的节能财政补贴政策。依托企业、行业协会和科研院所，完成《上海市节能省地型住宅适用技术应用指南》的编制印发。

【“四高”优秀小区建设情况】2009年，上海市各区（县）房管部门积极开展创建节能省地型“四高”优秀小区工作，完成“2009年创建上海市节能省地型‘四高’优秀小区”项目53个，建筑面积963万平方米，超额完成年初确定的创建50个小区的目标。其中12个项目，通过国家住房和城乡建设部2A级或3A级住宅性能认定的预审（终审）。各区（县）房管部门加强住宅建设全过程的监管与服务，引导开发企业在确保“四高”优秀小区工程质量、完善居住功能、增加科技含量的基础上，提高节能环保技术应用的集成度，徐汇苑等39个小区被命名为“2009年度上海市节能省地型‘四高’优秀小区”，切实发挥了创建项目的引领和示范作用。同时，以“四高”优秀小区为载体，推进住宅产业现代化，在三湘四季花城、临港新城配套房、达安春之声花园、瑞安创智坊、中大九里德等小区开展试点，探索适合上海居住区的建筑一体太阳能、空气源热泵热水系统、地源热泵等可再生能源技术体系，并开展试点项目的后评估工作。

【新建住宅交付使用及质量管理】2009年，上海市累计审核发放新建住宅交付使用许可证443件，计7262幢、2044万平方米。其中，上海市住房保障和房屋管理局发证45件，计334幢、189万平方米；区（县）局发证398件，计6928幢、1855万平方米。组织开展全市交付使用执法检查，共抽查档案资料216件。制定出台了《上海市新建住宅交付使用许可规定》实施细则，强化了公建配套设施与住宅同步建设、同步交付的审核要求，并建立了高效、透明的新建住宅交付使用审核信息管理系统。同时，分批组织全市主要开发企业和各区（县）房管部门住宅建设管理人员，共327人进行了业务培训。继续推进新建住宅质量管理工作，进一步明确开发企业的主体质量责任和新建住宅的使用功能和维护要求。同时要求以开发企业以防治质量通病为重点，进一步加强建设全过程的质量管理工作，为新建住房交付使用和节能省地型“四高”小区的创建，打下可靠的质量基础。全年各区（县）局共对280个在建住宅项目进行了专项检查，比上年增加6.4%。

【大型居住社区建设】2009年，本市研究确定了“以区为主、企业集团对口大基地”的建设机制，并成立了“上海市大型居住社区建设推进办公室（简称‘市推进办’）”，上海市住房保障和房屋管理局作为市推进办成员单位及主要牵头单位，负责协调推进该项工作，按照“规划科学、配套健全、环境优良、工程优质”的目标要求积极推进，江桥、泗泾、浦江、周康航、曹路拓展基地于2009年二、三季度相继启动建设。截至2009年底，启动实施的大型配套公建项目共53项，约37.7万平方米；绿化项目11项、用地面积约21.3万平方米；启动建设河道驳岸约18.7公里。

（三）房地产市场管理

【概况】2009年，积极贯彻落实国家和上海市支持住房消费和房地产开发投资、加快保障性住房建设等政策措施。12月29日，市政府办公厅转发了上海市住房保障和房屋管理局等五部门《关于本市贯彻国务院常务会议精神进一步促进房地产市场健康发展的实施意见》（沪府办发〔2009〕58号），从税收信贷政策调整、加大普通商品住房供应、加快推进住房保障、加强市场监管四方面采取措施，遏制地价、房价过快上涨。

据市统计局统计，2009年1~12月完成房地产开发投资1464亿元，同比上升7.1%，其中住宅投资919亿元，同比上升8.9%。房地产开发投资占全社会固定资产投资的27.8%。2009年1~12月全市新建住房新开工面积1721万平方米，同比下降2.3%；竣工面积1509万平方米，同比下降14.4%。

据市统计局统计，2009年1~12月新建商品房销售面积3372万平方米，同比增长46.9%，其中新建商品住房销售面积2928万平方米，同比增长48.9%；2009年1~12月新建商品住房销售面积已达到全年目标（2300~2350万平方米）125%。

2009年下半年以来，随着房地产市场的回升，市场供需矛盾加剧，上海市地价、房价上涨过快，据市统计局统计，2009年全年上海市新建商品住房价格指数累计环比为9.2%，存量住房价格指数累计环比为7.5%。

【加强房地产开发企业资质管理】2009年，认真开展房地产开发企业资质梳理工作。8月，上海市住房保障和房屋管理局下发了《关于开展2009年房地产开发企业资质管理梳理工作的通知》（沪房管市[2009]306号），要求各区县房管局结合2009年度信用档案检查，在全市范围内开展房地产开发企业资质管理全面梳理工作。据统计，全市应当参加梳理的房地产开发企业为3783家，其中内资企业3444家，外资企业339家。实际完成梳理3696家，其中内资企业3381家，完成率98%；外资企业315家，完成率93%。同时，市住房保障房屋管理局会相关部门成立课题组，围绕加强房地产开发企业资质管理与其市场行为相联系这一主题，着重对资质管理的现状，存在的问题分析，针对性的解决方案等方面进行研究，完成了加强房地产开发企业资质管理的课题立项。

【加强房屋租赁管理】2009年，继续以整治“群租”工作为重点，进一步将整治“群租”与世博安保要求有机衔接，使整治工作上了一个新台阶，取得了明显成效。截至2009底，全市共整治“群租”11000多户，700多个住宅小区基本消除了“群租”安全隐患，圆满完成市综治委下达的三年整治任务。同时，积极配合做好“两个实有”管理全覆盖工作，成立专项工作组，明确职责分工，抓好工作落实。2009年全力配合市公安局建立上海市实有人口信息管理系统二期工程，已多次向市公安局提供了全市已建三维建筑模型数据：4月提供了截止2008年底已建的模型数据共8000多个；8月又提供了最新覆盖郊区建成区的模型数据，并根据市公安局提供的户籍数据与房屋产权数据进行比对，将比对结果及时反馈市公安局。

（四）物业管理

【完善业主大会、业委会建设管理】2009年，上海市政府转发了上海市住房保障和房屋管理局拟定的《加强业主大会、业主委员会规范化建设的若干意见》。《若干意见》进一步明确了业主、业主大会、业主委员会在物业管理中的权利义务，细化业主委员会成员条件，完善业主大会会议表决票送达方式，健全业主委员会备案手续完善业主委员会组建和换届办法，规范维修资金的使用和物业服务企业的选聘，进一步理顺政府各部门管理职责，强化对业主委员会的指导和服务，对进一步正确认识业主大会制度，完善业主委员会组建、换届和日常运作，夯实业主委员会运作基础，促进社区和谐起到积极的推动作用。

【开通962121物业服务热线】2009年7月23日，962121物业服务热线开通。全新开通的962121物业服务热线，面向全市10000余个居民住宅小区，服务上海市500万家庭，一口受理市民群众物业服务诉求，全市范围内，365天24小时，任何一个居民只要拨打962121，他的房屋应急维修需求和投诉咨询都会得到及时回应。

962121物业服务热线按照受理、派单、处置、反馈、回访、统计六个环节的闭合业务流程，对涉及物业应急维修服务和投诉咨询实行全过程监管。同时，通过运用现代统计分析手段，对物业服务企业的服务行为进行量化考核，考核的结果将纳入企业和从业人员的诚信档案，与物业服务企业的招投标、企业的资质管理、从业人员资格管理、评先创优等挂钩。

【开展物业服务窗口行业公众满意度测评】2009年，继续深入开展物业服务窗口行业公众满意度测评工作。测评范围覆盖全市实施物业管理的住宅小区，按照商品房、售后房和公房小区进行分类测评，并为各区县和物业服务企业提供测评报告，帮助企业不断提高服务水平。2009年全市物业服务社会公众满意度分值为81.5，比2008年下半年度上升0.32分。

（五）旧房改造

【调整完善拆迁补偿安置政策】为完善上海市城市房屋拆迁补偿安置政策，更好推动旧区改造工作，通过一年多的深入调研及在黄浦、杨浦两区的试点，基本形成了“数砖头加套型保底”为主要内容的拆迁补偿安置新政策，并于2009年3月27日出台了《关于调整完善本市城市房屋拆迁补偿安置政策试点工作的意见（征求意见稿）》。在黄浦区开展“数砖头”试点的基础上，已在杨浦、卢湾、闸北、虹口、静安等区扩大“数砖头”政策试点范围，并对已经进入收尾阶段的试点基地进行总结，同时，启动了《上海市城市房屋拆迁管理实施细则》的修订工作，对于一些不适合目前新情况新形势的条款进行修改，进一步完善拆迁政策法规体系。

【推进全市重点范围、重点路段、重点区域的建筑整治工作】2009年，进一步优化市、区两级协同管理机制，制定下发了有关综合验收、竣工报备、移交接管等文件，细化管理流程，优化管理体制。狠抓建筑整治进度，制订分节点计划，建立月报制度、专项统计报表及分平台例会制度，掌握并推进整治进度。截至2009年底，实施多层旧住房综合整治4702万平方米，竣工4454万平方米；实施高层旧住房综合整治1510万平方米，竣工

1297万平方米；清洁重点范围、路段、区域建筑外立面9771万平方米，竣工9514万平方米，超额完成市政府下达的目标任务。严格按照《迎世博建筑整治设计导则》要求，狠抓建筑整治效果；高度重视质量、安全，建立信息资料数据库，对重点地区、重要路段建筑整治项目全路段、全覆盖“落地上图”；开展工程安全质量大检查，确保了迎世博建筑整治工程的质量安全。

【迎市博600天建筑整治】为贯彻落实上海市迎世博加强市容环境建设和管理600天行动计划，上海市住房保障和房屋管理局牵头全面开展迎世博建筑整治工作，综合改造4400万平方米多层旧住房，综合整治1500万平方米高层旧住房，整修清洁9600万平方米建筑外立面。

自迎世博建筑整治启动伊始，截止到2009年12月底，全市实施高层综合整治1470万平方米，竣工1257万平方米；清洁立面8791万平方米，竣工8534万平方米；多层综合改造3522万平方米，竣工3274万平方米。达到目标计划。

（六）住房保障

【动迁安置房（配套商品房）建设】2009年，上海市动迁安置房（配套商品房）根据“服务旧区改造，服务重大工程、服务百姓安居”的原则，按照“开工一批、建设一批、储备一批”的要求，全年动迁安置房项目共认定地块70幅，规划用地面积约662.27万平方米，规划建筑面积982.63万平方米；完成土地招标67幅，供应土地约451.03公顷；实现新开工面积约836万平方米（其中市属项目新开工约310万平方米，区属项目新开工约526万平方米），竣工约488.57万平方米；总计搭桥供应房源约558万平方米；完成投资约207.93亿元，顺利推进了上海世博、高架、轨道交通等市重大市政、重点旧改项目动迁。

【经济适用住房建设】2009年，上海市经济适用住房建设项目再次被列入市重大工程，并确定了“2008、2009两年开工建设600万平方米经济适用住房”的目标任务。当年新开工项目主要分布在杨浦、宝山、闵行、青浦、嘉定、松江、虹口、普陀等区。截至年底，2008、2009两年累计开工经济适用住房约605万平方米，可供预售面积约140万平方米，顺利完成市重大工程建设目标。

【廉租住房工作】2009年，进一步放宽廉租住房准入标准政策，将廉租申请家庭收入准入标准从人均月收入800元以下调整到960元以下，家庭财产准入标准从9万元以下调整到12万元以下。按住房城乡建设部统计口径，2009年上海市新增廉租住房受益家庭1.8万户，其中低收入家庭约占52%；截至到2009年底累计廉租住房受益家庭达6.6万户，廉租住房受益面不断扩大。同时，推行实物配租新机制，扩大实物配租保障范围，采取多种方式，大力筹措廉租实物配租房源，全年共新筹措廉租实物配租房源2100套、11万平方米。

【开展经济适用住房申请试点工作】《上海市经济适用住房管理试行办法》于2009年6月24日颁布实施。《试行办法》颁布实施的同时，市政府确定在闵行、徐汇两区开展试点工作。为保证试点顺利开展，主要开展了以下方面工作：一是会同试点区筹措试点供应房源，并会同市物价部门核定首批供应房源的销售基准价格；二是指导试点区制订试点工作方案，推动街镇基层保障机构的筹建；三是拟订申请审核应用表式，委托专业机构研发摇号排序应用软件，经公证部门公证后封存等待启用；四是策划新闻宣传方案，开展政策解读、信息发布、情况通报工作，加强与媒体的沟通交流，营造了良好的舆论氛围。

2009 年 12 月 11 日试点工作正式启动，政策咨询周（12 月 11~17 日）期间，两试点区合计接待咨询市民约 1.54 万人次；12 月 18 日开始正式受理申请。

【市政府下发《关于调整本市廉租住房准入标准继续扩大廉租住房受益面的通知》】市政府下发通知，再次调整上海市廉租住房准入标准，继续扩大廉租住房受益面。此次调整，一是，放宽了廉租住房家庭收入认定标准，将原规定人均月收入低于 800 元（含 800 元）的标准，调整为人均月可支配收入低于 960 元（含 960 元）；二是，放宽了财产认定标准，调整为家庭财产低于 12 万元（含 12 万元），家庭财产主要是指家庭成员拥有的全部存款、非居住类房屋、车辆、有价证券等财产。

国务院总理温家宝在有关材料上做出重要批示，认为上海不断放宽廉租住房准入标准的做法值得重视。新标准自 2009 年 10 月 1 日起执行。

（七）土地管理

【修编上海市土地利用总体规划（2006~2020）】2003 年 4 月，国土资源部确定上海市为省级土地利用总体规划修编试点单位之一。2008 年 11 月，国土资源部审查原则通过《上海市土地利用总体规划大纲(2006~2020 年)》。上海市全面开展了城市总体规划与土地利用总体规划衔接的“两规合一”工作。完成了“两规合一”用地布局方案的多轮磋商。2009 年 3 月，邀请中国城市规划设计研究院等国内设计单位，对上海来来土地利用空间发展战略提出咨询方案，自上而下地对市域战略发展地区和生态保护空间进行了统筹安排。在此基础上，根据《省级土地利用总体规划编制守则》，加强与全市第二次全国土地调查成果衔接，编制完成了规划成果。规划成果包括规划文本、说明、图集和环境影响评价研究、土地利用空间发展战略研究等专题报告。同时，划定了建设用地控制线、工业用地控制线、基本农田控制线和生态控制线，作为项目合规性审查的依据。2009 年 12 月，市政府常务会议审议通过了《上海市土地利用总体规划(2006~2020 年)(送审稿)》。12 月 30 日，市政府报国务院审批《上海市土地利用总体规划(2006~2020 年)》。

【建立本市土地储备工作新机制】为进一步简化土地储备计划审批、优化储备计划核发流程，充分体现规土机构整合管理优势，2009 年，上海市规划和国土资源管理局对全市土地储备地块储备计划管理机制进行了调整，不再逐块办理单独地块的储备计划核发工作，而是强调发挥土地储备规划作用，依据规划一次性下达年度储备计划。新机制明确，各区县要根据城市总体规划和土地利用总体规划，结合区县经济社会发展规划要求，组织编制本区县三年内的土地储备规划，对近期土地储备地块的规模、结构、布局和时序进行综合研究和“规划落地”。市规划国土资源局在对区县土地储备规划进行批复的同时，同步一次性下达落实到具体地块的年度土地储备计划，每个储备地块不需再重复办理储备计划核发手续。 目前，上海 18 个区县的土地储备规划 (2010~2012) 已经基本制定完成。

加强土地储备规划，调整土地储备计划核发方式有利于促进城市总体规划和土地利用总体规划的有序实施，有利于扩大土地储备库容，加强政府对土地市场调控能力，也符合行政审批体制改革的要求。下一步，土地储备计划管理工作的重点将从单个储备地块的储备计划审批转移到对年度储备计划执行情况的考核和评估上来，进一步加强对土地储备过程和实施效果的监管。

【本市土地利用年度计划及执行情况】2009年国土资源部下达上海市安排的年度新增建设用地计划 5007 公顷，其中农用地转用计划 4387 公顷(耕地 3543 公顷)。按照“统分结合”的办法，市统筹的新增建设用地计划 2407 公顷，分配下达区县安排的新增建设用地计划 2600 公顷。

按照市委市政府提出的耕地得到切实保护、发展用地得到切实保障、土地效益得到切实发挥的要求，各级土地管理部门认真做好土地利用计划的管理，有效保障了本市经济社会平稳健康发展。

2009 年全市安排新增建设用地计划 4640 公顷，占全年计划的 93%。安排的新增建设用地计划中，市政公用设施等项目用地 1757 公顷，占 38%；工业产业项目用地 1831 公顷，占 39%；经营性项目用地 1052 公顷，占 23%。重点保障了高速公路、铁路、世博配套项目、大飞机项目、大型居住社区项目等重大基础设施、重点产业、民生项目的用地需求。

【探索建立国有建设用地使用权出让预申请制度】根据国土资源部《招标拍卖挂牌出让国有土地使用权规范》要求，结合上海城市特点和土地市场情况，本市积极探索建立国有建设用地使用权出让预申请制度。2009 年 12 月 9 日，下发了《关于试行上海市国有建设用地使用权出让预申请制度的通知》(沪规土资地 [2009]1281 号)。土地出让预申请制度主要包括三个环节，一是通过土地交易市场平台发布预申请公告，将年度预申请计划确定地块的出让条件、建设要求等相关信息向社会公布，公开接受用地预申请。二是用地意向者根据公告信息，提出预申请并作出相应承诺。三是土地管理部门根据预申请情况、土地市场情况，适时组织实施土地招标拍卖挂牌出让活动。预审请制度有利于通过提前发布土地出让预公告，强化土地计划管理，完善供地信息披露机制，稳定市场预期，提高土地资源市场化配置效率。

【国有建设用地使用权出让情况】2009 年，针对土地市场需求旺盛、地价上升趋势较明显的情况，坚持政府调控与市场调节相结合、结构调整与布局优化相结合的原则，加大住宅用地特别是保障性住房土地供应量，继续推进工业用地出让工作。全年招拍挂出让国有建设用地共计 594 幅，面积 2922.5 公顷。其中，住宅用地出让 180 幅，约 1453 公顷，包括商品住宅用地 102 幅、约 835 公顷；配套商品住房用地 66 幅、约 480 公顷；大型居住社区用地 12 幅、约 138 公顷。商业办公用地公告出让 94 幅，面积 291 公顷。工业用地公告出让 320 幅，面积 1178．5 公顷。同时，加大经济适用房土地供应，全年经济适用房用地划拨 22 幅，约 116 公顷。

【农村集体建设用地流转工作进一步推进】2008 年下半年以来，上海市成立了专门的工作班子，在大量调查研究基础上，设计了试点工作方案，起草了相应的政策文件，为试点工作奠定了良好基础。2009 年，推进力度进一步加大。国土资源部表示积极支持上海试点，并将相关工作写入了 2009 年 9 月与上海市政府签署的部市合作协议中。2009 年 12 月 9 日，市政府召开常务会议，审议通过了《关于开展农村集体建设用地流转试点工作的若干意见》，为试点工作提供了基本的制度保障和操作依据。

试点工作已在浦东新区、金山、松江、嘉定、闵行5个区展开，试点村的土地调查、村庄规划编制、基准地价测算等基础工作已基本完成。下一步，要按照“规划先行、全面探索、分类指导”的要求，在市委、市政府的统一领导指挥下，积极推进集体建设用地流转试点，通过先行先试积累经验，稳步推进，逐步建立城乡统一的建设用地市场，进一步提升规划和国土资源工作对上海经济社会发展的综合服务能力。

【本市第二次全国土地调查工作进入成果核查确认和验收上报阶段】从2007年起全市组织开展了为期三年的第二次土地调查。目前，本市第二次土地调查工作已全面完成，进入成果核查确认和验收上报阶段。通过本次调查，进一步查清了全市土地利用状况，尤其是耕地和建设用地的分布、面积和利用状况。根据国土资源部规定：二调成果是部“一张图’，工程的基础，2010年起将采用第二次全国土地调查的工作方法，开展土地变更调查和监管，并围绕“一张图”开展土地“批、供、用、补、查”等管理工作。将以国家认定的二次调查成果为依据，按照国家要求，结合上海实际，进一步完善各项土地管理工作。

【加大违法用地查处工作力度】2009年，上海市土地执法工作力度不断加大，不仅依法惩治了违法违规行为，及时遏制了违法势头，而且在维护土地管理规范有序发展，促进集约节约用地方面取得一定成效。

强化网格化动态巡查机制。09年重点在落实动态巡查责任制上下功夫，通过建立目标管理考核制、动态巡查督导制和土地执法监察责任追究制，基本做到了“横向到边、纵向到底”，为及时处置违法用地打下了基础。

坚决遏制违法用地的势头。一是对新发生的土地违法行为及时进行制止。二是开展了国土资源部2008年度卫片执法检查工作，查处整改了一批违法用地项目，顺利通过了国家督查上海局的验收。三是建立违法用地定期通报制度，使各级政府及时掌握违法用地特别是违法占用耕地的基本情况、动态和处置情况，努力形成制止和消除违法用地的合力。

在全市范围内开通12336国土资源违法违规举报电话。09年6月以来开通了19条举报电话，只要发现有涉嫌土地违法行为的，都可以拨打市局和18个区县局的12336国土资源违法违规举报电话。12336电话的开通，有效地拓宽了违法用地的发现渠道，这对于及时发现违法用地，对于监督动态巡查工作，都具有十分重要的意义。

建立土地核验制度，加大批后监管力度。从09年7月1日起，按照新修订的《上海市房地产登记条例》，土地管理部门对申请房屋初始登记的建设单位依法用地和履行国有建设用地使用权出让合同或者划拨决定书的情况进行检查验收；对未能通过土地核验的建设单位，在整改到位之前，房地产登记机构不得为其办理房地产权证。土地核验制度的建立，维护了审批行为的严肃性，保障审批目的和审批内容的落实。

（八）地质管理

【地质资料信息服务集群化和产业化工作三年行动计划】根据国土资源部和上海市人民政府关于推进本市地质资料信息服务集群化和产业化工作的要求，上海市规划和国土资源管理局制定了《上海市地质资料信息服务集群化和产业化工作三年行动计划（2009.7~2012.6）》。

该《行动计划》的总体目标是：完善上海三维可视化城市地质信息服务和管理系

统，建成上海市地质资料数据中心，基本实现地质资料信息服务多元化，地质资料信息服务由原来提供专业信息发展到提供管理和科普信息，从提供单纯的基础信息扩大到数据处理、咨询与决策、技术支持等多个方面。

2009年度，一是根据《上海市地质资料信息服务集群化和产业化三年行动计划（2009.7~2012.6）》编制了"实施方案"；二是建立和完善了本市工程地质勘察资料的汇交机制，在市级层面试点的基础上，2009年已开始逐步向各区县推进；三是按照"实施方案"的具体部署，开展了需求调研，召开了各类专家咨询会、座谈会，重点就地质资料信息如何服务于堤防(泵闸)管理和安全运营、城市高架道路桥梁等沉降观测、轨道交通规划建设和运营管理等征询了相关专家和管理部门的意见；四是进一步梳理了地质资料数据库建设中的资料整理、技术标准、质量验收、入库等要求等，编制了管理制度与技术要求，基本建立了全过程的标准化工作流程；五是地质信息服务平台升级工作已基本完成，目前正对新平台进行用户测试；六是编制完成了虹桥商务区及拓展区产业化示范工作方案，嘉定新城、金山新城的产业化示范工作方案正在制定过程中。

截止2009年12月底，共收集工程地质钻孔43.9万个，数据库录入11.25万个；地面沉降监测数据库共完成192口生产井的地下水开采量、70口回灌井人工回灌量数据录入，以及301口地下水位观测井的水位数据和65组地面沉降标组、484个分层标设施的土层变形观测数据的入库工作。

【浅层地热调查评价和监测网及试验场建设】浅层地热能是一种储量巨大、分布广泛、可循环再生的清洁环保能源，也是一种特殊的矿产资源，利用前景广阔；浅层地热能的开发利用对建设宜居、低碳城市具有十分重要的意义。为此，根据《国土资源部关于大力推进浅层地热能开发利用的通知》精神和要求，上海市全面启动浅层地热能开发利用工作。一是贯彻通知精神，制定落实方案。市规划国土资源局多次召开由市有关委、办、局参加的专题工作会议，就贯彻国土资源部通知精神和本市开展浅层地热能开发利用工作进行专题研究，并制定了《推进本市浅层地热能开发利用的实施方案》，落实实施单位，明确工作重点、职责分工和确保计划实施采取的措施，为全面启动浅层地热能开发利用工作奠定了基础。二是编制工作方案，明确工作任务。根据国土资源部的要求，市规划国土资源局编制完成报国土资源部备案的《上海市浅层地热能调查评价工作方案》，明确了指导思想和总体目标、工作内容和原则、计划投入的实物工作量、工作经费、成果形式和完成时间等，定于2010年底完成《上海市浅层地热能调查评价报告》。三是开展学习调研，理清工作思路。市规划国土资源局组织相关人员先后三次赴河北、北京、辽宁、浙江、江西和湖北等浅层地热能开发利用较早的省市进行学习和调研，借鉴成功的经验，进一步理清了本市开展浅层地热能调查评价工作的思路。四是调查评价和监测工作方案，通过了专家论证。在学习调研的基础上，市规划国土资源局按照《上海市浅层地热能调查评价工作方案》的部署，结合城市规划和土地利用规划，编制完成《上海市浅层地热能调查评价和监测实施方案》，布设地质调查孔83个，长期观测点5个，并选择6个典型项目进行跟踪监测；同时组织邀请国土资源部环境司、中科院院士、中国地质调查局、中国地质环境监测院、北京和天津地勘局，以及本市有关委、办、局的领导和专家对该《方案》分别召开了专家咨询会和论证会，获得了与会专家的肯定和一致通过。五是组织精干队伍，确保工作质量。市规划国土资源局已组织5台钻机、2台热物性测试仪和热参数测试仪等设备，组建了近百人的队伍，积极推进野外调查，开展科技攻关，确保调查数据科学、准确、可靠；目前已完成地质调查孔16个、热响应测试8个、取土样约450个，初步完成监测设备的比选和实验，换热设备的改造和有关测试仪器的购置试用等，调查评价各项工作有序开展。

【地面沉降防治工作继续取得成效】2009年，市规划国土资源局全面推进《上海市地面沉降"十一五"防治规划》各项工作任务，一是进一步加强了地下水开采和人工回灌管理。编制了《上海市2009年地下水开采与回灌方案》，明确了全市地下水采灌分布指标，进一步压缩开采量，增加回灌量。2009年全市地下水开采2501万吨，较去年同期减少683万吨，地下水回灌1365万吨，较去年同期减少60万吨。全市地下水开采量完成了年初下达的控制目标，回灌量缺口60万吨。二是加快地面沉降监测设施建设。截止2009年底已完成人民广场、世博会、崇明陈桥镇、上海化学工业区等5个地面沉降监测站地下部分建设，34组生命线工程地面沉降分层标组、754座水准点、94座GPS地面沉降一、二级监测点以及25口监测井建设。三是进一步完善地面沉降监测与防治技术标准和规程。出台了上海市工程建设规范《地面沉降监测与防治技术规程》。四是全面完成了全市地面沉降监测工作，编制发布了2008年《上海市地质环境公报》和《上海市地质环境季报》，及时公告2008年本市地质环境状况。2009年全市地面沉降速率继续趋缓，全市平均地面沉降为5.2毫米，较去年同期减少1.2毫米。其中中心城区地面沉降量为5.6毫米，郊区地面沉降量为5.1毫米。

（姚卫萱）

九、城市交通

（一）综述

2009年，本市交通港航行业保持稳定健康发展。全年城市客运总量51.3亿人次，同比增长4.6%。其中，公共交通（轨道交通、地面公交）客运总量40.2亿人次，同比增长6.1%；出租汽车客运总量11.1亿人次，与上年基本持平。公路省际客运发送量0.3亿人次，同比增长2.1%。全年道路货物运输量3.77亿吨。

迎世博各项阶段性工作目标圆满实现。基础设施专项整治取得明显成效，完成或超额完成地面公交车辆和出租汽车更新、车身罩漆整新和车厢整新、公交调度亭整体翻新任务；规范地面公交、出租汽车、轨道交通车辆的车身、车厢广告以及轨道交通车站广告设置；推进完成公交枢纽、省际客运整治。窗口服务和社会动员取得阶段性成果，制定并全面推行地面公交、出租汽车、省际客运、停车等行业服务规范；组织开展迎世博600天行动立功竞赛评选活动和世博礼仪知识等相关培训。世博安保工作有力推进，市交通港口局与相关企业签订责任书。制定并执行世博公交、省际客运、轨道交通、客货运码头等13个安保工作实施方案，完善局层面安全应急预案20个。世博交通保障方案全面完成。

“公交优先”工作继续向纵深推进。有序推进第三轮公交改革，完成浦西、浦东两大国有公交运营板块的企业重组；除金山外，各郊区县都已形成“一区一骨干”市场经营格局。全年市、区两级不断加大对地面公交的投入。为8个大型居住区配套公交线路50条。在郊区农村和城乡结合部，开辟经济效益差但群众有需求的冷僻线路。全年郊区县新开区域性公交线路100多条；开通社区巴士线路20余条；“村村通”公交线路达到270条，道路桥梁符合条件的行政村实现“村村通公交”目标。自4月1日起扩大换乘优惠范围。公共交通基础设施建设不断推进。公交行业服务水平得到提升，研究制定《关于加强公交职工工资收入分配工作的指导意见》，公交全员职工平均工资同比增长13%。

行业监管不断强化。研究并提请市政府出台《关于进一步促进本市出租汽车行业健康持续发展的意见》。完善公交线路经营权考核办法，规范省际客运考核工作。行业信息化监管水平大力推进，基本建成市交通港口局指挥中心和上海交通港航信息中心监管平台，危险品运输监管系统覆盖全行业99%以上营运车辆。全市1.2万辆公交车安装车载信息系统，4100辆更新公交车全部安装视频监控设施，9500余辆公交车实现动态信息接入监管，基本覆盖浦西地区世博相关线路车辆。行业安全生产总体受控，严肃处理行业内安全生产违规违章事故和行为，积极应对和处置行业突发事件，协调针对轨道交通突发营运事故原因的调查分析。

行业党建和精神文明建设稳步推进。推进行业党建，交通运输行业“1+1+3”的行业党建运行模式不断深化。广泛开展“文明在长途客运”、“出租小车厢，文明大世界”等专项活动；组织开展“的士明星”评比和巡回演讲，开展2009年度上海公交品牌线路及优秀售票员、服务明星、公交文明中心站评选活动，行业精神文明建设深入推进。

（司月洁）

（二）交通管理

【概况】2009年，本市紧紧抓住“抓建设、重监管、强服务、保世博”四个关键环节，继续全面实施“公交优先”发展战略，进一步深化本市公交改革，优化完善行业公益性与运作市场化。以环境整治、服务质量、交通组织为重点，全面实施迎世博600天行动计划。同时围绕完善工作机制，营造合作环境，大力推进长三角道路运输一体化。

（司月洁）

【本市公交第三轮改革全面开展】2009年，上海公交第三轮改革全面开展，宗旨是：突出公交行业公益特性，完善市场化运作机制。具体为：在中心城区组建浦东和浦西两大国有公交集团公司，重组现有公交企业并进行运营管理；各郊区县公交公司实行“一区一骨干”运营管理。2008年12月28日，由浦东多家公交骨干企业整合的国有浦东公共交通有限公司挂牌成立。2009年3月，重组浦西公交公司的国有独资上海巴士公交有限公司成立。至年底，除金山区外，各郊区县相继组建国有骨干公交公司，形成浦东、浦西、郊区相对区域经营的市场经营格局。2009年起，全市公交汽电车行业全面推行成本规制，统一企业主要收入和支出核算制度，并推行适度竞争。市交通港口局等政府管理部门制定公交专项扶持资金使用办法，公交行业公益性投入得到保障，并制定实施《上海市公共汽车和电车客运服务规范》、《关于加强公交职工工资收入分配工作的指导意见》和《关于推进本市大型居住区市政公建配套设施建设和管理的若干意见》等，保证行业服务水平，保障职工收入，解决居民出行问题。上海公交第一轮改革始于1996年，主要为取消月票，引入社会资本，由一家独大的经营格局变成多家独立运转的竞争机制，从而缓解乘车难矛盾。公交第二轮改革始于2002年，主要为通过政府补贴、购买服务等扶持政策，凸显公交公益性，其成果是实现优惠换乘和老年人免费乘车。

（廖露蕊）

【市交通港口局新版网站正式上线】1月，市交通港口局启动“上海交通网”和“上海港航网”整合工作。新版门户网站于3月4日晚正式上线。与改版前相比，新版网站进一步丰富为民服务内容。“天气预报”可实时为市民出行提供气象服务；“专题报道”重点突出“上海国际航运中心建设”、“迎世博600天行动”等市民关心的重点工程和配套服务的建设进展。此外，新网站还新设了英文版信息报道专栏，并采用灵性缓存技术，提高访问速度，增强系统安全。

【“绿色交通运输2009”国际论坛在沪举行】以“共同推进节能减排、大力发展绿色交通”为主题的上海“绿色交通运输2009”国际论坛于11月8日起在沪举行。在为期两天的论坛上，来自国内外的130多位专家学者和企业界人士，就全球绿色交通运输产业的现状和趋势，以及全球前沿的运营战略和经验分享等议题展开广泛的交流和探讨，为探索具有中国特色的绿色交通和绿色世博献计献策。市建交委副主任、市交通港口局局长孙建平作《牢固树立绿色交通理念，大力推进上海交通系统节能减排工作》主题发言；交通运输部政策法规司副司长、能源管理办公室主任朱伽林到会讲话。

【2009年长三角道路运输一体化联席会议在沪召开】6月19日，2009年长三角道路运输一体化联席会议在上海举行。交通部运输司副司长徐亚华出席会议并作重要讲话。会议主题是“完善工作推进机制，营造区域合作环境”。会议听取“2009—2011年一体化推进工作计划”的主题发言，听取道路货运物流一体化和机动车维修一体化发展两个专题发言，签署《关于创建长三角地区省际道路运输客运“品牌班线”合作框架协议（暂行）》、《长三角区域交通广播战略合作协议书》。

【本市首个“财政专项补贴资金对公批量集中拨付业务”平台在公交行业率先启动】4月，市交通港口局采用“上海支付结算综合业务系统”开展面向公交行业的专项补贴拨付，是本市首家采用“对公批量集中拨付”业务平台的单位。该方式与传统拨付方式相比，提高了资金拨付的安全性、及时性和便捷性，达到补贴资金“即拨即入”的效果，能更好地为“公交优先”政策服务。

【“962000”运管热线更名】11月23日上午9时起，“962000”运管热线职能由“12319”城建热线承担。拨打“962000”运管热线电话将自动转接至“12319”城建热线。2010年1月1日起，“962000”正式关闭。

【“文明在长途客运”窗口行业服务先进受表彰】3月10日，本市举行航空港、铁路、长途客运、水上客运“四大门户”主题活动表彰暨窗口行业迎世博推进会。上海长途客运南站“阳光岛”服务台、上海长途汽车客运总站售票管理部等获得“文明服务示范窗口”荣誉称号；上海强生长途客运有限公司方红娟、上海南站长途客运有限公司吴容芳等获得“文明服务标兵”荣誉称号。10月13日，迎世博倒计时200天，在本市“四大门户”行业举行“走进长三角，宣传世博会”出发仪式上，行业“文明服务示范窗口”、“文明服务标兵”代表随团赴江苏、浙江开展宣传交流。

【交通港航职工“百、千、万文明大行动”启动】4月25日是“迎世博‘三五’集中行动”公共秩序日。当天上午，上海市交通文明志愿者行动暨上海市交通港航职工——百、千、万文明大行动在地铁一号线莘庄站举行启动仪式，拉开上海交通港航行业“文明交通、让城市更美好”活动帷幕。“百名志愿者、千个行业宣传岗、万名行业宣传员”在全市轨道交通8条线所有车站、人民广场武胜路等52个公交枢纽站和49路、123路等主要公交线路始末站、徐汇区港汇广场等27个出租车候客点、上海长途客运南站等37个长途客运汽车站、南马路等50个水上客运、轮渡及旅游码头，开展“先下后上，文明排队”志愿宣传活动。

【“零公里”交通文明行动启动】6月25日，市交通港口局和黄浦区共同启动“精彩世博，文明先行”——交通文明零公里行动主题宣传日活动。旨在通过交通行业与社区文明单位、文明小区以及学校等四方同创共建，使“先下后上、有序乘车、尊老爱幼、互助谦让”的文明乘车氛围深入社区，在提高公交、地铁职工安全行车意识和服务意识的同时，在社区中倡导文明出行理念，向广大乘客宣传文明乘车规范，共同维护社会秩序。

【本市交通运输行业积极创建“工人先锋号”】7月5日，本市出租汽车行业“工人先锋号”发车仪式在海博出租公司广场举行。到年底共有5000辆出租汽车“工人先锋号”挂牌运营。12月8日，本市地面公交行业“工人先锋号”线路挂牌仪式在112路终点站举行。全市共有11条线路，近400辆公交车挂上“工人先锋号”。“工人先锋号”挂牌车辆是城市交通的流动“先锋”。本市交通运输行业逐步完善“工人先锋号”挂牌运营的进入机制、退出机制和激励机制，进一步增强广大职工参与世博、服务世博、奉献世博的责任感和使命感。

【首批46个“文明乘车示范站”命名】12月25日是本市“迎世博‘三五’集中行动”第9个公共秩序日，本市举行“文明乘车示范站”命名授牌仪式。为进一步推进交通港航行业“公共秩序日”集中行动的深入开展，结合公交行业多年来开展的“文明站点”评选活动、省际客运行业“文明在长途客运”创建活动和出租汽车“文明候客站”指数测评，经企业申报、行业主管部门综合评定等程序，公交49路江西中路汉口路等40个终点站、虹桥机场等2个出租汽车候客站、上海南站长途客运有限公司等4个客运站共46个站点受到命名表彰，成为本市公交、出租汽车和省际客运行业首批获此殊荣的站点。

【迎世博本市公共交通行业环境整治成效明显】本市交通管理部门顺利完成迎世博600天行动环境整治计划。在600天行动中，地面公交行业完成车辆更新6001辆，车身罩漆整新11026辆，车厢整新5115辆，调度亭整体翻新185个。出租汽车行业完成车辆更新10510辆，车厢广告整治13000辆，完成区域出租汽车改色4900辆。完成货运行业完成货运出租车罩漆整新2281辆。清洁粉刷52个公交枢纽站、35个长途客运站建筑外立面。城市交通行业各项硬件服务设施不断提高完善，为更好服务世博奠定基础。

【行业世博安保方案制定完成】围绕“平安世博”大局，市交通港口局积极推进行业世博安保工作，有效促进全行业安保水平提升。局成立世博安保工作领导小组，并与相关单位及区县交通管理部门签订世博安保责任书。牵头完成世博公交、省际客运等13个专项细化方案编审工作，并及时对方案加以宣贯部署。组织行业内客运车辆及地面公交、轨道交通站点开展专项安全检查，并根据有关反恐防范指导性意见和要求，加大视频监控、安检设备、应急装备和人防队伍等方面的工作力度。完善应急预案，形成“1总19专”的应急预案框架，全年开展各类应急演练近400余次，健全应急队伍3支，集中开展安全宣传250多场次。为世博安保装备购置及补贴等做好经费保障。并通过各种渠道协商跨省安保问题，合力推进外省市危险品车辆、省际客运GPS定位系统安装和联网等工作的落实。

【世博交通保障方案编制完成】围绕构筑“畅达、舒适、安全、环保和可持续发展”的一体化世博交通服务体系，应对世博会巨大的交通保障需求，实现“安全可靠、便捷有序、导向明确”的世博会交通服务目标，市交通港口局按职责分工，积极参与世博交通保障方案编制，通过现场踏勘，召开专题会议，与所属区及建设主体单位沟通，研究制定由16条世博专线、20条常规公交线路B线及6条接驳线路等3个层次构成的世博公交保障方案；研究制定世博专属出租车队营运方案，完成车辆额度招投标工作；完成世博省际包车专线和世博专用P+R方案等。

（司月洁）

（三）交通执法

【概况】2009年，市委、市政府把整治非法客运列为本市平安建设“十项实事”首位。全年市、区两级交通执法队伍共实施日常稽查29,204次，出动执法人员113,746人次；实施专项稽查5,811次，出动执法人员42,420人次；共查处各类交通违法案件49,839件，其中无证营运16,583件。同时加大非法客运行为打击力度，累计查处非法客运车辆13,680辆，基本形成并保持统筹结合、市区联动、多方联手、重点整治、巩固长效的有力态势。本市交通管理部门贯彻落实“两个坚决”要求，即坚决依法整治非法经营行为，维护交通营运市场的正常秩序；坚决禁止交通行政执法过程中的不正当调查取证行为，坚持依法行政、文明执法，切实维护合法经营者和消费者的权益。

【本市成立整顿交通营运市场秩序规范交通行政执法行为专项工作小组并召开首次会议】10月26日，根据市政府常务会议决定，成立上海市整顿交通营运市场秩序、规范交通行政执法行为专项工作小组。当日下午，沈骏副市长主持召开专项工作小组第一次全体会议。会议明确，专项工作小组的主要职责是：采取合法有效措施，加强对交通营运市场的监管，加大打击非法经营行为的力度；开展全市规范交通行政执法行为大检查，杜绝不正当、不规范行政执法行为；增加公共交通服务供应，为广大市民创造安全、规范、有序的交通出行环境。会议要求，要坚决贯彻市委、市政府主要领导指示精神，按照“两个坚决”的总体要求，提高认识，相互配合，全力以赴，有序推进，确保整顿交通营运市场秩序、规范交通行政执法行为工作取得应有成效。一要对已经立案和已经处理的案件妥善处理；二要积极应对正规出租汽车队伍中可能出现的问题；三要抓紧研究和改进交通执法的体制、机制和方法；四是突出重点，加强对重点地区、重点枢纽、重点地段的执法和整治；五是下放审批，调动区县积极性，运用小型车辆，为市民群众提供更加便捷的公共交通服务；六是开展规范执法大检查，在查找问题的同时，重在调动执法队伍积极性，振奋精神。

【本市交通行业开展规范停站活动】10月，本市交通系统开展"迎世博、讲规范、保畅通"活动，强化四项措施，即：一是强化宣传教育，提高驾驶员遵章守纪的意识；二是强化上岗机制，切实加强现场的监管；三是强化规范操作，严格遵守《上海市公共汽车和电车客运服务规范》；四是强化自我教育，倡导自觉遵章守纪，共同营造上海安全有序的城市环境。通过专项活动中环内主干道路公交车行驶秩序明显好转，公交车、出租车在市区主要道路的执行交通法规的守法率达到95%以上，其他路口管理守法率达到九成以上。

【公交行业安全联合大检查正式启动】为确保本市公交行业运营安全，市交通港口局会同市安监局、市消防局、市公安公交分局、上海久事公司等相关单位组成联合检查组，从6月11日至6月23日对公交行业开展安全大检查。此次检查重点针对企业安全管理制度、反恐防范措施、消防设备配备情况等方面。重点区域是南浦大桥公交枢纽站、人民广场周边地区、上海火车站南广场、莘庄地铁（南北广场）、上海南站、漕溪路枢纽及周边地区、五角场地区、共和新路枢纽、中山公园（周边地区）等。

【大力推进出租汽车视频广告规范整治】从9月开始，市交通管理部门采取企业自查、集中检查、随机抽查相结合方式，开展出租车违规广告全面检查，并对企业整改情况加强跟踪复查，强化检查效果，加大行政处罚力度。至11月底，锦江、大众、蓝色联盟等企业均已按照规范要求拆除驾驶员副座后的视频广告装置，全市范围内安装视频广告的出租车数量达到既定控制目标要求。为进一步检验整治效果，市交通管理部门还在浦东、虹桥机场组织开展出租汽车视频整治专项检查，共检查锦江、大众、蓝色联盟等企业出租车近2000辆，抽检车辆均达到规范要求。

【泛长三角地区开展省际客运联动执法检查】面对公路春运返程高峰，根据泛长三角地区交通部门联席会议部署，2月4日晨6时，市交通执法总队与华东六省及河南省交通执法部门按统一行动时间、统一检查重点、统一执罚幅度、统一信息沟通、统一对外宣传、统一执法要求，在接壤的市境道口、高速公路、国道、省道展开春运安全大检查。联检当天，泛长三角地区交通执法部门共投入执法人员1000多人次，上海方面检查客车280多辆，查获违法客车64辆。主要违法行为表现为不按规定携带营运证、不按核定线路行驶、不给乘客车票等。联合检查行动2月13日再次进行。

【开展大型工程用车专项整治检查】针对大型工程用车事故频发现象，市交通执法总队认真贯彻市政府"12.5"专题会议精神，开展整顿大型工程用车运输市场秩序专项整治。行动共检查车辆45辆，查处各类违法案件15件，其中，未携带道路运输证或从业资格证11件，涉嫌无证经营4件，消除潜在安全隐患，整顿了大型工程车运输违规行为，维护了道路运输市场秩序。

（司月洁）

（四）市内交通

【概况】2009年，本市市域公共交通完成客运总量约51.3亿人次，比上年增长4.5%。其中地面公交完成客运量27.06亿人次，占全市公共交通客运总量的52.8%；轨道交通完成客运量13.18亿人次，占全市公共交通客运总量的25.7%；出租汽车年完成客运量11.03亿人次，占全市公共交通客运总量的21.5%。“春运”期间全市城市交通客运量7000万人次。国庆、中秋长假期间全市城市交通客运量10506.7万人次。公交换乘优惠于4月1日起范围扩大到全市所有线路、所有车辆，换乘优惠时间由1.5小时延长至2小时，日均优惠换乘客流228万人次；老人免费乘车日均48万人次，市民公交出行支出平均下降15%。全市有地面公交运营企业20家，运营线路1129条，运营路线总长度23033公里，运营车辆16272辆；新辟公交线路98条，延伸和调整157条，撤销27条。至年底，全部公交车辆安装车载信息系统。公交行业监管信息系统投入运行，覆盖全市700条公交线路9000辆公交车。市交通港口局完善公交线路经营权考核办法，完成600余条公交线路考核和重新授权。实施《上海市公共汽车和电车客运服务规范》。至年底，全市有“公交品牌线路”45条、“信得过公交线路”340条，车容车貌合格率90%，规范停站执行率97%，规范服务执行率97%。全市有出租汽车企业153家，共有出租汽车营运车辆49111辆（其中顶灯出租车47965辆）。行业共有驾驶员109592人，中、高星级驾驶员达到2.3万名。平均每车每日行驶里程352公里，其中载客里程220公里，里程利用率62.69%。日客运量315万人次。行业现有5个电调中心，日电调量4.44万车次，占服务总车次的1.4%。共有出租汽车营运站27个。上海出租汽车行业管理水平和服务质量在全国同行业处领先水平，连续四届被评为上海市文明行业。2009年轨道交通8号线二期、7号线、9号线二期、11号线北段等4条新线按期投入试运营。至年底，全市有轨道交通线11条（含磁浮线），轨道交通车站224座；运营线路总长度355.5公里（含磁浮线），运营车辆292列1833节，全年运营总里程2870.8万列公里，日均客流361.2万人次。年内新建公交专用道22.8公里，公交专用道累计达113公里；新建成综合客运交通枢纽21个，累计达54个。更新投运公交车3350多辆，汽车燃油国Ⅲ排放标准和环保车辆占全市公交车总数的50%以上。改造建设公交候车亭1630多座、新式立杆站牌1310多根。

（司月洁）

【《上海市公共汽车和电车客运服务规范》实施】7月1日，由市交通港口局依据《上海市公共汽车和电车客运管理条例》等法规，制定的《上海市公共汽车和电车客运服务规范》正式实施。该《规范》涉及线网及线路，站点设置与管理，营运车辆、车载服务设施，营运服务要求，从业人员操作规范等方面，共45条。

（廖露蕊）

【本市扩大公交换乘优惠范围】4月1日起，本市正式扩大公交换乘优惠范围，实现换乘优惠“两覆盖一延长”。“两覆盖”是指将优惠换乘范围覆盖到包括郊区线路在内的全市所有公交线路（不包括旅游线和机场线）和包括非空调车在内的所有公交车辆，全市1129条线路的1.63万辆公交车全部实现优惠换乘。“一延长”是指换乘优惠时间由原来的1.5小时延长至2小时。政策实施以来，优惠换乘客运量大幅上升，至年底，优惠换乘日均客运量228.3万人次，比以前增加108%。

相关链接：上海市公交换乘优惠政策。2006年，本市实施公交优惠换乘政策。自政策启动以来，在内环内423条公交线路的空调车以及轨道交通之间实施，乘客在90分钟内刷公共交通卡换乘可享受每次1元的票价优惠，但其他公交线路及非空调车不在换乘优惠范围在内。2009年4月1日，本市公交换乘优惠平稳出台“两覆盖一延长”，将公交优惠换乘的范围扩大，全市所有公交线路（不包括旅游线和机场线）、公交车都纳入优惠换乘范围；换乘优惠时间由90分钟延长至120分钟。

【新辟两条崇明直达市区公交线路】为配合长江隧桥开通，11月1日起，本市开通2条公交线路往返崇明与市区：申崇一线，从北区汽车站到陈家镇汽车站；申崇二路，从上海科技管到陈家镇汽车站。截至2009年底，投入运营车辆38辆，共运送乘客70余万人次。

【张江有轨电车投入运营】3月，张江有轨电车工程建设营运筹备启动。一期运营起迄点为轨道交通2号线张江高科站至张江集电港金秋路，全程约9.2公里，沿途设15个站点，单程行驶时间35分钟。9月中旬，张江有轨电车投入试运行。试运行初期共投入运营车辆6辆，每天开行116班，平均间隔8分钟，高峰时段间隔控制在6分钟左右，最高时速70公里，日均客流7500人次左右。

【公交预售票停止发售】11月26日，上海市公共交通客运票务结算中心宣布，自2010年1月1日起，停止发售上海市公共交通预售车票。2009年度发售的上海市公共交通预售车票可延长使用至2010年3月31日。逾期仍未用完的，可转充入交通卡继续使用。上海市民使用了整整15年的公交预售票在2009年完成历史使命。

【公交行业职工开展技能大赛】为提高公交从业人员素质和技能，更好服务世博会，市交通港口局、市城市交通工会、市公交行业协会于8月25日至27日联合举办“世博杯”2009年公交行业职工技能大赛决赛。本次技能大赛集培训、练兵、比武、晋级、表彰于一体，由公交驾驶员技能大赛和公交车空调系统维修技能大赛组成。在公交驾驶员技能大赛中，参赛选手进行“车辆竣工验收”、“车辆废气检测”、“排除发动机电子点火系统故障”和“大型车快速移位、长距离倒车”四个项目的决赛。在公交车空调系统维修技能大赛中，参赛选手主要进行空调机不制冷故障排除的技能决赛。这次技能大赛是对所有参赛选手个人综合素质和技能水平的检验，更是对全市广大公交行业职工技能水平的集中检阅。本市交通管理部门把技术练兵大赛作为提高职工素质的重要载体，积极引导职工贴近企业、贴近市场、勤学苦练，以争当技术状元为荣，鼓励职工岗位练兵，岗位学习、岗位创新、岗位成才。

（司月洁）

【首批安装车载视频监控设施公交车交付使用】6月，上汽申沃公司向巴士公交公司交付了首批18辆安装好车载视频监控设施的公交车。新车的视频监控系统整合了原有的倒车和下客门监控系统的功能，新增了前客门和车厢内部监控设施，在每辆车上共装有5个摄像机，通过车载监视器可以对各摄像机监控的画面进行切换。后继投放新车将全部按照该批车辆标准执行。

（廖露蕊）

【松江区在全市率先实现镇域公交全覆盖】1月20日上午，松江50路公交车从新桥镇汽车站开出，标志着松江区11个乡镇全部开通镇域公交，提前一年在全市率先在全市实现镇域公交全覆盖，并形成“农村居民通过一次乘车到达所在新市镇、新市镇一次乘车到达本区新城、新城一次乘车进入轨道交通”

的“三个一”交通网络格局。2006年，在九亭镇成为全市首个“村村通”公交的行政镇后，松江区配合新农村建设工作，用3年的时间先后将镇域公交覆盖到全区11个乡镇，并相应解决轨道交通9号线松江段沿线站点客流疏散问题。目前，松江区11个乡镇共开通“村村通”公交线路18条，配备公交车56辆，线路总长372.7公里，日行驶里程超过10000公里。

【新一代乳化柴油在公交行业扩大应用】5月7日，“新一代乳化柴油的应用”项目通过专家组验收。该项目是“上海市引进技术的吸收与创新计划”的课题之一，2008年启动，由上海巴士一汽公共交通有限公司、同济大学和上海纽孚尔能源技术有限公司组成课题组共同研发。乳化柴油是将水和柴油通过乳化剂和乳化设备乳化形成的油包水型乳液，具有燃烧性能好、能耗低、黑烟排放少等优点。在前期已有50辆开展试验营运的基础上，陆续在公交97路、140路、115路等线路上扩大试用规模，至年底使用乳化柴油的公交车超过100辆。同时启动在货运车辆上的试用工作和在国III发动机上使用的验证工作。

【韩正市长与地面公交、出租汽车行业职工代表座谈】8月5日，上海市委副书记、市长韩正在市政府召开公交驾驶员座谈会。会上，韩正多次询问公交行业一线职工收入待遇是否有所提高，表示市政府已通过市级财政当年将向公交行业补贴38亿元这一政策，上海公交行业车况、车貌、配套设施及职工收入还将进一步提高。11月25日，韩正同志邀请9位出租汽车驾驶员到市政府参加座谈会，就即将出台的《关于进一步促进本市出租汽车行业健康持续发展的意见》及其配套措施，听取一线驾驶员的意见建议。

（司月洁）

【发布《进一步促进本市出租汽车行业健康持续发展的意见》】12月8日，市政府印发《关于进一步促进本市出租汽车行业健康持续发展的意见》。《意见》明确了出租汽车行业发展的基本定位、原则和目标，以及促进本市出租汽车行业健康持续发展的主要措施：科学实施运力调控，完善经营许可管理，加强运价管理，规范市场经营行为，加强行业监督管理，发挥行业工会和协会作用，加强驾驶员队伍建设，保障驾驶员合法权益，坚决打击非法营运，提高行业装备科技水平，维护出租汽车行业稳定。《意见》要求各区县、各部门充分认识出租汽车行业健康持续发展的重要意义，加强组织领导，形成工作合力，加强检查评估，营造良好氛围。12月23日，市交通港口局、市发展改革委、市建设交通委共同推出加大燃料费用补贴政策力度，下调出租汽车承包指标200元/车•月，严格规范企业收费项目和限额，通行长江隧桥实行“单向收费”优惠，建立行业成本费用监管制度，进一步研究完善出租汽车油运价联动机制等贯彻落实《意见》的配套措施。

（廖露蕊　司月洁）

【发布并实施《上海市出租汽车车厢广告设置规范若干规定》】3月30日，市交通港口局发布实施《上海市出租汽车车厢广告设置规范若干规定》，为乘客营造良好乘车环境。《若干规定》对出租汽车车厢内设置的广告位置和具体要求等进行详细规范，规定车厢内除两个位置外，其他任何位置和空间不得设置和发布广告：一是后车窗底部可以设置宽度不超过15厘米的条幅广告，并要求条幅广告使用单向透视材料。二是对原有的右前座位头枕后背部位采用车载信息视频设施发布的广告，允许经营者在现有合同期内维持现状，但现有合同期满后要求予以拆除并恢复原状；同时要求经营者在2009年12月31日前在车载信息视频设施上设置可由乘客开启、关闭以及调节音量、亮度开关。出租汽车车厢内除车载信息视频外的广告清理工作于2009年6月底前结束。

（司月洁）

【出租车新型顶灯启用】5月14日起，全市出租汽车启用新型顶灯。该顶灯内装有芯片，具有防伪、认证功能，并与所属出租汽车公司GPS（全球定位系统）终端连接，通过GPS终端控制设备对顶灯进行认证和状态显示。在载客状态下，顶灯不显示任何信息；在空车状态下，顶灯分别显示“待运、电调、停运”3种运营状态，便于乘客识别和监督。其中“待运、停运”状态由GPS终端设备控制，“电调”状态由调度中心控制。

（廖露蕊）

【出租汽车运价调整】10月11日起，本市出租汽车行业再次启动油运价联动机制，上调出租汽车运价。调整后的运价标准为：市区出租汽车、小型客车起租费为12元，超起租里程的单价为2.40元；中型客车的起租费为17元，超起租里程的单价为2.40元；区域性出租汽车起租费为10元，超起租里程的单价为2.40元。其他计费规则不作调整。

（司月洁）

【出租汽车外语服务热线正式开通】7月5日，上海市出租汽车外语服务热线平台正式开通，该热线由市交通港口局与962288上海对外信息服务热线合作建立，能提供英、日、法、德、韩等12种外语服务，为外宾提供扬招叫车临时翻译服务和委托受理外语服务投诉等。沪上所有出租汽车内已张贴英、日两种文字的告知单，提醒外国游客在遇到语言不通的情况下，可拨打962288享受母语服务。开通至2009年底，服务话次超过6.9万次，受到外国游客一致好评。

（司月洁）

【出租汽车行业提升文明程度】市交通港口局在市精神文明建设大会上明确，通过3大类、12个方面措施，全面提升出租汽车行业文明程度，实现从业人员素质和市民满意度“两个提高”。一是重整形象。年内研究确定第四代上海出租汽车专用车型，更新出租汽车5000辆，投放无障碍出租汽车300辆，组建世博出租车队；市、郊区出租汽车将整体进行罩漆整修和改色涂装，规范广告设置；出租车辆将改装新顶灯，候客站树立新型标志牌；驾驶员将统一着装，做到“两蓝一白”（蓝西装、蓝领带，白衬衫）。二是温馨服务。出租汽车全行业广泛开展迎世博相关知识和规范服务教育培训，使从业人员服务规范知晓率达100%；普及礼貌用语，开通电话调度英语服务频道；安装车内视频广告调节开关；开展“每周一星”评比活动，使年内中、高星级驾驶员总数达到25000名，挂牌上岗100名“世博之星”驾驶员，恢复1000辆“红顶灯”优质服务车。三是攻克顽症。通过聘请百名社会监督员，重点加强对“三大顽症”的社会监督；通过新闻媒体对行业新风的广泛宣传和对个别严重违法违纪行为的曝光，加强舆论监督；通过加装摄像设备、车载GPS，推广电子营运证等技术，推介使用“黑匣子”等，加强技术监督；通过依法严肃查处违规违纪行为，记入个人诚信档案等，加强行政监督。

（廖露蕊）

【《上海市轨道交通运营安全管理办法》正式发布】12月9日，市政府发布《上海市轨道交通运营安全管理办法》，自2010年3月1日起施行。《办法》重在加强本市轨道交通运营安全管理，保障运营安全，维护乘客合法权益。《办法》从硬件和软件两个方面作为较为详细的规范，特别是对和广大乘客利益密切相关、运营过程中容易出现的权问题做了有针对性的规定，强化了运营单位以及相关管理部门的安全职责和监管义务。

（司月洁）

【轨道交通1号线发生两车碰撞事故】 12月22日6时54分，上海轨道交通1号线北段发生两车碰撞事故，无人员伤亡。事故位于1号线北延伸小交路折返段。其时由中山北路站往火车站站下行的150号车驶近车站时，司机发现前方信号为红灯，即采取紧急制动措施，车辆减速，但因制动距离已不足，仍以16.5公里时速与正在折返的117号空车发生侧面碰撞，150号车车头受损，第一节车厢第二位转向架轮对脱轨。地铁部门启动紧急抢修预案，全线于11时48分逐步恢复运营。此次事故影响大量乘客出行，造成较大社会影响。事后，迅速成立事故调查组及由6名国内轨道交通专家组成的专家组进行调查，认定事故原因为2001年上海火车站改造项目的配线图修改时，设计技术人员所作区段编码电路配线出错，在运营部门因供电系统故障而采用临时非正常交路折返情况下，使信号系统在该轨道区段向150号列车错误发送65公里时速的速度码，造成制动距离不足，引发两车碰撞事故。卡斯柯信号公司作为项目总承包方，承担事故责任；申通地铁集团事后在信息告知、应急救援、乘客疏导等方面存在不足，承担管理责任。市政府于2010年1月22日向社会公布事故原因及处理情况。

（廖露蕊）

【轨道交通8号线人民广场站首次实行两侧下车】 1月24日起，轨道交通8号线往耀华路方向的列车到达人民广场站后，同时开启两侧车门，方便乘客下车，且可通过两边站台快速疏散乘客，减轻交通压力。

（司月洁）

【上海市地方标准《机动车辆车容车貌通用规范》发布】 依据《上海市迎世博加强市容环境建设和管理600天行动计划纲要》对车容车貌要求，市交通港口局主持编制的地方标准《机动车辆车容车貌通用规范》自10月1日起实施。该标准从量化角度，创造性地提出车容车貌认定标准，确定机动车辆内外环境及营运过程中车容车貌的基本内容。

【上海市地方标准《出租汽车服务质量规范》发布】 市交通港口局主持编制的地方标准《出租汽车服务质量规范》自12月1日起实施。该标准借助动态模型，全面科学评价出租汽车客运服务水平，便于行政主管部门进一步完善客运出租汽车行业管理措施，加强针对性和实效性，同时促进客运出租汽车市场健康有序发展。

【上海市地方标准《公交车车载视频监控系统基本要求》发布】 市交通港口局主持编制的地方标准《公交车车载视频监控系统基本要求》12月1日正式发布。该标准的制定对促进本市公交车安全技防水平具有重要指导意义，且具可操作性。同时，面向世博会上海交通安全保卫、反恐防范形势，市交通港口局明确2009年度新更新公交车辆必须安装车载视频监控系统，纳入世博园区周边的公交线路车辆也应同步安装。相关工作在世博召开前全面完成。

【远东最大公交停车场投入使用】 6月28日，远东最大的公交停车场——成山路停车建成并投入使用。浦东公交成山路停车场为目前亚洲最大的公交停车场，主体五层整体建筑，并有机务楼和业务楼、办公楼，占地面积11万平方米，距离世博园区3公里，停车能力设计为1200辆，车辆保养1000辆，是集停车、保养、维修、办公等多功能于一体的综合性公交停车场。该停车场由浦东新区政府投资，投资总额7亿元，是世博会配套停车场之一，于2006年初动工，2009年6月交付使用。成山路停车场的建成对浦东公交为市民提供可靠、方便周到、经济舒适的公共交通服务起到基础保障作用，并对世博会期间大量密集客流有序集散分流起到重要作用。

（冯喆）

（五）公路运输

【概况】2009年，本市公路旅客发送量2995万人次，比上年增长2.1%；平均日发班次4396次，比上年下降0.07%。全市共有省际客运企业142家，营运车辆9878辆，其中省际班车2399辆，省际包车7479辆，中高档车占90.1%；客运站36个。年内更新省际客车963辆，完成34个客运站环境设施专项整治，23个客运站进入售票平台统一售票。制定世博期间省际公路客运运营保障方案，建立“长途班线＋旅游集散中心专线＋团体旅游包车”的公路交通保障网络。本市完成公路货运量3.77亿吨，货运周转量229.63亿吨公里；完成公路集装箱运输量1347.92万标准箱（不含外省市车辆完成业务量）。全市有货运企业4.05万家，营运车辆16.4万辆、119.2万车吨。从事集装箱运输企业917家，专用车辆13652辆。年内发布《关于推进长三角地区道路货运（物流）一体化发展的若干意见》，培育和发展道路货运（物流）重点企业。制定发布《上海市道路危险货物运输行业安全评估规范（试行）》，自6月1日起试行。制定实施上海市地方标准《危险货物运输车辆车载监控系统基本技术要求》。

（司月洁）

【长江三角洲地区创建省际道路运输客运“品牌班线”】6月19日，2009年度长三角道路运输一体化联席会议在上海召开。上海和江苏、浙江2省1市交通主管部门在会上签署《关于创建长三角地区省际道路运输客运“品牌班线”合作框架协议（暂行）》。根据该《协议》，长江三角洲省际道路客运创建“品牌班线”，并在此基础上明确杭州、苏州等15个城市至上海的世博客运专线。通过制定统一的省际道路客运“品牌班线”服务标准，完善评价标准及评价程序，2省1市共同创建数条在全国道路客运行业“过得硬、叫得响”、起到示范作用的“品牌班线”，为长途旅客提供更好的客运服务。此外，为方便长江三角洲地区短途客流往来，满足城乡、毗邻城市（镇）接壤区域的公众跨省出行需求，2省1市试点开展长三角毗邻地区长途客运公交化。毗邻城市间公交化班线长度控制在50公里左右，允许中间设站，可视客流情况及时调整班次。

【上海白玉兰高速客运有限公司成立】12月29日，上海白玉兰高速客运有限公司成立。这是上海交运巴士客运（集团）有限公司对省际客运班线和车辆资源进行整合后组建的全市最大的省级客运企业。该公司注册资金5000万元，拥有各类中高档大客车近600辆，线路近400条，日均营运里程30万公里。线路辐射江苏、浙江、安徽、山东、山西、江西、福建、广东、湖南、湖北、河南、四川、重庆等省市，其中昆山班线、宁波班线被上海行业管理部门评选为“品牌班线”；上海至舟山、上海至苏州班线入围长三角“品牌班线”之列。此外，100辆高标准配置的“世博大巴”投入使用，主要服务于长三角世博旅游圈。

（廖露蕊）

【俞正声同志亲临长途客运南站、铁路上海南站视察春运保障工作】1月18日上午，中共中央政治局委员、市委书记俞正声，市委常委丁薛祥，副市长沈骏等市领导，在市建设交通委、市交通港口局等有关部门领导陪同下，来到长途客运南站、铁路上海南站视察2009年春运保障工作。在长途客运南站旅客候车大厅，俞正声书记边看边听取客运站负责人关于售票、运力准备等工作情况的介绍，并与候车旅客进行亲切交谈。他还登上即将发往外省市的班车，叮嘱驾驶员要注意行车安全。俞正声同志说，外来务工者在上海辛苦了一年，有关方面的同志要为他们做好服务，让他们带着温暖回家过年。在场的客运站同志表示，一定要用良好的服务保证旅客走得了、走得安全。

【货运出租汽车起租价正式下调】综合“费改税”实施，按照货运出租汽车运价油价联动机制，1月16日起，本市货运出租汽车起租价下调2元。其中，载重量为0.6吨车由现行22元调整为20元；载重量为0.9吨（含面包型）车由现行27元调整为25元。

【《外省市驻沪道路货物运输备案管理规定》发布并实施】《外省市驻沪道路货物运输备案管理规定》自9月1日起施行。《规定》所称的驻沪道路货运，是指在外省市注册的道路货物运输经营者从事起讫地均在本市的道路货物运输经营活动。《规定》明确市交通港口局是驻沪道路货运的行政主管部门，区县交通行政主管部门负责指导本行政区域内驻沪道路货运的监督管理，市区两级运输管理、交通执法机构负责驻沪道路货运的日常监管、执法检查工作。对从事驻沪道路危险货运应具备的条件、车辆维护管理、车辆公路规费管理、危险货运全程监控及日常监管、行政处罚等，也作出了详细规定。

【城市现代商业配送网项目在沪落地】由市交通港口局和日本瑞穗银行共同引进并经交通运输部批准，上海巴士物流与世界500强企业日本雅玛多控股集团有限公司合资设立从事现代商业配送物流的项目在沪落地。该项目计划在2010年上海世博会召开前运营，将对提高上海城市货运效率具有积极作用。

（司月洁）

【召开地方标准《危险货物运输车辆车载监控系统基本技术要求》宣贯会】由市交通港口局牵头，会同市安监局、市交警总队和市质监局等单位共同编制的上海市地方标准《危险货物运输车辆车载监控系统基本技术要求》（DB31/T425-2008）通过上海市审查和国家备案，正式颁布实施。8月21日，本市组织召开该地方标准宣贯会，主要危险品运输企业、18家车载监控系统供应商、市安监局、交警总队、质监局和危险品运输行业协会等单位出席会议。会议解读了该标准的具体条文，布置了车载系统检测工作要求。根据安排，由行业协会委托市计量测试中心对新研发的车载监控系统进行功能和性能检测，在此基础上形成符合标准的产品推荐指南。本次宣贯工作规范统一了产品功能性能，引导了车载监控系统后续研发，同步促进了危险品车辆联网监控工作。

（廖露蕊）

【进一步加强渣土运输管理】12月7日，市交通管理部门专题研究落实沈骏副市长加强本市渣土运输管理会议精神，并部署有关工作。一是会同市容环卫等部门，抓紧组织开展一次对渣土运输企业的检查。重点针对企业的不规范经营管理行为提出整治措施，切实要求企业做好安全内控，把好车辆检测关。二是抓紧分期分批地完成渣土车驾驶员上岗培训，确保渣土车驾驶员持证上岗，减少不规范行驶行为，避免发生事故。三是全力配合本市公安、环卫等部门，切实做好渣土运输管理专项检查，加强对渣土车的路上管理。四是认真查核管理不规范的企业加盟渣土运输骨干公司的有关情况，理清关系，配合有关部门，明确被加盟企业和加盟企业的经营责任，切实加强运政监管。五是在加强日常监管，防止污染水域、影响航道的基础上，支持在有条件的码头拓展渣土水路转运业务，以减轻渣土道路运输的压力。此外，积极探索加强渣土运输管理的长效机制，参考危险品运输监管平台的建设和管理，研究出台政策措施，全力做好渣土运输的长效管理。

（司月洁）

（六）交通服务

【概况】2009 年，本市完成机动车维修 764.75 万辆次，检测 25.82 万辆次，维修检测收入 78.56 亿元。本市共有机动车维修业户 5689 家，综合性能检测站 18 户，维修从业人员 5.6 万人；其中特约维修企业约 500 户，快修连锁站 506 户。机动车维修已基本建成“便捷、透明、清洁、舒适”的现代化汽车技术服务体系，行业发展格局呈现市场内生性、社会公益性、技术服务性特点。全年参加机动车驾驶员培训人数约 41.36 万人次。本市共有各类注册培训机构 144 家，分支机构 16 家，驾培教练员 14940 人，教练车 12810 辆，经营性教练场 18 户。进一步规范经营，统一教练车标识内容样式、核发管理等。加强全市教练场训练道路和训练设施基础数据的掌握。全市共有公共停车场（库）经营业户 1727 家，公共停车场（库）1841 个，停车泊位 28.35 万个。本市已有 17 个区的道路停车纳入规范管理，14678 个实际道路停车泊位，停放车次 713.97 万辆次，道路停车协管员 1709 人。淞虹路、虹梅路 2 个 P+R 停车场共提供泊位 364 个。汽车租赁行业现有核准经营资格公司 40 家（其中 1 家为世博临时汽车租赁企业），租赁车额度 10750 辆，租车率达 85% 以上。

（司月洁）

【停车换乘运营试点启动】6 月 30 日，市建设交通委、市交通港口局、市发展改革委（物价局）联合制定发布《关于本市开展公共换乘停车场（库）运营试点的通知》，确定轨道交通 1 号线锦江乐园站的虹梅路停车楼和轨道交通 2 号线淞虹路站的淞虹路停车楼作为公共换乘停车场（库），开展“P+R”（停车换乘）试点。7 月 21 日，“P+R”运营，服务“P+R”的场外诱导系统、场内诱导系统、换乘优惠计费系统等设施设备开始运行。在至年底的试点期内，淞虹路停车楼工作日泊位使用率基本达到 100%，享受停车换乘优惠的占 95% 以上；车辆进场时间集中在 7 ：00~8 ：30 上班高峰时段，车辆出场大部分在 17 ：00~19 ：30 时段，基本符合通勤上班族交通出行特征，实现“P+R”运营试点主要为上下班通勤服务的预定目标。虹梅路停车楼作为利用既有社会停车场开发兼用的联合使用类停车场，试点效果一般。

“P+R”是指驾车人驾车出行时将车辆停放在设置于城市中心区以外、与轨道交通等公共交通方式相衔接的公共停车场（库），再换乘公共交通出行的交通出行方式。

（廖露蕊）

【开展首届星级停车协管员和星级道路停车场评定】6 月 12 日起，本市道路停车行业对纳入规范管理的道道路停车协管员和停车场开展星级评定工作。共有 15 个区的 405 名协管员（站全市协管员总数的 26%）参加评定，经过包括行业业务知识、普通话、世博知识、外语和相关时事政治等五个部分，共三轮考试，193 名协管员被评定为一星至五星星级。星级道路停车场评定活动中共有 15 个区 102 个道路停车场申报，通过评审，22 个道路停车场被评定为四星、五星星级。

（司月洁）

【**停车诱导系统建设任务全面超额完成**】本市积极推进静安、杨浦、徐汇、卢湾、黄浦、长宁等区开展区内重点区域停车诱导系统建设。全市范围新建（改造）停车诱导屏190块，覆盖南京西路、静安寺、五角场、徐家汇、淮海路、新天地、中山公园、人民广场、南京东路、豫园等重点区域134家公共停车场（库）约24045个停车泊位。停车诱导系统在实际应用中发挥了良好效果，社会舆论积极关注，受到泊车客户及停车场（库）营运公司的普遍好评。

（司月洁）

【**百家汽车维修企业荣获“迎世博——上海市汽车售后服务文明诚信百强企业”称号**】9月至10月，市交通港口局、新民晚报设联合开展“迎世博——上海市汽车售后服务文明诚信百强企业”创建活动。本次活动的评选对象为本市3S、4S汽车售后服务企业。全市汽修企业自愿申请，以行业诚信考核作为重要参考依据。经过行业主管部门抽查、评委审核，上海万兴汽车实业有限公司等105家汽修企业荣获上述称号。创建活动为提高汽修行业综合素质，提升服务质量，推动行业可持续发展，更好服务世博打下扎实基础。

（司月洁）

【**本市学车实行分段计时新型培训模式**】1月8日起，本市在上海荣安驾校正式试行学车分段计时新模式。驾校集中所有教练车辆供学员任意挑选预约，学员自主选择预约教练员和学习时间，以小时为计时时段，从7时至22时均可自由选择，先预约再上车学习。每辆教练车安装卫星定位系统，全面记录训练操作的全过程。新模式培训更人性化，先学后付费，一人一车，培训总价由学员自己控制，培训过程在阳光下进行，有效杜绝乱收费现象，提升驾校服务水平和教学质量。

（司月洁）

【**《出租汽车星级驾驶员培训教材》正式启用**】2月19日，出租汽车行业星级驾驶员培训启用新编《出租汽车星级驾驶员培训教材》，同时也相应更新考试题库。新教材以原教材为基础，紧扣行业服务标准、星级标准和文明行业的要求，并以适应2010年上海世博会，组建一流服务需要作出相应调整。《出租汽车星级驾驶员培训教材》的启用，对开展星级驾驶员考评，增强驾驶员“品牌”意识，造就一支职业化的驾驶员队伍起到促进作用。2009年，采用新教材后共培训考核中、高级星级驾驶员3294人。

（冯喆）

【**驾培行业开展《通过连续障碍》授课竞赛**】为进一步提升驾校教学水平，强化驾驶培训质量，11月2日至6日，由市机动车驾驶员培训行业协会主办的《通过连续障碍》授课竞赛在松江区小昆山驾校举行。本市124所驾校的372名教练员参加了比赛。竞赛分为理论讲解和实际操作两个部分，每所驾校各选派3名教练员，其中1名参与授课讲解，2名参加实操竞技。经激烈角逐，小昆山驾校、军体驾校、荣臣驾校分获团体前三名。该规范化教学授课竞赛纳入在职教练员的再教育内容，为展示教练员水平提供实践平台。

（司月洁）

【**外资企业首次进驻本市汽车租赁市场**】通过招投标，年内6家外资企业取得本市交通管理部门核发的《上海市汽车租赁经营资格证书》，相继进驻上海汽车租赁市场。这是本市汽车租赁市场首次对港澳台等外资企业开放。

（司月洁）

（一）综述

2009年，受国际金融危机严重影响，上海港在多年告诉发展后首次面临生产经营下滑的严峻挑战。全港围绕建设上海国际航运中心和世界强港的战略目标，抓市场、保增长、强基础、促发展，各项工作取得了积极的成效。

生产业绩超出预期。全年全港完成货物吞吐量5.92亿吨，同比增长1.8%，其中：内贸吞吐量2.37亿吨，同比增长1%；外贸吞吐量2.58亿吨，同比下降5.7%；海港吞吐量4.95亿吨，同比下降2.6%；受城市建设拉动，内河港口吞吐量9737.7万吨，同比增长32.3%。港口完成集装箱吞吐量2500.2万标准箱，同比下降10.7%，受美欧等主要贸易地区需求畏缩影响，集装箱国际出口945.7万标准箱、国际进口920.6万标准箱，同比分别下降12.9%和12.6%。内贸箱完成271万标准箱，同比下降1.2%。全港集装箱水水中转比例达到40.1%。洋山深水港区完成集装箱吞吐量784.8万标准箱，同比下降4.61%。洋山深水港区水水中转完成401万标准箱，水水中转比例达到51.1%。上海港平均每月开出的国际国内集装箱航班密度为2175班，比上减少83班，其中国际航班987班。截止12月底，上海港已经吸引国内外60余家船公司加盟国际班轮航班营运。全年引领各类中外船舶64189艘次，再创上海港开埠以来历史新高，长度超过250米的超大型船舶达到1.2万艘次。上海港主要港作拖带公司完成船舶拖带7911万艘次。港口理货完成理货吨达27568万吨。上海水路货物运输量完成37983万吨，其中，内河货物运输量1926万吨，沿海货物运输量24127万吨，远洋货物运输量11930万吨。水路运输货物周转量为14118亿吨公里，其中，内河货物周转量38亿吨公里，沿海货物周转量3559亿吨公里，远洋货物周转量10521亿吨公里。

深水港和内河高等级航道建设加快推进。洋山深水港区北港区工程一至三期全部通过国家竣工验收。外高桥六期工程进展顺利，水工码头主体结构完成。苏申外港线（上海段）航道工程已全面完成，达到三级航道标准。

航运企业规模继续扩大。截至2009年底，上海共有国际海上运输及其辅助业经营企业1176家，其中，国际船舶运输企业52家，国际船舶代理企业134家，国际船舶管理企业87家，无船承运企业903家。上海国内水路运输企业共有255家，水运服务企业365家。

对外合作取得新进展。上港集团进一步推进长江战略，其下属的长江公司筹建进入实质性启动。重庆东港集装箱码头项目和四川宜宾集装箱码头项目均已开工建设。上港集团参股的民生轮船有限公司已完成股份制改制。经过努力，上港集团投资长江沿线的各相关公司取得了较好的业绩。上港集团海外投资项目也有新的进展，比利时泽布吕赫港集装箱码头项目待政府相关部门审批后将付诸实施。与伊朗卡瓦公司就共同经营阿巴斯港集装箱码头达成了合作协议。上海市交通港口局与长三角港口管理部门之间的合作，以及上港集团与宁波港集团之间的合作继续深入。

（茅伯科）

（二）港航行政管理

【概况】2009年，市交通港口局规划委员会成立，《上海港总体规划》和《上海市内河港区布局规划》获得批准，《黄浦江两岸轮渡布局规划》评审通过；组织编制了《外高桥五号沟港区控详规划》。积极推进行业立法工作。市交通港口局开展了《上海市内河航道管理条例》修订调研工作，根据航道管理实践中出现的新情况、新问题，提出相应的管理规范；积极配合市政府法制办制定的《上海港口客运站管理办法》于2009年9月2日由上海市人民政府令第16号公布，自2010年1月1日起正式实施；会同上海海事局完成《上海市人民政府关于加强2010年上海世博会期间重点水域交通管理的通告（草案）》的起草工作；制定了《《上海港口危险货物管理实施细则》、《上海市小型客船运输经营资质管理办法》、《上海港口客运站进站人员行为规范》、《上海市乡镇渡口管理办法》等规范性文件。继续加强港口经营市场准入与日常监管，港航经营秩序不断规范。内河码头持证经营比率由2009年初的60%提高到年底的76%。上海市交通港口局进一步开放和规范船舶港口服务业，完善作业网上申报制度，并加强对船舶港口服务业车辆船舶标识的推广使用和检查，无证经营现象得到有效遏制。完成国内水路运输经营资质普查和水路运输及水路运输服务业年度核查。码头管理总体保持稳定态势。取得迎世博工作阶段性胜利——完成迎世博600天市容环境整治任务；全力推进浦江游览专项整治工作，研究出台了《黄浦江旅游客运业营运设施标准》和《黄浦江旅游客运业经营服务规范》等文件。行业信息化监管水平大力推进。基本建成上海市交通港口局指挥中心和上海交通港航信息中心监管平台，危险品运输监管系统覆盖60%以上境内营运船只。行业安全生产总体受控。发布了《上海港危险货物管理实施细则》，进一步完善危险货物港口作业申报管理机制。推进水路内贸集装箱超载治理取得明显成效。针对苏州河堵航情况，及时排堵保畅，并研究建立长效保畅措施。

【《黄浦江两岸轮渡布局规划》评审通过】3月，由市交通港口局会同市规划和国土资源管理局、市黄浦江两岸开发工作领导小组办公室联合编制的《黄浦江两岸轮渡布局规划》经市规划委员会评审通过。该规划自2007年5月开始编制，规划年限至2020年，规划范围为黄浦江沿岸北至吴淞口，南至毛竹港，全长82公里。根据黄浦江两岸未来隧桥情况和地区功能布局，规划布局轮渡站40个，线路20条。

【《上海市内河港区布局规划》获得批准】9月16日，由市交通港口局与市规划国土资源局联合编制的《上海市内河港区布局规划（2007～2020）》获得市政府批准。规划编制经历三年时间，按照上海国际航运中心内河集疏运体系建设和区域经济社会发展的要求和“规模化、集约化、公用化、现代化”发展目标，规划布局了3个主要港区、7个重要港区和43个一般港区组成的内河港区体系，并规划保留一定数量的企业码头。

【《上海港口危险货物管理实施细则》发布】9月24日，为加强对上海港口危险货物作业行为的监管，市交通港口局制定并发布《上海港口危险货物管理实施细则》，自2009年11月1日起施行。《上海港口危险货物管理实施细则》共28条，细化《港口危险货物管理规定》、《上海港口条例》中的有关制度，使其更具可行性、操作性，明确有关审批的材料、条件和相关内容。

【《上海市乡镇渡口管理办法》发布】为避免《上海市渡口管理办法》废止后对乡镇渡口的管理出现法律真空，根据《上海港口客运站管理办法》授权，12月8日，市交通港口局制定并发布《上海市乡镇渡口管理办法》，自2010年1月1日起施行。该办法共18条，主要对乡镇渡口的设置和撤销程序、营运和维护主体、安全和监管责任等方面作具体规定和要求。

【《上海市小型客船运输经营资质管理办法》发布】为小型游船发展创造良好的政策环境，根据交通运输部《国内水路运输经营资质管理规定》授权，11月25日，市交通港口局制定并发布《上海市小型客船运输经营资质管理办法》，自2010年1月1日起施行。该办法共14条，主要明确小型客船运输企业经营主体、船舶客位及总运力规模、海务、机务专职人员的配备、小型客船停泊码头设置及设施等问题。

【《上海港口客运站进站人员行为规范》发布】12月8日，市交通港口局制定并发布《上海港口客运站进站人员行为规范》，自2010年1月1日起施行。该行为规范共10条，除《上海港口客运站管理办法》中已经明确的基本条款之外，重点对乘客免票携带儿童人数作规定，对随身携带物品作限制，明确乘客在公共卫生、公共秩序、公共财产、公共安全等方面的行为规范。

【上海港码头管理系统投入运行】5月，上海市码头管理中心建成上海港码头管理系统并正式投入运行。该系统实现中心管辖范围内436家申报单位对各类港口作业的实时申报，并自动生成各类分析和统计报表，基本实现码头中心各项管理业务的无纸化操作。

【港航行政管理单位与交通港口局指挥中心实现网络互联】10月20日，市航务管理处和上海港码头管理中心、港政管理中心、质量监督站等港航管理单位网络与市交通港口局指挥中心实现互联，为进一步实现行业管理数据相互传输打下基础。

【上海港码头管理中心完成新版行政管理系统建设】5月26日，上海港码头管理中心完成了“新版行政管理系统”建设并及时转换成果，在全港货主码头全面推广运用。该系统是在原码头中心行政管理系统的基础上，经过结构调整、流程重组、功能扩充、数据充实后建立起来的全新的信息系统。系统包括证书管理、港口作业申报、危险品预申报、吞吐量及规费确认、移动监管、报表统计、数据设定、系统管理、预警管理、数据分析十大模块，一百多个子功能，基本涵盖了码头中心目前的日常业务范围。

【加强岸线管理】2009年，上海港港政管理中心有序完成岸线行政许可和审核，全年度共完成岸线审核60项，其中岸线使用核准登记5项，变更使用人6项，注销岸线21项，工程项目方案及临时岸线审核28项；共组织召开岸线使用或工程方案协调会11次。足额征收岸线使用费，2009年全年征收岸线使用费2717万元，连续六年实现“按时、足额、应征不漏”的目标。组织开展黄浦江码头岸线专项整治工作。推进完成黄浦江岸滩无主废弃物清障整治工作，编制提交《黄浦江岸线环境综合整治勘察报告及实施方案》，提出岸线环境综合整治标准和要求；开展黄浦江码头设施、趸船环境整治及金陵路码头综合整治等具体工作。

【完成黄浦江仓房港岸段环境综合整治工作】2008年11月至2009年4月15日，上海港港政管理中心在海事、水上公安、水务等政府各级管理部门的配合下，圆满地完成了仓房港岸滩整治工作，并于4月28日通过竣工验收。整个项目历时6个多月，总投资160万元，对废弃建构筑物、荒滩杂草、杂物、水泥沉船、弃船、建筑垃圾和违章搭建等进行了整治。通过整治，极大地改善了该区域景观环境。

【加强地方海事管理】2009年，上海市地方海事局加强通航管理、船舶管理、危防管理、船员管理、船舶检验。船舶进出港签证为732358艘次，货物吞吐量14357.3万吨，较上年分别上升了25.4%和27.5%，其中危险品船舶进出港签证7434艘次，危险品货物吞吐量188.2万吨。检查船舶305689艘次，查处违章185215项，船舶安检2646艘次。全年内河救助遇险船舶172艘，救助落水船员91人；出动海事巡逻艇、疏航艇212艘次，协调、联系救捞系统船舶5艘次、社会力量船舶80艘次；共计开展各类应急救助演练12次。截至2009年底共注册船员7279人；组织安排船员专业培训、特殊培训及知识更新培训共121期，培训船员4764人。市船舶检验处完成新建船舶设计审图27套，建造检验船舶82艘（11105总吨），营运检验船舶3028艘（1580900总吨），产品检验完成114项。

【打击船员持假证上船任职】根据部海事局《内河船员适任证书检查实施办法》（海船员〔2005〕295号），2009年，上海市地方海事系统共检查船舶131679艘次，检查船员证书297478本，经协查或直接确认假证共118本，打击船员持假证上船任职行动成绩显著。

【加强黄浦江游览管理】2009年，针对浦江游览市场环境存在的主要问题，上海市交通港口局积极开展浦江游览综合整治，坚持以治标与治本相结合、专项整治与长效管理相结合、行政措施与市场手段相结合、外部资源与内部资源相结合，开展了供需平衡分析、运力航班优化、规范票务管理、整治无证票代、加强现场监管和改善码头环境等多项规范化管理活动。12月29日，市交通港口局会同市旅游局发布《关于进一步促进和规范黄浦江旅游客运业健康稳定持续发展的意见》，并配套出台了《黄浦江旅游客运业营运设施标准》和《黄浦江旅游客运业经营服务规范》，统一了行业管理标准，有效规范了浦江游览市场环境和经营秩序。

（茅伯科）

（三）港口业务

【概况】2009年，受国际金融危机严重影响，上海港在多年高速发展后首次面临生产经营下滑的严峻挑战。港口生产企业围绕建设世界强港的战略目标，抓市场、保增长、强基础、促发展，港口货物吞吐量继续保持世界第一，集装箱吞吐量继续保持世界第二。全港货物吞吐量完成59205.2万吨，同比增长1.8%。其中沿海货物吞吐量完成49467.5万吨，同比下降2.6%；内河港口货物吞吐量完成9737.7万吨，同比增长32.3%。外贸货物吞吐量完成25814.2万吨，同比下降5.7%，其中外贸出口11735万吨，外贸进口14079万吨，外贸货物吞吐量占全港吞吐量的43.6%。在大宗货物中，煤炭吞吐量8043.6万吨，同比下降0.14%；金属矿石吞吐量6678万吨，同比增长8.83%；石油天然气及制品吞吐量2385.9万吨，同比下降2.74%；钢铁吞吐量4479.1万吨，同比下降4.23%；矿物型建材吞吐量5673.8万吨，同比增长0.01%。集装箱吞吐量达到2500.2万标准箱，同比下降10.7%，约占全国规模以上港口总量的22%。全年国际航线完成1866.3万标准箱，同比减少12.7%%；内支线完成307.6万标准箱，同比减少4.2%；内贸航线完成326.1万标准箱，同比减少4.4%。截至2008年底，上海港每月开出的国际国内航班为2175，比上年减少83班；其中国际航班987班。洋山深水港区共完成集装箱吞吐量784.9万标准箱，同比减少4.6%，占全港集装箱吞吐量的31.4%。海港公用码头完成货物吞吐量3.65亿吨，同比减少0.1%。其中外贸吞吐量2.38亿吨，同比减少6.3%；集装箱吞吐量2500.2万标准箱，同比下降10.7%。海港专用码头完成货物吞吐量1.30亿吨，同比减少6.5%，占全港货物总吞吐量的21.9%；其中，外贸货物吞吐量为2059万吨，同比增长6.7%。专用码头完成的煤炭及制品为4174万吨，金属矿石为2210万吨，分别占海港同类货比重的52.7%和33.8%。上海港全年完成省际及国际旅客发送量为89.8万人次，旅客到达量为85.2万人次，同比分别增长8.3%和2.4%。共接待母港邮轮105艘次、访问港邮轮174艘次，共计出入境旅客35万人次，创历史新高。

【洋山深水港区装卸效率再创世界纪录】4月3日，洋山深水港区一二期码头运营方——上海盛东国际集装箱码头有限公司在对中远集装箱班轮“腾河号”装卸过程中，编号为827的桥吊仅用5.17小时就完成了663个自然箱的装船作业，创造了每小时128.24个自然箱的桥吊单机作业效率世界纪录。盛东公司曾于2008年1月3日创造过每小时123.16个自然箱的桥吊单机作业效率世界纪录。时隔一年，该公司再度刷新该纪录。

【上海集箱空箱商务计划提供个性服务】2009年，上港集箱公司以上港集团实施空箱商务计划为契机，积极为客户提供个性化服务。先期，集箱公司进行了广泛的市场调研和信息搜集，经过与多方协调沟通，制定了具有公司自身特点的空箱商务服务规范，以保证计划的顺利推行。目前，集箱公司以张华浜码头为试点为部分船公司提供包括洗箱、修箱、门到门提箱等内容的一系列空箱服务。根据业务发展情况，集箱公司将进一步拓展服务内容、完善服务举措，并把该服务陆续延伸至公司三家码头，同时进一步扩大服务对象。通过推行空箱商务计划，集箱公司力争为上海港吸引箱源，与船公司共创双赢。

【铜陵至上海集装箱始发港班轮开通】为使该市外贸企业有一个更加快捷、方便、稳定的进出口通道，铜陵市有关部门去年以来积极与相关单位联系、协调，促成武汉长伟公司、上海申舟公司开通铜陵——上海集装箱始发港班轮。5月，铜陵至上海集装箱始发港班轮首航。今后武汉长伟公司、上海申舟公司每周开通一班铜陵至上海集装箱始发港班轮。铜陵——上海集装箱始发港班轮的开通，使铜陵与上海港口之间的货物往来更加快捷便利，降低了物流成本。

【中石油中燃公司在上海洋山港开启保税油供应业务】5月底，中国石油旗下的中国船舶燃料有限责任公司在上海洋山港开启保税船用油供应业务，一集装箱外轮补充了1000吨燃料油。由于国内竞争对手热衷于进入保税油供应市场，华东地区的竞争越来越激烈。

【上港集团与皇家加勒比游轮公司合作拓展游轮经济】为了打造国际航运中心，并拓展新兴的游轮产业经济，上海国际港务（集团）股份有限公司11月9日宣布：将为美国皇家加勒比游轮有限公司的乘客提供一站式通关和登船服务，开设游轮产品专卖店。而皇家加勒比则以人员培训、资源共享等方式与上港集团分享其在世界各地游轮码头的运作经验，提升上海港的国际化运作水平。

【在获准制定航运国际标准方面首次实现零的突破】5月10日，由上海港代表中国发起的制定集装箱电子标签国际标准的提案在德国获得通过，标志着中国在获准制定航运国际标准方面首次实现零的突破。2001年，上海港开始进行集装箱电子标签的研究，此后相继开通了国内首条内贸集装箱电子标签示范航线和国际上第一条投入商业营运的中美集装箱电子标签航线。

【上港集团与中铁集装箱运输公司签署战略合作框架协议】2009年2月，上港集团与中铁集装箱运输公司签署了战略合作框架协议。双方本着“强强联合、优势互补、合作双赢、共同发展”的原则，将依托港口物流服务优势和铁路集装箱运输网络优势，共同整合港口、铁路的运输资源，为客户提供更加完善、优质的服务，促进双方的共同发展。双方将建立长期战略合作伙伴关系，积极推进海铁联运及班列运输业务，积极探讨并推进铁路与港口的对接；建立推进战略合作的工作机制，形成良性互动，确保有关合作事项取得成果。双方同意合作开发上海与南昌、成都、郑州、西安、合肥、苏州相互间开行集装箱五定班列，进一步加强港站联动，充分发挥铁路芦潮港中心站与洋山深水港的配套作用，实现港铁共赢，更好地服务于中外船公司和客户。

【上港集团军工路分公司使用“厂港互联条形码”理货】6月，上港集团军工路分公司奔赴浙江，对出口项目的生产厂家提供条形码录入和粘贴方面的指导和帮助，开创了“厂港互联条形码”使用新模式，实现货物物流(生产厂家到装配现场)全过程管理。该模式主要包括：与货主单位(厂家)商定该批货物的条形码编码规则，根据货物明细，制作货物条形码明细；由公司负责打印条形码，并派专人配合货主单位(厂家)根据货物条形码明细在指定位置粘贴条形码；在货物进栈过程中，将实际收货情况通过网络实时发送给货主单位(厂家)；通过条形码管理，为客户提供全程物流管理和监督，“厂港互联条形码"的推广应用，受到了厂家和客户的好评。

【上海港接待邮轮艘数创历史新高】上海港正式接靠母港邮轮以来，歌诗达邮轮公司、皇家加勒比国际游轮公司、丽星邮轮公司、公主邮轮公司、地中海邮轮公司、挪威邮轮公司以及冠达、荷美等近10家国际邮轮公司相继在上海注册设立经营性机构和开展经批准的国际航线邮轮业务。2009年上海港国际客运中心共接待母港邮轮105艘次，访问港邮轮174艘次，共计出入境旅客数量35万人次，2009年出入境旅客人数比2006年增长了82%。据统计，2007年和2008年两年，上海港国际客运中心的母港邮轮航次是15~20艘次，2009年达到32艘次。

【上港集团在第108届巴黎国际发明展览会上摘得两枚金奖】5月10日，在第108届巴黎国际发明展览会上，上港集团参展的“散货自动化卸船系统”和“散货自动化装船系统”一举摘得两枚金奖。这两项发明通过对物流船舱及物料的三维激光扫描，实现了对船舱位置和物料分布的自动检测功能。依靠智能化设备和工艺系统，抓斗即使无人操控，也能在电脑指挥下正确无误地从货轮上装卸货物。罗泾矿石码头目前已配备了拥有此项技术的自动化装船机和卸船机，使上海港成为世界上首个使用智能散货装卸系统的港口。同日，由上海代表中国发起的制定集装箱电子标签国际标准提案也在德国投票获得通过。

【内贸集装箱负荷信息系统开发】为有效治理水路内贸集装箱超载现象,12月20日，市交通港口局会同上海国际港务（集团）设计开发内贸集装箱负荷信息系统完成。该系统通过输入船公司提供的内贸箱负荷信息，及时准确地在码头单位生产系统中显示每个集装箱的承载信息，使相关港区的电脑能在集装箱进箱时自动识别该箱的负荷标准，既保证信息准确性，又大大提高道口通行速度，为开展集装箱超载治理工作提供有效手段。

（茅伯科）

（四）港口对外合作

【概况】2009年，上海港对外合作取得新进展。市交通运输和港口管理局进一步贯彻国务院《关于进一步推进长江三角洲地区改革开放和经济社会发展的指导意见》，以加快推进上海国际金融中心和国际航运中心建设、积极筹备上海世博会为重点，加强对外交流、扩大对外开放，加强区域联动、促进协调发展，在国际和国内交流合作方面取得新的进展。先后签署“上海港和（波兰）格旦斯克港建立友好港关系的协议”、“上海港·（日本）博多港港口交流协议书”，成功举办了“上海·香港航运服务业互动发展研讨会”。长三角港口管理部门合作不断推进，已建立起信息联络员队伍，为长三角港航合作网奠定良好基础，规划与建设、港口市场监管、安全与培训、信息与培训等合作工作小组活动正常，专题研究顺利开展。上港集团进一步推进长江战略，其下属的长江公司筹建进入实质性启动，提升了上港集团

在长江流域的集聚辐射能力。重庆东港集装箱码头项目和四川宜宾集装箱码头项目均已开工建设。上港集团参股的民生轮船有限公司已完成股份制改制。经过努力，上港集团投资长江沿线的各相关公司取得了较好的业绩。上港集团海外投资项目也有新的进展。比利时泽布吕赫港集装箱码头项目待政府相关部门审批后将付诸实施。与伊朗卡瓦公司就共同经营阿巴斯港集装箱码头达成了合作协议。上港集团与宁波港集团之间的合作继续深入。至 2009 年底，上海港已和全球 21 个主要港口建立了友好合作关系。

【上海港和格旦斯克港签署关于建立友好港关系的协议】3 月 11 日，上海市交通运输和港口管理局与波兰格旦斯克港签署了关于建立友好港关系的协议。双方商定在港口建设、发展和管理，以及贸易与技术等方面加强交流与合作，以促进两港海运往来和贸易发展，提高港口效率、吞吐量和竞争力。格旦斯克港是波兰第一大港，也是波罗的海沿岸最大的港口之一。

【上海·香港航运服务业互动发展研讨会在沪举行】3 月 27 日，上海·香港航运服务业互动发展研讨会在沪举行。来自沪港两地航运界的政府管理部门、港航企业、行业协会、研究机构等方面代表 160 余人出席会议，着重围绕促进航运服务业发展的主题，就金融、保险、法律仲裁、人才培养等议题互动研讨，交流经验，谋求更高层次的交流合作和共同发展。

【上海港·博多港签署港口交流协议书】7 月 29 日，上海市交通运输和港口管理局与日本福冈市港湾局 (博多港) 根据两港之间缔结友好港的框架，在上海共同签署《上海港·博多港港口交流协议书》，对 2010 年至 2013 年新的 4 年中双方在在港口规划、行政管理、科技信息、港航业务、港口集疏运交通等方面开展交流合作作出了安排。

【上海港与高雄港签订合作意向书】3 月 13 日，上海国际港务 (集团) 股份有限公司与高雄港务局在沪签署合作意向书，双方本着互利互惠、长期合作的原则，就两港之间的相关海运业务达成若干共识。沪台两地的港务同仁还就各自的港口建设、海运业务等专业领域进行了广泛交流，对当前国际金融危机下两岸港口业的交流互动给于了充分肯定。双方约定将尽快指定有关人员进行磋商，落实具体合作项目，实现共赢目标。

【上港集团正式加入亚太经合组织(APEC)港口服务网络】在5月4日至6日于加拿大温哥华举行的亚太经合组织(APEC)港口服务网络特别理事会议，批准上港集团加入APEC港口服务网络，成为该组织的普通会员。APEC港口服务网络旨在整合并推动APEC地区港口及配套产业的发展，提升以港口为节点的物流体系的贸易和运输便利化、自由化，提高以港口为节点的供应链安全与保安水平，推动APEC地区贸易与经济的发展。

【上海宜宾联手合资开发宜宾港】2008年12月1日，宜宾市政府与上海港务有限公司就宜宾港集装箱码头建设项目签约，随后开始启动志城作业区集装箱码头建设。2009年4月3日，由两地共同出资组建的四川宜宾港责任公司正式注册登记，8月21日，宜宾港责任公司正式揭牌成立。宜宾港位于长江、岷江、金沙江三江汇合处，共规划翠柏港区、南溪港区、江安港区、新市港区4个港区，涵盖志城、罗龙、白沙、新发等11个作业区。港口可利用岸线75.7公里，到2030年集装箱吞吐能力达400万标箱，远期可达500万标箱。

【上港集团将参与嘉兴港独山港区B区建设】10月25日，嘉兴港独山港与上港集团就合作建成上海航运中心重要配套港事宜正式签约。根据协议，将由上海国际港务（集团）股份有限公司、嘉兴市物流产业投资集团有限公司、平湖市独山港港务投资有限公司三方出资成立合作开发项目公司，计划建设嘉兴港独山港区B区3~5万吨级泊位10~12个，利用岸线长度约3000米，建设用地约2000亩，形成货物吞吐能力3000~4000万吨/年，其中首期1~2个泊位项目建设及试运营将于2010年底前完成。

【沪甬两港合资公司协议资本合作】4月，上港集团与宁波港集团草签了战略框架协议，双方将于今年年内成立合资公司，共同进行码头建设与投资，初步确定合资公司双方各占50%股权，这是上港集团和宁波港在资本层面的首次实质合作。

【长三角港口管理部门举行第四次合作联席会议】2009年11月18 ~ 19日，长三角港口管理部门合作联席会议第四次会议在南京举行。会议由南京市交通局（港口管理局）承办并主持。长三角地区16城市港口管理部门领导和代表共52人出席会议。江苏省交通厅、上海组合港办公室领导莅会指导，连云港、盐城、淮安、温州、马鞍山、芜湖、安庆等港口管理部门的领导和代表应邀参会。会议的主题是“合作应对严峻经济形势，力争长三角港口平稳发展”。会议交流应对严峻经济形势的举措和有关工作设想；听取港口规划与建设、港口市场监管、港口安全与环保工作小组的活动汇报；听取港口信息与培训工作小组关于长三角港航合作网运行维护工作汇报，通过关于表彰港航合作网优秀通讯员的建议；听取秘书处关于下一年度合作工作计划的建议。交通运输部科学研究院副总工程师徐萍和中远集运战略发展部经理黄竞分别就港口服务功能拓展和航运发展形势做专题演讲。与会代表还参加2009中国国际物流节开幕式及长江航运60周年高层论坛及参观国际物流节相关展览。

（茅伯科）

（一）综述

2009年，上海铁路局学习实践科学发展观，坚持“高标准、讲科学、不懈怠”，应对经济环境和铁路发展带来的变化，把握机遇，在“建设和谐铁路局、率先实现现代化”的实践中取得新进展。

把握合武、沿海客运专线运营机遇，扩大动车组列车开行，形成新的运输增长点。优化运力配置，调图25次，提高列车等级49对，满足市场需求。坚持“便民利民、提高效益”的思路，加强售票组织，新增客票代售点341处。完成旅客发送25874万人，同比增长2.7%。实施货运大客户战略，深化路企直通运输，提高2级调度指挥水平，动态优化运输组织，注重打通运输瓶颈，提高运输效率，推动货运上量。完成货物发送21715万吨，同比增长8.9%，日均装车达到10000辆，实现“保八争一”目标。全年完成运输总收入383.3亿元，同比增长8.5%。同时，借迎接上海世博会契机，开展“和谐之旅、精彩世博”客运服务质量年活动，提升服务质量。推进重点物资运输规范化、制度化，完成重点物资运输和专特军运任务。

围绕建设目标，推进大规模高标准铁路建设。合武、甬台温、温福客运专线开通运营，取得社会效益。萧甬、徐连、京九电化，青阜二期和昆山站改造工程建成投产，扩大运输能力。上海闵行货场建成运营，成为全局首个具有整列装卸条件的新型货场。上海动车检修基地运用场开通使用，提高装备检修能力。世博会相关工程沪宁城际无砟轨道板全线铺设，上海虹桥站主体结构封顶。合蚌、沪杭、杭长、合福客专，宿淮、丰沛、阜六铁路，宁启复线电化、阜淮淮南水蚌三线电化、金山支线、宁波枢纽、合肥枢纽南环线等12项重点工程开工建设。杭黄客专、郑徐客专、沪通铁路等重点项目前期工作实施。全年完成基建投资911.4亿元，更新改造投资29.2亿元。局建设项目标准化管理经验在全路得到推广，建设管理水平有新提高。

（孔令贵）

（二）基础建设

【概况】2009年，上海铁路局完成建设投资911.4亿元，占全路6005.6亿元投资的15.2%。年内，围绕温福、甬台温客专，京九、徐连、萧甬电化开通，将开通目标、管理措施、包保责任落实到设计、施工、监理单位，各专业处室和设备管理单位成立验收开通领导小组、现场指挥组、专业工作组、设备接管组，开展设备整治达标工作。甬台温、温福客专联调联试成功，动车组最高试验速度达到292公里/小时，10月1日正式开行。萧甬电化5月29日建成开通，徐连电化11月11日建成开通，京九电化12月20日建成开通。

【铁路重点工程建设进展良好】2009年，上海铁路局管内铁道部下达的基建大中型项目投资计划892.98亿元，其中局管基建大中型项目845.33亿元，代京沪高速公司建设项目47.65亿元。有包括沪宁城际、上海动车段、客专上海调度所、新建上海综合维修基地、沪杭客专、金山支线改建等在内的32个局管基建大中型项目，2个代京沪高速建设项目：南京南客站、上海虹桥客站。

【更新改造工程基本完成】2009年，上海铁路局下达工程建设管理所更新改造投资计划21672.6万元，项目60项，完成投资19568.1万元，为计划的90.3%。重点项目有5T一期扩大覆盖范围工程、闵行站视频监控系统工程、北郊站5号和8号仓库改造工程以及沪昆线K400+528汤溪上跨铁路立交桥改建等。

（孔令贵）

（三）客运服务

【概况】2009年，上海铁路局发送旅客25874万人，同比增长2.7%。至年末，全局每日开行图定旅客列车370.5对，其中直通动车组列车44对，直达列车13对，直通特快列车23.5对，直通快速列车102对，直通旅客快车55对，直通旅客慢车2对，管内动车组列车67.5对，管内特快列车7对，管内快速列车41.5对，管内旅客快车12对，管内旅客慢车3对。

【节假日运输情况良好】2009年，上海铁路局春节旅客运输（1月11日至2月19日），发送旅客3139.3万人，同比增长2.2%，最高日发送旅客108.8万人。清明节旅客运输（4月3日至4月6日），发送旅客389.9万人，

同比增长 5%，最高日发送旅客 119.1 万人。“五一”节旅客运输（4 月 30 日至 5 月 3 日），发送旅客 437.5 万人，同比增长 10.8%，最高日发送旅客 127.4 万人。端午节旅客运输（5 月 27 日至 30 日），发送旅客 348.2 万人，同比增长 7.8%，最高日发送旅客 97.3 万人。暑期旅客运输（7 月 1 日至 8 月 31 日），发送旅客 4700.6 万人，同比增长 4.2%，日均发送旅客 75.8 万人，最高日发送旅客 93.5 万人。中秋节旅客运输包含在国庆节旅客运输内，中秋节当天全局发送旅客 89 万人。国庆节旅客运输（9 月 28 日至 10 月 8 日），发送旅客 1073.4 万人，同比增长 6.1%，最高日发送旅客 127.3 万人。

【列车运行图优化调整 15 次】2009 年，上海铁路局对管内旅客列车运行图进行 15 次优化调整，优化运输产品结构，增加客运能力，提高运输效率。

3 月 6 日起，在沪昆线日增开 4.5 对管内动车组列车。其中衢州——上海南 D674 次 0.5 对；上海南——杭州 D673/D676 次 1 对；上海南——衢州 D689/D690 次 1 对；上海南——杭州 D669 次 0.5 对。3 月 12 日起，在陇海线增开 3 对管内旅客列车。4 月 1 日，全国铁路实行新列车运行图。

1. 列车车次变化。重新编定列车车次范围，其中旅客列车车次范围编定如下：

（1）跨局动车组列车由 4 位升为 5 位，车次范围 D1——D3998。

（2）管内动车组列车由 4 位升为 5 位，上海铁路局车次范围 D5001——D5999。

（3）直达特快旅客列车由 4 位升为 5 位，车次范围 Z1——Z9998。

（4）跨局特快旅客列车由 4 位升为 5 位，车次范围 T1——T4998。

（5）管内特快旅客列车由 4 位升为 5 位，上海铁路局车次范围 T7601——T8000。

（6）跨局快速旅客列车由 4 位升为 5 位，车次范围 K1——K6998。

（7）管内快速旅客列车由现行车次前冠“N”改为“K”并由 4 位升为 5 位，上海铁路局车次范围 K8351——K8700。

2. 增开动车组列车 23 对。

3. 增开其他旅客列车 23 对。

4. 提高列车等级 35.5 对。

5. 延长、变更运行区段列车 11 对。

6. 变更运行经由 10 对。

7. 停运旅客列车 9 对。

8. 改变直通旅客列车乘务担当 1 对。

4 月 29 日起，二通道列车运行图进行调整：

1. 增开管内旅客列车 1 对。

2. 变更旅客列车运行区段 3 对。

3. 提高旅客列车等级 2 对。（以下略）

上海铁路局2009年客运任务完成情况

项目	单位	计划	实绩	完成（%）
旅客发送	万人	25874	25874	100
旅客周转量	亿人公里	1160	1052	90.7

（孔令贵）

（四）货运服务

【概况】2009年，上海铁路局货运系统坚持“高标准、讲科学、不懈怠”理念，围绕“确保安全，夯实基础，提高服务质量，实现提效增收”工作中心，实现货运安全经营目标。至年末，全局货运未发生货运责任一般C类及以上铁路交通事故，未发生责任货运重大事故、货运从业人员责任死亡事故、责任火灾事故。

【办理货物保价运输256.7万批】2008年，上海铁路局共办理货物保价运输264.4万批，占货物总发送批的75.9%，同比减少0.4个百分点。发送保价货物16709.8万吨，占货物总发送吨的81.5%，同比增加2.5个百分点。货物保价运输收入13467.6万元，为年度任务的107.7%。保价货物事故赔付率3.33%，同比降低2.34个百分点。

上海铁路局2009年货运指标完成情况表

项目	单位	计划	实绩	完成（%）
货物发送	万吨	20500	21715	105.9
其中：集装箱	万TEU	46.5	47.1	101.3
货物运输收入	亿元	117.4	122.3	104.2
装卸作业量	万吨		14449.1	
其中：路工	万吨		7411.5	
装卸全员劳动生产率	吨/人、月		1006.9	
装卸机械化比重	%		61.7	
货物保价收入	亿元	1.25	1.35	108.0

（五）综合经营

【概况】2009年，上海铁路局多元经营系统按照铁道部、上海铁路局关于增收节支工作要求，围绕创岗安置分流人员任务，推进各项工作。至年末，该系统完成营业收入160.63亿元，为年度调整计划160亿元的100.4%，同比增长21.4%，其中多经完成145.59亿元，集经完成15.04亿元。完成利润1.48亿元。实现考核利润2.3亿元，其中多经2.1亿元，集经完成0.2亿元。

【开发重点实业项目32个】2009年，上海铁路局多元经营系统确定32个重点开发项目，投产建成19个，占59%。开工建设10个，占31%。处于前期方案论证3个，占10%。建成投产徐州西粮食、墟沟铁矿粉战略装车点和仓前、铜山综合物流基地等4个项目，实现近3000万元新增营业收入。推进沿海铁路多经参与的商业服务、站车保洁、动车餐饮、动静态标识安装等9个项目的前期开发工作和后期的经营管理。完成上海南站第二轮商业开发，租赁收入提高14%。

【增设客票代售点262家】2009年，上海铁路局投资中心配合局开展客服中心筹建工作。至年末，全局多经开设客票代售点759家，863个窗口，其中新增262家，新增窗口323个。多经客票代售点累计销售车票3959.53万张，服务费收入1.75亿元（不含合资公司）。

【推进多元经营企业重组改制】2009年，上海铁路局多经系统围绕“专业化、规模化、扁平化”发展方向，按照“客运全局化、货运区域化、工程专业化”要求，重组整合旅行社、工程施工企业、客票代售企业，整合上海铁路运输贸易有限公司、上海铁路轨道交通开发有限公司，组建上海华铁旅客服务有限公司和上海铁路物资有限公司。调整实施各地区多经集团公司、上海铁路经济开发有限公司重组整合方案。至年末，全局注销企业 74 家，多经企业行政性重组企业数为 182 家。

（六）大事记

2009 年 2 月 26 日，铁道部、浙江省、上海市联合在上海枫泾召开沪杭铁路客运专线建设动员大会。中共中央政治局委员、上海市委书记俞正声宣布工程开工。浙江省委书记赵洪祝、上海市市长韩正及宝钢集团公司副总经理王成然出席大会并讲话。浙江省省长吕祖善主持大会。上海铁路局局长吴强在会上汇报了沪杭铁路客运专线开工准备情况并代表建设单位发言。上海市副市长沈骏，市政府秘书长姜平，浙江省委常委、杭州市委书记王国平，省委常委、常务副省长陈敏尔，省委常委、省委秘书长李强，副省长王建满，铁道部副部长陆东福及副总工程师兼经规院院长郑健，副总工程师兼建设司司长安国栋，上海铁路局党委书记刘涟清、常务副局长王峰等出席。上海市、浙江省、铁道部有关部门，以及沪杭铁路客运专线沿线地方党委、政府负责人，沪杭铁路客运专线参建单位职工代表和沿线群众代表等参加。

2009 年 4 月 13 日，沪杭铁路客运专线股份有限公司创立大会在上海召开。

2009 年 4 月 28 日，“世博和谐之旅”列车命名及首发仪式在上海站举行。

2009 年 6 月 22 日，第九届国际重载运输大会在浦东国际会议中心开幕。

2009 年 6 月 28 日，紧邻上海世博园区的南浦站送走最后一班货物列车。南浦站始建于 1907 年，其前身为日晖港货栈，后更名为上海南站、南浦站。作为与世博会配套的上海市重大工程，南浦站将整体搬迁至闵行站。

2009 年 7 月 28 日，南浦直属站更名为闵行直属站，其机构性质和隶属关系不变。

2009 年 7 月 29 日，具有 50 年历史的全国最大危险品专运站——北郊站所辖的桃浦站停止危险品运输，此后上海地区的危险品将由周边城市车站承运。

2009 年 8 月 1 日，上海铁路局举行闵行站开站暨直达昆明“五定”班列首发仪式。

2009 年 8 月 12 日，金山铁路支线改建工程启动。金山铁路支线改建工程由上海南站引出至金山站，全长 56.4 公里，途径徐汇区、闵行区、松江区和金山区。由铁道部和上海市共同出资，建设工期两年。

2009 年 9 月 28 日，世博会中国铁路馆完成主体结构封顶。该馆由铁道部委托上海铁路局建设，计划 2009 年底完成展馆建设，2010 年一季度完成展馆布置，2010 年 5 月 1 日至 10 月 31 日世博会期间对外开放运营。

2009 年 11 月 21 日，京沪高铁虹桥站主体工程结构完工。虹桥站主站房总建筑面积约 24 万平方米，主体结构为钢砼组合结构，总用钢量约 8 万吨。主站房钢结构的完工，标志着虹桥站工程主体结构施工圆满完成，将全面进入室内装饰、设备安装及屋面施工阶段。

2009 年 12 月 7 日，上海铁路局整建制接受中国铁通集团有限公司的徐州、合肥、合肥高速铁路、南京、上海、杭州通讯段。同时成立上海铁路局徐州、合肥、合肥高速铁路、南京、上海、杭州通讯段，按运输站段管理。

2009 年 12 月 8 日，上海铁路局自动语音电话订票系统开通试运营。开通后在上海市和安徽、江苏、浙江省境内直接拨打订票服务热线，可预订该局管内各站至全国各地车票。

2009年12月9日，上海金山铁路有限责任公司正式成立。公司前期注册资本金1亿元，根据股东双方协议，按股权比例出资，上海铁路局出资5100万元，上海申铁投资有限公司出资4900万元。

2009年12月15日，上海铁路局正式接管铁路专用通信管理工作。铁路专用通信划转工作共涉及上海铁道事业部、江苏铁道业务部及上海、浙江、江苏、安徽、河南5个铁通分公司43个铁通地市公司。

2009年12月16日，上海铁路股份有限公司筹备组成立。内设综合管理部、人力资源部、计划财务部、安全技术部、运输营销部、基础装备部。筹备组主要负责协调中介公司做好上海铁路股份制改革的资产清查、土地房产确权领证等工作，负责拟定公司章程、基本工作制度，承担公司筹建和工商登记等有关工作。

2009年12月25日，上海世博会中国铁路馆成立。

2009年12月28日，上海铁路局职工安居工程开工仪式在上海普陀区石泉路上海西站货场举行。石泉路职工安居工程（设计）总建筑面积27.8万平方米，建设住房3100余套。

（孔令贵）

（一）综述

2009年，上海民航2个机场（虹桥国际机场、浦东国际机场）共完成旅客吞吐量5699.95万人次（含过站人数），比上年增长11.5%，其中虹桥国际机场完成旅客吞吐量2507.85万人次，浦东国际机场完成旅客吞吐量3192.10万人次。分航线看，全年两机场共完成国内航线旅客吞吐量4089.64万人次（含过站人数），比上年增长18.17%，其中虹桥国际机场为2429.24万人次，浦东国际机场为1660.40万人次；完成国际航线旅客吞吐量1170.69万人次，比上年减少5.32%，其中虹桥国际机场为78.62万人次，浦东国际机场为1092.06万人次；浦东国际机场完成地区航线旅客吞吐量439.63万人次，比上年增长6.13%。全年两机场共完成货邮吞吐量298.25万吨，比上年减少1.2%，其中虹桥国际机场完成货邮吞吐量43.91万吨，浦东国际机场完成货邮吞吐量254.34万吨。分航线看，全年两机场完成国内航线（含地区航线）货邮吞吐量81.41万吨，比上年增长 8.64%，其中虹桥国际机场为 43.51 万吨，浦东国际机场为 37.9 万吨；完成国际航线货邮吞吐量为 183.73 万吨，比上年减少 6.48%，其中虹桥国际机场为 0.4 万吨，浦东国际机场为 183.33 万吨；浦东国际机场完成地区航线货邮吞吐量为 33.11 万吨，比上年增长 0.64%。全年两机场共起降飞机 47.70 万架次，比上年增长 5.8%，其中在虹桥国际机场起降 18.91 万架次，在浦东国际机场起降 28.79 万架次。至年底，有 45 个国家和地区的 196 个城市（含中国香港、澳门、台湾）和国内的 87 个城市与上海通航。有 22 家国内航空公司和 52 家国际及地区航空公司开通了上海的定期航班。

基地设在上海的航空运输公司有 8 家：中国东方航空股份有限公司、上海航空股份有限公司、春秋航空有限公司、上海吉祥航空有限公司、中国货运航空有限公司、上海国际货运航空有限公司、扬子江快运航空有限公司、长城航空有限公司。

（熊巍）

（二）华东民航

【概况】4 月 29 日，上海市市长韩正，国家质检总局副局长蒲长城前往浦东机场二号航站楼视察新型 H1N1 流感疫情的防控工作并召开现场会。9 月 17 日，DHL 快递公司北亚枢纽奠基仪式在浦东国际机场举行。12 月 8 日，民航华东地区管理局举行向上海波音航空飞行培训有限公司颁发 CCAR-142 部《飞行训练中心合格证》仪式。12 月 12 日，上海市处劫办在虹桥机场举行 2009 年上海处置劫机事件演练，武警上海市总队、市公安局、消防局、虹桥机场、东航等单位参加合成演练。

（熊巍）

【海峡两岸空中双向直达航路南线和第二条北线开通】7 月 29 日上午，海峡两岸空中双向航路南线和第二条北线开通启用。第二条北线位于上海以东东海上空，南与 B576 航路、北与 A326 航路相衔接，开通后，分流上海浦东、济南、青岛、北京、天津以及东北地区飞往台湾的航班，进一步缩减空中距离。南线位于汕头以东东海和南海交界处上空，连接 R200 航路，开通后，台湾飞往大陆中南、西南的航班不必再绕经香港飞行情报区。

【“11·28”事故发生后保障浦东机场航班正常运行】11 月 28 日 8 时 12 分，津巴布韦艾文特航空公司（AVIENT AVIATION）一架 MD 11 飞机在浦东机场 35 号右起飞时冲出跑道，撞毁围墙后起火并呈粉碎性解体。跑道部分灯光及导航设备受损，浦东机场 1 跑道被迫关闭。事故发生后，上海浦东机场运行指挥中心立即启动重大事故应急救援预案，消防、公安等驻场单位密切配合、迅速行动。浦东机场塔台在进港航班高峰时段采用 2 跑道、3 跑道机动的混合运行模式，增加跑道起降容量；开放穿越 1 跑道的所有垂直联络道，供地面航空器滑行使用，加速航空器地面运行效率；缩短夜间 2 跑道施工维护时间，保障夜间航班正常起降。华东地区空中交通管理局组织地面、空中飞机对抢险救援行动进行避让，调整飞机起降运行模式，协调军、民航管制部门为疏散积压航班提供便利。市应急联动中心第一时间调派浦东机场专职消防队 18 辆消防车赶赴现场救援，同步调集川沙、祝桥、金桥等 14 个公安消防中队 40 辆消防车、450 名指战员到场。武警上海总队派出十支队 400 名官兵赶赴现场。经过 3 个多小时奋力施救，成功营救出 7 名遇难人员（其中 4 人生还、3 人遇难）。11 时 49 分，事故救援工作基本结束，浦东机场恢复正常运行。

（朱玫）

【民航华东局协调修建国产大型客机试飞专用跑道】5月4日，民航华东地区管理局局长夏兴华、副局长沈泽江代表民航局，就修建国产大型客机试飞专用跑道、加强上海地区ARJ21-700飞机适航审定工作，前往中国商用飞机有限公司进行调研和协调。7月25日，民航华东地区管理局组织召开《大型客机在浦东国际机场试飞相关问题的报告》专家评审会。会议通过了支持中国商飞使用浦东国际机场第五条跑道作为试飞跑道的初审意见。

【中国民用航空上海安全监督管理局更名】随着民航行政管理体制改革的深化，为加强民航基层安全监管职能，经国务院及民航局批准，中国民用航空上海安全监督管理办公室更名为中国民用航空上海安全监督管理局。

【上海普惠飞机发动机维修有限公司开业】经过近两年的筹备和建设，9月24日，由东航和普惠公司联合成立的上海普惠飞机发动机维修有限公司在上海青浦隆重开业。中国民航局副局长夏兴华、东航股份董事长刘绍勇、美国联合技术公司总裁路易斯·谢纳沃出席开业典礼并剪彩。（熊巍）

（三）机场建设与管理

【概况】上海两机场综合保障水平持续提高，实现第十个安全年。虹桥机场扩建工程年底完成竣工验收，虹桥综合交通枢纽代建工程基本完成。5月6日，上海市交通港口局和上海机场集团空港地区联合管理领导小组召开第一次工作会议，并签署了《关于建立上海空港地区联合管理工作机制的意见》。8月25日，上海虹桥国际机场、浦东国际机场通过民航局航空安保审计组的后续审计。9月25日，上海市同创共建文明航空港活动领导小组召开会议，通过《上海航空港迎世博服务承诺》。

【上海沪港机场管理有限公司成立】10月12日，上海机场（集团）有限公司与香港机场管理局在上海举行沪港机场合作协议签署仪式。上海市市长韩正，香港特别行政区政务司司长唐英年、上海市副市长沈骏出席签约仪式。上海机场集团董事长、总裁吴念祖和香港机场管理局行政总裁许汉忠代表双方签署了合作协议。根据合作协议，双方合资成立上海沪港机场管理有限公司，注册资本1亿元人民币，沪港双方分别出资51%和49%。合资期限自2010年起，为期20年。上海沪港机场管理有限公司受托管理上海机场集团所属虹桥机场的东西两个航站楼、虹桥综合交通枢纽东交通中心与旅客流程相关区域，以及航站楼商业零售业务。合作双方将充分发挥各自优势，提升上海机场的运营效率和管理服务水平，为成功举办2010年上海世博会提供高品质的空港服务。

（熊巍）

（四）航空公司

【概况】东航被中国民航局授予“飞行安全三星奖”，东航银燕商标连续第四次获“上海市著名商标”；1月30日，国务院总理温家宝出席东航和西班牙TOPFLY国际航空学院飞行员培训协议签字仪式；东航首次面向全国招收藏族乘务员；东航成为上海世博会论坛指定航空公司；6月8日，在马来西亚吉隆坡举行的国际航空运输协会第65届年会上，中国东方航空集团公司总经理、东航股份公司董事长刘绍勇当选为国际航协理事会理事。上航开通网上值机的国内机场22个，除上海两机场外，国内异地航站开通率23.56%；与13家国内航空公司进行电子客票相互销售及签转，通过全球八大分销系统（GDS）销售上航电子客票，与42家国际（地区）航空公司开展国际电子客票联运业务；与72家外国航空公司建立多边联运协议（MITA）合作关系。春秋航扩大航空运输经营范围，开展“绿色航空、科技春秋”活动。吉祥航在中国民航局举办的“旅客话民航”活动中获年旅客运输量500万人次以下组“用户满意优质奖”；吉祥航实施安全管理体系（SMS），推出三亚精品航线，提升公司整体服务质量。扬子江航首次独立完成1架747飞机的引进调机工作，引进45名飞行员，其中20名台湾籍飞行员。

6月9日，上海中意通用航空有限公司获得民航华东地区管理局颁发的《商业非运输航空运营人运行合格证》。10月30日，上海金鹿公务航空有限公司获得民航华东地区管理局颁发的《小型航空器商业运输运营人运行合格证》。12月28日，上海东方通用航空有限公司获得民航华东地区管理局颁发的《商业非运输航空运营人运行合格证》。

【东航台湾办事处在台北开业】8月31日，中国东方航空股份有限公司正式启动两岸定期航班，每周将有33个直航航班往返于大陆和台湾之间。

【东航、上航联合重组工作启动】11月30日，东方航空公司换股吸收合并上海航空公司方案获中国证监会上市公司并购重组审核委员会通过。（熊巍）

【东航首次成功应用RNP飞行导航技术】7月3日，东航首次应用空客A319机型结合国际先进水平的RNP飞行导航技术，成功执行“上海—黄山”航线RNP项目试飞及黄山机场RNP试航任务。此举有效提高飞机起降黄山机场的精确度，降低飞机在执行黄山机场飞行时的气候限制，解决在传统导航条件下黄山机场跑道只能单向盲降的技术难题，为黄山机场开辟新航线、增加新航班提供技术支持，为黄山机场减少航班延误、提高航班正点水平提供安全保障。

【东航与多家银行签署综合授信额度协议】1月19日~4月28日，东航分别与上海浦东发展银行签署100亿元综合授信额度协议，与中国农业银行签署150亿元综合授信额度协议，与中国建设银行签署110亿元综合授信额度协议，与中国银行签署200亿元综合授信额度协议。（司马永妍）

【上航推出国际/地区航班网上查询及订购功能】3月30日，上航国际/地区航班网上查询及订购功能启用。该功能最多支持国际/地区4个上航实际承运的联程航段销售，可订购的航线网络覆盖中国的台北、香港以及东京、首尔、河内、金边、巴厘岛等13个国际或地区城市，扩大了上航电子客票的销售渠道，降低国际票销售成本，完善门户网站销售功能。至12月底，完成国际/地区订票8368人次，实现国际/地区订票销售收入（含税）78.30万元。

【上航新增多条上海始发的国内、国际航班】2009年，上航新增上海始发的国内航班主要有上海—黄山—成都、上海—黄山—重庆、上海—井冈山—深圳、上海—济宁、上海—衢州、上海—绵阳—三亚等；新增上海始发的国际航班主要有上海—河内、上海—长滩等。（夏本建）

（五）上海基地航空公司新开通航线表

上海基地航空公司新开通国内航线表

航空公司	航线	开通日期	航班号	机型	出发机场	班期
春秋航	上海——长春	1月20日	9C8809 / 10	A320	浦东机场	周一、二、三、四、五、六、日
春秋航	上海——兰州	3月29日	9C8848 / 47	A320	浦东机场	周一、二、三、四、五、六、日
春秋航	上海——贵阳	3月31日	9C8885 / 86	A320	虹桥机场	周二、四、六
春秋航	上海——宜昌	7月1日	9C8845 / 46	A320	浦东机场	周一、五
春秋航	上海——银川	7月9日	9C8907 / 08	A320	浦东机场	周四、日
春秋航	上海——石家庄	7月18日	9C8903 / 04	A320	虹桥机场	周一、二、三、四、五、六、日
春秋航	上海——舟山	10月25日	9C8921 / 22	A320	虹桥机场	周三、五、日
春秋航	上海——南宁	11月7日	9C8911 / 12	A320	浦东机场	周一、二、三、四、五、六、日
吉祥航	上海——厦门	3月1日	HO1191 / 2	A319 / A320	浦东机场	周一、二、三、四、五、六、日
吉祥航	上海——东营	9月26日	HO1173 / 4	A319 / A320	浦东机场	周一、三、五、日
吉祥航	上海——东营	9月26日	HO1173 / 4	A319 / A320	虹桥机场	周二、四、六
吉祥航	上海——南宁	10月25日	HO1171 / 2	A319 / A320	浦东机场	周一、二、三、四、五、六、日
中货航	上海——烟台	10月27日	CK245/6	ABF	浦东机场	周二、三、日
扬子江航	上海——长沙	12月16日	Y8-7977/78	B737	浦东机场	包机

上海基地航空公司新开通国际及港澳台地区航线表

航空公司	航线	开通日期	航班号	机型	出发机场	班期
中货航	上海——台北	9月1日	CK261/2	MD11F	浦东机场	周二、三、四、六
上货航	上海——乌鲁木齐——法兰克福——西安——上海	1月18日	F46601/6620	MD11F	浦东机场	周六
上货航	上海——新加坡——曼谷——上海	3月19日	F46639/6640	MD11F	浦东机场	周四、五、六
扬子江航	上海——洛杉矶——达拉斯——上海	5月21日	Y8-7968	B747	浦东机场	周一、四、五、六
扬子江航	上海——安格雷奇	6月10日	Y8-7991/92	B747	浦东机场	周三、五、六、日
长城航	上海——芝加哥	6月	8763-8768	B747-400 F	浦东机场	周二、四、六

十三、邮政事业

（一）综述

2009年，上海邮政业发展保持了良好势头，以科学发展观为指导，重点宣贯新《邮政法》，全面提升发展环境，大力提升管理能力，持续推进邮政普遍服务保障监督和邮政市场监督管理，各项工作取得新成效。上海邮政业保持了平稳较快的发展势头：普遍服务水平稳中有升，快递服务继续以30%以上的速度增长。其中，电子商务业务已经占据申通、圆通、中通等快递企业业务量的40~50%。各大快递企业收入同比增长28%以上。社会对邮政服务的整体需求增加，邮政市场进一步开放，各种市场主体表现活跃，邮政业发展取得长足进步，服务种类更加丰富，服务能力不断增强，经营效益逐年提高。

2009年，上海市邮政管理局牵头组织编制完成《长三角快递服务发展规划（2009~2010年）》。建立解决快递企业发展重点难点问题沟通协调机制，促使《上海市住宅信报箱标准》列入市工程建设规范、标准设计制订（修订）项目建议表“发展农村邮政服务”被写入市委《关于贯彻落实 <中共中央关于推进农村改革发展若干重大问题的决定 > 的实施意见》。《关于推进本市大型居住社区市政公建配套建设和管理的若干意见》提出了大型居住社区邮政服务设施建设的相关配套政策。推进《快递业务员职业技能标准》落实，成立了局职业技能鉴定中心。

实施每月检查分析一个邮政区局的普遍服务联系机制，开展《普遍服务标准》监督检查。全市中心城区的信报箱安装率已经在95% 以上。先后完成全国 31 个城市之间的信函、机要邮件的全程时限监测、机要专用封装用品营业窗口和封装破损情况检查，开展对市邮政公司的邮政资费检查。

2009 年新受理快递企业备案登记 226 家，累计 631 家。全年对邮政三大市场 464 家企业和 3 个集邮市场共出检 303 次，其中快递市场出检 174 次，对 336 家企业进行检查；集邮市场出检 82 次，收缴假邮票 276 枚；邮政用品用具市场出检 47 次，对 122 家企业进行检查。共下达整改通知 137 份，行政处罚 5 起。实施“12305” 申诉和“12315”投诉合并处理，引导快递企业做好消费者售后服务工作，全年共受理消费者申诉 1037 件。

推进世博邮政服务与安全工作。与全市 105 家快递企业负责人签订了《上海世博会期间邮政业反恐工作任务书》和《上海世博会期间邮政业群防群治工作任务书》，并开展反恐专题培训和专项检查。协调推进世博园区邮政服务网点规划和建设，在整个世博园区 5.28 平方公里范围的 14 处邮政网点纳入了园区规划。

年内，与邮储银行加强合作，逐级签订委托代理银行业务协议，建立联系会议制度。围绕世博会和市场需求，提升服务，拓展业务，实施一系列积极的发展措施，邮务类、速递物流类、金融类三大板块业务取得长足发展。全年完成业务总收入 53.30 亿元，同比增长 20.82%。完成业务总量 68.59 亿元，同比增长 18.80%。特别是国际速递业务量收规模创历史新高。

全年完成局所改造 93 处。强化通信服务质量管理，继续推进“邮政综合服务亭（站、点）”进街道、进社区、进小区的“三进”工作，全年建成“三进”网点 1854 个。完成机要通信、党报党刊发行、盲人读物和义务兵免费信函寄递等特殊服务任务。

上海作为全国各大民营快递公司及部分国际快递公司总部所在地，快递市场业务结构基本稳定，市场年增长速度超过 28%。其中，电子商务业务已经占据申通、圆通、中通等快递企业业务量的 40~50%，“三通一达”日均快件最高峰均超过 50 万件。随着国民经济发展，政策环境优化，本市总部经济效应显现，区域战略地位凸现；市场主体多元化，经营模式多样化；基础设施较为健全，企业综合实力较强；服务覆盖范围广，服务产品多样化。

（二）行业监管

【概况】2009 年，上海市邮政管理局深入学习实践科学发展观，全面宣传贯彻《邮政法》，推进邮政法制建设。成立局《邮政法》宣贯领导小组，通过报纸、网站、培训班、送法上门等方式宣传《邮政法》。经市政府常务会议审议通过，邮政企业暂时停止或限制办理邮政业务审批等四项邮政业务审批纳入上海市行政审批告知承诺事项目录。将《上海市保护和发展邮政业规定》（暂定名）纳入人大立法计划。牵头组织编制完成《长三角快递服务发展规划（2009~2010 年）》。组织编制《上海快递服务发展规划》，推进与地方规划的对接。扩展邮政业统计报表制度实施范围从 2008 年底的 57 家增加到 83 家。

与市城乡建设交通委、公安局、市港口交通管理局等相关部门建立解决快递企业发展重点难点问题沟通协调机制，力促市相关部门出台相关扶持政策。推动上海青浦快递物流园区建设，协同青浦区政府研究制定促进快递总部经济发展的相关意见；促使圆通快递、中通快递等快递企业用地得以落实，顺丰快递等企业的标识应用问题得以解决。指导快递协会组织动员快递企业开展《快递服务》达标活动。促使《上海市住宅信报箱标准》列入市工程建设规范、标准设计制订（修订）项目建议表，并积极争取项目立项和经费落实。推进《快递业务员职业技能标准》落实，成立了局职业技能鉴定中心。

推进邮政普遍服务政策支持。“发展农村邮政服务”被写入市委《关于贯彻落实 < 中共中央关于推进农村改革发展若干重大问题的决定 > 的实施意见》。《关于推进本市大型居住社区市政公建配套建设和管理的若干意见》提出了大型居住社区邮政服务设施建设的相关配套政策。探索应用邮政规划专业机构具体编制、邮政管理部门主持评审、审核批准的邮政普遍服务规划管理模式，批复同意了浦东周康航等五项大型居住社区的邮政专业规划。

加强普遍服务监管。实施每月检查分析一个邮政区局的普遍服务联系机制，开展《普遍服务标准》监督检查，并对涉及本市 18 个区县的近 500 个单位及个人用户开展抽样调查。将第二轮信报箱改造项目纳入上海旧城改造工程，全市中心城区的信报箱安装率已经在 95% 以上。先后完成全国 31 个城市之间的信函、机要邮件的全程时限监测、机要专用封装用品营业窗口和封装破损情况检查，开展对市邮政公司的邮政资费检查。完成续聘 23 名、新聘 6 名特邀社会监督员的选聘上报工作。

加强检查管理，保证市场规范。以开展“寄递物品禁限寄”、“打击无证无照”、“职业技能培训”为载体，开展了《邮政法》实施情况检查。对上海快递企业备案信息系统（数据库）进行整理和升级，与国家邮政局联网上线。2009 年新受理快递企业备案登记 226 家，累计 631 家。实行经办邮政委托业务国际货贷企业年度报告制度，对 13 家经办邮政委托业务国际货贷企业办理了续办委托手续。开展对邮政通信、集邮、邮政用品用具市场的执法检查。全年对邮政三大市场 464 家企业和 3 个集邮市场共出检 303 次，其中快递市场出检 174 次，对 336 家企业进行检查；集邮市场出检 82 次，收缴假邮票 276 枚；邮政用品用具市场出检 47 次，对 122 家企业进行检查。共下达整改通知 137 份，行政处罚 5 起。完成对上海 3 大集邮交易市场许可证、14 家信报箱和 1 家包装箱生产企业监制证的复审换证工作以及 91 家信封生产企业监制证的复审换证工作。实施“12305”申诉和“12315”投诉合并处理，引导快递企业做好消费者售后服务工作。全年共受理消费者申诉 1037 件，为消费者挽回经济损失 47060 元。

做好国庆安保工作，推进世博邮政服务与安全工作。成为以中央政治局委员、上海市委书记俞正声为总指挥的上海世博安保工作指挥部及其下属的社会面防控工作部的成员单位以及市城乡建设交通委安保工作指挥部成员单位。完善与安全、公安等部门的联动协调，先后组织制定了《上海市寄递业反恐防范标准及指导意见》、《上海市邮政业突发事件应急方案》、《上海市邮政业处置恐怖袭击事件应急预案》。与全市 105 家快递企业负责人签订了《上海世博会期间邮政业反恐工作任务书》和《上海世博会期间邮政业群防群治工作任务书》。落实安保工作培训，对 26 家快递企业进行了反恐专题培训。协同市相关部门，组织对 143 家快递企业反恐工作进行检查，开展邮路检查 40 多次、近百个网点进行国庆安全检查，下达整改通知书 46 份，进行行政处罚 3 起，确保了国庆邮路安全。协调推进世博园区邮政服务网点规划和建设，在整个世博园区 5.28 平方公里范围的 14 处邮政网点纳入了园区规划。

【发布《长江三角洲地区快递服务发展规划（2009~2013 年）》】3 月 23 日，上海市邮政管理局召开《长江三角洲地区快递服务发展规划（2009–2013 年）》发布新闻通气会。新华社上海分社、中新社上海分社、《解放日报》、《新民晚报》、《文汇报》等众多中央及上海媒体近日纷纷在显要位置或重要时间段对此予以报道。市相关部门对规划的出台表示充分肯定和大力支持，社会各界对规划发布给予好评。

【建立解决快递企业发展重点难点问题沟通协调机制】5 月，上海市邮政管理局与市城乡建设交通委、公安局、市港口交通管理局等相关部门建立解决快递企业发展重点难点问题沟通协调机制，推动对快递车辆进城难、停车难、用工难等问题进行协调解决。

【组织快递企业签订“迎世博行动成员单位”目标任务书】5 月 7 日，上海市邮政管理局组织包括邮政公司、外资公司、民营公司在内的首批 16 家企业签订了“迎世博行动成员单位”目标任务书（截止世博前共 800 家企业签订任务书）。正式公布《上海邮政业迎世博“窗口”服务规范》，全面实施《上海市邮政业迎世博 600 天行动计划》。

【上海邮政业迎世博 600 天城市服务文明指数优异】7 月，在召开的上海市窗口指挥部第十一次工作会议上，市迎世博 600 天行动社会动员指挥部、窗口服务指挥部、城市管理指挥部联合发布《上海市迎世博 600 天城市服务文明指数第三次测评调查报告》。报告指出上海邮政业进步显著，服务文明指数从第一次测评的 82.81 分上升到 85.14 分，从处于迎世博窗口服务文明五色标识区的代表“良好”的蓝色标识区，首次进入为代表“优异”的绿色标识区。

【启动上海市邮政业迎世博 600 天行动窗口服务工作】8 月，上海市邮政管理局召开“上海市邮政业迎世博 600 天行动窗口服务工作暨立功竞赛先进表彰大会”。市城乡建设和交通委工会汪建然副主任出席会议并作讲话。

【上海市邮政管理局职业技能鉴定中心成立】8 月 7 日，上海市邮政管理局成立职业技能鉴定中心，指导快递业务员培训和技能鉴定工作有序开展。沪上规模较大的快递企业陆续启动实施培训工作方案和计划，首批有 700 余名快递业务员投入培训。

【参加政府网站在线访谈宣贯《邮政法》】8 月 21 日，上海市邮政管理局局长李惠德首次参与中国上海政府网站在线访谈栏目，以“宣传贯彻《邮政法》，让公众共享邮政改革发展成果”为题接受专访，具体介绍修订后的《邮政法》在邮政普遍服务保障、快递市场监管方面的创新和亮点，并与网民进行互动。“中国上海”政府网站和“东方网”同步在线直播，当日万余人在线收看访谈节目，上海各快递企业组织公司管理层集中收看。

【邮政设施网点列入大型居住社区市政公建配套设施建设】8 月 21 日，上海市人民政府正式印发《上海市人民政府印发关于推进本市大型居住社区市政公建配套设施建设和管理若干意见的通知》（沪府发［2009］44 号），将邮政服务列入涉及民生、关乎民利的大型居住社区百姓开门七件事，将邮政等设施网点配套工作，列为发展社区服务的“重中之重”，并提出了“各行业主管部门按照职责分工，做好专业规划审核，制订相关管理实施细则，并协调推进建设基地内外的配套建设、运营管理等工作”、“邮政配套设施由邮政企业按成本价收购后及时开办”等大型居住社区邮政服务设施建设的相关配套政策。

【上海市邮政管理局举办三期《邮政法》培训班】9月，上海市邮政管理局举办三期由120名国营、民营和外资快递企业法人和相关部门负责人参加的《邮政法》培训班。培训班讲解了《邮政法》修订的主要内容，重点讲解了与快递服务紧密相关的条款，并对参训人员进行了知识问答。

【4项审批事项纳入纳入上海市第二批行政审批告知承诺事项】9月，经上海市政府召开的第54次常务会议审议通过，根据新《邮政法》要求，上海市邮政管理局上报的邮政企业暂时停止或限制办理邮政业务审批、仿印邮票图案及制品审批、经营邮政通信业务审批、开办集邮票品集中交易市场审批等4项审批事项均被纳入到上海市第二批行政审批告知承诺48项事项目录之中。

【组织快递企业开展《快递服务》达标活动】指导快递协会组织动员快递企业开展《快递服务》达标活动，并完成了对邮政EMS、顺丰、申通、DHL等首批17家申请达标的快递品牌企业在全市92家网点的检查评审和颁证授牌工作。

（三）普遍服务

【概况】年内，上海市邮政公司以市场需求为导向，大力发展核心业务；以队伍建设为载体，深化经营方式转变。借助迎世博东风，推出多项世博服务项目，打造邮政品牌形象。围绕服务世博的要求，加快网点建设步伐，截至年底，上海市邮政公司共有邮政网点689个，其中支局241个、所322个、服务处126个，另设投递支局45个，特快邮件直投点14个，大宗邮件收寄处理点27个，集邮门市部7个，报刊门市部17个，代办邮政所5个，邮政信筒（箱）3673个。市内转趟路线357条，日运行22754公里。其中市区转趟路线254条，日运行11911公里；郊区转趟路线103条，日运行10843公里。向社会用户发放意见征询函12490份，收到回函4368份，用户综合满意度为92.2分，比上年提高0.8分，全年收到用户表扬信2377封。

【开办“爱心包裹”业务】中国邮政受中国扶贫基金会委托，承担“爱心包裹”受理、寄递以及捐赠款的归集等工作。4月26日起，上海市邮政公司开办“爱心包裹”业务。“爱心包裹”分学生型和学校型两种。年内，上海市邮政公司收寄学生型“爱心包裹”21959件、学校型“爱心包裹”227件。

【邮银双方签订代理银行业务协议】7月30日，上海市邮政公司与中国邮政储蓄银行上海分行（简称邮储银行上海分行）签订上海市邮政公司金融业务委托代理协议。邮银双方领导出席代理协议工作布置暨签字仪式电视电话会议，并签署《地级委托代理银行业务协议》，各一级支行领导班子成员、各区县邮政领导班子成员出席分会场会议。邮储银行组建后，全国邮政储蓄网点划分为一类支行、二类支行和邮政企业代理网点三种经营管理模式，这是“一网两制，全网统一”管理体制下，邮储银行改革过程中的重要创新举措。

【参与送金融知识下乡主题活动】9月22日，

邮储银行上海分行参与由上海银监局团委、团市委地区部、市金融青工会、金山区团委主办的“牵手小额贷款、放飞成功梦想——2009年送金融知识下乡主题活动”。邮储银行上海分行向青年代表赠送有关经济金融知识的书籍和农村青年创业小额贷款服务卡，并向参加活动的300余位创业青年代表提供产品推介和咨询服务。在现场举行的农村青年创业融资意向签约仪式上，邮储银行上海分行与金山团区委择优推荐部分创业青年签订《金融服务意向书》。

【完成农家书配送任务】 农家书配送项目是上海市市民阳光工程之一，也是上海市邮政公司服务“三农”的一大尝试。该项目由上海图书馆、世纪出版社和文艺出版社共同向上海10个区县的农家书屋捐赠图书。所有的图书都有上海市邮政公司负责提取、运输、分拣和配送，涉及全市10个区县648户，图书数量超过3000捆，共计10万余册，总重量达到55吨。2月，上海市邮政公司按预定时限完成全部配送任务，妥投率为100%。

【做好军营包裹收寄工作】 年内，上海市邮政公司为退伍军人返乡提供行李寄递服务，建立长期联络机制。在军营新老兵交替期间，组织人员上门设置临时收寄点，落实各种便民、利民措施，免费提供针线、包装材料、代客打包、邮编查询、单据填写等服务，方便复员军人邮寄包裹，主动为部队解除后顾之忧。同时认真执行邮件禁限寄规定，确保包裹寄递安全，突出军营包裹“收寄便利、资费低廉、寄递安全”的品牌特色。至年末，共收寄军营包裹15269件，其中快递包裹1088件，普通包裹14181件。

【上海市邮政公司代理销售世博会门票】 3月2日，中国邮政集团公司与上海世博局签署中国2010年上海世博局首批门票销售指定代理商授权代理协议，上海市邮政公司被列为世博会票务销售工作的主要单位，成为世博门票四大代理商之一。7月1日，上海市邮政公司通过534个邮政网点、1000余个东方书报亭和11185客户服务电话正式对外销售上海世博会个人实体票，当天累计销售个人票3262张。在前期（3月27日–6月30日）团体票销售中，销售门票超过100万张，截至年底，上海市邮政公司累计销售世博会门票310.47万张，占全国邮政总销售量的90%。

【邮政公司开展迎世博600天活动】 年内，上海市邮政公司为迎接世博会，结合行业特点，开展多项迎世博活动。3月25日，市文明办及迎世博600天城市管理指挥部到上海市邮政公司调研，上海市邮政公司向市文明办及迎世博600天城市管理指挥部汇报市公司迎世博600天行动主要工作及计划。3月27日，迎世博倒计时400天，上海市邮政公司志愿者参加在南京路世纪广场举行的迎世博志愿者歌曲、口号揭晓仪式。5月1日，迎世博倒计时一周年，上海市邮政公司结合“优质服务日”在全市各区县开展便民用邮咨询、征询用户意见等大型宣传活动。7月5日，迎世博倒计时300天，上海市邮政公司在长宁区迎世博窗口服务指挥部推出邮政便民活动专场。10月5日，迎世博倒计时200天，上海市邮政公司在普陀区向市民发放世博宣传资料，宣传邮政业务，接受业务咨询，提供健康咨询和测量血压等服务。

【上海市邮政公司开展迎世博“三五”集中行动】 根据迎世博600天行动计划和迎世博方案具体部署和要求，上海市邮政公司开展迎世博、讲文明、树新风“三五”集中行动。4月3日，启动仪式在上海邮政大楼举行，市文明办副主任陈振民、市建设交通党委秘书长王京春等出席。从4月5日起，上海市邮政公司在每月5日组织策划和安排迎世博“窗口活动日”活动，围绕各阶段服务工作重点，启动“迎世博、讲文明、展新貌——擦亮窗口月月行”活动，推出50个迎世博“三五”集中行动示范点，在窗口活动日开展宣传咨询活动，宣传迎世博“三五”集中行动的主题口号和具体内容，宣传邮政业务和服务项目，接受用户咨询和投诉，积极营造上海市邮政业迎世博的浓厚氛围。

【推出电子指路服务】为提高迎世博服务水平，5月5日，上海市邮政公司在石门二路邮政支局等4个网点推出电子指路服务。经过5个月的试点，已通过电话问路系统为1.5万人次提供指路服务。10月9日，上海市邮政公司首批23个网点和东方书报亭正式推出电子指路服务。市民可以在这些网点通过电话问路系统向11185话务员查询路线及交通方式，并可通过电话显示屏阅览查询结果，根据市民需求，还可将查询结果发送至指定手机。截至年底，有104个邮政网点和东方书报亭配备电话问路设备，20个邮政网点开通无线上网和丁丁网网络指路服务。

【设置“邮民联系箱”】上海市邮政公司在迎世博、讲文明、树新风“三五”集中行动工作期间，面向全市各区（县）街道、社区推广、使用“邮民联系箱”，接受市民对邮政服务质量的监督，同时也为市民提供便民服务。截至年底，共安装“邮民联系箱”1927个，此举被评为受社会公众欢迎的窗口行业迎世博“十佳服务举措”。

（四）快递服务

【概况】随着国民经济平稳较快发展，上海作为全国各大民营快递公司及部分国际快递公司总部所在地，本市快递服务继续呈现高速增长势头，市场规模继续扩大；总部经济效应显现，区域战略地位凸现；市场主体多元化，经营模式多样化；基础设施较为健全，企业综合实力较强；服务覆盖范围广，服务产品多样化。2009年，本市快递服务继续以30%以上的速度增长。其中，电子商务业务已经占据申通、圆通、中通等快递企业业务量的40~50%。各大快递企业收入同比增长28%以上，增幅明显高于上海市GDP增长率。

上海邮政速递提出“主动介入、源头参与、指导有效、支撑到位”的专业服务工作思路。国际业务方面，加强对重点业务和新业务的指导，对中速产品进行有效梳理，制定相应发展流程，整合业务、计财、查询等环节，形成完备的国际业务发展机制，国际业务量同比增长50.49%；国内业务以国内时限承诺服务为基础，建立“三强化一完善”工作机制，清晰产品体系和市场定位，突破长三角区域发展瓶颈，提升国内业务市场竞争力，国内异地业务量同比增长17.23%。

民营快递企业借助总部经济优势，继续高速增长，并加大快递总部、快递分拨中心等基础建设，快递服务能力进一步提升。申通快递有限公司拥有加盟网点684家，特许二级加盟网点716家，服务站点2000余家；年度票件揽收量29851万票，派送量29937万票。圆通拥有8大管理区（原上海、浙江、江苏3个管理区撤并后成立新的上海管理区，后更名为华东管理区，其余7个管理区保留不变），30多个分拨中心，5万名员工；日业务量旺季达到80万件/天，全年完成快件业务量1.6亿件，实现业务收入21亿元。为了满足公司发展需要，韵达快递在青浦区建设了集办公、操作、住宿为一体的总部基地；在全国建设了15个分拨中心，截止2009年年底，韵达快递在全国的分拨中心达到40个；全网络递送快件超过每天70万件。中通全网络快件量快速增长，比2008年增长了65%，日出件量最高近50万票；网络规模不断壮大，2009年新增网点263个，已达1813个；从业人数增加到近2万人，快件派送车辆增加到5141辆，主干线、支干线快件中转运输网络车增加到454辆；全网新增8个分拨中心，扩建8个分拨中心，全国分拨中心数量达到38个。

【申通在全国布点大型枢纽转运中心】申通快递华东分拨中心在浙江萧山落成，占地面积4.5万平方米，投资1.5亿，成为华东区枢纽转运中心。华北分拨中心在北京市顺义区落成，紧邻北京首都机场，占地50亩，投资1亿元，全部采用智能化流水线作业。

【中通总部着手建设】首期投资1.2亿的中通总部基地（位于上海青浦区华新镇）项目着手建设，将打造一个拥有自主产权的集办公、分拨、仓储、生活于一体的“总部基地”。

【中通开展到付业务和代收货款业务】在IT系统的全面升级下，中通快件到付业务在这一年全面开展，全年到付业务总额达2926万元；逐步在条件成熟的上海、北京、广东省推行代收货款业务，2009年代收货款总额达1.38亿元；中通速递还推行签单返回业务。这也标志着中通速递快递服务已向多元化方向发展。

【韵达开展同城当天件网上下单业务】为使客户更加方便的使用“上海同城当天件”服务，韵达快递在公司网站首页开通网上下单服务，客户只需录入收发信息及快件信息即可发件。同时，为了确保订单成功率，韵达快递成立了专门的项目组对网上订单逐一跟踪。为了满足客户的需求，韵达快递开通上海——杭州当天件业务，进一步提升了江浙两省之间的快件时效。

【圆通加大管理力度】圆通为加大管理力度，提高总部管控能力，不断完善和加强制度建设，先后修订了《网络管理制度》、《操作规范手册》、《员工手册》、《行政办公管理制度》、《取派件执行手册》和《客服岗位规范手册》、《标准加盟合同》等一系列规章制度。

【韵达、中通开展人才培养计划】韵达快递举行首次储备干部选拔摸底考试，拉开公司人才发展计划序幕。中通还从这一年起，全力打造企业人才培训机制，大力加强储备干部培训，着力培养适合企业发展需要的管理人才。

【多家企业获奖及称号】5月，上海总工会授予申通客服部（包括电子商务客服）“工人先锋号”称号。9月，全国首届电子商务与快递物流大会上，淘宝网联合中国快递协会举行的“网商眼中最佳快递公司”上申通获得最佳快递物流贡献奖和最佳社会责任奖。韵达快递先后当选为中国交通运输协会快运分会副会长单位、中国快递协会理事单位，被国家邮政局授予“2008年邮政业统计工作先进企业”荣誉称号，并获颁长城质量保证中心ISO9001：2008质量管理体系认证证书。

【EMS推出“国内特快专递邮件时限承诺”】2月26日，中国邮政正式向社会公众推出“国内特快专递邮件时限承诺”，对于客户在北京、上海、广州等100个承诺范围城市间互寄的标准型EMS邮件，将做到“限时未达、原银奉还”。上海市邮政公司以承诺服务的推出为契机，对各单位各频次投递现状进行剖析，查找影响和制约时限的主要原因，提出优化方案和措施，通过落实频次投递、预约投递等方式提高投递效果，设专人对各投递部门的EMS邮件及时投递率、及时妥投率、信息上网率等指标进行监控，全年未发生“原银奉还”差错。

【EMS 开办中美中英经济快递混合业务】针对金融、贸易企业和电子商务型企业邮件重量较轻的特点，上海市邮政公司于 6 月 5 日推出中美、中英邮政经济快递业务混合业务。年内，共形成业务量 17846 件。

【EMS 服务高等院校和考生】 年内，上海市邮政公司为各类院校和考生提供高考成绩单和录取通知书等 EMS 专送服务，扩大考试类业务产品范围，开发院校招生简章发放投递等新业务。高考录取通知书经上海市邮政公司渠道的特快专递业务类型包括春季、艺术类招生、自主招生、三校生、秋季招生、成人高考六大类，总寄递量 13.7 万件，其中同城共寄递 7.72 万件，国内异地共寄递 5.98 万件。成绩单业务类型包括春季、三校生、成人高考、秋季招生考试四种，总寄递量 9.2 万件。

（五）科技与文化

【概况】上海市邮政公司贯彻“科技兴邮”战略，围绕上海邮政改革和发展中心任务，进一步加强、完善科技及信息化管理和支撑体系，以科技创新推进体制创新、业务创新、服务创新、管理创新，以信息化带动传统邮政生产作业组织方式转变，促进上海邮政新一轮大发展。年内，上海市邮政公司完成储蓄 2.0 版本改造工程、速递综合平台二期工程、投递信息系统、储蓄系统物理大集中、代理保险系统大集中、统版 11185 系统等信息化工程建设和推广工作，支撑能力得到进一步加强。快递企业通过与知名软件公司战略合作，共同开发信息化系统；或是引进成熟先进的科技设备，进一步提升了快递服务能力。

在企业文化建设方面，以迎世博为契机，开展形式多样的便民和志愿服务，拓宽邮政文化内涵，连续五次获得迎世博 100 天优质服务贡献奖。先后获得“全国精神文明建设工作先进单位”、“全国五五普法中期先进单位”、“全国交通企业文化建设优秀单位”、“上海市文明行业”等荣誉称号。结合庆祝国庆六十周年等重大事件，举行各类纪念活动。上海邮政博物馆全年累计开馆 243 天，接待参观者 10.14 余万人。快递企业结合自身企业间的大事要事，实施提升企业品牌工程。

【上海市邮政公司投递信息系统上线运行】5 月 15 日，中国邮政投递信息系统上海推广工程在莘庄邮政支局、鞍山投递支局和静安投递支局 3 个示范网点切换上线。邮政投递信息系统是营业系统与网运系统互联互通工程（两网互通工程）二期工程的重要组成部分。为加强工程协调力度，上海邮政专门成立工程领导小组，业务、技术等部门组成工程领导组织机构，先后完成机房配套改造、主机扩容、设备安装、业务培训、基础数据准备等工作。至 6 月 30 日，其余 219 个投递支局均顺利完成上线推广工作，系统的推广实施全面提升了上海市邮政公司投递环节信息化水平。

【邮政储蓄物理大集中工程上线】上海市邮政公司作为邮政储蓄系统物理大集中工程第三批推广省。上海市邮政公司成立工程总指挥部，同时设立现场指挥部，下设工程组、技术组、业务组、后勤保障组，组织实施全市切换上线工作。制订《邮政储蓄物理大集中工程实施方案》，细化工作内容，明确工程实施的时间进度，同时明确各项工作的责

任单位，保证各项工作有序进行。11月16日，在工程总指挥部统一部署下，各单位严格按照指令要求，进行网络割接、数据移植和业务交易验证测试。11月17日7时，全市所有邮政储蓄网点正常开业，上海市邮政公司储蓄物理大集中工程成功上线。

【圆通与IBM战略合作项目启动】11月23日，圆通与IBM公司战略合作的关于集团管控运营能力提升、信息化规划，投资数亿元的项目在圆通总部启动。

【韵达总部引进双层流水线】为增大快件吞吐量，保障快件安全运输，提高快件转运时效，韵达快递总部新一批的双层流水线设备正式投入使用。

【邮政博物馆参加全国科技活动周主题展览】5月16–22日，由上海科技节组委会主办的“2009全国科技活动周暨上海科技节——上海科普场馆与世博同行大型主题活动展”在上海科技馆举行。上海邮政博物馆也在其中设立展区，结合邮政行业创新成果、集邮文化时代特色，通过大量展品和多媒体设备，宣传演绎“科技让世博更精彩”的活动内涵。通过上海市集邮协会组织近2000名青少年集邮示范基地学生参观邮政展区，安排专人为学生进行现场讲解，加盖纪念戳。

【上海市邮政公司举办庆国庆迎世博大型邮展】9月30日–10月9日，“庆祝中华人民共和国成立60周年 迎接中国2010年上海世博会集邮展览”在上海邮政博物馆中庭举行。作为对新中国60华诞的献礼，此次邮展是上海迄今为止规模最大、时间最长、类别最全的市级竞赛性综合邮展。展品内容涵盖FIP邮展全部的11个类别，共展出集邮展品365部、756框。经过邮展评审委员会、集邮专家们评审，在竞赛类展品中，共评出金奖、镀金奖、银奖、镀银奖、铜奖以及参展纪念奖共97部作品，一框类展品（在上海市工人文化宫会场展出）也评出一、二、三等奖共71部作品。为使更多集邮爱好者参与邮展，特设100框纪念封，让公众参与评选出“我最喜爱的纪念封”一、二、三等奖各一部，获奖名单及幸运奖名单在《上海集邮》11期上公布。

【韵达快递举办一系列十周年庆典活动】韵达快递先后举办了十周年暨第三届篮球比赛、韵达快递十周年庆典文艺汇演和以“十年风雨路，共创辉煌梦”为主题的十周年庆典活动。

【中通速递开展慈善爱心传递活动】中通速递开展“一封快递、10分爱心”慈善爱心传递活动，在社会各界引起较大反响。

十四、海洋海事

（一）综述

2009年，全市海洋生产总值约4300亿元，占全市生产总值的28.9%，占全国海洋生产总值的13.5%。2009年上海国际航运中心建设取得明显进展，江海直航取得突破，上海港实现货物吞吐量5.9亿吨，继续保持全球第一，集装箱吞吐量达到2500万标准箱，继续名列全球第二。洋山深水港西港区工程前期工作启动，长江深水航道整治三期工程基本完成，外高桥港区六期工程建设持续推进。

2009年，上海市海洋局与上海市水务局实行合署办公，探索海陆统筹的海洋管理新体制。按照依法行政、履职尽责的要求，本市海洋监察执法、海洋环境保护、海域使用管理等海洋工作保持平稳有序推进。

2009年，全市积极推进节能减排工作，以本市第四轮环保三年行动计划为抓手，加大陆源污染治理力度，加强城市污水处理设施改造，污水治理水平显著提高。全市城镇污水处理率达到78.9%，比2008年提高3.4%，提前一年完成COD减排“十一五”规划目标。

2009年，市海洋局继续加强海洋环境监测与评价工作，全面完成了年度常规监测、专项监测、应急监测、海洋防灾减灾等工作任务。全年共组织实施上海海域11大类任务60余个监测指标的海洋环境质量监测工作。共出动船监飞机38架次，总航时123小时43分，全年累计监测水质站716个，沉积物站位146个，生物站位250个，潮间带断面12条，累计出海1189人/天，陆地野外出车采样90人/天，共采集各类监测样品15024个，获得监测数据30745组。

2009年，上海海域海水环境质量总体状况基本稳定，污染有所减缓，主要污染物仍为无机氮和活性磷酸盐。上海海域沉积物质量总体状况良好，部分区域沉积物中重金属铜超海洋沉积物质量第一类标准。监测贝类体内总汞，六六六、多氯联苯的残留量均符合海洋生物质量第一类标准，个别贝类生物体内石油烃和坤残留量超标。除无机氮和活性磷酸盐外，各海洋自然保护区和海洋（涉海）工程区海域环境质量状况基本满足其功能要求。海洋倾倒区环境质量符合功能区环境要求。水源地邻近水域符合地表水环境质量标准。金山城市沙滩滨海旅游度假区环境质量总体良好，适宜开展海上观光、沙滩娱乐等休闲（观光）活动。上海海域全年发现赤潮3起，累计影响面积170平方公里。2009年上海沿岸共发生台风风暴潮过程和6次温带风暴潮过程。全年上海海域共出现灾害性大浪40天。长江口陈行水库邻近水域共出现12次咸潮入侵过程。

2009年，上海海事局全力保障辖区安全形势持续稳定，全面协助港航企业抗击国际金融危机，主动服务上海国际航运中心建设，努力提升海事服务层次和水平。启动深水航道交通管理新模式，强化黄浦江重点水域安全监管，全力维护长江口水域安全畅通。全年辖区水域共发生水上交通事故50起、沉船20艘、死亡27人、直接经济损失5607.99万元；与2008年相比，事故数和沉船艘数分别上升28.21%和33.33%，死亡人数和经济损失分别下降20.59%和46.88%；发生船舶污染事故5起，同比下降50%；水上交通安全形势持续稳定。

2009年，东海救助局共组织完成海上值班待命7259艘天，执行救助抢险任务422起，出动救助力量546次（其中救助船艇235艘次、救助直升机115架次、应急反应救助队142队次），援救各类遇险人员1373人（其中外籍人员109人），救助遇险船舶26艘，获救财产价值估算人民币33.97亿元。较好完成了“春运”、“两会”等重点时段和防抗台风、冬季寒潮大风等应急救助任务；全力做好海峡两岸海上全面双向直航应急救助保障工作。

2009年，交通运输部上海打捞局全年完成公益性抢险救助打捞和财产性救助打捞任务17起，船舶待命34艘天，拖航运输19航次，平台安装334艘天，海底电缆铺设61艘天，海洋工程服务2286艘天。执行救捞任务21艘次，先后在天津港捞起大型挖泥船“奥圣65”轮，在宁波虾峙门海域救助利比里亚籍30万吨超级油轮“FRONTPAGE”，在渤海湾救助机舱着火的“海阳88”轮，在佘山海域救助主机故障的扬州籍“兴航”轮以及“晋通”、“海友”、“港星”等遇险船舶和人员。

（二）海洋管理

【上海市海洋局举行揭牌仪式】9月10日，上海市政府举行上海市海洋局揭牌仪式。在上海市新一轮机构改革中，上海市海洋局从挂靠国家海洋局东海分局调整为与上海市水务局合署办公。上海市海洋局的揭牌成立，标志着上海市海洋工作站在了新的起点上。上海市海洋局局长张嘉毅表示，将进一步为社会提供高效、便捷、透明的海洋公共服务，坚持依法行政，加强综合管理，加大执法力度，并发挥上海市海洋经济联席会议的协调作用，推进上海海域与陆域联动发展、河口与海洋共同保护，以及水土资源与海洋资源的科学开发和高效利用，更好地服务上海、服务长三角、服务全国，促进海洋经济又好又快发展。

【2009'上海海洋论坛在浦东新区隆重召开】 11月18日，以“海洋工程·世界航运”为主题的“2009·上海海洋论坛”在浦东新区隆重召开。此次论坛由国家科技部、国家交通运输部、国家海洋局与上海市人民政府共同举办，上海市海洋局、上海市科委、上海市交通运输和港口管理局、浦东新区人民政府、上海临港新城管理委员会承办。论坛采取主题报告和分组专题报告的形式进行。上午，中国船舶工业集团公司总经理谭作钧先生、伦敦航交所总裁代表Philip Williams以及上海市市委副秘书长、浦东新区区长姜樑分别作了题为“挑战与机遇——中国船舶工业发展趋势分析”，“伦敦航运中心经验对上海航运中心建设的启示”和“浦东国际航运中心核心功能区建设”的主题演讲。下午，参会政府部门负责人、国内外专家学者和知名企业家围绕世界航运服务、海洋工程和海事信息科技三大板块展开分组专题论坛，分别从不同角度就航运服务、海洋工程装备产业发展和海事科技信息服务等议题进行了深入讨论。

【市海洋局全面启动《上海市海岸保护与利用规划》编制工作】 为保证上海市经济可持续发展的合理用海需求，最大限度地减少海岸资源浪费，提高海岸资源的利用价值，市海洋局全面启动第一个《上海市海岸保护与利用规划》编制工作。该规划将于2010年上半年完成文本的送审稿。该规划是市水务局与市海洋局合署办公后启动的首个海洋规划。

【深化和规范海洋倾废管理工作】 全年共受理海洋倾废行政许可申请231份。经审核，共签发海洋倾废行政许可证正本156份，副本954份。其中，疏浚物海洋倾倒许可证正本149份，副本945份。倾倒方量为349.2万立方米。收缴倾倒费约104.7万元；批准骨灰撒海许可证正本7份，副本9份，共计1467盒。

【认真做好海域使用行政许可工作】 全年共依法受理、审批市政府审批的海域使用项目4宗，核发海域使用权证书4本，确权面积51.4555公顷；批准临时用海项目1宗；经我局审查后向国家海洋局上报了2宗用海项目，转报区域建设用海总体规划1宗；对2个项目用海提出行业审查意见。

【加强海洋执法工作】 截止2009年11月底，共组织海洋执法巡查36次，出动执法人员184人次；立案3件，结案3件，已执行罚款金额21万元。

（管永华）

（三）海事管理

【概况】 2009年，上海海事局全力保障辖区安全形势持续稳定，全面协助港航企业抗击国际金融危机，主动服务上海国际航运中心建设，努力提升海事服务层次和水平。启动深水航道交通管理新模式，强化黄浦江重点水域安全监管，全力维护长江口水域安全畅通。全年辖区水域共发生水上交通事故50起、沉船20艘、死亡27人、直接经济损失5607.99万元；与2008年相比，事故数和沉船艘数分别上升28.21%和33.33%，死亡人数和经济损失分别下降20.59%和46.88%；发生船舶污染事故5起，同比下降50%；水上交通安全形势持续稳定。

增强应急处置能力，提高水上救助效率。建立海空救助与巡航执法合作机制，实现资源共享。“海巡 21”轮圆满完成建国以来规模最大的海上搜救演习任务。开展世博园区应急扫测、“6.5 世界环境日”等应急演练，提高应急实战能力。成功救助“雪龙”号舰载直升机坠江人员，圆满完成葛洲坝至三峡库区落水集装箱应急扫测任务。2009 年辖区水域共开展搜救行动 206 次，成功救助遇险人员 1198 人，搜救成功率 94.18%，呈逐年提升趋势。

开展驾驶台资源管理专项活动，提高船员操作技能和安全意识。实施“四客一危”船舶专项检查，保障人民群众出行安全。全面推进“吨位丈量”专项检查，查处船检质量问题。建立黄浦江泥浆渣土运输联动管理机制，增强管理合力。组织开展砂石船、施工船专项整治工作，减少水上安全隐患。参与上海地区清理整顿外派海员市场秩序专项行动。认真落实防抗台风、冬雾强风等专项措施，保障恶劣气候下的船舶安全。

加强海事行政处罚预审工作，不断提高行政处罚规范管理水平，全年共实施行政处罚 3499 件，罚款金额 1138 万元。

启用 PSC 和 FSC 选船机制，提高船舶安检工作有效性和针对性。2009 年，我局共实施 FSC 检查 4062 艘次，PSC 检查 548 艘次；实施开航前检查 78 艘次，连续 11 年未发生被检船舶在国外被滞留的情况。全年共办理船舶进出口签证 345669 艘次，进出口查验 38116 艘次；各类船舶登记 2871 艘次，在册登记船舶 2059 艘，总吨 11281455。巩固危险货物集装箱开箱检查工作机制，全年共查获瞒报案件 113 起。强化预防预控措施，加强对烟花爆竹等高风险危险货物的监督管理。持续有效运行船员考试、评估、发证管理体系，全年共举办 32 期船员适任证书统考，完成船员考试和评估 26323 人次，签发各类船员证书 57109 本。履行行业监管职能，共对 11 家船员教育和培训机构、25 家甲级服务机构进行质量审核。严肃查处“船检举报”案件，从源头上严控低标准船舶。顺利完成注册验船师资格认定考试工作。加强航运公司安全管理体系审核，促进航运公司安全自律，全年共开展公司审核 137 家、船舶审核 209 艘次。及时开展审核后跟踪验证，实现航运公司安全管理动态监控。

研究制定了贯彻落实国务院加快建设上海国际航运中心意见的 48 项针对性措施。与虹口区政府、上海航交所签订合作框架协议，支持现代航运服务业发展。积极筹建船员服务行业协会，推进国家级船员评估中心建设。加快长江至洋山特定航线船型标准研究步伐，促进洋山港集装箱水水中转。采取特定航线签注措施，解决江船入海的船员瓶颈问题。完成特案免税登记政策实施效果评估和深化研究，全年登记特案免税船舶 7 艘，总吨 60376。采取有效措施，支持上海邮轮经济发展。成功承办 2009 上海国际海事论坛，加强国际合作交流。

多管齐下，优化船舶通航环境。清除辖区碍航物和沉船沉物，创造安全顺畅的通航环境。支持“崇启大桥”工程顺利推进，完成长江大桥试运行、青草沙水库龙口合龙现场守护和安全保障工作。多渠道、多方式开展工作，遏制渔业捕捞非法占用通航水域的行为。加强现场监管，配合长江口深水航道三期工程建设。“海巡 21”轮在长江口定线制水域开展常态化巡航，为过往船舶提供海事监管服务。

稳步推进东海海区各项航标业务工作，开展综合助导航服务体系建设。逐步实施延长航标维护周期管理策略，积极推进航标服务质量体系建设。加大航标遥测系统、AIS 航标等新技术的推广应用力度，增强航海保障信息化服务能力。认真实施航标行业行政审批管理，切实履行行业监管职能。填补辖区助航空白点，减少航标助航服务盲区。2009年东海海区管理航标总数为4091座，同比增加12.6%；完成维护工作量1370810座天，航标正常率99.92%，航标维护正常率99.97%，均优于部颁标准。

持续改进质量体系，提高测绘产品生产质量和效率。开展网格化测量，HPD正式投产，海图生产能力显著加强，全年共完成测绘任务8504换算平方公里。实施应急扫测46次，扫测面积8012换算平方公里。引进先进制版系统和胶印系统，显著提高海图制印质量。建立ERP数字化业务管理网络系统，实现印制过程集中管理与控制。采取有效措施，保证全国港口航道图数据安全传输。实现中国沿海港口航道序列图正式出版发行，全年共发行纸海图98421张，电子海图52004幅/次。

加快通信技术改造，建立VHF安全语音广播系统，完成NAVTEX系统和自动信息化改造，并取得ISO通信质量体系认证。完善通信应急反应制度，确保水上安全通信畅通、及时。

抱团取暖，与航运公司共克时艰。新辟北支水域等多个临时锚地，方便船舶停航待泊。实施船舶登记分类管理，提高审批效率。主动实施船舶现场签证和自助签证，探索远程电子签证，近十万艘船舶得到便利。开辟水上绿色通道，确保重要能源类货物安全畅运。船舶和船员证件申办实行“特事特办、急事快办”，为特需船舶开辟“快速通道”。发挥海事专业优势，支持浦江两岸开发建设。完善金山辖区防抗东南风和锚泊管理措施，服务上海化工经济安全发展。

精心组织，夯实世博安保工作基础。建立世博水上交通管控和应急组织指挥体系，编制完成世博安保手册和13个应急预案。试运行新版船舶动态管理系统，为世博安保建立船舶数据交换平台。全面启动黄浦江航标改造工程，努力保障浦江游览和世博客渡船舶安全、清洁航行。开设绿色通道，服务世博涉水工程建设。

换位思考，落实便民利民措施。简化非开放码头临时接靠国际航行船舶审批手续，支持企业生产。主动提供咨询，做好《燃油公约》宣贯和发证工作。完善进出口岸查验和船载危险品EDI申报系统，强化无纸化申报功能。开展信誉管理后抽查工作，继续巩固完善船载危险货物诚信申报机制。运用计算机远程系统，船员考试及海员证、服务簿申办实现无纸化。做好H1N1疫情防控工作。推陈出新，“五零服务”、“五心四精”、“暖心服务”、“四着五度”等服务措施渐入人心。

完成科技信息中心改造工程，实现全局数据整合与备份。推进资源整合与系统集成，建成功能强大、内容齐全的海事业务管理平台。AIS网格化管理平台作用日益凸显，科学技术带动安全监管现代化、效能化。

以迎接国际海事组织（IMO）履约审核为契机，不断提高内部规范管理水平，不断增强履约能力，并最终顺利通过IMO自愿审核机制的审核。

【加强海事国际交流，探讨“绿色拆船”理念】 2月27~28日，第二届“IMO安全与环保拆船地区研讨会”在上海举行。研讨会由国际海事组织主办，中国海事局承办，中国拆船协会协办，上海海事局具体组织。

来自挪威、美国、日本、法国、丹麦等10个国家的22名政府部门官员及拆船业代表及外交部、环保部、交通运输部、中国拆船协会等在内的34名中外来宾参加了本次研讨会。国际海事组织海环司官员NIKOLAOS、交通运输部国际司副司长李光灵、交通运输部海事局副局长刘副生应邀出席会议，围绕拆船管理议题，共同探讨“绿色拆船”理念，推进《安全与环境无害化拆船国际公约》生效工作。

席卷全球的金融危机加快了老旧运输

船舶的更新和淘汰，拆船业因而得到了蓬勃发展。在此背景下，国际海事组织加快推动《安全与环境无害化拆船国际公约》的制定和生效工作。作为世界主要的造船大国、航运大国和拆船大国，中国政府始终坚持走可持续发展道路，在拆船领域，不断加强与国际海事组织的合作，此次上海研讨会为各国代表提供一个交换意见、经验介绍、增进友谊的广阔平台，也使中方进一步了解国际海事组织的安全与环境无害化拆船管理理念和方法。

上海研讨会对国际海事组织、各国家代表之间进一步加强交流与合作，为促进《安全与环境无害化拆船国际公约》在今年5月香港的外交大会上顺利通过，具有重要意义。

【中日联合海上搜救通信演习在上海举行】中日联合海上搜救通信演习于3月27日上午在沪举行。这是上海海上搜救中心(上海RCC)首次与日本海上保安厅神户分部(神户RCC)进行无预案通信演习。

整个演习历时70分钟，工作语言为国际习惯通用的英语，全程模拟了特定海域船舶火灾、人员遇险等假想情况下，双方搜救中心在接收报警、核查险情以及组织开展联合搜救行动期间的协调通信工作。

此次演习是中国海上搜救中心与日本海上搜救中心共同商定举行，上海RCC根据要求与日本神户RCC联合完成演习任务。无预案通信演习，检验了搜救通信的实战效果，加强了上海RCC与神户RCC之间的协调配合，提高了双方搜救协调员的沟通、协调与应急处置能力。

【上海建立海空救助与巡航执法合作机制】为迎接上海世博会，加强对世博相关水域通航情况的海空立体巡查，5月5日，上海海事局与东海第一救助飞行队在上海高东机场举行了“建立海空救助与巡航执法合作机制”签字仪式，并启动“迎世博 保安全”首次巡航任务。

为更好地应对世博安保任务，上海海事局已研究制定了以VTS指挥中心为调度中心、海事巡逻艇和巡视车进行辖区巡航的巡航模式，取得良好效果。但由于上海港水域辖区航道复杂，气象、海况恶劣，执法轮艇受自身性能影响，无法实现整个辖区巡航，需要空中救助的配合。

一直以来，东海第一救助飞行队作为专业海上空中救助队伍在参加水上搜救中发挥了非常重要的作用，随着近几年来人员、配备的完善，专业救助直升机的功能进一步发挥，逐步具备了参加立体巡航的能力。在各方面都具备了成熟的条件后，使海空立体巡航成为一种势在必行的态势。

此次合作机制的建立更加强了交通运输部在东部海区单位间的合作，使海事和救助单位之间在共享搜救应急信息资源和实行实时信息互联互通的基础上，实现资源共享、建立快速有效的人命搜救机制，并为水上交通违法行为调查取证提供帮助的有益探索。

在上海海事局真正实现了以VTS中心为指挥中心、巡逻艇（巡视车）和直升机相互配合的真正意义上的立体巡航后，必将为保障上海港辖区通航、施工安全、水域环境清洁和上海世博会的顺利召开起到更加积极的作用。

【上海虹口等三方签署现代航运服务体系合作协议】5月19日下午，上海海事局与虹口区人民政府、上海航运交易所在虹口区机关办公大楼(简称：上海航交所)签署了三方协议，拟以北外滩航运服务集聚区为依托，整合资源，优势互补，在建设船舶交易信息平台、船员服务行业协会、船员评估中心等方面开展合作，先行先试，完善上海国际航运中心现代航运服务体系。三方将以“北外滩航运服务集聚区”为依托，携手推进现代航运服务体系及上海国际航运中心建设。由此，国际航运中心建设迈出了实质性的一步。

在这份名为“加快建设上海国际航运中心现代航运服务体系合作框架协议”中，各方同意为加快上海国际航运中心建设及北外滩航运服务集聚区开发建设各司其职，三方合作重点将主要围绕建设全国性船舶交易信息平台、建立国家级海船船员评估中心和船员人才市场、抓紧落实完善国际邮轮挂靠北外滩等5项政策措施。

虹口区的北外滩航运服务集聚区，作为上海国际航运中心建设“一港三区”的重要组成部分，已被国家和上海市相关文件纳入了上海国际航运中心的发展布局。实际上，为加快上海国际航运中心建设及北外滩航运服务集聚区开发建设，虹口区政府、上海海事局、上海航交所等已开始在政策规划上“先行先试”。

【黄浦江世博园区完成航道应急扫测演练】6月16日，上海海事局在黄浦江世博园区水域举行“迎世博应急扫测演习”，这是上海港水域首次举行应急扫测演习，也是全国海事系统第一次海事扫测演习，其目的是为2010年上海世博会期间的水上交通安全提供应急扫测保障。此次演习通过海测船的声呐定位和打捞船的潜水探摸等先进技术，及时清除危险品，消除对世博会的危害。

世博期间，世博范围内将设6个轮渡和水门共7条线路。预计世博7000万游客中，将有20%左右通过水上进出园区。水上航线高峰时段2分钟一班。上海海事局严密部署，周密计划，在世博会举办前向董家渡水域增添江面巡逻力量，拟新增4艘船、调剂3艘船，使该水域巡逻船只达到15艘，基本能保证在一个小时左右迅速清除落江危险品。

【黄浦江世博水域首次实施水下全“透视”】6月18日至23日，上海海事局海测大队顺利实施了对黄浦江世博园区航道多波束全覆盖扫测，对辖区水域水下情况进行了全面的“透视”体检，确保黄浦江世博会水域的水上水下安全。

此次针对辖区水域进行的水下扫测，范围自上海大连路隧道开始，向上游测量至川杨河，全长约15公里，平均宽度约260米。执行此次任务的“海测1010”轮配备国际领先的多波束全覆盖扫测仪器，通过扫测船的来回穿梭航行，装在船底的扫测仪可以像CT透视机一样对水深、水下障碍物等情况进行全面透视检查。

经过6天的连续测量，上海海事局海测大队清楚的探明了黄浦江世博管控区航道的水底情况，为水上航运安全以及世博安保提供了详细的第一手资料。

【上海世博会水上交通安全与应急保障工作协调会在上海召开】7月4日，交通运输部海事局上海世博会水上交通安全与应急保障工作协调会在上海召开，部海事局曹德胜副局长，上海海事局徐国毅局长、常富治副局长和洪冲副局长，部海事局航测处、通航管理处有关领导出席会议，参加会议的还有上海海事局、江苏海事局、浙江海事局、长江海事局、上海市地方海事局、重庆市地方海事局、江苏省地方海事局、浙江省地方海事局、江西省地方海事局、安徽省地方海事局、湖南省地方海事局、湖北省地方海事局等各相关单位的代表。会上着重研究了如何落实“世博安保环沪护城河”有关工作要求，讨论了船舶源头管理及船舶签证管理信息系统在世博水上安保工作中的实际应用、通过世博核心控制区船舶安装AIS设备和自动导航仪相关政策以及危险品运输管理和水上交通管制的相关事宜。

【“2009上海国际海事论坛”在上海举行】9月15日～16日，由中华人民共和国海事局主办、上海海事局承办的“2009上海国际海事论坛”在上海国际会议中心隆重举行，本次论坛的主题为“海洋环境保护面临的责任和挑战”。中国交通运输部副部长徐祖远、上海市副市长沈骏、国际海事组织环保司司长 Miguel·Palomares、联合国环境规划署西北太平洋行动计划副协调员钟晓东先生以及美、德、英、日、韩、澳大利亚、加拿大、东盟等来自世界各地的专家出席了论坛。与会专家就防治海洋环境污染和加强全球海洋环境保护问题展开交流探讨。

当前，随着全球航运业的高速发展、海上运输的日益繁忙，船舶及有关水上活动对海洋环境造成的污染威胁也随之激增。船舶事故引起的溢油、船舶营运中所排放的有毒液体物质、生活污水、垃圾等污染物对海洋环境造成了严重威胁。同时，席卷全球的金融危机也给海洋环境保护带来新的挑战，船东为降低成本，减少安全和环保投入；海上大量停航船舶配员不足，存在很大的安全和污染风险。大力发展“绿色航运”、减少船舶污染物的排放、加强全球海洋环境保护，已成为国际社会的共识。

论坛上，全球200余名海事专家将就“国际海事组织出台、修订海洋环境保护公约、规则的进展情况”、“国内外海事管理机构履行与海洋环境保护相关的公约、规则的情况”、“从事船舶污染防治的国际知名机构、组织履行海洋环境保护公约、规则的情况”、“航运界在海洋环境保护工作中取得的成功经验”四项分议题展开充分的探讨和交流。

多年来，中国海事局积极开展船舶污染防治方面的国际交流合作。上海国际海事论坛，成为中国海事局举办的关于海洋环境保护的国际性常设论坛。自2003年以来已成功举办三届，目前已逐步成为中国海事的重要品牌和上海国际航运中心建设的重要窗口，得到了国际海事界的积极响应和一致好评，已经成为国际海事领域具有较高影响力的主要论坛之一。

【上海首座“世博航标”黄浦江抛设 太阳能供电夜间发光】10月13日，上海世博会倒计时200天之际，外滩黄浦江上，上海海事助航世博首座新型航标抛设仪式在“海标25”轮隆重举行，标有“世博会”和“中国海事”标志的首座新型世博航标正式在黄浦江陆家嘴水域成功抛设——这也标志着上海海事局全面启动黄浦江航标升级改造工作，截至2009年底，黄浦江下游吴淞口至上游闵行段将放置28座新型世博航标。

13日11时，由上海市迎世博600天行动窗口服务指挥部、上海市城乡建设和交通工作委员会和上海海事局共同举办的“上海海事助航世博航标保障启动仪式”在黄浦江陆家嘴水域的船舶上举行，首座新型世博航标也正式在黄浦江成功抛设。

黄浦江在今年年底前将完成28座浮标的统一更换升级，新型浮标以分体式塑料为材料，比之前铁质航标寿命更长，可达10年以上，配有一体化太阳能灯器，浮标正面设计为标有世博会会徽和“中国海事”字样的LED字牌，“一到夜间就能闪闪发光，供电就来自于太阳能板，连续20天阴雨均能正常运行。”

新型助航标志还安装了遥测遥控终端和船舶自动设备系统，可以实现24小时的跟踪监控，以确保黄浦江水域世博航段航标处于正常工作状态。此外，在吴淞口灯塔上部围栏也将各设置一块长3.5米、高1.97米，可加载文字、图片、表格、动画和视频等功能的弧形全彩显示屏，届时可实时播发海事通航、水文气象等信息。

【“海巡21”轮与美国海岸警卫队交流并进行实兵演练】11月4日中午，上海海事局现役最大也是先进海巡船“海巡21”轮，与美国海岸警卫队“急流”（RUSH）号在上海世博园区核心水域，联合执行了世博水上安保等多项演练任务。参与演习的还有“海巡1033、1036、1038”轮。

上海世博园区水域航道窄，船舶密度高，游览船、过江轮渡等船舶定时往返浦江两岸，在长达半年的时间内要保障世博园区船舶安全、准点地运行，对水上安保工作提出了很高的要求。演习前，上海海事局就世博安保经验、核心水域防污染面临的任务和挑战等内容与美方进行了交流，随后“海巡21”轮通过讨论交流、水上演练等方式，实地检验了世博安保各个预案，并在世博园区核心水域开展了巡逻警戒、水上搜救、通讯指挥、恶劣气象等各个科目的训练，增强在复杂条件下的实战能力，积极为世博安保砺兵备战。

【上海长江口航道《南槽航道（二）》等五幅港口航道图正式出版】12月28日，由人民交通出版社出版、首批具有国家统一书号的上海长江口航道《南槽航道（二）》等五幅港口航道图正式出版。此举标志着海事系统航海保障能力迈上了一个新的台阶，海事测绘成果的社会法律地位得到进一步提升。

【上海海事局国际海事公约数据库正式对外发布】2009年年底，上海海事局国际海事公约数据库正式对外发布。数据库采用ASP.NET开发语言，底层数据库采用MICROSOFT SQL SERVER 2005；服务器操作系统WINDOWS SERVER 2003，安装IIS服务。

通过船舶进行国际货物运输行为本质上属于一种跨国商业行为，该行为受到各类相关国际公约的制约；对于船员、船舶所有者、经营者们而言，如果能够便捷快速地查阅各类国际海事公约，将为其提供更为有利的法律依据和航运指导。建立一个完整且具有友好用户界面的公约数据库的意义不言而喻。

上海海事局国际海事公约数据库在全国海事系统开历史之先河，在原上海海事局“国际海事公约数据库”六大公约十份强制性文件的基础上，扩大到全部IMO、ILO有关国际海事公约、议定书、规则以及历年修正案的绝大部分中英文数据；还原每一份公约从最初的制订到历年修正情况这一整个公约的发展轨迹，以期形成一个尽可能全面、完整的公约库以供学习、查证。数据库囊括了被称为“海洋宪法”的《联合国海洋法公约》,《国际海上人命安全公约》、《国际防止船舶造成污染公约》等国际海事组织（IMO）发布的国际海事公约，近四十份其他国际海商事公约，包括《2006年海事劳工公约》在内的五十二份国际劳工组织发布的国际劳工公约文本，IMO历年通过的十四部强制性规则（除《国际海运危险货物规则》IMDG外）。

该数据库在海事系统内属于首创，在原上海海事局“国际海事公约数据库”六大公约十份强制性文件的基础上，扩大到全部IMO、ILO有关国际海事公约、议定书、规则以及历年修正案的绝大部分中英文数据，建立了完整可靠的树形目录结构供无偿地提供用户浏览；数据完整、可靠，绝大部分文本均提供中英文对照版本；提供便捷的搜索引擎，提供关键字查询功能，同时支持300位用户的在线查询和搜索。

（徐敏霞）

（四）救助打捞

【概况】2009年，东海救助局共组织完成海上值班待命7259艘天，执行救助抢险任务422起，出动救助力量546次（其中救助船艇235艘次、救助直升机115架次、应急反应救助队142队次），援救各类遇险人员1373人（其中外籍人员109人），救助遇险船舶26艘，获救财产价值估算人民币33.97

亿元。较好完成了“春运”、“两会”等重点时段和防抗台风、冬季寒潮大风等应急救助任务；全力做好海峡两岸海上全面双向直航应急救助保障工作。

交通运输部上海打捞局现有职工1605名，其中各类专业技术人员652名；拥有各类拖轮和特种船舶41艘。全年完成公益性抢险救助打捞和财产性救助打捞任务17起，船舶待命34艘天，拖航运输19航次，平台安装334艘天，海底电缆敷设61艘天，海洋工程服务2286艘天。全年执行救捞任务21艘次，先后在天津港成功捞起大型挖泥船“奥圣65”轮；宁波虾峙门海域成功救助利比里亚籍30万吨超级油轮“FRONT PAGE”，渤海湾成功救助机舱着火的“海阳88”轮，佘山海域成功救助主机故障的扬州籍“兴航”轮，以及“晋通”、“海友”、“港星”等遇险船舶和人员，较好地履行了公益性职责；成功研制我国200米饱和潜水逃生舱系统；从国外引进300米饱和潜水系统、新型水下作业车系统（ROV）具有世界级的先进水平，以及新建造了2只1200T打捞浮筒等，大大提升了我国大深度水下救援和打捞的作业能力，为服务海洋经济发展提供了有力的保障。

（赵国财　石小洁）

【“东海救113”轮在广州交船】1月18日，“东海救113”轮交船暨首航仪式在广州中川黄埔造船有限公司成功举办，交通运输部徐祖远副部长专程赴广州出席了仪式。，“东海救113轮”是一艘全天候远洋救助船，由广州中船黄埔造船有限公司承建，今年1月6日试航，1月1 8日交船。该轮全长98.97米，宽15.2米，主机功率达到9000千瓦，造价接近2个亿。它的满载排水量达到4900吨，设计航速超过20节，具有直升机起降平台，可抗击12级大风，在恶劣天气下能实施有效救助，救助能力居国际先进水平，是目前国内综合救助能力最强的主力旗舰之一。

【成功救助失火船舶】1月9日，“东海救112”轮、应急反应救助队联合救助直升机在长江口以东约120海里处，成功救助受大风浪袭击机舱失火的香港籍遇险船舶“AN TAI JIANG”轮，船上满载4080吨沥青。

【“东海救169”轮成功救助一被撞油轮】4月8日凌晨1时36分，满载4500吨0号柴油的“利华6号”轮在由大连驶往南京途经黄海中部海域时，在北纬34度46分、东经122度40分处与一艘名为“长果”的货轮相撞。东海救助局救助值班室启动应急救助预案，急派“东海救169”轮火速赶往现场，并在航途中做好了封堵油路、抽水、带缆和防油污等应急准备，出事海域处在南北主航道，难船已失去动力，机舱和船艉大量进水，船体正逐渐下沉，船艉部水位接近主甲板，燃油舱发生大面积漏油。船上17名船员被转移到“长果”货轮上。

8日早上6时30分，“东海救169”轮抵达失事海域。救助船员采取急救措施，及时封堵和切断了货油舱和燃油舱的油口、透气管和测量孔等，预防和控制货油和燃油泄漏。同时，东海救助局“东海救112”轮和连云港基地应急救助小分队做好了增援的准备。

8时45分，为保证拖航的稳定性和安全，“东海救169”轮慢速航行，救助艇跟后观察，救助船员加强瞭望，经过28个小时的艰难航行，于9日15时30分将“利华6号”油轮顺利拖至安全水域。

【完成搜寻雪龙号舰载直升机残骸任务】4月12日，完成中国第25次南极考察任务的哈飞“直九”直升机，在上午11时20分左右转场离开“雪龙”号极地科学考察船，从“雪龙”号起飞一分多钟后失事坠江，“东海救111”轮、“东海救201”轮、“华英388”艇及应急反应救助队联合救助直升机，在上海外高桥水域成功搜寻打捞“雪龙”号舰载坠江直升机残骸。

【保障夏金海峡横渡活动】8月15日，“东海救502”轮和“华英391”艇圆满完成了“2009夏金海峡横渡活动”的水上安保任务，为来自海峡两岸的百名游泳健儿顺利参与活动提供了安全保障。

【东海救助局在吴淞口锚地举行海空立体应急保障演练】7月25日，为确保上海世博会期间东海辖区安全形势的稳定，东海救助局在长江口吴淞锚地举办了海空立体应急保障演练，4艘专业救助船艇、应急反应救助队协同2架救助直升机高效完成了水上遇险落水人员搜救等预订演练科目。上海市建设和交通工作委员会、上海市交通战备办、上海市应急办、上海市反恐办、上海市世博协调局、海军上海基地等多家单位的领导观摩了演练。

【与美国海岸警卫队举行联合搜救演练】11月5日，东海救助局和专程到访的美国海岸警卫队在长江口吴淞口水域举行了海上联合搜救演练。美国“急流”号舰艇与“东海救113”轮、“东海救201”轮和“华英388”艇以及一架专业救助直升机高效完成了海空立体联合搜救落水人员等多项预订科目，得到了现场观摩嘉宾的一致好评，并有效提高了东海救助局海空立体应急救助的能力与水平。

【长江口伊朗遇险货船37名遇险者全部获救】11月1日，一伊朗籍货轮“ZOORIK”在长江口外绿华山锚地走锚，触礁搁浅。经东海救助局和东海第一救助飞行队的全力营救，船上36名船员和1名2岁左右的男童全部获救。货船船长159.4米，宽24.8米，总吨位23720吨，该轮是10月31日从南通港起航，11月1日早晨途经长江口时发生触礁搁浅事故的，船上载员37人。事发后，“ZOORIK”船长决定弃船，并发出了求救信号。东海救助局接到救助信息后，立即启动应急预案。5时31分，在长江口执行动态待命的“东海救159”轮立即奉命紧急出动，并于7时10分率先抵达现场，救助船在现场守护遇险船，确保37名遇险船员生命安全，同时做好放艇救人的一切准备工作。与此同时，东海救助局向东海第一救助飞行队下达“救助任务书”，6时36分，直升机“B-7310”首先出动，于8时22分在场救起13名遇险船员返航。7时58分，第二架救助直升机“B-7309”起飞，8时30分到达事故现场，9时34分，救起11名遇险船员返航。自此，现场共救起遇险船员24人。9时50分许，救助直升机“B-7310”再一次起飞飞往失事现场，又于10时50分将余下的13名遇险者救起。

【长江口佘山水域成功救助8名船员】11月17日上午，采砂船“靖通888”轮、“龙祥8”轮在长江口佘山以南5海里处，遭受大风浪袭击，船舶失控，随风漂流，两条船随时有相撞和倾覆的危险，船上8名船员命悬一线。求救信号快速发出。17日8时40分，东海救助局救助指挥值班室接报。在长江口执行救助待命的大马力救助船“东海救113”轮奉命紧急出动。“东海救113”轮于10时20分抵达事故现场。10时25分，3名船员被救到了救助船上。10分钟后，救助艇再次急靠另一条难船“龙祥8”轮，成功将5名遇险船员救起。

（石小洁）

【“德意”轮成功救拖30万吨超级油轮】9月29日凌晨1时，一艘30万吨的超级油轮在宁波虾峙门航道海域因撞急需救助，交通运输部上海打捞局获悉迅速指令“德意”轮从外高桥码头直驶救助现场。

利比里亚籍超级油轮“FRONT PAGE”，长330米，宽60米，型深29.70米，载重吨29万9164吨，在宁波虾峙门航道准备进口时，因不熟悉航道等原因与锚泊船发生碰压，导致“FRONT PAGE”左舷4号和5号压载舱受损，船体上层甲板撕裂。同时，锚泊船的锚链严重缠绕“FRONT PAGE”螺旋桨，致使其中的4片车叶受损掉落，30日4时15分，“德意”轮抵达救助现场。

10月1日11时12分，“德意”轮主拖缆成功带妥“FRONT PAGE”船首。3日凌晨2时，难船完成最后12000立方的燃油驳载。根据救助方案，17时15分，“德意”轮单船拖带“FRONT PAGE”轮离开虾峙门南锚地驶往青岛北海船厂。经过13天的海上拖带，于12日9时50分，在青岛北海船厂航道附近，“德意”轮将“FRONT PAGE”轮安全移交给北海船厂拖轮。

【海峡两岸进一步加强救助打捞合作】12月15日，正值海峡两岸“大三通”一周年之日，交通运输部上海打捞局向台湾中华搜救协会捐款仪式在沪举行。部救捞局局长宋家慧出席仪式。沈灏局长代表大陆救捞系统向台湾中华搜救协会理事长林廷芳捐赠10万元人民币，旨在支持该协会的发展，促进双方的进一步交流与合作。

早在2008年9月16日，中国航海学会救捞专业委员会就与台湾中华搜救协会签署了《加强海峡两岸救助打捞合作意向书》，明确要建立两岸定期交流机制，每年双方轮流召开海峡两岸救助打捞技术研讨会，邀请双方救捞专家、学者等与会，广泛交流救助打捞领域中的新技术、新成果、认真分析海峡安全形势和事故原因，总结救助打捞方面的规律，改进措施，提高应急救捞技术水准。同时，双方明确了建立搜救应急反应机制等方面的协作内容。

【天津港7000方耙吸式挖泥船“奥圣65”轮扳正出水】2008年12月21日，试生产的7000方耙吸式挖泥船“奥圣65”轮搁浅在天津港航道附近的大沽口锚地。该轮总长为114.5米、宽19.8米，型深9.6米，自重4786吨。船舶搁浅后，仅三分之一露在水面。搁浅处是船舶进出天津港的要道。从2009年5月23日开始，上海打捞局应船东和港口方要求，对“奥圣65”轮进行打捞。因船体倾斜成94度增加了扳正施工难度，加上水和泥的吸附力，该轮的打捞重量不少于6000吨。在扳正起浮过作业现场，在1000吨级浮吊船“勇士号”、1300吨级浮吊船“稳强3号”、2600吨级浮吊船“四航奋进”三驾齐驱下，被套牢32根缆绳的“奥圣65”轮逐渐浮出水面。

上海打捞局在国内首次使用了海上非开挖导向钻技术，利用32根碗口粗钢缆兜起沉船实现整体起浮，完成最后的抽水、吸泥等后续工作，于8月6日将该轮交付船东。

期间，上海打捞局共动用3艘拖轮和5艘打捞工程船，投入工程及技术人员70多人，其中潜水员26人，历时64天。

【我国饱和潜水能力从200米提升到300米】11月17日，交通运输部上海打捞局举行“300米饱和潜水系统交付使用仪式”，这标志着我国的饱和潜水能力将从200米提升到了300米，我国的水下抢险打捞能力向更深更高端的海洋工程领域迈出重要一步。

上天、入地、下海，是人类探索未知领域的三个方向，为进一步拓展深海工程和抢险打捞空间，上海打捞局一直致力于向深海发展。此前，上海打捞局运用２００米氦氧饱和深潜水技术，圆满完成南海番禺深海油管焊接任务，潜水员潜入124米深海，创下了中国氦氧饱和深潜水之最。

该系统由澳大利亚DIVEX潜水设备制造厂制造。本套系统最大工作深度300米，拥有12人居住舱，3人潜水钟可供3名潜水员同时进行潜水作业。本套系统获英国劳氏（Lloy）证书，完全符合国际海洋工程承包商协会（IMCA）关于潜水设备的相关要求。它是目前中国工作深度最深，容纳潜水员人数最多，也是设计理念和配置最为先进的一套饱和潜水系统，在世界上属于先进水平。该系统投入使用后，必将为提升我国大深度水下救援和打捞，促进海洋经济发展做出巨大贡献。

该系统为移动式饱和潜水系统，通过改变舱室的布置，可适应月池潜水和船旁潜水两种潜放方式。主居住舱为6/9人双舱减压舱，可适应一般作业的6人居住和潜水员换班时的9人居住。辅居住舱为6人双舱减压舱，当潜水员换班时，3人在辅居住舱进行减压，另3人进入到主居住舱。从而实现了不间断的潜水作业，提高了潜水作业的效率和连续性。

【配备新型水下作业车系统（ROV）】 5月26日，一套新型的水下作业车系统（英语简称ROV）装卸在交通运输部上海打捞局码头，这是该局适应国家海上抢险打捞工作新形势的要求，提高抢险打捞能力和海洋工程作业能力而配备的先进设备。

这台ROV型号为Astrix004，由我局向挪威NEPTUN SUBSEA公司订购，是一台功率为150KW的大马力工作型ROV，工作适用面相当广阔。该局订购的这台ROV是以多年ROV使用经验为基础，运用众多世界领先技术领域的技术为框架制作完成的，具有世界领先水平。

与传统ROV相比，这台ROV有着众多可圈可点的独特优势，它使用特质的GRP（玻璃纤维）防腐内控框架能够有效的增加了海水对水下作业车的浮力。采用可调节多画面监控系统，使操作人员可以对ROV进行全方位监控。开放式框架设计的标准全电力系统，人性化的操作界面使得设备简洁且易于控制。先进的光纤数据传导系统以及成熟的工控系统使得水下作业车能够在水深3000米的地方，利用携带的工具完成诸如水下切割、水下焊接、船体钻孔，水下抽油等复杂工作，150KW强劲动力也使得ROV能够在较为恶劣的海况中进行相关工作。

【协助公安打捞银箱】 6月4日，受上海市杨浦区公安分局委托，上海打捞局派一支潜水小分队协助破案，寻找犯罪嫌疑人丢入河道中的银箱。当日13时10分，潜水小分队队员携打捞工具抵达现场下水寻找，14时10分捞起银箱，交与现场公安人员。

【上海打捞局成功研制200米饱和潜水逃生舱系统】 日前，代表我国饱和潜水装备技术研制的最新成果——200米饱和潜水逃生舱系统，在交通部上海打捞局芜湖潜水装备厂设计、制造完成，并进行了联调试验，经中国船级社检验合格出厂。200米饱和潜水逃生舱系统分为释放系统、环控系统、集控系统、应急系统、互连系统、转接系统、电控系统、管控系统、温浮系统、信号发生及搜救系统等15个分系统。

【“沪救18”轮成功救助4名遇险船员】 日前，在曹妃甸煤码头执行任务的“沪救18”轮，接到当地海事部门救助遇险泥驳“晋通”轮的指令，迅速出动。“晋通”轮因风大走锚，搁在曹妃甸港池防浪堤。“沪救18”轮顶着7-8级大风抵达现场，协同“北海救195”轮成功救起4名遇险船员，并将获救的4名船员接到“沪救18”轮，安全送抵曹妃甸矿砂码头。

【华威公司“华镇”轮奋力救助遇险船舶】 6月20日上午，正在LF13-1油田执行守护任务的蛇口友联船厂所属拖轮“海友”轮，车叶被系泊浮筒缆绳缠绕，船舶失去动力。当日11时，交通部上海打捞局“华镇”轮前往救助。难船现场海况风力 7~8 级，浪高达 4~5 米。“华镇”轮经过 3 个多小时的艰苦奋战，成功协助“海友”轮割断连接浮筒的缆绳，并带妥主拖缆，经过 22 小时艰苦的海上拖带，于 21 日 13 时在外伶仃岛西南安全水域将“海友”轮交给蛇口友联拖轮“妈湾拖 2”轮。

【“华跃”轮成功救助“海阳 88”轮】10 月 3 日，交通部上海打捞局“华跃”轮在渤中 25-1 油田执行守护任务时，凌晨 4 时 40 分接东营海事处指令，在 3818.7N/11850.3E 处救助机舱着火的“海阳 88”轮，该轮是一艘运砂船，装有沙石 1000 吨左右。船员 12 名、船籍港芜湖。“华跃”轮顶着 7 级风浪驶向“海阳 88”轮，迅速启动消防炮灭火，控制“海阳 88”轮火势有效得到控制。当日上午 7 时，“华跃”轮再次启动消防炮对“海阳 88”轮进行冷却，9 时 16 分成功将难船交给“海阳 218”轮拖至东营港。

（赵国财）

十五、国际航运中心建设

（一）综述

2009 年对上海国际航运中心建设来说，是具有特殊意义的一年。4 月 14 日，国务院正式印发《国务院关于推进上海加快发展现代服务业和先进制造业建设国际金融中心和国际航运中心的意见》（国发〔2009〕19 号），以下简称国务院《意见》，进一步明确了上海国际航运中心建设的目标、任务和配套政策措施，标志着上海国际航运中心建设正式进入了由注重硬件设施建设向注重软硬件建设的转型期。上海积极把握历史机遇，认真贯彻国务院 19 号文件精神，先后召开了贯彻落实国务院 19 号文件的新闻发布会和全市动员大会；研究制定了贯彻 19 号文件的《上海市人民政府贯彻国务院关于推进上海加快发展现代服务业和先进制造业建设国际金融中心和国际航运中心意见的实施意见》（沪府发〔2009〕25 号）和《2009 年重点工作安排和任务分工》（以下简称上海市《实施意见》），明确了近期建设目标、主要任务；成立了上海国际航运中心建设推进小组，由常务副市长和分管副市长担任正、副组长；配合成立了由国家发改委牵头，财政部、交通运输部等二十个部委组成的国家层面的上海“两个中心”建设部际协调机制。

上海以优化现代航运集疏运体系和发展现代航运服务体系为重点，全力协调推进各项政策措施的落实，上海国际航运中心建设工作取得了初步成果。围绕国际航运中心的枢纽港和集疏运系统建设目标，深水港和内河高等级航道建设加快推进。洋山深水港区北港区工程一至三期全部通过国家竣工验收。外高桥六期工程进展顺利，水工码头主体结构完成，影响该项目推进的规划和征地动迁等主要问题得到有效解决。在市级层面建立了内河航道建设推进机制，连接江苏内河航道网的苏申外港线（上海段）航道工程已全面完成。

现代航运服务业发展全面提速，上海航运交易所发布新版上海出口集装箱运价指数，为开发航运衍生产品奠定了基础；上海国际航运研究中心理事会、航运经纪人俱乐部、上海交通运输与物流研究中心、上海海事仲裁院、上海国际航运中心仲裁院等机构相继成立。商务部和交通运输部共同支持地中海航运公司在沪设立独资公司，非双边海运协议关系外资航运公司设立独资公司取得突破。上海大力发展邮轮经济，上海港国际客运中心全面建成并投入试运行；境外邮轮沿海港口多点挂靠取得突破。国际航运发展综合试验区成果初显。

（二）集疏运体系

【概况】2009 年，上海航运集疏运体系建设加快推进。充分发挥综合交通体系的作用，在继续保持港口能力的基础上，促进水水中转、海铁联运发展，增强道路集疏能力，拓展航空枢纽功能，加强区域合作，为上海国际航运中心建设夯实基础。2009 年，上海港货物吞吐量达到 5.9 亿吨，继续保持全球第一；国际集装箱吞吐量达到 2500 万标箱，继续名列全球第二；上海港水水中转比例达到 40.1%；浦东国际机场货物吞吐量排名世界第三；上海浦东、虹桥两大国际机场全年共起降航班 47.7 万架次，比上年增长 5.8%；进出港旅客达到 5699.96 万人次，增长 11.5%。

【外高桥港区六期工程全面开工】位于上海浦东新区五号沟地区的外高桥港区六期工程，于 2009 年 1 月全面开工建设。该工程由上港集团投资建设，码头岸线长 1538 米，总投资额达到 48.7 亿元。工程将建设 5 个大船泊位，其中包括 1 个 10 万吨级和 2 个 7 万吨级的集装箱泊位，2 个 5 万吨级的汽车滚装泊位，港区内侧还设有 2 个长江驳船泊位；年设计吞吐能力 210 万标准箱，计划于 2010 年基本建成并投入运行。截止 2009 年底，外高桥六期主体工程基本建成。工程建成后，上海港集装箱。

【芦潮港车客渡码头一期工程竣工投入使用】投入 2.84 亿元改造的上海芦潮港车客渡码头一期工程 4 月 25 日竣工投入使用。一期工程建有 4 个高速客船泊位和 1 个车客渡泊位，可靠泊 5000 吨级的车客轮船。设计客运量 145 万 ~ 195 万人次，将有效缓解南汇至嵊泗、舟山等岛屿的交通运输矛盾和压力。预计到 2010 年，年车流量将达 1.6 万辆次。

【上海港洋山石油储运项目一期工程投入运营】5 月 18 日，由洋山申港国际石油储运有限公司兴建的华东地区最大的成品油仓储中转基地———洋山石油储运项目一期工程正式投入对外运营。该工程建设规模总量为42万立方米，共建有29座储油罐，分燃料油、汽油、柴油3大品种。同时，工程建有10万吨级（兼靠12.5万吨级）卸船码头和2000吨级装船码头各1座，拥有沿海深水岸线685米，共7个泊位，设计年吞吐能力为750万吨。据悉，该项目同时也是中石油在国内新建的6大成品油战略储备基地之一，工程全面建成并投入运营对完善长三角地区成品油接卸系统、降低成品油的配送成本、保障上海及周边地区的能源供应安全将具有十分重要的意义。中国石油旗下的中国船舶燃料有限责任公司已随即在洋山深水港区开启了保税船用油供应业务。

【关于加强沪鄂航运业交流与合作的协议】根据国务院有关精神，为加强沪鄂航运业交流与合作，实现上海国际航运中心建设与湖北航运事业发展的良性互动，5月18日，上海市城乡建设和交通委员会与湖北省交通厅签署了关于加强沪鄂航运业交流与合作的协议，将在七个方面加强合作。包括整合港口资源，加快港口建设；推动湖北至上海洋山港江海直达运输；加强港航信息平台共建共享；大力开展人才、技术交流和合作；先行试点启运港退税；大力拓展沪鄂航运合作新领域、新途径；建立工作联系协调机制。

【上海洋山港液化天然气码头投产运营】10月25日，一艘满载13.5万立方米液化天然气的船舶安全靠泊洋山深水港。这是上海港迄今迎来的最大吨位液化天然气船，同时标志着洋山深水港液化天然气码头开始投产运营。上海液化天然气码头一期建设16.5万立方米储罐3座，年供气40亿立方米，约占上海全市供气量的一半。其二期工程正在建设中，建成后码头液化天然气总储量可在目前基础上翻一番，可基本满足上海整座城市的用气需求。

【五号沟能源配套码头工程相继建成】8月25日，配合浦东国际机场二期扩建项目的上海浦东国际机场扩建场外供油五号沟码头工程及上海五号沟LNG事故气源备用站扩建项目码头工程一并通过竣工验收。其中，机场配套供油码头由上海浦航石油有限公司投资约1.03亿元建设，工程于2007年7月30日开工，2008年8月31日完工，2009年3月29日起正式投入试运行；LNG备用配套码头由上海燃气（集团）有限公司投资约1.08亿元建设，工程于2007年6月25日开工，2008年5月10日完工，2008年11月15日投入试运行。

【外高桥粮食储备库长江码头竣工验收】12月15日，由上海良友（集团）有限公司投资建设的外高桥粮食储备库配套的长江码头工程通过竣工验收。该工程包括反“F”码头一座，布置5万吨级散粮泊位1个(兼顾7万吨级，减载靠泊)、5000吨级多用途泊位2个以及5000吨级长江驳船泊位2个，设计年吞吐能力650万吨。工程于2005年3月3日开工，2007年2月28日完工，2009年3月11日投入试运行，码头工程总投资约3.0亿元。

【上海市内河航道工程建设指挥部成立】11月1日，为加快上海市内河航道建设步伐，强化对工程建设的领导和协调，经市政府研究决定，成立上海市内河航道工程建设指挥部。沈骏副市长担任总指挥，尹弘副秘书长担任常务副总指挥，市交通港口局和同盛集团主要领导担任副总指挥，市发展改革委、规划国土资源局、水务局、财政局、环保局、绿化市容局和浦东新区、闵行区、松江区、青浦区、临港新城管委会、上海国际港务集团分管负责同志参加。指挥部下设办公室，设在同盛集团。

【赵家沟工程和大芦线一期工程有序推进】 赵家沟工程2005年12月恢复施工，按Ⅲ级航道标准建设，工程总投资29.16亿元。至2010年1月20日，赵家沟工程累计完成投资25.53亿元，占总投资的87.6%，其中2009年度完成投资11.39亿元。大芦线一期（临港新城段）工程于2006年5月开工，按Ⅲ级航道标准建设，工程总投资41.05亿元。至2010年1月20日，大芦线一期（临港新城段）工程累计完成投资28.46亿元，占总投资的69.3%；其中2009年度完成投资15.49亿元。

【杭申线工程开工】 杭申线工程位于青浦、松江境内，按Ⅲ级航道标准建设，工程总投资12.96亿元。该工程于2009年9月开工，至2010年1月20日，累计完成投资2.02亿元，占总投资的15.6%。

【苏申外港线工程完工】 苏申外港线上海段位于青浦、松江境内，由省界至黄浦江分水龙王庙，全长35.5公里，是连接江苏内河网的干线航道。该工程于2009年2月开工，按Ⅲ级航道标准建设，工程总投资2.35亿元。至当年12月31日，苏申外港线工程完工。

【长江隧桥正式通车】 10月31日世界上规模最大的隧桥结合工程——上海长江隧桥今天上午正式建成通车。长江隧桥工程的建成，标志着我国隧桥技术取得重要突破，遂桥建设水平跃上了一个新台阶。上海长江遂桥建成通车，对改善长江口越江交通状况，优化上海交通网络体系，打通国家沿海交通大通道，将发挥非常重要的作用；对加快崇明现代化生态岛建设，促进上海城乡一体化，推动长江三角洲、长江流域乃至全国经济社会发展，具有十分重大的意义。

【长江干线航道建设新增10亿建设资金】 8月27日国家首次新增9.84亿元中央预算内资金用于长江干线航道建设，涉及12个航道整治建设项目。2009年长江航道整治工程建设总投资预计达15亿元，是长江航道建设史上迄今为止投资规模最大、建设项目最多的一年。

【海铁联运加强联动】 进一步发挥芦潮港集装箱中心站作用，推动港航企业与铁路运输企业合作，促进海铁联运发展。开展洋山深水港区集装箱卡车配载平台建设研究，提高港区集卡和东海大桥有效利用率。

【调整上海地区空域结构方案获批】 通过民航局和国家空管委等多方努力，《调整上海地区空域结构方案》已获批准，世博会期间浦东机场、虹桥机场高峰时段起降可分别增加至80、50架次。

（三）航运服务业

【概况】 至2009年底，全市共有国内航运企业及其辅助企业620家，其中水路运输企业255家，水运服务企业365户；在册的运输船舶总数为1402艘，比上年同期增加193艘；总运力达到了420.06万载重吨，比上年同期净增91.35万载重吨，增长21.75%。其中：水路运输客运企业8家，营运船舶126艘、64434客位；从事黄浦江水上旅游的航运企业共有9家，共有各类旅游船船50艘，9804客位。截至2009年底，上海共有国际海上运输及其辅助业经营企业1176家。其中国际船舶运输企业52家，国际船舶代理企业134家，国际船舶管理企业87家，无船承运企业903家。

2009年国际金融危机的影响日益凸现，国际航运市场的竞争更加激烈，市场需求萎靡，供求矛盾日益加剧，公司经济效益较上年度大幅下滑。

【国务院支持上海“两个中心”建设意见出台】4月，《国务院关于推进上海加快发展现代服务业和先进制造业建设国际金融中心和国际航运中心的意见》正式出台，国务院新闻办29日在沪举行了新闻发布会。这份文件明确了上海国际航运中心的建设目标是：到2020年，基本建成航运资源高度集聚、航运服务功能健全、航运市场环境优良、现代物流服务高效，具有全球航运资源配置能力的国际航运中心。提出了优化现代航运集疏运体系、发展现代航运服务体系、探索建立国际航运发展综合试验区、完善现代航运发展配套支持政策、促进和规范邮轮产业发展等五大任务。并对注册在洋山保税港区内的航运企业从事国际航运业务取得的收入，免征营业税；对注册在洋山保税港区内的仓储、物流等服务企业从事货物运输、仓储、装卸搬运业务取得的收入，免征营业税。允许企业开设离岸账户，为其境外业务提供资金结算便利。在完善相关监管制度和有效防止骗退税措施前提下，实施启运港退税政策，鼓励在洋山保税港区发展中转业务。

【上海国际航运仲裁院和上海海事仲裁院先后成立】上海国际航运仲裁院于5月25日正式成立。该院是上海仲裁委员会特设的仲裁审理航运交通、物流运输、海事海商、港口建设等纠纷争议案件的专业分支机构。仲裁院的专家咨询委员及仲裁员，均由具备丰富实践经验和较高办案水平的专家、学者、政府部门管理人员、律师、资深离退休法官担任。上海海事仲裁院于6月16日揭牌成立。该院由“中国国际贸促会海事仲裁委员会上海分会”更名而来，其海事仲裁业务可追溯到1958年。更名之前，已先后受理150余个海事海商案件，争议标的达10亿元人民币，拥有仲裁员255人，其中四分之一是来自全球16个国家与地区的外籍专业人士。上述两个仲裁院的成立，将为航运当事人提供更具灵活性、快捷性、专业性的争议解决方式，有助于国际航运资源在上海集聚。

【上海国际航运服务中心开工】3月21日，上海国际航运服务中心开工建设，该项目位于虹口区黄浦江滨江黄金地段，东起秦皇岛路，西至公平路，北接杨树浦路及东大名路，南临黄浦江，拥有780米长的沿江岸线。由14幢单体建筑组成。与即将全面完工的国际客运中心连成一片，形成向西与外滩金融街区相接，向南与浦东陆家嘴金融贸易区隔江呼应的“金三角”格局。黄浦江将向内陆推进9米，形成2万多平方米港池，使绝大多数楼宇的底层都与江相连。国际航运服务中心建筑面积约55万平方米，地上部分约30万平方米，地下约20万平方米。按照计划，2012年，国际航运服务中心将全部建成。该中心建成后，将吸引跨国航运企业总部进驻北外滩航运服务集聚区，全方位打造亚洲乃至全球重要的航运经济中心。

【上海国际航运中心建设推进工作初试网上交流平台】6月，上海市航运交易所受市建设交通委委托，开发并运行“上海国际航运中心建设推进工作平台”。该平台包括在线通信录、简报、论坛、会议纪要提交、安全管理等功能模块，已于7月底交付使用。以互联网为基础的web应用平台简单适用，界面友好，管理便捷，安全可靠，兼容性强。截至2009年底，平台在线单位36家，联络人员81位，开设38个用户帐号，有力地推动上海国际航运中心建设推进工作相关信息的便捷沟通。

【航运经纪人俱乐部成立】12月9日，由上海国际航运研究中心牵头，联合船舶经纪公司、保险经纪公司、租船经纪公司、船舶产业投资基金管理公司以及海事律师事务所等9家单位共同成立了“航运经纪人俱乐部”，旨在提出航运经济类公司在上海注册的可行方案，提升上海国际航运中心的软实力。

【2009 中国航运企业年会顺利召开】1月13日，适逢航运业低谷的“2009中国航运企业年会”在上海市虹口区上海大厦如期开幕。各界人士就“航运低谷中的市场经营策略”、“新经济形势下中国航运业的危机与商机”等主题展开深入探讨。

【海事海商审判理论专业委员会在沪成立】3月17日，中国法学会审判理论研究会海事海商审判理论专业委员会正式在上海成立，旨在着眼于海事审判事业新一轮的发展，进一步汇聚全国海事海商审判理论研究资源，进一步深化海事海商审判理论研究和审判活动实践，进一步增强海事审判的服务保障功能，积极为国家航运事业健康发展提供有力保障。

【本市出台航运实施意见】5月8日上海市人民政府贯彻国务院关于推进上海加快发展现代服务业和先进制造业建设国际金融中心和国际航运中心意见的实施意见正式出台，共59项工作涉及建设交通领域。

【上海国际航运中心建设重要合作框架协议签订】5月19日上海虹口区人民政府、上海海事局和上海航运交易所共同签署“加快建设上海国际航运中心现代航运服务体系合作框架协议”。三方将以北外滩航运服务集聚区为依托，坚持优势互补，加强战略合作，强化区域内船舶交易、人才评估等五大功能，携手推进现代航运服务体系建设。

【上海国际航运研究中心召开第一届理事会第一次会议】。6月29日，上海国际航运研究中心召开第一届理事会第一次会议。理事会通过了《上海国际航运研究中心章程》，选举产生了理事会领导机构，并确定了研究中心运行机构和专家委员会。

【上海市推进国际航运中心建设领导小组第一次会议顺利召开】。6月3日，上海市推进国际航运中心建设领导小组召开专题会议，明确了上海推进国际航运中心建设的具体实施计划，包括5个领域59项具体工作内容。

【地中海航运在沪设独资公司】全球第二大航运巨头地中海航运12月8日在上海设立独资船务公司——利胜地中海航运（上海）有限公司。据介绍，自1998年进入中国市场以来，由于法律障碍，地中海航运仅能以代表处的形式进行市场拓展。此次，在国家大力支持上海国际航运中心发展的有利条件下，交通运输部应上海市交通港口局的请求，从支持上海国际航运中心建设出发，为鼓励和吸引更多航运巨头集聚上海，突破现行政策限制，促成了地中海航运独资船务公司在沪设立。

【2009 年上海国际航运高端论坛开幕】7月19日，近百位专家针对“金融危机背景下的国际航运和港口发展策略”主题各抒己见，畅所欲言。

【船供市场不断完善】随着改革开放的不断深化和对外贸易的快速发展，国际航行船舶港口供应需求快速增长，原来的管理方式已难以适应形势发展的需要。为进一步完善国际航行船舶港口供应市场管理，促进港口服务业健康发展，10月6日，国务院办公厅发布《完善国际航行船舶港口供应市场管理工作的通知》，国际航运船舶港口供应市场得到进一步放开。

【支持两个中心建设的部际协调机制联络员会议在沪举行】为推进上海国际金融中心和国际航运中心（以下简称“两个中心”）建设，充分发挥上海“两个中心”建设部际协调机制的综合协调作用，2010年10月22日上午，国家发展改革委在上海国际会议中心牵头召开上海国际金融中心国际航运中心建设部际协调机制联络员会议。国家发展改革委、工业和信息化部、公安部、司法部、财政部、人力资源社会保障部、交通运输部、铁道部、商务部、人民银行、审计署、海关总署、税务总局、质检总局、银监会、证监会、保监会、国务院法制办、民航局、外汇管理局共20家部委代表出席会议。

（四）航运业务

【概况】截至2009年底，中远集运共经营146艘全集装箱船，合计56.1万标准箱；公司经营着67条国际航线、11条国际支线、21条中国沿海航线及61条珠江三角洲和长江支线。船舶在全球超过50个国家和地区的145个港口挂靠，共拥有400多个境内境外销售和服务网点。2009年完成重箱运量523万TEU，比上年下降9.6%。受国际金融危机影响，中海集团公司经济效益较上年度大幅下滑。

【中远集运“晋河”、“哈尼河”轮成为第一批由中国海军亚丁湾护航船只】2008年12月31日，中远集运接到上级通知：“晋河”、“哈尼河”轮被确定为参加海军亚丁湾护航首批编队，并要求做好相应准备工作。2009年1月6日，2艘船舶在规定地点，按照预定计划开始编队，包括“晋河”、“哈尼河”轮在内的4艘船舶依次航行，1月7日，“武汉”号导弹驱逐舰先期完成航速较快的“晋河”、“哈尼河”轮的护航任务。这是中国海军护航舰艇编队抵达亚丁湾、索马里海域预定海区后，组织实施的首次护航。

【中远集运船舶洋山港创装卸新纪录】2009年4月3日，中远集运“腾河”轮在洋山深水港作业的过程中，仅用5.17小时完成663自然箱的装船作业，以平均128.24自然箱/小时的桥吊单机作业效率刷新了世界纪录。

【中远集运荣获AFSCA2009“太平洋航线最佳班轮公司”大奖】2009年4月22日，AFSCA（AsianFreight&SupplyChainAwards）颁奖礼在香港举行，中远集运荣获AFSCA2009年度“太平洋航线最佳班轮公司”大奖。AFSCA大奖是由《亚洲货运双周刊》(CargonewsAsia)组织举办，每年评选出货运物流界的佼佼者。AFSCA的各奖项由其分布于亚洲地区货运界的高级管理者投票选举而出。“最佳班轮公司”奖项的评选标准包括：班期准班率、信息技术的稳定和可靠性、客户服务高效性、服务网络全面性、价格竞争性。

【中远集运第八次蝉联“远东/加东航线”年度最佳承运人】2009年5月13日，加拿大国际货运代理协会CIFFA（CanadianInternationalFreightForwarderAssociation）加东地区每年一度投票评选最佳承运人的晚会在蒙特利尔举行。会上，中远集运再次蝉联“远东/加东航线”年度最佳承运人。

【免费承运援台救灾物资】2009年8月17日起，深圳市捐助台湾灾区的1000套活动板房（组合屋），由中远集运免费全程承运。中远集运负责指导和协调，中远国际货运有限公司现场操作。总计246个集装箱分4批运出。8月17日，首批14个40英尺集装箱启运，这是此次救灾活动中从大陆启运的首批物资。8月31日，第四批100个40英尺集装箱抵达台湾高雄港。

【中远集运获西雅图港“绿色通道旗”】 2009年，中远集运参加西雅图港自2009年1月1日开展的船舶靠泊期间的“泊位净油”（At-BerthCleanfuelProgram）激励活动。活动要求，使用“干净燃油”（0.5%硫含量的柴油）停靠西雅图港的船舶，每停靠一次将有1500美元的奖励。中远集运PNW航线4艘船舶“中远安特卫普”“中远厦门”，“中远天津”及“中远大连”轮在靠泊西雅图港区后使用“干净燃油”，达到该港为实现“美西北空气净化战略”而设定的排放标准。西雅图港务局给每艘船舶颁发了“净油证书”，授予中远集运“绿色通道旗”，并于9月28日签发给了第一张金额为31500美元的奖励支票。

【中远集运独立开设红海航线】 2009年1月份起，中远集运整合原有的FRS与SRS两条联营航线，独立运营红海航线，并将服务触角延伸到华北的天津和青岛等港口。整合后的远东/红海快航（FRX），中远集运独立投入6艘3400TEU船舶提供周班服务，往返航次49天。

【中远集运新辟三条华南支线服务】 2009年，中远集运于3月27日、4月9日及10日，分别在广东肇庆及广西平南新辟内、外贸支线服务，进一步完善华南地区支线网络。航线由上海泛亚航运有限公司运营。

【中远集运开通福州至美西直航服务】 2009年4月9日，中远集运福州—美西航线首航仪式在福州新港国际集装箱码头举行。“中远青岛”轮抵达福州新港国际集装箱码头，标志着中远集运福州—美西周班直航正式启动。

【中远集运延伸东南亚线服务】 2009年4月下旬，中远集运开始延伸东南亚航线（HSH）至湛江、汕头及新加坡港。此次航线延伸将使湛江及汕头地区货物可通过香港和新加坡接转中远集运主干航线。HSH航线延伸于4月22日“艳河”轮465S/N航次香港开始。

【中远集运船舶挂靠美国萨瓦纳港】 2009年5月10日，中远集运旗下的“珍河”轮抵达美国乔治亚港务局的花园城市码头，标志中远集运美东二线（AWE2）正式挂靠美国乔治亚州萨瓦纳港。

【中远集运新开中东快航MEX航线】 2009年5月中旬，中远集运与OOCL、TSK一起合作经营一条新的远东－中东快航，新航线名为中东快航（MEX）。三方共同投入5艘7500TEU船舶。

【中运集运与长荣海运合并ESA及FAX航线】 2009年7月6日，中远集运和长荣海运将ESA线和FAX线临时合并，新航线名为ESA。新ESA线投入11艘3500TEU船舶。

【中远集运新辟越南至美西南航线】 2009年7月，中远集运开辟东南亚/美西南航线（MAP），提供越南至美西直航服务，进一步开发越南市场。航线7月4日开始运营。

【中远集运与长荣海运共同开辟中国－东南亚航线】 2009年7月，中远集运与长荣海运共同开辟一条中国－东南亚航线（CSE）。CSE航线7月26日在上海开始运行。双方总共投入4艘2800TEU船舶。其中，中远集运投入3艘，长荣海运投入1艘。

【中海发展 30 万吨级 VLCC“新通洋”油轮交付使用】2009 年 1 月 6 日，在大连船舶重工建造的 30 万吨级 VLCC——“新通洋”轮正式交付使用，标志着中海油运建设世界级油轮船队迈出了新的一步。“新通洋”轮总长 330 米，型宽 60 米，型深 29.7 米，载重量 29.8 万吨，挂香港旗，船级社为 CCS。

【中海集运荣获“2008 年度中国财经风云榜”最佳投资者关系上市公司奖】2009 年 1 月 8 日，在北京举行了“中国财经风云榜”颁奖典礼，中海集运荣获最佳投资者关系上市公司奖。

【“秋池”号 46000t 成品油船在中国海运江苏造船基地顺利建成并命名交付】2009 年 1 月 15 日上午，中国海运江苏造船基地隆重举行了“秋池”号 46000 吨成品油船命名暨交接船仪式。该船是中海工业（江苏）有限公司为中海发展股份有限公司油轮公司建造的 4 艘成品油船中的第二艘，“秋池”轮总长 184.8m，型宽 32.26m，型深 18.9m，载重吨 46000t，无限航区，入挪威 DNV 船级社，是一艘设计新颖，性能优良，设备先进的液货船，是中海工业（江苏）有限公司建造已投入远洋营运的“千池”轮的姐妹船。

【李绍德总裁入选第 16 届国际海运名人堂】2009 年 5 月 13 日晚，第 16 届国际海运名人堂颁奖仪式在纽约联合国总部隆重举行，李绍德总裁是今年唯一获此殊荣的船公司代表。

【8530TEU 集装箱船“新大洋洲”轮顺利命名交船】2009 年 5 月 15 日上午，在沪东中华船厂举行了中海集运委托建造的 8530TEU 集装箱船“新大洋洲”轮命名交船仪式。“新大洋洲”轮是中海集运在沪东造船集团订造的五艘 8530TEU 集装箱船舶中的最后一艘，前期交付的同类型船分别为“新亚洲”、“新欧洲”、“新美洲”和“新非洲”轮。

【中国海运西雅图合资码头隆重开业】2009 年 5 月 15 日，中国海运与美国 SSA 码头公司、美国梅森海运公司三家合资设立的 SSA 码头（西雅图）有限公司开业仪式在美国西雅图港隆重举行。该合资码头占地 28 万多平方米，有两个泊位，码头前沿水深超过 15 米，可供大型集装箱船舶停靠。西雅图码头是中国海运继洛杉矶西港池码头后，在美国投资的第二个码头项目。

【中海工业成功中标 25 万吨级超大型矿石运输船修理工程】2009 年 5 月 14 日，隶属新加坡某公司管理的 25 万吨超大型矿石运输船（VLOC）“OREBRUCUTU”轮缓缓驶进中海工业有限公司下属的中海长兴国际船务工程有限公司船坞中接受修理。该轮长 325 米，宽 52 米，主要修理工程为 17 万平方米舱室涂装、货舱冲砂和油漆、550 吨钢板换新、CAP2 特检等，预计产值可达几百万美元。

【中海集运 9600TEU 和 8500TEU 欧美直航首航仪式在青岛港隆重举行】2009 年 6 月 17 日，中国海运集团、长荣集团和青岛港集团在此隆重举行欧美直达航线青岛港首航庆典仪式。这次重要的航线调整，也标志着中国海运与青岛港的合作迈入了新的阶段，同时也必将为青岛市以港兴市、拉动经济发展和建设东北亚航运中心注入新的动力。

【中国海运在连云港举行美西合作航线首航仪式】6 月 18 日，中国海运与连云港港务集团在连云港市神州宾馆共同隆重举行美西合作航线首航庆典仪式。中国海运和连云港市、连云港港在多年的合作中已经形成了互利双赢的紧密关系，有了进一步深化合作的良好基础；中国海运此次将投入 5 艘 8500TEU 大型集装箱船的美西直达航线挂靠连云港，依托连云港独特的地理优势、宽广的经济腹地和完善的服务功能，在各方的共同努力下，将打造出快捷、优质、高效的品牌航线，实现港航货多方共赢。

【中国海上搜救中心隆重表彰中海货运“金沛”轮勇救台湾渔民】2009年6月20日，中国海上搜救中心与江苏海事局在南京举行仪式，隆重表彰中海货运“金沛”轮勇救三名台湾落水渔民。今年5月25日，中海货运“金沛”轮在从印尼驶往南京途中成功救起台湾渔船“金旺春”轮三名落水渔民，并配合台湾水上搜救部门将遇险渔民移交给台湾海巡船。

【中海发展30万吨级VLCC“新润洋”轮交付使用】2009年7月7日，中海发展在大连船舶重工建造的30万吨级VLCC“新润洋”轮在大连顺利交付使用。

【中国海运“新欧洲”轮荣获年度IMO海上搜救特别勇敢奖】2009年7月3日，国际海事组织（IMO）第102届理事会通过了评选专家组的报告，被提名的中国海运所属“新欧洲”轮荣获2009年IMO海上搜救特别勇敢奖。

【中国海运入选“2009中国企业500强”】中国企业联合会、中国企业家协会最近公布了“2009中国企业500强”名单。中国海运（集团）总公司入选“2009中国企业500强”，并且进入前100强企业的行列。中国海运还入选了同时公布的"2009中国服务业企业500强"和"2009中国企业效益200佳"榜单。

【中海油运30万吨VLCC“新岳洋”轮投入营运】9月3日，大连船舶重工为中海油运建造的又一艘30万吨VLCC“新岳洋”轮顺利交接，并在大连隆重举行命名暨交接船仪式。目前中海油运已拥有和控制油轮69艘，其中7艘VLCC，总载重吨518.8万吨。

【中海货运首艘23万吨VLOC矿砂船顺利出坞】2009年9月23日，中海发展股份有限公司货轮公司(简称"中海货运")第一艘23万载重吨超大型矿砂船(VLOC)出坞仪式在广州南沙中船龙穴造船基地举行。

（五）航运金融

【概况】交通银行等金融机构相继成立航运金融研究中心，为航运金融发展提供咨询。金融租赁公司在银行间债券市场发行金融债券的管理办法已出台，金融租赁公司发行债券已具有政策依据。航运运价指数取得较大突破，在交通运输部的支持下，航交所成为集装箱班轮公司运价报备机构，并正式发布新版上海出口集装箱运价指数。

【交通银行航运金融部揭牌成立】。7月3日，上海市人民政府与交通银行股份有限公司全面合作备忘录签字仪式在上海举行，此次合作备忘录的签署，在总部经济、金融创新、服务上海国际金融中心和国际航运中心建设、服务世博会，以及打造航运领域专业金融服务机构等多方面达成了一系列合作共识。交通银行航运金融部揭牌，将加强对航运行业的政策研究、分析和趋势研判，规划和组织实施航运行业的业务发展战略和产品服务策略，创新航运行业产品和服务模式，将航运金融打造成交通银行的特色业务。

【首个航运金融服务中心在沪成立】。为响应国务院和上海市政府“国际航运中心与金融中心”的重点建设与发展，中国银行上海市分行于2009年7月8日成立首个以航运行业为服务对象的“国际航运金融服务中心”，开创了航运业特色金融服务新局面。

【国际集装箱国际班轮运价备案中心成立】 7月31日，设立于上海航运交易所的国内唯一航运运价报备机构——国际集装箱国际班轮运价备案中心揭牌成立。交通运输部于8月1日开始，对国内各班轮公司报备义务履行情况进行检查，以加强对市场运价竞争行为的监管。

【全球国际金融航运双中心竞争力指数发布】。9月8日，“全球国际金融航运双中心竞争力指数”(GDCI指数)在上海发布，这是世界金融航运双中心领域内按照国际惯例制作的首份竞争力指数报告，纽约、伦敦和上海分列前三名。

【中国航运运价指数网上操作平台建立】 9月28日，上海航运交易所开发的“中国出口集装箱运价指数编制系统”完成一期建设，并在“新版上海出口集装箱运价指数”的编制工作中投入使用，实现了航运运价指数网上编制流程的标准化、规范化操作。

【新版上海出口集装箱运价指数（SCFI）发布】。10月16日，新版上海出口集装箱运价指数（SCFI）在上海发布。这标志着上海国际航运中心软环境建设又向前迈出了意义深远的一步。据悉，新版SCFI包括1个综合运价指数和15条分航线市场运价（指数），由航交所每周五编制发布。综合运价指数以2009年10月16日为基期，首发指数为1000点。该指数包括1个综合运价指数和15条分航线市场运价指数。

【苏黎世金融服务集团与上海市浦东新区人民政府签订合作备忘录】。10月27日，苏黎世金融服务集团与上海市浦东新区人民政府签订合作备忘录，双方就航运保险、保险人才培养、航运与金融研发等内容开展合作。

（六）国际航运发展综合试验区

【概况】 落实营业税免征优惠政策，合计减免营业税1亿多元，进一步促进航运企业集聚。研究形成启运港退税工作方案。创新特殊监管区监管模式，实施二次集拼水水中转业务和汽车保税展示等业务，研究与国际惯例接轨的进出口查验作业方式。积极开展“三港三区”联动发展机制研究，成立上海综合保税区管委会。

【国务院批准设浦东机场综合保税区】。8月18日，国务院批准设立上海浦东机场综合保税区，浦东“三港三区”联动格局初步形成，浦东区域范围内将同时拥有综合保税区、保税港区、保税区、保税物流园区、出口加工区五类主要的海关特殊监管区，成为全国海关特殊监管区域类型最丰富、功能最完善的区域。

【洋山深水港区油品保税仓储业务正式启动】 2月10日，洋山深水港区石油储运一期工程油品保税仓库通过海关现场验收并储油，标志着洋山深水港区油品保税仓储业务正式启动。这一业务的开展有助于提高国家能源的库存储备，降低企业运营成本，并可通过对船舶的供油和加油站业务，吸引更多国际船舶入港靠泊。

【上海综合保税区管委会揭牌成立】。18日上海综合保税区管理委员会正式挂牌成立。这三个保税区为外高桥保税区、洋山保税港区、浦东机场综合保税区，统一的管委会将负责协调各个港区，实现多方面效应的最大化，推动国际航运中心的建设。

【落实营业税免征政策】财政部、国税总局专门下发了91号文件，6~11月，享受三项营业税政策的企业合计减免营业税5650.03万元，预计年底将有80余家企业享受营业税优惠政策，免征营业额将达2亿元，进一步促进航运企业集聚。

【创新特殊监管区监管模式】实施二次集拼水水中转业务和汽车保税展示等业务，研究与国际惯例接轨的进出口查验作业方式。

（七）邮轮产业发展

【概况】2009年上海港共接待国际邮轮超过80艘次，出入境旅客18.29万人次。其中，接待母港邮轮33艘次，出入境旅客8.46万人次；访问港邮轮47艘次，出入境旅客8.13万人次；另外，中日间定班轮出入境旅客1.7万余人次。

【沪上最大邮轮经济人才培养基地成立】6月15日，为服务上海国际航运中心和打造世界一流旅游目的地的目标，上海工程技术大学、上海旅游局和上海市虹口区人民政府三方共同携手，联合创立“上海国际邮轮经济研究中心”，同时联手共建“上海国际邮轮经济人才培养基地”，标志着上海最大邮轮人才培养基地正式启动。

【上海港国际客运中心建成投运】7月1日，上海港国际客运中心3个7万吨级客运泊位建成并投入试运行，码头岸线长度为1197米，设计年接待游客能力100万人次。国际客运码头于2005年初开工建设，至2006年上半年码头主体工程基本完成，2008年6月，上海国际客运中心基本建成。

【吴淞口国际邮轮码头工程正式开工】7月18日，吴淞口国际邮轮码头工程正式开工。该工程由上海吴淞口国际邮轮港发展有限公司投资12亿元兴建，由中交第三航务工程局、上海宝冶建设有限公司共同承建。工程位于吴淞口附近的炮台湾防波堤处，宝杨路客运码头的下游水域，计划建设10万吨级和20万吨级国际邮轮泊位各一个，码头后方水上平台将建设登船廊道、联检大楼和登船设备等配套设施，具备候船、通关、换乘、旅游等多项服务，是上海国际航运中心建设2009年重点推进工程，是2010年上海世博会配套项目。工程规划综合运营能力达每年80万人次，与北外滩国际客运中心形成错位互补，共同推进上海港的邮轮业。

【上海吴淞口国际邮轮港有限公司揭牌】7月18日，上海吴淞口国际邮轮港有限公司正式揭牌成立。该公司由上海长江轮船公司和宝山区政府共同出资组建，其承载的“上海吴淞口国际邮轮港”项目预计在2010年世博会前完成一期建设并投入使用。邮轮港区一期新建两个大型邮轮泊位，预计同时可靠泊1艘10万吨级邮轮和1艘20万吨级邮轮。二期将根据发展速度和实际需要改造建设另外两个邮轮码头泊位，以满足届时邮轮停靠需要。建成后的吴淞口国际邮轮码头，将与北外滩国际邮轮码头实现功能互补。

【地中海游轮旅行社落户上海】12月20日，上海国际港务(集团)股份有限公司日前与意大利地中海游轮公司在上海北外滩成立地中海游轮旅行社(上海)有限公司。这是国内第一家合资游轮旅行社，也是新的《旅行社条例》实施后首家经国家旅游局批准的合资旅行社。

【沪最大游艇俱乐部落户北外滩】12月24日，上海最大游艇俱乐部在虹口区北外滩开工建设，位于北外滩的上海国际航运服务中心，建造成拥有2万余平方米的内港池，可停靠近百艘游艇。

【上海为母港的邮轮航线不断增加】丽星邮轮公司、歌诗达邮轮公司、地中海邮轮公司和皇家加勒比邮轮公司等知名企业相继在上海设立办事处，并争相开出以上海为母港的邮轮航线。2009年，"爱兰歌娜"号、"海洋神话"号、"经典"号3艘外国豪华邮轮从上海母港共开出33个国际航班，航线包括上海—日本鹿儿岛—长崎—福冈—韩国济州岛—上海；上海—日本宫崎—神户—福冈—韩国釜山—上海等日韩旅游线路，以及上海—台湾旅游线路，2009年乘坐母港邮轮旅游的游客约8.46万人次。

【"中国港中旅·安利心印宝岛万人行"赴台湾旅游活动举行首航仪式】3月14日，"中国港中旅·安利心印宝岛万人行"赴台湾旅游活动首航仪式在客运中心举行，首批1600余名游客乘坐"海洋神话"号邮轮踏上赴台之旅。宝岛万人行活动由中国港中旅集团公司承办，1.2万名安利公司营销人员参加，前后分9个批次，历时2个多月。

【首条长江中下游旅游航线开航】7月24日，上海首条长江中下游的水上旅游航线在上海吴淞客运中心举行处女航起航仪式，250名游客成为首航客人。这是上海至九江的长江客运航线中断10多年后的首次复航。与原来的客运航线不同，它以全新的旅游航线形式出现。

【邮轮多点挂靠取得突破】交通运输部和公安部分别发布《外国籍邮轮在华多点挂靠业务公告》和《邮轮出入境边防检查管理办法》（试行），将有效促进邮轮产业发展。

（屠爱华）

(一) 综述
(二) 城市信息化管理
(三) 综合交通管理
(四) 城市减灾防灾
(五) 教育科研
(六) 闵行开发区和虹桥开发区

(一)综述

2009年是上海筹备世博会的关键之年，城市综合管理重大举措不断。首先，围绕世博保障，积极开拓信息化应用，明确了世博交通信息服务系统框架，实现了多种方式的交通信息服务。网格化管理继续向郊区拓展，地下空间信息基础平台及关键技术研究工作全面完成。“迎世博600天行动计划”正式实施。上海城建服务热线解决了市民大量“急、难、愁”问题，社会知名度和影响力进一步扩大。上海国际航运中心建设取得明显进展。认真贯彻落实《突发事件应对法》。结合“安全世博”目标，进一步推动应急管理各项工作，全年城市安全运行总体态势良好。各区县、应急管理工作机构结合机构改革，建立完善的应急管理组织体系。应急预案体系进一步完善，预案的操作性、衔接性明显增强。职业教育更加深入。开发区建设较去年有新进步。

（二）城市信息化管理

【概况】2009年，为贯彻落实“举全市之力，办一届‘成功、精彩、难忘’的世博会”的要求，建设和交通领域围绕世博保障的信息化应用，开拓思路、积极探索。初步确定了以交通综合信息平台、世博交通信息服务应用平台和世博园区交通信息子平台为主体的“世博会交通信息服务系统”的体系架构，完成了市域道路、公共交通、对外交通和世博专题交通等交通信息汇聚、处理、交换与共享功能开发，初步完成了世博交通信息服务应用平台和世博会园区交通信息子平台的建设，并建立了信息互联的通讯模式和机制，实现了以多种方式向世博会游客世博交通和日常交通信息提供服务的功能要求。新增了郊区（县）城市化地区200平方公里的网格化管理区域，覆盖范围已达1160平方公里。完成了上海地下空间信息基础平台及其关键技术研究的全部建设内容，并通过了专家咨询、评估。完成了具有林业管理、绿化市容监管、野生动植物保护、植物病虫害监测、鸟类与公园远程视频监控等功能的绿化专业网格化管理系统的建设，并投入整体试行。围绕保障世博会期间城市市容环境，充分利用全市网格化管理系统的信息资源和监管功能，有效配合了本市“迎世博600天行动计划”整治市容的实施，使上海城市管理的能级和水平得到了进一步的提升。建成了世博交通港航安全监管与应急处置系统，为世博期间交通港航的运营管理、应急调度和安全保障提供技术支撑。建成并投入运行了上海港码头管理系统，基本实现码头管理中心各项管理业务的无纸化操作。建成并开通了长三角港航合作网，日访问量达3000人次。上海公共交通卡系统完成了CPU卡在轨道交通AFC系统的应用改造，实施了CPU卡在公交POS设备的升级改造，完成了能满足日处理3200万笔交易的中央清算系统升级改造。完成了绿化市容行业行政审批许可受理系统、视频会议系统的整合，开通了“绿化和市容”虚拟专网，启动了生活垃圾物流调度信息管理系统建设。完成了二手房管理系统的升级改造，建成并投入运行了存量房资金监管系统，开通了“962121”物业呼叫平台，实现了居民报修、咨询、投诉等“一口式”受理。

（唐定富）

【12319城建服务热线】2009年，上海市城建热线服务中心（以下简称“12319热线”）积极提升、完善热线服务功能，不断整合系统资源，提高服务水平，为市民解决了大量生活中的“急、难、愁”问题，社会知名度和影响力进一步扩大。

依托信息平台资源，做好诉求受理工作。2009年，共接入市民来电40余万个，接通近35万个，接通率86.4%。日均接电1108个，同比上升37.1%。受理与建设交通行业相关的市民诉求30.7万件，占总诉求量90.4%，办结率达97.1%。依托平台资源优势，和有关单位联手，开展一系列专题活动，受到市民好评。一是开通春运热线。与市春运办、新民晚报等单位联手，开设春运热线，帮助市民排解了众多春运方面的问题。1月7日至2月19日，共受理市民有关春运方面的来电2.4余万件，占同期总受理量的53%。二是继续做好夏令热线工作。与新民晚报密切合作，第四次成功举办了“夏令热线”活动。期间，市民来电共4.5万个，同比下降22.3%。经第三方测评，市民满意度为80.62%。三是拆除违法建筑专项工作。2009年8月1日起，新修订的《上海市拆除违法建筑若干规定》正式实施，明确了12319热线作为违法建筑举报的统一受理电话。8月1日至12月31日，12319热线共受理违法建筑举报1.7万余件，是2007年3月拆除违法建筑专项整治活动同期的 1.8 倍。

坚持与时俱进，提升热线服务能级。为了满足不断变化的城市管理需要，12319 热线不断强化热线系统功能，增强系统稳定性，进一步加强信息化的建设。一是优化热线系统。根据业务的变化和系统的适应性，及时提出系统改进升级的业务需求，适应工作的需要，一年来，共提出受理督办业务需求 40 项。新开发的 GIS 系统在业务查询方面起到了辅助作用，提高了工作效率。二是更新硬件设施。针对话务区电脑使用年限久，故障率高，工作能效降低的情况，通过政府采购，更换了中心和 8 个站点的 40 套电脑设备。三是梳理系统词汇。词汇由原来的 909 个减少到 590 个，减少 35%，提升工作效率。

增强与城市管理网格化等平台互动，提升各类问题的处理效果。7 月 15 日，与全市各区网格化管理平台实现了双向联动，根据《上海市网格化平台与 12319 热线联动信息业务操作规范（试行）》的要求，进一步明确了联动范围，梳理系统词汇，12319 热线可将 20 种问题通过网格化平台转到“块”处理，网格化平台可将 33 类事、部件问题通过 12319 热线转派到“条”处理。同时，年初与公安 110 联动，设立了终端，一年共处理转派相关井盖问题 289 件。此外，做好舆情受理工作。拓宽业务受理渠道，网上受理舆情诉求，与委宣传处、办公室及上海市图书观等部门加强业务联系，加快对媒体信息的反应速度，共受理 320 件。

整合服务热线资源，发挥信息平台作用。一是整合系统资源。2009 年市政热线和交通热线相继关闭，其业务转移到 12319 热线，为使工作顺利衔接，做好了人员招聘、前期培训、梳理工作流程，最大程度地确保每个市民诉求及时传达到相关部门。二是开展信息单制作质量的专项检查。11 月起对系统内八个热线站点反馈 12319 热线的报修、投诉及举报信息单进行了检查，共随即抽查表单 400 张，每个站点 50 张，通过检查，规范各热线信息反馈工作，提高信息单填写的质量，促进各职能部门快速高效处理好市民诉求。三是提供决策依据。加大信息挖掘的力度，从市民来电中及时捕捉涉及城市建设管理工作中的新问题、新情况和新动态，进行综合分析，全年共编印《2008 年度工作报告》、《通报》、《专报》、《夏令热线快报》等 20 余期，及时汇报相关领导和相关部门，引起高度关注，领导批示共 9 件。

（胡献华　赵宁宏）

【**城市网格化管理**】上海城市网格化管理信息系统于 2005 年开始着手建设，鉴于现代化城市管理的系统性和整体性要求，该系统建设从一开始就立足全市、统一规划、分步实施，并于上年年内实现了全市 19 个区县在城市化区域的全覆盖。上海城市网格化管理推行至今，实施工作稳步拓展，系统构架逐步完善，运行效果逐渐显现，市民、社会评价反映良好。

2009 年，上海城市网格化管理系统继续深化建设，年内完成了闵行等 7 个郊区县 200 平方公里主要城镇化区域的拓展建设；完成了绿化专业网格化管理信息系统建设；做好已建网格化管理信息系统的运行维护、安全保障等工作；完成市区两级网格化系统功能完善和基础数据更新等工作，有效保障了系统平台的平稳运行；增加部件、事件的专项调查功能，组织卢湾、长宁、浦东、徐汇和杨浦 5 区开展“专项调查、专项整治、专项督查”试点，成效良好；加强与“12319”城建服务热线和市应急联动中心的互动，实施“12319”热线与 6 个郊区网格化平台和市应急联动中心的联动。上海城市网格化管理核心是主动发现问题和及时解决问题，并通过问题的发现和解决，有效实现政府对城市管理的监管职能。四年来全市网格化管理累计立案 266 余万件，结案 263 余万件，结案率为98%。城市网格化管理创新管理理念，将城市管理对象、过程和评价实现数字化；创新城市管理模式，由被动转主动，由粗放转精细，由突击转常态；创新城市管理机制，实现条块联动，协同工作；创新城市管理规程，使得发现问题和解决问题的操作流程合理、严谨、规范。

（刘贤明）

【综合交通信息平台】即将在中国上海举办的2010年世界博览会，无论是参展国数还是参观者人数其规模都是空前的，这使本届世博会的交通组织及运行管理面临一场严峻的考验。世博会的交通服务与保障，是成功举办本届世博会的关键要素之一。要保证上海世博会的成功举办，必须尽全力做好世博会的交通服务与保障。

世博交通信息服务是世博会交通服务与保障的重要组成部分，它以智能交通的理念为指导，充分利用本市交通信息化现有的工作基础，紧密结合世博会交通组织和运行管理的业务需求，通过对本市日常交通和世博交通信息的采集及分析处理，建立起相应的世博交通信息服务系统，从而实现在世博会展期间为游客选择交通出行方式及出行路线提供交通信息服务，同时也为指挥者进行世博交通的运行管理提供决策参考信息服务，进而促进世博会客流的有效集散，确保世博会的交通运行安全、有序、便捷。

世博交通信息服务规划包含了构建世博交通信息服务系统、实现本市主要交通管理部门的互联与信息共享、面向世博交通运行管理的交通信息服务、面向世博会游客的交通信息服务四个组成部分。通过构建世博会交通信息服务系统，支撑世博会交通运行管理，并采用7种服务方式，向世博会游客和本市市民提供世博交通和日常交通信息服务，引导世博会游客选择合适的出行方式、出行路径、换乘方案，保障世博会游客安全、便捷抵离世博会园区；引导本市市民避开车流、客流集中区域，缓解世博会对日常交通的冲突和影响。

（顾承华）

（三）综合交通管理

【概况】2009年，上海国际航运中心建设取得明显进展。4月14日，《国务院关于推进上海加快发展现代服务业和先进制造业建设国际金融中心和国际航运中心的意见》印发后，全市以优化现代航运集疏运体系和发展现代航运服务体系为重点，全力推进各项政策措施的落实。至年底，在国际航运中心建设领域59项年度重点工作目标中，有27项基本完成或者取得重要突破。

【持续推进港航设施建设】继续推进外高桥六期工程。洋山深水港西港区工程前期工作正式启动。洋山深水港北港区工程一至三期全部通过国家竣工验收。上海港国际客运中心全面建成并投入试运行，接待邮轮179艘次、游客18.34万人次。吴淞口邮轮码头建设有序推进。苏申外港线（上海段）航道整治基本完成，大芦线一期、赵家沟航道整治工程继续推进。全年上海港货物吞吐量59205万吨，集装箱吞吐量2500.2万标准箱，分别位居世界第一、第二位。

【落实航空枢纽规划】虹桥机场扩建工程进入竣工验收和投运准备阶段；上海地区空域结构调整方案获批准。全年上海空港旅客吞吐量5699.95万人次，货邮吞吐量298.25万吨，其中浦东机场货邮吞吐量254.34万吨，位居全球机场第三位。至年底，有45个国家和地区的96个城市（含中国香港、澳门、台湾）和国内的87个城市与上海通航。有22家国内航空公司和52家国际及地区航空公司开通上海的定期航班。

【加快铁路路网建设】沪宁城际、沪杭客运专线和金山铁路支线改造工程项目开工建设，继续推进京沪高速铁路建设和沪通铁路（含进外高桥支线）前期工作。完成南浦货场搬迁和闵行货场建设工作。铁路枢纽布局进一步优化。全年上海市境内完成旅客发送5161万人次，货物发送941万吨。上海铁路局管辖范围内的合武（合肥—汉口）、甬台温（宁波—台州—温州）、温福（温州—福州）3条时速250公里客运专线开通运营。

【海上运输】中国海运集团（简称中海集团）、中远集装箱运输有限公司（简称中远集运）和长航凤凰股份有限公司（简称长航凤凰）上海地区单位共完成海运货运量4.65亿余吨。内河运输，内河港区完成货物吞吐量9737.7万吨；长航凤凰上海地区单位完成长江货运量659万吨。救助打捞，交通运输部东海救助局全年执行救助抢险任务425起，出动救助力量553次，救助遇险船舶27艘，援救各类遇险人员1507人。交通运输部上海打捞局全年完成救助打捞任务17起。上海海事局水上安全指挥中心全年组织搜救行动206次，抢救遇险船舶151艘，救助遇险人员1198人。

【重大工程】长江隧桥工程和新建路、人民路、西藏南路越江隧道，内环线浦东段，中环线浦东南段，申嘉湖（上海—杭州）高速上海段（S32）、沪昆（上海—昆明）高速（G60）上海段等建成通车。一批世博配套路网项目和中心城路网改造工程相继完成。全年完成公路货运量3.77亿吨，公路集装箱运输量1347.92万标准箱（不含外省市车辆完成业务量），公路旅客发送量2995万人次。

（四）城市减灾防灾

【概况】2009年，上海市认真贯彻落实《突发事件应对法》。结合“安全世博”目标，市突发公共事件应急管理委员会（简称应急委）印发《2009年本市应急管理重点工作安排》，进一步推动应急管理各项工作，全年城市安全运行总体态势良好。各区县、应急管理工作机构结合机构改革，建立完善的应急管理组织体系。应急预案体系进一步完善，预案的操作性、衔接性明显增强。市应急委印发《关于进一步加强应急预案工作的若干意见》，明确预案评估、修订、执行、宣传和管理等有关工作要求。全年修订专项、部门预案10件，组织新编水务行业、重要物资应急保障、应对高温天气、处置大风灾害和处置雷电灾害等应急预案。针对上海世博会安全保障以及防控甲型H1N1流感等，编制相应工作方案。市应急平台业务应用、基础支撑等系统的研发和数据组织工作有序推进，实现与国务院应急平台的互联互通，并建立与各区县及部分市级基层应急管理单元牵头单位的视频网络连接，完成45个部门和单位的数据汇总、修订和增补。全年组织2批次局（处）级领导干部应急管理专题研修班。开展首次“‘5·12’防灾减灾日”及“社区民防技能运动会”、“安全生产月”等各类活动，引导科学普及宣传教育进机关、进社区、进农村、进学校、进企业。围绕上海世博会顺利举办和城市安全运行，有序组织各类应急演练，切实提高应对各类突发事件的能力。及时处置“11·28”津巴布韦籍麦道-11货机失事、“12·22”轨道交通1号线两车碰撞等事故。有序组织联防联控，取得应对甲型H1N1流感的阶段性成果。

2009年，上海汛期汛情较为平稳，共发生8次天文大潮汛、3次暴雨到大暴雨、7次局部暴雨、1次局部特大暴雨。黄浦江上游米市渡潮位38次超过警戒线。台风影响较弱，仅受到台风“莫拉克”外围影响。雷暴雨等强对流天气偏多，上海中心气象台先后发布暴雨红色预警信号1次、橙色预警信号6次、黄色预警信号15次、蓝色预警信号1次；市防汛指挥部发布防汛防台橙色预警信号4次（其中局部3次）、黄色预警信号14次、蓝色预警信号5次。

（朱轲冰 邓一露）

【局（处）级领导干部应急管理研修班开班】 4月，市应急委、市委组织部、市委党校和市公务员局联合举办1期局级领导干部、2期处级领导干部应急管理专题研修班。办班期间，市内有关专家、学者分别就上海世博会安全、突发事件媒体沟通和四大类（自然灾害、事故灾难、公共卫生事件和社会安全事件）突发事件处置等内容作专题讲座。近百名区县政府、市级应急管理工作机构、市级基层应急管理单元牵头单位的分管领导及应急办、相关职能处室负责人等参加。

（朱轲冰）

【甲流防控与救治】 4月，墨西哥、美国等国家出现的甲流疫情向全球范围扩散。在国家应对甲流联防联控工作机制框架下，上海成立市防控甲流疫情领导小组、工作小组和口岸现场指挥部。先后制定印发《上海市应对甲型H1N1流感疫情防控工作预案》、《上海市甲型H1N1流感防控经费保障及使用管理规范》、《上海市甲型H1N1流感医学观察点服务标准及规范》和《上海市甲型H1N1流感集中留验场所技术工作规范》等文件，形成规范化、制度化的联防联控工作体系。4月25日起，上海检验检疫局对入境航空器、船舶、列车进行甲流疫情防控。全市疾病防控系统实验室实行24小时值班制度，确保检测结果及时、准确；追踪密切接触者，做好集中医学观察工作。至7月20日，共开展相关检测1177例，发现甲流病毒阳性255例；出动4900人次开展流行病学调查；接受密切接触者集中医学观察8113人，涉及69个国家和地区。6月5日，市防控甲流疫情工作小组制定下发《关于加强本市流感（甲型H1N1流感）社区防控措施的通知》，实行“减少二代病例，严防社区传播”甲流防控策略，防止发生学校等集体单位和社区暴发疫情。全市新增14个国家级流感哨点医院和18个国家级流感网络实验室，监视疫情发展趋势。市质量技术监督局为全市中小学在用测温仪器免费计量校准，市教委落实学校晨检、午间巡查等干预措施，学校未发生显著暴发疫情。10月15日起，启动“医疗卫生机构一线工作人员，口岸、公安、民航、交通等部门的关键岗位公共服务人员，托幼机构教职员工、中小学校学生及教职员工”等重点人群甲流疫苗接种工作。至12月31日，接种甲流疫苗137.31万人。市卫生局加强医院门急诊预检分诊和发热门诊工作，全市发热门诊设置点增加到136个；组织全市甲流诊疗技术培训；调动院前急救力量，做好空港口岸及各医疗救治点病人转运工作；指定11所市级定点（后备）医院和18所区级定点医院救治甲流确诊患者；甲流确诊患者按“集中病人、集中专家、集中资源、集中救治”原则进行救治，每例重症病例均组织市级临床专家会诊。至年底，全市累计确诊甲流病例3146例，其中重症危重症病例99例（救治无效死亡7例）。

（朱轲冰 周晓 伟冯琴）

【举行“防灾减灾日”宣传周活动】 5月7—13日，上海市举行以“关注生命安全，加强防灾减灾”为主题、以“应急管理法律法规宣传和科普宣教”为主要内容的首个“防灾减灾日”集中宣传周活动。其间，以现场播放防灾减灾教育片、展出防灾减灾知识挂图、举办专家现场咨询和讲座、发放宣传资料、组织应急疏散演练、开展防灾知识有奖竞答、紧急救护演示培训等形式，向市民开展宣传教育活动。全市发放各类防灾减灾知识宣传资料近20万份，现场解答市民咨询1万多人次，组织各类紧急疏散演练近130次、参与民众10万多人，开展紧急救护专业和普及培训分别为912人次和2663人次。

（朱轲冰）

（五）教育科研

【上海城市管理职业技术学院】2009年，上海城市管理职业技术学院（以下简称城管学院）围绕学习实践科学发展观，励精图治、扎实工作，在深化教学改革、扩大办学规模、完善设施条件、加强科研工作和提升师资质量等方面，取得显著进展和成效，使城管学院的整体工作迈上了新台阶。学院第5次被评为上海市文明单位。

学院办学规模不断扩大。计划招收全日制高职新生1200名，实际报到1185名，完成计划98.8%，在校高职生3485人。全日制高职毕业生共计936人，就业率98.1%，其中，工程监理、工程造价、物业管理、建筑工程技术、建筑工程项目管理、市政工程技术、环境艺术设计、旅游管理等10个专业的就业率为100%，全院的签约率为51%。成人岗位培训开设36种类型127个班次，培训共计12601人次。成人学历教育录取专科生550人、专升本208人，电大367人，网络教育390人，中专自学考67人，在校学生共计3833人。附属中专学校录取新生201人，毕业生298人，有135名学生考入各类高等院校。

高职教育取得新的发展。学院贯彻落实教育部16号文件精神和市教委085工程要求，以实践教学为突破口，以提高职业能力为目标，深入开展教学改革，努力实现学科本位向能力本位的转变。精品课建设继续取得成效，《物业管理实务》、《建筑工程测量》课程被评为上海市精品课程，使学院的市级精品课程增加到6门。教学方法探索成果显著，经济管理系建筑经济管理专业教学团队获得上海市第二届优秀教学团队称号，滕永健获得上海市第五届高校教学名师奖，滕永健、李刚获得2009年上海市育才奖。建设技师学院作用进一步发挥，学院完善了政府购买培训、学校实施教育、企业提供实践的校企合作培养高技能人才新模式，组织职业资格鉴定的项目增加到6项。鉴定通过率进一步提高，政府奖励达68万元。学院参加上海市计算机应用能力考试的合格率名列全市前茅，连续第6年获得好成绩。2名学生在上海市第二届高职高专实用英语阅读竞赛中获得三等奖，2名学生获得全国高职高专建筑类优秀毕业设计奖，1名学生获得全国高职高专实用英语口语大赛上海赛区三等奖，1名学生获得全国大学生广告艺术大赛两项优秀奖，1名教师获上海市高职高专英语教师课件制作比赛二等奖，由学院教师创作的4幅作品入围上海市迎世博绿化景点及容器绿化设计方案比赛。实训基地建设进一步加强，坐落在学院内的第三个市级公共实训基地——上海市建筑技术公共实训基地落成启用，建筑与房地产管理和物业与智能化管理两个公共实训基地利用率不断提高，目前已接待实训学生约45000人次。教学质量保障体系进一步推进，学生实习、实训质量监控措施继续在实践性教学中实行。师资队伍建设不断加强，教师学历层次不断提升，有4名教师获得高级技术职务，青年教师培养成果显著，9名青年教师参加市教卫党委、市教委举办的“上海高校选拔培养优秀青年教师科研专项基金”培训，李进被评为上海市高校优秀青年教师，陈雪飞入选2009年上海市普通高等学校青年骨干教师国内访问学者。在市教委、市教育评估院“上海高校选拔培养优秀青年教师科研专项基金”资助项目及高校青年教师培养工作综合检查中，学院综合评价等级为优秀。

成人教育开拓办学成果显著。成人学历教育加强对合作办学点的督教与规范管理，提高教学质量和管理水平。学院已具有从研究生、专科起点本科（业余、函授、网络）、高中起点本科（网络）、专科（业余、电视、网络）、中专自学考等10多种成人学历教育类型，形成了近40个专业、10多个教学点、94个班级、3800多名学生的成人学历教育规模。2009年学院制定《成人教育教学档案管理规定》，成立“成人教育教学档案室”，对1956年上海市业余土木学院以来的教学档案进行了全面整理。学院继续开展造价工程师、监理工程师、注册安全工程师、建造师等执业资格的考前培训，继续开展建筑行业岗位资格培训、技术工种职业技能培训和技术人员的继续教育，各类培训项目不断增多。

国际合作交流不断深化。合作办学规模扩大，2009年学院已形成“中德城市园林”和“中加建筑工程项目管理”2个专业、8个班级、352名学生的中外合作办学规模，与美国纽约州立大学Cobleskill农业与技术学院的中美合作城市园林合作办学项目已获上海市教委批准并通过教育部备案，列入正式招生，学院已成为上海市同类高职院校中拥有中外合作办学项目最多的学校。合作办学教学管理日趋完善，国外先进的职业教育理念逐渐被接受，2009年学院举办中加合作项目“绩效导向教育”主题研讨会。对外交流继续展开，加拿大乔治布朗学院与美国纽约州立大学Cobleskill农业与技术学院院长来学院访问，6名师生赴德国“F+U”萨克森职业学院参加插花、测绘、花卉装饰、组合盆栽、园林机具等项目的培训。学院与加拿大木业协会再度合作，举办了3期中加合作木结构设计和建造技术讲座，培训全国各地的学员达90人次。

（张伟民　何光）

【上海市城市建设工程学校】2009年，学校在紧紧围绕“质量立校、特色兴校、人才强校、和谐治校”的目标，立足内涵发展，努力深化教育教学改革，加强校园文化建设和精神文明建设，进一步为学校稳步发展增添了动力。学校连续第七次荣获上海市文明单位。

今年录取学生687人，实际报到585人（其中上海生源493人，外来外去49人，对口支援41人，农民工同住子女2人）。截至2009年12月，在校生总数2318人。

与江苏如皋第一职业高级中学、湖北省孝感市工业学校、浙江省绍兴市中等专业学校、浙江公路技师学院、云南省普洱市技工学校、辽宁省沈阳工贸学校等多个省市兄弟院校开展合作办学。荣获上海市人民政府颁发的2007~2008年度对口支援与合作交流先进单位。

2009年毕业生795名，截至2009年12月，已推荐就业781名，就业率为98.24%，直接就业率为89.76%。

根据上海市教委关于专业教学标准的有关要求，制定了《市政工程施工》、《轨道交通运营与管理》、《给水与排水》三个专业的实施性教学方案。并按照市教委对国家规划新教材试点学校的要求，编写了语文、数学、英语课程改革国家规划新教材的使用实施方案。

努力打造品牌专业，建设精品课程，开展了《市政工程施工》专业三门课程《道路施工管理》、《工程测量》、《材料检测》的精品课程建设工作。编写了《道路施工管理》、《市政工程工程测量》、《市政CAD绘图》、《给排水仿真实训手册》等9本校本教材。参与了由上海市教委举办的上海市中等职业学校第二届校本教材展示交流评比活动。申报《工业与民用建筑》专业，完成

该专业《市场需求调研报告》、《可行性报告》和教学方案及课程标准的编制。

加强实训设施建设，建设完成污水处理实训室、泵站实训室、工程造价实训室、建筑电工实训室，基本完成《道路施工及管理教学仿真软件系统》的研发。继续推进双证教育，开展测量工、试验工、土建CAD辅助绘图员等职业技能培训和施工员、质检员、安全员、资料员等岗位培训，共培训学生1988人次。

加强师资队伍建设，继续推进教师继续教育和培训工作，以及专业技术职务评聘工作，改善教师队伍结构。建立学科带头人制度，制定了《学科带头人管理办法(试行稿)》。并通过评选，聘任了《道路施工管理》与《工程测量》专业的2名学科带头人。2009年，我校有1人荣获上海市模范教师；2人荣获上海市园丁奖；1人荣获徐汇区园丁奖；2人荣获上海职业院校教学名师提名奖。

大力推进教学科研，进一步健全完善课题研究机制保障。《任务引领型课程的教学策略与方法研究》等2个项目被列入市级课题，《市政工程施工专业新教学标准教学实施方案》等7个项目被确定为校级课题。2009年度，广大教师教学研究成果显著，有13篇论文或课件在中国建设教育协会中等职业教育专业委员会和上海市中专教育研究会举行的评比中获奖。2件课件参加教育部举办的2009年度“中等职业教育优秀多媒体课件评选活动”。

进一步围绕制度建设、环境建设、文化活动建设以及班主任队伍建设等诸方面，将严格管理与引导相结合，将教育与学生践行相结合，加强和改进德育工作，努力培养学生具有“崇尚规则、勇担责任、心胸开阔、自信乐观”的品质。

在过去的一年，修订完善了《学生德育手册》，进一步严明学生行为规范和日常管理。开展“温馨教室”建设活动，扶持学生社团发展，举办体育节，开展主题教育活动，努力丰富校园文化生活。推进党建带团建，加强团员意识教育和学生党章学习小组建设。加强班主任队伍建设，推广《班主任手册》。通过班主任、教学部和职能部门、学生干部队伍的辛勤工作，学生德育工作取得实效，荣获上海市行为规范示范校。

2009年开展岗位及执业资格培训，继续教育，技能教育，干部教育，电大学历教育等共计173个班次，10688人次。

职后培训进一步加强了与企业和相关学校的合作，努力开拓培训项目和培训市场，使培训形式多样化，培训质量稳步提高。

承担了市建设交通委委托的上海市建筑业农民工业余学校多媒体培训教材《就业基本知识》等5门教材和上海市数字化城市管理工作人员培训讲义的编写工作；完成了2009年度一、二级建造师考试报名审核工作以及交通运输部公路工程试验检测人员和公路工程监理工程师相关考试的考务组织工作；协助上海市政公路行业协会举办市政公路行业职业技能竞赛活动，取得了圆满的成功。完成上海电视大学《建筑工程管理》专业（市政公用方向）大专学历的专业开发和申报工作，为在校的中专生提供了提升学历的通道。

干部教育中，对入党积极分子培训《教学大纲》作了修订，“入党积极分子网上培训考核”系统开通运行。圆满完成“五五”普法培训工作。基层干部读书会受到欢迎，全年组织了6次专家讲座。

学校社会力量办学机构获得市人力资源和社会保障局关于职业培训机构诚信等级评估的B级(诚信良好)资质。申报成立了“上海市建设行业职业技能第13鉴定点”，并投入运行。

2009年，对外技术服务抓住世博机遇，努力服务城市道路建设和改造，攻坚克难，积极拓展市场，先后参与了浦东机场北通道工程、漕宝路(嘉闵高架－外环线)改建工程、虹桥枢纽等多项重点工程以及近30项大中修项目的监理、测量和检测工作，技术咨询服务保持稳定发展，进一步促进了产教结合，以产促教。

（六）闵行开发区和虹桥开发区

【闵行经济技术开发区】 2009年，上海闵行经济技术开发区实现销售收入391.04亿元；实现利润43.77亿元，比上年增长8.95%；上缴税金38.26亿元，比上年增长3.81%。至年底，该开发区累计引进项目171个，投资总额超过30亿美元；累计销售收入3922亿元，企业利润419亿元，上缴税金344亿元。世界500强企业投资的项目占园区企业总数的40%。年内，开发区完成21个建设项目的环境影响评价及审批，编制并向社会发布《2009年闵行开发区环境公报》。启动节水型园区创建工作，推进创建国家生态示范园工作并通过上海市级评审。至年底，区内有企业86家、员工37620人。

（武鹏）

【虹桥经济技术开发区】 2009年，上海虹桥经济技术开发区实现销售收入68亿元，比上年下降26%；实现利润2.8亿元，比上年下降60.6%；上缴税金5.1亿元，比上年下降13.6%。全年批准外资项目15个，新增外资企业总投资2.5亿美元，其中引进合同外资2.4亿美元。至年底，累计引进外资项目206个，总投资39.6亿美元；引进合同外资31.5亿美元，实际利用外资30.3亿美元；营业收入896.1亿元，利润总额84.8亿元，上缴税金55.3亿元，外汇收入26.3亿美元。年内，完成泰国驻沪领事馆项目前期报批手续；要求印度驻沪领事馆对其馆舍地块进行环境治理；协调以色列驻沪领事馆要求扩大办公场所事宜。推进区内31号地块项目建设，并于年底实施动拆迁；完成仙霞路200号地块改造项目建设目标，提前1个多月实现结构封顶。至年底，区内共有企业1800家，其中外资企业113家，员工约4万人。

（周乐昇）

十七、建筑建材业管理

（一）综述

2009年，建筑建材业管理部门认真贯彻落实市建设交通工作党委、市建设交通委的工作部署，抓政策研究，抓工作推进，全力以赴推进和落实重点世博配套项目，并以此为契机，进一步提升建设管理水平，各项业务管理工作有序开展。

质量安全监管进一步加强。研究措施落实俞正声书记批示精神，“莲花河畔景苑”在建楼房倾倒事故发生后，认真贯彻落实上级部门的要求，深刻吸取事故的教训，以此为鉴，举一反三，落实责任。在俞正声书记批示后，我们又积极组织研究，就进一步加强建设工程质量安全管理工作提出了针对性的措施，并制定计划、分解责任，目前各项措施在推进的过程中。

文明施工监管进一步深入。由于世博工程、轨道交通工程、世博配套的道路工程全面施工，施工扰民矛盾较为突出。针对这些情况，我们加大文明施工监管力度。一是制定了《关于加强迎世博600天行动建筑整治项目文明施工监管工作的通知》、《关于本市建筑垃圾和工程渣土运输处置费实行指导价有关事项的通知》等一系列的针对性规定。完成了《上海市建设工程文明施工管理规定》修订。二是扩大了建设工程环保、便民工地考核实施的试行范围。为实效性地推进迎世博600天行动计划建设工程文明施工管理，将文明施工作操作性、针对性更强的精细化调整，印发《上海市建设工程环保、便民工地考核实施办法（试行）》后，近1400个工地签署并挂放了承诺书。三是与市房管局联手印发了《关于加强迎世博既有建筑外立面整治管理的通知》，在全市开展立面整治工作，召开了该项工作推进会，并进行了多次联合检查。四是开展建设工地实数调查和文明施工检查与整治情况统计工作。截止2009年11月底，市区两级已累计检查建设工地：检查总频次42937次，出动检查89726人次，开具整改单4393张，责令工地限期整改4262个，责令局部停工整改工地784个，责令整改企业2639家，依法处罚企业208家，被责令整改工地的整改率97.6%。五是开展世博期间禁止施工区域内在建工地实数统计。据统计，中心城区禁止施工区域内，2010年在建土建工程项目共为11个，单位工程为28个。六是召开了本市迎世博文明施工推进工作会议。针对普遍问题和按照迎世博600天工作要求，修订和完善了建设工地文明施工管理要求，印发了《上海市建设工地迎世博文明施工管理与整治标准》。七是开展了对虹桥枢纽工程外围地区的专项整治。会同市重大办、驻机场办等部门针对市民对虹桥枢纽工程外围地区扬尘严重、交通不畅等问题的举报投诉，进行了联合整治，在该次整治中对严重违反文明施工管理规定的中国核工业华兴建设公司等两个施工企业予以了处理。

稽查执法力度不断加大。一是上半年承办了建设部在上海召开的全国稽查工作座谈会。根据建设部重点稽查工作的安排，印发《上海市建设领域贯彻落实<住房和城乡建设部2009年重点稽查执法工作方案>的实施意见》，牵头布置本市保障性住房建设、住房公积金管理、节能减排和城镇减排、城乡规划实施、房地产市场、工程质量安全和建筑市场秩序等六个方面稽查工作。同时，重点推进落实建筑市场稽查工作。二是研究制定了《市建设交通系统工程建设领域突出问题专项治理工作实施方案》，在动员部署的基础上，现已全面启动专项治理排查工作。四是工资清欠工作常抓不懈，工资保证金等防欠长效机制得到巩固，被欠人数大幅下降，拖欠金额进一步减少，按时解决率保持在97%以上，没有发生影响社会稳定的事件。我处直接处理重大、疑难工程款和农民工工资清欠，处置应急突发事件，共协调办结11起，涉案金额逾亿元。

（二）招标投标管理

【概况】全年，全市共完成勘察发包1470项，同比增长0.96%，总投资3864.51亿元，同比增长12.32%；设计发包1860项，同比增长5.2%，总投资4003.35亿元，同比增长14.45%；施工发包6381项，同比增长4.5%，发包价1883.05亿元，同比减少7.12%；监理发包2090项，同比减少10.49%，总造价1967亿元，同比减少10.52%。公开招标率98.16%，同比提高0.46个百分点。公正度评价表回收率97.8%。

【进一步完善监管程序】优化评标委员会名单保密制度。全面启用评标专家语音通知系统，通过“电脑随机抽取，语音自动通知，短信发送确认，名单密封打印”的先进技术，进一步强化评标专家名单和具体评标项目信息的保密性，实现了招标阶段全覆盖、市区两级全覆盖、专业类别全覆盖，提升了建设工程评标专家抽取、通知等工作的管理水平。完善评标委员会组建结构，深入贯彻落实“公开招标的建设工程项目的招标人代表原则上只能一人参加评标”的规定，降低招标人代表对评标结果的“影响力”。

【加大招投标信息公开力度】中标结果公示不断扩容，增加了“各投标单位投标报价及投标行为记录”、“中标通知书未经实质性竞争费用”等公示内容，提高了有助于接受社会监督的信息透明度。

【加强评标专家管理】启动《评标专家管理专项治理实施方案研究》课题，以加快建立以诚信体系为核心的教育、监督、考核专家的管理机制。进一步完善专家入库办法。在首次进行的园林绿化技术类评标专家的选拔中，采用了通过测试挑选专家的新方法，通过专业能力测试、资深专家面试等流程，实现了入库专家从重资历到重能力的转变。

（三）资质资格和受理服务

【概况】企业资质和执业资格管理及其他受理服务工作。围绕治理建设工程领域突出问题的重点，建设动态监管的诚信体系，优化咨询服务机制，建设透明、高效、廉洁的建筑建材业公共服务窗口。截至2009年12月31日，全市有建设工程资质企业总数11794家，其中本市建设工程资质企业8051家，外省市进沪建设工程资质企业3679家，部属企业63家，境外企业1家。截止2008年12月31日，在本市从事勘察设计的企业有1470家，其中本市企业766家，外省市进沪企业691家，部属企业13家。在本市从事施工的企业有9616家，其中本市企业6702家，外省市进沪企业2863家，部属企业50家，境外企业1家。在本市从事监理的企业有288家，其中本市企业197家，外省市进沪企业91家。在本市从事造价咨询的企业有133家，其中本市企业121家，进沪企业12家。在本市从事招标代理的企业有183家，其中本市企业161家，外省市进沪企业22家。在本市的建材检测机构104家。

2009年主要完成受理办理报建项目4875项；项目合同登记备案22994项；安全质量报监6047项；竣工验收备案3562项，竣工备案金额937.53亿元；发放施工许可证4785项；发放安全生产许可证1498张；各类企业新申请、转正、升级、增项、变更资质19227项；各类人员新申请、变更资格14850项，建材备案285项。

【加强资质资格动态管理】对企业资质和注册执业人员资格实施动态监管。通过电子版诚信手册，实行了企业行政处罚系统信息、执业资格注册管理信息与资质管理信息关联比对。通过信息化系统的核验、抽查、比对等手段，及时清退不合格企业和人员。加强了企业市场经营行为和从业人员执业资格行为的联动监管。贯彻建设部的新资质要求，严格企业资质换证工作，共有近千家合格的设计、监理企业更换了新的证书。在加强监管的过程中，调整建筑企业资质结构，引导企业良性发展。建立执业注册人员业绩档案，探索个人责任追究制。完善建设工程执业注册人员基本信息、执业业绩、继续教育、奖励处罚、日常变更等信息库。加强对建造师、监理师等注册人员违规行为的处罚，探索个人执业责任追究制度。配合考试院做好执业资格考试及相关工作，制定各相关专业考试资格审查细则，选派评分员参加一级执业资格考试阅卷工作，组织二级执业资格考试阅卷工作。积极开展资质专项检查工作。

【推进管理信息系统建设】一是建设以电子版诚信手册为载体的企业和执业人员诚信信息系统。推出了以电子数据方式记录和显示在沪建设工程企业的工商登记、企业资质、工程业绩、奖励和处罚等信息在内的诚信手册电子版系统。电子版诚信手册方便了在沪建设工程企业在本市建设工程投标报名、招标投标（承发包）备案、合同登记备案等活动中办理相关事宜，也便于市、区（县）建筑建材业管理部门建立“失信惩戒，守信激励”的诚信机制，为开展建设工程企业动态监管、综合考评、准入清出等后续管理措施打下了良好的基础。二是扩大信息公开的范围和内容。按照“公开、透明、便捷”的原则，在建筑建材业网站上开设了“上海市建设工程招标公告及中标结果公示”、“上海市建设工程项目办事结果公示及相关查询”、“上海市建设工程企业资质审查意见公示及核准公告”、“上海市建设工程企业电子版诚信手册核定结果公示”等四个专栏，信息公开既方便企业办事又接受社会监督。三完善办事系统，提高工作效率。开发了合同备案、建材备案等网上申报程序、新版报建表程序及行政处罚系统的研发并上线运行。建设网上工程招标投标平台，服务建设市场管理。建设统一行政执法系统。按照“制约、制衡、高效”的原则，初步建成全市统一行政处罚管理系统，既统一了行政处罚的程序和相关的法律文书，又把全市建筑建材业行政处罚信息实时统一在一个数据库中，为建设诚信信息系统提供重要的数据基础。

【创新受理工作方法】做好世博和重点项目服务工作。一是开辟一条绿色通道，把世博项目、重点产业、重大工程项目，以最简化的流程，最短的工作时限完成项目的受理办理。二是对重点项目设专窗受理、定专人服务、设专门标识、开通专一电话的“四专受理”。三是提供靠前服务、咨询服务、上门服务、跟踪服务的“四项服务”。四是简化报建程序、简化招投标程序、简化合同备案程序、简化工程报监和施工许可程序、简化收取资料程序的“五个简化”。根据建交委的统一部署，将37个市政审批事项受理统一纳入到市受理服务窗口。

【深化受理服务标准化建设】在08版标准指南基础上，修订编制09版受理业务与受理流程标准指南。为市区（县）两级受理服务中心贯彻业务与流程标准提供了有效依据。全市共有11家受理服务单位受理场所标准达标，10家单位受理员行为标准达标。市建筑建材业受理服务中心受理场所标准、受理员行为标准、受理业务标准、受理流程标准等四个标准全部达标。

（四）安全质量监督

【概况】全市受监在建工地6375个，单位工程30840个，工程建安总量4264.8亿元，建筑面积1.24亿平方米，创历史新高。市区两级监督系统聚焦工程建设质量、安全和文明施工三大主要任务，开展集中整治、推进重大工程、规范民工管理、应对突发事件、监督援建工程，加强了综合管理，确保了建筑领域的安全稳定。

【安全监管加强预控防范】对全市涉及838个工地的1638个重大危险源进行全覆盖监控，进行了为期4个月的集中整治，成效显著。

【质量监管聚焦重点工程】世博园区、虹桥枢纽、外滩滨江综合改造工程等重点落实六大环节八项质量强管措施，工程质量在建设部组织的建设工程督查中，得到了专家的肯定。

【文明施工管理驰入快车道】结合迎世博组建专职监管队伍，实施创建“环保便民工地”活动，加快建章立制，划定核心区域，建立考评标准，促成了《上海市建设工程文明施工管理规定》的施行，长期困扰市民安居的声、光、尘污染得到较大改善，现场门、墙、网形象明显改观，整治周边环境“脏、乱、堵”三大战役已经打响，施工扰民投诉同比下降40%。

【建筑民工管理趋于规范】在近60万在沪务工农民工中已有35万张实名制信息卡投入使用，70%的工地使用用工信息管理系统，岗前培训累计完成35万人次，职业技术技能鉴定通过6万余人，作为继续教育载体的民工学校1528所，农民工欠薪纠纷同比下降36.7%。

【应对紧急任务完成出色】都江堰援建工作，全市监督系统组建10批骨干队伍，已有5批赴一线驻场监督，敬业履职、规范标准的现场监督受到当地政府和同行赞扬，实现了市领导要求援建工作全国领先的目标。

【轨道交通工程抗风险】11条线新建续建工程，155个车站相继建设，全部实施远程监控，工程突发险情从08年16起锐减到今年4起，下降3/4。

（五）标准造价管理

【概况】加大标准为工程建设的服务力度，坚持编管并举，掌握标准执行的动态情况，针对《住宅设计标准》的实施现状，抽查了11家甲级设计单位。组织开展2009年度造价咨询质量与计价行为的检查，对本市造价咨询企业所承担的本市国有资金重大工程咨询活动进行指导、监督，抽查了部分咨询成果文件，对咨询质量与计价行为存在严重问题的5家造价咨询企业予以通报批评，有力保障了工程项目中国有资金的使用效率。

【加快重点领域标准编制步伐】围绕防灾应急、地下空间、轨道交通、建筑节能等工程建设重点领域，基本完成《地下铁道建筑结构抗震设计规范》、《超限高层抗震设计指南》、《隧道工程防水技术规范》、《基坑工程设计规程》、《地基基础设计规范》、《地铁盾构技术规程》、《住宅建筑节能工程施工质量验收规程》、《大型公共建筑能耗计量系统工程技术规范》、《居住建筑围护结构节能应用技术规程》、《预制装配式住宅体系设计规程》和《预制装配式结构住宅施工及质量验收规程》等标准的编制，出台了《居住建筑节能设计标准》。同时，加强对国外引进技术和产品的消化吸收工作，完成了24项建筑产品推荐性应用标准。

【完善标准管理体系】进一步优化标准项目管理流程，组织开发了标准立项和内部管理的软件系统，以动态反映每个项目的进度、经费渠道、拨款金额等信息，为加强项目管理提供了助力。

【深入贯彻实施“08计价规范”】组织制定“08计价规范”上海地区的实施细则，内容包括工程量清单编制、投标报价、工程量清单与投标报价表式、规费计取、税金额项目清单、措施项目清单补充等。开展“08计价规范”宣贯和培训工作，先后对建设管理部门相关工作人员和全市工程造价专业人员进行宣贯培训，参训人数达3500余人，为深化

“08 计价规范”在本市的贯彻实施打下了良好基础。

【不断完善计价依据】全面完成《上海市建设工程概算定额》编制工作，对建筑和装饰、安装、市政、水利、民防、公用管线、园林等各专业内容作了进一步修改、补充和完善，并对建筑节能材料、新工艺定额子目和超大型结构工程等定额子目进行增补。同时，启动编制与专业“概算定额”配套的概算定额价目表和费用参数，为规范工程概算编制提供依据。积极指导、协调市政、园林、市容环卫养护定额编制工作，保持定额项目和水平的平衡。进一步规范市政工程设计概算的编制，完成了《市政工程设计概算编制办法》审定稿。

【增强造价信息服务功能】加强市场价格信息监测，跟踪建筑工程材料要素市场变化，及时分析市场波动，做好“建设工程要素价格信息”编制和网上发布工作。完成 2009 年度“建筑工程实物量和工种人工成本信息”的资料收集、整理、分析和编制工作，加强对建筑企业工资分配的监控和指导，为本市建筑劳务工价格合同的签订提供依据。完成“上海市建设工程价格与指数”的编制工作，内容包括房屋建筑、市政、公用管线、房屋修缮、园林绿化等建设工程措施费和建设工程主要要素价格等，并按季度及时发布。启动“建设工程造价指标”分类分析体系研究，以进一步统一本市建设工程造价指标分析体系，增强“上海市建设工程价格与指数”的服务功能。

（六）建筑节能和资源综合利用

【概况】全年，全市按节能标准设计、建造的住宅建筑达 2800 万平方米，公共建筑达 1800 万平方米，其中落实按 65% 标准设计、建造的新建高标准建筑达 30.37 万平方米；既有建筑节能改造突破 600 万平方米，其中按 50% 节能标准改造的为 60 万平方米，同时，结合“迎世博 600 天行动计划”，完成多层旧住房综合改造 2600 万平方米。本市全年新型墙材生产总量 50.99 亿标砖，其中非粘土新型墙材 42.07 亿标砖，占新型墙材总量 80.71%；散装水泥生产量 827.67 万吨，散装率 95.10%；散装水泥使用量 2161.01 万吨，使用率 78.8%；商品砂浆使用量 200.8 万吨，同比增长 25.5%；粉煤灰排放量 516.03 万吨，利用量 495.63 万吨，综合利用率 96.05%；脱硫废渣排放量 72.53 万吨，利用量 71.75 万吨，综合利用率 98.92%。

【制度体系不断完善】在协同制定《上海市建筑节能条例》的同时，颁布了《上海市建筑节能项目专项扶持暂行办法》和《上海市建筑节能示范项目申报指南》，以进一步加大对节能项目政策支持和资金激励力度，并落实了 45 个试点示范项目共 8095 万元的专项扶持资金。修订了《上海市实施新建住宅建筑节能信息公示制度管理办法》，以此推进国家和本市节能减排工作目标要求的落实。

【既有建筑节能改造有序开展】倡导并推进既有建筑节能改造与旧公房成套改造和平改坡、与既有公共建筑装饰装修、与合同能源管理相结合。明确各区县既有建筑节能改造目标任务，组织召开市、区县建筑节能管理部门 2009 年既有建筑改造工作现场会，由市建设交通委明确各区县既有建筑节能改造目标任务，并将目标进行分解。先后对国际饭店、上海大厦、扬子饭店和外滩源 33 号等优秀历史保护建筑实施节能改造工作，取得较好效果。

【可再生能源建筑应用取得新成果】相继在世博中国馆、主题馆、世博中心、世博南市电厂改造工程和临港新城配套商品房、同济科技园等重大重点项目应用太阳能集热、光伏发电和江水源热泵等技术，发挥了较好的引领效应。全年，共落实申报国家级太阳能光电建筑应用示范项目10项，总计67.28万平方米。

【国家机关办公建筑和大型公共建筑节能监管体系建设稳步实施】拟定了《关于加强本市国家机关办公建筑和大型公共建筑能源审计管理的通知》、《上海市民用建筑能效测评标识管理实施细则》，监管体系不断健全。同时，落实35幢公共建筑能耗分项计量动态监控装置的安装。至年底，已对全市1325栋、100栋、37栋和30栋建筑，分别进行了能耗统计、能源审计、能效公示或能效监测。

【以科研助推建筑节能技术发展】围绕建筑节能工作难点，组织科技攻关。进一步研发、完善各类建筑节能技术体系，开展混凝土自保温模卡砌块、蒸压加气混凝土砌块等自保温系统和外围护多层空气间层保温系统研究。针对外墙外保温系统的长期维护、修补问题，开展《外墙外保温系统缺陷检测评估与修复技术》课题研究，提出适宜技术。结合本市玻璃幕墙建筑节能改造，开展《既有建筑玻璃幕墙节能改造管理与应用》课题研究，提出节能改造技术措施和管理办法。围绕能效测评标识管理，进行应用技术研究。结合再生能源建筑应用中节能贡献率的测定，开展测评方法研究。

【绿色建筑创建深入推进】全年创建绿色建筑7项，总建筑面积达60万平方米。在全国17个被建设部评为绿色建筑的项目中，本市拥有8个，其中三星级5个，二星级2个，一星级1个，居全国领先水平。举办“绿色建筑和可持续发展国际论坛”系列活动和上海市绿色建筑评价标识推进会，全力推进绿色建筑创建，引领上海向低碳城市发展。

【合同能源管理取得实质性突破】率先把大型公共建筑作为实施合同能源管理的试点对象，先后在龙柏饭店、新苑宾馆、金沙江大酒店、东郊宾馆等采用地源热泵供热制冷技术，关闭了燃煤、燃油、燃气锅炉，节省了三分之一的燃料成本，节能减排效果显著，起到了公共建筑合同能源管理的表率作用。

【推进以“禁实”、“禁现”为重点的散装水泥和墙材革新工作】制定《上海市新型建设工程材料推广应用目录》。组织开展《预拌砂浆在装饰装修工程中的推广应用》课题研究工作，并在公共建筑装修装潢领域进行试点示范。制定限制多孔粘土砖生产计划，将限产指标定为11.65亿标砖，并下达至各区县。持续推进新型墙体材料的生产应用，节约土地7000余亩、标煤近40万吨，利用废渣80万吨。开展《上海市禁止和限制使用粘土砖管理暂行办法》检查工作，对粘土砖生产、销售、使用情况进行了全面检查。

【脱硫废渣综合利用工作迈出新步】组织召开专题工作会议和系列研讨会，认真抓好《上海市脱硫石膏综合利用和安全处置实施方案》（沪府办【2009】56号）和《上海市脱硫石膏综合利用专项扶持实施办法》（沪发改环资【2009】046号）的贯彻落实。组织实施7家水泥企业共19条喂料系统的改造，形成每年35万吨脱硫石膏的综合利用能力。同时，扎实推进华能石洞口电厂、外高桥电厂等两条煅烧示范线的建设。

（沈宏　鲁超）

十八、区县建设

（一）黄浦区

【概况】2009 年，城市建设以世博配套重大工程为重点，实施迎世博 600 天行动计划，积极推进旧区改造，加快推进外滩金融集聚带项目开发建设，城区综合承载能力进一步得到加强，人居环境得到改善。

重大工程建设取得积极进展。西藏路、人民路越江隧道工程建成通车；轨道交通 9 号线进入试运营，10 号线 3 个站点建设顺利推进；外滩综合改造工程南北通道、十六铺水上旅游中心、交通枢纽建设抓紧实施；外滩滨水区综合改造完成结构施工进入铺装阶段；吴淞路闸桥拆除；电力隧道工程 4 号井、5 号井建设竣工。完成西藏路三期、斜土东路—国货路、南车站路环路、外马路改建工程。外滩源一期工程建设有序推进。半岛酒店竣工开业；外滩33号、洛克外滩源老大楼进入安装、装饰阶段和新楼的地下部分施工；益丰大厦老大楼结构加固结束，新建部分进行结构施工。

全年拆除旧房面积31.54万平方米，8个地块完成动迁，2个地块基本收尾，动迁居民4806户，收尾和基本收尾动迁地块10块。成片旧里地块改造取得明显进展，董家渡13A地块居民动迁全面完成，董家渡15A、复兴等地块进入收尾阶段。世博周边地块旧区改造抓紧实施。多种形式旧改试点有序推进。稳步实施东元坊旧改新政探索试点，就地就近安置和小户型动迁安置房建设加快推进；光明初级中学扩大用地征询制试点工作取得成效。

抓紧实施迎世博专项整治工程。127条道路整治项目和174条道路养护维修及中山南路、中山南一路道路整治工程完工。调换29.4公里的各类护栏设施。完成28.5公里信息架空线和1.5公里的电力架空线入地。非商品房居民二次供水设施改造累计完成285.8万平方米。方斜路、徽宁路、新昌路和王家码头路4条道路积水点完成改造。推进无障碍设施的补漏补缺和社区无障碍设施进家庭，1000余户残疾人、老年人家庭受益。以外滩金融集聚带建设为重点，抓好商务、住宅楼宇项目建设。众鑫城二期、解放日报新闻中心、象屿大厦、半岛酒店、黄浦丽园、华润上海滩花园、开元坊等楼宇项目相继建成。黄浦区第一中心小学、半淞园社区中心竣工投入使用，三山会馆展示馆基本完工；区医疗中心、工人体育馆和大吉路综合改造项目开工建设。商务楼竣工29.5万平方米。住宅楼竣工10.28万平方米。

【楼宇建设】完成东元坊、三山会馆改扩建、174街坊能源中心、大吉路综合改造、淞南64街坊、大同中学学生公寓、中福花苑二期、黄浦区工人体育馆、外滩33号、露香园项目一期、黄浦区医疗中心等11个项目初步设计审定工作。众鑫城二期、解放日报新闻中心、象屿大厦、半岛酒店、黄浦丽园商务楼及华润上海滩花园、开元坊、黄浦丽园等商务、住宅楼宇相继竣工。全年商务楼竣工29.5万平方米。住宅楼竣工10.28万平方米。

【金外滩国际广场项目工程奠基】金外滩国际广场是是外滩金融集聚带中的重要项目之一，2009年12月25日举行奠基仪式。该项目位于黄浦区会馆弄南、中山南路西，毗邻黄浦江，属“外滩景观区”的延伸带，总建筑面积7万7千平方米，共22层，定位为具有国际一流品质的甲级商务办公楼。

【露香园路项目一期开建】露香园路项目一期（A1、A2地块）工程位于黄浦区老城厢范围内人民路、柳泉弄以南、露香园路以西、青莲街以东、大境路以北，占地面积约23705平方米。计划建造1幢8~31层高层住宅，1幢8~21层高层住宅，1幢7~15层高层住宅，1幢7~16层高层住宅，1幢17层高层住宅，商业和公建配套以及地下2层车库等。总建筑面积145202平方米，其中地上建筑面积105686平方米，地下建筑面积39516平方米。该项目由上海城投置地公司投资承建，2009年10月开工。

【大吉路综合改造项目开工】大吉路综合改造工程是社区公共服务设施项目，为“一馆两中心”，即老西门社区服务中心、老西门社区文化中心和黄浦区科技发展馆。位于西藏南路以东、安澜路以南、规划复兴消防站以西、大吉路以北。建设用地面积为5982平方米，项目总建筑面积为12739.5平方米，其中地上建筑面积7139.3平方米，地下建筑面积5600.2平方米。工程于2009年11月开工，计划2011年底竣工。

【新河南路桥建成】河南路桥于2007年9月开始拆除新建，2009年1月19日建成通车。新河南路桥由原先的3孔桥变为5孔桥，桥长从64.65米增加到111.5米，桥宽从18.2米增加到29米6车道，桥面升高1.6米。轨道交通10号线从桥下的河底穿过。新桥建成后大大缓解了市中心交通压力，并为外滩井字形通道、河南路全线拓宽打通了瓶颈。新河南路桥装饰工程按照“建新如旧”的原则，保持百年老桥的历史风貌，大到桥的全景，小到桥头灯柱花纹，桥栏杆花饰、桥腰的花饰，都保留了老桥原貌。新桥色泽与老桥色泽保持一致，与周边老建筑环境相融合。

【吴淞路闸桥拆除】吴淞路闸桥北起塘沽路吴淞路，南至中山东一路北京东路，全长838米，1989年动工兴建，1991年4月建成。为配合外白渡桥重新通车和外滩综合改造工程，2009年10日17日起，吴淞路闸桥由北向南的通行封闭，同日开始拆除工作。11月6日，闸桥被全部拆除，这座服役18年的桥梁以及闸门完成了历史使命。随着吴淞路闸桥的“功成身退”，外滩地下通道将于2010年世博会前开通，届时车流可从地下穿越苏州河。整座桥拆除后，从外白渡桥往西，将呈现良好的视觉景观。

【复兴东路人行天桥建成】复兴东路人行天桥位于位于河南南路与复兴东路交叉路口，为十字系杆拱结构，这在上海的人行天桥中首次采用，也是国内第一座钢结构吊索人行天桥。天桥的长短拱斜交，挂拉两个方向的连续钢板梁，其中长钢梁长约88.3米、宽约5.5米，短钢梁长约66米、宽约5.5米，拱高约为25米，钢结构总重量为480吨。平面为“十”字形，中心设椭圆通道布置，斜跨河南南路与复兴东路交叉路口，主桥面及椭圆通道宽为4米，人行天桥桥底净高为5.50米。4个路口除了有6个楼梯外，还设置4部残疾人专用电梯，桥上的扶手全部采用木质，与豫园老城厢整体结构相符。该工程于2007年3月28日开工，2009年6月8日竣工，7月1日投入使用。

【外白渡桥复位】外白渡桥建于1907年，是上海第一座近代钢桥。2008年4月7日，外白渡桥自原址移除，送往上海船厂进行修缮与保养，经过了全方位“体检”，按照“修旧如旧”的原则，进行了修复和更换部分构件的施工。其中更换铆钉约63000个，包括前端梁和人行道下方悬臂梁在内的各种钢构建200多吨，在外观上原汁原味保留老风貌。经过10个月的整修，于2009年2月26日下午1时，南跨桥体成功借助“涨潮”重回原址，与25日已复位的北跨桥体准确而牢固地连接在一起成功完成复位。该桥4月初恢复通行，重新投用后将可继续使用50年以上。

【西藏南路越江隧道竣工】西藏南路越江隧道是世博会专用隧道，工程位于世博园规划区域内，处于卢浦大桥和南浦大桥之间。隧道主线起自西藏南路中山南路路口，沿东南方向穿越黄浦江至浦东南路高科西路路口，全长约2.67公里，江中段隧道长约1170米，隧道直径11.58米。隧道在设计上融入整个世博建设的格调：浦西一侧28米高的风井设计成一根“龙柱”，与原南市发电厂烟囱改建而成的“世博塔”遥相呼应，并和周边原江南造船厂保留建筑风格协调。浦西主线出入口的光过渡段造型独特。工程于2005年11月25日开工建设，2009年7月10日，东线隧道工程率先竣工。西线隧道于年底前完成建设。

【人民路越江隧道竣工】人民路越江隧道工程是外滩“井字型”交通枢纽的重要组成部分。2006年11月浦东段正式开工，8月11日，浦西段道路排水工程开工，2009年底竣工。

隧道主线自浦西淮海东路、露香园路开始，沿人民路向东，下穿中山东二路，穿越黄浦江至浦东，在东昌路轮渡站上岸，至银城东路浦东南路交叉口，全长2470米，其中圆型隧道段长1470米，为双管单层双向四车道，设计车速40公里/小时，限高4.3米。浦西在人民路河南路以西设有一组进出匝道；在河南南路以东设有一组进出匝道。工程通车后，将担负起沟通外滩与浦东小陆家嘴区域的重要交通功能，为2010年世博会提供车流集散通道，对改善上海核心区和浦江两岸的交通发挥重要作用。

【完成斜土路等5条世博配套道路改建工程】5条道路全长8.725公里，面积254214平方米。斜土路、国货路（海潮路—西藏南路）道路改建工程于2008年9月开工，2009年12月竣工。工程新建沥青砼车行道面积25462平方米，砼质彩砖人行道8746平方米。新排下水管道1039米，机动车道总宽度拓宽至24米。南车站路/陆家浜路环状道路改建工程2008年9月开工，2009年12月竣工。工程新建沥青砼车行道面积58720平方米，砼质彩砖人行道17043平方米。新排下水管道91米，南车站路机动车道拓宽至18米，陆家浜路机动车道拓宽至32米。西藏南路（复兴东路—中山南路）道路改建工程于2008年9月开工，2009年12月竣工。工程新建沥青砼车行道面积75717平方米，砼质彩砖人行道18150平方米。新排下水管道1260米，机动车道总宽度拓宽至22米。外马路(老太平弄—半淞园路)道路改建工程于2009年7月开工，2009年12月竣工。工程新建沥青砼车行道面积30561平方米，砼质彩砖人行道13471平方米。新排下水管道2065米，车行道宽度拓宽至12米。斜土路（西藏南路—制造局路）道路改建工程于2009年10月开工，2009年12月竣工。工程新建沥青砼车行道面积4791平方米，砼质彩砖人行道1553平方米。机动车道总宽度拓宽至24米。

【完成徽宁路等4项积水点改造工程】4项工程于09年3月开工，09年6月竣工，系2009年区政府实事工程项目。徽宁路积水点改造工程新铺直径800毫米下水管道315米，新建沥青砼车行道9607平方米，砼质彩砖人行道1781平方米。方斜路积水点改造工程新铺直径800毫米下水管道281米，新建沥青砼车行道5592平方米，砼质彩砖人行道2519平方米。新昌路积水点改造工程新铺直径400~600毫米下水管道691米，新建沥青砼车行道5965平方米，砼质彩砖人行道2631平方米。王家码头路积水点改造工程新铺直径600毫米下水管道429

【建筑节能工作稳步推进】全年共完成建筑节能备案项目21项，其中新建公共建筑7项，新建居住建筑3项，既有建筑改造11项，总建筑面积30.7万平方米。年内益丰大厦修缮改造、体育大厦装修等工程均结合建筑节能一道进行，提升了建筑品质。外滩33号修缮融合了地源热泵可再生能源一体化利用和优秀历史保护建筑围护结构节能改造两项技术，被推荐成为上海市建筑节能示范项目。

【强化工程安全质量监管】2009年黄浦区受监工程189项，其中土建工程16项，建筑面积70.23万平方米，装饰类项目173项，建安工作量10.3亿元。受理竣工验收备案164项，其中土建工程24项，建筑面积27.3万平方米，装修工程140项，建安工作量2.58亿元。

【旧区改造动拆迁】2009年，按照拆除旧房面积30万平方米，收尾地块10块的年度工作目标，全年拆除旧房31.54万平方米。8个地块完成动迁，2个地块基本收尾。加快推进成片旧里地块改造。董家渡13A地块居民动迁全面完成，15A、复兴等地块均已进入收尾阶段。中华路白漾弄绿地及北侧地块动迁居民签约率为 81.2%。中福 A 块、B 块和老西门 2-2、荷花池幼儿园、宁海东路地铁站拆危、人民路淮海路小三角、B4、外马路改建等地块完成收尾和基本收尾任务。S390 地块、209 地块重新启动。东元坊地块动迁完成居民签约 88.2%，就地就近安置和小户型动迁安置房建设加快推进；光明初级中学扩大用地实施两轮征询制试点。

（二）静安区

【概况】2009 年静安区以建设国际静安为己任，按照“高起点、外向型、国际化”发展思路，坚持“一街五区、南改北建”规划思路，聚焦重点、突破瓶颈，凝心聚力、扎实工作，圆满完成了旧区改造、重大项目建设、政府实事、市政设施建设等各项工作年度目标。

【旧改动迁工作】静安区 13 幅结转地块中，先后完成了土地储备地块 60 号、49 号，以及静安寺交通枢纽、严家宅三期 B 块、安义路保护建筑、海防路 440 号等 6 幅地块收尾工作，118-3、95-C、86 号等成片旧里地块及西康路 771 号、北京西路 777 号等零星旧里改造新机制试点工作有序推进，地铁 12、13 号线南京西路站动迁进入收尾阶段。胶州路 175 弄、新闸路 1974 号、昌平路 984 弄等 3 幅零星地块完成动迁改造并建成公共绿地和社区公共服务设施，愚园路 361 弄通过房屋置换完成零星改造，长乐路 524 号完成动迁任务。全年完成居民动迁 3515 户，三林基地经济适用房建设和 105 基地保障性住房前期工作加快推进。全年张贴行政强制执行通知书 66 户，强迁前和解 45 户，强迁后化解 3 户，实际执行强迁 17 户，并做好“事前、事中、事后”的稳控和疏导工作，有力促进了动迁工作。

【形态建设和功能开发】坚持规划先行，“一街五区”开发建设、中部地区发展、静安滨河现代服务业集聚区和曹家渡商业商务副中心建设规划进一步深化和完善，为加快推进国际商务港建设奠定了更加扎实的基础。越洋璞丽酒店开张试营业。通利商厦已完成竣工验收。会德丰广场、华敏帝豪大厦、悦达广场、静安少体校实现结构竣工，全年新增商业商务面积约 42.8 万平方米。嘉里二期、协和二期、南京西路 1788 号、静安寺交通枢纽综合项目、大中里、中央广场等项目建设步伐加快。其中，嘉里二期南块完成塔楼 6 层施工；协和二期进入地上工程施工；南京西路 1788 号完成塔楼 5 层施工；静安寺交通枢纽综合项目实现枢纽通道和站体用房结构竣工。启动 49 号、60 号、雕塑公园二期、梅村、老年健康中心等待建项目。其中，雕塑公园二期加快推进；49 号地块完成招拍挂程序；60 号地块进行方案调整优化；梅村、老年健康中心抓紧实施开发建设前期工作。

【静安寺地区综合改造工程】静安寺地区综合改造工程初显成效，经典雅致的景观形象带动休闲娱乐、宗教文化、时尚消费等功能全面提升。综合整治工程完成了沿街绿化调整改造、静安公园绿化改造、商务大楼绿化调整等工程，完成 28 幢大楼外立面整治工程和灯光工程。保护性修缮有序实施，保留延续了丰富的历史文脉和人文景观，百乐门舞厅修缮工程顺利完工，静安古寺改建工程加快建设，大雄宝殿工程全部完工，投入使用静安寺广场改建工程基本完工。静安寺交通枢纽工程按时间节点全力推进。完成百乐门大酒店、环庙商业、伊美广场、原九百古玩市场、九百食品城的商业业态调整，更加符合安寺地区繁华商业街的定位。

【完成政府实事工程】全年完成房屋与环境综合整治68万平方米，并对部分小区道路、绿化、下水管道、上水管道、煤气管道等进行了改造，超额完成165万平方米二次供水设施改造工程量。完成居民住宅接地线改造6万户，超额完成11万平方米居民和公共既有建筑节能改造。

【市政设施环境建设】常德路拓宽工程全面完成，这是继万航渡路拓宽工程之后突破南北交通瓶颈的又一重大市政工程。轨道交通7号线昌平路站、静安寺站投入运营，静安寺交通枢纽和轨道交通12号、13号线“两站一通道”等项目有序推进。积极开展迎世博道路整治工作，延安路、武宁南路、乌鲁木齐北路架空线入地工程按期收尾，康定路等18条（段）道路综合整治顺利完成。加强排水系统管网改造和防汛设施建设，南苏州路、安远路等路段积水点改造及万航泵站排水系统管网改造工程实现竣工。非机动车停放管理力度进一步加大。

【建筑节能降耗工作】全年所有新建、改建、扩建建筑100%实施建筑节能，既有建筑节能率50%，面积43.4万平方米。16个工地被评为节约型工地，华敏帝豪大厦被评为市级节约型样板工地。

（三）徐汇区

【概况】2009年，徐汇区建设工作围绕“迎世博”和“保民生”两大主题，推进世博配套道路建设、迎世博600天市容环境综合整治、旧区改造以及市政设施建设等工作，各项重点工作全面推进，基本实现了既定的工作目标，城区建设和管理水平进一步提高。

【世博配套道路动迁腾地工作全面完成】对世博配套项目工程范围内涉及的566户居民和113家单位，一季度完成居民动迁收尾。结合滨江地区土地收储，先后完成了上海水泥厂、中电投、联合水泥厂等大企业的动迁安置、职工安置，以及铁路南浦站的搬迁等工作。到11月底，全面完成了世博配套道路及滨江地区收储范围内所有单位的动迁腾地任务。

【世博配套项目工程建设按时间节点全力推进】2008年12月，世博配套道路正式开工启动。瑞金南路配合卢湾区全面建成通车；宛平南路基本完成，并具备全面建成的条件；东安路受轨道交通7号线站点建设占路影响，中山南二路以北路段基本完成，中山南二路以南路段2010年2月份基本完成；云锦路除轨道交通11号线龙华机场内两个车站占路建设将实施临时道路，其余路段已基本完成；龙华路除轨道交通12号线南浦站段受占路影响在2010年3月完成外，其余路段年内基本完成；龙华港钢结构桥成功吊装，计划于2010年3月份全面完成道路建设。同时，配合世博配套道路动迁安置和环境建设，上海轻工学校动迁还产工程—学校新址顺利启用；滨江公共开放空间（一期）结合丰溪路道路工程进展顺利，年内完成土建工程及部分绿化种植。

【轨道交通11、12号线站点动迁工作】轨道交通11、12号线规划在徐汇段设置15个站点，动迁共涉及约160家单位，约578户居民。年内，7个站点已经交地并启动建设工作，分别是轨道交通11号线石龙路站、云锦路站、上体馆站、徐家汇站和12号线虹梅路站、嘉善路站、南浦站，其余站点正抓紧推进动迁，已基本完成除龙华旅游城站外大部分动迁任务。

【生态专项建设稳步推进】已腾地范围绿化工作按计划节点实施，年内已基本完成外环线沿线段的建设工作。加快滨江段动迁、腾地协调工作，交运集团完成腾地；配合市政府及市有关部门妥善处理华泾路居民与城建集团搅拌站矛盾，搅拌站已停产，动迁补偿加快谈判工作；中海工业、中远船厂在岸线问题得到解决后，已启动实质性谈判工作。

【全面推进迎世博 600 天市容环境建设】按照本市统一部署，徐汇区迎世博 600 天市容环境整治工作任务量位列中心城区首位，共计 30 项主要任务，2000 余个具体项目。一是以高架、世博周边、江河、交通干线、重要地点等为重点，以点带面地推动全区各类整治项目的整体推进；二是结合区域特点、计划任务，成立专项推进组，有效推进衡山路、虹桥路等 9 条景观道路和内环线、中环线等 6 项景观沿线的整治工作；三是针对城市管理顽症，重点开展“跨门营业、违法建筑、工地管理、居民小区、非机动车停放、道路扬尘管理”等专项整治工作，切实落实长效管理措施，进一步巩固和提高城区环境文明水平；四是抓紧推进武康路风貌保护区整治、滨江公共开放空间及周边环境建设、徐家汇广场各类设施梳理整治等，突现徐汇的整体亮点。

【全力推进旧区改造工作】全年完成动迁约 5100 户。一是 6 块历史遗留基地，建国西路 68 号地块完成平地，小闸镇、麦其里项目重新启动动迁工作；二是 14 块 2008 年结转基地，完成包括兆丰路旧区地块平地 11 块；三是加快成熟项目启动，年内共启动基地 16 块，启动居民动迁 5200 余户，包括世博配套道路沿线三家里、建设新村等 4 个旧区全部启动改造；目前已平地 5 块，还剩余 11 块基地，居民约 1000。

【筹措安置房源】年内筹措到位配套商品房源约 1 万套，使用约 4100 套。争取到君莲小区等市属配套商品房源支持；推进区的自建配套商品房，新造屋和华泾银都路 2 个动迁就近安置配套商品房基地年内先后开工，与企业合作，政府回购周沈巷增量商品房源。

【市政工程建设】2009 年，根据迎世博 600 天市容环境整治要求，全面完成各项整治任务。完成中山西路等 208 条道路的整治，重点整治道路 64 条，一般整治道路 144 条（段），占全区道路 90% 以上，整治车行道面积 178 万平方米、人行道面积 52 万平方米。整治桥梁 4 座、人行天桥 7 座、电力架空线 12.6 公里、信息架空线 45 公里、积水点改造 6 处、交通小改小革 7 处、城市道路路名牌更换 1401 块、整治人行道八类设施 1283 处，七类设施 246 处。疏通下水道 370063 米，清捞窨井 22750 只，清捞茄莉 37490 只，出泥 17556 吨。

【完成迎世博整治工作】结合迎世博 600 天行动，完成淮海路、衡山路、漕溪北路、虹桥路等 9 条景观道路整治工程；完成宋园路、长乐路、瞿溪路等 21 条区区交界道路整治；完成汾阳路、冠生园路、裕德路、太原路、徐浦大桥地面道路、龙华路、襄阳南路、淮海西路、喜泰支路、喜泰路等 10 条道路大修工程；完成天平路、康健路、汾阳路、丰谷路积水点改善工程；完成中山西路、中山南二路、衡山路、淮海路、虹桥路、天平路、武康路、高安路、康平路、沪闵路、漕宝路、龙吴路等 208 条道路的整治，整治车行道面积 178 万平方米、人行道面积 52 万平方米。完成 198 条道路人行道设施整治，共计八类设施 1283 处、七类设施 246 处，其它设施 542 处，残留障碍物 50 处，指路牌 1034 块；更换城市道路路名牌 1525 块；完成道路局部拓宽、设置二次过街、增设港湾公交站点等交通小改小革 8 处；基本完成 16 条道路的信息线入地工程；疏通下水道370063米，清捞窨井22750只，清捞茄莉37490只，出泥17556吨；疏通下水道370063米，清捞窨井22750只，清捞茄莉37490只，出泥17556吨；完成38条小市政道路、公共弄堂实施整修，解决弄堂小路道路市政设施年久失修、缺损等。

【推进南站周边等其他道路工程建设】喜泰支路工程按计划顺利竣工；完成南站地区宾阳路、定安路、三江路延伸段工程；柳州路及桥梁已建成通车；平阳路、平福路等道路抓紧做好开工准备工作；龙川北路道路工程已基本完成；宜山路拓宽工程第一标段（莲花路—桂箐路）进入施工阶段，其它部分（桂箐路—南丹路）抓紧做好前期各项准备工作。配合做好住宅配套道路建设，滨江路抓紧实施工程建设；嘉善路（建国西路－永嘉路）道路工程建设基本竣工；古宜路、龙恒路项目开工建设；漕东支路（漕东二路－龙漕路）、漕东三路（田东路－漕溪路）道路完成居民动迁，启动道路工程施工。

【水环境建设】完成了迎世博行动计划河道综合整治任务；完成了华泾地区黑臭河道整治工作，改善了淀南地区的水环境，并落实了淀南片河道的常态化养护机制，实现了区域水利设施的全覆盖管理；督促推进黄浦江一线滨江地区河道水利设施养护管理和防汛工作，积极推进干河疏浚技术的课题调研和应用以及信息系统设施更新维护等各项工作。

【加强区域河道综合整治工程】完成了张家塘支河等7条河段的疏浚、防汛墙改建等综合治理工程，累计疏浚土方9600立方米，改造防汛墙874米，新建生态浮岛300平方米，截污纳管1320米，疏通砼埋管153米，干河疏浚长度7.46公里；配合康健路综合景观改造，完成漕河泾港康健路段防汛墙和科普桥改建工程，其中，新建10米和18米的亲水平台各1座，改建桥梁1座，防汛墙压顶改建575.5米；实施华泾港应急疏浚工程，疏浚土方近2.2万立方米，并种植水生植物和曝气增氧，强化水生态治理；重建上澳塘南闸和改建长春泵站，新建管理用房43平方米；完成机场河疏浚工程，疏浚土方1万余立方米，涵管疏通894米。完成北潮港和三友河应急整治、淀浦河绿色堤防改造、三友河桥涵工程以及薛家浜、机场河、姚家浜水生态处理工程等跨年度工程建设，累计新建泵闸、桥涵各1座、二级挡墙159米，处理河道水量3万余平方米，并同步实施了拆除老闸、河道疏浚、绿化布置、河道底泥处理、微生物水质处理、曝气及水生植物种植等相关工作。

【加强建设工程质量监督管理】2009年，区安质监站加强建设工程质量监督管理。一是多次开展对区内轨道交通、住宅工程、节能工程、深基坑工程、抗震结构工程等的专项检查，采取边学习、边实践、边总结的方式，开展了轨道交通监督、不合格建材的查处等整治活动，全年共发出质量问题整改指令单72份，局部暂缓施工整改指令单9份，行政处罚案件2起。二是深入开展基坑评审、建筑节能、住宅分户验收等重点工作。对区内18个建设工程的深基坑进行了评审，优化深基坑设计和施工方案，保障深基坑工程的安全性。加大优质结构检查力度，注重工程内在质量，申报上海市优质结构工程10个。三是开展土方及基坑工程专项检查。自六月下旬开始，对区内建筑工地进行排查，重点检查了各专项施工方案、监测方案的编制、审批、专家论证以及执行情况；检查了专业施工队伍的资质情况以及现场项目经理的资格情况；检查了土方工程以及基坑（沟、槽）工程的承发包关系，确保建设工程总体受控。

（四）长宁区

【概况】2009年是深入学习实践科学发展观的重要年，是落实迎世博600天行动任务、实现“城区管理品质走在前列”、开启十二五规划的关键年。在长宁区委、区政府的领导下，区建设党工委和区建交委围绕年度目标任务，把握“聚焦、攻坚、提升、细化”的工作基调，服务区域经济社会发展大局，全力以赴推进城区建设管理，坚持高起点规划，高质量建设，高水平管理，圆满完成了年度工作目标任务。

【经济楼宇建设取得实效】5个项目实现开工，其中正式项目4个，包括力仕鸿华、三泾北宅、曹家渡地块商办楼、联强国际二期4个项目；预备项目1个，临空20号地块自建产业楼，开工项目总建筑面积达44万平方米。计划在建20个，建筑面积为125.5万平方米，所有项目正常施工。16个竣工项目已全部完成，建筑面积为46.2万平方米。

【房地产业税收取得实效】截至年底，完成房地产开发税收285126万元，房屋租赁业税收27528万元，房地产交易税收100685万元，建筑安装业税收30865万元，累计完成房地产业税收444204万元，同比增长18.98%，完成区政府一级工作目标的137%。

【迎世博600天行动任务全力推进】区建交委以推进完成迎世博600天行动任务为工作重点，围绕苏州河景观建设、市政道路整治、河道整治、架空线入地工程、人行道设置设施整治、桥梁整修等内容，全力推进迎世博600天行动任务。苏州河景观建设一期工程已完成，积极推进二期工程。市政道路整治已完成车行道558543平方米，人行道203546平方米，全部完成目标任务；已完成延安西路（镇宁路——外环线）、汇川路（凯旋路——长宁路）、水城路（仙霞路——虹桥路）、古北路（红宝石路——古羊路）、万航渡路(凯旋路——娄山关路)、安化路(江苏路——定西路）等道路整治。朱家浜泵闸工程已竣工并运行；许渔河水系沟通工程(动迁基地水系调整北块）一期已完成；完成通协河综合整治工程、朱家浜至通协河水系沟通工程；周家浜拓宽工程（外环以西段）正在施工。架空线入地工程完成延安西路（镇宁路——外环线）架空线入地；虹桥路（凯旋路——外环线）信息管线排管完成98%；完成天山路（延安西路——芙蓉江路）电站施工和天山路（芙蓉江路以东）架空线入地；北翟路（外环线——威宁路）已完成电站和箱变的选址，正在进行政府采购。通过市政道路改建、拆除障碍设施、盲道绕行等方式，共整治人行道设施设置869处，完成任务量的88%。其中公交站点、非机动车停放点、路灯杆、配电箱、消火栓等15类人行道设施397个，广告设施201个，体育彩票亭、交通执勤亭等其他类设施385个；桥梁整修中，已完成2处危桥拆除和4座桥梁维修加固工程。

【虹桥交通枢纽配套路网有序开展】长宁区主要负责前期动迁腾地工作，具体包括：1、北翟路高架工程（区界——外环线）前期动迁腾地工作已完成；2、北翟路中环线立交工程已完成哈密新村、北翟路105弄4～6号居民动迁649户（共650户）以及全部单位（共56家）动迁；3、北翟路（平塘路100弄）噪声治理声屏障工程已完成；4、天山西路西延伸新建工程和仙霞西路西延伸新建工程已全面完成前期动迁腾地；5、SN十路新建道路工程前期动迁已基本完成；6、仙霞西路(可乐路——协和路）新建道路工程已配合市建设单位完成前期手续办理，已启动前期动迁。

【中环线配套项目建设】中环线配套项目建设主要包括：1、天山（西）路（广顺路——延安西路）道路改建工程分两个阶段实施：地铁车站范围道路恢复工程方面，北新泾站天山西路（北渔路——蒲淞北路）段已于10月份基本完成道路恢复工程；虹桥临空园区站天山西路（协和路——福泉路）段道路预计地铁2号线西延伸已完成盾构顶板施工，准备开始实施道路后期恢复。天山路（广顺路——延安西路）道路改建工程方面，已完成天山路（广顺路——芙蓉江路）和天山路（芙蓉江路——延安西路）路段道路主体工程，天山路（双流路——中环线）结合北翟路中环线立交工程进行道路恢复。2、完成了古北路（天山支路——天山路）道路辟建工程。

【市政道路建设】安龙路（茅台路——新渔东路）道路辟建工程完成道路主体，新渔路（北渔路——平塘路）道路辟建工程、中泾路（新潮路——新泾路）道路辟建工程已竣工，完成安顺路（定西路——淮海西路）道路辟建工程的建设用地规划许可证，福泉路（金钟路——北翟路）和广顺北路（福泉路——苏州河）道路辟建工程初步设计批复中；凤冈路（宣化路——愚园路）道路辟建工程正在开展环评等前期工作，泉口路（广顺路——福泉路）道路辟建工程正在进行设计方案报批；虹桥路2545弄已进场开工；凯旋路（安化路——长宁路）道路改建工程已完成项目建议书编制工作并上报。

【苏州河相关工程】威宁路桥梁工程2006年完成动迁，现已完工；古北路桥、淞虹路桥已经竣工通车。苏州河防汛墙改建方面：华政防汛墙改建已完成；有序推进苏州河防汛墙（北渔路——剑河路）加高工程和24条（段）支流综合整治项目，确保规定动作和自选项目顺利进展。

【不断加强市政管理】完成黄金城道、长顺路、安龙路、香花桥路等大修工程；完成天山路、哈密路积水点改造；完成剑河路下水道管网调整和主体路段路面板块修复；启动实施长宁路非机动车道及人行道改建工程；完成剑河路周家浜桥新建人行钢便桥和4座危桥加固；完成中山西路、华阳路、长宁路、万航渡路等道路整治工程；结合市无障碍环境建设规划纲要（2007~2010年），编制了我区无障碍建设新一轮四年规划，完成新一轮无障碍设施项目梳理并上报。同时注重完善管理机制，其中小市政道路整修后的长效管理机制得到进一步优化，以此不断提升市政管理的制度化、规范化。

【不断加强河道管理】野奴泾河道整治和中小河道综合整治工程已竣工验收；新泾港及支流河道综合整治工程已开工，年底完成；抓紧实施广顺河等5条河道深化治理工程；注重加强行业管理，开展引清调水、截污纳管等，提高水体动力和自净能力，不断完善河面保洁与河岸保洁一体化机制，提高河道保洁管理水平；开展水环境治理宣传，举办“世界水日”、“中国水周”活动，提高全民参与意识；不断巩固市、区两级联动、联建治河格局，加强市区联动合力。

【不断加强建筑业管理】完善建设项目矛盾协调工作联席会议制度，牵头协调解决金虹桥国际中心和东方海外等项目矛盾；维护农民工合法权益，解决34起农民工工资拖欠问题，强化新进农民工安全教育与职业技能培训；与施工单位进行营业税留区洽谈协商，实现税收1650万元，完成全年工作目标的110%；开展安全质量双观摩和“环保便民示范工地”观摩；做好建设工程创优评优工作，评选区优质结构16次，区文明工地9个，区级节约型工地7个；全力加强项目监管，组织开展安全生产月活动和安全生产“三项行动”，开展专项安全检查5次，查处“六无”工程41个；组织召开迎世博创建环保便民工地推进会，区域内83个建设工地全部完成“环保便民工地”创建工作；对接代建制工作，推动代建单位与立项单位签订代建合同书。

【不断加强职能管理】无障碍设施建设中，完成盲道整治和缘石坡道建设，其中盲道改建30984米，缘石坡道84个；公共建筑无障碍改建包含街道3个中心和居委会共79处，以及16家敬老院、15所学校、2家医院；无障碍进家庭已全部完成目标任务，共1326户；完成对已建高层、中高层、公寓、宿舍等109项374个无障碍坡道改建。标志标牌管理中已完成单位指示牌740块。停车诱导系统建设，已完成中山公园地区7个停车场库及主要道路（长宁路、凯旋路上）设置2块一级诱导牌、2块二级诱导牌、8块三级诱导牌建设，并投入试运行；同时积极实施虹桥地区的停车诱导系统建设。道路交通噪声治理方面，屏体安装完毕。电子政务建设中，运行土地储备二期系统，对系统进行压力测试，优化系统，确保稳定性，为全区各部门提供标准地理信息服务。

【不断加强网格化管理】根据迎世博和“文明在线”工作要求，区城市网格化管理监督中心和指挥处置中心定期跟踪督办，分析成因，加强监管，设置了“三步工作法”处置规范流程：针对城区管理存在重点难点，用“文明在线”的投诉内容来检验城市网格化管理的工作质量，检验监督管理水平和监督员队伍的整体素质及发现、上报城市环境问题的能力；针对城区管理的薄弱环节，提出应对措施和专项治理方案，提高管理的针对性和有效性，进一步完善城区管理长效机制。截至12月底，区网格化管理信息系统立案156057件，结案155574件，结案率为99.7%，平均日立案为428件，结案为426件。

（五）卢湾区

【概况】推动旧区改造。把旧区改造作为改善民生、促进发展的重要工作，全年累计改造二级以下旧里房屋4.35万平方米，动迁居民2308户，分别完成年度目标的145%和153.9%。切实加大推进力度。城区环境面貌显著改善。全面实施“市容市貌改观、市民生活改善、管理水平提升、卢湾特色项目”四大工程，对高架、世博周边等重要地点的整治工作取得成效，全区市容市貌有效改观。北部地区推进重点商务楼宇建设项目，尽快启动115街坊、龙凤地块动迁，推动126、127街坊动迁收尾、开工建设，确保113街坊项目竣工，推动香港广场等淮海中路商务楼宇加快改造、调整和提升。中部地区加快中南部现代服务业集聚区建设，把局门路改造成为卢湾服务世博、南北联动的重要载体和通道。南部滨江地区加快改造开发，重点推进104、105街坊的商业商务项目建设和龙华东路917号等项目开工。

【创新旧区改造机制】把推进旧区改造和重大项目建设作为改善民生、推动卢湾社会经济可持续发展的重要举措，在全市范围内率先成立旧区改造工作领导小组及办公室，制定《进一步推进卢湾区区旧区改造工作实施意见》，试行征询制加数砖头加套型保底，取得了显著的成效。

【旧区改造】全年累计拆除各类旧房10万平方米，如期实现年度拆除总量目标，其中拆除旧里以下房屋43507平方米，超额完成3万平方米的全年计划；累计动迁居民2308户（未全部包括115街坊签约户数），超额完成全年2300户的力争目标。启动10个项目动迁，包括龙凤地块（商业开发）、龙凤地块（土地储备）、中山中学扩建、打浦消防站、二十一研究所、建国东路 390 号、五里桥路 14 号、115 街坊（东块）、瞿溪路 977 号、130 街坊西块；尚贤坊开发单位香港新世界集团因自身原因暂缓启动。成功收尾 6 个动迁基地（另有 4 个基地签约率超 95%），包括 99 街坊、瞿溪路 730 地块、打浦消防站、淡水湾二期、二十一研究所、中山中学扩建；另有 126 街坊、65 街坊北块等 4 个基地签约率超 95%，正在全力收尾。

【重大项目】裕和公寓和三林保障性住房 2 个项目开工。新华联大厦于 1 月中旬竣工开业；日月光中心广场、思南路 47~48 街坊等 2 个项目部分竣工；市政俱乐部结构封顶。有序推动一批项目建设，包括华丽俊庭、43 街坊、104 街坊、105 街坊、局一基地等。年内共计产出商业商务面积 16.8 万平方米。（包括新华联 0.9 万，思南路 47~48 街坊 2.1 万，日月光中心广场 13.8 万）。

【进行动迁新机制试点】建国东路 390 号地块在全市率先实"征询制"和"数砖头"加"套型保底"的动迁新机制试点，得到了包括中央学习实践活动巡回检查组、中央政策研究室和市、区主要领导的高度关注和充分肯定，并在全市推广经验；五里桥路 14 号地块的新政扩大试点工作，进一步在房源筹措、资金管理、两费分离、公司考核、队伍建设等方面加强探索；115 街坊东块作为全市规模较大的新政试点基地之一，动迁首日签约率即达到 38.5%，创下全市试点动迁新机制后"首日签约率"新高。上述地块动迁进度明显快于其他地块，动迁氛围明显好于其他地块，动迁成本未超过其他地块，达到了动迁速度、成本和稳定的和谐统一。

【迎世博行动计划全面有效实施】实施"市容市貌改观、市民生活改善、管理水平提升、卢湾特色项目"四大工程，使城区道路交通、绿化建设、市容管理、环境保护和网格化管理等领域的建设和管理水平得到整体提升，取得显著成效，确保了卢湾在四次上海市迎世博 600 天城市文明指数测评中均名列前茅。

【市容环境管理】逐步扩大非机动车固定停放点，使全区非机动车固定停放点增加至 168 个；通过差别化管理，有力推进乱设摊整治，对 398 个历史遗留的相对固定乱设摊进行"销账式"管理，对居民有需求的 110 个牛奶、早点摊，开展"引摊入室、引摊入店"行动；实施卢湾停车诱导系统一期，实现网上动态停车信息发布，方便市民出行，缓解交通拥堵，得到市民肯定。

【逐步显现特色亮点】对南昌大楼、中德医院、淮海坊等优秀历史建筑进行整修，挖掘人文资源，体现卢湾文化特色；紫荆新苑小区综合改造、西成里卫生设施综合改造解决群众日常生活中急难愁问题，改善小区环境，体现以人为本；淮茂绿地、新华联前、淮海公园北广场等绿化改建凸显现代气息烘托"花园卢湾，共庆世博"主题。中山南一路、淮海路沿线 40 多幢楼宇景观灯光设计，丰富灯光形式，打造亮丽风景线。

【城市网格化管理不断深化】修订《上海市卢湾区城市网格化管理指挥手册》，新增管理部件 3 个、事件 14 个。区城市网格化管理继续呈现"三高一低"的运行态势。全年网格化管理中心共立案 43235 件，结案 43236 件，结案率 100%，及时结案 43077 件，及时结案率 99.63%。研制开发世博专项管理系统，接入公安视频监控信息，加大对文明施工的监督力度，有效提升了城区综合管理水平。

【市政建设经受考验】全力推进世博配套道

路工程及A单元配套工程，精心实施延安中路等6条道路架空线入地工程、复兴中路等6条道路信息线专项入地工程、淡水路等3条道路积水点改善工程，着力推进全区标志标牌整治和人行道设施整治，全面完成陕西南路、泰康路等55项道路整治工程。全年共计整治车行道约44.4万平方米，整治人行道约15.3万平方米，更新更换路名牌663块，拆除违规指示牌192块，养护道路约3.9万平方米，下水道疏通40.6公里，修理窑井盖、进水口57只，均超额完成迎世博600天行动计划量。

【建筑业综合管理稳步提升】围绕“迎世博、保安全”工作主线，切实加强施工现场的质量安全监督，进一步加强对全区重大危险源的日常监督管理，加大安全事故查处力度，推进文明工地建设，加强建筑工地现场用工管理。维护农民工合法权益，确保了建筑工地安全生产形势处于受控状态。全年共计办理信息卡6547张，健康体检6535人，岗前培训6469人，发放医疗保险卡4616张，综合保险月均参保数7923人；协调处理农民工来信来访19批，涉及人数256人、费用121.06万元；累计完成勘察承发包项目1042项，完成报建62项，核发施工许可证80张。受理工程报监162只，办理合同备案376个，竣工备案113只等。工程项目中获得诸多殊荣，包括1项市优质结构、10项区优质结构、2项市白玉兰奖、2个市申安杯、6个市级文明工地等。

【综合交通管理展现特色】一是优化城市交通组织系统，启动并完成编制新天地、世博园区、临江区域等三个区域的交通组织优化方案。二是推进停车诱导系统建设，协调相关部门开展停车诱导信息采集对接工作，完成一期建设任务，谋划二期建设任务。三是规范车辆停放，根据区内道路停车现状、需求，对道路机动车停放点进行了调整，新增5个机动车停放点，新增泊位98个，在7个路段安装了停车收费咪表等。

（六）普陀区

【概况】2009年，围绕经济社会发展大局，把关注民生、改善民生作为各项工作的出发点和着力点，推动以建民村为重点的旧改基地动拆迁，加快推进轨道交通、长风生态商务区配套道路、泸定路桥等一批市、区重大工程项目建设，全面开展“迎世博百日测评”工作，促进全区环境面貌改善和城市管理水平提升。

开展规划编制研究和管理。推进苏州河滨河地区控详规划编制、产业园区更新改造规划调整和研究、商务楼宇发展规划以及综合交通发展策略深化完善。促进保障性住房和各类公共服务设施规划落地。完成真如城市副中心启动区地下工程等项目的规划许可、上海西站南广场综合交通枢纽规划等方案调整评审。推进城市景观和雕塑设计建设，完成中环线（普陀段）、长寿路沿线城市设计，推动曹杨路沿线城市设计。稳步推进国有土地使用权出让、土地储备编制和存量土地处置，完成长风生态商务区5B、6B＋7C及650坊小环岛工业一期等地块国有土地使用权出让。全年共核发规划选址意见书12件、建设用地规划许可证17件、建设工程规划许可证55件、用地批准书21件。

市政基础设施建设。积极配合做好轨道交通七号线和十一号线试运行前的各项准备工作，十三号线金沙江路站、真北路站、宁夏路站、隆德路站、大渡河路站点进入全面或部分施工阶段。长风生态商务区内同普路、丹巴路、中江路、泸定路4条道路建成通车。完成枣阳路拓宽工程、光复西路一期工程、石泉东路西段工程，推进丹巴路北段辟通工程。祁连山南路地道改扩建工程结构主体完工，桃浦东路穿越铁道下立交工程正在实施中。镇坪路桥建成通车。铜川排水系统投入运行，完成大光复低标排水系统改造工程，推进真江东、新师大排水系统建设。完成梅岭北路等8项道路积水点改造和金沙江路等4个路段沉管工程。

全年受监土建在建单位工程180个、装饰项目单位工程187个，竣工验收备案工程140个，电梯工程在建545台。开具质量问题整改指令单139份、局部停工单20份、安全隐患局部暂缓施工指令书125份、安全隐患整改单349份、停工单6份，行政处罚立案70起。加大对农民工岗前培训和维权，全年培训1170人。接待农民工上访48起。建筑建材受理窗口服务水平有新提高，受理建筑工程项目168个、竣工备案项目140个、企业资质申请24家、工程合同备案419个、施工许可证74项。规范建筑市场招投标管理，完成施工承发包备案项目96只（标段），实际招标率与公开招标率均达100%。

完成张华浜、横塘河、三面浜河道整治工程及木渎港二期桃浦河除险改造工程，完成蔡家浜、姚明港、工业河等河道整治工程主体结构，金光北块、南北厅和武威河河道整治工程开工实施。入汛后，协力做好各项防汛抗台工作，全力抵御“莫拉克”台风和多次暴雨侵袭，顺利渡过长达122天的汛期，确保河道汛期安全。

【镇坪路桥竣工通车】苏州河上镇坪路桥位于江宁路桥、武宁路桥之间，南起长寿路、常德路路口，向北沿常德路跨越苏州河至镇坪路，与中山北路相交。施工范围全长660米，其中桥梁长200米，共分5跨，主跨47米，一跨过河。南北引桥东侧各设置一座人行梯道。桥宽25.6米，设双向4车道，从苏州河南常德路、宜昌路向北，跨越苏州河及光复西路，从上方跨越轨道交通七号线后，引桥再下穿轨道交通三号线，抵达中山北路路口。镇坪路桥由市、区两级政府共同投资1.26余亿元，于2007年11月28日开工建设，2009年6月30日建成通车。建设单位为申通集团，施工单位为黄浦江大桥建设有限公司。镇坪路桥通车后，缓解江宁路桥、武宁路桥交通压力，使这一地区交通路网进一步完善。

【丹巴路道路改建工程竣工】丹巴路（光复西路－金沙江路）道路改建工程位于长风生态商务区内，长约1170米，宽20米，下水道按照规划管径1500~800（毫米）长480米，工程概算（建安费）2092.78万元。工程于2008年10月10日开工，2009年4月15日竣工。建设单位：上海市普陀区住房保障和房屋管理局。施工单位：上海普陀市政建设养护有限公司。

【同普路道路改建工程竣工】同普路（丹巴路—大渡河路）道路改建工程位于长风生态商务区内，长约1250米，宽20米，下水道按照规划管径800~1000（毫米）长370米，工程概算（建安费）1951.84万元。工程于2008年9月1日开工，2009年4月15日竣工。建设单位：上海市普陀区住房保障和房屋管理局。施工单位：上海普陀市政建设养护有限公司。

【泸定路道路改建工程竣工】泸定路（云岭东路—金沙江路）道路改建工程位于长风生态商务区内，长约950米，宽50米，下水道按照规划管径600毫米长800米，工程概算（建安费）1889万元。工程于2008年9月18日开工，2009年12月31日竣工。建设单位：上海市普陀区住房保障和房屋管理局。施工单位：上海普陀市政建设养护有限公司。

【中江路道路改建工程竣工】中江路(光复西路—金沙江路)道路改建工程位于长风生态商务区内，长约1170米，宽20~24米，下水道按照规划管径1200毫米长1475米，工程概算（建安费）1920.01万元。工程于4月25日开工，12月31日竣工。建设单位：上海市普陀区住房保障和房屋管理局。施工单位：上海普陀市政建设养护有限公司。

【大光复排水系统建成调试】大光复排水系统，属于对原有低标准系统的改建，服务范围东起苏州河、西至岚皋路、南起武宁路、北至沪宁铁路，服务总面积278公顷。工程主要提高原有地区的排水标准，排设凯旋北路、镇坪路、光复西路下水管道，建设大光复西泵站，泵站流量15.78立方米/秒。该排水系统于2008年7月15日开工，2009年12月31日竣工。

【旧区改造工作】2009年，全区完成居民动迁2845户，拆除旧里10.71万平方米。根据市政府对动拆迁工作的要求，进一步明确目标，聚焦突破，扎实推进以建民村为重点的动迁腾地工作。推进国家、市、区重大工程项目动迁。完成京沪高速铁、沪宁城际铁沿线居民和单位动迁任务；完成轨道交通七号线涉及综合开发地块的动迁扫尾工作；完成轨道交通十三号线近81%动迁腾地任务，基本满足站点施工需要；完成苏州河综合整治三期防汛墙改造工程居民和单位动迁；完成北翟路中环立交高架工程动迁任务。全年完成重大工程项目单位动迁腾地55.8万平方米。围绕市政府提出的2009年底建民村地块基本拆平的硬指标，区重大办积极协调推进动迁工作，4月中旬起，组织多支动迁队伍在建民村开展动迁工作会战，截至12月底，该基地居民动迁签约率达99%。推进50户以下小基地扫尾工作，完成上棉二厂、复兴村、长风8号地块等11个50户以下小基地动迁收尾工作。

【环境建设】2009年，编制《普陀区第四轮环保三年行动计划》。加大市容环境整治和城管执法力度。围绕“清洁普陀，美化家园”的目标，改善市容环境，确保市容市貌改观和城市管理水平提升。加大户外广告清理力度，净化空间环境。加强对无证设摊的治理，清除枣阳路、新会路、高陵路、宁强路等一批乱设摊集聚点，控制乱设摊。曹杨街道试行市容环境责任区创建。建立渣土专营机制，有效遏制渣土偷倒乱倒现象。新建公厕4座，改建、大修公厕14座，新建小型生活垃圾压缩站2座，改善居民生活环境。

积极推进苏州河景观岸线建设。苏州河综合整治三期防汛墙改建工程完成总工作量的93%；配合防汛墙改造，完成苏州河综合整治三期滨河公共绿地建设；完成苏州河沿岸171幢楼宇、13块亲水平台、26块绿地景观灯光建设，该灯光工程被评为2009年上海市十佳灯光夜景。对武宁路沿线建筑立面进行综合整治，调整机动车、非机动车、人行道比例，在中央隔离带安装自动化喷水设施，改善沿线群众居住、出行条件，提升武宁路环境品质。基本完成武宁路道路、沿线多层建筑立面、绿化和灯光改造。推进公共绿地建设，基本完成面粉厂绿地、武宁公园和长风公园扩建工程。新建公共绿地20.1万平方米，种植行道树1200棵，区绿化覆盖率上升至22.55%，人均公共绿地面积达5.75平方米。完成曹杨公园改造，兰溪公园和长风公园改造进入施工阶段。自迎世博600天行动计划启动以来，调整改造绿化20.9万平方米，新建花坛花境3400平方米、组合花卉400组、立体绿化2.19万平方米，新增行道树树穴盖板9471套。

【开展迎世博整治】2009年，以迎世博为重要契机，全面推进“五个三”（即“三轴、三环、三线、三区、三点”）沿线整治，对各类市政设施集中开展整治，并在全市首创实施老小区环境建设“六小工程”（路面工程、绿化工程、晾衣工程、停车工程、椅子工程、门面工程）。通过迎世博文明指数测评这一重要载体，探索城市管理常态化的新机制、新模式，对“三乱”等城市管理顽症集中开展整治，有效遏制“乱张贴、乱晾晒、乱停车”等不良现象，使环境建设与管理水平得到全面提升。采取“5+2”、“白＋黑”、“晴＋雨”工作法，全面开展百日文明指数测评迎检。针对区内乱设摊、乱张贴、跨门营业等市容顽症，进行集中整治，累计拆除户外灯箱广告 892 车，捣毁黑广告窝点 212 个，缴获黑广告 69.3 万余张，缴获非法药品价值 7 万余元，抓获乱张贴人员 290 人（次）；查封违规出土工地 459 次，查处违规土方运输车辆 349 辆，清除偷倒渣土 5863.5 吨，清理污染道路 3968 条（次）；喷刷电线杆 25840 根、电箱近 1000 个。

【**防汛防台工作**】2009 年，普陀区成功抵御“莫拉克”台风外围和多次暴雨侵袭，安全、顺利渡过长达 122 天汛期。汛期中，区内总降雨量 622 毫米，其中 6 月、7 月、8 月、9 月汛期降雨量分别为 103 毫米、201 毫米、229 毫米、89 毫米，比常年 642 毫米略少。梅雨期间降雨量 144 毫米，比常年 244.4 毫米偏少。入梅比常年晚 5 天，出梅比常年早 1 天，梅雨期 18 天，比常年 24 天少 6 天。7 月 30 日中午起，区内普降暴雨，全区过程降雨量达 73 毫米，武宁泵站地区为 73.2 毫米，达到暴雨程度。受暴雨影响，下午对祁连山路地道、沪嘉一号地道和光新路道口施行交通管制，祁连山路地道、光新路道口一度积水 60~70 厘米；曹杨路、真北路、祁连山南路等 9 条、段道路积水分别达 20~30 厘米，莫干山路 92 弄、棉纺新村等有 80 户居民家中进水。积水主要因道路施工，部分地区无排水系统或属低标排水系统造成。

【**交通管理工作**】2009 年，普陀区加强与市交通港口局的沟通联系和协调，努力为市民提供便捷、安全、经济、可靠的出行条件。年内新增 738 路、长征 1 路、桃浦 1 路等 3 条线路，同时调整撤销 143 路。12 月 5 日，轨道交通七号线通车试运营，普陀区内线路长 4.3 公里，设新村路、岚皋路、镇坪路、长寿路 4 座车站。12 月 31 日，轨道交通十一号线通车试运营，普陀区内线路长 12.4 公里，设白丽新村、武威路、祁连山路、真南路、上海西站、铜川路、枫桥路、曹杨路、隆德路 9 座车站。

（七）闸北区

【**概况**】2009 年是上海筹办世博会各项工作的冲刺之年，也是闸北旧区改造攻坚克难的决战之年。在区委、区政府正确领导下，区建设交通委坚持以科学发展观统领城建工作，全面贯彻落实市委、市政府“四个确保”战略决策，旧区改造、重大工程建设等各项城建工作取得了重要进展，有效推动了全区经济社会全面协调可持续发展。

【**推进旧区改造拆迁**】全区累计完成居民拆迁 6560 户，已经完成 6500 户的年度拆迁目标；全年新开 10 个拆迁基地，即北广场三期 3 个基地，92 街坊、上海青年国际交流中心、浙北绿地二期（苏州河生态景观走廊）、轨道交通 12 号线曲阜路站、宝山路拓宽及零星地块北上海物流园区 336 街坊 5 号地块、339 街坊 8 号地块。浙北绿地福建北路泵站部分、苏州河防汛墙加固工程、北三块（一期）中兴路大统路、339 街坊 8 号和青—12 基地 5 个地块完成拆迁收尾。中兴路大统路拓宽工程东段、上海青年国际交流中心、浙北绿地二期（苏州河生态景观走廊）、339 街坊 5 号等地块已进入拆迁收尾阶段。

【积极筹措拆迁安置房源】加快推进保障性住房及就近安置房源建设，新泉路项目（幸福村地块）建筑工程量 4.33 万平方米，结构已封顶，开始配套施工；彭浦十期 C 块一期 28 万平方米于 3 月份正式开工，部分住宅楼结构已至 14~18 层。新泉路项目、彭浦十期 C 块一期共计 3526 套房源，计划分别于 2010 年 6 月及 2011 年底竣工并交付使用；319 号地块、彭越浦 6 号地块就近安置房源建设项目招标已结束，319 号地块计划年内开工建设；彭浦十期 C 块二期土地储备基本完成。

全区共筹措拆迁安置房源 12285 套，已下拨各基地 12283 套，分别下拨至北广场、汉中路交通枢纽、轨交 12 号线曲阜路站、92 街坊、浙北绿地二期、青—12、桥西 B 块、中兴路大统路东段拓宽、泽州路道路拓宽、青少年活动中心二期、宝山路拓宽、新梅太古城西北块、北上海物流、桥东二期等拆迁基地。其中北广场三期拆迁基地下拨拆迁安置房源 6107 套，桥东二期旧改试点地块下拨拆迁安置房源 3451 套。

【重点工程总体进展顺利】全区重点工程建设加快推进，46 项正式项目中，中环共和新路综合客运交通枢纽、汶水路沪太路综合交通枢纽、福建北路泵站、中海 191 商办楼等 20 项提前实现年度目标，占 46 项总量的 43.5%。其中宝矿国际广场、市北工业园区 13 — 3 商品厂房等 7 项已竣工并交付使用。北广场综合交通枢纽、铁路上海站南广场地下人行通道、市北医院改扩建等 24 项正式项目达到时间节点，占项目总量的 52.2%。

【交通枢纽项目建设】铁路上海站北广场综合交通枢纽工程进展情况良好，主体结构基本竣工，启动设施设备调试，站前广场结构施工基本结束。汉中路综合交通枢纽工程拆迁有序推进。截止 11 月 22 日，该工程已累计拆迁居民 403 户，占拆迁总量 428 户的 94.2%。中环沪太路交通枢纽进入结构施工阶段；中环共和新路交通枢纽主体结构已完工。

【市政基础设施建设】结合北广场旧区改造，北三块（一期）中兴路大统路拓宽已完成拆迁，中兴路大统路拓宽工程东段已拆迁 271 户，占总量的 98.9%；中兴路西段拓宽工程、大统路下立交北延伸工程开工建设；恒丰北路辅道拓宽、普善路辟通和交通路、永兴路、太阳山路、长兴路抓紧开工前期手续办理；北上海物流园区配套项目江场路—奎照路辟通、寿阳路改建工程已办妥施工许可证；平型关路（汶水路—园区道路）辟通抓紧办理前期手续。此外，柳营路拓宽、鸿兴路改建已开工建设，虬江路部分路段改建即将开工；宝山路拓宽工程已拆迁居民 119 户，占拆迁总量的 48.3%；平陆路、康宁路、场中路等一批市政道路（段）项目正抓紧前期手续办理。绿洲雅宾利电站已开工建设。大洋桥排水泵站竣工；福建北路泵站已建成 60 米防汛墙、25 米排放口。苏州河生态景观走廊项目已拆迁居民 214 户，占拆迁总量的 98.6%。

【商品房开发取得新进展，项目审批改革试点启动】为完成 2009 年各类商品房项目开、竣工总量各 100 万平方米的目标，先后召开 20 余次建设项目推进协调会，一事一议，对 20 多个预计开、竣工项目推进工作进行了分析、协调。从本区开、竣工情况分析，各类商品房开、竣工情况进展顺利。至 10 月底，全区累计开工面积 95.9 万平方米、竣工面积 91.03 万平方米。区 281 街坊（压缩机厂）地块项目（住宅部分）列入上海市建设工程行政审批管理程序改革试点范围，并作为设计文件审查试点项目。6月12日，召开281街坊地块项目设计文件审查试点推进会，市城乡建设交通委、市规划土地资源局相关处室领导及区规划、绿化、环保、民防、卫生、消防、交警支队等部门审批人员出席。市城乡建设交通委明确：281街坊地块作为全市行政审批管理程序改革先行先试项目，必须确保试点成功。区相关部门一致表示支持试点工作，进一步缩短审批时限。281街坊地块项目在行政审批管理程序改革试点推动下，实现了半年内从拿地、办证到开工建设的目标。

【市政设施整治】按照“迎世博600天行动计划”，通过“整容、整治、整洁”的手段，市政基础设施养护整修完成情况良好：城市道路车行道面积123.46万平方米，占计划的103%；人行道面积51.35万平方米，占116%；各类隔离栏7.92米，占114%；各类检查井8109座，占147%；桥梁伸缩缝961米，占102%；缘石坡道1162平方米，占101%；盲道11.14万平方米，占100%；街坊出入口2.94万平方米，占154%；道路交通设施“小改小革”项目6项，占100%；两次过街设施建设和改造33处，占220%；人行天桥整治计划4座，完成3座，占75%。全区人行道八类设施整治939处，占100%；人行道七类设施整治291处，占120%；人行道残障物151处，占107%；人行道其他设施160处，占117%；更新城市道路路名牌1400块，占100%。全区迎世博架空线入地已完成4.1公里，不夜城地区梅园路、民立路、共和路和华康路4条路段架空线入地专项整治全面完成，结合河南路、广中路拓宽工程，已同步完成架空线入地项目。

【水环境治理】年内完成夏长浦高平路以西164米防汛墙建设；彭越浦（汶水路—灵石路）河道两侧安全护栏工程，安装安全护栏近1000米；蚂蚁浜（和源福邸）河道整治工程，新建防汛墙122米，疏浚土方近900立方米；夏长浦（阳城路—高平路）河道疏浚工程，共疏浚土方4000多方，确保了水系畅通。为配合“长三角世博主题体验之旅”，西泗塘沿河阳泉路景观改造工程竣工，对阳泉路绿化进行整合，修葺休闲广场、廊架；并实施徐家宅河（海军四七二四工厂段）截污工程，争取年内完工。继续按市水务局调水工作统一安排，加强本区彭越浦、走马塘等河道的引清调水工作，日调水量10万立方米，至10月底，全区引清调水约3030万立方米；开展河道保洁工作，打捞水面垃圾近230多吨；落实专业队伍，加强河道管理范围内的绿化养护。实施迎世博重点水域环境整治，对区域内主要道路（内、中环线，广中路、沪太路、共和新路）、轨道交通（1、3号线）沿线的中小河道以及重点水域（彭越浦、中扬湖），共计18条（段）中小河道进行综合整治，并对部分桥堍环境卫生死角实施硬化工程等措施，改善河道环境，通过了市检查小组的验收。

【建筑业管理】基本健全建筑业16项受理业务岗位职责、工作流程，实行靠前服务、咨询服务、即时服务和跟踪服务，推进诚信体系建设。至11月底，建设工程公开招标、工程量清单招标有新发展，全区报建项目99个，总投资7.8亿元，完成200万元以上招投标项目备案管理44项，中标价194446.967万元，公开招投标率、清单招投标率均达100%；签订建筑营业税税收属地合同18个，通过税收属地平台已完成建筑营业税4089.88万元，积极为区域经济发展作贡献。加强资质管理，开展区属三级施工企业和监理企业资质专项检查，梳理了施工企业资质，检查覆盖率达100%。建设工程安全质量监管有序开展，处于可控状态。全年开展8次不同专项检查，新受监单位工程项目114个，其中土建工程64个，建筑面积达101.5万平方米；装饰工程50个，工作量达193928万元。

（八）虹口区

【概况】2009年虹口区共受理报监工程共122个，总建筑面积588180平方米，总造价217440万元；受理工程竣工备案单体43个，总建筑面积185470平方米，总造价37523万元；办理合同备案342个，其中总包合同备案134个，专业分包合同备案52个，监理合同备案109个，劳务分包合同备案21个，造价咨询合同26个。发放施工许可证85张。截止到12月底，全区在建项目100个，在建建筑面积271.64万平方米，工程总造价766049万元。在安全和质量监管方面，全区未发生重大的群死群伤事故和重大质量隐患。同时，区建管部门根据市、区两级政府相关的指示，积极参与了全区范围内的市重大工程的协调处理工作，确保了重大工程的正常建设。

【施工建筑】2009年，注册在虹口区的施工企业共329家，其中具有一级资质企业21家，二级资质企业84家，三级资质企业167家，劳务资质企业57家。其中二级以上资质施工企业按行业分类：房屋建筑18家，市政6家，装饰23家，其他资质58家。注册在虹口区的设计企业共39家，其中具有甲级资质企业19家，乙级资质企业12家，丙级资质企业6家，不分级资质4家。

【建设工程招投标管理】全年完成报建项目112个，完成承发包126个，其中公开招标50个，邀请招标26个，直接发包50个，总计完成发包工作量97646.8万元。

【建筑节能】2009年，虹口区共推进龙之梦虹口购物中心、四达路58号地块二期商品住宅、三门路配套商品房基地工程、上海市职工科技中心职工技能培训业务用房扩建工程2号楼、龙泰公寓等共13个区节约型工地；其中龙之梦虹口购物中心等6个工地同时被评为市节约型工地。虹口区上海远洋宾馆装修改造、上海花园坊环保产业园、上海大厦3个项目被评为“2009年上海市建筑节能专项扶持项目”。

【推进重点项目建设】2009年虹口区重点项目计划的项目共有19个，其中北外滩地区有国际客运中心、白玉兰广场等5个项目；四川北路地区有盛邦国际大厦、虹口足球场交通枢纽工程、中信泰富B、C地块等11个项目；其他地区有吴淞路150号地块、凉城购物中心办公楼等3个项目。19个重点项目中，2009年实现竣工的项目有盛邦国际大厦、玫瑰购物广场、嘉杰国际广场等3个项目；新开工建设的有国中地块、轨道交通10号线天潼路站商办楼、吴淞路150号地块等3个项目。

【路桥建设】2009年，区内有命名的道路231条，其中主干道15条，次干道26条，支路190条，其他道路（街坊无路名）97条，道路总长度227.22公里，道路面积383.62万平方米。车行桥梁64座，车行立交桥3座，人行天桥4座。雨水管道长度284.53公里，污水管道长度63.80公里。投入的各项经费：迎世博“600天”道路桥梁等整治费27461万元；道路重点养护经费1020万元；水务防汛墙改建工程经费274万元；积水点改善工程经费4000万元；桥梁维修经费40万元；一般养护经费2120万元；掘路修复经费950万元。

【新建路隧道建成通车】新建路隧道主线于2010年3月26日建成通车，其中至唐山路匝道段于2009年11月20日试通车。新建路隧道浦西主线下穿周家嘴路后接海伦路，唐山路布设一对右进右出匝道服务北外滩。隧道在东长治路上跨轨道交通12号线，并从国客中心码头地块预留的桩基空档中穿越，过黄浦江后在浦东与小陆家嘴地区和银城东路相衔接，隧道进出口分开布设，进口接银城东路，出口接银城中路。隧道工程采用盾构掘进法穿越黄浦江，隧道外径11.36米，内径10.40米，隧道总长2254米，其中盾构段1024米，隧道盾构东线于2008年8月16日出洞，2009年4月7日进洞；隧道西线2008年12月3日出洞，2009年6月23日进洞。

【广中路地道工程南地道完工】广中路地道工程南地道于2010年1月31日建成试通车，该地道的建成能进一步完善区域整体路网建设，着重解决广中路—中山北一路、广中路—东江湾路等交叉口的交通组织。宝山路—东江湾路—西体育会路改建工程广中路地道工程，主要包括地道工程、地面道路及排水工程、配套用房、地道内电气、通风、消防、装饰、公用管线搬迁等。工程范围西起水电路交叉口，东止欧阳路，路线总长1095.16米，其中地道沿途下穿中山北一路、西体育会路(东江湾路)等市区道路，其中中山北一路上方为内环高架桥，西体育会路上方为轨道交通三号线。整个广中路地道分为南、北两条独立的单向双车道地道，出入口错位布置，北地道全长为490.539米，南地道全长为773.174米。西体育会路跨大连西路的立交将结合此次工程在北地道实施前进行拆除。北地道工程及西体育会路跨大连西路的立交拆除工作将在2010年世博会后继续实施。

【迎世博600天行动计划】为迎接2010年世博会召开，根据市区两级政府的部署和要求，虹口区建交委按照节点全面完成迎世博600天行动计划建交委任务。截止2009年12月底，综合整治架空线完成架空线入地12.3公里；整治市政道路桥隧和人行道完成道路小改小革29项，完成道路整容、整治、整洁工程车行道1765382平方米、人行道527240平方米、隔离栏8386米、检查井5451个、桥梁伸缩缝80米，完成人行道七类设施整治469处、八类设施整治565处，完成人行道广告设施整治321处，完成人行道残留障碍物清除394处，完成人行道其他设施整治490处，完成交叉口缘石坡道建设3037平方米，完成盲道建设21525.6平方米，完成街坊出入口建设11111平方米；规范标志标线标牌管理完成规范城市道路路名牌1626块，规范单位指路牌445块；规范车辆停放完成新增道路停车泊位505个，路外公共停车场泊位增加4230个，自行车泊位增加10000个；改善道路积水点完成下水管道铺设4704米，涉及9个项目11条路段；加强无障碍环境建设完成城市道路无障碍改建2项，公共建筑无障碍改建1项，无障碍建设进社区、进家庭2项。

【“迎世博600天”道路整治工程完工】年内，区投资27461万元，实施“迎世博600天”道路整治工程。该项工程对临平北路、临平路、四平路、溧阳路、大连路、大连西路、曲阳路、周家嘴路、海宁路、九龙路、唐山路、水电路、逸仙路等60条道路整治，对道路路面进行铣刨加罩，对个别路段人行道翻排。该项工程还对惠民路（杨树浦路－临潼路）、广灵一路（广中路－广灵四路）等积水点路段进行了道路配合改造。该项工程的完工，显著改善了全区路况，美化了市容环境，确保了道路平整完好安全。

【“迎世博600天”人行道设施整治】年内，区开展“迎世博600天”人行道设施整治工作。据统计，全年整治“七类设施”（公交站亭、东方书包亭、邮筒、阅报栏、电话亭、非机动车停放点、交警设置标杆）409处，“八类设施”（配电箱、电力杆变、电杆、路灯杆、交通标杆、消防栓、废物箱、出租车扬招点）565处，“广告设施”321块，残留障碍物394处，单位指路牌445块，其他设施490个。该项整治工作的完成，为世博会顺利召开创建了优美整洁的城市环境。

【防御热带气旋“莫拉克”】8月10日，市中心气象台于发布暴雨橙色预警信号，市防汛指挥部继续维持防汛防台黄色预警信号。凌晨4时许出现了最集中降雨，凌晨4时至5时30分虹口降雨量达55毫米，其中广中地区降雨量最大达59.4毫米。自8月8日17时市防汛指挥部发布防汛防台黄色预警以来至10日5时30分，虹口累计降雨量达66毫米，其中最大降雨量出现在广中地区，达79.8毫米。8月10日凌晨3时15分虹口港水闸外港黄浦江子潮水位达4.87米，为2009年以来最高。暴雨来临后，由于短时降水过于强烈，造成区内中州路（原区法院—武进路）、舟山路（昆明路—唐山路）、水电路（车站南路—车站北路）、东汉阳路（新建路—商丘路）、临平路瑞虹路口等路段路中短时积水，新港张桥居委、提篮桥东大名路649弄、曲阳西体育会路253~269号等地居民20余户家中进水，至10日上午7时雨势渐小后积水均退去。

【静态交通管理】根据迎世博要求，完成全区4家重点酒店门口的移动P牌设置；完成加华置业等28个公共停车场、库的开业备案审批；年内先后5次召开全区大会，召集市、区有关主管部门和全区90余家公共停车场、库、区停车管理有限公司参加，布置迎世博各项工作，组织并牵头检查80余次；结合迎世博，布置全区64家公共停车场、库参加09年度诚信建设工作，组织近70名协管员和10余条道路停车点参加市一级的星级评定；完成全区95家公共停车场、库的换证工作。

【交通设施规划、建设】年内，编制完成和试用闸北区《建设工程配建停车位设计审核和竣工验收规范要求》；在迎世博增加交通硬件设施时，机动车道路泊位数新增、路外泊位数新增和非机动车规范化管理泊位数的完成任务数，分别达到和超过上级下达任务数；完成全区650个非机动车停放点的正规化建设，工作力度领先全市；推进北外滩、虹口足球场综合交通枢纽项目建设，北外滩临时枢纽按期建成备战世博会。

（九）杨浦区

【概况】2009年推进以轨道交通12号线、越江隧道为重点的重大工程建设，做好前期动拆迁和施工配合工作，协调解决工程施工中存在的问题、瓶颈，确保重大工程按节点顺利推进。年底，续建的轨交10号线杨浦段地下盾构全线贯通；军工路越江隧道东线于8月26日贯通；军工路北段拓宽工程地面道路施工基本完成，四平路2座下立交工程进展顺利。

推进重大市政工程建设的同时，继续加快实施道路辟通、拓宽，年内完成闸殷路（世界路—军工路）拓宽、关山路（国顺东路－国定东路）辟通，实施黄兴路（国定路－黄兴路桥）拓宽建设，完成江浦路（长阳路－榆林路）拓宽前期拆迁。做好道路整容、整治、整洁和人行道七类、八类等设施的清理整治工作，实施架空线入地整治，全区112条道路面貌得到较大改观。推进无障碍设施建设，完成新建、改建盲道10150米，整改无障碍坡道 84 只；完成无障碍设施进残疾人家庭 536 户，进老干部家庭 239 户。新增公共停车场 14 个，新增 1647 个泊车位

至 2009 年底在建建筑工地 329 个（在建工地 130 个，竣工未验工地 199 个），建筑面积 542.48 万平方米，工作量 135.03 亿元，市总站委托监管工地 32 个，155 个单位工程，建筑面积 122.9096 万平方米。市安质监总站委托电梯安装工程 19 个，工作量 1.61 亿元。竣工验收交付备案单位工程数 65 个，其中土建单位工程数 48 个，建筑面积 42.51 万平方米（住宅单位工程数 17 个，建筑面积 13.5 万平方米）；装饰单位工程数 17 个，工作量 2.3979 亿元。

【轨道交通 12 号线杨浦段创造前期拆迁新速度】12 号线工程前期拆迁工作涉及拆迁居民 1067 产 1794 户，单位 64 家。年初按照“先单位后居民，先区属后市属”的拆迁工作思路，积极筹措符合实际、居民乐于接受的多种规格、地段的拆迁房源，着重在拆迁方案优化、拆迁政策宣传培训、多方联动形成整体合力上求突破，创造了“分组划块”拆迁新方法、设立了小组奖、块奖和基地奖，注重条块结合，充分发挥街道的作用，搭建街道、居委、律师和动迁经办人“四位一体”化解矛盾的平台，探索创新“第三方参与”矛盾协调机制，在基地设立“法律咨询服务窗口”，为居民提供法律咨询和援助。坚持阳光拆迁，实现全面的政策公开、过程公开、安置结果公开，坚持前后一致不动摇，取得了百姓的信任、支持，在整个拆迁基地形成了齐心协力、多方联动、和谐稳定的拆迁氛围，创造了新的拆迁速度：自 4 月 11 日启动签约后，隆昌路站截至 6 月 7 日酝酿期结束，整个基地 48 产 94 户居民全部签约；内江路站截至 7 月 19 日有奖期结束，整个基地 439 产 841 户居民全部签约；长阳路站有奖期结束，有 580 产 859 户签约，签约率达 97.07%，三个站点在 100 天内总体签约率达到 98.2%。11 月 27 日，12 号线前期居民拆迁任务圆满完成。截至 2009 年底完成单位签约 62 家，占单位总量的 96.9%。

【军工路越江隧道工程取得新进展】军工路越江隧道是中环线工程两个越江工程之一，由上海城建隧道股份公司承建，工程已于 2006 年 12 月 18 日开工，采用直径 14.87 米的超大直径泥水平衡盾构施工，于 8 月 26 日提前实现越江隧道工程东线贯通，长 1490 米的圆隧道在成功穿越复兴岛、黄浦江后，打通中环线东北部过江段最后一环。年底大盾构将原地调头，由浦东向浦西开始西线掘进，整个军工路越江隧道计划 2010 年底前竣工。

【四平路中山北二路下立交提前 2 个月通车】由轨道交通 10 号线公司代建的四平路中山北二路规划道路，设计为双向 8 车道，其中下立交部分为双向 4 车道，全长 1.2 公里，下立交下为 10 号线同济大学站，敞开段两侧是地面辅道双向 4 车道。该工程前期需动迁单位 11 家，区在 2007 年上半年完成前期拆迁后，做好施工配合工作，确保工程顺利推进。为缓解交通压力，下立交道路于 2009 年 12 月 31 日提前 2 个月通车。下立交的地面辅道也将在 2010 年一季度完工。

【迎世博城区道路景观面貌焕然一新】全面整治周家嘴路等 9 条市级主干道；完成高架周边道路整治 79 万平方米；围绕区域 1+3 发展格局整治道路 33 条；配合街道（镇）开展“一街一景”创建工作，打造 11 条景观道路；完成 27 条无主道路整治，全区道路状况得到极大改善，主要考核指标均达到优级，较上年度提高 25.3%。2009 年共完成车行道整治 1044448 平方米，人行道整治 344914 平方米，各占总计划任务的 70%、116.9%，累计完成

道路整容项目42项、整治项目99项、整洁项目21项、桥修项目8项、人行道专项整治项目20项，完成车行道整治1590047平方米，人行道整治613886平方米，各占总计划任务的107%、208%。整治路名牌1871块，清理单位指路牌406块，分别完成计划的100%、118%。整治人行道七类、八类等设施3793处，超额完成计划任务。

【闸殷路拓宽段竣工通车】闸殷路（淞沪路—军工路）道路改建工程，全长约3.82公里，其中辟通段（淞沪路—世界路）已于2008年7月1日完工通车。拓宽段（世界路—军工路），长1.42公里，设六快二慢车道，经市区联手建设，于11月竣工通车。

【民约路（国和路—市光路）辟通工程竣工通车】民约路处于五角场商业服务中心的辐射范围内，西起市光路，东至国和路，道路全长约300米，红线宽度为20米，规划为城市支路，于09年6月完工。民约路辟通后，将方便周边居民出行，并推动周边商业开发。

【关山路（国顺东路—国定东路）辟通工程竣工通车】为完善五角场市级副中心地区的路网结构，有效缓解黄兴路交通拥堵状况，提高地区道路通行能力，区实施关山路（国顺东路－国定东路）辟通工程。该工程全长336米，宽度16米，原列为市房地局立项的住宅配套项目，2006年由区房地局作为建设主体实施了100多米，后由于动迁等原因未能全线辟通。2008年完成前期动迁。2009年初工程开工，3月份竣工通车。

【区道路工程首次使用“白加黑”新工艺】平凉路（大连路－江浦路）为水泥板块路面，由于道路使用年限已超过20年，导致各板块之间的高差较大，跳车现象较为严重。考虑到现有水泥板块比较完好，区市政署决定在迎世博平凉路（大连路－江浦路）道路整容工程中使用“白加黑”新工艺，即利用原来的白色路面，在上面加罩黑色沥青砼面层，达到提高平整度、降低噪音、减少光反射的效果。按照“既要保证砼板块变形量在收缩最大时进行灌缝，又要满足沥青摊铺气候温度的需求”的施工要求，选择11月下旬的最佳时间施工，改进传统施工工艺。加罩沥青砼面层工作于2009年底施工完毕，跟踪观察效果良好。该工程于2010年3月28日竣工。

【完成22万户居民天然气转换市政配套工作】2009年辖区内22万户家庭进行人工煤气转换天然气，涉及控江路、沈阳路、杨树浦路、唐山路、霍山路、隆昌路、河间路、平凉路、延吉路、周家嘴路等道路排管。

【完成13条道路积水改善工程】实施迎世博13条道路积水改善工程，提高排水能力，解决地区标准降雨范围内积水问题。排管长度达5.7公里，总投资达到8000万元，约占全市道路积水改善工程总投资的三分之一以上。11条路段分别为：齐齐哈尔路（平凉路－杨树浦路）、榆林路（怀德路－江浦路）、怀德路（长阳路－济林路）、长岭路（中山北二路－抚顺路）、控江路（大连路－江浦路）、打虎山路（控江路－锦西路）、鞍山路（阜新路－锦西路）、延吉西路（凤城路－黄兴路）、国栋路（三门路政立路）、恒仁路（民庆路－长海路）、国京路（三门路－政立路）。

【大武川泵站截流和管网建设工程竣工】大武川泵站截流和管网建设工程由市水务局和市城投总公司、市城市排水公司实施，管网建设长度5.605公里，区同步配套修复道路1500米，面积4500平方米。项目于2008年9月启动，2009年8月竣工启用。该工程竣工已基本截除雨水泵站向河道排放污水的现象，对改善吉浦河水质和环境面貌发挥显著的作用。

【民星北排水系统工程竣工】民星排水系统划分为北块、中块、南块三部分，根据《杨浦区排水系统专业规划》，民星北、中、南三块以及森林公园、沿江工厂自排区 (Yn2) 将合并建成为民星排水系统。系统服务范围为：黄浦江—闸殷路 - 殷行路向北 100 米 - 铁路何杨支线 - 军工路 - 海安路 - 运河 - 黄浦江。地形呈南北向的窄长形状，服务面积 841 公顷。其中，雨水排水系统以森林公园、虬江为界，划分为民星北块、森林公园、民星南块三个雨水系统。民星北块雨水系统范围为闸殷路 ~ 森林公园北侧，面积 338 公顷。为提升民星北地区管网排水能力，市水务部门组织实施民星北排水系统工程建设，工程量为：雨水总管 DN800 ~ DN2700 沿军工路向北至钱家浜处规划雨水泵站，经泵站提升雨水排入黄浦江。泵站设计规模 20.6m3/s，民星北泵站近期配泵规模 6.90 m3/s，工程于 2008 年 4 月开工，2009 年 12 月建成启用，结合军工路北段道路拓宽和闸殷路拓宽工程的同步实施，系统总管已基本建成启用。

【区建设工程行政审批管理程序改革取得初步成效】区建交委会同区发改委、区监察局、区规土局等部门，形成杨浦区社会投资项目（招拍挂用地）建设工程行政审批制度改革的实施意见，采用“一家牵头、一口受理、抄告相关、并联审批、限时办结”的方式，将企业投资项目建设工程审批管理程序整合归并为土地使用权取得、设计方案审批、设计文件审查和竣工验收等四道主要程序，分别由区规土局、区建交委牵头，相关部门协同配合，将各部门直接对建设单位的外部程序改为内部流转程序操作。改革后的审批管理流程从现行的 9 道主要程序、35 个审批环节简化为 4 道主要程序、8 个审批环节，大大压缩审批时限，同时通过管理部门的协作和信息平台的运用，可大幅减少目前建设单位所重复提供的材料，方便建设单位办事。4 月 1 日《杨浦区社会投资项目建设工程行政审批制度改革工作实施意见》（试行）经区政府第 97 次常务会议通过开始试行。

【加强招投标业务办理】 继续加强建设工程招投标管理和服务，规范招标、投标程序。至 2009 年底，发布公开招标信息 82 个，召开各类开评标会议 300 次，有 1800 家单位参与投标，450 位评审专家参与招投标评标。全年办理施工招投标项目 228 个，比 2008 年同期增加 30.7%，发包金额为 14.2 亿元；受理登记备案合同 376 个，备案合同金额为 68.6 亿元，与 2008 年同期相比增加 27.1%。项目报建 230 个，与 2008 年同期相比增加 28.6%，总投资额为 13.0 亿。发放施工许可证共 83 个。办理建材类综合交易（钢结构、幕墙、土石方及桩基）共 121 项，总合同价约为 5.5 亿元。农民工综合保险申报项目数 186 个，办理农民工综合保险 17.5 万人次，总金额为 0.26 亿元，与 2008 年同期相比略增。拍摄、发放农民工信息卡共 6669 张。建筑业企业资质审批 13 项；小型项目负责人备案共 44 人。办理安全生产许可证受理共 12 项。办理工程报监共 106 个，金额约 35.8 亿元，其中电梯报监 9 个，金额约 1062 万元；竣工备案 27 项，金额 9.2 亿元；节能材料备案共 57 个，总金额 3094 万元，节能措施登记为 57 个。

（十）浦东新区

【概况】2009 年，浦东新区建设和交通委员会抓住南汇区合并到浦东新区的机遇，全力推进城乡基础设施建设，较好地完成了各项任务，城市建设和交通管理水平进一步提高。

年内，浦东新区实施和推进重大工程107项，投资总额1272.34亿元，年度计划投资313亿元，至年末，完成年度计划投资335.16亿元，完成计划投资107%。年内，完成招投标项目1527项，其中施工项目901项、勘察项目140项、设计项目303项、监理项目183项；核发施工许可证515份；年内发放建筑农民工综合保险卡11.79万张，月均建筑农民工综合保险扣款人数17.8万人次；全年完成建筑工程施工交易项目499项，完成商品混凝土交易合同2939个，交易量3393.33万立方米。

年内，浦东新区商品房交易量回升，保障性住房大规模开工，全区商品房施工面积2977.23万平方米，其中住宅施工面积1792.12万平方米，保障性住房占29.1%。新区政府重点推进的三林、曹路、周康航3个大型居住社区建设进展顺利，其中三林基地已全面开工，曹路基地开工65万平方米，周康航基地也于8月份启动建设。房产市场交易活跃，高端住宅销量大幅度增加。年内，新开工各类商品房555万平方米，竣工542万平方米，成交各类商品房576万平方米。全区动拆迁保持一定规模，全年完成动迁1.52万户，完成动迁户回搬1.2万户。

年内，浦东新区制订世博公交配套服务实施方案和区管公交企业新一轮改革方案。浦东新区公共交通有限公司完成对区管公交营运企业的收购兼并，并实行实质性管理。进一步实施公交优先战略，加强公交基础设施建设。年内整新公交首末站26个，新建候车亭200座，更新公交车685辆，创建文明公交首末站11个。至年末，浦东新区公共交通有限公司有线路246条，公交车3531辆，全年累计行驶2.84亿公里，运送乘客6.2亿人次，营业收入14.34亿元。

【世博配套道路建设工程】2009年，浦东新区加速推进25项世博配套道路建设工程，合计总长96公里，总投资420多亿元，年内完成当年投资138.46亿元。至年末，中环线浦东段、机场北通道、内环线浦东段快速化改造、张杨路改造、杨高南路、昌邑路、成山路、云台路、东方路、浦建路（含塘桥新路）、高科西路、纬一路、沪南路、金桥路以及高科西路、长清路两座人行天桥等16项工程建成通车或竣工投用。还有东西通道、浦东南路、长清路、上南路、林浦路、浦明路、申江路及中环线绿化带、机场北通道绿化带等9项工程也进入工程收尾阶段。黄浦江东岸为世博配套的水门建设，正按计划推进。

【南北对接道路工程】2009年，浦东新区根据两区合并后的需要，实施南北对接“8路”工程，进一步完善区域市政道路网络，促进南北联动发展。“8路”对接工程包括14个项目，道路总长约65公里，投资总额67亿元。年内，完成川南奉公路南段扩建工程；其他13个项目全面开工，涉及锦绣路、凌空路、南祝公路、西乐路、华东路、川南奉公路北段、横新公路、申江路南段、康梧路、川沙路、闻居路、申江路北段、金科路等13条（段）道路。

【中环线浦东段新建工程竣工】 2009年12月，上海城市中环线浦东段新建工程竣工。工程为上海市重大工程及世博会市政配套工程，与机场北通道相接，形成进出浦东国际机场的城市快速通道。工程西起上中路越江隧道，东至申江路，长15.55公里，总投资88.73亿元。道路由高架快速道路加地面辅道组成，高架为全封闭城市快速路，分设双向8条车道，设计行车速度每小时80公里。地面辅道规划红线宽70米，分设双向8条车道，设计行车速度每小时50公里。辅道两侧各设15米宽绿化带。全线共有互通式立交桥4座、简易立交桥4座。工程于2007年10月开工，2009年12月竣工通车。

【机场北通道新建工程竣工】2009年12月，浦东国际机场北通道新建工程竣工。工程为上海市重大工程及世博会市政配套工程。工程西起申江路，与中环线浦东段相接，东至浦东国际机场主进场路，长15.6公里，线路走向基本与华夏路、华洲路重合。道路全线采用主线高架加地面辅道形式，主线高架为全封闭城市快速路，分设双向8条车道；地面辅道规划红线宽60米，其中申江路至郊环线为城市主干路，郊环线至机场为城市次干路，辅道全线分设4快2慢6条车道。工程于2007年10月开工，2009年12月竣工，总投资84.5亿元。

【区域内新增轨道交通线路3条】2009年，途经浦东新区的轨道交通7号线、8号线（二期）、9号线（二期）先后开通，投入试运行。至年末，浦东新区境内已有投运轨道交通线路6条（不包括磁悬浮列车和有轨电车）。其中6号线全程在浦东新区境内，2号线、4号线、7号线、8号线、9号线等5条线路均途经浦东新区。

【建设工程交易】2009年，浦东新区完成建设工程交易499项，完成勘察、设计、监理项目交易523项。安排招标等会务1681次，电子开标服务242场次。抽取评标专家674个项目，专家人数3636人次。制作招标文件290个项目、759个光盘。发布报建信息360条、中标信息451条、招标信息652条。

【三林盛世家园开工】2009年9月，位于三林保障房基地3号地块的三林盛世家园开工建设。工程占地面积7.5万平方米，建筑面积26.94万平方米。其中住宅23.34万平方米、公建配套建筑3.6万平方米。规划建设20幢高层住宅楼，合计3120套。

【曹路大型居住社区启动建设】2009年8月，位于浦东新区东部的上海市曹路大型居住社区启动建设。曹路大基地规划用地面积5.14平方公里，规划建设住宅面积200万平方米。大基地分南北两个片区，分别建设住宅100万平方米。首期启动的曹路新天地项目在北片区，建筑面积50万平方米，工程于8月28日开工建设。

【周康航大型居住社区破土动工】2009年8月，位于浦东新区中南部的周康航大型居住社区建设工程破土动工。社区规划选址在周浦镇范围内，规划用地2.36平方公里，建筑面积150万平方米。首期工程开工建设住宅25万平方米，工程于8月27日破土动工。

【成山路公交停车场建成投用】2009年5月，成山路公交停车场建成投用。工程位于成山路820号，占地面积11万平方米，建筑面积18万平方米，总投资6.4亿元。工程共有13项单体建筑，其中立体停车库有4层停车位，建筑面积14万平方米，设计停车能力1200辆公交车；综合楼（地下1层、地面17层）为浦东新区公共交通有限公司驻地；4幢汽车维修保养车间有53个修车位，停车库内有15个修车位，可同时进行68辆公交车的维修保养，年维修保养能力1000辆；其他配套设施有加油站、洗车站、变电站及物业管理用房等。工程由上海城市交通设计院设计，由浦东建设集团有限公司等单位承建。

【张江有轨电车一路开通运行】2009年，位于张江高科技园区的现代电车一期工程建成投运，一期工程率先建设张江有轨电车一路，工程西起地铁2号线张江高科站，东至张东路、金秋路口，线长9.8公里（正线长9.1公里、车辆段长0.7公里），全线分设15个车站。电车采用单轨导向，车辆选用法国生产的新型有轨电车，由750伏直流供电，以胶轮承重及驱动。列车由3辆车厢组成，前后均有驾驶室。7月28日起，列车开始上线调试，12月，正式对外营业。全线配置列车8列，每列列车核定载客167人，营业时间为5：45～23：00，列车间隔时间为10分钟～15分钟。

【浦东新区公共交通有限公司实行实质性管理】2009年，浦东新区完成新一轮公交体制改革，浦东新区公共交通有限公司先后完成对浦东巴士、浦东大众、上南巴士、南汇大众等公交营运企业的兼并收购，重组为区属国有特大型城市公交客运企业。公司主营公交客运，兼负公交企业投资管理、公交基础设施建设管理等职能。公司分设杨高、金高、上南、南汇4个直属公交营运公司，共有员工1.53万人，公交车3531辆，有公交线路246条，年内，累计行驶2.84亿公里，载客6.2亿人次，营业收入14.34亿元。

（十一）闵行区

【概况】2009年，闵行建设和交通工作紧紧围绕“迎世博”深入推进。2月，闵行区级机构改革，成立闵行建设和交通委员会。建交委工作涉及领域多、行业管理内容多、重大工程建设量多、窗口服务单位多。作为单位行政主要领导，在学习实践科学发展观活动中，加强科学发展观理论学习和专业知识学习，不断增强党性修养，提高行政管理能力，坚持以服务对象为本，以行政审批改革为突破口，以群众满意度为检验标准，深入细致地做好各项工作。全年完成城市基础设施建设投资及前期费57.43亿元，比上年增长45.7%，占全社会固定资产投资总额19.4%。其中市政道路建设投资及前期费55.90亿元，比上年增长51.2%；污水处理（截污纳管）投资1.53亿元，比上年下降37.8%。

【重大工程建设】年内完成市重大工程建设项目虹桥综合交通枢纽及其配套工程、铁路货场、闵浦大桥、G60高速闵行段、S32闵行段、闵浦二桥、林海公路等前期腾地动迁工作，其中虹桥综合交通枢纽工程累计完成民房动迁4285户，占动迁民房总数的96%。完成京沪高铁、沪杭客专铁路工程前期动迁工作。完成轨道交通10号线（一期、二期）、12号线拆迁腾地工作，基本完成13号线停车场拆迁腾地工作。完成轨道交通8号线江月路枢纽、航天公园枢纽站建设工程。完成区重大建设项目中春路（西四号河桥—北松公路）段、曲吴路、万芳路、闸航路、景洪路、合川路等道路工程建设。建设村级道路120条，里程50公里，改造农村危桥58座。全年区管城市道路综合完好率92.8%。

【市容环境管理】年内更新、新增环卫专用车辆64辆，更新废物箱4065只。新建、改造29座环卫等级公厕，共计1737平方米。改造垃圾压缩站2座，共计268平方米。完成50座农村公厕、50座农村垃圾箱房达标改造，全年餐厨垃圾规范处理单位617家，日均规范处置餐厨垃圾130吨，变废为宝生产饲料添加剂2800吨。全区市容环境综合建设和管理项目获得国家建设部设立的“中国人居环境范例奖”。

【市政管理】全年自来水售水量约2.97亿立方米，比上年增长4.2%。全年售电量129.79亿千瓦时，比上年下降3.2%，年内最高用电负荷为315万千瓦。至年末，全区居民用电总户数108万户，比上年增长1.6%。全区有家庭燃气用户85.04万户，比上年增加0.69万户。其中天然气用户56.41万户，比上年增加3.94万户；人工煤气用户0.21万户，比上年减少0.31万户；液化石油气用户28.42万户，比上年减少2.94万户。

【推进建设交通系统行政审批制度改革】对行政许可事项、行政处罚和执法依据进行全面梳理，减少审批项目，缩短审批时间，简化审批程序。一是统一入驻，5月18日区建交委审批科及行政审批工作人员进驻区证照中心，实行“前台收件，后台审批”、“一个窗口对外，一站式服务”的运作模式；二是集中流转，将建设单位各自征询消防、绿化等部门意见的外部程序内部化，改为由建交委受理后直接内送流转，省去建设单位在不同政府部门间往返；三是优化流程，初步设计征询意见部门由以往的13—15家调整为6家，依法取消审批事项6项，实行告知承诺1项；四是深化改革，率先在全市开展建设工程行政审批管理程序改革试点，企业类工程建设项目初步设计由审批制改为备案制，为全市范围推广管理程序改革积累经验。

【解决公交发展系统问题】年内加强调查研究，树立大公交的发展理念，系统解决公交发展中的问题。认真听取区相关职能部门意见，专门组织了课题组系统研究公交发展，探索大公交发展方式方法，制定了《公交发展方案》。在公交服务供应上，一是更加注重公交与小区、公交与轨道交通、公交与区域出租车、公交与自行车、公交与公交、公交与轮渡之间的系统结合，做好轨交8号线、浦江四高基地、虹桥枢纽动迁基地爱博家园的公交线路配套工作，新开区域性线路全部采用单一票价；二是创新国有公交公司管理机制，闵行客运引入市场化管理方式，通过招投标方式委托具有资质的企业进行管理，区交通主管部门负责指导和监管。公司现已承接了17条区域性公交线路的营运任务，服务质量得到群众好评；三是加快公交基础设施建设，改造已有轨交站点配套设施，努力实现地面交通和轨道交通的有效衔接；四是探索新的交通出行方式，发展绿色公交，免费自行车服务项目深受好评；开展了水上交通规划研究，通过网上公示、召开意见征询会等方式广泛听取意见；五是提高区域性出租车服务水平，要求区域出租企业，在驾驶员上交的管理费中拿出一部分资金，建立行风考核基金，增强驾驶员参与行风建设的积极性，降低了劳动强度。

【公共交通】至年底，闵行区域内公交线路55条。通往市中心线路72条，通往郊区线路38条，过境线路44条。年内公交新辟8条线路，调整10条线路。新辟闵行3路和13路，解决“森安苑”与“君莲小区”居民的公共交通出行难问题。新辟公交174路和调整公交浦江1路，解决浦江大型居住区公共交通问题。延长浦江1、3、5、8、9路等线路运营时间，配合地铁8号线延伸，进行站位或运营时间调整，使公交与轨道交通实现无缝衔接。改善乘客候车环境，建设公交终点站6座。新建122座候车亭。为方便社区居民出行，年内开设闵行社区巴士。

【综合交通管理】做好铁路道口安全监护和看守工作，完成监护员新老交替，10月中旬组织73名监护员分两批参加市道口办组织的全员业务培训并通过测试。2009年，区境轮渡客渡运量1637.44万人次。

【拓展出行方式】年内设立免费公共自行车1万辆，充分考虑社区与轨道交通站点、大型商业区、医院、学校等区域的衔接，以莘庄、梅陇、浦江、江川为试点区域，建成200个自行车网点，改善区内居民“最后一公里”出行难问题。同时积极拓展出行方式，开展电子轨道交通试验段建设前期工作。

【轨交运行】轨道交通5号线全年运行11.96万列次，比上年增长0.2%；客流量3729万人次，比上年增长2.4%；日均客流量10.21万人次。全年完成营运里程194.83万列公里，比上年增长 0.1%。

【汽修行业管理】全年机动车维修经营许可 47 件，完成三类约 300 家汽修企业整治、审核和换证工作，在“迎世博—上海汽车售后服务文明诚信百强企业创建评选活动”中，闵行区管辖的 27 户企业上榜，占全市“百强”的四分之一以上。

（十二）宝山区

【概况】2009 年是宝山城乡建设和管理全面实施“十一五”规划的关键年，年内采取抢抓机遇、加强联系、争取项目、落实责任、领导包案、现场办公、靠前指挥、破解难题、加强督查等举措，着重打好重大市政工程、滨江带开发建设、迎世博 600 天行动、重点基建工程、市大型社区市政配套协调推进工程“五大战役”。精心组织春运工作，做到早部署、早安排、早落实，春运工作开展安全有序，被市评为春运工作先进集体。组织实施西朱 100 户基地、顾村 1.6 平方公里、大场老镇、上海大学基地等 7 户居民的强制拆迁工作，为重大工程顺利实施创造条件，强制拆迁量为近 10 年之最。作为全区迎世博 600 天总牵头和推进单位，集中全力打好迎世博环境整治攻坚战，按照市、区迎世博 600 天行动要求，全面开展道路、交通、工地、燃气等整治工作，获市迎世博公共管理贡献奖。

【城市建设管理】全区年内在建工程项目 248 个，总建筑面积 630 万平方米，创历史新高；全年竣工备案项目 158 个，建筑面积 341.4 万平方米；共发出质量隐患整改通知单 132 份、安全隐患整改通知单 103 份，实施行政处罚 20 件，共处罚金 33.1 万元。2009 年是“管理提升年”，重点加快体制、机制创新，注重提高管理质量和效能，强化服务和和谐目标，落实技术、经济、行政评审工作机制，对 164 个区域建设项目严格按照规定进行评审。创新机制，优化流程，对委属单位的市政、公路、交通等大中修项目实行“项目并列、提早加入、合并审批、缩短流程”的“并联捆绑”式审批，提高办事效率。在坚持公开、公平、公正的原则下，开辟“绿色通道”，加强服务指导，优化政府投资项目的招投标工作。对小型项目办理公开招标时间由 20 天缩短到 10 天内完成，为项目提早开工创造条件。严格招标文件及补充文件的备案管理，实施对专家评标的评估制度，建立宝山区评标专家不良行为“黑名单”制度。制定《农村公路养护体制改革方案》并组织落实推进。加强道路网格化管理，全年市政、公路发现道路病害信息 13884 条，属于职责范围内的处理率达 99.4%。注重加大对建筑领域安全隐患的整治力度，“6.27”闵行发生楼房倒塌事件后，对全区在建的高层建筑、沿防汛墙、现场堆土施工作业的工程项目进行排摸，对区域内 56 个在建工地进行地毯式大检查。对重点工地实施跟踪监控。开展争创优质工程和文明工地活动，全区有 41 个工程申报区优质结构工程，其中 11 个申报市优质结构工程；41 个工地申报区文明工地，其中有 8 个申报市文明工地。全年区建设工地发生伤亡事故 1 起，死亡 1 人，比上年下降 75%。

【重大市政工程建设】全年项目总投资 130.66 亿元，完成沪太路改建及绿化整治工程，全线通车；同济路下匝道、真北路、环镇北路、罗北路、军工路地面道路工程竣工；蕰川路 A30 人非立交主体工程竣工；轨道交通 7 号线主线段竣工通车；西干线工程规定任务全部完成；潘泾路三期部分结构贯通；综合交通枢纽建设基本完成腾地；陆翔路开工建设；镜泊湖路、富长路、康宁路、临江大道加快推进；宝安公路、S7 公路、S6 公路、G1501 隧道、长江路越江隧道各项前期工作有序推进。

【重点基建工程建设】宝山区中西医结合医院改扩建工程一期门急诊大楼(地上 3 层、局部 4 层、地下一层，建筑面积为 14221 平方米)于年底前竣工交付使用。武装部民兵训练基地年前基本竣工。7 月 27 日，宝山区体育中心及图书馆改造工程开工，总投资 4.54 亿元，建筑面积 82998 平方米。11 月 18 日，华山医院(北院)开工建设，总投资匡算 4.4 亿元，建筑面积 7.2 万平方米。河口科技馆年底实现结构封顶，总投资 1.99 亿元，建筑面积 7707 平方米。年初，法院、检察院大楼和大场医院举行奠基仪式。吴淞口国际邮轮码头配套“一关三检”工程加紧推进，码头引桥和码头主体年内实现结构贯通。

【公共交通和交通环境】年内新辟公交线路 7 条，调整延伸公交线路 10 条，改制单一票价线路 2 条，延长营运时间线路 4 条；新建公交候车亭 60 个，新建公交站点 4 个，更新高等级公交车 152 辆。率先在全市开通“社区巴士”，全面实现全区 111 个行政村“村村通”公交。成立庙行、大场等 4 个镇的道路服务社，新增停车路段 7 条，开设停车泊位 211 只。投放 400 辆公共自行车，形成多层次、多类型更加便民的公共交通体系。规范从业者经营资质，确保辖区港口、码头正常运作，对 77 户水路运输(服务)企业进行年度核查，其中 73 户通过核查，歇业 4 户。开展水上安全专项检查和安全生产“三项行动”，出动海巡艇 4488 航次，查处违章 6655 起，行政处罚 290.24 万元。春运工作开展安全有序，春运期间安全运送旅客 57.59 万人次。

【迎世博 600 天环境整治行动】市与区签约确定的规定动作全部完成，完成市政道路整治 83.7 公里，其中车行道整治 53.6 万平方米，人行道整治 9.7 万平方米，人行隔离栏 28.5 公里；累计公路整治达 48.8 公里，面积 64.7 平方米，统一规范路名牌 1040 块，国道路名牌 468 块，道路无障碍改建 30 条(段)。区自选道路整治基本完成，完成市政道路整治 28.9 公里，其中整治车行道 40 万平方米(100%)，整治人行道 8.1 万平方米(100%)，护栏整治 4390 米(100%)；公路整治 57.7 公里，面积 40 万平方米。全面完成重点任务聚焦网(8 个公交枢纽站、长途客运站)整治，并落实长效管理措施。全面完成五条[沪太路、S20(A20)泰和路、泰和西路、共和新路、蕰川路]专项整治。区建交委获“上海市迎世博公共管理贡献奖”、区第三个百日“流动红旗”。

【建设项目招投标】全年完成报建项目 331 个，总投资 46.8 亿元；施工发包 329 个，发包价 28.9 亿元；发放施工许可证 154 张，工程造价 22.7 亿元。对应公开招标的 124 个项目全部采用工程量清单招标，招标率和公开招标率继续保持双 100%；92 个财政投资小型项目全部采用公开招投标，更好发挥财政投资的社会效益。

【完成政府实事项目】年内提前完成宝钢、月浦地区 17055 户居民的煤气内管改造，收到居民赠送锦旗 7 面、表扬信 6 封；对 28 次管道占压进行整治，及时消除不同程度渗漏气 818 处；为 70 岁以上老人免费更换燃气金属管 10288 户；完成燃气安检 21.18 万户，上门服务 3318 户，有效防范燃气事故发生。排摸梳理出全区 52 条无名道路，并将其中的 21 条纳入市政设施管理范围。共富路、环镇北路、龙镇路增设非机动车道和同济路增辟公交专用车道的排堵保畅工程全部完成。基本完成西朱 100 户动迁工作。

（十三）嘉定区

【综述】2009 年，嘉定区城市建设和管理工作紧紧围绕“四个确保”的总体要求和全区中心工作，大力推进城市建设和管理。以“聚焦一个核心、延伸两翼”为嘉定新城建设的着力点，全力推进重大项目和城市基础设施建设，继续加快推进区城市化进程。以全面落实《嘉定区迎世博600天行动计划》为抓手，围绕城市主干道路，深入开展道路综合整治，新城中心区主要道路建设稳步推进，综合管线等配套工程同步实施。顺利完成了轨道交通 11 号线嘉定北站、嘉定新城站、嘉定西站和马陆站的市政配套项目建设。密切配合实施京沪高速铁路（嘉定段，含上海动车段）、沪宁城际铁路（嘉定段）建设，加快启动嘉闵高架、A17 等重点项目前期工作。在继续做好各项建筑业管理工作的同时，积极开展区城市网格化管理和区域拓展工作。

【审定扩初项目 120 个】2009 年审定各类建筑工程项目 120 个，比上年增加 16.5%；工程投资额 208.48 亿元，增加 57.19%。其中住宅建筑工程项目 32 个，面积 360.14 万平方米，投资额 130.98 亿元；公建工程项目 38 个，面积 129.27 万平方米，投资额 34.07 亿元；市政项目 48 个，投资额 41.63 亿元；工业、仓储项目 2 个，面积 9.83 万平方米，投资额 1.8 亿元。

【建筑农民工维权】2009 年综合保险窗口共受理新建项目 437 个，比 2008 年减少 13 个；预收综合保险费 7990 万余元，比 2008 年增加 2938 万元；外来从业人员综合保险累计 420665 人，新增 84353 人次，注销 74524 人次；综合保险卡发卡 30740 张，办理补卡 804 张；为规范建筑企业劳务用工行为，维护务工人员和建筑企业的合法权益，2009 年度共为 19515 名建筑务工人员办理信息卡 19515 张，代购信息管理读卡器并办理启动卡 463 个；组织岗前培训 13314 名，其中礼仪教育 2240 名；组织 2 个工地（南翔医院、菊园受理中心）高温慰问，涉及农民工 1800 人；组织开展农民工健康体检活动，93 个工地 8751 名农民工得到了职业健康的保障。2009 年，全区发生建筑民工上访 148 起，比 2007 年的 182 起下降 18%，涉及被拖欠民工 3768 人，比 2008 年增加 13%，共解决金额 5918 万元（其中工程款 2600 万元；民工工资 3318 万元，比 2008 年增加 11%），解决率为 100%。

【建设工程项目违规处罚】2009 年度，出动 233 人（次）检查工地 137 个（次），查获建设工程项目违规案件 33 件，处罚单位 55 家，罚金 98.76 万元。其中，处罚违反基建程序未经许可擅自施工的工地 19 个，涉及单位 30 家，罚款 40.7 万元；处罚应招未招项目 7 个，涉及单位 7 家，罚款 19.63 万元；处罚应投未投项目 3 个，涉及单位 3 家，罚款 4.03 万元；查处串标项目 2 个，涉及单位 3 家，罚款 21.7 万元；查处违法分包项目 3 个，处罚单位 3 家，罚金 3.3 万元；查处超越资质范围承接业务项目 2 个，处罚 2 家，罚金 2.2 万元；查处肢解工程 2 只，处罚单位 2 家，罚金 2.1 万；查处无资质从事建筑活动 3 起，处罚单位 3 家，罚金 5.1 万元。

【建设工程施工招投标管理】2009 年共受理报建项目 322 个，总建筑面积 436.24 万平方米，总投资额 165.83 亿元；完成承发包管理项目 408 个，建筑面积 569.64 万平方米，发包价 92.67 亿元，其中公开招投标项目 177 个，建筑面积 68.77 万平方米，发包价 25.2 亿元（含 200 万元以下项目 39 个，建筑面积 2909

平方米，发包价 2698.64 万元）；邀请招标项目 68 个，建筑面积 326.7 万平方米，发包价 48.69 亿元；核发施工许可证项目 284 个，建筑面积 443.2 万平方米，合同造价 68.8 亿元；年内完成工业区项目设计发包 68 个，总建筑面积 263.22 万平方米，总投资 114.21 亿元；勘察发包 61 个，发包面积 241.62 万平方米，发包价 101.52 亿元；监理发包 55 只，发包面积 176.76 万平方米，发包价 49.74 亿元。

【施工合同备案】2009 年度区建设工程交易分中心共受理施工合同备案项目 432 只，建筑面积 875.34 万平方米，合同造价 126.63 亿元；监理、造价咨询合同登记项目 337 只，合同价格 24273 万元。

【建设工程质量监督】2009 年质监站共受监工程 547 个，建筑面积 865 万平方米，工作量 134.8 亿元，与去年相比工作量明显增加。竣工备案工程 344 个，建筑面积 483.5 万平方米（其中住宅工程 34 个，建筑面积 174.4 万平方米，工作量 19.2 亿元），工作量 48.8 亿元，一次通过率 100%。全年 1 个工程申报上海市建设工程“白玉兰奖”（市优质工程），15 个工程申报市优质结构，1 个工程申报“金钢奖”，4 个工程申报了“申安杯”优质安装，23 个工程获“嘉定杯”优质工程奖。签发上海市建设工程质量问题整改通知单 220 份，处罚 23 起，罚款金额为 46.7 万元。

【建设工程安全监督】2009 年，区建设工程安全质量监督站共受监项目 547 个，安全监督检查项目 1489 个（次），合格 974 个（次），占 65.4%，其中优良 48 个（次），占 3.7%，不合格 467 个（次），占 31.4%；48 个工程被评为区文明工地，11 个工程推荐参加了市级文明工地的评选；统计范围内工程发生伤亡事故 4 起，死亡 4 人；签发上海市建设工程安全隐患整改通知书 349 份，上海市建设工程暂缓施工指令书 116 份，停止施工指令书 2 份；实施项目经理能力考核证书扣分 59 起 81 分，专职安全员能力考核证书扣分 41 起 58 分，企业负责人考核证书扣分 12 起 17.5 分。全年共受理安全生产许可证 146 家，审核通过 146 家，已发证 146 家；受理和审核“三类人员”能力考核证书 225 家 709 人次。

【无障碍设施建设】以实施迎世博 600 天行动计划、创建全国残疾人工作示范城市和全国无障碍建设城市为载体，开展了对全区重点领域、重点区域、重点行业和重点对象的无障碍环境建设，提高无障碍设施质量和软件管理水平，全面实现公共服务领域和中心城社区无障碍设施服务的全覆盖，基本实现郊区农村无障碍环境的全渗透，基本建成无障碍环境的需求、设施和服务网络框架体系。2009 年全区实施完成了盲道整修 5697 米、坡道整治 656 处、废弃路口整治 3066 平方米、改建了 89 座环卫公厕、进家庭 30 户等无障碍设施建设，投资概算 1280 万元。目前，轨道交通 11 号线 9 个站点无障碍设施建设正在实施中，同时加强了对全区残疾车专用停车位的建设和管理。

【网格化管理】2009 年，区城市管理监督受理中心平台发现案件 21707 件，立案 21590 件，结案 21455 件，结案率为 99.4%。根据区委、区政府的统一部署，嘉定区城市网格化管理区域拓展前期基础性工作于 8 月启动。所有 12 个街镇的城市网格化管理区域基本确定，区城市网格化管理范围将从原来的 16.52 平方公里扩展到约 50 平方公里。万米网格和责任网格的划分已基本完成，终端地图已更新完毕，系统基础数据录入工作正在进行。区域拓展的各项基础性工作已基本完成。

【市政养护与管理】2009 年，投资 2271 万元，实施嘉定镇沙霞路（博乐路－城中路）小修工程、安亭镇塔山路（昌吉路－曹安路）人行道小修工程、南大街及州桥老街架空线入地修复工程等小、中修工程3项。全年修复车行道19795平方米，非机动车道1372平方米，人行道33510平方米，调换侧平石4636米、油漆桥梁栏杆8536米。

在迎世博600天整治工作中，完成对嘉定区外环线以内真新街道区管道路及嘉定镇街道主要道路的整治工作，其中真新街道整治道路8条，整治车行道面积10090平方米，人行道面积35000平方米，嘉定镇街道整治道路11条，整治人行道面积15000平方米。完成区管城市道路路名牌更换589块，各镇、街道、工业区行业管理城市道路路名牌更换1011块。

【公路养护与管理】2009年，区建交委投入2914.25万元用于全区55条道路的日常养护；组织实施嘉朱公路、嘉松北路、浏翔公路、宝安公路、嘉唐公路、宝钱公路维修等养护中修项目及整治项目7个，投入工程建设经费2352.92万元。全区公路优良路率84.9%，干线公路优良路率57.8%。09年的重点工作为迎世博整治，对道路进行了专项整治，结合区内迎世博整治行动，积极开展环境整治及人行道和附属设施的整治，使嘉定公路面貌有了很大的改观。

自2009年全国实行“费改税”政策以来，继续做好日常征收管理工作，全年征收贷款道路建设车辆通行费1.75亿元，道口通行费3861万元。根据上海市城乡建设和交通委员会关于做好取消公路养路费后各项后续管理工作的通知精神，对历年来的欠费车辆通过电话、发信、上门相结合的方式催缴欠费213万元，其中养路费191万元，滞纳金22万元。

【农村路桥建设】2009年，嘉定区投资2220万元，新（改）农村公路7.07公里，改建乡道危桥9座，共有区管桥梁160座，行业管理桥梁75座。4～6月，对全区217座城市桥梁（其中区管桥梁151座，行业管理桥梁66座）定期检查工作，检查结果：A级169座，B级32座，C级8座，D级8座。

（十四）青浦区

【概况】青浦区建交委认真贯彻市委市政府提出的“四个确保”要求、落实区政府2009年重点工作和委年初制定的各项工作任务。围绕项目建设、迎世博整治、服务民生、行业管理等主要内容，确保全年各项目标任务的全面完成。

区、镇两级政府精心计划、积极配合推进S32申嘉湖高速（原A15高速）、S26沪常高速（原A16高速）、崧泽高架、嘉闵高架、京沪高铁配套等市重大工程的前期动迁和交地工作。S32、S26高速完成村民住房动迁450余户、苗木果树动迁500余亩及有关地面设施搬迁等；崧泽高架动迁企业50余家、居民动迁40余户；嘉闵高架主线动迁已全部完成；京沪高铁配套项目的动迁任务在短期内全面解决。同时征询沿线各镇，初步完成了S26东段的总体设计方案有关征询意见。完成了朱枫公路四期（大蒸港桥—区界）道路改建工程，盈港路新改建工程（徐乐路—嘉松中路）。完成朱枫公路四期（松蒸公路—大蒸港桥）改建工程的初步设计批复工作；外青松公路南段改建工程【G50（A9）出口—松江交界】完成初步设计，进入报批阶段。华新大型社区配套的纬一路（新凤路—嘉松公路）、徐乐路（新凤路）新建工程等完成工程可行性研究报告批复。嘉松中路全线绿化工程已于09年10月进场施工。

开展对北青公路、朱枫公路、嘉松公路三条省际道路的整治工作，完成了朱枫公路沈巷段、北青公路凤溪、重固、及香花桥区段、北青公路嘉金高速下穿孔500米下水道排放、朱枫公路A9出口段至318国道等干线公路重要段的环境整治，确保了公路路面平整、路肩边坡平顺、桥梁结构安全、排水设施畅通，绿化美丽靓丽、主体环境整洁的要求。完成了26条计404块区管公路路名牌的更换工作。完成10条中小道路全长29公里的道路整治，对87条计412块城区市政道路路名牌的更新改造工作。

全年发展天然气用户5513户，其中新发展民用户5474户，现有天然气总用户68045户，销售天然气6315.9万立方米；发展人工煤气1370户，现有人工煤气总用户11309户，销售人工煤气1859万立方米；液化气用户发展8263户，现有液化气用户197526户，销售液化气14332吨。

全区受理报建项目467个，项目总投资64.99亿元，建筑总面积235.83万平方米；发放施工许可证207个，总投资28.83亿元，建筑总面积186.52万平方米；全区受监项目308个，建安造价47.03亿元，建筑总面积292.7万平方米；竣工备案项目218个，建安造价33.8亿元，建筑总面积284.2万平方米。全区在建工地231个，总建筑面积433.3万平方米。抓好建筑节能工作，节能备案项目96个，总建筑面积181.28万平方米；加强资质管理，新批新资质企业14家。严格建设工程安全质量监督，不断规范、加强行政执法，共查处违规工程23个，处罚117.05万元，开具整改通知313项。

【重大工程建设】年内列为区2009年度重大项目共40项，其中上年度结转21项，新列19项，总投资约107亿元。按项目类别分为：社会事业11项，基础设施13项，市政建设12项，其他4项。40个项目中，在青浦的市重大建设项目6项，太湖流域综合治理项目10项竣工、基本竣工项目12项：瀚文学校、白鹤中学迁建、贫困村桥梁道路建设、青浦第二污水厂三期扩建、淀浦河西段改造、供水管道改造、黑臭河道整治、华隆路东段、上海西郊国际农产品交易中心（一期）、500KV练塘变电站前期、35KV天一变电站、苏申外港线（市级航道）。在建项目15项：金泽中学改扩建、朱家角人民医院迁建、博文学校、青少年活动中心、少体校、青西污水厂及管网、西部旅游集散中心（一期）、徐泾B块地动拆迁、盈港路改扩建（嘉松路—徐乐路）、崧泽高架地面道路建设、崧泽高架前期、嘉闵高架前期、淀山湖大道二期（含西大盈桥）、地铁2号线徐泾站、经济适用房华新基地前期。

【《青浦区徐泾东站大型社区控制性详细规划》编制完成】青浦区徐泾东站大型社区位于青浦区徐泾镇，靠近规划轨道交通2号线徐泾东站及20号线诸光路站。该社区东侧紧邻虹桥商务区，属于虹桥商务区的功能拓展区范围之内，是承接虹桥商务区辐射带动以及上海中心城经济辐射和人口疏解的门户节点。今年6月启动了《青浦区徐泾东站大型社区控制性详细规划》的编制工作。目前，至年底编制工作已全部完成，并已上报市政府审批。

【编制《青浦东片地区发展战略规划研究纲要》】2008年2月，委托中国城市规划设计研究院上海分院编制《青浦东片地区发展战略规划研究纲要》。该规划从上海与长三角未来空间结构整合调整的高度，对青浦东片地区各镇的发展战略、产业功能定位、四镇的联动发展、人口规模、交通组织以及生态环境等问题进行了深入论证，侧重于对青东地区的价值研究和产业提升的研究，已于今年年初完成了初稿。

【西虹桥地区发展战略规划研究工作加快推

进】市规土局组织开展了全市土地利用空间发展规划研究工作，要求结合虹桥商务区的东、西、南、北4个方位发展布局，研究相关区域范围内的功能定位、空间布局和城市设计方案。青东地区属于西虹桥的范围，委托市规划院开展《西虹桥地区规划发展研究》，8月上旬已形成了中期研究成果。

【土地管理工作有序推进】全年共完成征地包干项目54个，用地面积为1893595平方米；完成土地勘测定界项目142个，勘测土地面积为150.8公顷；发出土地使用费缴款书108份，征收土地使用费831.4416万元。加大土地复垦整理工作力度，各镇通过立项组织实施土地复垦整理23.2794公顷；上报市局待立项审批的有46.1648公顷。推进土地储备、出让工作。2009年由区独立储备的地块有32幅，总面积为211.4915公顷。已完成土地勘测的14幅，面积为64.976公顷，其余地块正在相关部门进行审批流程过程中。2009年共出让经营性用地10幅、总面积为57公顷、出让金收益44.6亿元，出让工业用地21幅、总面积为44.6公顷、出让金收益1.86亿元；合计共出让土地101.6公顷，出让金收益46.46亿元。年内共完成拟征地告知书项目96个、征收土地方案公告63只、征地补偿安置方案132只、征地结案项目90只、征地面积189.39公顷，确保了建设用地项目的正常推进。

【完成迎世博600天行动计划任务】按照城市化地区“规范、有序、美化”，农村地区“整洁、有序、干净”的要求，大力推进实施迎世博加强市容环境建设和管理600天行动计划，取得了一定成效，基本完成各项规定任务。

根据市迎世博600天行动城市管理指挥部办公室关于30项任务的时间节点要求，进一步明确目标、细化任务、落实措施，至09年底，市下达的18个规定项目基本完成。完成了139.9公里国省道沿线的环境整治任务；加大了中小道路和重点水域的保洁管理力度，有计划的设置河道拦截设施；完成旧居住区的综合改造工程。针对徐泾、华新等地区建筑渣土偷乱倒现象严重的问题，建立专项整治小组，大力开展整治，清除偷乱倒建筑渣土36万余吨；积极开展户外广告清理和店招店牌的规范工作，基本完成户外广告设施的拆除工作。积极打造城市亮点，绿化整治、补种完成了市下达的任务，绿地调整改造超额完成任务，积极开展城区迎世博花坛布置工作；夏阳街道、盈浦街道顺利创建成市容环境责任区管理达标街道；加强了A9赵巷出口、朱家角出口和朱家角古镇的环境整治工作，市容环境形象得到了有效提升。

【迎世博市容环境综合整治力度切实加大】实施城中东西路、公园路、外青松公路、盈港路、青湖路五条城区主要道路的景观改造工程，规范户外广告设施和店招店牌设置，加强非机动车停放管理，清洁建（构）筑物立面。开展城市管理顽症问题的整治工作，重点对建筑渣土偷乱倒、违法建筑、乱堆物、绿化缺失、废品收购站、各类招牌、路面破损和保洁不到位、“小三乱”、河道保洁管理、黑车等10个方面的顽症问题实施整治，取得了较好成效。

全区生活垃圾无害化处置水平不断提高，全面推进区生活垃圾综合处理厂的试运行工作，合理安排全区各镇、街道生活垃圾进厂处置，除白鹤、金泽两镇外，其余镇、街道生活垃圾均已进厂集中处置，生活垃圾综合处理厂日处理量已达500余吨，生活垃圾无害化处置水平不断提高。生活垃圾分类收集工作积极推进。根据市绿化市容局有关生活垃圾分类收集工作的要求，积极推进居住小区生活垃圾“四分类”（有毒有害垃圾、废玻璃、可回收物、其它垃圾）和机关、企事业单位生活垃圾“三分类”（有毒有害垃圾、可回收物、其它垃圾）收集工作，全年完成了80个居住小区和40个机关、企事业单位的生活垃圾分类收集工作。至09年底，全区217个居住小区已有149个实行了生活垃圾“四分类”收集，43个机关、企事业单位实行了生活垃圾“三分类”收集。

【绿化调整改造工作大力推进】根据迎世博加强市容环境建设和管理600天行动计划以及本区绿化景观优化专项规划，“迎世博600天行动”绿化景观优化工作的规定任务包括绿化整治162.82公顷、绿地调整改造29.89公顷、花坛花境布置5500平方米、组合花卉28组、主题景点2处、立体绿化2790平方米、行道树设施1153套，涉及A9高速、318国道、嘉松公路等主要交通干道，以及青浦城区、朱家角古镇区、大观园旅游区和赵巷商业聚集区等各重要区域。至09年底，共完成绿地整治、补种164.3公顷（约占总计划量的101%），完成绿地调整改造29.89公顷（占总计划量的100%），完成立体绿化2790平方米（占总计划量的100%），完成行道树设施1153套（占总计划量的100%），全面完成老公园改造项目“上海大观园建筑维修工程”。09年国庆期间城区先后设置立体花坛9处、吊挂和容器花卉86处，花卉布置形式和内容得到了广大市民的好评。

【积极推进城市网格化管理区域拓展】根据区编委批复，撤销青浦区城市管理监督受理中心、青浦区城市管理指挥处置中心，正式建立青浦区城市网格化管理受理监督中心（增挂青浦区城市网格化管理指挥处置中心牌子），为副处级全额拨款全民所有制事业单位，配备人员编制15名，设内设机构三个，网格化管理机构设置得到了进一步明确。将网格化管理区域拓展到徐泾、朱家角镇区和香花桥街道部分城市化地区，完成了以上地区的网格化系统建设，其中徐泾镇21平方公里、朱家角镇9.2平方公里、香花桥街道5.21平方公里，使区城市网格化管理覆盖区域达到50.16平方公里。实施简易案件处理，要求网格监督员对部分影响市容或存在安全隐患但实际处理非常简便的问题及时解决，进一步提升服务理念，受到了市民和相关处置单位的肯定，全年共处理各类简易案件2234起。二是设置安全提示铭牌，对存在安全隐患且处置单位不能及时处理的案件，由网格化管理中心安排专人设置安全提示铭牌，提示行人注意安全，进一步提升了为民服务形象，全年共设置提示铭牌35处。

【水环境治理与保护】水环境治理和保护共26个项目，其中8项任务正在实施，13项任务前期工作已启动，5项已完成。污水厂建设共4项工程，青浦第二污水处理厂三期扩建工程已完工并开始试运行；练塘污水处理厂二期扩建工程已经开工，完成土建45%；商榻污水处理厂施工已进场，完成土建20%；徐泾污水处理厂二期扩建工程项建书已编制完成。污水管网建设共11项任务。金泽地区已铺设污水管网14.33公里；练塘地区已铺设污水管网6.3公里；朱家角地区9.1公里污水管网已铺设完成；青浦第二污水厂管网赵巷地区已铺设1.8公里；居民小区阳台雨污水管道改造工程已完成约250幢居民楼，850路管道；青浦污水处理厂配套管网完善工程正在方案论证阶段；华新、徐泾污水管网完善工程行业审查已完成，工可由市水务局送市发改委；城镇污水处理厂污泥处理工程初步设计已评审；白鹤镇污水管网完善工程已完成；工业污染治理项目已完成，共关闭企业6家，治理企业4家。

（十五）松江区

【概况】2009年，松江区建设交通委在区委区府的正确领导下，在广大干部职工的共同努力下，紧紧围绕“四个确保”要求，以科学发展观统领全局，任务完成不折不扣，特色活动精彩纷呈，工作推进成效明显，城市建设和管理水平继续得到提升。年内承担区府135项主要工作中的沪杭客运专线、80万伏高压走廊、老城区天然气改造等5个项目，全部达到节点目标。

【建筑业管理】2009年，全区新开工项目393个，建筑面积451.18万平方米，工作量66.48亿元，。完成工程项目报建209项，总投资84.19亿元，总建筑面积297.11万平方米。已报监工程监督覆盖率达100%。共审核发放施工许可证260个项目，总投资46.61亿元，总建筑面积348.3万平方米。办理竣工验收备案2250个单体，工作量73.32亿元，建设单位申请备案通过率100%。，共完成设计承发包53个；勘察承发包47个；监理承发包36个；施工承发包226个，建安造价44.29亿，建筑面积304.55万平方米，其中公开招标项目64个，邀请招标29个，直接发包133个。

【开展建设工程文明施工迎世博专项整治】根据市建交委迎世博工作布署，从6月份开始到世博会召开期间，组织建管所分阶段开展建设工程文明施工迎世博专项整治工作。8月20日、27日，联合区世博办及环保局、绿化市容局、规土局、房管局等区迎世博文明施工专项整治机构成员单位，对全区范围内50个迎世博文明指数实地测评的建设工地、市民反复投诉和新闻媒体曝光的“热点”地区建设工地开展了两次建设工程迎世博文明施工巡查活动，对扬尘控制措施不力、文明施工形象差的工地进行整改，提升了区建设工地文明施工管理水平。

【无障碍设施改造】2009年无障碍设施改造工程共完成盲道21.9公里，缘石坡道248个、过街音响信号装置6套、轮椅坡道1371米、扶手2382米、无障碍厕位52个、无障碍厕所2座、无障碍电梯4部、无障碍停车位6个、房间门159套、无障碍进家庭334户、手语培训班2期、手语节目1套。

【公路建设】加大了计划项目和区府重点工程的推进实施，完成沈砖公路大修、外青松中修等2项整治工程，总里程7.45公里、投入经费1.074亿元，沈砖公路于6月30日举行了通车仪式。完成了中山中路白改黑中修工程，其路面平整度指标达到了高速公路标准。沪松公路、松卫北路中修以及嘉松南路大修工程正在抓紧实施中，其中沪松公路、松卫北路中修工程将于年底完工。

【公路养护】年内实施3条道路积水点改造，实施了GBM工程3.6公里。开展了桥梁安全隐患排查治理专项行动，改建和拆除3座桥梁。高度重视防台防汛工作，对所有雨水管道进行了全面疏通，有效应对了“莫拉克”强台风和强降雨等极端灾害性天气。320国道（沪莘枫Ⅱ标）继续保持了国家级“文明样板路”称号；嘉松南路（松江段）、人民北路（思贤路—文翔路）、新松江路被评为上海市“文明样板路段”。思贤路、新松江路被评为“优秀样板路段”。

【市府重点项目建设】A15前期动拆迁协调工作全部完成。A8配套及地面辅道松江段，由沪杭高速公路指挥部10月中旬起逐步移交南侧部分施工现场。南侧附属设施已完成70%，2010年春节前完成双向通车。九新公路跨A8主线工程11月底完成，南侧引桥架梁工作相继完成，北侧引桥因高压线影响，剩余2个墩桩基无法实施，其余工程量至2010年4月底基本完成。虹桥枢纽的前期动拆迁协调工作基本完成。

【区级重点项目建设】辰塔路北延伸（文翔路—花辰公路）工程于今年10月25日建成通车。

松卫公路辟建工程于5月份开工，路基工程已完成80%，并已通过检测，年内完成道路基层，三座桥梁下部结构年内完成。人民路北延伸工程在前期工作的超前落实的情况下按时推进。基层11月底完成，计划2010年3月底之前竣工通车。谷阳南路延伸将原方案12米车道改为四快二慢，重新设计，年内完成至施工图并开工，工程计划2010年12月底竣工。九新公路拓宽开始施工，计划2011年12月30日底竣工。卖新公路改建工程中的跨A8主桥与A8建设已同步实施，三墩二跨桥梁至10月底基本完成。

【动迁工作成效显著】2009年共承担8项国家级和市级重大项目前期工作，涉及动迁居民1381户，企业287户。在规定的时间内圆满完成了沪杭客专松江段18米红线内、80万伏高压走廊、川气东送二期、沪昆高速公路扩宽、申嘉湖高速公路、虹桥枢纽配套等重大工程前期动拆迁。特别是沪杭客专春申苑的动迁模式创造了上海动迁史上的典范。

【沪杭客运专线】沪杭客运专线是国家重大工程建设项目，也是迎世博的关键项目，沪杭客专途经上海52公里，其中松江段31多公里，松江段于今年4月开始施工，在工程量大、情况复杂、时间紧迫的情况下，经过各方共同努力，到8月初完成了红线内80%的动迁量。8月12日，与沪杭客专松江段前期推进工作领导小组项目推进一组、松江茸城动迁公司、新桥镇动迁办一起，对新桥镇沿线的38家企业开展大规模上门动迁协商谈判工作，经过各方齐心协力、发挥各自优势进行反复宣传、说服、劝导等思想工作后，至10月30日上海飞轮金属冶炼厂签约动迁后，除上海长冈香料厂外，新桥镇其余企业全部签约动迁。至9月6日，与新桥镇动迁办、春申村村委会克服种种困难，完成了新桥镇春源小区红线内27户别墅的建筑面积测绘、地上实物量评估。在《春源小区非春申村村民房屋拆除补偿方案》确定后，9月8日，建交委与新桥镇、茸城拆迁公司全力以赴，专门抽调有经验、懂政策、善协调的工作人员混合编组，组成11个谈判小组，采取责任到人，分工到户，不分昼夜，不分工休，进行全时段、不间断现场协商谈判。10多天的连续奋战取得出色成绩，到9月20日，新桥镇段春申村春源小区红线内的27户非春申村村民别墅动迁工作圆满完成。至2009年底，沪杭客运专线红线内施工一路畅通，198户居住户中除松江工业区1户外，64家非居住户中除上海长冈香料厂、东禅古寺、加油站外，基本完成红线内动迁工作，同时，红线外动迁工作也在紧锣密鼓地开展中。

【燃气业管理】2009年实现销售收入45806.44万元，同比增长7.79%，完成年度计划的105.92%；实现毛利收入9882.13万元，同比增长47.63%，完成年度计划的107.37%；实现配套收入16570.13万元，同比增长47.43%，完成年度计划的116.81%；实现利润3497.67万元，同比增长130.48%，完成年度计划的118.01%。新增用户26694户，同比增长16.63%，完成年度计划的140.49%。其中：天然气新增用户26347户，液化气新增用户2561户。全年共输送天然气达1.12亿立方米，比去年同期增长13.39%。

（十六）金山区

【**概况**】2009年，按期完成沪杭客运专线项目红线范围内动迁。完成金山北站站前广场、成毛公路等配套设施立项并通过审批。基本完成隆安路、同凯路、卫阳路和金山新城客运枢纽站、阮巷站、亭林站及其市政设施项目规划选址、用地审批等相关手续。按期完成《上海市公路迎世博三年（2006下半年～2009年上半年）整治行动计划》，年内整治朱枫、叶新、廊平、兴新、漕廊、朱吕公路和松卫南路计26.56公里。履行《迎世博600天行动责任书》，更换公路路名牌788块、桥梁限载牌274块。改造乡村公路125.02公里、桥梁85座。完成经济薄弱村基础设施改造项目71个，改造村庄干路310.61公里、支路402.43公里、入户路164.21公里，改造桥梁175座。全年出动公路巡查车700车次，执法人员2669人次，巡查率和覆盖率100%。累计清理路面违章堆物420平方米229吨，清除公路违章设摊248处，行政处罚5起，收到各类公路财产赔（补）偿款156403元。全年稽征通行费2369万元。受理报建工程项目197个，总投资52.14亿元，建筑总面积164.15万平方米。直接发包工程102个，合计交易价6.76亿元，建筑面积63.41万平方米。工程招投标项目68个，中标价12.34亿元，招标率100%。其中公开招标项目38个（应公开招标），中标总价3.39亿元；邀请招标项目30个，中标总价8.95亿元。受理专业项目交易备案26个，其中桩基项目交易备案8个，造价500.13万元；钢结构项目交易备案18个，造价3278.66万元。受理合同备案335个。全年核发施工许可证137份，总造价14.38亿元，总面积124.15万平方米。受理竣工备案项目170个，总竣工面积226.75万平方米。年内，新办三级资质建筑企业21家，三级资质建筑企业升为二级资质企业9家，注销30家，累计注册资质建筑企业364家。办理建筑业企业安全生产许可证22件、建筑业企业安全生产许可证延期4件。全年受理来沪务工人员综合保险项目201个，预收综合保险费2503.87万元，发放医保卡7875张、补办599张，办理信息卡9983张，组织11480人次参加岗前培训。全区195个工地（在建186个）851个单体工程201.68万平方米建筑工程接受安全质量监督管理，受监市政设施等建设工程累计25.5亿元。复核安全质量标准化工地414个次，其中优良工地136个次、合格260个、不合格18个。上报建筑工地重大危险源155个，开出质量整改通知书91份、暂缓局部停工指令33份。全年开出安全隐患整改通知书248份、隐患局部暂缓施工指令单96份，记分处罚不良行为25人，记录不良行为安全监理6人、安全员7人、项目经理12人，约谈相关人员132人次（法人代表43人次）。受理民工上访催讨工资款74起，涉及734人399.55万元。办理各类违法违规案件31起，罚款89.7万元。年内，创建成“平安工地”29个、“环保便民工地”52个。参加各类工程建设质量评比和文明工地评选，获市优质结构工程奖6项，市白玉兰奖1项，区优质结构工程奖22项；获市、区级“文明工地”称号分别为5个、28个。

【**区建设和交通委员会机构改革**】2月5日，根据《中共金山区委、金山区人民政府印发<关于金山区党政机构改革的实施意见>的通知》（金委〔2009〕7号文），撤销原建设和交通委员会增挂的市政工程管理局、绿化管理局、市容环境卫生管理局牌子，绿化、市容环卫、城市监察管理职能划归绿化和市容管理局。调整后的建设和交通委员负责区公路、城市交通运输（城市交通行政执法大队）、建筑建材业、海事（航务）、市政设施、道路建设管理等。设党政办公室、项目管理科、建筑业管理科、交通管理科、公路市政科、计划财务科、人事劳资科、党群科。

【铁路金山支线(轨道交通的22号线)改建工程启动】8月12日上午,铁道部、上海市政府正式立项的市重大工程建设项目——铁路金山支线(轨道交通22号线)改建工程启动并举行开工仪式。作为全国首条市郊铁路客运线,铁路金山支线(轨道交通22号线)改建工程范围为上海南站至金山新城火车客运枢纽站(金山站),技术标准为国铁I级。途经徐汇、闵行、松江、金山4区,沿线共设上海南站、莘庄、春申、新桥、闵行西、叶榭、亭林、阮巷、金山新城火车客运枢纽站(金山站),总长56.4公里,其中金山区境内23.4公里。工程由铁道部和上海市共同出资建设,投资总额48亿元。工程建设工期为2年,预计2011年底完工通车。主要工程包括上海南站至新桥站间增建三、四线15.4公里、新桥站至金山站间增建二线约41公里,并新建黄浦江大桥1座。运营模式为城际快铁,设计区段旅客列车时速160公里,开行方式为直达和站站停两种,其中直达运行时间仅需30分钟、站站停运行时间约45分钟。根据规划,金山铁路支线建成初期开行客车36对/日,至2025年逐渐增至52对/日。12月9日,上海铁路局、上海申铁投资有限公司、金山区、松江区联合召开上海金山铁路有限责任公司第一次股东会暨一届一次董事会、监理会,宣布成立上海金山铁路有限责任公司,并对金山铁路支线改建工程工期作出具体安排,明确各阶段工作量完成时间节点,其中改建工程红线范围内动拆迁工作已进入实质性启动阶段。

【交通运输管理】2009年,区交通管理部门审批各类新开业企业532户,其中普通货运473户(非专业195户、专业278户),专用运输27户(集装箱A和B 7户、冷藏保鲜8户、罐式容器12户),二类、三类机动车维修企业29户,二类摩托车维修3户。办理货运代理备案23户、停车场(库)备案2户、自有校车备案3户。完成汽车维修企业诚信考核75户,其中获AAA级诚信企业2家、AA企业9家。换(发)停车场(库)经营企业备案证23户。举办汽修行业检验员培训、讲座3期,182人次参加。区地方海事处全年安检船舶376艘次,发现并督促整改各种缺陷2396处;检验各类船舶64艘次9450吨8223千瓦。辖区内新开业水运(服务)企业1家、歇业2家,新增运力6258吨,累计有水运企业4家、水运服务企业10家。受理港口码头企业开业许可29件,累计有普通货物港口企业125家。换发船员服务簿100本,审查沿(跨)河建筑设施设计方案9件,回复建筑设施通航尺度咨询4起,准予水上水下施工作业16起。与平湖、嘉善地方海事处签订平安航区共建合作协议,建立每季度一次联合大检查、每半年一次联合大演习、每年一次执法经验交流活动制度,分别在金山平申线掘石港航段、嘉善境内、平湖境内开展打击超载、假证、无证现象联合水上安全大检查,并在金山卫镇辖区举行联合演习。

【镇村公交专线】年内,新增吕巷四路、廊下四路、枫泾六路、金山卫二路、山阳二路、漕泾一路镇村公交线路,总里程68.069公里,配置中型客车26辆,6条线路日均70班次。至2009年底,共有镇村公交专线26条,总里程247.5公里,配置中型客车112辆。

【滨海公园改造工程】12月10日,2009年市、区为民实事项目滨海公园(石化新城路16号)调整改造工程竣工,总投资1248万元。包括新建湖边观景和亲水平台、驳岸外侧护栏,综合改造儿童乐园、动物角等,累计调整绿地38849平方米。工程由市园林设计院设计,上海金山园林工程有限公司施工，上海上咨建设工程咨询有限公司监理。6月30日开工。

【**迎世博600天绿化景观优化建设和市容环境治理**】年内，开展迎世博600天绿化景观优化建设和市容环境治理，累计整治绿地96.78公顷、调整绿地16.85公顷，新建沪金高速（S4）松卫南路出口“喜迎世博”和城市沙滩杭州湾大道口“托起明天的太阳”绿化主题景点及立体绿化620平方米、花坛花境3660平方米，新设行道树设施235套。其中“喜迎世博”、“托起明天的太阳”绿化主题景点获市绿化和市容管理局绿化景观优化项目验收郊区组“优秀”称号。受理“五乱”案件450多件，处罚249件。其中逾期不接受处理的小广告联系电话报市局申请停机219件、处罚后报市局申请重新开机189件。组建区、镇拆除违法建筑工作机构，受理违法建筑投诉案件700多件，拆除违法建筑3.9万多平方米。联合交警、建设、交通、环卫等部门开展“3•13”渣土专项整治日等整治行动，检查建筑工地60多个、建筑渣土运输车辆150多车次，教育纠正违规运输20多次、偷倒乱倒15处。

【**区城市网格化管理中心成立**】2月23日，根据《关于成立上海市金山区城市网格化管理受理监督（指挥处置）中心的通知》（金编〔2009〕第1号），成立隶属区绿化和市容管理局的负责城市数字化综合管理的区城市网格化管理受理监督（指挥处置）中心（相当于行政副处级）。核定编制9名，设主任1名、副主任1名。宋杰任中心主任。至年底，有网格监督员43名、信息员13名，网格化管理覆盖范围13.36平方公里，责任网格40个，网格内部件总数124449个。累计受理案件8761件、立案8781件、结案8750件，结案率99.60%。

【**市政设施改造**】2009年，区市政设施管理部门改造临桂路（东平南路—战斗港河）、东泉街（蒙山路—临桂路）、东平南路（龙胜路—临桂路）计2.3公里道路路灯81套。整治和修复卫二路（沪杭公路—金一东路）、富川路（沪杭公路—象州路）、穿心路（老卫清路—龙胜路）、环江路（老凤山路北—沪杭公路）道路计31092平方米、人行道4505平方米，更新侧平石2606米。完成蒙山路下立交混凝土路面铺设沥青混凝土和龙宇路北侧3处6根直径1.2米下穿电缆箱体顶管建设、卫清东路（亭卫南路西河）双孔6米箱涵改造。

【**市政设施管理**】全年受理掘路审批104起3.6万平方米、占路审批14起6518平方米（占路率0.29‰，低于市市政工程管理处1.5‰考核指标）。管理养护各类管径雨水管126公里、疏浚出水口21处、改造中心城区积水点9处，普查市政桥梁151座。改造中心城区路名牌687块、整治道路指示牌97块、拆除不规范标识标牌130块，整治人行道设施201处。全年受理区城市网格化管理受理监督（指挥处置）中心接转案件648件（部件类172件、事件类476件），处置率100%。处置“水务热线”、“12319热线”反映问题18起，处置率100%。

【**杭州湾大道景观灯光工程**】4月底，完成杭州湾大道景观灯光工程，总投资935万元。工程北起金山大道、南至沪杭公路、西至戚家墩路，全长3.6公里。包括道路、绿化建设和建筑景观灯光安装等。上海东方建筑设计研究院有限公司设计、上海罗曼照明工程有限公司施工、上海容基工程项目管理有限公司监理。

【**东平南路新建工程**】5月26日，东平南路（金山大道—卫清西路）新建工程竣工，总投资7852万元。工程北起金山大道，向南延伸至卫清西路，全长980.3米，道路红线30米。道路横断面中间为机动车道15米，两侧依次为机动车和非机动车分隔栏各0.5米、非机动车道各3.5米、人行道各3.5米。上海千年工程建设咨询有限公司设计、上海金宅市政建设养护有限公司承建、上海上咨建设工程咨询有限公司监理。

【无障碍设施全方位改造】年内，完成无障碍设施全方位改造，累计改造无障碍盲道85122米（含坡道1886处）、通道958米、厕位227座、停车泊位15处、公交站4座。安装室内扶手3541米，添置方便残疾人设施14套，更换无障碍标志118块。完成无障碍设施进农村工程47户、进家庭工程158户。

（十七）奉贤区

【概况】2009年奉贤区建设和交通工作围绕“三区一基地”建设的总体目标，按照年初部署有序推进各项工作，取得了较好的成绩。年内列入重大工程建设的项目有30个，总投资近180亿，由时光辉区长担任重大工程建设领导小组组长。区重大办设在建交委，负责全区范围内重大工程项目的协调、督促、管理工作。

闵浦二桥建设顺利进行。大桥860根钻孔桩、76个承台和主桥、引桥桥面梁安装全部完成，年内实现整桥结构贯通，同时轨道交通5号线西渡站综合配套工程已开工。南方国际二期一幢楼与两港大道奉贤园区段也在年内如期竣工；年丰路（迎宾大道）已于10月25日通车；奉贤三水厂三期扩建和东部污水二期工程基本完成。区级道路平庄公路东段、环城东路南延伸段、年丰路（迎宾大道）、解放东路改建工程等9条公路竣工通车，共计35.78公里。平庄公路西段、万佛阁路、浦卫公路（平庄～南亭段）、西库路等按计划贯通，共计14.38公里。

2009年全年新辟公交线路2条，调整优化10条公交线路，改造南桥汽车站候车大厅。新建港湾式候车站10座、候车亭80座，更新站牌80只。公交GPS系统全部投入使用，全面监控区内公交线路营运动态，根据上海公交新一轮改革的要求，11月22日成立了上海奉贤巴士公共交通有限公司。

由区建交委牵头并组织实施的迎世博600天行动共9项整治任务全面完成：在整治公共交通区域市容环境中完成公交枢纽站整治量1个；长途客运站整治量2个；整治市政道路、桥隧和人行道任务已全面完成；规范标志标线标牌管理中，实际完成市级国省县道名牌1303块，市级城市道路路名牌实际完成545块，区级非公标志1400块；清洁车容车貌达62578台次；在规范车辆停放工程建设中，完成停车场改造面积1047㎡；治理道路交通噪声总任务量8处，涉及正阳房产S4、G1501高速公路的3处声障屏安装工程已全面启动实施；在改造提升公园品质中，公园改造、公园服务完善的14个项目，除公园活动在世博运行期组织开展外，已全面完成。

【虹梅南路—金海路越江工程正式启动】12月31日，区举行虹梅南路—金海路越江工程启动仪式。副市长沈骏、市人民政府副秘书长尹弘、市环保局局长张全、交通运输和港口管理局局长孙建平，区四套班子张立平、时光辉、周伟民、韦源等领导出席启动仪式。工程北起中环线虹梅南路立交，沿虹梅南路向南延伸过淀浦河，与S20、银都路、S32相交，越过S32后采用地道方式下穿剑川路和东川路，以隧道形式越江，过西闸路后接地，沿金海路向南至大叶公路。工程全长19.5千米，其中奉贤段3.8千米，越江段（东川路～西闸路）3.2 千米，闵行段（淀浦河 ~ 东川路）11.8 千米，徐汇段（中环线 ~ 淀浦河）600 米。道路等级：虹梅南路（中环线 ~ 东川路）为城市主干路，越江段及金海路为二级公路。主线设计车速 60 ~ 80 千米 / 小时。工程总投资 121.7 亿余元。

【年丰路工程竣工】年丰路工程是区市政建设重大工程项目之一，是第三届中国中小企业节的配套工程。由区建设交通委筹建，3 月 15 日开工，10 月 18 日竣工，荣获 2009 年上海市优质工程“白玉兰”奖。道路红线宽度 60 米，全长 1402 米，主要突出景观大道的特点，道路设计为 4 快 2 慢，其余为绿化带及景观人行道。道路位于 S4 南桥出口处，自西向东接金海路，是从 S4 南桥出口进入奉贤的第一条道路，故又称“迎宾大道”。

【轨交 5 号线西渡站综合配套工程开工】12 月 18 日下午，区举行轨道交通 5 号线奉贤段西渡站综合配套工程开工奠基仪式。按照上海市轨道交通网络规划，轨交 5 号线南延伸段由闵行区东川路站预留岔线引出，沿沪闵路向南，经闵浦二桥到达西渡站后，穿越规划建设中的南桥新城，向南延伸至奉贤海湾地区，线路全长 17.5 千米，设站点 7 座。西渡站是轨交 5 号线进入奉贤段的第一站。

【闵浦二桥奉贤段引桥架通】12 月 31 日，闵浦二桥奉贤段引桥架通仪式在西渡渡口举行。经过一年时间，闵浦二桥奉贤段如期实现架通目标，标志着闵浦二桥新建工程继主塔封顶、主桥钢梁合龙后取得的又一阶段性重大胜利。闵浦二桥北起闵行区沪闵路东川路以北，沿沪闵路向南跨越黄浦江后，沿沪杭公路向南至西闸路落地，全长 4.78 千米，其中引桥长 3.7 千米。闵浦二桥上层设计为双向四车道的公路桥梁，下层设计为双向轨道交通桥梁。

【中国中小企业大厦举行奠基仪式】10 月 29 日，中国中小企业大厦奠基仪式在南桥新城隆重举行。该工程由上海奉贤建设发展（集团）有限公司和南桥新城建设发展有限公司投资建设，上海奉贤城乡建设投资开发有限公司和上海达贤房地产有限公司负责实施，计划总投资 11 亿余元。大厦建成后将成为国内首个为中小企业服务的集聚区。大厦位于上海南桥中小企业总部商务区核心区域，由 1 幢 40 层超高办公楼、1 幢 12 层辅助办公楼和 2 幢 4 ~ 5 层商业楼组成。总建筑面积 12.4 万平方米，其中地上面积 7.6 万平方米，地下 4.8 万平方米，是集办公、会展、商业服务为一体的综合性办公楼。大厦主体为“帆”的造型，意为中国中小企业扬帆远航。中国中小企业协会会长李子彬、副市长艾宝俊、市政府副秘书长蒋卓庆、区领导张立平、时光辉、周伟民、韦源、徐剑萍、唐海龙等出席奠基仪式。

【完成农村村落改造 2550 户】2009 年是区农村村落改造工作的第 3 年，村改计划为 2550 户，涉及庄行、柘林、金汇、青村、奉城、四团等 6 个镇所属的 18 个村（点）。区村改办加大改造点的工作指导力度，在村改选点、规划审核、方案评审、现场施工等过程中，到现场进行指导、督促、协调和服务。

【上海市奉贤道路建设投资有限公司正式成立】2 月 18 日，上海市奉贤道路建设投资有限公司、上海市奉贤水务建设投资有限公司正式成立。上海市奉贤道路建设投资有限公司和上海市奉贤水务建设投资有限公司是两家国有性质、奉贤区直属投融资机构。道路投资有限公司将主要承担奉贤区“十二五”期间公路、乡村公路、市政道路、生态绿化、公共交通等基础设施的投融资任务，投融资总额将超 50 亿人民币，实现“自我运作，自我还贷”目标的投融资机制。

【**交通运输**】至年底，全区拥有公交企业3家，公交线路51条，营运车辆463辆，从业人员1850余人，日均运客11.5万人次。客运集散点3个，跨省班车客运线路79条，日接发送旅客0.75万余人次。区域出租企业3家，区域性出租汽车562辆，日均运客4.5万人次。道路运输经营户2969户，车辆10789辆。全年办理行政许可458户。机动车维修业户215家，机动车综合性能检测机构1家。在册公共停车场（库）17家，停车场（库）19个，总面积180780平方米，泊位8298只。道路停车收费段（点）22个，泊位906只。

【**公交行业管理部门进行机构改革**】11月13日，上海市奉贤区城市交通运输管理署和上海市奉贤区城市交通行政执法大队正式分离，重新挂牌，组建领导班子，分别行使行业管理和执法的行政职能。

【**奉贤巴士公共交通有限公司成立**】11月22日，上海奉贤巴士公共交通有限公司正式揭牌成立，公司由区人民政府控股，区公有资产经营有限公司与上海巴士公交有限公司共同投资、合作经营。成为上海公交新一轮改革，首个实现“一区一骨干”区域公交格局的远郊区县。公司注册资金2500万元。拥有经营线路33条，车辆330辆，职工1407人。

【**新增公交线路1条**】11月22日，南桥8路开通，起讫站点为八字桥路百合苑站至江海南路南庄路站。年内，对区内公交站点进行梳理，规范站点设置，使站点之间间距缩短至800-1200米。更新公交营运车辆103辆，提前报废车辆67辆。至年底，空调公交车198辆，占总量43%。区域出租车辆车身改色、安装新式顶灯562辆。

【**整治交通枢纽站**】年内，根据市、区两级重点点位市容环境整治要求，完成浦江长途站、南桥汽车站、奉城汽车站等3个枢纽站的市容环境综合整治工作，经过翻新、清洁和改造，3个站点的设施、环境得到有效改善。

【**采取应急措施保障交通顺畅**】年内，由于迷雾天气突发事件及闵浦大桥施工等原因，西渡轮渡停航23次，区运管署调集应急车辆253辆次，出动工作人员138人次，发送过江专线867班次，对驳过江市民4.53万人次。

【**加大交通行业执法检查力度**】年内，开展各类执法稽查753次，出动稽查人员7591人次，受理案件2500件，立案1900件，其中公交违章443件，出租行业违章127件，出租黑车1081件，货运违章147件，汽修违章11件，长途违章26件，公安移送无证电动三轮车案件590件，运管署移送二级维护案件75件。

【**公路建设养护**】近年来，区先后建成团南公路、新川南奉公路、平庄公路、奉柘公路、环城东路南延伸段、浦卫公路、金海路、浦星公路、新四平公路、新杨公路等多条主干公路。至年底，全区拥有各类等级公路1166.866千米，其中高速公路71.5千米，公路密度1.787千米/平方千米。同时，大力推进农村公路和桥梁建设，目前拥有乡村公路800.806千米，乡村公路桥梁599座。

年内，投入养护经费23554万元，其中省道9280万元，县道14274万元。实施GBM（公路标准美化）工程及大中修工程60.705千米，完成“迎世博”三年整治行动计划里程40.175千米，绿化补种及绿化整治500万元，调换香樟等乔木2531株，各类花灌木254773株，地被4230平方米。至年底，全部公路MQI（好路率）90.482，优良率95.61%，其中省道MQI91.615，优良率100%，县道MQI90.694，优良率94.25%。完成农村危桥改造133座，乡村公路改造125

千米，其中通公交道路 20 千米。经济簿弱村桥梁改造 317 座，道路建设 241 千米。

【市政设施养护】年内，投入养护经费 1793.6 万元，维修水泥砼路面 532 平方米，沥青砼路面 1633 平方米，翻修侧平石 507 米，彩色人行道 22131 平方米，完成新建东路、解放西路（新成路 – 贝港桥）、古华路（南奉公路 – 环城南路）等大中修工程综合整治，整治车行道 22418 平方米，人行道 14426 平方米。

【建筑业管理】年内，共办理建设工程报建 136 项，报建总投资 55.9 亿元。办理建设工程项目发包管理 210 项，发包总造价 26.8 亿元。实施建设工程公开招投标项目 36 项，邀请招投标项目 32 项，直接发包项目 142 项，招投标率 100%。共受理建设工程监督管理项目单体 967 个，工程造价 42.2 亿元，其中房屋建筑类工程项目 928 个，工程造价 39.8 亿元，建筑面积 309.19 万平方米。共入选区建设工程优质结构工程项目 42 个，入选区建设工程“曙光杯”奖优质工程项目 16 个，入选区建设工程文明工地工程项目 28 个，入选区建设工程节约型工地工程项目 18 个。

【加强企业资质资格管理】年内，共接待上门和电话咨询 98 家，受理申请审批 43 家，推荐三级企业升二级企业 13 家，完成三级企业专项检查，建立清出机制，取消企业资质证书 40 家。现区内施工企业资质结构为：总承包一级资质企业 7 家，专业承包一级资质企业 10 家，总承包二级资质企业 30 家，专业承包二级资质企业 55 家，总承包三级资质企业 149 家，专业承包三级资质企业 144 家，劳务资质企业 55 家。

【加强建设工程招投标管理】年内，严格执行《招投标法》和《上海市建筑市场管理条例》，下发了《关于进一步加强奉贤区建设工程招投标活动若干指导意见》，对不同类别投资主体项目实行分类指导、差别管理，严格招标项目登记、招标公示、招投报名、资格预审、招标文件备案、评标专家抽取、开评标监督等主要环节的监管。6 月 1 日起，开通了评标专家语音通知系统，优化评标专家保密制度。区监察局、财政局、检察院等部门协调沟通，形成了各部门各司其职的监管格局，维护了招投标市场秩序。

【奉贤园林绿化公司晋升为一级企业】年内，经国家建设部批准，上海奉贤园林绿化工程有限公司晋升为城市园林绿化一级企业，成为奉贤首家具有此类专业资质的企业。

【有效应对特强大暴雨袭击】8 月 2 日，南桥城区突遭特强大暴雨袭击，从 16 点至 19 点，仅 3 小时持续降雨量达 125.5 毫米，城区 14 个路段严重积水，积水深度最深处达 40 厘米，南中路、宏伟路等路段商铺和居民家中进水，部分路段的积水严重影响道路交通。负责南桥城区雨水管网养护的上海古越市政建筑有限公司，立即启动应急预案，迅速组织干部职工、车辆和物资展开抢险工作，对道路下水管道采取应急措施，全力疏通雨水管网。至 21 时，除环城东路易买得超市路段外，所有积水路段恢复正常。

（十八）崇明县

【概况】2009 年，崇明县建设交通委在县委、县政府的正确领导下，认真落实科学发展观，紧紧抓住迎隧桥开通、迎世博召开的历史性机遇，扎实推进城乡建设和管理各项工作，较好地实施了新农村建设和迎世博相关工作，基本完成了本年度各项目标任务。

【长江隧桥景观绿地建设基本完工】长江隧桥入岛段红线外20米景观绿化带建设工程已完成房屋拆迁17954平方米，劳动力安置93人，土地流转378亩，绿化种植251994万平方米等工作。出口处景观绿地建设工程已完成房屋拆迁6930平方米，劳动力安置53人，土地流转276亩。至年底除落叶树未种植外，其余已完成绿化种植。

【崇启通道工程前期工程进展顺利】该工程涉及的359户房屋协议拆迁工作，除1户外其余已全部完成协议拆迁，其中主线范围内全部完成。通信、有线电视、广播线、自来水管线、电力线搬迁工作年内可全部完成，预计累计搬迁195道104.75公里。林地迁移已经国家林业局审核，并办妥了林地迁移许可证，目前已全部完成（1180亩）林地迁移。除林地外的3813亩的道路建设用地于2009年8月底移交至用地单位。水网、路网的“两网”调整已完成方案制定，并得到了建设方的认可。修建施工便道22.65公里，使整个施工便道全线贯通。

【北陈公路工程前期工作准备就绪】已完成项建书审批、选线方案确定、控详规划上报和批复、网上公示、规划选址、道路土地勘丈测绘界定、土地预审、工可上报和批复等工作。年内力争完成征地包干协议上报和启动房屋协议拆迁。

【路桥等基础设施建设取得新成绩】列入县委《三年行动纲要》的22座市、县级河道危桥改造工程顺利完工。东平、新海两镇农村公路建设及危桥改造工程已全部完成。其中东平镇建设道路13.59公里、改造桥梁7座，11月底竣工并完成验收工作；新海镇建设道路12.2公里，改造危桥10座，11月底竣工并完成验收工作。12个公路大中修及专项整治项目已全部完成。其中大修项目3个（前哨公路、前卫支路、新联路）；中修项目2个（黄河路、民惠路）；桥梁改建项目1个（潘圆公路石沙村桥改建工程）；迎世博600天行动整治项目6个（陈彷公路、长江公路、宏海一标、二标、前竖公路、新申公路）。完成公路路名牌更换工作。对全县公路范围内的标志标线（路名牌、吨位牌）进行了全面调查，对倾斜、不洁、缺损的一一进行规范处理，更换路名牌648块，更换县道吨位牌340块。

【市政道路建设有序推进】完成市政道路新建工程。完成全长482米，红线宽度16米的东小港路道路建设；完成全长1341米，红线宽度40米的向阳路道路建设。完成市政道路大中修工程。完成全长2350米堡镇中（南）路大修；完成全长1005米中津桥路大修。至年底，共养护维修道路面积14126平方米，其中人行道1871平方米，车行道12255平方米，使城桥镇、堡镇道路路况得到了较好的改善。

【启动2010年市政道路建设项目】完成学宫路、西小港路、西门路、大通路四个计划开工建设项目的项目报批，完成道路施工图设计。学宫路（鼓浪屿路—湄洲路）道路全长524米，红线宽度16米，总投资2290万元；西小港路（西门路—中津桥路）道路全长543米，红线宽度20米，总投资4920万元；西门路（湄洲路—利民路）道路全长700米，规划红线宽度35米，总投资约2975万元。上述三个项目前期征地手续已完成规划选址、建设用地勘丈。上述计划开工建设项目中西门路、学宫路因项目设计生产队要求撤队等原因，一直未能进行拟征地公告、签征地协议书，故不能上报农用地转为建设用地指标审核等手续。大通路（堡镇中路—长岛路）道路全长773米，红线宽度50米，总投资4400万元，完成建设用地转性审批、征地包干协议的签订、拆迁许可证的办理，开始道路前期拆迁，完成工程施工招标，待拆迁完成后即可道路工程施工。

【新农村建设不断完善】完成今年国家拉动内需增补计划建设的125公里农村公路（属2009年度市重大项目特派员稽查办公室稽查项目。完成农村道路建设和危桥改造项目。2008年度由各乡镇作为实施主体的1054公里村主路建设和428座农村道路危桥改造，今年8月份竣工，9月份完成工程决算审计。2009年由各乡镇作为实施主体的1378公里村支路建设和468座农村道路危桥改造工程年底全部竣工，并完成验收。完成1316户农村危旧房改造。其中，低保户1036户（翻建405户，修缮631户），低收入户280户（翻建134户，修缮146户），投入补助资金约1420万元。农村低收入户危旧房改造工作8月底完成前期准备工作，9月开始动工，11月底前完工，12月份完成验收。完成4个自然村庄的改造工作。今年共对4个村庄进行了环境整治（新河永丰村、港沿惠军村、竖新育才村、三星育德村），工程投资额为1900万元，共涉及农户1373户，墙面整修64636平方米，拆除废旧及违章建筑8500平方米，河道清淤保塌7700米，生活污水集中处理893户，安装太阳能路灯248盏，新修公厕8座，修建亲水水桥208座。村庄整治工作8月底完成各项前期准备工作，9月开始动工，11月底前完工，12月份完成验收。

【迎世博相关工作按要求完成年度目标任务】完成陈海公路两侧环境整治工作。为迎隧桥开通和世博召开，完成了对陈海公路道路两侧100米范围内的环境整治工作，共拆除房屋3692平方米，粉刷墙面30366平方米，整修房屋7791平方米。完成迎世博道路整治项目。完成了陈彷公路、长江公路、宏海一标、二标、前竖公路、新申公路5条共29.6公里公路整治项目。完成迎世博市政道路“七类八类”设施专项整治项目。今年的道路残留障碍物清除工作，集中在城桥镇地区，全年共清除各类残留障碍物143处，确保了行人通行安全。648块公路路名牌及512块城市道路路名牌改造工作全部完成。积极开展迎世博文明施工专项整治工作。通过建设单位、施工企业、监理企业的努力和安质监管理部门的有力监管，县文明施工专项整治活动取得了明显成效，49个工程达到整治标准，并核发了“环保便民工地证书”。

【完成全县无障碍设施改造工作】今年重点推进无障碍设施进社区工作，向农村“三室一点”拓展。新海镇、东平镇和全县村委办公室、老年活动室、卫生室、健身点的无障碍设施改造已于10月底全面完成。前卫村作为市无障碍建设的示范点，今年完成了旅游区域盲人无障碍指示牌的设置，建成了全市首个盲人语音电子导游系统，改造公厕2座，完善了残疾人旅游休息设施和2个残疾人垂钓活动场所，使无障碍设施的设置不断合理完善，提升了新的形象。

【完成了工程项目招投标情况的自查工作】根据县监委、县发改委、县建交委关于开展工程项目招投标情况检查工作的通知要求，对2007年8月1日至2009年2月底的工程项目招投标情况进行了自查。200万元以上的项目29个，200万元以下的项目1个，经自查，所有项目符合国家招投标法规定，未发生规避招投标的行为。

【加强建设工程管理】组织开展综合执法大检查。4月份、9月份组织建管所质监站，开展两次工程质量综合执法大检查。通过大检查，强化建设单位、施工企业的责任意识，规范了建筑市场行为，查处了违法违规现象，促进了管理水平的提高。开展创建文明工地、优质结构工程活动。4 月和 8 月，先后在县文化活动中心、证照中心组织施工企业项目经理、质量员、安全员开展优质结构现场观摩活动和文明工地整治观摩活动。切实开展工程安全隐患排查整治工作。7 月 13 日至 21 日组织力量开展隐患排查治理，检查工程 46 个，排查治理事故隐患 9 起。

【落实节能降耗措施，推进节能改造】为了贯彻落实国务院《民用建筑节能条例》和《公共建筑节能条例》，继续推进既有建筑节能改造。年初对公共既有建筑进行了调查摸底和登记，5 月份确定了改造范围，9 月份进行了招投标，10 月份进场施工，到 11 月底全面完成 2.25 万平方米的既有建筑改造任务。同时把既有节能改造与迎世博旧房外立面改造相结合，将 3.5 万平方米的建筑外立面粉刷采用的普通涂料改用保温隔热涂料。通过采取两项节能措施超额完成了市下达的 5 万平方米建筑节能的任务。为了探索可再生能源在建筑中的应用，县建交委与县发展改革委于 10 月 23 日联合主办了“崇明县再生能源与建筑节能”研讨会，为在县内推广利用再生能源，推进全国节能示范县建设起到了引导和推动作用。

（邵军）

十九、政策法规

编者按：此栏目选编了与本市建设、交通和城市管理相关的地方性法规、政府规章、沪府和沪府办颁发的规范性文件等内容，以当年发布时间顺序排列。

关于加强本市流动户外广告管理的通告

（2009年1月4日上海市人民政府令第9号公布）

为确保2010年上海世博会顺利举行，根据《上海市人民代表大会常务委员会关于本市促进和保障世博会筹备和举办工作的决定》的规定，市政府决定，在2010年上海世博会筹备和举办期间对本市流动户外广告采取如下管理措施：

一、禁止非客货运输用途的船舶在黄浦江、苏州河水域发布户外广告。违反规定的，由上海海事局、上海市地方海事局责令改正；拒不改正的，责令其停航或者改航。

二、禁止利用飞艇、航空运动器材、无人驾驶自由气球等飞行器设置、发布户外广告。违反规定发布户外广告的升空申请，民航华东地区管理局、上海市气象局不予批准；经批准升空后违反规定又发布户外广告的，由民航华东地区管理局责令限期改正。

三、除轨道交通车辆、公交车、长途客运车、出租车、货运出租车外，禁止其它机动车和非机动车设置、发布户外商业广告。违反规定的，由公安交通管理部门责令改正；拒不改正的，暂扣车辆，代为改正，所需费用由违法行为人承担，并可处以200元以上2千元以下罚款。

四、利用轨道交通车辆、公交车、长途客运车、出租车、货运出租车设置、发布户外广告的，应当符合技术规范。违反规定的，由市交通港口局责令限期改正；逾期不改正的，处以2000元以上2万元以下罚款。

五、禁止利用车辆、船舶设置、发布可能产生不良影响内容的户外广告。违反规定的，由工商管理部门责令限期改正，并可处以3000元以上3万元以下罚款。

可能产生不良影响内容的户外广告的具体范围，由市工商局另行规定并公布。

六、本通告自公布之日至2010年12月31日施行。

关于对乱刻画乱涂写乱散发乱张贴乱悬挂宣传品或者标语的行为加强管理的通告

（2009年1月4日上海市人民政府令第9号公布）

为确保2010年上海世博会顺利举行，根据《上海市人民代表大会常务委员会关于本市促进和保障世博会筹备和举办工作的决定》的规定，市政府决定，在2010年上海世博会筹备和举办期间对乱刻画、乱涂写、乱散发、乱张贴、乱悬挂宣传品或者标语的行为采取如下管理措施：

一、禁止在树木和建筑物、构筑物或者其他设施上刻画、涂写。禁止在道路、地铁站或者其他公共场所散发经营性宣传品。

二、禁止擅自在树木和建筑物、构筑物或者其他设施上张贴、悬挂宣传品或者标语。因特殊情况需要在建筑物、构筑物或者其他设施上临时张贴、悬挂宣传品或者标语的，应当经市容环境卫生管理部门批准，在规定的时间和范围内张贴或者悬挂，并在期满后及时清除。

三、违反本通告规定的，由城管执法部门责令立即改正，对违法行为人并处50元以上500元以下罚款；对组织或者利用刻画、涂写、散发、张贴、悬挂等形式发布宣传品、标语的单位和个人，可处1万元以上10万元以下罚款。

四、对违反本通告规定，在刻画、涂写、散发、张贴、悬挂的宣传品或者标语中公布其通信工具号码的违法行为人，由城管执法部门通知其限期接受处理；逾期不接受处理的，城管执法部门可以书面通知电信管理部门暂停该通信工具号码的使用，电信管理部门应当在接到书面通知后暂停其使用。违法行为人接受处理后，城管执法部门应当及时通知电信管理部门恢复其通信工具号码的使用。

五、本通告自公布之日至2010年12月31日施行。

关于加强本市高速公路管理的意见

（沪府办发〔2009〕1号，2009年1月12日）

为确保本市高速公路管理“迎世博600天行动”目标与任务的完成，现就加强本市高速公路管理提出以下意见：

一、路况质量应当达到以下标准：

90%以上路段的平整度达到每公里每车道国际平整度指数≤2.0m/km。

二、路容环境应当达到以下要求：

（一）路面、桥梁及收费道口等各类附属设施保持完好整洁，无积水和垃圾，无非法粘贴物；

（二）设施规范齐全，运行状况良好，排水通畅，标志标线清晰醒目，设施涂装鲜明；

（三）绿化布局合理，修剪整齐，外观协调。

三、市公路行政管理部门在日常巡视或者检查中，发现路况质量以及路容环境不符合上述标准和规范的，应当责令高速公路经营管理者及时整改。

高速公路经营管理者未按要求完成整改的，由市公路行政管理部门通知高速公路联网收费结算中心暂停清分其车辆通行费。暂停清分车辆通行费后30日内仍未按要求完成整改的，市公路行政管理部门可以指定其他单位进行养护或者整治，费用由该高速公路经营管理者承担。拒不承担的，市公路行政管理部门可以从其暂停清分的车辆通行费中予以支付。

四、高速公路经营管理者违反规定，采用停止收费、截留车辆通行费或者其他非法手段扰乱高速公路收费经营秩序的，由市公路行政管理部门责令其立即改正；拒不改正或者其行为已严重影响整个路网正常运行秩序的，市公路行政管理部门可以依法按照规定程序，收回其特许经营权。

五、本意见从印发之日至2010年12月31日施行。

关于清理整顿本市道路上指示牌的通告

（沪府发〔2009〕3号，2009年1月12日）

为确保2010年上海世博会顺利举办，根据《上海市人民代表大会常务委员会关于本市促进和保障世博会筹备和举办工作的决定》的规定，市政府决定，在2010年上海世博会筹备和举办期间，对本市道路上指示牌（指除公益性指示牌以外，由单位或者个人设置的独立杆牌或者依附其他立杆、构筑物设置，用图形、符号、文字或者其组合指示特定单位的方向、距离的非道路交通标志）采取如下管理措施：

一、本市道路、公路以及公共绿地范围内禁止设置指示牌。

各单位及个人应当自本通告发布之日起3个月内，分别自行拆除擅自设置的指示牌；逾期不拆除的，分别由下列单位予以拆除：

（一）在市管城市道路和公路上设置的，由市市政工程管理机构或者市公路管理机构负责拆除；（二）在公共绿地和区（县）管城市道路上设置的，由区（县）城市管理执法部门负责拆除；

（三）在区（县）管公路上设置的，由区（县）公路行政管理部门负责拆除。

二、对不符合国家标准的道路交通标志，应当参照本通告进行清理。设置单位应当自本通告发布之日起3个月内，调整不符合标准的道路交通标志；逾期未调整的，由公安交通管理部门负责拆除。

三、公益性指示牌的设置规定，由市建设交通委另行制定。

四、本通告自发布之日至2010年12月31日施行。

关于加强本市建筑垃圾和工程渣土处置管理的通告

（沪府发〔2009〕2号，2009年1月12日）

为确保2010年上海世博会顺利举办，根据《上海市人民代表大会常务委员会关于本市促进和保障世博会筹备和举办工作的决定》的规定，市政府决定，在2010年上海世博会筹备和举办期间，对本市建筑垃圾和工程渣土（以下统称建筑渣土）处置采取如下管理措施：

一、产生建筑渣土的建设单位应当向工程所在地的区（县）市容环卫管理部门申报建筑渣土处置计划，如实填报建筑渣土的种类、数量、运输路线及处置场等事项。区（县）市容环卫管理部门应当在接到申报后5个工作日内，对建筑渣土的出土量等事项进行核实，并核发建筑渣土处置证。

建设单位在办理工程施工安全监督手续时，应当向区（县）建设管理部门提交市容环卫管理部门核发的建筑渣土处置证。

二、建设单位应当在工程建设预算中，专门列支建筑渣土运输处置费，并在工程开工前存入建设单位设立的建筑渣土运输处置费专用帐户。未将建筑渣土运输处置费用存入专用帐户的，不得处置建筑渣土。

建筑渣土运输处置费实行专款专用，区(县)市容环卫管理部门应当加强对渣土处置费用使用的监管。

三、本市建筑渣土运输处置费实行政府指导价，由市物价管理部门会同市市容环卫管理等部门组织制定建筑渣土运输处置指导价。区(县)物价管理部门会同区(县)市容环卫管理部门根据政府指导价,按照本区(县)建筑渣土运输路程、处置成本等，确定本区(县)建筑渣土运输处置价格并向社会公布。

四、建筑渣土运输单位由建设工程所在地区(县)市容环卫管理部门通过招标方式确定。建设单位应当委托经区(县)市容环卫管理部门招标确定的单位运输建筑渣土。

五、本市对建筑渣土运输管理实行联单制度。运输单位承运前，施工单位应当填写建筑渣土出土量、出土时间、承运车船号牌、运输线路、处置场所等事项，并分别将联单提交运输单位、所在地区(县)市容环卫管理部门、处置场所管理单位。

运输单位应当按照规定的路线、时间运输建筑渣土，将建筑渣土运输至区(县)政府确定的处置场所处置，同时取得处置场所管理单位出具的建筑渣土运输消纳结算凭证。

建筑渣土运输消纳结算凭证经建设工程所在地区(县)市容环卫管理部门核实后，运输单位凭此凭证领取建筑渣土运输费。

六、建筑渣土在运输、处置过程中违反市容环境卫生管理规定的，由城市管理行政执法机构按照《中华人民共和国固体废物污染环境防治法》、《上海市市容环境卫生管理条例》、《上海市建筑垃圾和工程渣土处置管理规定》的规定进行处罚；违反建设、道路交通安全、水上交通安全、道路运输、海洋管理规定的，分别由建设、公安交通、海事、交通港口、海洋等管理部门按照有关法律、法规、规章的规定处理。

七、公众可以通过拨打电话52901111或者12319，对擅自倾倒建筑渣土的违法行为进行举报。举报一经查实，由市或者区(县)市容环卫管理部门给予举报者一定的奖励。

八、本通告自发布之日至2010年12月31日施行。

关于进一步推进本市旧区改造工作的若干意见

（沪府发〔2009〕4号，2009年2月4日）

住房问题是重要的民生问题。旧区改造是提高市民居住质量、改善城区居住环境的重要途径，是贯彻落实科学发展观、全面建设小康社会、构建社会主义和谐社会的重要举措。上海历届市委、市政府十分重视旧区改造工作。上世纪90年代“365”危棚简屋改造，本世纪初新一轮旧区改造，以及“十一五”中心城区二级旧里以下房屋改造，全市共拆除危旧房7000多万平方米，约120万户家庭改善了居住条件。同时，也要清醒地看到，上海旧区改造任务仍然非常艰巨。为进一步推进本市旧区改造工作，现提出如下若干意见：

一、明确旧区改造总体要求和工作原则

（一）明确总体要求。总体要求是：全面贯彻落实科学发展观，以加快推进“四个率先”、加快建设“四个中心”和筹办2010年上海世博会为契机，在总结历年旧区改造工作经验的基础上，坚持从实际出发，动员社会各方力量，实事求是，尽力而为，积极探索适合特大型城市发展规律的旧区改造新机制，全力推进本市旧区改造工作。

（二）确定工作原则。具体为：坚持创新机制、完善政策。建立与尊重民意、住房保障、多渠道安置相结合的旧区改造方式，并注重政策的连续性、稳定性、操作性。

坚持公开透明、公平公正。进一步突出

旧区改造公益性的特征，努力形成居民主动参与、操作规范有序、社会广泛支持的良好局面。

坚持点面结合、突出重点。在积极推进已启动旧改项目改造的同时，加大力度，重点推进中心城区成片、成规模和群众改造意愿强烈的二级旧里以下房屋改造。

坚持政府主导、以区为主。市政府负责统筹、协调、推进和政策制定等工作，有关区政府作为旧区改造的责任主体，具体承担组织实施和推进工作。

二、积极探索旧区改造新机制

（三）扩大旧区改造事前征询制度试点。在试点地块启动改造前，按照市建设交通委、市住房保障房屋管理局制定的旧区改造事前征询制度的规定，开展两轮征询，充分听取市民群众对旧区改造意见。第一轮，征询改造区域居民意愿，同意改造户数超过规定比例，办理地块改造前期手续；第二轮，征询居民房屋拆迁补偿安置方案意见，在一定时间内，签订附生效条件的房屋拆迁补偿安置协议的居民户数超过规定比例，进入实施改造阶段。

（四）完善居住房屋拆迁补偿安置办法。居住房屋拆迁补偿安置试行以被拆除房屋的市场评估价为基础，增加一定的价格补贴和套型面积补贴的办法。对补偿安置后居住仍然困难的被拆迁人，符合本市住房保障条件的，可申请保障性住宅解决居住困难。具体办法由市住房保障房屋管理局另行制定。

（五）实行多种安置方式。在居住房屋拆迁实行货币补偿或跨区域异地安置的基础上，增加本区域就近安置方式。货币补偿、就近安置和跨区域异地安置的补偿安置标准基本等同。

三、加大旧区改造政策扶持力度

（六）加大市、区财力支持力度。对市、区合作，纳入年度土地储备计划的旧区改造项目，市发展改革、财政、土地部门在审核市土地储备专项资金年度收支计划时，按照不低于项目总投资的30%安排改造资金。有关各区在编制年度财政预算时，相应增加对旧区改造资金投入。

（七）实行旧区改造土地储备资金先行拨付办法。对出让的土地储备旧改地块，在取得土地出让收入后，按照市发展改革委批准的土地储备投资总额90%的比例，先行拨付部分土地储备资金，在核定土地储备成本后再予以清算。

（八）优先供应配套商品房和就近安置房建设用地。市、区有关部门要进一步落实配套商品房和就近安置房建设用地，确保土地供应。在符合城市规划情况下，企业提供自有土地建设就近安置房，且就近安置房建造面积比例不低于可建面积50%的，土地管理部门采取招标方式确定建设单位。

（九）建立旧区改造审批绿色通道。按照“精简、高效、规范、透明”的原则，完善旧改项目审批方式，优化办理流程，提高审批效率。

（十）引进社会资金参与旧区改造。积极探索选择有品牌、有实力、有经验的开发企业参与旧区改造的途径。

（十一）鼓励和引导金融机构加大对旧区改造的信贷支持力度。金融机构根据信贷原则和监管要求，对土地储备机构和房地产企业参与旧区改造，提供融资支持和相关金融服务。探索通过信托、债券等金融工具，拓宽旧区改造融资渠道。

四、多渠道筹措动迁安置房源

（十二）积极推进就近安置房建设。有关各区根据市建设交通委制定的保障性住宅建设技术标准，在本区域范围内建设适配的紧凑型、小户型就近安置房。就近安置房建设、销售、管理等，参照本市配套商品房有关规定执行。

（十三）加快配套商品房建设。市、区相关部门根据旧区改造计划和动迁房源需求情况，抓紧推进配套商品房建设，加大供应力度。同时，继续完善配套商品房基地市政、公建、公用、公交等配套设施建设。在配套商品房大基地内，积极引进优质的教育、卫生、商业等社会资源。

（十四）收购中低价普通商品住宅。有关各区政府根据房地产市场发展情况和动迁居民实际需求，可收购适配的中低价普通商品住宅，供动迁居民选择安置。

五、继续坚持“拆、改、留”多种改造方式

（十五）进一步推进旧住房综合改造。对部分结构相对较好、但建筑和环境设施标准较低的旧住房，按照“业主自愿、政府主导、因地制宜、多元筹资”的原则，通过成套改造、综合整治、平改坡以及拆除重建等方式，多渠道、多途径地改善市民群众居住质量和环境。

（十六）继续推进历史文化风貌区和优秀历史建筑整治。在严格执行上海市历史文化风貌保护区规划和《上海市历史文化风貌区和优秀历史建筑保护条例》有关规定的情况下，继续推进历史风貌保护区和优秀历史建筑保护整治试点，在有效保护历史建筑风貌的同时，努力改善居民的居住条件。

六、进一步完善组织协调机制和工作制度

（十七）建立旧区改造工作协调机制。成立上海市旧区改造工作领导小组，由市政府主要领导担任组长，分管副市长担任副组长，市建设交通委、市住房保障房屋管理局、市规划国土资源局、市发展改革委、市经济信息化委、市国资委、市财政局、市公安局、市监察局、市民政局、市金融办、市政府法制办、市政府新闻办、市信访办和中心城区10个区为成员单位。领导小组办公室设在市建设交通委。

有关各区政府要成立相应机构，负责本区域范围内旧区改造组织实施工作。有关街道（镇）要全力配合，协同推进旧区改造，并做好社会稳定和居民思想工作。

（十八）落实工作责任。有关区政府主要领导是本区旧区改造工作的第一责任人，实行目标责任制管理，纳入政绩考核范围，并接受人大、政协的监督以及社会各界、市民群众的监督。

（十九）引入第三方参与房屋拆迁的监督。在坚持“阳光拆迁、公开操作”制度的基础上，有关各区可邀请人大代表、政协委员、社区工作者、法律界人士等，参与房屋拆迁全过程监督。

（二十）营造良好社会氛围。各级政府要进一步强化旧区改造大局意识、群众意识、责任意识，注重发挥新闻媒体宣传引导作用，提高市民群众的参与意识，增强市民群众对旧区改造的理解和支持。

本意见自印发之日起施行。此前发布的本市旧区改造有关规定和政策与本意见不一致的不再执行。

关于严禁携带易燃易爆危险品乘坐公共交通工具的通告

（沪府发〔2009〕5号，2009年2月6日）

为维护社会秩序，保障公共安全，根据有关法律、法规规定，现就严禁携带易燃易爆危险品乘坐公共交通工具作如下通告：

一、严禁携带易燃易爆危险品（如：汽油、煤油、喷雾剂、酒精、松香、油漆、双氧水、液化石油气、溶剂油、雷管、炸药、烟花爆竹等易燃易爆物品以及其他有毒、有放射性、腐蚀性等危险品）乘坐公交车、长途客运车、校车、旅游观光车、商场免费班车、地铁、轻轨、磁悬浮列车、轮渡等公共交通工具。

二、公共交通运营单位应当对乘客携带的物品进行安全检查，确保安全运营。公共交通运营单位工作人员发现乘客携带易燃易爆危险品或者拒不接受安全检查的，应当拒绝其乘坐公共交通工具；对坚持携带易燃易爆危险品乘坐公共交通工具的，应当立即报告公安机关。

三、市民乘坐公共交通工具，应当自觉维护公共安全，主动配合接受安全检查。发现他人携带易燃易爆危险品乘坐公共交通工具的，应当积极劝阻，经劝阻不听的，应当立即向公共交通运营单位或者公安机关举报。

四、对违反本通告规定，携带易燃易爆危险品乘坐公共交通工具以及拒不接受安全检查，扰乱公共秩序的，由公安机关依照《治安管理处罚法》进行处罚；构成犯罪的，依法追究刑事责任。

本通告施行期为2009年3月1日至2010年12月31日。

上海市2009年～2011年环境保护和建设三年行动计划

（沪府办发〔2009〕3号，2009年2月23日）

从2000年起，本市按照“四个有利于”和“三重三评”的原则，滚动实施环保三年行动计划，分阶段地解决工业化、城市化进程中的突出环境问题和城市环境管理中的薄弱环节，取得了很大成绩。全社会合力推进环境保护的格局基本形成，环境基础设施建设大力推进，黄浦江上游水源地、苏州河、中心城区、吴淞和桃浦工业区等重点地区环境综合整治成效显著，环境管理体系逐步完善，污染企业结构调整加快推进，城市功能布局逐步朝有利于环境保护的方向发展。在经济保持较快发展的情况下，单位生产总值污染排放量明显下降。2008年万元生产总值二氧化硫（SO2）和化学需氧量（COD）排放量分别较2000年下降了67%和71%；污染物排放总量出现拐点，2008年SO2和COD排放量分别较2005年削减了13.90%和12.28%；环境质量总体稳中趋好，黄浦江、长江口、苏州河等主要水体和集中式水源地在上游来水不利条件下水质基本保持稳定，中心城区河道在基本消除黑臭的基础上，整治成果得到巩固，全市空气环境质量优良率连续6年稳定在85%以上，绿化覆盖率达到38%，人均公共绿地达到12.5平方米。所有这些，为环保工作的深入推进奠定了良好的基础。

但是，本市环境保护工作仍然面临着严峻挑战。经济社会发展对环境保护构成的压力越来越大，特别是在人口和经济持续增长的情况下，如不转变经济发展方式，污染减排成果将十分脆弱。局部环境问题仍比较突出，特别是郊区和农村地区环境基础设施和环境管理工作还比较薄弱，部分地区的河道污染、噪声污染等问题成为社会关注的焦点之一，机动车污染问题进一步显现。在传统污染得到初步控制的情况下，大气中臭氧、区域性灰霾以及水体富营养化等复合型污染问题已经凸显，必须尽早采取综合控制措施。

新时期、新形势下，中央提出了“建设生态文明”的历史任务，要求深入贯彻落实科学发展观，把污染减排作为当前加强宏观调控的重点，把加强环境保护作为转变经济发展方式的重要抓手和突破口。当前，本市正在努力创建国家环境保护模范城市（以下简称“创模”），今后三年又是“十一五”与“十二五”承上启下和上海加快实现“四个率先”目标、加快建设“四个中心”的重要时期，是举办2010年上海世博会、实践“城市，让生活更美好”主题的关键阶段，也是上海突破资源环境对城市持续发展的约束，建设资源节约型、环境友好型城市的攻坚阶段。加强环境保护已成为满足市民生活质量提高和促进社会经济又好又快发展的迫切需要。为持之以恒，进一步做好环境保护工作，特制订《上海市2009年–2011年环境保护和建设三年行动计划》，即第四轮环保三年行动计划。

一、指导思想、基本原则与总体目标

（一）指导思想

按照“建设生态文明”的要求，抓住世博契机，深入贯彻落实科学发展观，以污染减排和持续改善环境质量为核心，充分体现“以人为本、治本为先、城乡一体、争创一流”的工作思路和要求，综合运用经济、法律、技术和必要的行政手段，持续加强污染全过程预防与控制，切实推进经济发展方式转变，加快建设资源节约型、环境友好型城市。

（二）基本原则

坚持“三重三评”，更加突出科学推进计划实施。即在全面推进中重治本、综合治理中重机制、资金投入上重实效；环境保护的成效让市民评判、社会评价、科学数据评定。

坚持“三个并举”，更加突出聚焦重点解决问题。即污染防治与生态保护并举，更加突出源头预防；基础设施建设和体制机制完善并举，更加注重机制创新；中心城区与郊区并举，更加突出消除城乡环境差异。

坚持“三个整合”，更加突出综合推进环境保护。即整合条块力量，形成工作合力；整合管理手段，提高环境管理水平和效率；整合推进机制，实现全社会共同参与。

（三）总体目标

全面完成污染减排等“十一五”规划明确的各项环保目标任务，努力建成国家环境保护模范城市，使上海的环保工作继续走在全国前列，以良好的环境质量为成功举办世博会创造条件，为“十二五”及今后发展奠定基础。

到2011年，实现如下目标与指标：

1. 基本形成环境综合决策体系，促进城市科学发展。初步建立比较完善的以环境容量指导城市建设和经济发展为方向、以战略环评和总量控制为手段的综合决策支撑体系。

2. 基本建成环境基础设施体系，保障城市环境安全。城镇污水处理率达到83%（城镇生活污水处理率达到90%），污水收集系统覆盖所有城镇和工业区，建成区实现污水收集管网全覆盖，污水处理厂污泥得到安全处置；完成所有燃煤电厂脱硫和小机组关停；全市生活垃圾无害化处理率达到85%以上，垃圾渗滤液达标处理，危险废物得到全面安全处置；环境基础设施基本实现规范化、专业化运行管理。

3. 进一步完善环境管理体系，提高城市管理水平。循环经济在重点领域形成特色和示范；环境经济政策发挥更大的激励作用；环境监察、监测、信息化能力达到全国先进水平，环保重点监管企业污染物排放稳定达标。

4. 完成污染减排目标，促进经济发展方式转变。2010年二氧化硫排放总量控制在38万吨以内，化学需氧量排放总量控制在25.9万吨以内。启动氮氧化物、氨氮、总磷等污染物总量控制工作。

5. 进一步改善环境质量，提升城市生活品质。环境空气质量优良率稳定在85%以上，力争达到90%；饮用水源地水质达标，全市河道基本消除黑臭；区域和交通干线噪声基本达到标准要求；重点地区和农村环境面貌有较明显的改善；人均公共绿地面积达到13.1平方米，绿化覆盖率达到38.2%。

（四）任务概要

本轮计划实施七大领域任务，分别为水环境治理与保护、大气环境治理与保护、固体废物综合利用与处置和噪声污染控制、工业污染治理、循环经济和清洁生产、农业与农村环境保护、生态保护与建设。同时，加强政策、法制、科技支撑和环保能力建设。重点是进一步完善和提高污水治理、生活垃圾处理等环境基础设施的能力和水平，着力缓解机动车、扬尘、河道、噪声污染及工业区、农村环境等市民最关心的问题，着手控制臭氧、灰霾、水体富营养化等潜在环境问题，更加突出污染源头预防和环境管理机制政策创新。从区域上看，中心城区重点是控制机动车、扬尘、噪声等污染，郊区重点是污水收集管网完善和河道、工业区环境和农村环境的综合整治。整个计划共安排 260 个项目（项目清单详见附表 1–8）。

二、水环境治理与保护

（一）实施原则

以污染减排和改善水质为核心，以完善污水处理系统为重点，全面推进水环境治理与保护。以保障饮用水安全为目标，进一步加强水源地建设与保护；按照“增加能力”和“提升标准”并举的原则，继续推进污水处理厂与收集管网建设，加快污水处理厂污泥处理工程建设，着力控制氮、磷污染，进一步提高全市污水处理能力和水平；按照“建管并举、重在管理”的要求，优化污水处理厂及其管网的运行和管理，控制面源污染；以淀山湖生态保护为重点，着力加强本市太湖流域水环境综合治理；进一步加大黑臭河道整治力度，加强水系沟通，持续改善水环境质量。

（二）行动目标

全面完成“十一五”COD 减排目标，到 2010年，COD 排放总量控制在 25.9 万吨以内。到 2011 年，基本形成“两江并举、多源互补”的饮用水源格局；污水收集系统覆盖所有城镇和工业区，建成区实现污水收集管网全覆盖，城镇污水处理率达到 83%（城镇生活污水处理率达到 90%）；污水处理厂污泥得到安全处置；巩固和提高河道整治成效，全市河道水环境面貌进一步改善，城镇化地区河道基本消除黑臭，本市太湖流域治理区域生态环境进一步改善。

（三）主要任务

1. 保障饮用水安全

对全市饮用水源地实行分级管理，划定水源保护区，制定《上海市饮用水源保护条例》，对一级水源区实行隔离保护。

到 2011 年底，基本建成青草沙水源地原水工程。开展黄浦江上游水源保障规划研究，实施黄浦江上游供水系统部分自来水厂深度处理工程，加快推进郊区供水集约化工程建设，提高供水水质，消除饮用水安全风险，进一步提高饮用水安全水平。

2. 提高污水处理设施建设和运行水平

（1）进一步提高全市污水处理能力和水平。中心城区完成竹园第一污水处理厂升级改造工程（170 万立方米 / 日），完成白龙港污水处理厂扩建二期工程（80 万立方米 / 日）。郊区新建、扩建 11 座城镇污水处理厂（含太湖流域治理项目），包括扩建青浦第二（三期）、青浦徐泾（二期）、松江东北部、奉贤东部、奉贤西部、金山新江（二期），升级改造周浦和建设金山鹏鹞、崇明陈家镇等污水处理厂，增加处理能力 37.6 万立方米 / 日。新建和扩建污水处理厂除位于黄浦江上游地区的执行《城镇污水处理厂污染物排放标准》（GB18918 — 2002）一级 A 标准外，其余均执行一级 B 标准。

（2）实现建成区污水收集管网全覆盖。进一步完善中心城区污水输送系统。完成西干线改造工程，建设白龙港片区南线东段输送干管和黄浦江过江管线工程。继续推进郊区污水收集管网建设。按照一、二、三级相配套的原则，建设与完善宝山北、闵行、浦东川南奉支线、嘉定、南汇、奉贤东部、松江、金山朱泾、青浦第二、崇明等 21 个配套污水收集管网项目（含太湖流域治理项目），并加快实施一、二级管网到达地区的三级管网建设和改造工程。

（3）污水厂污泥基本得到安全处置。按照处置要求，选用成熟的污泥处理工艺，实施污水处理厂污泥处理工程，使污水处理厂污泥能够得到安全处置。完成白龙港、竹园以及青浦、嘉定安亭、嘉定北区、松江、南汇、奉贤东部、奉贤西部、金山等8座郊区城镇污水处理厂污泥处理工程（含太湖流域治理项目），基本完成石洞口污水处理厂污泥处理完善工程。

（4）优化现有污水处理设施的运行和管理。进一步实施分流制雨污混接改造工程。做好中心城区部分污水处理厂调整、取消的准备工作。开展初期雨水治理规划研究，优化中心城区初期雨水调蓄池运行管理。提高污水处理厂运行管理能力，合理调控泵站运行，减少泵站放江现象。

3．深化河道整治

沟通水系，优化泵闸调度和运行，规范调水工作，提高河道的水动力条件，防止水体富营养化。

按照“创模”要求，以截污、疏浚和水系沟通为重点，进一步加大河道整治力度。到2011年底，全面完成366公里黑臭河道整治。同时，在完成蕰藻浜、淀浦河综合整治规划的基础上，启动相关项目前期工作；继续开展郊区练祁河、潘泾、金汇港等6条（段）骨干河道的整治，进一步巩固提高水环境整治成效。

4．加强本市太湖流域水环境综合治理

根据国务院批复的《太湖流域水环境综合治理总体方案》，本市纳入太湖流域水环境综合治理区域范围的是青浦区朱家角、金泽、练塘三个镇（以下统称“青西三镇”）。按照“远近结合，综合治理”的思路，以改善水质、控制淀山湖蓝藻暴发为重点，积极推进本市太湖流域综合治理项目。

（1）保障饮用水安全。完成青浦第二水厂三期扩建工程和青浦原水厂三期扩建工程，新建青浦三水厂一期工程，同步加快地区供水管网建设，尽早实现青西三镇集约化供水，切实保障饮用水安全。

（2）加强工业点源污染治理。结合产业结构和布局调整，对劣势企业和污染企业进行淘汰或治理。关闭上海青浦有色金属材料厂、上海大迪洗涤有限公司等6家企业；治理上海联手针纺织物有限公司、上海标华拉丝厂、上海青浦莲盛喷涂厂等3家企业。

（3）推进城镇污水处理项目建设。扩建练塘污水处理厂，新建商榻污水处理厂，青西三镇累计完成约135公里管网建设（其中一、二级管网约58公里，三级管网约77公里），逐步提高区域内污水收集处理率。建设规模为200立方米/日的城镇污水处理厂污泥规范化处理工程，实现污泥的有效处置。

（4）加强面源污染治理。大力推广有机肥，减少化肥农药使用量。在田间统一安装150个频振式杀虫灯诱杀害虫。积极鼓励和引导农民使用生物农药和高效、低毒、低残留农药替代部分化学农药。建设5公里生态拦截工程。积极推进乡村清洁工程，结合村庄改造，采用分散处理、集中处理或纳管等方式，累计完成68个自然村的生活污水治理任务。

（5）加强生态修复。完成淀山湖内源控制工程，开工建设上海西郊淀山湖湿地修复工程和淀山湖及周边水系生态修复工程，逐步恢复和重建水生生态系统。

（6）推进河网综合整治。完成淀浦河西段综合整治工程、斜沥港水系沟通工程、叶水路港调水泵站工程以及镇、村级河道水系沟通工程，改善河网地区的水动力条件，提高水体自净能力。

（7）完善监管体系建设项目。加强淀山湖湖区的水质自动预警监测，在水体滞留区及蓝藻水华敏感区设置水质自动监测站，用于蓝藻水华预警和预报。加强生物监测能力建设，在上海西郊淀山湖湿地修复工程区域范围内建设湿地生物监测点。

（8）强化科技支撑。实施“淀山湖蓝藻水华控制与预警关键技术集成与示范”重大攻关项目。围绕本区域水体污染和富营养化问题，开展生态系统调查、生态演化研究、水华监控、预警系统建设、农业面源污染治理适用技术开发、生态系统退化机理及修复理论与技术等研究。

三、大气环境治理与保护

（一）实施原则

以污染减排为主线，以机动车污染控制为突破口，全面推进大气污染治理。按照“上大压小”原则，继续实施燃煤电厂脱硫和小机组关停，并开展燃煤电厂氮氧化物控制试点工作；“新”“老”兼顾，着力推进机动车污染控制；以完善长效机制为重点，继续抓好扬尘污染控制；以实施加油站油气回收为重点，加强 VOCs 排放控制，切实解决与市民健康有关的环境问题。

（二）行动目标

燃煤电厂脱硫全面完成“十一五”规划目标，到 2010 年底，全市所有燃煤电厂机组实施烟气脱硫，SO2 排放总量控制在 38 万吨以内；加大机动车污染控制力度，新车在 2009 年提前实施“国 IV”排放标准，到 2010 年，全市出租车和中心城区公交车基本达到“国 III”以上排放标准，全面实施在用车简易工况法 I/M 制度，机动车尾气排放达标率达到 90% 以上；扬尘污染控制基本实现长效、常态管理；启动 VOCs 排放控制，全市所有加油站实施油气回收。

（三）主要任务

1. 继续推进并深化燃煤设施脱硫和脱硝

按照上海市“十一五”期间燃煤电厂脱硫工程实施方案，完成所有燃煤机组脱硫工程和小火电机组关停，并加强脱硫设施的运行与监管。到 2009 年底，完成宝山钢铁股份有限公司 1 台 350MW 机组脱硫工程。2010 年底前，关停杨树浦电厂、吴泾热电厂、闵行发电厂等共 1249MW 小火电机组。

进一步深化燃煤电厂污染减排，制定全市电厂氮氧化物排放控制方案，并启动一批示范工程。到 2011 年底，实施市电力公司 2 台机组空气分段燃烧器改造工程和申能公司 1 台机组 SCR 脱硝工程建设。

加强标准规范和政策引导，进一步推进中小锅炉的污染治理。到 2011 年底，完成全市 112 台 10 蒸吨 / 小时（含）以上工业锅炉二氧化硫治理达标工程。

2. 严格控制机动车污染

按照“公共交通优先，新老车辆并重”的原则，进一步加强机动车污染控制，有效遏制石油型大气污染。重点是：

（1）进一步提高新车排放标准和车用燃油质量。2009 年，上海市全面实施“国 IV”排放标准。同时，落实上海市场汽、柴油的配套供应，高桥石化新建 120 吨 / 年催化汽油脱硫装置，上海石化新建 35 万吨 / 年的催化重汽油加氢脱硫 SMDS 装置。2009 年 10 月前，全市实现“国 IV”标准汽油 210 万吨 / 年和柴油 600 万吨 / 年的生产能力。

（2）加大公交车和出租车更新力度。到 2010 年底，全市公交车辆全面达到“国 II”以上排放标准，中心城区公交车基本达到“国 III”以上排放标准，出租车达到“国 III”以上排放标准。

（3）支持新能源汽车试验运行。推广新能源环卫车；扩大“双电”公交客车试点，在世博会场途经区域等配备若干“双电”公交线路。

（4）加大高污染车辆整治力度。达不到“国 II”排放标准的货运、渣土运输车辆，参照本市已经实行的对高污染车辆限制通行的时间、范围等有关规定实施；淘汰大卖场免费班车中的高污染车辆。

（5）完善在用车检测维护制度。全面推行在用车简易工况法 I/M 检测，通过完善年检制度，淘汰污染排放不合格的车辆。

（6）全面实施加油站油气回收。在全市范围内，积极推进油气回收，有效控制加油站和储油设施的 VOCs 排放。到 2010 年，完成 22 座储油库、224 辆汽油油罐车的油气回收工程和全市823座加油站油气回收处理装置改造工作。

3. 强化扬尘污染全过程控制

根据《上海市扬尘污染防治管理办法》及相关技术规范，结合文明工地创建，着力强化扬尘污染的全过程监管，重点加强建筑工地、堆场、道路等各类扬尘污染控制，全面达到扬尘控制规范要求。

四、固体废物综合利用与处置和噪声污染控制

（一）实施原则

坚持“减量化、资源化、无害化”的原则，城郊并举，进一步完善固体废物综合利用与处置体系。按照“创模”要求，继续加快生活垃圾收集、转运和处置设施的建设，完善危险废物安全处置系统。

软硬结合，全面推进噪声污染控制工作。以整治交通干线敏感点为重点，缓解居民投诉集中、扰民现象严重的噪声污染问题。以规范夜间施工噪声管理为重点，进一步理顺噪声污染防治机制。

（二）行动目标

继续提升城市生活垃圾无害化处理能力。到2009年底，全市生活垃圾无害化处理率基本达到85%；继续完善工业废物综合利用与处置体系。到2011年底，工业固体废物资源化利用率达到95%，危险废物得到全面安全处置。

进一步完善噪声污染防治体系。到2010年，城市交通干线噪声平均值和区域环境噪声平均值基本达到国家标准。到2011年，机动车、非机动车鸣号率控制在3%以下。

（三）主要任务

1. 进一步提升城市生活垃圾无害化处理能力

继续推进生活垃圾收集与处置设施建设。到2009年，完成内河集装化垃圾转运系统建设；基本建成老港生活垃圾应急填埋场，完成老港生活垃圾填埋场800吨/年渗滤液处理设施扩能和老港生活垃圾污水永久排水通道工程，确保渗滤液处理效果达标、处理能力匹配和设施运营正常。到2010年，完成闸北环卫基地工程。到2011年底，完成江桥生活垃圾焚烧厂技改扩能、老港生活垃圾填埋场1、2、3期封场和生态修复工程项目；启动老港污泥填埋场工程和生活垃圾综合焚烧厂工程。

2. 进一步完善城市危险废物利用与处置系统

按照“优化布局，提升能力，集中处置，强化监管”的原则，继续完善本市危险废物收集和处置系统。重点是：2009年，完成医疗废物安全处置设施的完善和扩能；到2011年底，完善医疗废物集中收运、安全处置系统和加强管理能力建设。建成嘉定危险废物集约化综合处理基地建设，对焚烧类、废乳化液、废矿物油、电子废物、含铜废物、废荧光灯管、含重金属废液和废渣（含废酸废碱）、有机废液等八大类危险废物进行集约化处置。

3. 加强交通噪声污染治理

继续推进高速公路、城市快速干道沿线噪声综合治理工程。到2009年底，完成高架道路沿线461个噪声敏感点、中环路沿线33个噪声敏感点、越江桥隧周边3个噪声敏感点和高速公路沿线392个噪声敏感点的治理。同时，开展部分铁路沿线噪声敏感点治理。

4. 理顺噪声污染防治机制

整章立制，进一步完善噪声污染防治机制。重点是：到2010年底，完成《上海市固定源噪声管理办法》修订；加强夜间施工噪声管理，2009年起，把工地噪声控制全面纳入工地文明施工管理中，在各类工地施工中推广降噪新型施工法；加强机动车和非机动车禁鸣执法与宣传，将机动车、非机动车鸣号率控制在3%以下。

五、工业污染防治

（一）实施原则

以调整产业结构和完善环境管理体系为重点，加快淘汰环保劣势企业，深化工业污染防治，积极探索走新型工业化道路。以吴泾工业区和石化集中区域为重点，继续推进重点区域环境综合整治；以规范和完善工业区环境管理为核心，继续推进郊区工业区环境基础设施建设和工业集中区污水纳管，促进工业区的可持续发展。

（二）行动目标

吴泾工业区环境综合整治按规划完成整治任务，区域环境质量达到相应功能区标准。到2011年，所有国家公告的工业区形成比较完善的环境基础设施体系和环境管理体系。加快产业结构调整步伐，解决一批工业“三废”污染问题。

（三）主要任务

1. 按照规划完成吴泾工业区环境综合整治

继续按照《吴泾工业区环境综合整治实施计划纲要》提出的目标要求，以结构调整为重点，进一步推进吴泾工业区环境综合整治。重点是：到2009年底，关停上海焦化有限公司2、3号焦炉及煤焦油生产线；到2011年底，完成上海焦化有限公司5、6号焦炉的治理，使焦炉产生的主要污染物在2005年基础上削减50%以上；全面完成规划中配套的居民动迁安置及市政配套建设。

2. 推进石化集中区域污染治理工作

积极探索石化集中区域长效监管机制，结合区域整治，开展石化企业的污染治理工作。重点是：

（1）制定杭州湾北岸化工石化集中区域产业和城镇发展规划，并落实国家环境保护部关于上海市杭州湾沿岸化工石化集中区区域环境影响评价工作的意见。同时，开展金山卫地区化工集中区域综合整治。

（2）加强石化企业VOCs排放控制。到2009年底，完成上海石化废水处理过程中废气的收集与处理，并增加火炬气回收能力；到2011年底，完成高桥石化3号污水处理厂恶臭治理和液态烃、汽油氧化脱硫醇尾气治理等。

3. 继续完善工业区和工业集中区环境基础设施

按照“工业向园区集中”政策和工业区环境规范化管理要求，结合工业区的性质和条件，积极推进宝山、闵行、浦东、嘉定、金山、松江、奉贤、南汇、青浦等区共35个国家公告的工业区环境基础设施完善工作，涉及污水处理设施建设、集中供热、绿化隔离带建设和居民动迁等措施。同时，推进宝山、浦东、嘉定、金山、松江、奉贤、青浦等区共54个工业集中区污水收集管网完善工程。

4. 推进污染产业结构调整

按照《上海产业结构调整指导目标》，进一步调整高污染、高能耗、低效益企业的产业、产品结构。对不符合上海城市经济发展规划、因环境问题厂群矛盾突出的区域进行产业结构调整，重点加强对宝山大场地区市属企业、金山石化地区、塘外工业区等产业结构调整工作。到2011年底，完成1000项污染企业、产业或产品结构调整和淘汰工作。

六、循环经济和清洁生产

（一）实施原则

以循环经济示范为重点，点面结合，开展企业、行业、园区、社区、区域等多层次和领域的循环经济试点工作；建设生态工业示范园区，进一步推进清洁生产，促进制造业的可持续发展；以脱硫废渣综合利用、构建电子废物综合利用交投网络体系等工作为突破，着力加强资源综合利用，并引导其逐步向产业化、规模化方向发展。

（二）行动目标

加快推进循环经济与清洁生产，创建一批国家级循环经济示范点和生态工业示范园区。到2011年，形成点面结合的循环经济发展态势，完成静脉产业园规划，基本形成电子废物三级交投回收利用网络体系框架，清洁生产从试点逐步转向推广。

（三）主要任务

1．大力推进循环经济试点项目

按照建设国家循环经济试点城市的要求，加强引导推广和政策支持，推进上海化工区、莘庄工业区（园区），宝钢、伟翔（企业），宝山区、青浦区（区县），同济大学（社区）和崇明前卫村（农村）等循环经济试点项目，探索不同层次和领域发展循环经济、率先转变经济发展方式的有效模式。同时，以保障环境安全为前提，发展物质有序循环、能量多级利用的产业链，积极推进老港静脉产业园规划及实施，实现固体废物处理处置、资源综合利用。

2．开展工业园区生态化改造

按照循环经济理念、工业生态学原理和清洁生产要求，推进生态工业示范园区创建工作。重点推进金桥出口加工区、张江高新技术园区、漕河泾开发区、外高桥保税区、闵行开发区、上海化工区、青浦工业区等7个工业区开展生态工业示范园区的创建工作。

3．着力推进电子废物等资源回收与综合利用

围绕节能减排，着力推进电子废物等资源综合利用，进一步完善社区废品回收网络，不断提升全社会的资源回收和综合利用水平。重点是：完成电子废物交投回收利用规划方案，制订相关实施办法与政策，完善综合处理和利用设施，提升处置技术含量，建立政府和民间共同参与的投资和运行机制，并建立监管机制；到2011年，基本完成电子废物三级交投网络建设，整合社会资源，完成90个电子废物交投网点，力争达到1万吨交投收集量；加快实施脱硫石膏综合利用示范线等项目，促进脱硫石膏和粉煤灰的综合利用；进一步开展旧沥青综合利用，到2011年本市旧沥青混合料的利用达到15万吨；通过资本合作方式，做强做大在线收废回收网络，扩大废品交投覆盖面。

4．大力推进清洁生产

以火电、钢铁、有色、电镀、造纸、建材、石化、化工、制药、食品、酿造、印染等重污染行业为主，以“双有双超”企业为重点，加快推进强制性清洁生产审核；在市、区县、各控股集团公司及企事业单位等层面，扩大清洁生产试点面，以绿色设计、工艺改造、物料循环、污染治理等多种手段，进一步加大清洁生产推进力度。

七、农业与农村环境保护

（一）实施原则

按照建设社会主义新农村和加快郊区现代化建设的要求，推进农村环境保护工作。加快发展循环农业和生态农业，采取有效措施削减畜禽养殖污染，减少化肥和农药使用量，开展水产生态养殖试点，为城市提供安全优质农产品。以村庄改造为切入点，加大力度解决农村突出环境问题，逐步改善农村人居环境质量，促进城乡统筹发展。

（二）行动目标

全市粮食、蔬菜氮化肥亩均使用量减少10%，化学农药亩均使用量减少10%，提升规模化畜禽养殖场综合治理水平；综合改造300个村庄，逐步缩小城乡环境差异。

（三）主要任务

1．进一步加强农业面源污染治理

在6个千亩核心基地开展农业面源污染防治示范建设，以160万亩粮田、50万亩蔬菜地为推广区域，以点带面，点面结合，推进化肥农药减量使用，有效降低农业面源污染负荷，改善农田生态环境。重点是：推广绿肥种植60万亩；推广应用商品有机肥45万吨；推广使用专用配方肥7.5万吨；加强植保统防体系建设，推广1.5万台新型药械，全市稻麦病虫统一防治面积达70%以上；推广高效低毒低残留新农药品种，减少中高毒

化学农药使用；加强秸秆禁烧和综合利用，开展秸秆禁烧专项检查活动，秸秆机械化还田面积达到480万亩次。

2. 继续推进养殖业污染综合治理

种养结合，建立和完善畜禽养殖场与农田连接系统、畜禽粪尿资源化综合利用系统，加快规模化、标准化畜禽场建设，减少畜禽养殖污染。重点是：在闵行、浦东、南汇、奉贤、松江、金山、崇明等区（县）和光明集团、大丰农场等30个规模化畜禽养殖场建设畜禽粪尿无害化处理设施及配套灌溉设施，开展畜禽粪尿生态还田试点；在奉贤、松江、金山、南汇、崇明等区（县）和光明集团、大丰农场等10个规模化养殖场，建设畜禽粪尿沼气工程，使资源得到充分利用；建设上海市浦南病死畜禽无害化处理站。

以规模化水产养殖场建设为抓手，推进标准化、生态化养殖。继续开展渔业资源增殖放流，增加水体渔业资源量，改善种群结构，促进生态平衡。重点是：在标准化水产养殖场，建设9000亩人工湿地；在黄浦江上游、淀山湖、长江上海段、杭州湾北岸进行放流，每年放流鲢鳙鲤鲫鱼种的数量6万公斤左右，夏片数量5000万尾左右，其他特色鱼种的数量为100万尾（只）。

3. 进一步加强农村环境综合整治

明确规划和整治规范要求，对规划保留的村庄开展环境综合整治，着力解决农村的突出环境问题，逐步改善农村人居环境质量，为建设社会主义新农村提供良好的环境保障。重点是：整合现有政策资源，制订村庄综合整治标准和配套政策，对农村环境进行综合整治，包括村沟宅河整治、生活污水治理、生活垃圾收集与转运、四旁林建设等，完成300个左右村综合改造；加快城乡结合部、外来人口集中居住区公共厕所建设，新建公厕450座，采取切实措施改善这些地区的环境面貌。

按照自愿创建的原则，继续开展环境优美乡镇和生态村创建活动，调动村镇在环境保护和生态建设方面的积极性、主动性。同时，完善创建长效管理工作，达到持续改进的目标。

八、生态保护与建设

（一）实施原则

按照建设生态型城市的目标和要求，以绿色世博和崇明生态岛建设为引领，全面推进生态保护与建设工作。以建设环境友好型世博园区为核心，推动生态环保技术和理念的应用与推广。按照建设现代化生态岛的要求，推进崇明三岛的生态保护和环境基础设施建设，保持崇明良好的生态环境。按照“完善布局、增强功能、注重民生、提升服务”的工作思路，推进绿地林地建设。

（二）行动目标

通过资源节约型和环境友好型世博园建设，着力提升上海环保的国际形象；继续推进崇明环境基础设施建设，争取2010年，崇明县创建成为国家生态县；优化城乡生态格局，提高绿化生态效益，逐步形成人与自然和谐相处的良好环境；2011年底，全市建成区人均公共绿地达到13.1平方米，绿化覆盖率达到38.2%。

（三）主要任务

1. 大力推进绿色世博园区建设

按照“绿色、节能、环保”的理念，构筑资源节约和环境友好的世博园，着力提升园区的生态环境质量，重点是：

（1）加强绿化建设。建成后滩公园、白莲泾公园、世博公园等一批大型公园，以及浦西绿地、滨江绿地、中国园、龙华东路绿地等其他景观绿地，绿地面积达到58公顷以上。

（2）积极推广使用清洁能源。建设两座江水源热泵，利用自然水源提高制冷或供热的效果，有效减少建筑耗能；在世博中心、中国国家馆和世博会主题馆等园区主要建筑上，利用“太阳能建筑一体化”技术，示范性地采用太阳能光伏发电技术，并网使用太阳能供电；对南市电厂主厂房进行综合改造，综合集成太阳能光伏发电、风力发电、主动式导光、水回收利用等技术；园区内采用新能源车辆作为公交客运工具，公共交通实现“零排放”。

（3）建设30吨/日的垃圾管道气力输送系统，使世博园区浦东世博轴两侧永久场馆区域实现垃圾全封闭、无异味自动输送。

（4）建设世博园环境空气、噪声、水质、辐射监测系统，建立空气质量预报预警系统，以及数据采集与快速发布系统，为世博会举办提供环境质量背景数据和空气污染预警服务。

2. 继续推进崇明生态环境建设

以“环境优先、生态优先”为基本原则，按照建设现代化生态岛的要求，进一步完善崇明环境基础设施，加强生态建设，提高崇明生态含量，重点是：

（1）在完成崇明三岛环境本底调查、生态岛环境指标体系研究的基础上，建立生态环境评估监测网络，及时掌握崇明环境质量变化，为生态岛建设提供科学依据。

（2）全民动员，积极开展国家生态县创建工作，争取2010年底前通过环境保护部验收。

（3）加强城桥新城、陈家镇中心社区、堡镇集镇等重点地区的绿地建设；建设生态林1500亩。

（4）推广清洁能源，建设崇明北沿风电场。

3. 建设与完善全市绿地林地系统

进一步落实规划，建设与完善全市绿地林地生态系统，基本实现各类绿地林地的均衡布局，提高绿地林地生态服务功能。重点是：

（1）优化城市绿化格局。推进外环生态专项建设，建成并开放上海辰山植物园，基本建成普陀区武宁绿地、普陀区桃浦楔型绿地一期工程、卢湾区南园扩建工程、杨浦区大连路绿地、宝山区炮台湾公园二期等一批大型公共绿地，新增面积1500公顷；大力推广屋顶绿化、垂直绿化、悬挂绿化等立体绿化，建成30万平方米屋顶绿化和3万米其他立体绿化。

（2）推进郊区林业稳步发展。进一步完善以沿海防护林、水源涵养林、防污隔离林、通道防护林等生态公益林为屏障的林业发展格局，完成5万亩林地建设，重点是全面完成一级水源保护区内水源涵养林建设。同时，以提高绿化林业防灾减灾能力为重点，建立和完善有害生物监测防控系统、陆生野生动物疫源疫病监测防控系统和森林防火系统。

同时，进一步加强自然生态保护。加强湿地和野生动物栖息地的保护、建设和管理，强化对生物多样性保护的监督管理，不断提高自然生态保护管理水平。

九、保障措施

（一）强化环保体制机制完善

进一步健全“两级政府、三级管理”的环保管理体制，完善左右协调、上下联动的工作推进机制，重在落实责任和形成合力。着力完善市和区县环境保护和建设协调推进委员会领导体制，建立和完善区域环境保护协调机制，进一步明确各部门环境保护职责，更好地整合全社会的资源和力量推进环境保护工作。按照“重心下移，条块结合，以块为主”的原则，着力完善区县和街道、乡镇政府环境保护机构，加强基层环境管理。

（二）强化环境保护责任制

建立和完善环境绩效综合评估考核机制，重在责任追究。切实把环保工作落实情况、污染减排情况、环境质量状况等环境保护指标纳入各级政府领导班子和领导干部实绩考核，并将考核结果作为干部选拔任用和奖惩的依据之一。建立环境问责制，评优创先活动实行环境保护“一票否决”。推进企业环保诚信体系建设，重在强化企业环保社会责任。根据企业环境行为划分环保诚信等级，实行分级管理。落实好企业环保违法信息强制公开制度，并鼓励企业制定并定期公布可持续发展报告或企业环保责任报告，营造“守信受益，失信惩戒”的氛围。

（三）强化环境法治建设

进一步加快本市环保立法工作步伐，解决关系本市发展的环境保护重点、难点和市民关心的热点问题。加强对饮用水源保护、辐射环境、固体废物、噪声、排污许可、循环经济等领域的立法研究工作。坚持有法必依、违法必究、执法必严，严格执行环保法律法规。加大环境执法力度，通过区域和行业限批、限期治理和联合执法等手段，严厉打击各类违法行为，加快淘汰污染严重的落后生产工艺和企业，进一步提高环境执法的强制力和威慑力。

（四）强化污染源头预防

进一步完善环境影响评价制度，继续加强规划和建设项目环境影响评价，开展政策环境影响评价试点，强化从规划和政策的源头把环保的要求落实到经济社会发展全局中，在宏观决策层面协调好经济发展与环境保护的关系。严格实施环境准入制度，加快推进工业区环境保护规范化建设和管理，进一步推进工业向工业园区集中。坚持“源头节约、过程控制、末端循环并重”的原则，大力发展循环经济，推进清洁生产，从源头上预防和减少污染产生。

（五）强化环境政策引导

进一步完善环保投入机制，加大对环境质量改善、环境监管能力建设等方面的投入力度。按照补偿治理成本原则，逐步提高排污费征收标准，扩大排污收费范围，逐步推进环境污染外部成本内部化，促进企业加强环境保护。加大污染减排、水源保护、大气污染治理、农村环境保护、废物综合利用、循环经济、清洁生产、重点工业区整治等方面的政策支持力度，探索污染排放总量有偿使用、排污权交易、环境污染责任险等机制，着力完善“污染者付费，生产者回收，开发者保护，得益者补偿”的环境经济政策体系。

（六）强化环境监管能力建设

按照国家和本市环境管理能力标准化建设的要求，进一步加强市和区县环境监测、监察、辐射监管、信息化、宣教等能力建设，进一步提升环境管理水平。继续加强环境质量监测和污染源监控，建立健全环保重点监管企业污染物在线监控系统，建设市、区县两级联动的环境管理信息平台，提高环境监管水平。启动市级环境应急中心和应急决策指挥系统建设，提高本市环境应急管理和应急响应水平。

（七）强化环境科技支撑

突出科研为环境管理与决策服务的宗旨，加大科技攻关力度，为计划的顺利实施提供技术保障。重点加强资源节约型和环境友好型城市建设、区域性灰霾治理等项目研究；积极开展清洁生产、电厂脱硫废渣、污水处理厂污泥等循环综合利用技术和河道生态修复、湖泊富营养化防治、垃圾渗滤液处置等关键技术攻关；开展崇明生态岛和世博园等技术集成推广应用；支持清洁能源和新能源技术开发。完善地方性环境标准和技术规范，形成政策环评、污染物总量审核、环境风险源识别和分级等技术规范。

（八）强化环境宣传教育

通过环保模范城区、生态区和绿色创建等工作载体，倡导公众从身边事做起，积极开展节能减排、绿色出行等环保实践活动，逐步形成绿色的生活和消费方式；加强学校环境教育，建设一批各具特色的环境教育基地，普及环保知识，推广环境文化；依托各新闻媒体，引导环保志愿者和环保民间组织积极参与，广泛开展形式多样的环境宣传教育活动；强化环境信息公开和社会舆论监督，形成全社会重视环境保护、参与环境建设的良好氛围。

附表1：水环境治理与保护专项项目汇总清单（略）

附表2：大气环境治理与保护专项项目汇总清单（略）

附表3：固体废物利用与处置和噪声污染控制专项项目汇总清单（略）

附表4：工业污染防治专项项目汇总清单（略）

附表5：循环经济和清洁生产专项项目汇总清单（略）

附表6：农业与农村环境保护专项项目汇总清单（略）

附表7：生态保护与建设专项项目汇总清单（略）

附表8：政策和机制专项项目汇总清单（略）

关于实施上海市2009年—2011年环境保护和建设三年行动计划的决定

（沪府发〔2009〕11号，2009年2月23日）

各区、县人民政府，市政府各委、办、局：

为更好地贯彻落实科学发展观和党的十七大提出的“建设生态文明”的要求，切实把环境保护、节能减排作为推进经济发展方式转变的重要抓手和突破口，全力创建国家环境保护模范城市，以良好的生态环境迎接2010年上海世博会，促进上海经济社会又好又快发展，现就实施上海市2009年-2011年环境保护和建设三年行动计划（简称“第四轮环保三年行动计划”）作出如下决定：

一、抓住世博契机，争创全国一流，加快建设资源节约型环境友好型城市

今后三年，是上海“迎世博、办世博”的重要时期，也是上海加快实现“四个率先”、加快推进经济发展方式转变的攻坚阶段。各级政府要切实把环境保护纳入政府综合决策，围绕“以人为本、治本为先、城乡一体、争创一流”的总体要求，以污染减排和改善环境质量为核心，坚持污染防治与生态保护并举，更加突出源头预防；坚持基础设施建设和体制机制完善并举，更加突出机制创新；坚持中心城区与郊区并举，更加突出消除城乡环境差异。全面完成国家下达的污染减排任务，优先解决老百姓最关心最直接最现实的环境问题，基本建成完善的环境综合决策支撑体系、环境基础设施体系和环境管理体系，努力创建国家环境保护模范城市，使上海的环境保护继续走在全国前列。

二、突出治本为先，城乡一体，全力推进七大领域的环境保护和建设

（一）加快完善污水处理系统，全力保障饮用水安全

以保障饮用水安全为目标，加快建设青草沙水源地，推进郊区集约化供水，基本形成“两江并举、多源互补”的饮用水源格局。以完善污水处理系统为重点，继续推进污水处理厂和配套收集管网的建设，进一步提升全市污水处理能力和水平。到2011年底，建成区实现污水收集管网全覆盖，城镇污水处理率达到83%（城镇生活污水处理率超过90%），污水处理厂污泥得到安全处置。以太湖流域治理区域为重点，开展区域合作，进一步加强水环境综合治理。以截污、疏浚和水系沟通为重点的河道整治，在巩固现有成效的基础上进一步向郊区拓展，全市河道基本消除黑臭。

（二）更加注重复合型污染控制，深入推进大气污染治理

在强化控制传统污染因子的同时，推动大气污染治理与保护逐步向控制复合型污染深化。大气污染物减排从二氧化硫向氮氧化物拓展，完成全市所有燃煤电厂机组的烟气脱硫，同时启动燃煤电厂氮氧化物控制工作。把机动车污染控制放在更加突出的位置，2009年，全市新车提前执行“国Ⅳ”排放标准；

2010年上海世博会前，全市所有出租车和中心城区公交车基本达到“国III”以上排放标准；全面实施在用车简易工况法检测/维护制度，机动车尾气排放达标率达到90%以上。深化扬尘污染控制，基本实现长效、常态管理。启动VOCs（挥发性有机物）排放控制，对全市所有加油站实施油气回收。综合多种有效措施，确保本市环境空气质量优良率稳定在85%以上，力争达到90%。

（三）着力推进固体废物减量化资源化无害化，有效缓解噪声污染问题

进一步加快生活垃圾收集、转运和处置设施建设，优化处理处置结构，实现市区生活垃圾集装化密闭运输，垃圾渗滤液基本做到达标处理排放。同时，完善一般固体废物和危险废物安全处置系统。到2009年底，全市生活垃圾无害化处置率基本达到85%；到2011年底，工业固体废物资源化利用率达到95%，危险废物得到全面安全处置。针对当前突出的噪声污染问题，全面推进高速公路、高架道路等交通干道噪声敏感点整治，进一步理顺噪声污染防治机制，有效缓解噪声污染问题。

（四）加快产业结构优化调整，完善工业区环境管理体系

聚焦郊区工业“三废”污染问题，以结构调整为主线，加快重点区域环境综合整治和淘汰环保劣势企业，按照规划完成吴泾工业区环境综合整治任务，启动杭州湾北岸化工石化集中区域产业、城镇规划调整和金山卫地区化工集中区域环境整治，推进宝山大场、奉贤塘外、金山第二工业区等区域的污染企业或生产线结构调整。按照工业区环境规范化管理要求，进一步加大郊区工业区环境基础设施建设力度，着力推进污水纳管、集中供热、绿化隔离带建设等。到2011年，所有国家公告的工业区形成比较完善的环境基础设施体系和环境管理体系，其他工业集中区域污水全部实现纳管集中处理。

（五）以点带面推进循环经济和清洁生产，促进经济发展方式的转变

按照“减量化、再利用、再循环”的原则和“先试点，后推广”的思路，大力推进各个领域的循环经济和清洁生产，选择一批工业园区、企业、社区等开展不同层面的循环经济试点，推进生态工业示范园区创建，重点发展旧沥青、脱硫废渣、电子废物、废旧物资等资源回收利用产业，进一步推动经济发展方式的转变。到2011年底，本市循环经济在重点领域形成特色，并发挥一定示范作用，清洁生产从试点逐步转向推广。

（六）加大农村环境保护力度，逐步缩小城乡环境差异

结合社会主义新农村建设，加快发展生态农业和循环农业，采取种养结合、畜禽粪尿还田、化肥农药减量等措施进一步削减农村面源污染。整合各方面资源，以行政村为单位，以村沟宅河整治、生活污水治理、生活垃圾收集转运、“四旁林”建设等为重点，全面推进农村和城郊结合部环境综合整治，逐步改善农村人居环境质量。

（七）发挥绿色世博示范效应，加快生态型城市建设

按照“低碳世博”的理念，建设环境友好型世博园区。在世博园区展示节能减排最佳实践，推广使用清洁能源和技术，推行“零排放”公共交通，倡导绿色出行和绿色参观，发挥“绿色世博”的示范和带动作用。以建设现代化生态岛为目标，以崇明生态岛建设指标体系为引导，推进崇明岛生态保护和环境基础设施建设，崇明县创建成为国家生态县。按照“完善布局、增强功能，注重民生、提升服务”的要求，进一步推进绿地林地建设。到2011年底，全市建成区人均公共绿地达到13.1平方米，绿化覆盖率达到38.2%。

三、健全环保责任体系，进一步完善工作推进机制

按照“条块结合，以块为主”的原则，

不断完善市和区县环境保护和建设协调推进委员会工作机制，进一步强化专项工作组组长单位牵头制和责任单位负责制，更好地落实责任和形成合力。进一步落实环境质量行政首长负责制，完善环境绩效考核机制和环境问责制度，切实把环境保护指标纳入各级政府领导班子和领导干部考核体系，并将考核结果作为干部选拔任用和奖惩的依据之一，评优创先活动实行环境保护"一票否决"。推进企业环保诚信体系建设，督促企业自觉承担环保社会责任。

四、深入开展环境宣传教育，进一步增强全社会环保意识

强化"环境保护，人人有责"的公民意识，结合创建国家环境保护模范城市，积极推进绿色学校、绿色社区等创建工作，通过多种形式的宣传教育手段和引导措施，把清洁生产、绿色消费、绿色生活落实到每个单位、每个家庭，促进全社会牢固树立生态文明的观念。进一步健全信息公开制度，创新和完善公众参与机制，强化社会舆论监督作用，形成全社会关心重视环境保护、自觉参与环保实践的良好氛围。

五、创新环保政策机制，综合运用各种手段推进环境保护

进一步强化污染源头预防，完善战略和建设项目环境影响评价制度，从规划和决策源头严格环境准入，协调、处理好经济发展与环境保护的关系。进一步加大环保投入力度，重点向污染减排、环境质量改善、环境监管能力建设等方面倾斜。进一步强化经济政策引导，通过市场激励、排污收费、排污交易和以奖代补等经济手段，着力完善"污染者付费，生产者回收，开发者保护，得益者补偿"的环境经济政策体系。进一步强化环境法治，加强饮用水源保护、辐射环境、污染防治等领域的立法研究，通过区域与行业限批、限期治理和联合执法等手段，严厉打击各类违法行为。同时，进一步强化环保科技支撑，开展前瞻性环境问题研究和环保实用技术攻关。

六、加强组织领导，确保环境保护工作取得实效

各级政府要切实加强对环境保护工作的领导，坚持"三重三评"（即在全面推进中重治本、综合治理中重机制、资金投入上重实效，环境保护的成效让市民评判、社会评价、科学数据评定）的原则，明确责任，聚焦力量，组织推进好第四轮环保三年行动计划的实施。各有关部门要加强规划统筹、行业指导和跨行业、跨部门的协调与合作；各区县政府要结合实际，创造性地开展环境保护与生态建设。各责任单位要按照计划节点，加快推进各项工作，确保环境保护和建设取得实效。

上海市公共交通车辆、车站广告设置暂行规定

（沪府发〔2009〕6号，2009年2月11日）

第一章 总则

第一条（目的和依据）

为了规范本市公共交通车辆、车站广告设置，确保公共交通安全运营，维护乘客乘车环境，依据有关法律、法规、规章的规定，结合本市实际情况，制定本规定。

第二条（适用范围）

本规定所称的上海市公共交通车辆、车站广告，是指以本市公共汽车和电车（以下统称公共汽电车）、出租汽车、轨道交通车辆、车站设施为载体的广告。

本规定所称的轨道交通车站，包括轨道交通站厅和站台、轨道交通出入口、轨道交通通道。

本市行政区域内公共交通车辆、车站广告的设置，除执行国家和本市其他有关广告的登记管理、户外广告审批、道路交通安全

管理等规定外，还应当执行本规定。

第三条（管理部门）

本市交通港口管理部门负责本市公共交通车辆、轨道交通车站广告的设置规范、监督管理，并依据有关法律法规的规定实施相关行政处罚。

本市工商行政管理部门负责本市公共交通车辆、车站广告发布的登记、备案和监督管理及相关行政处罚。

本市市容环卫、规划等管理部门按照各自职责，负责本市公共汽电车、出租汽车车站广告的审批、监督管理及相关行政处罚。

第四条（设置原则）

公共交通车辆、车站广告设置，应当遵循合法、安全、规范、整齐、文明的原则。

第五条（广告审批）

在公共交通车辆表面、车站发布广告的，应当按照国家和本市有关规定，向工商行政管理部门办理登记或备案手续。

车站设置户外广告的，应当向市容环卫、工商行政、规划等管理部门办理相关审批手续。其中，涉及占用城市道路的，还应当向市政管理部门办理占路审批手续。

第六条（内容要求）

公共交通车辆、车站广告的内容应当遵守工商行政管理部门的相关规定，做到内容真实、合法，符合社会主义精神文明建设的要求。

第七条（公益性）

公共交通车辆、车站广告内容中，公益广告所占的面积或者时间比例不得低于广告总量的10%。

第八条（广告维护和撤除）

经营者应当定期维护公共交通车辆、车站广告，保持美观、整洁和安全。广告严重污损、脱落，影响车辆、站点整洁和设施完好的，应当及时予以修复。

广告设置期满后，经营者应当及时撤除广告，恢复原状。

第二章 公共汽电车车辆、站点广告设置规范

第九条（车厢广告）

公共汽电车车厢内除车载信息视频设施可以插播广告外，其他位置、空间和设施不得设置和发布任何形式的广告。

利用车载信息视频设施发布广告的，应当符合下列规定：

（一）车厢内允许安装的信息视频设施不得超过两个，其中一个信息视频设施安装在驾驶员座椅的背后上方；

（二）信息视频设施采用符合乘车安全的材质，不得影响驾驶员操作和乘客安全；

（三）信息视频设施不得播放有声广告，且具备开启、关闭以及调节音量、亮度功能；

（四）信息视频设施上发布的节目内容，必须经相关广播电视主管部门审核同意。

第十条（车身广告）

设置车身广告的车辆不得超过该条线路配车的50%。

除车身两侧和车尾的规定区域可以设置广告外，其他任何位置和空间不得设置和发布任何形式的广告。

利用车身设置广告的，应当符合下列规定：

（一）广告不得遮挡车辆服务标识和车灯，不得遮挡经营者名称和监督电话；

（二）车身两侧广告应当设置在车窗玻璃下沿以下（双层车在下车窗玻璃下沿以下），相邻两个车轮护套之间，距车轮护套边缘各30公分的范围内；公共汽电车为铰接车的，广告不得覆盖铰接棚；

（三）车尾广告应当设置在后车窗玻璃下沿以下，其左右边缘不得超出尾灯内侧。

第十一条（车站广告）

利用公共汽电车站点建筑物或者候车信息亭设置广告的，应当遵守本市户外广告设置的有关规定。

公共汽电车站牌不得设置广告。

利用公共汽电车候车信息亭设置广告的，应当遵守下列规定：

（一）候车信息亭除规定位置外，其他位置不得设置和发布广告；

（二）候车信息亭的广告单面面积不得超过2.5平方米，广告总体面积不得超过候车亭立面的40%。

第三章 出租汽车车辆、扬招牌广告设置规范

第十二条（车辆广告）

出租汽车车辆除前车门玻璃下沿以下和后车窗底部可按规定设置广告外，车身其他任何位置和空间不得设置和发布任何形式的广告。

出租汽车车厢内广告的设置规范，由市交通港口管理部门另行制定并对外公布。

第十三条（设置要求）

出租汽车车辆广告的设置，应当符合下列规定：

（一）在前车门玻璃下沿以下位置设置广告的，仅限于发布本企业的经营叫车电话，其面积不得大于前车门的30%；

（二）在车辆后车窗底部设置广告的，应当使用粘贴单向透视材料，广告条幅宽度不得超过15厘米。

第十四条（扬招牌）

出租汽车扬招牌不得设置和发布广告。

第四章 轨道交通车辆、车站广告设置规范

第十五条（安全服务设施）

在轨道交通车辆和车站的安全设施、安全标志、服务设施、服务标志以及工作人员的工作区域，禁止设置和发布任何形式的广告。

轨道交通车辆、车站发布的广告不得影响安全标志和服务标志的识别，不得影响安全设施和服务设施的使用。

本条第一款、第二款所称的服务设施，包括售检票设施、问讯设施、自动扶梯、屏蔽门（安全门）、乘客服务中心等具有服务功能的设施设备和相关区域。

第十六条（车厢广告）

轨道交通车厢内除车门和车窗间的固定位置、车门玻璃下方二分之一处外，其他位置、空间和设施不得设置和发布任何形式的广告。

在车门玻璃下方二分之一处设置广告的，应当使用粘贴单向透视材料。

在车门和车窗间的固定位置采用车载信息视频设施发布广告的，应当符合下列规定：

（一）信息视频设施安装在车门和车窗间的固定位置，其周围不得附加设置广告；

（二）信息视频设施不得播放有声广告，且具备开启、关闭以及调节音量、亮度功能；

（三）信息视频设施上发布的节目内容，必须经相关广播电视主管部门审核同意；

（四）信息视频设施应当采用符合乘车安全的材质。

第十七条（车身广告）

轨道交通车身广告除设置在车身两侧车窗玻璃下沿以下部位外，其他任何位置和空间不得设置和发布任何形式的广告。

利用车身设置广告的，应当符合下列规定：

（一）不得遮挡安全及运营的设施和标志，不得影响线路识别色带、车辆编号的使用；

（二）共线运营的列车车身广告确保广告色彩、画面等不影响各线列车的区分。

第十八条（悬挂和占地广告）

除站台层运营信息显示设施外，轨道交通车站内不得设置悬挂式广告。

车站内除规划预留设置占地广告位置外，其他地方均不得设置占地广告。

第十九条（车站广告）

广告设置在轨道交通车站墙面上的，其上下应当留出一定空间，大小应当统一、均匀分布，并不得采用喷涂方式。

轨道交通站厅立柱广告数量不得超过站厅独立立柱总量的50%，站台立柱广告数量不得超过站台独立立柱总量的30%，站厅、站台立柱广告的大小应当统一。

禁止在轨道交通车站的地面、顶部、台阶、候车椅上设置广告，禁止在轨道交通车站的站厅、站台、通道、出入口等处设置与乘客互动的广告。

在轨道交通地面车站和高架车站上设置广告，不得影响车站正常的采光和通风。

第二十条（有声广告）

除站台层运营信息显示设施外，轨道交通车站内不得播放有声广告。

站台层运营信息显示设施的广告播放系统应当独立于轨道交通车站广播系统，播放广告的音量不得超过70分贝。

第二十一条（流动广告）

不得在轨道交通车站的通道或者人流密集处、车厢内设摊宣传。

不得在轨道交通车站车厢内设置流动广告，严禁在轨道交通车站和车厢内散发广告。

第五章 法律责任

第二十二条（违反规定的处罚）

公共交通车辆、车站广告设置、发布活动，违反本市交通港口、工商行政、市容环卫、规划、公安交通管理规定的，由相关执法部门依法处理。

第六章 附则

第二十三条（对已有广告的处理）

对原有不符合本规定要求的广告，应当按照本规定在2009年12月31日前清理完毕。

第二十四条（施行日期）

本规定自发布之日起施行。

关于加强本市非机动车道路停放管理的通告

（沪府发〔2009〕9号，2009年2月16日）

为进一步规范和加强本市交通管理，确保2010年上海世博会召开期间本市市容环境整洁、文明和道路交通安全、有序、畅通，现就加强本市非机动车道路停放管理通告如下：

一、非机动车道路停放点的设置和管理

由各区、县政府根据《上海市非机动车道路停放点设置暂行规范》，编制本区、县非机动车道路停放点的设置规划，经道路主管部门批准，并征求公安交通管理部门意见后，确定非机动车道路停放点，并实施日常管理。

二、非机动车停放规范

非机动车应当在非机动车停放点停放，不得随意停放、影响市容环境。

停放非机动车时应当下车推行，并在划定的停车线内规范、有序停放。

三、沿街单位门前责任区制度

沿街单位应当加强自律，规范、有序停放非机动车，不得随意停放。

对在本单位门前责任区内随意停放非机动车的，沿街单位应当及时劝阻，引导行为人停放至非机动车停放点；不听劝阻的，应当向区、县有关部门报告。

四、处罚措施

道路主管部门、市容环境卫生管理部门、公安交通管理部门、城市管理执法部门根据各自职责，对下列行为实施处罚：

（一）擅自占用人行道设置非机动车道路停放点的，由道路主管部门责令限期改正。逾期不改正的，由城市管理执法部门实施处罚，未造成人行道损坏的，处500元以上5000元以下罚款；造成人行道损坏的，处5000元以上2万元以下或者修复费3-5倍的罚款。

（二）擅自占用道路退红线且与人行道相连的区域、广场设置非机动车停放点，影响市容环境的，由市容环境卫生管理部门责令限期改造。逾期不改造的，由城市管理执法部门强制改造，并可处500元以上5000元以下罚款。

（三）非机动车不在非机动车停放点停放，或者停放非机动车时不下车推行、在人行道上骑行，影响其他车辆和行人通行的，由公安交通管理部门处警告或者5元以上50元以下罚款。

（四）非机动车不在非机动车停放点停放，影响市容环境的，由城市管理执法部门处警告或者5元以上50元以下罚款；行为人不在现场的，由公安交通管理部门会同城市管理执法部门对现场予以清理，恢复市容整洁。

本通告适用于本市外环线以内人行道以及与人行道相连公共区域的非机动车停放管理。

外环线以外的非机动车道路停放，参照本通告实施管理。

本通告自发布之日起至2010年10月31日有效。

2009年市政府要完成的与人民生活密切相关的实事

（沪府办发〔2009〕4号，2009年2月23日）

一、新增就业岗位50万个，其中农村富余劳动力非农就业岗位10万个；完成外来农民工职业技能培训10万人；推进本市农民纳入养老保障体系工作，使全市农村户籍人员养老保障覆盖面达到98%。

二、综合改造2600万平方米多层旧住房；综合整治1000万平方米高层旧住房，整修清洁重点范围、重点路段和重点区域8300万平方米建筑外立面。

三、完成城市道路车行道750万平方米、人行道200万平方米、高速公路和普通公路350公里、外环线以内苏州河桥梁及铁路跨线桥的综合整治；统一规范全市门弄楼牌设置，使世博会场馆周边道路、重点道路门弄楼牌完好率达100%，其他区域完好率达95%以上。

四、以改善农村农民生活环境为重点，完成郊区县100个村庄改造；完成郊区县2000户农村低收入户危旧房翻建、修缮。

五、新建40处社区公共运动场；完成12座老公园改造；在中心城区新增120座公共厕所。

六、为21万名老人提供居家养老服务，对其中12.6万名生活困难且需照料服务的老人给予政府服务补贴；新增养老床位1万张；新建老年人日间服务中心50家；新设100个社区老年人助餐服务点。

七、完成郊区县426家村卫生室、43家社区卫生服务分中心及5家社区卫生服务中心标准化建设，实现800所村卫生室新型农村合作医疗实时报销；完成3.5万名“红十字”救护员和35万名群众性现场初级急救培训。

八、在郊区县新建50所幼儿园；完成50所农民工子女学校办学设施改造并纳入民办教育管理。

九、在600家标准化菜市场建设食品安全信息查询系统；完成100万个家用液化气等危险化学品气瓶的电子标签标识；对50万农民工进行安全生产培训；通过政府购买服务方式，在102个街道、镇推行社区综合保险，使全市所有街道、镇实现社区综合保险全覆盖；在9100个居民小区配置“社区民众安全防护应急箱”。

十、依托现有为农服务载体，建成800个“农家书屋”；实施“千村万户”农村信息化培训普及工程，在郊区县完成3万人的信息化培训和30万人的宣传普及；对30万名重点行业从业人员及学生等开展迎世博礼仪培训。

附件：2009年市政府要完成的与人民生活密切相关的实事项目进度及负责部门、责

任人（略）

上海市市容环境卫生管理条例

（2003年4月24日修改；2009年2月24日上海市第十三届人民代表大会常务委员会修订）

第一章　总则

第一条　为了加强市容和环境卫生管理，维护城市整洁、优美，保障市民身体健康，促进社会主义精神文明建设，根据有关法律、行政法规，结合本市实际情况，制定本条例。

第二条　本条例适用于本市中心城、新城、中心镇以及独立工业区、经济开发区等城市化地区。

第三条　本市市容环境卫生工作实行统一领导、分级管理、公众参与、社会监督相结合的原则。

第四条　市市容环境卫生管理部门主管本市市容环境卫生工作，负责本条例的组织实施。

区（县）市容环境卫生管理部门在同级人民政府领导下，负责本辖区内的市容环境卫生管理工作。

街道办事处、镇人民政府负责所辖区域内的市容环境卫生管理工作，对本区域范围内的市容环境卫生工作进行协调、监督和检查，督促单位和个人履行维护市容环境卫生义务。

市和区（县）城市管理行政执法部门（以下简称城管执法部门）依法对本条例规定的市容环境卫生违法行为实施行政处罚。

本市其他相关行政管理部门按照各自职责，协同实施本条例。

本市提倡和鼓励居民委员会组织居民制定维护市容环境卫生的公约，动员居民积极参加市容环境卫生治理活动，创建整洁、优美、文明的环境。

第五条　市和区（县）人民政府应当将市容环境卫生事业纳入国民经济和社会发展计划，完善市容环境卫生设施，提供市容环境卫生公共服务，保障市容环境卫生事业建设需要的经费。

第六条　市市容环境卫生管理部门应当根据本市市容环境卫生事业发展需要，组织编制市容环境卫生专业规划，经市规划管理部门综合平衡后纳入城市总体规划。

第七条　本市鼓励、支持市容环境卫生的科学技术研究，推广、运用先进技术，提高市容环境卫生水平。

第八条　任何单位和个人都有享受良好市容和卫生环境的权利，同时负有维护市容和环境卫生的义务。

第九条　市和区（县）市容环境卫生管理部门和文化广播影视、新闻出版、教育、卫生等行政管理部门，以及机场、车站、码头、旅游景点等公共场所的经营或者管理单位，应当加强市容环境卫生的宣传教育，增强市民维护市容环境卫生的意识。

本市广播、电视、报刊和户外广告应当有市容环境卫生方面的公益性宣传内容。

第二章　市容环境卫生责任区制度

第十条　本市实行市容环境卫生责任区制度。有关单位和个人应当按照本条例的规定，做好责任区内的市容环境卫生工作。

第十一条　市容环境卫生责任区范围是指有关单位和个人所有、使用或者管理的建筑物、构筑物或者其他设施、场所及其一定范围内的区域。

市容环境卫生责任区的具体范围，由市或者区（县）市容环境卫生管理部门，按照市市容环境卫生管理部门公布的标准划分确定。

第十二条　市容环境卫生责任区的责任人按照下列规定确定：

（一）实行物业管理的居住区，由物业管理企业负责，未实行物业管理的居住区，由居民委员会负责；

（二）河道的沿岸水域、水闸，由岸线、水闸的使用或者管理单位负责；

（三）地铁、轻轨、隧道、高架道路、公路、铁路，由经营、管理单位负责；

（四）文化、体育、娱乐、游览、公园、公共绿地、机场、车站、码头等公共场所，由经营、管理单位负责；

（五）集市贸易市场、展览展销场所、商场、饭店等场所，由经营、管理单位负责；

（六）机关、团体、学校、部队、企事业等单位周边区域，由相关单位负责；

（七）施工工地由施工单位负责，待建地块由业主负责；

（八）保税区、科学园区、独立工业区和经济开发区内的公共区域，由管理单位负责。

按照前款规定责任不清的地区，由所在地的区（县）市容环境卫生管理部门确定责任人。

城乡结合部或者行政辖区的接壤地区责任不清的，以及对责任人的确定存在争议的，由市市容环境卫生管理部门予以确定。

第十三条　市容环境卫生责任区的责任要求是：

（一）保持市容整洁，无乱设摊、乱搭建、乱张贴、乱涂写、乱刻画、乱吊挂、乱堆放等行为；

（二）保持环境卫生整洁，无暴露垃圾、粪便、污水，无污迹，无渣土，无蚊蝇孳生地；

（三）按照规定设置环境卫生设施，并保持其整洁、完好。

市容环境卫生责任人对责任区内违反市容环境卫生管理规定的行为，有权予以制止，有权要求市或者区（县）市容环境卫生管理部门和城管执法部门处理。

市容环境卫生责任人未履行义务的，由城管执法部门责令改正；拒不改正的，予以警告，并可处五十元以上五百元以下罚款，或者建议其上级主管部门对直接负责的主管人员给予处理。

第十四条　市容环境卫生责任区的具体范围和责任要求，由市或者区（县）市容环境卫生管理部门书面告知责任人。

第十五条　城市道路、桥梁、地下通道、公共广场、公共水域等城市公共区域的市容和环境卫生，由市或者区（县）市容环境卫生管理部门负责；街巷、里弄的市容和环境卫生，由街道办事处或者镇人民政府负责；公共厕所、垃圾转运站及其他环境卫生公共设施的市容和环境卫生，由市容环境卫生管理部门或者其委托的单位负责。

第十六条　市容环境卫生管理部门应当加强对责任区市容环境卫生的监督，并定期组织检查。

第三章　市容管理

第十七条　市市容环境卫生管理部门应当会同有关部门，根据国家的城市容貌标准，结合本市实际情况，制订本市的城市容貌标准，报市人民政府批准后公布实施。

本市的城市容貌标准应当包括建筑景观、公共设施、环境卫生、园林绿化、广告标志、公共场所等方面的要求。

第十八条　建筑物、构筑物和其他设施应当保持整洁、完好、美观，并与周围环境相协调。

本市主要道路两侧和景观区域内的建筑物、构筑物和其他设施应当保持外立面整洁和完好，按照市人民政府的规定进行清洗或者粉刷；对外立面破损的，应当修复。违反规定的，由城管执法部门责令限期改正；拒不改正的，代为清洗、粉刷或者修复，所需费用由建筑物、构筑物和其他设施的所有者或者约定的责任者承担。

第十九条　市市容环境卫生管理部门应当会同有关部门组织编制本市景观灯光设施规划，报市人民政府批准后实施。本市景观灯光设施规划区域内的建筑物、构筑物和其他设施，应当按照景观灯光设施规划和有关技术规范设置景观灯光设施。景观灯光设施规划和技术规范应当向社会公布。

景观灯光设施设置不符合规划或者有关技术规范的，由城管执法部门责令限期改正；逾期不改正，对不符合规划的，可以强制拆除，对不符合有关技术规范的，可以强制停止使用，并处一千元以上一万元以下罚款。

景观灯光设施的所有者、使用者或者管理者，应当保持景观灯光设施的完好，并按照市容环境卫生管理部门规定的时间开启景观灯光设施。违反规定的，由城管执法部门责令改正；拒不改正的，处三百元以上三千元以下罚款。

第二十条　户外广告设施设置应当符合户外广告设施设置规划和有关技术规范。市市容环境卫生管理部门应当会同有关部门编制户外广告设施设置规划，经市人民政府批准后实施；户外广告设施设置规划和技术规范应当向社会公布。

户外广告以及非广告的霓虹灯、标语、招牌、标牌、电子显示牌、灯箱、画廊、实物造型等户外设施（以下统称户外设施），应当按照批准的要求设置。违反规定设置户外设施的，由城管执法部门或者其他有关管理部门责令限期改造或者拆除；逾期不改造或者拆除的，强制拆除，对户外广告设施设置者处五千元以上五万元以下罚款，对其他户外设施设置者处五百元以上五千元以下罚款。

户外设施的设置者，应当对户外设施进行维护保养，图案、文字、灯光显示不全或者破损、污浊、腐蚀、陈旧的，应当修复。违反规定的，由城管执法部门责令限期改正；拒不改正的，处五十元以上五百元以下罚款。

户外设施的设置者，应当加强日常管理，对存在安全隐患或者失去使用价值的设施，应当及时整修或者拆除；在潮汛、台风或者暴雨期间，应当加强对户外设施的安全检查。对存在安全隐患或者失去使用价值的户外设施，城管执法部门应当责令设置者限期整修或者拆除；逾期未拆除的，城管执法部门应当强制拆除。

因公共利益需要，有关管理部门对经批准设置的户外广告设施作出调整的，应当事先告知户外广告设施设置者，并对设置者因户外广告设施调整造成的损失依法予以补偿。

第二十一条　本市道路两侧新建的建筑物临街一侧，应当按照规划的要求选用透景、半透景的围墙、栅栏或者绿篱、花坛（池）、草坪等作为分界。违反规定的，由市容环境卫生管理部门责令限期改建或者拆除。

本市道路两侧建筑物临街一侧的现有围墙不符合前款要求的，应当按照规划要求或者有关规定予以改建。

透景围墙内外应当保持环境整洁、美观。

第二十二条　本市主要道路两侧和景观区域的建筑物破墙开店或者进行其他门面装修、改建的，应当符合城市容貌标准。

第二十三条　任何单位和个人不得在道路两侧和其他公共场所搭建影响市容环境卫生的临时建筑物、构筑物或者其他设施。

因建设等特殊需要，经批准搭建临时建筑物、构筑物或者其他设施的，应当保持周围市容环境卫生整洁。违反规定的，由城管执法部门责令限期改正，可处五十元以上五百元以下罚款。

第二十四条　任何单位和个人不得擅自在树木和建筑物、构筑物或者其他设施上张贴、悬挂宣传品或者标语。因特殊情况需要在建筑物、构筑物或者其他设施上临时张贴、悬挂宣传品或者标语的，应当经市容环境卫生管理部门批准，在规定的时间和范围内张贴或者悬挂，并在期满后及时清除。街道办事处和镇人民政府应当选择适当地点设置公共招贴栏，并负责日常管理。零星招贴物应当张贴于公共招贴栏中。

禁止在树木和建筑物、构筑物或者其他设施上刻画、涂写。

违反本条规定的，由城管执法部门责令限期清除；拒不清除的，代为清除，所需费用由违法行为人承担，并处五十元以上五百元以下罚款。其中，对利用或者组织张贴、刻画、涂写、悬挂或者其他形式发布宣传品、标语进行宣传的，可处一万元以上十万元以下罚款。

对违反规定随意张贴、刻画、涂写、悬挂或者其他形式发布宣传品、标语中公布其通信工具号码的违法行为人，由城管执法部门通知其限期接受处理，逾期不接受处理的，书面通知电信部门暂停该通信工具号码的使用，有关电信部门应当在接到通知后暂停其使用。违法行为人接受处理后，城管执法部门应当及时通知电信部门恢复其通信工具号码的使用。

区（县）市容环境卫生管理部门对本辖区内出现的乱张贴、乱刻画、乱涂写，应当组织清除。

第二十五条　市和区（县）人民政府应当合理布局商业配套设施，确定相应的经营场所，供农产品、日用小商品等经营者从事经营。区（县）人民政府应当制定鼓励引导设摊者进入经营场所的措施。

任何单位和个人不得占用道路、桥梁、人行天桥、地下通道及其他公共场所设摊经营、兜售物品，影响市容环境卫生。违反规定的，由城管执法部门责令改正，并可处五十元以上五百元以下罚款。城管执法部门可以暂扣当事人经营兜售的物品和与违法行为有关的工具，要求其到指定地点接受处理，当事人接受处理后，城管执法部门应当及时返还暂扣的物品与相关工具，属非法物品的，移送有关部门处理。城管执法部门对暂扣的物品应当妥善保管。对于易腐烂、变质等不宜保管的物品，城管执法部门可以在留存证据后根据实际情况妥善处置。

任何单位和个人不得擅自占用道路、桥梁、人行天桥、地下通道及其他公共场所堆放物品，影响市容环境卫生。违反规定的，由城管执法部门责令改正，可处五百元以上五千元以下的罚款。

经批准临时占用道路及其他公共场所堆放物品、设摊经营的，应当保持周围市容环境卫生整洁。违反规定的，由城管执法部门责令改正，可处五十元以上五百元以下罚款。

本市道路两侧和广场周围建筑物、构筑物内的经营者不得超出门窗和外墙经营。违反规定的，由城管执法部门责令改正，可处五十元以上五百元以下罚款。

第二十六条　禁止在道路及其他公共场所的树木和护栏、路牌、电线杆等设施上吊挂、晾晒物品。违反规定的，由城管执法部门责令改正；拒不改正的，对个人可处二十元罚款，对单位处二十元以上二百元以下罚款。

主要道路两侧和景观区域临街建筑物的阳台、门窗、屋顶应当保持整洁、美观，不得在阳台外、窗外、屋顶吊挂、晾晒和堆放影响市容的物品。

在临街建筑物外墙上安装空调外机、遮阳棚的，应当保持其安全、整洁、完好。

第二十七条　在本市行驶的机动车船应当保持容貌整洁。利用车船张贴、设置广告或者宣传品的，应当保持整洁、完好；出现陈旧、污损的，应当及时清洗、修复、更换。违反规定的，由城管执法部门责令改正，可处二十元以上二百元以下罚款。

运输水泥、砂石、泥浆、垃圾、粪便、渣土等的车船应当采取密闭或者覆盖措施，不得泄漏、散落或者飞扬。违反规定未采取密闭或者覆盖措施的，由城管执法部门责令限期改正，并可对责任单位处一千元以上一万元以下罚款。对产生泄漏、散落或者飞扬的，由公安交通管理部门责令停止行驶，由城管执法部门责令立即清除；拒不清除的，代为清除，所需费用由违法行为人承担，并处三百元以上三千元以下罚款。

第四章 环境卫生管理

第二十八条 禁止下列影响环境卫生的行为：

（一）随地吐痰、便溺；

（二）乱扔果皮、纸屑、烟蒂、饮料罐、口香糖等废弃物；

（三）乱丢废电池等实行单独收集的特殊废弃物；

（四）乱倒垃圾、污水、粪便，乱扔动物尸体等废弃物；

（五）在露天场所和垃圾收集容器内焚烧树叶、垃圾或者其他废弃物；

（六）占用道路、广场从事经营性车辆清洗活动；

（七）有损环境卫生的其它行为。

违反前款规定的，由城管执法部门责令改正，并处罚款，其中，违反前款第（一）项规定的，处二百元以下罚款；违反前款第（二）、（三）项规定的，处一百元以下罚款；违反前款第（四）项规定的，对个人处二百元以下罚款，对单位处五千元以上五万元以下的罚款，违反前款第（五）项规定的，对个人处二百元以下罚款，对单位处三百元以上三千元以下罚款，对装运垃圾乱倒的，可以暂扣运输工具，并要求违法行为人到指定地点接受处理，处理后，发还运输工具；违反前款第（六）项规定的，处三百元以上三千元以下罚款。

第二十九条 各类码头、船舶应当配备与垃圾、粪便收集量或者产生量相适应且符合设置标准的收集容器，并保持正常使用。

进行码头、船舶装卸作业或者水上航行的，应当采取措施，防止货物或者垃圾、粪便污染水域。

进行水面漂浮物打捞和船舶垃圾、粪便接收作业的，应当及时清除废弃物，防止污染水域。

船舶的压舱水、洗舱水、舱底水和生活污水的管理，按照有关法律、行政法规和本市的有关规定执行。

违反本条第一款、第二款、第三款规定的，由城管执法部门责令改正，处三百元以上三千元以下罚款。

第三十条 居民应当自觉维护居住区的整洁，按照规定将生活垃圾倒入垃圾箱（桶），将粪便倒入倒粪站，不得在屋顶和公共场所堆积垃圾杂物。居民产生的装修垃圾，应当在物业公司或者居民委员会指定的地点堆放，并承担清运的费用。

第三十一条 集市贸易市场的管理单位应当保持场内和周围环境整洁，按照垃圾日产生量设置垃圾收集容器，并做到垃圾日产日清。违反规定的，由城管执法部门责令改正；拒不改正的，处三百元以上三千元以下罚款。

集市贸易市场内的摊贩应当自备垃圾收集容器，并保持摊位和经营场地周围的整洁。

第三十二条 城市公共绿地应当保持整洁、美观，养护单位应当及时清除绿地内的垃圾杂物。在道路两侧栽培、修剪树木或者花卉等作业产生的枝叶、泥土，作业单位应当及时清除。违反规定的，由城管执法部门责令改正，可处一百元以上一千元以下罚款。

第三十三条 施工单位应当在建设工地设置符合规定要求的封闭围栏、临时厕所和生活垃圾收集容器，并保持整洁、完好。

施工单位不得擅自在建设工地围栏外堆放建筑垃圾、工程渣土和建筑材料，不得向建设工地外排放污水、散落粉尘。施工中产生的各类垃圾应当堆放在固定地点，并及时清运。

建设工程竣工后，施工单位应当及时平整建设工地，清除建筑垃圾、工程渣土及其他废弃物，并拆除施工临时设施。

违反本条规定的，由城管执法部门责令改正，对未按规定设置临时厕所和生活垃圾收集容器，或者向建设工地外排放污水、散落粉尘的，处三百元以上三千元以下罚款；对未按规定设置封闭围栏，或者擅自在建设工地围栏外堆放建筑垃圾、渣土和材料的，处三千元以上三万元以下罚款；对未及时清除建筑垃圾、工程渣土及其他废弃物的，可以代为清除，所需费用由违法行为人承担，处五千元以上五万元以下罚款；对未及时拆除施工临时设施的，可以代为拆除，所需费用由违法行为人承担，处三千元以上三万元以下罚款。

第三十四条　从事车辆清洗、修理，以及废品收购和废弃物接纳作业的，应当保持经营场所周围环境卫生整洁，采取措施防止污水外流或者废弃物向外散落。违反规定的，由城管执法部门责令改正，对从事车辆清洗、修理以及废品收购的，处一百元以上一千元以下罚款；对从事废弃物接纳作业的，处三百元以上三千元以下罚款。

第三十五条　举办节庆、文化、体育等活动，经批准临时占用道路及其他公共场所的，应当保持周围环境卫生整洁，及时清除临时设置的设施和产生的废弃物。违反规定的，由城管执法部门责令改正，处三百元以上三千元以下罚款。

第三十六条　居民不得饲养鸡、鸭、鹅、兔等家禽家畜和食用鸽。违反规定的，由城管执法部门责令限期处理或者予以没收；拒不改正的，可按每只五十元处以罚款。

居民饲养信鸽应当符合体育管理部门的有关规定，具备相应的条件，并采取措施防止影响周围市容和环境卫生。居民饲养信鸽影响市容和环境卫生的，由市容环境卫生责任区的责任人劝其改正；拒不改正的，由城管执法部门给予警告，并处五十元以上五百元以下罚款；污染环境严重、周围居民意见大的，可以责令拆除鸽舍。

居民饲养宠物不得影响环境卫生，对宠物在道路和其他公共场所产生的粪便应当即时自行清除。违反规定的，由城管执法部门责令改正；拒不改正的，处二十元以上二百元以下罚款。

第五章　废弃物管理

第三十七条　本市按照资源化、无害化的原则对废弃物进行处置，鼓励废弃物的回收利用，并采取措施逐步减少废弃物的产生。

第三十八条　居民产生的生活垃圾和未接入污水处理系统的粪便，由市或者区（县）市容环境卫生管理部门统一组织收集、运输。

单位产生的废弃物，由单位负责收集、运输或者委托市容环境卫生作业服务单位收集、运输。

废弃物的处置，由市市容环境卫生管理部门统一组织实施。

第三十九条　自行收集、运输下列废弃物的，应当向市容环境卫生管理部门申报废弃物产生量和处置方案：

（一）单位产生的生活垃圾和未接入污水处理系统的粪便；

（二）船舶的生活垃圾、扫舱垃圾和粪便。

违反前款规定的，由城管执法部门责令限期改正，逾期不申报的，处一百元以上一千元以下罚款。

第四十条　本市逐步实行生活垃圾的分类投放、收集、运输和处置。分类投放、收集的标准和方法，由市市容环境卫生管理部门制定并予以公告。市容环境卫生管理部门应当对生活垃圾分类投放进行宣传指导。

实行生活垃圾分类投放、收集的单位和地区的居民，应当按照规定分类投放生活垃圾。对违反生活垃圾分类投放规定的单位，由城管执法部门责令改正；拒不改正的，处一百元以上一千元以下罚款。

居民产生的大件生活垃圾，应当按规定定时、定点投放，有关作业单位应当定时收集。

第四十一条　生活垃圾应当由经批准设

立的垃圾处理场（厂）或者处理设施处置。处置生活垃圾，应当遵守城市环境卫生质量标准和有关规范。

第四十二条　单位和饮食业经营者产生的餐厨垃圾，应当按照有关规定自行单独收集和处置，或者委托有关作业单位收集和处置，不得排入下水道。违反规定的，由城管执法部门责令改正，处三百元以上三千元以下罚款。

塑料废弃物、废电池等特殊废弃物应当单独收集和处置。

市人民政府可以对塑料制品、电池等产品的生产者和销售者应当承担的相应废弃物回收和处置义务作出规定。

第四十三条　对居民装修房屋产生的垃圾，物业管理企业或者居民委员会应当及时委托市容环境卫生作业服务单位，运至市容环境卫生管理部门指定的场所处置。违反规定未将装修垃圾运至指定场所的，由城管执法部门责令改正，可按每吨二百元处以罚款；城管执法部门可以暂扣违法当事人的运输工具，并要求其到指定地点接受处理，处理后，发还运输工具。

第四十四条　产生建筑垃圾、工程渣土的单位，应当向所在地的区（县）市容环境卫生管理部门申报产生量和处置方案，取得建筑垃圾、工程渣土处置证，委托取得建筑垃圾、工程渣土运输许可证的单位运输。违反规定的，由城管执法部门责令改正，处一万元以上十万元以下罚款。

承运建筑垃圾、工程渣土的单位，应当取得市市容环境卫生管理部门核发的建筑垃圾、工程渣土运输许可证，运输单位不得承运未取得处置证的单位产生的建筑垃圾、工程渣土。违反规定的，由城管执法部门责令改正，处五千元以上三万元以下罚款。

运输建筑垃圾、工程渣土的车船应当统一标识，统一安装、使用记录路线、时间和处置地点的电子信息装置，随车船携带处置证，并按照交通运输、公安交通部门规定的区域、时间行驶。违反规定的，由城管执法部门责令改正，处二百元以上二千元以下罚款；对未按照规定的区域、时间行驶的，由交通运输、公安交通管理部门依照有关法律、法规规定处理。

市人民政府应当组织有关区县和部门统筹安排本市建筑垃圾、工程渣土处置接纳场所。建筑垃圾、工程渣土应当在规定的接纳场所集中堆放、处置。运输单位凭处置结算凭证领取建筑垃圾、工程渣土运输费。建设单位自行安排处置的，应当向市或者区（县）市容环境卫生管理部门提交接纳场所管理单位出具的证明。

禁止擅自倾倒、堆放、处置建筑垃圾、工程渣土。违反规定的，由城管执法部门责令改正，处五千元以上五万元以下罚款。

违反本条规定的，城管执法部门可以暂扣违法当事人的运输工具，并要求其到指定地点接受处理，处理后，发还运输工具。对情节严重的运输单位，由城管执法部门移送市市容环境卫生管理部门吊销其建筑垃圾、工程渣土运输许可证。

第四十五条　工业垃圾、医疗卫生垃圾及其他有毒有害垃圾应当按照有关规定单独收集、运输和处置，不得混入生活垃圾。违反规定的，由城管执法部门责令改正，处一万元以上十万元以下罚款。

第四十六条　市容环境卫生管理部门应当按照方便居民的原则，规定生活垃圾和粪便投放、倾倒的时间、地点和方式。

化粪池和储粪池应当定期疏通。粪便外溢时，区（县）市容环境卫生管理部门应当组织有关部门先及时清除、疏通，再分清责任，并由责任者承担清除、疏通费用。

第六章　作业服务管理

第四十七条　本市鼓励单位和个人兴办市容环境卫生作业服务企业，逐步实行市容环境卫生作业服务市场化。

第四十八条　下列市容环境卫生作业服务项目，应当由有关管理部门或者单位通过招标的方式确定作业服务企业：

（一）道路及其他公共场所的清扫、保洁；

（二）居民产生的生活垃圾和未接入污水处理系统的粪便的收集、运输；

（三）由财政性资金支付的项目。

作业服务企业承接的作业服务项目不得转包。违反规定的，发包的部门或者单位可以终止其承包合同。

第四十九条　从事市容环境卫生作业服务，应当遵循市容环境卫生作业服务规范，达到城市容貌标准和城市环境卫生质量标准，做到文明、清洁、卫生、及时。违反规定的，由城管执法部门责令改正，处三百元以上三千元以下罚款。

道路和公共场所的清扫、保洁，应当在规定的时间进行，减少对道路交通和市民休息的影响，减少对环境的污染。垃圾应当及时清除。

市容环境卫生作业服务规范由市市容环境卫生管理部门制定。

第五十条　市和区（县）市容环境卫生管理部门应当按照职责分工，对市容环境卫生作业服务质量进行监督、检查。

第七章　环境卫生设施管理

第五十一条　市市容环境卫生管理部门应当根据本市市容环境卫生专业规划及环境卫生设施设置标准，编制垃圾转运站、垃圾粪便处理厂（场）、公共厕所等环境卫生设施的建设专项规划和实施计划，并组织实施。

第五十二条　制定新区开发、旧区改造等地区性综合开发建设规划方案，应当包含设置环境卫生设施的内容，并征求市容环境卫生管理部门的意见。

从事地区性综合开发建设的，应当按照环境卫生设施设置规定和设置标准配套建设环境卫生设施。违反规定的，由城管执法部门责令限期改正；拒不改正的，处三千元以上三万元以下罚款。

第五十三条　本市机场、车站、码头等交通集散点和大型商场、文化体育设施、旅游景点及其他人流集散场所，应当按照环境卫生设施设置规定和设置标准，配套建设公共厕所和其他环境卫生设施，并设置垃圾收集容器。违反规定的，由城管执法部门责令限期改正，对未按规定和标准设置垃圾收集容器的，可处五十元以上五百元以下罚款；对未按规定和标准配套建设公共厕所和其他环境卫生设施的，可处三千元以上三万元以下罚款。

第五十四条　配套建设的公共厕所及其他环境卫生设施，应当与主体工程同时设计、同时施工、同时投入使用，设计方案应当征求市容环境卫生管理部门的意见。

配套建设的公共厕所及其他环境卫生设施，须经验收合格后方可投入使用。市容环境卫生管理部门应当参加验收。环境卫生设施未经验收或者验收不合格即投入使用的，由市容环境卫生管理部门责令限期改正。

第五十五条　环境卫生设施的管理和使用单位应当做好环境卫生设施的维修、保养工作，保持其整洁、完好。

公共厕所应当对外开放，设有明显标志，并由专人负责保洁。

市民使用公共厕所，应当自觉维护公共厕所的清洁卫生，爱护公共厕所的设备。

第五十六条　禁止任何单位和个人占用、损毁环境卫生设施。任何单位和个人不得擅自拆除、迁移、改建、封闭环境卫生设施。因建设等特殊原因确需拆除、迁移、改建、封闭环境卫生设施的，建设单位或者其他有关单位应当报市或者区（县）市容环境卫生管理部门批准；拆除、封闭环境卫生设施的，还应当提出补建方案。

规划确定的环境卫生设施用地，不得擅自移作他用。

违反第一款、第二款规定的，由城管执法部门责令其恢复原状或者采取其他补救措施，对生活垃圾处置设施、场所，可处一万元以上十万元以下罚款，对除生活垃圾处置设施以外的其他环境卫生设施，可处三千元以上三万元以下的罚款；造成损失的，承担赔偿责任。

第八章 其他规定

第五十七条 市和区（县）市容环境卫生管理部门及城管执法部门应当建立市容环境卫生投诉受理制度。

任何单位和个人对有损市容和环境卫生的现象，都有权向市或者区（县）市容环境卫生管理部门和城管执法部门投诉。

市或者区（县）市容环境卫生管理部门和城管执法部门应当自受理投诉之日起五日内将处理意见答复投诉人。

第五十八条 市容环境卫生管理部门、城管执法部门和其他有关行政管理部门及其工作人员在市容环境卫生管理工作中应当依法履行监督管理职责，文明执法，依法受理单位和个人的申请事项以及对有损市容环境卫生行为的投诉，依法查处违法行为。在执法活动中，应当注重教育和纠正违法行为。

市容环境卫生管理部门和城管执法部门实行执法责任制度和过错追究制度。

第五十九条 侮辱、殴打市容环境卫生工作人员或者拒绝、阻挠其执行职务，违反《中华人民共和国治安管理处罚法》的，由公安部门予以处罚；构成犯罪的，依法追究刑事责任。

第六十条 市容环境卫生管理部门、城管执法部门和其他有关行政管理部门及其工作人员在市容环境卫生管理工作中有下列行为之一，致使公民、法人或者其他组织及公共利益受到严重损害的，由所在单位或者上级主管部门对直接负责的主管人员和其他直接责任人员，依法给予行政处分；构成犯罪的，依法追究刑事责任：

（一）无法定依据或者违反法定程序执法的；

（二）使用暴力、威胁等手段执法的；

（三）故意损坏或者违反规定损毁当事人财物的；

（四）对发现的违法行为不依法查处的；

（五）滥用职权、玩忽职守、徇私舞弊的其他行为。

第六十一条 当事人对市容环境卫生管理部门和其他行政管理部门或者城管执法部门的具体行政行为不服的，可以依照《中华人民共和国行政复议法》或者《中华人民共和国行政诉讼法》的规定，申请行政复议或者提起行政诉讼。

当事人对具体行政行为逾期不申请复议，不提起诉讼，又不履行的，作出具体行政行为的行政管理部门或者城管执法部门可以申请人民法院强制执行，或者依法强制执行。

第六十二条 本条例第二条所称中心城是指本市外环线以内的地区；新城是指以区（县）人民政府所在地的城镇，或者依托重大产业及城市重要基础设施发展而成的中等规模城市；中心镇是指区位条件优越、经济发展条件较好、规模较大的建制镇，依托产业发展而成的小城市。

本条例所称的主要道路和景观区域的范围，由市市容环境卫生管理部门会同有关部门拟定，报市人民政府批准后公布。

第六十三条 本市城市化地区以外的其他区域的市容环境卫生管理，由市人民政府参照本条例另行制定管理办法。

第六十四条 本条例自 2002 年 4 月 1 日起施行。1988 年 12 月 22 日上海市第九届人民代表大会常务委员会第五次会议通过的《上海市环境卫生管理条例》同时废止。

进一步深化本市公交改革的方案

（沪府发〔2009〕14号，2009年3月7日）

为进一步突出公交行业公益性，完善行业公益性和运作市场化相结合的机制，不断提高公交行业服务质量，根据市委、市政府有关会议精神，制订本方案。

一、公交行业概况及其改革历程

截至2008年底，本市公共汽电车企业（以下简称公交）43家、职工7.17万人，线路1041条、车辆16573辆（其中空调车占82%）、日均营运里程305万公里，日均客运量728万人次、占公共交通日均客运总量的54%（其中，轨道交通占23%，出租汽车占23%）。

1996年，本市公交行业在全国率先实施了以“体制、机制、票制”为突破口的改革，公交行业实现了从计划经济向市场经济的历史性转折。

2002年，本市公交启动了以理顺内部体制、建立公益性扶持政策为主要内容的第二轮改革，实现了政企分开和区域差别化管理，促进了行业发展。

公交行业历经两轮共12年的改革和发展，打破了行业“大锅饭”，引进了市场化运作方式，形成了竞争机制，提高了服务和管理水平，市民群众“乘车难”的矛盾逐步缓解，公交整体服务能力明显提升。

一是政府扶持力度不断加大。2002—2007年，市、区县两级政府以及政府性投资公司，先后为车辆更新、公交停车保养场建设，以及油价上涨等补贴共投入资金54.73亿元。

二是车辆装备明显改善。公交车辆折旧从14年缩短到8年（普通车）或12年（高等级车）；空调车增加到1.35万辆，占全部车辆的4/5，乘车环境明显改善。

三是服务供应能力快速增长。车辆增加了27%，营运里程增加了1倍，客运量增加了16%。

四是运营效率不断提高。单车日均营运里程增长了48%，单车里程载客量下降近40%，效率和舒适度明显提高。

二、进一步深化公交改革的必要性

随着上海经济社会的快速发展和人民生活水平的不断提高，以及成功举办2010年上海世博会的特殊要求，公交发展面临着不少问题和挑战，需要通过进一步深化改革予以解决。

一是行业服务和保障的能力有待进一步提升。随着轨道交通和城市建设的跨越式发展，公交线网与轨道交通的衔接、与大型居住区和重点民生项目的配套，以及既有公交线网的调整、优化尚显滞后。同时，公交发展还不均衡，部分偏远地区和城乡结合部地区群众一定程度上还存在着“出行难”的问题。

二是政府监管和支持的力度有待进一步加大。行业监管和规范制约尚不够到位，监管方式和手段还比较粗放、简单。公交企业数量仍偏多、经营相对分散，有些线路运营秩序较为混乱。公交企业经营成本不断增加，负债率逐年提高，扶持行业发展的长效机制尚不完善。

三是企业经营和管理的方向有待进一步明晰。部分公交企业的经营倾向、经营理念表现为片面追求经济效益和投资回报。企业管理相对滑坡，内部分配不够规范，对一线职工关心不够，职工收入偏低，司售岗位缺乏吸引力，公交职工队伍社会地位以及整体素质有所下降，一线职工后继乏人。

三、进一步深化公交改革的指导思想和基本原则

（一）指导思想和目标

深入贯彻落实科学发展观，以举办2010年上海世博会为契机，全面实施“公交优先”

发展战略，坚持完善行业公益性和运作市场化相结合的机制，以强化国有主导、优化经营格局为重点，深化公交行业体制改革，进一步突出行业公益性；以提高运行效率、提升服务能级、降低营运成本、强化政府监管为目标，进一步完善市场化运作机制，推进公交行业更好发展，积极构建与现代化国际大都市地位相匹配、与经济社会发展相适应、市郊协调发展、内外有机衔接的一体化公共客运体系，努力为市民群众提供便捷、安全、经济、可靠的出行条件。

通过深化公交改革，促进行业发展，实现五项具体目标：

——健全和完善国有主导、有序竞争的公交市场经营格局；

——健全和完善手段有效、掌控有力的政府监管调控机制；

——健全和完善长效稳定、透明规范的公共财政扶持政策；

——健全和完善绩效挂钩、合理递增的职工收入保障制度；

——健全和完善线网优化、服务优质的公交运营服务体系。

（二）基本原则

深入推进公交改革和发展，必须牢牢把握公交行业公益性的本质属性，正确处理好政府与市场、公平与效率、垄断与竞争、企业管理者与职工、市区与郊区的关系，坚持以下基本原则：

一是坚持进一步凸显公交优先的战略地位。公交优先是从根本上解决上海交通问题的必由之路，必须充分体现规划用地、建设投资、路权分配、政策扶持等方面的优先地位。

二是坚持进一步突出公交行业的公益特性。公交作为准公共产品性质的民生事业，要求票价政府确定、产权国有主导、企业承担社会公益服务和政府指令性任务，不断满足市民出行需求。

三是坚持进一步完善市场化的运行机制。充分发挥市场机制在优化公交资源配置中的作用，坚持适度竞争，促进企业提高服务质量、运行效率和控制成本，实现公共财政效用最大化。

四是坚持进一步强化公交企业的社会责任。引导和督促企业妥善处理好市场与公益、社会效益与经济效益的关系，切实增强社会责任感，自觉承担社会公益性服务。

五是坚持进一步调动公交职工的积极性。切实维护公交职工的合法权益，提高公交一线职工收入，进一步充分调动公交职工的积极性和创造性，不断提高队伍素质。

四、进一步深化公交改革的主要任务

以深化体制改革、完善经营格局、强化政府监管、提升服务能级、降低出行成本等为主要内容，推进公交行业的改革和发展。

（一）深化体制改革，完善市场经营格局

贯彻国务院关于公交行业“国有主导、多方参与、规模经营、有序竞争”的总体要求，进一步深化和完善公交体制改革。

一是深化产权制度改革。以巴士公交等资产从上市公司退出为突破口，逐步实现骨干企业国有控股，进一步发挥国有资本在公交投资、建设和营运管理中的主导和支撑作用，形成保障公益性要求的产权制度。

二是完善市场经营格局。按照相对区域经营、提高市场集中度、促进有序竞争的基本思路，推进形成浦西、浦东、郊区等 3 大相对区域经营格局。

——以久事公司为主体，实施浦西公交重组。久事公司成立国有巴士公交集团公司，完善法人治理结构，下设若干家独立核算、自负盈亏的公交营运企业，保持适度竞争。在内部整合基础上，对其他公交企业实施收购兼并。

——以浦东新区政府为主导，推进浦东公交整合。浦东区域公交先组建 1 家国有独资的公交公司，控股下辖若干家营运企业，取消经营者持股。

——以“一区一骨干”为模式，推进郊区公交整合。总结推广嘉定、松江区公交国有控股经验，依托区县政府，推进区域公交兼并重组，成立国有控股骨干企业。

三是创新管理体制和机制。实施适度规模经营，建立和完善营运企业之间、相对区域经营的竞争机制。探索建立集团化管理与营运企业竞争相结合的运行管理模式，使集团管控有力，营运企业保持活力，将竞争的核心放在独立核算的公交营运企业，重点引导和激励营运企业开展服务质量、安全运行、成本控制和营运效率等“四项竞争”，以竞争创活力、出品牌。通过竞争促进市场资源向优势企业集中、企业资源向优秀管理者集中、激励政策向关键岗位和贡献突出人员集中，不断增强公交营运企业活力和竞争力。

（二）提升服务能级，全面提高供应水平

以迎世博为契机，全面提升服务供应水平，提高公交便捷、安全、舒适度，吸引市民出行更多选择公共交通。

一是提高公交服务供应的均衡性。重点结合轨道交通发展、住宅基地开发、边远小区配套、城乡一体化建设，完善并有序实施公交线网三年优化调整方案。公交线网实现与轨道交通有机衔接，开通各种形式的短驳和换乘线路，适时减少与轨道交通功能重复的公交线，逐步形成骨干线、区域线、接驳线三级功能清晰的网络，进一步方便市民出行。公交线路与大型居住区和城乡一体化建设同步配套，会同规划、住房等部门建立大型居住区公交配套会审制度，在新建居住区开发建设和竣工销售前，由交通主管部门对公交线路配套情况进行审核，以保障大型居住区居民出行；及时在城乡结合部、郊区大型动迁基地和行政村开辟经济效益差，但群众有需求的冷僻线路，改善市民出行条件。进一步将公交线路站点设置、线路开辟权和营运服务的管理监督权下放给郊区县，充分调动区县政府发展公交的积极性。

二是提高公交服务供应的便捷性。加快公交客运枢纽和专用道建设，对3车道以上的主干道辟出1条高峰时段专用道，新建和扩建道路时同步建设专用道，积极选择具备条件的重点客运走廊推进快速公交建设，开展信号优先配时试点，提高公交快捷和可靠性。加大公交停车保养场、港湾式站点和始末站的建设力度，并配套相应设施，改善站点秩序和工作环境。运用信息化手段，突出公交导引服务功能，推进公交候车亭与电子站牌整合、综合交通枢纽信息联网，建设完善公交信息发布系统、出行查询系统和营运监管系统。推进轮渡及“三岛”水上客运基础设施建设和改造，提高客运服务水平。

三是提高公交服务供应的经济性。在目前降低市民出行成本已经采取的换乘优惠措施的基础上，今年4月1日起推出扩大换乘优惠措施，做到“两覆盖一延长”——由目前仅进入内环以内的423条公交线路上的空调车实施换乘优惠，覆盖到全市所有线路、所有车辆，换乘优惠时间由目前的1.5小时延长至2小时。同时，按照“放宽基准乘距、费率递远递减”的基本原则，拟于今年上半年适时统一城乡票价结构。此外，抓紧研究进一步方便郊区大型动迁基地居民出行的相关措施。

四是提高公交服务的安全环保性。加快信息化建设，成立城市交通指挥监管中心，加强行业服务和安全监控。近期实现GPS装置在内环线内车辆全覆盖，内环线外车辆覆盖率超过50%。加大节能减排力度，加快更新符合安全、节能、环保要求的公交车辆，中心城区内基本消除公交车“冒黑烟”。结合迎世博600天行动，对排放不达标、技术性能差、维修成本高的国Ⅱ公交车实施更新。推进符合公交营运特点的绿色环保能源、成熟技术产品在上海公交车上的应用。

（三）强化政府监管，切实规范市场行为

按照市人大提出的优先发展城市公共交通的要求，修订完善《上海市公共汽车和电车客运管理条例》，从制度上保障公交优先的各项政策和措施落到实处；政府健全服务标准体系和以成本规制、经营权管理为主要抓手，以信息化为有效手段，加大监管力度。

一是推进实施公交成本规制。在全行业实施成本规制和经营评价制度，市交通港口局和市财政局联合下发《成本规制管理办法》和《公交会计核算办法》，统一核算制度，明确成本构成、约束标准、监审程序以及违规处理等要求，对营收和相关资源性收入等建立相应监控措施；营运成本向社会公开，为政府决策提供参考。与此相配套，在管理层面，建立由市分管领导牵头的推进公共交通优先发展联席会议制度，同时履行公交成本费用评价委员会职能，邀请社会专家参加，评估企业经营状况，提出政府扶持意见；在技术层面，加快信息化进程，建设企业营运监管系统，即时采集和分析客流、能耗数据，为成本规制提供依据。

二是健全完善各类规范标准。广泛征求社会各界意见，完善公交线网规划，建立公交服务和技术标准体系，明确各类标准规范。在硬件方面，健全公交车辆、站点及配套设施的标准，对公交车辆技术、车辆排放、车辆广告、路牌识别以及公交站亭、站牌、首末站和枢纽等相关技术和建设等明确标准。按照市政府批转的《上海市公共交通车辆、车站广告设置暂行规定》，全面进行公交车辆广告整治。在软件方面，完善公交营运服务规范，对营运时间、车辆配置、服务供应、票务管理、安全行车等明确规范要求，并通过健全和完善监督评价制度，充分运用行政稽查、行业自律、社会监督等综合手段，促进企业规范服务。

三是加强公交经营权管理。完善经营权管理制度，与诚信考核相结合，建立优胜劣汰机制，规范企业经营行为和市场秩序。重点对行车作业计划、车辆配备、首末班车时间、服务质量、安全营运等加强日常监管与考核。对管理混乱、服务质量差、安全隐患多的企业，依法收回或吊销线路经营权；对新辟线路，进一步严格招投标管理，培育行业品牌，实现线路资源向服务质量好、社会效益显著的企业集聚。加强对校车、大卖场班车等具有公交性质而非公交车辆的管理，进一步规范客运市场秩序。

四是完善长效发展的扶持机制。将公共交通投入纳入公共财政预算体系，创新政府对公交投入的长效机制，促进行业可持续发展。在继续加大公交基础设施建设的基础上，完善现行公交补贴政策，制定既有利于促进企业发展，又有效防止片面依赖政府的操作办法。通过提高行业公交车辆补贴和对国有企业追加资本金等方式，鼓励加快车辆更新，普通公交车补贴从5万元提高到7万元，高配置公交车补贴从8万元提高到11万元；根据世博环保要求，提前更新车辆的残值补贴从80%提高到100%。政府对换乘优惠、老人非高峰免费乘车等惠民措施，以及要求企业承担社会福利性项目和完成指令性任务，实施政府购买公共服务。继续实行油价补贴和完善基础设施使用办法。完善政府投资的公交枢纽、站点对公交营运企业免收租金，公交停车保养场低价租赁给营运企业使用等政策。同时，发挥政府性投资公司的统筹平衡作用，确保行业安全、稳定、有序运转。

（四）加强企业管理，充分调动职工积极性

强化职业道德和业务培训，不断改善职工工作和生活环境，提高职工社会地位，增强公交行业吸引力。

一是增强营运企业内部管理动力。督促公交企业增强服务、成本、效益和管理创新的竞争意识，强化企业内部管理，加强一线车队建设和现场管理，实现管理重心下移，进一步降低成本，提高运行效率。国资管理部门加强对国有控股公交企业监管，完善考核评价体系，规范经营行为，切实增强企业的社会责任，促进企业健全自我约束、自我完善的制衡机制，不断创新和提高企业管理和服务水平。

二是强化职工职业道德和业务培训。将公交驾驶员从业培训项目纳入补贴培训范围，不断加大从业培训力度；在公交行业或集团内，建立驾驶员培训和实习基地，实行集约化、专业化管理；探索在职业技术学校开设相关专业，为公交定向培养人才。全面推行公交服务人员文明用语和行为规范，示范线路推进"双语"服务试点，促进行业规范、亲切服务，努力展现上海公交新形象。

三是提高一线职工收入保障职工权益。充分发挥公交行业工会和协会的作用，落实市总工会牵头调研形成的《关于加强公交职工工资收入分配工作的指导意见》。市人力资源社会保障局、市总工会等部门督促企业贯彻《劳动法》，改善公交职工福利待遇，保障其合法权益；公交首末站点配套相应设施，改善一线职工的工作和生活环境。企业作为提高职工收入的责任主体，建立职工工资集体协商制度，完善与劳动力市场价格水平相适应，与服务质量、安全运营相联系的职工工资正常增长机制。公交营运企业经营者收入与一线职工收入相挂钩，并保持在合理比例内。

五、深化公交改革的时间节点安排

2010年上海世博会召开为近期目标节点，落实深化公交改革发展各项工作。

（一）公交改革

2009年3月，完善补贴扶持和购买公共服务政策，制定加大投入的操作办法。巴士重组方案待国家证监会正式批准后，巴士公交集团挂牌成立，启动对其他公交的兼并重组工作；浦东公交新公司推行区域公交控股重组。公交全行业实施成本规制和经营评价制度。

2009年，先行启动奉贤、青浦区域公交整合，有序推进其他区县公交兼并重组。

2010年5月上海世博会前，完善行业公益性与运作市场化相结合的体制机制；基本形成相对区域经营格局，公交企业数量控制在20家左右，国有公交成为行业主力军。

（二）服务水平

2009年3月，健全完善公交各类技术标准和服务规范，并广泛征求社会各界和营运企业的意见后，正式向社会公布实施。

2009年，市政府发布《上海城市公共交通白皮书》，进一步指导和规划行业持续健康发展，不断提高服务水平。

2009年，完善公交线网规划，新辟、延伸、调整优化公交线路200条以上，其中开辟城乡巴士线路50条、社区巴士10条，行政村公交通达率达到95%。

2010年5月上海世博会前，实现内环线以内公共交通站点300米服务半径基本覆盖，内外环之间和郊区城镇500米服务半径全覆盖；道路、桥梁符合公交通行条件的行政村实现"村村通"公交。实现中心城两点间公共交通出行在1小时内完成，郊区新城1次乘车可进入轨道交通网络，新市镇与所属行政村之间1次乘车到达。

（三）硬件设施

2009年，建成公交停车保养场泊位660个，开工建设公交客运枢纽26个，公交专用道达230公里，90%以上公交车安装车载GPS装置；同时，按照《上海市公共交通车辆、车站广告设置暂行规定》全面进行广告整治，车辆、站点及配套设施基本规范有序。

2010年5月上海世博会前，建设84个公交客运枢纽，更新公交车4000辆，国Ⅲ排放和环保公交车辆达到50%以上，基本实现GPS装置在公交车内全覆盖；建成功能齐备、外观靓丽的候车站亭3400个，站点设施明显改观，公交营运服务和监管的信息化系统基本建立；基本形成300公里公交专用道，其中中心城区110公里，高峰时段专用道上的公交车时速平均达到18公里/小时以上，准点率达到90%。

（四）职工收入

2009年初，市总工会、市交通港口局等部门和单位联合发布《关于加强公交职工收入分配工作的指导意见》。

2009年底，公交职工收入待遇进一步改善，公交一线职工平均工资收入达到本市职工平均工资水平。

2010年5月上海世博会前，基本形成与市场规律和行业特点相结合的公交职工工资正常增长机制。

到2012年，基本形成与国际大都市相适应的公交服务体系。服务水平达到国内领先，车容车貌实现根本改善，国Ⅲ排放和环保车辆超过70%以上，公交从传统企业向现代企业转变，公交职工社会地位提高，公共交通吸引力明显增强，实现占出行总量35%以上的目标。形成行业公益性和运作市场化结合更科学的体制和机制，使公交营运企业有活力，市民公交出行更满意，公交一线职工有奔头。

关于进一步加强本市测绘工作的实施意见

（沪府发〔2009〕18号，2009年3月26日）

各区、县人民政府，市政府各委、办、局：

测绘工作是保障经济社会发展和国防建设的一项前期性、基础性工作。根据《国务院关于加强测绘工作的意见》（国发〔2007〕30号），现就进一步加强本市测绘工作提出如下实施意见：

一、统一思想，加强宣传，不断提高对测绘工作重要性的认识

（一）充分认识测绘工作的重要性。测绘工作广泛服务于经济、国防、文教、行政管理和人民生活等诸多领域，并涉及国家秘密、安全。测绘是准确掌握国情国力、提高管理决策水平的重要手段。现代测绘技术已经成为国家科技水平的重要体现，地理信息产业正在成为新的经济增长点。全面提高测绘保障服务水平，对于全市经济社会又好又快发展，具有重要的促进作用。

（二）宣传普及测绘知识。加强测绘宣传和舆论引导，推广普及测绘知识，让社会公众和有关方面进一步了解测绘工作、支持测绘工作，为测绘事业健康发展创造良好的环境。

二、健全法制，加强领导，不断完善测绘管理机制

（三）完善上海测绘法规体系。按照《中华人民共和国测绘法》等法律法规以及法定程序，进一步修订完善相关的测绘管理法规规章，不断建立健全与国家测绘法律法规相衔接、符合上海实际的测绘法规体系。

（四）加强测绘工作领导。各级政府要高度重视测绘工作，进一步加强测绘工作领导。要采取有效措施，切实解决测绘工作中存在的突出问题，为测绘事业发展创造良好条件。

（五）增强测绘管理力量。上海市测绘管理办公室要切实履行职责，按照统一、协调、有效的原则，加强自身建设，增强管理力量，加强对上海测绘工作的统一监督管理，提高依法行政能力。有关部门要结合自身职责，加大对测绘工作的支持力度，加强协作配合，共同做好测绘工作。

（六）保障基础测绘实施。将基础测绘纳入本市国民经济和社会发展年度计划，并将基础测绘经费纳入本市财政预算，逐步提高投入水平。各区县政府对基础测绘有特殊需求的，报市政府批准后纳入全市的基础测绘规划和年度计划。建立健全公共财政对测绘基础设施建设维护、公共应急测绘保障、测绘科技创新、测绘与地理信息标准化建设等方面的投入机制，加大投入力度。财政部门对基础测绘财政经费采用专项管理，加强对基础测绘财政经费使用情况的监管和绩效评估，提高财政资金使用效率。

三、突出重点，体现特色，不断加强测绘统一监督管理

（七）严格测绘资质准入制度。进一步加强测绘资质管理，完善资质年度注册的各项制度，科学界定测绘资质审批标准，严格依法开展测绘资质审核，加强测绘资质批后监管，提高测绘市场监管的实际效果。将测绘资质年度注册与日常检查有机结合起来，及时动态掌握测绘资质单位信息，增强测绘管理的针对性和有效性。

（八）加强测绘成果管理。严格执行测绘成果汇交制度，政府投资项目的测绘成果必须及时向测绘主管部门依法汇交，上海市测绘管理办公室要加强测绘成果汇交执行情况的定期检查和重点抽查。积极推进测绘成果和测绘档案信息化管理，完善测绘成果安全保障体系，落实测绘成果异地备份制度；加强提供和使用测绘成果管理，完善审批程序。强化涉密测绘成果保密和使用监管，依法打击窃取国家秘密测绘成果和向境外非法提供国家秘密测绘成果的犯罪行为。

（九）加强新兴地图监管。加强对数字化地图、互联网地图等新兴地图的监管。在现有法律法规框架下，充分发挥上海市国家版图意识宣传教育和地图市场监管协调指导小组的作用，精心组织、着力抓好互联网地图的专项整治活动，整顿规范地理信息采集加工、互联网地图市场。整合相关部门的地图管理力量，提升管理能力和质量，确保上海地图市场的秩序和规范。

（十）加强测绘产品质量监管。加大测绘产品质量监督检查力度，提高测绘产品质量监督检查的针对性，特别是加强对规划测绘、房产测绘、导航电子地图、地下管线、重大建设工程等关系人身财产安全、影响面广的重点领域的测绘产品质量监督。积极推进测绘质量制度创新和测绘行业质量诚信建设。依法查处违反测绘产品质量法律、法规、标准的违法行为。

（十一）严格测绘行政执法。充实测绘执法力量，加强对执法人员的培训，提高执法人员的业务素质和政治素质。进一步加强测绘主管部门与科技、旅游、国家安全、保密等部门的合作，建立完善部门间信息通报、配合调查、案件移送、联合办案等工作机制，加大执法力度，严厉查处无证测绘、超资质超范围测绘、擅自采集提供地理信息等违法违规行为，进一步规范上海测绘市场。

四、科技创新，完善服务，不断提升测绘保障服务经济社会发展能力

（十二）加快基础地理信息资源建设。继续以测绘科技发展为依托，不断挖掘潜力，探索基础地理信息变化动态监测的技术手段，进一步缩短基础地形数据更新周期，提高基础地形数据的现势性，分别实现1：500、1：1000、1：2000基础地形数据半年、一年、两年的更新周期。探索基础地理信息的采集更新与管理从地表向地下空间的拓展，及时调整1：500、1：1000、1：2000基础地形数据的覆盖范围，形成与城市规划、建设、管理以及经济社会发展需求相适应的基础地形数据覆盖。

（十三）建立完善地下管线地理信息更新维护机制。加强对地下管线地理信息的管理，由上海市测绘管理办公室牵头，协调市、区建设管理部门和相关公用管线管理单位建立地下管线地理信息数据库更新维护机制。通过开展地下管线普查和地下管线跟踪测量，建立准确和实时的上海地下管线地理信息数据库，保障地下管线正常运行和城市公共安全。

（十四）推进地理信息资源共建共享。积极探索地理信息共建共享的机制，明确共建共享的内容、方式和责任，统筹协调地理信息数据采集、分工、持续更新和共享服务工作。积极推进地理信息数据资源的整合，避免重复测绘。已有适宜测绘成果的，要充分利用。加强区域合作，发挥长三角地区特有的发展均衡和资源密集优势，加强长三角地区在基础地理信息方面的共建共享，促进区域功能的整体规划、整体发展。

（十五）拓展测绘服务领域。积极推进测绘成果在经济和社会发展中的应用，不断拓展测绘服务领域，提高服务水平和效率。加强本市对农村公益性测绘服务，为新农村建设开发适用的测绘产品。加快研究推出上海测绘成果目录数据库，形成分布式、多层次目录体系，为用户提供上海测绘成果目录信息的快速查询服务。加快完善推出网络化和集成化的地理信息分发服务系统，形成一个网络化的地理信息产品的超级市场，进一步扩大测绘应用服务面。

（十六）构建基础地理信息公共平台。由上海市测绘院结合国民经济和社会信息化的需求，在基础地理信息数据库的基础上，整合与地理空间位置有关的信息资源，构建面向政府部门的电子政务地理信息平台、服务企事业单位地理信息应用的电子地图数据库、面向公众查询服务的公益性地图网站，形成上海基础地理信息公共平台，更好地满足政府、企事业单位以及人民生活等方面对基础地理信息公共产品服务的需求。财政资金建设的基于地理位置的信息系统，采用上海基础地理信息公共平台的数据。

关于进一步加强政府信息公开工作的若干意见

（沪府发〔2009〕20号，2009年4月10日）

各区、县人民政府，市政府各委、办、局：

推进政府信息公开，是提高政府依法行政能力，更好地为人民服务，构建社会主义和谐社会的必然要求；是建设行为规范、运转协调、公正透明、廉洁高效的行政管理体制的重要内容。2004年以来，本市以“公开为原则，不公开为例外”，积极推进政府信息公开工作，使政府信息公开制度初步确立，公开意识不断增强，较好地满足了社会公众获取利用政府信息的需求，有力地促进了政府依法行政。

《中华人民共和国政府信息公开条例》（以下简称《条例》）实施以来，本市政府信息公开工作进入了一个新的发展阶段。为适应新的形势和任务，进一步加强政府信息公开工作，必须以邓小平理论和“三个代表”重要思想为指导，深入贯彻科学发展观，认真落实《条例》和《上海市政府信息公开规定》，按照把上海建设成为“行政效率最高、行政透明度最高、行政收费最少的行政区之一”的要求，以深化公开内容为核心，在资金、项目、政策、服务等方面切实加大公开力度，逐步形成以主动公开为主、依申请公开为补充的格局，推动本市政府信息公开工作再上新台阶，促进服务政府、责任政府、法治政府和廉洁政府建设。现就有关事项提出如下若干意见：

一、以财政性资金和社会公共资金为重点，着力提高政府资金公开透明度。

（一）积极稳妥地推进财政预算信息公开。根据《预算法》，以政府预算、部门预算、预算执行、财政转移支付等内容为重点，分步骤、分层次、分内容不断提高财政预算的公开性和透明度。扩大向同级人大报告财政预算的覆盖面，逐步实现部门预算全部报送同级人代会审议（涉及国家安全的部门除外）。细化报送同级人大的本级预算草案，逐年扩大预算草案列示的款级科目。向社会公开经人大审议通过的政府预算、决算报告及预算、决算表。探索向社会公开部门预算的方式、范围、内容和形式。及时发布月度（季度）财政收支情况。依托“金财工程”，加快构建完整的财政信息库，将所有财政资金纳入监管系统，为进一步加大财政信息公开力度创造条件。（责任单位：市财政局、各区县政府）

（二）加大财政专项资金的公开力度。全面梳理各类财政专项资金情况，以用于改善民生和促进发展的专项资金为重点，明确公开要求，逐年扩大财政专项资金的公开范围。先行选择部分涉及群众切身利益、社会关注度高的专项资金，包括对口支援都江堰灾后重建资金、中小企业发展专项资金、支农惠农资金、社会救助资金、排污费专项资金、帮困助学资金、信息化发展资金、科技小巨人专项资金、公交行业补贴资金、节能减排专项资金等，主动公开其资金使用管理办法、具体操作流程和资金分配结果。（责任单位：市财政局、市政府其他有关部门、各区县政府）

（三）加大政府非税收入公开力度。建立完善定期发布机制，公开地方政府债券筹集资金安排的项目、实施进度和资金使用情况，公开国有土地使用权出让金、贷款道路建设车辆通行费、新增机动车额度拍卖收入和使用、监督情况等。（责任单位：市财政局、市发展改革委、市规划国土资源局、市建设交通委、市交通港口局）

（四）推动行政事业性收费公开透明。健全收费公示、持证收费等制度，确保收费透明。优化行政事业性收费发布平台，完善行政事业性收费目录，公开收费项目、收费标准、收费主体、收费依据、收费范围、收费对象、收费情况等，接受社会公众监督。凡发生变更的收费项目，变更后应及时向社会公开。（责任单位：市物价局、市财政局）

（五）建立完善社会保险信息披露制度。遵循“依法披露、突出重点、真实有效、促进和谐”的原则，定期公开本市各项社会保险参保人员、享受待遇情况，基本养老保险、基本医疗保险、失业保险、工伤保险、生育保险等各类社会保险基金运行总体情况以及收支情况，社会保险经办管理服务的基本情况，经办管理重要事项和社会保险违规违纪典型案例的处理以及整改情况等。研究加强各类社会保险信息公开的有效途径。（责任单位：市人力资源社会保障局）

（六）完善住房公积金定期公告制度。公开本市住房公积金年度归集、提取、使用计划以及计划执行情况，包括住房公积金缴存使用主要指标完成情况、增值收益使用情况。公开住房公积金年度财务报告，包括资产负债表、增值收益表和财务情况说明。公开住房公积金管理及业务发展中长期规划等。依托公积金信息系统建设，不断优化公开的程序和方式，方便缴存职工和单位查询与自身相关的公积金缴纳使用情况等。（责任单位：市公积金管理中心）

（七）健全房屋维修基金定期公告制度。及时发布本市房屋维修基金年度归集金额、划转金额。健全房屋维修基金管理信息统计、公告制度，方便业主随时掌握、准确了解个人维修基金的缴存、使用情况。（责任单位：市住房保障房屋管理局、市公积金管理中心）

（八）公开彩票公益金筹集、分配和使用情况。定期向社会公告本市福利、体育等彩票公益金的年度筹集、分配和使用情况。探索福利彩票公益创投和公益招标机制，扩大社会参与度，提高公益金使用效益。（责任单位：市民政局、市体育局、市财政局）

（九）增强国有资产信息透明度。根据《企业国有资产法》，依法向社会公布国有资产状况和国有资产监督管理工作情况，接受社会公众的监督。公开出资企业生产经营总体情况，国有资产保值增值、经营业绩考核总体情况，公开出资企业国有资产有关统计信息等，不断提高国有资产信息透明度。

（责任单位：市国资委、各区县政府）

（十）进一步增强政府采购透明度。完善采购信息公告制度，及时规范发布政府采购信息，主动公开有关政府采购法律法规政策，集中采购目录、政府采购限额标准和公开招标数额标准，政府采购招标业务代理机构名录，招标公告、邀标资格预审公告、中标公告、成交结果及其更正事项等招投标信息，政府采购有关投诉处理、考核结果等监管信息，采购代理机构、供应商不良行为记录名单等。完善政府采购信息管理平台，健全单一来源采购公示制度，推动采购过程公开透明。（责任单位：市财政局、市政府机管局、各区县政府）

（十一）公开捐赠款物的募集、分配和使用情况。对“帮困送温暖”等集中性募集的物资和资金，其募集、分配、使用情况在募捐活动结束后的一个季度内向社会公布；对全市经常性捐赠中募集的物资，其募集、分配、使用情况每半年向社会公布一次；对为突发性灾害进行的募捐活动募集的物资和资金，其募捐及使用情况适时向社会公布。（责任单位：市民政局）

（十二）进一步加大审计公开力度。按照“依法、渐进、客观、公正”的原则，完善审计公开机制和程序，不断扩大审计公开领域，丰富审计公开内容，拓宽审计公开渠道，优化审计公开形式。公开年度重点审计项目计划、审计工作报告、审计整改报告。逐步公开政府部门或国有企业、事业组织以及其他单位财政收支、财务收支的单项审计结果。逐步公开有关行业或专项资金的综合审计结果。逐步公开专项审计调查结果。（责任单位：市审计局、各区县政府）

二、加大政府投资项目及计划规划公开力度，积极推动行政审批公开透明。

（十三）增强政府投资项目和重大建设项目透明度。把公开透明的要求贯穿于投资项目管理、运营的全过程。及时发布本市“扩内需、保增长”政府投资的重点投向和资金测算情况。建立健全重大建设项目公开制度，及时公布年度重大建设项目计划及其实施进展情况。公开年度市政府实事项目的进展情况。进一步提高建设项目招投标透明度。进一步加大国有土地“招拍挂”相关信息的公开力度。（责任单位：市发展改革委、市建设交通委、市规划国土资源局、市政府其他有关部门、各区县政府）

（十四）推进行政审批过程透明和结果公开。全面公开行政审批事项、条件、数量、程序、期限，以及需要提交的全部申请材料目录等，方便公众办理。公开行业协会、中介机构、社会团体、咨询公司、事业单位、民办非企业组织等参与审批、监管的情况。依托全市行政审批办事平台，逐步实现各审批环节信息的全程透明、全程监督。公开行政审批效能监察报告，规范行政审批行为，促进行政审批效率的提高。不断扩大审批结果公开范围，加大房地产开发、动拆迁、规划、环保、卫生等行政审批结果向社会公开的力度。（责任单位：市审改办、市政府办公厅、市经济信息化委、市政府其他有关部门、各区县政府）

（十五）公开国民经济和社会发展计划、规划和专项规划、区域规划等相关信息。公开年度国民经济和社会发展计划报告和计划表。公开国民经济和社会发展中长期规划及评估报告。公开环保三年行动计划、迎世博600天行动计划、鼓励创业带动就业三年行动计划等各类社会关注度高的计划的实施情况。及时公开城市总体规划、分区规划、重要地区控制性详细规划、重大建设项目规划等各类规划，以及土地利用规划。加大产业、能源、生态、旅游、教育、卫生、信息化等专项规划的公开力度。根据《统计法》，加大本市国民经济和社会发展相关统计信息的公开力度。（责任单位：市发展改革委、市规划国土资源局、市统计局、市政府其他有

关部门、各区县政府）

三、加大政策公开力度，完善政策制定和发布机制。

（十六）进一步扩大公众有序参与。各级政府制订涉及群众切身利益、社会关注度高的公共政策时，要广泛征求社会各方意见，推动公众有序参与。积极建立健全征询、听证、专家论证等征询民意的有效程序和方式，适时制定公众参与行政重大决策的相关制度规范。（责任单位：市政府法制办、市政府其他有关部门、各区县政府）

（十七）推行政策公开“三同步”制度。及时公开涉及社会公众利益的重大公共政策、产业政策和重要事项，主动发布人才引进、住房保障、促进就业、旧区改造、教育改革、医疗卫生改革等政策及其实施细则。推行政策公开“三同步”制度，即政策文件、政策解读、新闻发布稿同步公开，加大政策宣传力度，推动政策落实。（责任单位：市政府各部门、各区县政府）

（十八）加强政策执行情况公开。依托政府信息公开各种渠道，注意收集社会各方对政策实施情况的反应，为推进政策实施和完善政策提供依据。加大重大政策措施执行情况的信息公开力度，积极探索重大政策评估报告公开机制。（责任单位：市政府各部门、各区县政府）

四、加大公共服务类信息公开力度，方便市民生活和企业生产。

（十九）积极推动公共企事业单位信息公开。根据《条例》和国务院有关主管部门（单位）的总体要求，积极推动学校、医院、计划生育、供水、供电、供气、环保、公共交通等公共企事业单位的信息公开。围绕社会普遍关注的价格、质量、服务等要素，重点公开服务承诺、收费标准、办事结果、监督渠道等内容。各行业主管部门要制定各行业公共企事业单位信息公开的实施办法或细则，使公共企事业单位信息公开不断规范化、制度化。（责任单位：市教委、市卫生局、市人口计生委、市水务局、市建设交通委、市环保局、市交通港口局、市经济信息化委、市电力公司）

（二十）加强与政府管理相关公共信息公开工作。依托法人信息库建设，主动公开企业营业执照信息、年检结果信息等，建立企业信用信息数据库。积极推动实有人口、土地房屋、空间地理、行政业务等政府公共信息资源的编目、共享和应用。公开环境保护、食品安全等各类突发公共事件的应急预案、预警信息及应对情况。及时通报环境保护、公共卫生、安全生产、食品安全、产品质量的相关监督检查情况，逐步建立信息查询数据库。同时，根据《生产安全事故报告和调查处理条例》，公开相关安全生产事故处理情况。（责任单位：市政府有关部门、各区县政府）

（二十一）积极推进依法行政类信息公开。及时公开行政机关职责、内设机构和人员编制及其调整、变动情况。在公安、工商、卫生、环保、质量技监、食品药品监管、安全生产、交通、水务、城管等领域积极开展行政处罚类信息公开实践，逐步形成有效运作机制。建立依法行政状况白皮书制度，定期公开本市行政机关依法行政状况，包括制定和执行重大行政决策、制定发布规范性文件、实施行政许可和行政处罚、办理行政复议和行政应诉等方面的基本状况。推动政风行风测评结果向社会公开。（责任单位：市政府法制办、市纠风办、市政府其他有关部门、各区县政府）

（二十二）加大世博会相关信息公开力度。重点做好世博会场馆建设运营、招展布展以及与世博会相关的社会管理、公共交通、游客服务等信息公开工作。（责任单位：上海世博局、市政府有关部门、各区县政府）

五、不断拓展优化公开渠道，切实做到公开及时、有效、便民。

（二十三）充分发挥政府网站的第一平台作用。以“中国上海”门户网站为核心，加强各级政府网站建设。进一步完善“中国上海”门户网站和各级政府网站功能，突出权威性、及时性、系统性；整合网站的各种公开栏目，强化更新维护责任，升级搜索引擎，方便公众查询、检索。完善各级政府网站之间的信息共享机制，加强政府信息公开专栏建设，做到界面友好、分类科学、查询方便、更新及时。健全网上政府信箱、网上调查、在线交流等栏目的有效运作机制，畅通社情民意反馈渠道，增进政民双向互动。在保护来信人隐私的基础上，将来信的收件反馈、处理状态、结果告知等及时在网上公布。（责任单位：市政府各部门、各区县政府）

（二十四）进一步构建多样化的公开渠道。本着“促进公开，方便公众”的原则，不断丰富和完善公开渠道。建立健全新闻发布制度，积极推进新闻发言人制度，完善即时发布、议题设置发布机制。结合数字电视推广建设，探索开设“政府信息公开”数字频道或栏目，提高信息公开服务的普及性和便民性。完善“政务服务热线114”功能，使之逐步成为社会公众与政府联系的“电话门户”。探索开展“市民参观日”、“政府信息公开日”等活动。继续提升档案馆、图书馆等各类公共查阅点、政府公报、市民信箱、短信平台、信息公告栏、电子信息屏等现有公开渠道的服务，因地制宜，方便公众查阅和获取政府信息。（责任单位：市政府新闻办、市文广影视局、市政务公开办、市经济信息化委、市政府其他有关部门、各区县政府）

（二十五）推动政府信息公开向基层延伸。每年命名和建设一批“社区（农村）信息公开服务示范点”，依托居委会、村委会现有资源和设施，为公众就近获取政府信息提供便利。推动行政村为农服务信息智能终端机（“农民一点通”）部署应用。在基层组织开展政府信息志愿者服务，宣传政府信息公开工作，及时收集公众对信息公开的意见建议。（责任单位：市政府办公厅、市农委、各区县政府）

六、加强基础工作，建立政府信息公开长效机制。

（二十六）加强政府信息公开工作机构、队伍建设。各区县、各部门要明确信息公开工作的分管领导，落实信息公开工作机构，充实工作人员，保障必要的工作经费，建立和完善信息公开的服务窗口。各区县政府以及社会关注度高的市级部门原则上至少配备1－2名政府信息公开专职工作人员。（责任单位：市政府各部门、各区县政府）

（二十七）推动信息公开工作标准化和规范化建设。按照“统一标准，规范实施，分级部署”的原则，完善政府信息公开平台功能，统一规范政府部门公开政府信息工作规则，对主动公开政府信息发布主体、内容、形式、范围，以及依申请公开接收、答复、提供等环节，加以规范和标准化。市级机关要制定本领域信息公开细则，协调和统一各相关部门之间和市、区县两级部门之间的信息公开工作标准和要求。继续推进公文类信息目录备案工作，进一步把信息公开贯穿于公文管理全过程。（责任单位：市政府办公厅、市经济信息化委、市政府其他有关部门、各区县政府）

（二十八）完善信息公开相关配套制度。修订完善政府信息公开目录、指南编制规范，建立健全公开信息更新维护、历史文件梳理、虚假和不完整信息澄清、主动公开信息送交及政府信息归档等制度。围绕依法平稳有序目标，加强对依申请公开工作指导和释疑，完善依申请公开处理工作规程，进一步规范依申请公开行为，做好有关行政复议和行政诉讼工作。健全落实政府信息发布协调、保密审查和监督保障等制度，完善考核评估办法，加大社会评议力度，促进政府信息公开

工作有序推进。（责任单位：市政府办公厅、市政府法制办、市档案局、市保密局、上海图书馆、市政府其他有关部门、各区县政府）

（二十九）建立健全政府信息公开的专业支撑体系。组建市政府信息公开专家咨询组，依托本市科研院所和高校建立市政府信息公开研究基地，为深入开展信息公开提供专业支撑和决策参考。（责任单位：市政府办公厅、市教委）

（三十）切实加强政府信息公开工作培训。将政府信息公开纳入公务员培训计划，实行全员培训，全面增强本市公务员特别是各级领导干部的政府信息公开意识和责任感。对从事政府信息公开工作的人员，进行必要的业务考核。（责任单位：市政府办公厅、市公务员局、上海行政学院、市政府其他有关部门、各区县政府）

各区县、各部门要结合实际，抓紧研究制定贯彻本意见的实施方案和具体措施；市政府办公厅要加强协调指导和督促检查，确保本意见落到实处。

上海市并联审批试行办法

（沪府发〔2009〕22 号，2009 年 4 月 17 日）

第一条（目的和依据）

为了规范本市并联审批工作，优化行政审批程序，提高行政审批效率，方便申请人，根据《中华人民共和国行政许可法》和其他有关法律、法规和规章的规定，结合本市实际，制定本办法。

第二条（定义）

本办法所称的并联审批，是指对同一申请人提出的，在一定时段内需由两个以上本市行政部门分别实施的两个以上具有关联性的行政审批事项，实行由一个部门（以下称“牵头部门”）统一接收、转送申请材料，各相关审批部门（以下称“并联审批部门”）同步审批，分别作出审批决定的审批方式。

本办法所称的行政审批，包括行政许可和非行政许可审批。

第三条（适用范围）

本市行政部门实施并联审批的，适用本办法。

国家主管部门在沪机构与本市行政部门共同实施并联审批的，可以适用本办法。

第四条（组织实施）

市行政审批制度改革工作领导小组办公室（以下称“市审批改革部门”）负责本市并联审批工作的组织实施、协调和推进。

区、县人民政府确定的行政审批改革工作部门（以下称“区、县审批改革部门”）负责本行政区域内并联审批工作的组织实施、协调和推进。

第五条（实施原则）

实施并联审批，应当优化审批流程，简化审批环节，缩短审批时间。

第六条（具体实施方案）

市和区、县审批改革部门根据各自权限，会同有关部门制定并联审批的具体实施方案，并向社会公布。

具体实施方案包括实施领域、审批事项、牵头部门、并联审批部门、具体流程和期限等内容。

具体实施方案规定的期限，应当短于法定期限。

第七条（牵头部门职责）

牵头部门在并联审批工作中，承担下列职责：

（一）公示和告知申请人并联审批的相关内容；

（二）统一接收和转送申请材料；

（三）组织联合核查、联合会审；

（四）督促并联审批部门及时作出审批决定，颁发、送达许可证件；

（五）对并联审批工作中出现的问题进

行协调；

（六）定期向市或者区、县审批改革部门通报并联审批实施情况；

（七）市或者区、县人民政府规定的其他职责。

第八条（并联审批部门职责）

并联审批部门在并联审批工作中，承担下列职责：

（一）向牵头部门提供本部门行政审批的相关内容；

（二）及时作出审批决定，颁发、送达许可证件；

（三）参加牵头部门组织的联合核查、联合会审；

（四）市或者区、县人民政府规定的其他职责。

第九条（公示）

牵头部门应当将并联审批所涉及的行政审批事项的审批依据、审批条件、申请材料目录、办理程序、办理期限等相关内容予以公示。

并联审批部门应当向牵头部门提供本部门行政审批事项的审批依据、审批条件和申请材料目录等材料以及相关的说明、解释。

第十条（申请和告知）

申请人提出的行政审批申请，涉及并联审批的，应当由牵头部门组织实施并联审批。

牵头部门应当采用书面形式，向申请人一次告知并联审批所涉及的具体审批事项、审批条件以及申请材料目录等内容。

第十一条（材料提交、接收和转送）

申请人应当根据书面告知的内容，向牵头部门提交申请材料。

牵头部门应当当场清点申请材料，符合要求的，予以统一接收并向申请人出具收件凭证。

牵头部门应当自出具收件凭证之日起1个工作日内，将相关申请材料转送并联审批部门；因特殊情况确实无法按时转送的，可以延长1个工作日。

第十二条（材料补正）

并联审批部门收到申请材料后，经审核需要申请人补正材料的，应当自收到申请材料之日起3个工作日内，一次告知申请人。

市和区、县设立行政审批集中办理场所的，牵头部门可以安排统一时间，在集中办理场所组织并联审批部门一次告知申请人需要补正的材料。

第十三条（联合核查）

并联审批部门需要进行实地核查的，应当事先告知牵头部门。

有两个以上并联审批部门需要对并联审批事项进行实地核查并且可以同时进行的，牵头部门应当组织并联审批部门联合进行。

第十四条（联合会审）

并联审批实施过程中，牵头部门可以根据实际需要，组织并联审批部门召开专门会议，对并联审批事项进行联合会审。

第十五条（协调）

并联审批实施过程中有需要协调的，由牵头部门进行协调。牵头部门无法协调的，由同级人民政府指定的部门进行协调；需要在市和区、县两级并联审批部门之间协调的，由市人民政府指定的部门进行协调。

第十六条（不同层级审批）

并联审批事项涉及不同层级的并联审批部门的，由牵头部门按照具体实施方案的规定，将相关的申请材料转送不同层级的并联审批部门实施审批。

依法应当先经区、县并联审批部门初审的，由牵头部门将相关申请材料转送该区、县并联审批部门。区、县并联审批部门应当在具体实施方案规定的期限内提出初审意见，并将初审意见和全部申请材料报送市并联审批部门实施审批。

第十七条（审批决定和证件的发送）

并联审批部门应当在具体实施方案规定的期限内依法作出审批决定，颁发、送达许可证件。

许可证件可以由并联审批部门分别送达申请人，或者统一由牵头部门送达申请人。其中，由并联审批部门分别送达申请人的，并联审批部门应当及时告知牵头部门。

并联审批部门未在具体实施方案规定的期限内作出审批决定的，牵头部门应当告知申请人，并将有关情况向市或者区、县审批改革部门通报。

第十八条（告知承诺适用）

并联审批中涉及实行告知承诺审批事项的，按照本市行政审批告知承诺的有关规定执行。

第十九条（监督检查）

并联审批部门应当按照各自职责，依法对当事人从事经本部门批准的行政审批事项活动进行监督检查。

第二十条（行政监察）

市和区、县监察机关应当加强对并联审批实施情况的监察，并定期向同级人民政府报告监察情况。

牵头部门和并联审批部门未按照规定履行职责的，申请人可以向市或者区、县监察机关举报；市或者区、县监察机关应当依法追究行政责任。

第二十一条（施行日期）

本办法自2009年5月1日至2012年4月30日施行。

上海市行政审批告知承诺试行办法

（沪府发〔2009〕23号，2009年4月17日）

第一条（目的）

为优化行政审批程序，完善管理方式，提高行政效率，结合本市实际，制定本办法。

第二条（定义）

本办法所称的告知承诺，是指公民、法人或者其他组织提出行政审批申请，行政审批机关一次告知其审批条件和需要提交的材料，申请人以书面形式承诺其符合审批条件，并能够按照承诺在规定期限内提交材料的，由行政审批机关作出行政审批决定的方式。

本办法所称的行政审批，包括行政许可和非行政许可审批。

第三条（适用范围）

本市行政审批机关以告知承诺方式实施行政审批的，适用本办法。

第四条（组织实施）

市行政审批制度改革工作领导小组办公室（以下称“市审批改革部门”）负责本市告知承诺工作的组织实施、协调和推进。

区、县人民政府确定的审批改革工作部门（以下称“区、县审批改革部门”）负责本行政区域内告知承诺工作的组织实施、协调和推进。

第五条（告知承诺事项的确定与公布）

除直接涉及公共安全、生态环境保护以及直接关系人身健康、生命财产安全的行政审批事项外，对于能够通过事后监管纠正不符合审批条件的行为且不会产生严重后果的行政审批事项，审批机关可以实行告知承诺。

实行告知承诺的具体行政审批事项，由市和区、县审批改革部门根据各自权限，会同相关审批机关确定，并向社会公布。

第六条（告知承诺书）

实行告知承诺的行政审批事项，应当由行政审批机关制作告知承诺书。

告知承诺书示范文本，由市和区、县审批改革部门根据各自权限，会同相关行政审批机关制作。

第七条（行政审批机关的告知）

对实行告知承诺的行政审批事项，行政审批机关收到申请后，应当通过告知承诺书，向申请人告知下列内容：

（一）行政审批事项所依据的主要法律、法规、规章的名称和相关条款；

（二）准予行政审批应当具备的条件、标准和技术要求；

（三）需要申请人提交材料的名称、方式和期限；

（四）申请人作出承诺的时限和法律效力，以及逾期不作出承诺和作出不实承诺的法律后果；

（五）行政审批机关认为应当告知的其他内容。

申请人当面递交申请的，行政审批机关应当当场发给告知承诺书；申请人通过信函、电传、传真、电子数据交换和电子邮件等方式提出申请的，行政审批机关应当在收到申请后 3 个工作日内将告知承诺书邮寄给申请人。

第八条（申请人的承诺）

申请人收到行政审批机关的告知承诺书，愿意作出承诺的，应当在被告知的期限内填写申请人基本信息，并对下列内容作出确认和承诺：

（一）所填写的基本信息真实、准确；

（二）已经知晓行政审批机关告知的全部内容；

（三）自身能够满足行政审批机关告知的条件、标准和技术要求；

（四）能够在约定期限内提交行政审批机关告知的相关材料；

（五）愿意承担违反承诺的法律责任；

（六）所作承诺是申请人真实意思的表示。

申请人应当将经签章的告知承诺书当面递交或者邮寄给行政审批机关。

第九条（告知承诺书的生效和保存）

告知承诺书经行政审批机关和申请人双方签章后生效。

告知承诺书一式两份，由行政审批机关和申请人各保存一份。

第十条（提交材料）

申请人应当按照告知承诺书的约定，向行政审批机关提交相关材料。

告知承诺书约定申请人在递交告知承诺书时提交部分材料的，申请人应当在递交告知承诺书时一并提交；约定在行政审批决定作出后一定期限内提交相关材料的，申请人应当按照规定期限提交。

申请人应当在递交告知承诺书时提交材料的具体范围，由市和区、县审批改革部门根据各自权限，会同相关行政审批机关确定。

第十一条（审批决定）

行政审批机关收到经申请人签章的告知承诺书以及告知承诺书约定的部分材料后，应当当场作出行政审批决定，并制作相应的行政审批证件，依法送达申请人。

第十二条（后续监管）

作出准予行政审批的决定后，被审批人在告知承诺书约定的期限内未提交材料或者提交的材料不符合要求的，行政审批机关应当依法撤销行政审批决定。

行政审批机关应当在作出准予行政审批的决定后 2 个月内，对被审批人的承诺内容是否属实进行检查。发现被审批人实际情况与承诺内容不符的，行政审批机关应当要求其限期整改；整改后仍不符合条件的，行政审批机关应当依法撤销行政审批决定。

行政审批机关应当对被审批人从事行政审批事项的活动加强监督检查；发现被审批人有违法行为的，应当依法及时作出处理。

第十三条（诚信档案）

行政审批机关应当建立申请人、被审批人诚信档案。

对被审批人在规定期限内未提交材料，或者提交的材料不符合要求的，行政审批机关在审查、后续监管中发现申请人、被审批人作出不实承诺的，应当记入申请人、被审批人诚信档案，并对该申请人、被审批人不再适用告知承诺的审批方式。

第十四条（行政监察）

市和区、县监察机关应当加强对告知承

诺实施情况的监察。

第十五条（申请人不愿意承诺的办理）

对实行告知承诺的行政审批事项，申请人不愿意作出承诺的，行政审批机关应当按照法律、法规和规章的有关规定，实施行政审批。

第十六条（施行日期）

本办法自2009年6月1日至2012年5月31日施行。

上海市节约能源条例

（2009年4月23日上海市第十三届人民代表大会常务委员会第十次会议修订）

第一章 总则

第一条 为了推动全社会节约能源，提高能源利用效率，保护和改善环境，加快建设节约型社会，促进本市经济社会全面协调可持续发展，根据《中华人民共和国节约能源法》和其他有关法律、行政法规的规定，结合本市实际，制定本条例。

第二条 本条例适用于本市行政区域内节约能源（以下简称“节能”）及其相关的管理活动。

第三条 本市节能工作遵循政府引导、市场运作、技术推进和全社会参与的原则。

第四条 市和区、县人民政府应当加强对节能工作的领导，部署、协调、监督、检查、推动节能工作。

市和区、县发展改革行政管理部门负责对节能工作的综合协调和监督管理，组织拟订节能规划和政策措施，并负责协调实施。

市和区、县经济信息化、建设交通、商务、机关事务、旅游、农业等行政管理部门按照各自职责，分别负责相关领域的节能监督管理工作。

市和区、县科技、财政、统计、质量技监、规划国土资源、环保、住房保障房屋管理等行政管理部门按照各自职责，做好相关节能管理工作。

第五条 上海市节能监察中心负责本市节能日常监察工作，并依照本条例的授权和有关行政管理部门的委托，对违反节能管理法律、法规的行为实施行政处罚。

第六条 本市实行有利于节能和环境保护的产业政策，优先发展现代服务业和先进制造业，鼓励和支持发展低耗能、低排放、高附加值产业；对高耗能的产业，应当有计划、有步骤地进行调整，或者加快技术改造，降低能耗。

本市鼓励、支持开发和利用新能源、可再生能源。

第七条 本市各级人民政府及其相关部门、能源生产经营单位应当加强节能宣传，普及节能知识，增强全民的节能意识。

本市用能单位应当对本单位职工开展节能教育和培训。

本市中小学校、高等院校应当组织节能知识的宣传教育，开展节能实践活动。

本市社区应当运用多种形式普及节能知识，开展创建节能家庭活动，倡导节能环保的生活方式。

本市新闻媒体应当加强节能宣传，刊播节能公益性广告，宣传节能重要举措。

第八条 本市支持节能服务机构、行业协会以及节能产品设计、生产、销售单位，推广节能产品，指导用户正确使用节能产品，引导节能型消费。

本市鼓励单位和个人采用节能技术和使用节能产品，提高用能效率。

第九条 市和区、县人民政府对在节能或者节能科学技术研究、推广中有显著成绩的单位和个人给予表彰、奖励。

能源生产经营单位、用能单位应当对单位内部节能工作取得成绩的集体、个人给予奖励。

第十条　任何单位和个人都应当履行节能义务，有权检举浪费能源的行为。

第二章　节能管理

第十一条　市人民政府应当根据国家节能中长期专项规划、本市国民经济和社会发展中长期规划，组织编制本市节能中长期专项规划。

区、县人民政府应当根据市节能中长期专项规划，组织编制本行政区域的节能中长期专项规划。

市经济信息化、建设交通、商务、机关事务、旅游等行政管理部门应当根据市节能中长期专项规划，编制相关领域的节能规划。

第十二条　市发展改革行政管理部门应当会同相关部门，根据市节能中长期专项规划制定全市年度节能计划，确定年度节能目标和节能措施，报经市人民政府批准后实施。

第十三条　市人民政府应当根据全市年度节能计划，向市经济信息化、建设交通、商务、机关事务、旅游等行政管理部门和区、县人民政府下达节能目标。

第十四条　市经济信息化、建设交通、商务、机关事务、旅游等行政管理部门和区、县人民政府应当根据市人民政府下达的节能目标，以及各自的节能规划或者节能中长期专项规划，制定年度节能计划，确定节能措施，并报市人民政府备案。

第十五条　市和区、县人民政府应当每年向同级人民代表大会或者其常务委员会报告节能工作。

第十六条　市人民政府应当向重点用能单位下达节能目标；区、县人民政府应当向纳入本区、县节能监控的用能单位下达节能目标。

重点用能单位名单，由市发展改革行政管理部门会同相关行政管理部门确定；区、县级节能监控的用能单位名单，由区、县人民政府根据本行政区域节能管理的实际需要确定，并报市发展改革行政管理部门和相关行政管理部门备案。

第十七条　本市实行节能考核评价制度，将节能目标完成情况和节能措施落实情况，作为对市经济信息化、建设交通、商务、机关事务、旅游等行政管理部门和区、县人民政府及其负责人年度考核评价的内容。

市和区、县人民政府应当对各自监控的用能单位的节能目标完成和节能措施落实情况进行年度评价，并将评价结果向社会公布。

第十八条　对尚未制定有关节能的国家标准、行业标准的，市质量技监行政管理部门可以根据技术先进、经济合理的原则，组织制定地方标准，并按规定报国家有关部门备案。

市质量技监行政管理部门可以会同相关部门制定严于强制性国家标准、行业标准的地方节能标准，由市人民政府审定后报国务院批准；法律、法规另有规定的除外。

第十九条　本市实行固定资产投资项目节能评估和审查制度，具体实施办法由市人民政府另行制定。

第二十条　本市禁止生产、进口、销售国家明令淘汰或者不符合强制性能源效率标准的用能产品、设备；禁止使用国家明令淘汰的用能设备、生产工艺。

对国家规定淘汰期限的用能产品、设备、生产工艺，市经济信息化行政管理部门应当会同相关部门制定淘汰计划，指导用能单位实施淘汰或者技术改造。

第二十一条　生产单位应当执行国家和本市规定的单位产品能耗限额标准。

市和区、县经济信息化行政管理部门应当按照各自权限，责令超过单位产品能耗限额标准用能的生产单位限期治理。

第二十二条　高耗能特种设备的设计文件应当包括与节能相关的内容。具有相应资质的单位应当按照国家规定进行节能审核；对不符合能源效率指标的，不予通过设计文件鉴定，生产单位不得制造。

高耗能特种设备在安装、改造和重大维修后对能源效率有影响的，应当进行能源效率检测。具有相应资质的单位应当按照国家规定进行能源效率检测；对不符合能源效率指标的，不得交付使用。

第二十三条 用能单位应当建立能源计量管理制度，按照规定配备、使用经依法检定合格的能源计量器具，加强对能源计量器具的管理，按照规定定期检定。

第二十四条 市统计行政管理部门应当会同相关部门建立健全反映本市能源调入、调出、生产、加工、转换、消费以及市场供求的能源统计指标体系，改进和规范统计方法，确保统计数据的真实、完整。

市统计行政管理部门应当对上报的统计数据进行审核和分析，并会同市发展改革行政管理部门定期向社会公布各区、县以及主要耗能行业的能源消费和节能情况。

第二十五条 能源生产经营单位不得向本单位职工无偿或者低价提供能源。

任何单位不得对能源消费实行包费制。

第二十六条 市发展改革行政管理部门应当会同相关部门建立节能信息服务平台，完善节能统计、节能政策、节能标准等专业基础数据库，定期发布节能新产品、新技术信息，为社会提供节能指导和服务。

第二十七条 本市鼓励用能产品的生产者、销售者向经国务院认证认可监督管理部门认可的从事节能产品认证的机构申请节能产品认证。

第二十八条 本市鼓励用能单位【HTSS】以行业内能耗先进水平的量化指标为基准，调整用能结构、加快节能技术改造、强化节能管理，提高能源利用效率。

第二十九条 本市支持节能服务业的发展。节能服务机构应当公正、客观地为用能单位提供节能咨询、设计、评估、检测、审计、认证等服务。

第三十条 行业协会应当按照法律、法规的规定，在行业节能规划的制定和实施、节能技术推广、能源消费统计、节能宣传培训和信息咨询等方面发挥作用。

第三章 合理使用与节约能源

第一节 工业节能

第三十一条 市经济信息化行政管理部门根据本市工业领域耗能状况，推动电力、钢铁、石油加工、化工、建材、装备制造等主要耗能行业节能技术改造，提升行业能源效率水平，推进有利于节能的行业结构调整，优化用能结构。

第三十二条 本市新建工业园区、产业基地在编制园区规划的同时，应当按照能源高效循环利用的生产模式，制定能源利用规划和整体节能方案。

本市改建、扩建具备集中供热条件的工业园区、产业基地时，园区管理机构应当制定集中供热的规划和实施方案，并组织实施。

第三十三条 本市鼓励工业企业采用高效、节能的电动机、风机、锅炉、窑炉、泵类等设备，采用热电联产、余热余压利用、能量系统优化以及先进的用能检测和控制等技术。

第三十四条 本市电网企业应当与取得行政许可或者报送备案的可再生能源发电企业签订并网协议和购电协议，优先全额收购其电网覆盖范围内可再生能源发电项目的上网电量，并为可再生能源发电企业提供接入、计量、结算等上网服务。

第三十五条 本市禁止新建不符合国家规定的燃煤发电机组、燃油发电机组和燃煤热电机组。

第二节 建筑节能

第三十六条 市和区、县规划行政管理部门在编制城市详细规划时，应当在建筑物的布局、形状、朝向、通风和绿化等方面考虑建筑节能的要求。

第三十七条 本市建筑工程的建设、设计、施工和监理活动，应当遵守建筑节能标准。

市建设交通行政管理部门可以根据本市实际情况，制定严于国家标准或者行业标准的地方建筑节能标准，并报国务院标准化主管部门和国务院建设主管部门备案。

第三十八条 市和区、县建设交通行政管理部门在施工图设计文件审查备案、核发施工许可证和开展安全质量监督时，应当加强对建设工程执行建筑节能标准情况的监督检查。

工程项目竣工验收备案时，市和区、县建设交通行政管理部门应当对建设单位提交的工程项目竣工验收报告中建筑节能的内容进行查验。

第三十九条 市建设交通行政管理部门应当会同市发展改革、住房保障房屋管理等行政管理部门根据建筑节能规划，组织制定既有建筑节能改造计划，明确节能改造的目标、范围和要求，报经市人民政府批准后实施。

市和区、县人民政府应当采取鼓励措施推进既有建筑节能改造计划的落实。

第四十条 本市鼓励在新建建筑〖HTSS〗和既有建筑改造中使用新型墙体材料等节能建筑材料和节能设备，推广可再生能源的利用。

第三节 交通运输节能

第四十一条 市建设交通行政管理部门应当会同相关部门加强规划统筹，推进节能型综合交通设施建设，优化综合交通集疏运结构体系，推进江海联运和海铁联运。

第四十二条 市和区、县人民政府及其相关部门应当优化城市道路网络建设，加强区域内交通及对外交通的有效衔接，完善智能化交通管理系统，提高道路通行能力和运输效率。

第四十三条 市人民政府应当加大对公共交通的投入，完善轨道交通基本网络，降低公共交通出行费用，引导市民选乘公共交通工具出行，减少交通能源消耗。

第四十四条 本市鼓励开发、生产、使用低耗能、低污染的节能环保型汽车和清洁能源汽车；鼓励新能源在城市公交和建设工程、环卫特种车辆等方面的应用和推广。

第四节 公共机构节能

第四十五条 市和区、县机关事务行政管理部门在同级发展改革行政管理部门的指导下，负责本级国家机关节能监督管理工作，并协调、推进本级其他公共机构的节能管理工作。

市和区、县教育、科技、文化、卫生、体育等行政管理部门负责本系统内国家机关以外其他公共机构的节能工作，并接受同级机关事务行政管理部门的指导。

公共机构负责人对本单位节能工作全面负责。公共机构的节能工作实行目标责任制和考核评价制度，节能目标完成情况应当作为对公共机构负责人考核评价的内容。

第四十六条 市和区、县机关事务行政管理部门应当会同相关部门，建立能源消耗监测网络，对同级公共机构能源消耗状况进行实时监测。

第四十七条 市和区、县机关事务行政管理部门应当会同相关部门，制定本级国家机关能源消耗定额和办公电器配备标准。

市教育、科技、文化、卫生、体育等行政管理部门在市机关事务行政管理部门的指导下，根据本系统能源消耗综合水平和特点，制定本系统内国家机关以外其他公共机构能源消耗定额和办公电器配备标准。

能源消耗定额和办公电器配备标准应当根据经济社会发展状况定期调整。

第四十八条 市和区、县财政行政管理部门应当根据能源消耗定额制定能源消耗支出标准，并根据办公电器配备标准对公共机构办公电器购置经费实施管理。

第四十九条 公共机构超过能源消耗定

额使用能源或者超标准配置办公电器的，应当向同级机关事务行政管理部门作出说明；无正当理由的，市或者区、县机关事务行政管理部门应当责令限期治理。

第五节　重点用能单位节能

第五十条　重点用能单位应当制订年度节能计划，采取节能措施，提高能源利用效率，控制能源消耗总量，完成市人民政府下达的节能目标。

重点用能单位和纳入区、县节能监控的用能单位〖HTSS〗超额完成下达的节能目标的，市或者区、县人民政府应当给予表彰、奖励。

第五十一条　重点用能单位应当每年向市相关行政管理部门报送上年度的能源利用状况报告。重点用能单位未完成上年度节能目标的，应当在能源利用状况报告中说明原因。

第五十二条　市相关行政管理部门应当按照法律、行政法规和国家有关规定，对重点用能单位报送的上年度能源利用状况报告进行审查。

经审查，发现重点用能单位有下列情形之一的，市相关行政管理部门应当开展现场调查，委托节能服务机构实施用能设备能源效率检测，责令实施能源审计，并提出书面整改要求，限期整改：

（一）无正当理由，未完成上年度节能目标的；

（二）能源计量数据、统计数据有明显错误的；

（三）能源利用效率低于同行业平均水平的；

（四）节能管理制度不健全、节能措施不落实、能源利用效率低的其他情形。

市相关行政管理部门应当将重点用能单位的能源利用状况报告和审查情况送市发展改革行政管理部门。

第五十三条　重点用能单位应当建立内部能源审计制度，对能源生产、转换和消费进行全面检查和监督。

第五十四条　重点用能单位应当设立能源管理岗位，在具有节能专业知识、实际经验以及中级以上技术职称的人员中聘任能源管理负责人，并报市相关行政管理部门备案。

年综合能源消费总量五万吨标准煤以上的重点用能单位，应当明确能源管理机构，设立能源计量、统计、审计等能源管理岗位，并报市相关行政管理部门备案。

第五十五条　重点用能单位应当建立、健全能源管理岗位人员培训制度，对能源计量、统计、审计和主要用能设备操作人员制定专门的节能培训计划，保证相关人员接受专业化、系统化的节能培训。

第四章　节能技术进步和节能激励措施

第五十六条　市和区、县人民政府及其相关部门应当把节能技术研究开发作为政府科技投入的重点领域，并安排资金支持企业、科研单位和高等院校研发通用性、关键性节能技术和设备，建立节能技术交易市场，促进节能技术的成果转化和应用推广。

第五十七条　市和区、县人民政府应当按照因地制宜、多能互补、综合利用、讲求效益的原则，加强农业和农村节能工作，增加对农业和农村节能技术、节能产品推广应用的资金投入。

第五十八条　市人民政府应当根据经济和社会发展情况，设立用于支持节能工作的专项资金。

专项资金主要用于以下几个方面：

（一）节能技术改造和技术升级；

（二）淘汰高耗能的落后生产能力；

（三）鼓励可再生能源和新能源利用；

（四）支持开展合同能源管理；

（五）节能技术和产品的示范和推广；

（六）节能宣传、培训；

（七）分布式供能系统推进；

（八）节能奖励；

（九）市人民政府确定的支持节能工作的其他用途。

专项资金的管理和使用，应当确保资金安排、使用的科学性和公正性，提高资金使用效益。具体办法由市人民政府另行制定。

第五十九条　市发展改革行政管理部门应当会同相关部门对专项资金支持项目的节能情况进行定期监督、检查，并可以委托节能服务机构对项目完成情况进行评估验收。

市财政、审计行政管理部门应当对专项资金的使用情况和专项资金支持项目执行情况进行监督、稽查和审计。

第六十条　企业开发节能新技术、进口节能研发用品、购置节能专用设备，按照国家规定享受税收优惠政策。

第六十一条　本市支持金融机构完善节能领域的直接融资产品，拓展节能服务机构、企业节能项目的筹资渠道，降低其筹资成本。

本市支持政策性银行和商业银行通过联合贷款、转贷款等合作方式，为起步资金大、项目投资回报期长的节能项目提供全程金融服务，根据项目不同阶段的信贷需求，提供相应的信贷产品。

第六十二条　本市鼓励政策性担保机构、金融机构对企业开展以下项目，优先给予担保或者授信支持：

（一）获得国家或者本市财税等政策性支持的节能技术研发、节能产品生产以及节能技术改造项目；

（二）得到国家或者本市相关部门表彰或者推荐，并且节能效果显著的项目。

第六十三条　本市推进能源价格改革，实行有利于节能的能源价格政策。

本市实行峰谷分时差价、季节性差价、可中断负荷补偿电价等政策；扩大两部制电价执行范围，提高两部制电价中基本电价的比重，并实行分时核定最大需量。

本市鼓励电力企业与用户运用协议避峰等措施限制高峰期电荷，合理调整用电负荷。

第六十四条　对节能目标考核评价范围内的部门或者单位进行考核评价时，可以将可再生能源利用量从实际用能量中扣除。具体办法由市发展改革行政管理部门另行制定。

第六十五条　本市公共机构应当优先采购列入节能产品政府采购清单名录的节能产品、设备。

本市采取招标价格折扣优惠、首购、订购等方式，支持政府采购节能产品。

第六十六条　本市发挥市场调节机制作用，建立节能交易平台，积极探索重点用能单位节能量指标交易。

第六十七条　本市推广电力需求侧管理，利用经济、技术等政策措施，鼓励电力消费削峰填谷，提高用电效率。

第六十八条　接受市或者区、县人民政府下达节能目标的用能单位，可以与市或者区、县人民政府签订节能自愿协议，承诺在规定期限内，通过节能技术改造等措施，超额完成下达的节能目标。

签订节能自愿协议的用能单位按照协议约定超额完成下达的节能目标的，市或者区、县人民政府可以按照超额完成的节能量给予奖励。

第六十九条　本市鼓励节能服务机构提供合同能源管理服务，为委托单位的节能改造提供咨询、评估、检测、设计、运行和管理等服务。

本市对符合条件的合同能源管理项目的前期咨询、评估、检测费用给予专项补贴；对合同能源管理项目，按照节能量进行奖励，具体办法由市人民政府有关部门制定。

第五章　法律责任

第七十条　违反本条例第二十条第一款规定，使用明令淘汰的用能设备或者生产工艺的，由市或者区、县相关行政管理部门责令停止使用，没收国家明令淘汰的用能设备；情节严重的，报请本级人民政府按照国务院规定的权限责令停业整顿或者关闭。

第七十一条　违反本条例第二十五条规定，无偿或者低价向本单位职工提供能源或者对能源消费实行包费制的，由市或者区、县相关行政管理部门责令限期改正；逾期不改正的，处以五万元以上二十万元以下罚款。

第七十二条　违反本条例第二十九条规定，从事节能咨询、设计、评估、检测、审计、认证等服务的机构提供虚假信息的，由市或者区、县相关行政管理部门责令改正，没收违法所得，并处以五万元以上十万元以下罚款。

第七十三条　违反本条例第五十一条规定，重点用能单位未按规定报送能源利用状况报告或者报告内容不实的，由市相关行政管理部门责令限期改正；逾期不改正的，处以一万元以上五万元以下罚款。

第七十四条　违反本条例第五十二条规定，重点用能单位无正当理由拒不落实整改要求或者整改没有达到要求的，由市相关行政管理部门处以十万元以上三十万元以下罚款。

第七十五条　违反本条例第五十四条第一款规定，重点用能单位未设立能源管理岗位，聘任能源管理负责人，并报市相关行政管理部门备案的，由市相关行政管理部门责令改正；拒不改正的，处以一万元以上三万元以下罚款。

违反本条例第五十四条第二款规定，年综合能源消费量五万吨标准煤以上的重点用能单位未明确能源管理机构，或者未设立专门的能源计量、统计、审计等能源管理岗位，并报市相关行政管理部门备案的，由市相关行政管理部门责令限期改正；拒不改正的，处以一万元以上三万元以下罚款。

第七十六条　违反本条例规定的其他行为，法律、行政法规有处理规定的，依照其规定进行处理。

第七十七条　市节能监察中心负责行使由市经济信息化行政管理部门依照本条例实施的行政处罚，接受市其他相关行政管理部门的委托行使本条例规定的行政处罚。

第七十八条　国家工作人员在节能管理工作中滥用职权、玩忽职守、徇私舞弊，构成犯罪的，依法追究刑事责任；尚不构成犯罪的，依法给予处分。

第六章　附则

第七十九条　本条例相关用语含义如下：

（一）重点用能单位，是指年综合能源消费量五千吨标准煤以上的用能单位。

（二）单位产品能耗限额，是指按照产品的计量单位计算，每一计量单位产品所分摊的综合能源消耗量（或者某一主要能源品种的消耗量）不得超过的最大数额。

（三）峰谷分时差价，是指根据用户用电需求和电网在不同时段的实际负荷情况，将每天的时间划分为高峰、平段、低谷三个时段或高峰、低谷两个时段，对各时段分别制定不同的电价标准，以鼓励用户和发电企业削峰填谷，提高电力资源的利用效率。

（四）季节性差价，是指在电力紧缺、用电负荷季节性变化大的地区实行的差别电价制度，即在电力供求紧张或缓和的不同季节内，电价可在一定范围内进行浮动。

（五）可中断负荷补偿电价，是指电力企业和用户签订合同，通过电价激励，实现在系统峰值时或紧急状态下，用户按照合同规定中断或削减负荷。通过实施可中断负荷电价，可以移峰填谷，提高电网负荷率。

（六）两部制电价，是指将电价分为基本电价和电度电价两部分，计算电费时将按用电容量乘以基本电价和按电量乘以电度电价所得的电费之和，作为总电费的计算办法。

（七）分时核定最大需量，是指用电高峰时段对两部制电价用户的最大需量按契约限额的90%执行，超过90%部分加倍收取基本电费；低谷时段用户可超契约限额用电，超用不加价。

（八）电力需求侧管理，是指通过提高终端用电效率和优化用电方式，在完成同样用电功能的同时减少电量消耗和电力需求，达到节约能源和保护环境，实现低成本电力服务所进行的用电管理活动。

第八十条　本条例自2009年7月1日起施行。

上海市建设工程行政审批管理程序改革试行方案

（沪府办发〔2009〕11号，2009年5月4日）

根据国务院行政审批制度改革精神和市委、市政府推进行政审批制度改革的总体部署，结合建设工程管理的实际，制定本方案。

一、改革的基本原则

（一）牢固树立建设服务型政府的基本理念。

（二）坚持转变政府管理职能，加强公共服务，实现公开、公平、公正，提高审批效率的基本要求。

（三）体现加强政府监管，确保建设工程安全质量的基本目标。

（四）与现行法律法规的规定相衔接，整合审批环节，优化审批流程。

二、改革的主要方式

（一）可以由项目建设单位承担责任或者可以在其他管理环节中解决的事项，取消审批。对保留的审批事项，缩短审批时限。

（二）将建设工程审批管理流程，整合归并为“土地使用权取得和核定规划条件、设计方案审批、设计文件审查、竣工验收”四个主要环节。

（三）每个环节实施并联审批，一家牵头、一口受理、抄告相关、同步审批、限时办结。每一环节并联审批结束后，建设单位按照规定简化办理手续，领取相关审批文件。

（四）土地使用权取得和核定规划条件、设计方案审批环节由规划国土资源部门牵头组织，设计文件审查、竣工验收环节由建设管理部门牵头组织，相关部门协同配合。部分原由各部门直接对建设单位的外部程序改为内部程序操作，但法律主体关系不变，需要出具审批意见的出具审批意见，需要备案的备案。

（五）加强行政审批中部门之间协调和上下道流程的衔接，提高信息技术运用和资源共享水平。

三、本方案的实施范围

本方案与本市投资立项管理改革同步实施，主要在企业投资项目核准、备案制建设工程中试行。审批制项目建设工程有条件的，也可参照实施。

四、改革的主要流程

（一）土地使用权取得和核定规划条件

这个环节重点明确建设用地和相关项目建设的基本条件，包括规划、土地、资金、环保、地质等各项参数。

1. 以划拨方式取得土地使用权

属审批制项目的，在项目建议书批准后，规划国土资源管理部门同步受理选址意见书、土地预审和地名审批；在可行性研究报告批准后，规划国土资源管理部门同步受理建设用地规划许可证和用地审批。

属核准制项目的，先由规划国土资源管理部门同步受理选址意见书、土地预审和地名审批，其间征询投资管理部门及其他相关管理部门意见；在项目核准后，规划国土资源管理部门同步受理建设用地规划许可证和用地审批。

对同步办理事项，建设单位同时递交不同事项的申请表；相同的申请材料（如资质证明材料等）可只提交一份。办理结果依照法定程序分别发出，审批通过后，一并送达申请人。

2. 以出让方式取得土地使用权

规划国土资源管理部门在土地出让前，按照“分部门、分步骤、按权限、格式化”的原则，向相关管理部门征询出让条件，以及是否参与下一环节设计方案并联审批的意见。各部门在接到征询意见函后的10个工作日内书面反馈，逾期视作同意且不参加设计方案并联审批。其中，涉及公共安全、人身健康的特殊项目，可在10个工作日内告知规划国土资源管理部门延长反馈时间。

取得出让条件后，规划国土资源管理部门办理建设用地审批、入市审核、出让公示等事务。程序完备后，组织土地招拍挂或者协议出让。

签订出让合同后，受让人向投资管理部门办理项目备案。属核准类项目，在环保部门办理环评审批后，办理核准手续。项目备案后，向规划国土资源管理部门领取建设用地规划许可证。

3. 自有土地建设

属审批制和备案制项目的，在取得建设项目建议书或项目备案批准文件后，规划国土资源管理部门核定规划设计要求。办理期间，征询相关管理部门意见。

属核准制项目的，首先由规划国土资源管理部门核定规划设计要求，办理期间，征询投资管理部门和其他相关管理部门意见。

4. 这个环节完成后，如项目用地上有拆迁的，向规划国土资源管理部门办理“房屋拆迁许可”手续；并开展工程报建、勘察设计招标、组织编制规划方案和项目环评等工作。

外资项目按照有关规定，报建后可直接进行承发包。

（二）设计方案审批

这个环节在30个工作日内完成。

1. 咨询。为提高设计成果质量，加强批前服务协调，建设单位在编制设计方案时，可以向市或者区县相关管理部门进行咨询，相关管理部门应及时提供指导意见。

2. 受理。建设单位应按照建设部发布的《建筑工程设计文件编制深度规定（2008年版）》中“方案设计”的要求，编制建筑设计方案后，将需相关管理部门审查的材料分袋包装，送规划国土资源管理部门。规划国土资源管理部门收到后，在5个工作日内完成征求相关管理部门意见工作，向申请人出具正式受理或者材料补正的通知。

3. 审批决定。相关管理部门在正式受理后的10个工作日内，将各自专业审查意见书面反馈规划国土资源管理部门。规划国土资源管理部门在汇总各相关管理部门的审查意见后，可以组织会审，在15个工作日内进行综合协调，根据协调情况，作出同意或者不同意的审批决定。相关部门的审批文件统一由规划国土资源管理部门转送建设单位。

4. 简易建设项目免于设计方案审批。临时项目，零星项目（建制镇个人建房、简棚屋建房），工业区内通用厂房、普通仓库等项目，500平方米以下小型建（构）筑物项目等，在核定规划设计要求并充分告知应尽事项后，免于审核设计方案。

（三）设计文件审查

这个环节在30个工作日内完成。

1. 管理分工。市建设交通委负责以下建设项目的管理：投资立项属于市级管理部门核准、备案权限的项目，规划设计方案属于市级管理部门审批权限的项目，中央企业在沪投资的项目，市重大工程建设项目，按照国家规定工程安全质量需要重点监管的项目。上述项目以外的建设项目，由各区县建设管理部门和特定地区管委会按照职责分工负责管理。

2. 受理。建设单位按照总体设计文件和施工图设计文件的分类，向建设管理部门提交设计文件审查申请。建设管理部门受理后，在5个工作日内完成征求相关管理部门意见工作，向申请人出具正式受理或者材料补正的通知。

3. 设计文件审查。总体设计文件由建设管理部门在10个工作日内组织投资、规划国土资源、环保、卫生、交通、消防、抗震、水务、民防、绿化市容、气象等相关管理部门进行会审。会审意见通知审图公司，在施工图审查中落实。

施工图设计文件由审图公司负责，根据有关规定和相关部门会审意见，在20个工作日内完成施工图设计文件审查，向建设单位出具通过施工图审查合格书，或者不通过施工图审查的意见。

审图公司在出具审图意见同时，向建设管理部门进行备案。建设管理部门在5个工作日内出具备案意见。

4. 这个环节完成后，建设单位向规划国土资源管理部门办理建设工程规划许可证手续，属于划拨项目的办理划拨决定书、建设用地批准书和建设工程规划许可证；向建设部门办理施工监理招投标备案、建设工程安全质量监督、使用粘土砖核定和施工许可证等手续。

（四）竣工验收

这个环节在20个工作日内完成。

1. 条件和范围。建设单位具备法定竣工验收条件后，可以依照国家法律法规规定，自行组织竣工验收，也可以委托建设管理部门提供竣工验收并联服务，代为组织相关管理部门参加验收工作（建设单位可以就全部专业的竣工验收进行委托，也可以就部分专业的竣工验收进行委托）。

2. 提供指导。建设单位需要征询竣工验收法定条件具体内容的，市或者区县相关管理部门应及时提供指导意见。

3. 受理。建设单位向建设管理部门提出竣工验收并联服务申请，并递交根据参加验收管理部门分袋分装的竣工验收资料。

建设管理部门受理后，在5个工作日内完成征求相关管理部门意见工作，向申请人出具正式受理或者材料补正的通知。

4. 验收。建设管理部门向建设单位发出竣工验收受理决定书后，要及时通知相关管理部门在13个工作日内完成竣工验收工作。必要时，建设管理部门可以组织会审。相关专业管理部门完成竣工验收后，及时将验收意见反馈建设管理部门，未在规定时限出具竣工验收意见的，视作同意竣工验收。

建设管理部门汇总相关管理部门反馈意见，在2个工作日内向建设单位出具《建设工程竣工验收并联服务意见汇总表》。

5. 验收结果。建设项目符合相关管理部门竣工验收要求的，建设单位凭《建设工程竣工验收并联服务意见汇总表》向相关管理部门领取规划、环保、消防审批意见，领取工程质量验收备案、新建住宅交付使用许可证等批准文件。部分专业竣工验收符合要求的，建设单位可以先行领取合格部分的批准文件。

验收不符合要求的，相关管理部门在向建设管理部门反馈验收意见时，同时附整改通知书。

建设单位完成整改的，以及试运行、试生产后的验收项目，直接向相关管理部门申请复验或者验收。

五、本方案实施的监督检查

市和区县的监察部门应加强对相关部门实施本方案工作的监督检查，发现相关部门及其工作人员不依法履行职责，以及滥用职权、徇私舞弊的，对直接负责的主管人员和其他直接责任人员依法给予行政处分；构成犯罪的，移送司法机关依法追究刑事责任。

六、本方案的实施时间

本方案的实施期限自印发之日起至2009年12月31日止。

附件：1. 上海市建设工程规划、土地审批流程改革实施办法（略）

2. 上海市企业投资核准、备案项目建设工程设计文件审查实施办法（略）

3. 上海市建设工程竣工验收并联服务实施办法（略）

关于进一步加强本市森林防火工作的通知

（沪府办发〔2009〕15号，2009年5月22日）

各区、县人民政府，市政府各委、办、局：

近年来，本市林业实现了跨越式发展，森林资源快速增长。到2008年底，林地总量近140万亩，森林覆盖率达到11.63%，为改善城市环境、建设生态城市作出了重要贡献。随着森林面积增加，本市发生森林火灾的概率也越来越高，近年来已多次发生森林火警，森林防火形势严峻。对此市委、市政府非常重视，要求切实加强本市森林防火工作，保障人民生命财产安全、维护城市生态安全。经市政府同意，现就进一步加强本市森林防火工作作如下通知：

一、充分认识新时期做好森林防火工作的重要性和紧迫性

森林火灾是一种突发性强、破坏性大、处置救助较为困难的自然灾害。森林防火工作关系到森林资源的安全，关系到城市生态安全，关系到人民群众生命财产安全，关系到改革发展稳定大局。各级政府和各有关部门要以对党和人民高度负责的态度，切实增强森林防火工作的紧迫感和责任感，充分认识加强森林防火工作对维护城市生态安全、推进上海经济社会又好又快发展的重要意义，切实加强森林防火工作。

二、建立健全森林防火组织体系和工作网络

各有关部门和单位要认真落实《森林防火条例》、《国务院办公厅关于进一步加强森林防火工作的通知》(国办发〔2004〕33号)的规定，建立健全高效精干、保障有力的森林防火组织指挥体系，强化森林火灾预防和扑救的指导与协调；建立和完善反应快捷、运作协调的工作机制，加强重要信息的沟通、协调，保障森林防火工作政令畅通，全面提高我市森林防火工作的管理水平。

有森林区域的区县、镇（乡）政府要成立森林防火组织机构，负责本辖区的森林防火工作。国家级森林公园、外环生态专项建设区、黄浦江水源涵养林、沿海防护林、大型生态片林等管理单位要建立专门护林防火组织机构，落实专人负责森林防火工作。

有关方面要加强森林防火队伍建设，提高基层干部、防火人员的业务技能。要开展公安（消防）人员森林扑火实战能力培训，强化安全避险知识教育，确保扑火人员生命安全。

三、推进森林防火基础设施建设

加强森林防火基础设施建设。要强化现有林地的消防水源、消防车通道和防火隔离带等森林防火基础建设，推进新建林地的配套生物防火林带建设，配备相应的林火扑救工具，配置交通车辆、通讯设备、防火宣传标识等森林防火基础设施，做到防火设施与工程建设同步规划、同步设计、同步施工、同步验收。推进森林火灾智能监控系统建设，不断提高森林防火预警的及时性、有效性。

加强森林防火基础标准体系建设。要建立健全防火基础设施建设标准，不同类别林地火险区防火配套工程建设标准，装备配备标准以及防火公益宣传、防火检查、防火扑救、防火设施设备维护管理等常规性管理工作标准。

建立稳定的森林防火投入机制。有森林区域的区县、镇（乡）政府要将森林防火基础建设纳入同级地方经济和社会发展规划，纳入林业和生态建设发展总体规划，将森林火灾的预防和扑救经费纳入财政预算。按照森林防火费用政府投入为主、受益者合理承担的原则，积极探索有偿防控和救助模式。完善相关政策，对执行预防和扑救的各种森林消防车辆免征车辆通行费。

四、落实森林防火责任制

森林防火工作实行地方各级政府行政首长负责制。区县、镇（乡）政府对辖区内的森林防火工作实行统一领导、统一组织、统一指挥。主要负责同志为第一责任人，分管负责同志为主要责任人。

各相关部门要密切配合，各司其职，协同推进森林防火工作。各级林业管理部门要加强森林防火工作的统筹协调；气象、公安（消防）部门要加强森林火灾监测、预测预报和扑救工作；发展改革、财政部门要落实森林防火资金保障；其他有关部门要积极参加森林火灾预防和扑救工作，逐步形成“政府全面负责，部门齐抓共管，社会积极支持，群众广泛参与”的森林防火工作新机制。

加大森林火灾事故责任追究力度。对发现火灾隐患不作为、发生火情隐瞒不报贻误扑火战机、防火责任不落实、组织扑火不得力等失职、渎职行为，并造成重大损失或重大伤亡的，要依法依纪严肃追究有关责任人员的责任。

五、强化森林火灾预防和应急处置

加强宣传教育。要依托新闻媒体，深入开展《森林防火条例》、火源管理规定、安全避险知识的普及教育，加大森林防火公益宣传力度，提高市民的安全防火意识，营造全社会关心、支持、参与森林防火工作的氛围。

加强预测预报。要继续落实“预防为主，积极消灭”的工作方针，根据火险等级提前预警，特别是在森林防火重点区域、重要时段，要全面落实应急防范措施，真正实现“打早、打小、打了”。

加强隐患排查。要深入组织开展森林火灾隐患大排查活动，找出火灾隐患，落实整改措施。着重加强防雷击和防火重点区域居民火源管理，对防火重点区域在防火重要时段，要加强巡查监管，坚决管住野外火源。

加强应急处置管理。要根据不同火险等级，建立和完善森林防火工作应急预案，加强森林防火实战演练，一旦发现火情，要快速反应，在最短时间内组织领导到位、技术指导到位、资金物资到位、扑火人员到位，高效妥善处置火情。

关于加快推进上海高新技术产业化的实施意见

（沪府发〔2009〕26 号，2009 年 5 月 16 日）

为了深入贯彻中央经济工作会议和市委九届七次全会精神，落实国家重点产业调整振兴规划和市委“推进科技创新，增强发展能力”重大课题研究成果，积极应对国际金融危机，增强上海产业综合竞争力，确保经济平稳较快发展，现就加快推进上海高新技术产业化提出如下实施意见：

一、加快推进上海高新技术产业化的重要性

（一）加快推进高新技术产业化是增强先进制造业发展后劲的需要

改革开放以来，上海制造业经历“调整中发展”、“发展中调整”、“发展调整中提升”三个阶段，汽车、电子信息、成套装备、船舶、钢铁和石化等产业在国内已占据重要地位。进入“十一五”时期，自主创新和产业结构升级以及经济社会发展迈入了新阶段，随着竞争的加剧，以及各类资源要素刚性约束所带来的外部环境变化，上海制造业资本驱动力日趋弱化，产业能级提升、结构调整遇到压力。上海已到了高新技术产业化发展的关键时期，必须充分利用当前高端产业增长空间放大的重要契机，立足长期打造的高新技术产业基础，结合国际高新技术产业发展的特点和趋势，大力推进高新技术产业化。

（二）加快推进高新技术产业化是新一轮产业结构调整的需要

当前，上海先进制造业发展已进入新型产业体系的构建阶段，产业结构趋向高度化。新一轮产业结构调整，要求上海加快形成以服务经济为主的产业结构，从产业竞争力的提升转变为综合竞争力的提升、从传统制造业生产转变为大力发展以高新技术和新兴产业为主导的先进制造业，推动产业资源的有效配置，实现支柱产业、装备产业、战略产业发展的重点突破。

（三）加快推进高新技术产业化是建设现代化国际大都市的需要

国务院《关于推进上海加快发展现代服务业和先进制造业建设国际金融中心和国际航运中心的意见》明确，到2020年，上海要基本建成与我国经济实力和人民币国际地位相适应的国际金融中心和具有全球航运资源配置能力的国际航运中心，要求上海构筑更加高端的现代产业体系，增强先进制造业和现代服务业的国际竞争力。加快高新技术产业化，形成与国际大都市和建设“两个中心”相适应的高附加值、高科技含量和高集聚度的现代产业体系，以适应全面参与经济全球化的战略需要，是加快上海城市功能和产业转型的迫切要求。

当前，上海高新技术产业发展还面临着一些挑战。一是宏观经济环境存在不确定因素。国际金融危机对实体经济的影响逐步显现，市场竞争格局发生重大变化，使上海产业发展的压力增大。二是土地、能源等资源环境要素对产业发展的约束不断增加。产业调整成本不断上升，高新技术产业发展面临瓶颈制约。三是产业资本集聚能力不强。上海在新能源、航天航空、生物医药、海洋工程装备等领域具有一定的技术储备优势，但由于缺少外部资本有效投入而未能同步形成较大产业规模。四是核心企业技术支撑能力有待提高。高新技术产业的龙头企业缺乏强有力的技术支撑和系统集成能力，核心技术创新能力和产业链衔接能力还较薄弱等。对这些问题，必须切实加以解决。上海要抓住当前重要的发展机遇，坚决服从、服务国家战略，充分发挥上海产业基础雄厚、科技资源密集、综合实力领先、要素流动迅捷等优势，通过创新突破和资本集聚，集中发展代表全球产业发展方向和体现国家战略的高新技术产业，实现产业集聚、规模扩展和能级提升。

二、加快推进上海高新技术产业化的基本思路、主要原则和总体目标

（一）基本思路

一是服从服务国家战略，落实国家重大专项，主动衔接国家重点产业调整和振兴规划；

二是将推动高新技术产业化作为应对国际金融危机挑战、推动产业结构优化升级、确保经济平稳较快发展的主要方向；

三是结合本市产业发展实际，聚焦重点领域和重大项目，培育新的增长点，抢占新一轮产业发展制高点；

四是立足上海产业、金融、科技、人才等综合优势，加快引进、消化、吸收先进技术，推动集成创新和自主创新，增强产业持续发展能力。

（二）主要原则

1. 立足技术进步，提高产业竞争力。以技术进步为主线，以企业为载体，以产业化为抓手，通过开放式创新，充分利用国内外资源，着力推动“产学研”的深度融合，促进高新技术成果转化，在不断提高自主知识产权的基础上，努力把握行业发展先机；在保持技术进步与国际同步的基础上，切实增强产业发展后劲。

2. 集聚优势条件，抢占行业制高点。以市场需求为导向，紧紧瞄准行业高端，集聚优势条件重点攻坚。充分激发企业技术创新的内在动力，引导各类创新要素向产业集聚，构建产业链的创新模式，以行业龙头企业为中心，带动产业链上相关企业的技术进步，实现产业化关键瓶颈的持续突破。

3. 明确责任主体，聚焦重点突破口。坚持以企业为责任主体，实施高新技术产业化重大项目，充分发挥实施主体的积极性，发挥各种所有制企业的作用，明确工作责任制和责任人，制定详细的推进计划，及时协调解决项目实施中遇到的问题，确保组织落实、责任落实、进度落实。

4. 强化深度融合，推进产业集约化。坚持走新型工业化道路，加快发展信息产业，积极培育以信息技术、网络技术和数字技术为基础的高新技术服务业，运用信息技术改造装备制造和节能环保等传统产业，促进产业技术升级，增强产业核心竞争力。

（三）总体目标

围绕转变经济发展方式，推进产业结构优化升级，加快高新技术产业化，大力发展能够缩小与发达国家制造业水平差距、对提升国家自主创新能力和产业竞争力有重要推动作用、具有一定产业基础和比较优势的产业领域，聚焦新能源、民用航空制造业、先进重大装备、生物医药、电子信息制造业、新能源汽车、海洋工程装备、新材料、软件和信息服务业等九个重点领域和重大项目，集聚创新资源，突出技术进步，攻克关键瓶颈，夯实产业基础，完善以高新技术产业化为主体的发展团队。

——调整结构。到2012年，重点领域通过打造自主品牌，开发自主知识产权，实现技术引领；通过提高核心设备制造环节的集聚度，实现系统引领；通过融合发展总集成、研发设计等，实现价值链引领。

——发展增量。到2012年，全市高新技术产业重点领域总产值达到11000亿元，比2008年增加4500亿元左右。

——带动效应。民用航空制造业、先进重大装备、新能源汽车、海洋工程装备等领域的技术创新能力保持国内领先，新能源、生物医药、电子信息制造业、新材料、软件和信息服务业等领域的技术创新能力接近国际先进水平，高端产业带动作用明显，产业链衔接较为完善，实现重点产业的集约化发展。

三、加快推进上海高新技术产业化的重点领域

根据国家重点产业调整和振兴规划提出的要求，参照《上海产业发展重点支持目录（2008）》的内容，依据上海现有的产业基础、科研技术水平和人才支撑条件，确定推进高新技术产业化发展的九个重点领域，即新能源、民用航空制造业、先进重大装备、生物医药、电子信息制造业、新能源汽车、海洋工程装备、新材料、软件和信息服务业。

（一）新能源。到2012年，产业规模达到500亿元。实现2MW陆上风电机组规模化生产和3.6MW海上风电机组的产业化，加快风电发电机、主控制器及系统等关键部件国产化，推进太阳能电池生产线建设及相关装备产业化，推进IGCC有关装备研制及示范工程建设。2009年第一批拟推进的薄膜太阳能电池及关键生产设备产业化等重点项目，主要集聚在浦东、闵行等区域。

（二）民用航空制造业。到2012年，产业规模达到200亿元。形成大型客机的总装和研发基地、ARJ21—700支线飞机30架批产、商用飞机发动机研发中心和航电系统集成产业化。2009年第一批拟推进的大型客机总装和研发基地、商用飞机发动机研发中心等重点项目，主要集聚在浦东、闵行、宝山等区域。

（三）先进重大装备。到2012年，产业规模达到1200亿元。重点聚焦核电、火电、特高压输变电、轨道交通装备、自动控制系统等，实现关键核岛主设备国产化配套，提升大型锻件产品的极端制造能力，发展60–120万千瓦清洁高效火电设备系列，实现轨道交通车辆及自动控制系统国产化。2009年第一批拟推进的百万千瓦等级核电关键设备及部件产业化、大容量超超临界火电机组系列产业化等重点项目，主要集聚在浦东、闵行、松江等区域。

（四）生物医药。到2012年，生物医药制造业总产值达到850亿元，服务外包收入达到150亿元，医药商业收入突破1000亿元。在高端化学原料药制造领域取得突破，加快开发中药及天然提取物，重点突破生物诊断试剂、疫苗及抗体类药物的产业化，着力发展数字化高端医疗设备。2009年第一批拟推进的精密医疗器械和检测系统仪器等重点项目，主要集聚在浦东、徐汇、奉贤等区域。

（五）电子信息制造业。到2012年，集成电路和平板显示产业规模达到1500亿元。重点推进12英寸65nm以下芯片生产线建设，实现新一代移动通信、数字电视、平板显示、汽车电子等芯片的国产化，加快集成电路制造、测试装备产业化，推进TFT-LCD高世代生产线、OLED中试线及配套产业建设，发展大功率LED封装器件及产品产业化。2009年第一批拟推进的4.5代OLED中试线建设、数字电视芯片套片产业化等重点项目，主要集聚在浦东、徐汇、闵行等区域。

（六）新能源汽车。到2012年，产业规模达到900亿元。加快推进混合动力汽车和纯电动客车产业化，提升驱动电机、动力电池及其控制系统等关键零部件的国产化配套能力，支持燃料电池汽车研发和产业化，提升汽车电子系统集成能力。2009年第一批拟推进的自主品牌混合动力轿车、客车和动力系统、汽车电子控制系统等重点项目，主要集聚在浦东、嘉定、金山等区域。

（七）海洋工程装备。到2012年，产业规模达到1500亿元。重点提升浮式生产储油船（FPSO）、自升式钻井平台、半潜式钻井平台、钻井船等研制能力，加快海洋钻探设备、油处理模块的研制，提升港口装卸运输设备等级，实现船用通讯、导航、控制电子设备等船舶电子的突破。2009年第一批拟推进的自升式、半潜式钻井平台等重点项目，主要集聚在浦东、长兴岛等区域。

（八）新材料。到2012年，产业规模达到1000亿元。重点推进高性能碳纤维、耐高温纤维等生产线建设，实现高温合金、钛合金材料产业化，推进生物相容材料及终端产品产业化，加快环保节能材料与新型绿色建材产业化及其推广应用。2009年第一批拟推进的1500吨高性能碳纤维生产线建设等重点项目，主要集聚在金山、奉贤、宝山等区域。

（九）软件和信息服务业。到2012年，产业规模达到3600亿元。重点推动信息服务业的基础软件、嵌入式软件和大型行业应用软件的研发和产业化，加快发展TD-SCDMA、TD-LTE等移动通信技术，推进基于互联网的电子商务、互动娱乐、金融服务和在线视听等数字内容服务产业。2009年第一批拟推进的基础软件产品研发、TD-SCDMA增强技术基带芯片产业化等重点项目，主要集聚在浦东、徐汇等区域。

四、加快推进上海高新技术产业化的具体措施

（一）建立推进工作体系。市委、市政府主要领导对口联系部分重点项目。成立上海市推进高新技术产业化领导小组及工作小组。上海市推进高新技术产业化工作小组建立例会制度，协调推进工作中的有关事项。九个重点领域中，新能源、民用航空制造业、先进重大装备、电子信息制造业、新能源汽车、海洋工程装备、新材料、软件和信息服务业等八个领域由市经济信息化委为主负责推进；生物医药领域由市科委为主负责推进。有关委办局、区县政府、开发区共同做好推进工作。

（二）明确项目实施主体。全市高新技术产业化工作由中央企业、地方企业、民营企业等各种所有制企业共同参与。实施主体需制定详细的项目推进计划，明确工作责任制和责任人。对实施主体提出的政策需求以及需要协调的有关事项，由市推进高新技术产业化工作小组予以协调。

（三）完善高新技术产业化服务平台。组建上海市高新技术产业化促进中心，作为市政府面向全社会服务并推进高新技术产业化的平台，具体承担高新技术产业化的信息发布、政策咨询、项目受理、技术服务、配套对接、平台聚焦、绩效评估等工作。

（四）优先落实支持政策。将本市出台的财税、规划、土地、人才、科技方面的鼓励支持政策，在高新技术产业化的九个重点领域优先落实，对项目实施主体和配套单位倾斜，给予优先支持。

（五）设立高新技术产业化专项资金。市政府设立100亿元的专项资金，用于扶持高新技术产业化项目，专项资金按照《上海市自主创新和高新技术产业化重大项目专项资金管理办法》使用。鼓励金融资本与重点产业发展对接，鼓励社会资本的积极投入。

（六）推动产业链配套建设。建立中小企业对接高新技术产业化重点项目的工作机制，定期向中小企业发布需求信息、召开对接会议等。围绕项目实施主体，培育一批“专精特新”的中小企业，形成专业化配套。

（七）不断完善产业发展规划引导。编制高新技术产业化重点领域产业发展规划布局，制定和完善适应九个重点领域产业特点、有针对性的支持政策。动态跟踪国内外各重点领域产业发展趋势，了解和把握技术动态。分领域、分专业建立专家库。

（八）推进产学研合作。支持在重大产业和重点项目中开展产学研用的融合，扶持高新技术产业化重点企业建立若干产学研示范基地，每年由高新技术产业化承担主体企业发布产学研合作攻关需求，分领域召开产学研合作对接会。鼓励高校学科建设、人才培养向高新技术产业化重点领域倾斜。

上海市经济适用住房管理试行办法

（沪府发〔2009〕29号，2009年6月24日）

第一章 总则

第一条（目的和依据）

为了建立和完善本市住房保障制度，改善中低收入住房困难家庭居住条件，根据国务院《关于解决城市低收入家庭住房困难的若干意见》（国发〔2007〕24号），参照原建设部等七部门《经济适用住房管理办法》（建住房〔2007〕258号），结合本市实际情况，制定本试行办法。

第二条（适用范围）

本试行办法适用于本市行政区域范围内经济适用住房的建设、供应、使用及监督管理。

本试行办法所称的经济适用住房，是指政府提供政策优惠，按照有关标准建设，限定套型面积、销售价格及租金标准，面向本市城镇中低收入住房困难家庭供应的具有保障性质的政策性住房。

第三条（管理部门）

市政府设立市住房保障领导小组，负责经济适用住房的制度、政策、规划和计划等重大事项的决策和协调。区（县）政府负责组织实施该行政区域内经济适用住房的建设、供应、使用及监督管理。

市住房保障房屋管理局是本市经济适用住房工作的行政主管部门。区（县）房屋管理部门是该行政区域内经济适用住房工作的行政管理部门。

市和区（县）发展改革、城乡建设、规划国土、财政、税务、民政及监察等部门按照职责分工，负责经济适用住房的相关管理与监督工作。

市住房保障房屋管理局、区（县）房屋管理部门、街道办事处和乡镇政府分别设立住房保障机构，承担经济适用住房的事务性工作。

第二章 经济适用住房的建设

第四条（规划和计划编制）

区（县）政府应当根据本区（县）住房保障需求、城市规划实施和土地利用现状等情况，组织编制区（县）经济适用住房的建设发展规划和年度实施计划，经市住房保障房屋管理局会同市发展改革、城乡建设等部门综合平衡，报市政府批准后，纳入本市经济适用住房的发展规划和年度实施计划。

经济适用住房建设用地纳入土地利用年度计划管理，市和区（县）规划国土部门应当在安排年度用地指标时单独列出，并确保优先供应。

建设用地紧缺的部分中心城区政府可以向市政府申请统筹安排经济适用住房建设用地；经批准统筹安排建设用地的经济适用住房，由提出申请的区政府组织实施供应，并按照有关规定承担土地占用补偿等费用。

第五条（项目选址）

经济适用住房建设项目的选址应当根据经批准的城市和镇规划，做到统筹规划、合理布局，充分利用储备土地、闲置土地、产业结构调整土地。项目选址应当符合经济适用住房的发展规划和年度实施计划，由市和区（县）规划国土部门会同房屋管理、城乡建设等部门予以落实。

第六条（项目认定）

经济适用住房建设项目由区（县）房屋管理部门等单位向市住房保障房屋管理局申报。项目申报应当明确用地范围、规划参数、建筑面积、套型面积和比例、配套条件、建设项目招标价格和开发建设方式等事项。

市住房保障房屋管理局应当组织市发展改革、城乡建设、规划国土等部门进行项目认定，并对符合要求的项目作出批复。土地供应由市规划国土资源局组织实施。

第七条（建设方式）

经济适用住房的开发建设按照下列方式进行：

（一）单独选址、集中建设经济适用住房的，由区（县）政府通过住房保障机构采取项目法人招投标方式，确定具有相应资质和良好社会信誉的房地产开发企业实施开发建设；也可以由区（县）政府直接组织实施开发建设。

（二）在普通商品住宅建设项目中配建经济适用住房的，由土地管理部门采用国有土地使用权出让招标、拍卖或者挂牌方式，确定房地产开发企业实施开发建设。区（县）每年度配建的经济适用住房面积，原则上不低于该行政区域内商品住宅建设项目开发建设住宅总面积的5%；区（县）政府可以根据实际条件和需要，按照年度实施计划统筹平衡设定。

第八条（建设项目管理）

经济适用住房项目法人招投标文件和国有土地使用权出让的招标、拍卖、挂牌文件，应当明确建设用地范围、规划条件、建设要求和建设方式等内容。

建设单位确定后，住房保障机构应当和建设单位签订经济适用住房建设项目协议书。项目协议书作为国有土地使用权划拨决定书或者出让合同的附件，并由住房保障机构报市住房保障房屋管理局备案。

经济适用住房建设纳入政府投资计划管理。建设单位应当按照有关规定，向发展改革部门办理项目核准或者备案手续。

第九条（主要建设要求）

经济适用住房的建筑设计必须符合节能、省地、环保要求，综合考虑住宅使用功能与空间组合、家庭人口及构成等要素，在较小的套型内满足家庭基本居住生活要求。

单独选址、集中建设的经济适用住房建设项目应当按照规定建设相应的公建配套设施。公建配套设施应当与经济适用住房同步建设、同步投入使用。

用于出租的经济适用住房，出租人应当按照有关标准进行室内装修；用于出售的经济适用住房，可以按照家庭基本居住使用的要求进行室内装修。

第十条（优惠政策）

经济适用住房建设项目，享受以下优惠政策：

（一）建设用地的供应方式采取行政划拨；

（二）免收建设中的行政事业性收费与政府性基金；

（三）建设项目外的基础设施建设费用由政府负担；

（四）按照规定不宜建设民防工程的，免收民防工程建设费；

（五）按照规定申请经济适用住房开发贷款，取得行政划拨土地使用权的，可以用于贷款抵押；

（六）按照规定享受税收优惠政策；

（七）国家和本市规定的其他优惠政策。

第十一条（缴费登记卡）

建设单位应当向住房保障机构办理经济适用住房建设项目缴费登记卡。有关单位向建设单位收费时，必须在缴费登记卡上如实填写信息，并不得以押金、保证金等名义变相收费。价格管理部门应当进行监督检查。

第十二条（价格管理）

经济适用住房建设项目结算价格以保本微利为原则。住房保障机构应当依据经济适用住房价格管理的有关规定，在综合考虑建设、财务、管理成本、税费和利润的基础上，制订建设项目招投标的价格评定标准。

经济适用住房销售基准价格和浮动幅度以经济适用住房建设项目结算价格为基础，兼顾相邻区域、地段内经济适用住房项目价格平衡等因素，由组织出售经济适用住房的区（县）住房保障机构拟订；经济适用住房基准租金和浮动幅度，由组织出租经济适用住房的区（县）住房保障机构参照相同地段、质量的普通商品住房市场租金的一定比例拟订。拟订的销售基准价格和浮动幅度、基准租金和浮动幅度，经区（县）价格主管部门会同房屋管理部门审核后，报区（县）政府批准，并报市价格主管部门和市住房保障房屋管理局备案。市价格主管部门和市住房保障房屋管理局应当加强指导，做好价格协调平衡工作。

经济适用住房销售价格不得高于销售基准价格及上浮幅度；经济适用住房租金不得高于基准租金及上浮幅度。住房保障机构应当明码标价，向社会公布。

第十三条（收购）

经房屋所有权初始登记后满一年尚未出售的经济适用住房，按照项目协议书约定由住房保障机构收购，继续用于经济适用住房的供应。

第三章 经济适用住房的供应

第十四条（申请条件）

符合下列条件的本市城镇家庭，可以申请购买或者租赁经济适用住房：

（一）家庭成员之间具有法定的赡养、抚养或者扶养关系，且共同生活；

（二）家庭成员具有本市城镇常住户口达到规定年限，且户口在提出申请所在地的区（县）达到规定年限；

（三）住房面积低于规定限额；

（四）可支配收入和财产低于规定限额；

（五）在提出申请前的规定年限内，任何成员未发生过住房交易行为；

（六）市政府规定的其他条件。

符合下列条件的本市单身人士，可以申请购买或者租赁经济适用住房：

（一）具有本市城镇常住户口达到规定年限，且户口在提出申请所在地的区（县）达到规定年限；

（二）年龄符合规定标准；

（三）具有完全民事行为能力；

（四）住房面积低于规定限额；

（五）可支配收入和财产低于规定限额；

（六）在提出申请前的规定年限内，未发生过住房交易行为；

（七）市政府规定的其他条件。

本条第一款、第二款规定申请购买、租赁经济适用住房的具体条件，由市政府确定并向社会公布。

第十五条（申请人及申请程序）

家庭申请经济适用住房的，全体成员为共同申请人，应当推举一名具有完全民事行为能力的成员作为申请人代表。单身人士申请经济适用住房的，本人为申请人。

申请人代表和单身申请人（以下合称申请人）应当向户籍所在地的街道（乡镇）社区事务受理服务中心如实填报申请文书，提交户籍、身份证、房地产权属证明、租用公房凭证、收入和财产证明等资料，并签署同意接受住房和经济状况核查且核查结果予以公示的书面文件。

第十六条（审核）

经济适用住房的审核，实行“两级审核、两次公示”。

街道（乡镇）住房保障机构负责初审，其中，申请人的收入和财产状况由上海市居民经济状况核对中心核查，住房状况由房屋管理部门指定的专门机构核查。经初审符合条件的，应当在申请人的户籍所在地和实际居住地进行公示。公示期间无异议，或者虽有异议但经审核异议不成立的，应当报区（县）住房保障机构复审。

经区（县）住房保障机构复审符合条件的，应当通过指定媒体向社会公示。公示期间无异议，或者虽有异议但经审核异议不成立的，应当以户为单位（以下简称申请户）予以登记，出具登记证明，并报市住房保障机构备案。

第十七条（建立轮候名册）

区（县）住房保障机构应当结合经济适用住房的供应情况，采用公开摇号方式对在规定时限内登记的申请户进行排序，并建立轮候名册。

区（县）住房保障机构在轮候选房前应当对已登记的申请户进行随机抽查和定期核查，发现不符合申请条件的，应当取消其登记资格。

经登记的申请户，在轮候选房前申请资料填报情况发生变化的，应当在变化发生之日起30日内，如实向区（县）住房保障机构报告。

第十八条（供应标准）

经济适用住房的供应标准由市政府根据本市城镇居民家庭住房困难面积标准与申请家庭原有住房面积之间的差额等因素确定，并向社会公布。区（县）住房保障机构应当按照供应标准，审核批准申请户购买或者租赁相应的经济适用住房。

经区（县）住房保障机构同意，申请户将原有住房交政府指定的机构按照合理价格收购的，可以适当提高购买或者租赁经济适用住房的套型。

第十九条（供应程序）

区（县）住房保障机构应当按照有关规定及时发布经济适用住房供应信息。

区（县）住房保障机构根据房源类型和轮候次序，分期分批通过摇号等方式组织申请户购买或者租赁经济适用住房。

申请户购买、租赁经济适用住房的，应当先与区（县）住房保障机构签订选房确认书，然后签订《经济适用住房预（出）售合同》或者《经济适用住房租赁合同》。

第二十条（合同文本）

本市经济适用住房供应合同的书面形式使用统一的《经济适用住房预（出）售合同》和《经济适用住房租赁合同》，其主要内容包括经济适用住房合理使用、限制处分、回购、收回及违约责任等。

经济适用住房供应的合同文本由市住房保障房屋管理局、市工商局制订。

第二十一条（轮候序号的调整）

申请户因当期供应房源的套数或者房型等有限而未能购买或者租赁经济适用住房的，其轮候序号排列在下期房源供应的轮候序号之前。

申请户在当期房源供应的规定期限内不签订选房确认书，或者不签订《经济适用住房预（出）售合同》、《经济适用住房租赁合同》的，视为放弃选房权利，其轮候序号排列在届时已登记的申请户之后；两次放弃选房权利的，5年内不得申请经济适用住房。

第二十二条（房地产权利人和承租人的确定）

家庭购买经济适用住房的，申请人可以协商确定房地产权利人。经协商一致，由部分申请人作为共同共有的房地产权利人的，全体申请人应当形成书面意思表示，并将房地产权利人以外的申请人明确为同住人。申请人之间达不成一致意见的，全体申请人为共同共有的房地产权利人。单身人士购买经济适用住房的，本人为房地产权利人。

家庭租赁经济适用住房的，全体申请人为承租人；单身人士租赁经济适用住房的，本人为承租人。

第二十三条（购房优惠政策）

购买经济适用住房可以按照规定，申请住房公积金购房贷款或者商业性购房贷款。

购买经济适用住房可以按照规定享受税收优惠政策。

第二十四条（租金的支付）

承租人应当按照《经济适用住房租赁合同》的约定支付租金。

承租人可以按照规定申请提取住房公积金账户余额用于支付租金。

第二十五条（租售转化）

经批准租赁经济适用住房的申请户，可以在签订《经济适用住房租赁合同》时，向区（县）住房保障机构申请采取租售转化方式购买该套经济适用住房。经批准的，承租人在按照经济适用住房总价款的一定比例支付购房款后，可以按照该经济适用住房原销售价格，在规定期限内予以购买。购房款付清前，承租人应当按照规定支付租金。

第二十六条（房地产登记）

《经济适用住房预（出）售合同》签订后，房地产权利人持选房确认书、身份证明等材料，到经济适用住房所在地的区（县）房地产登记机构申请办理房地产登记。经审核准予登记的，房地产登记机构应当在预告登记证明和房地产权证上注明房地产权利人、同住人姓名及其身份证号码、产权份额，并注记“经济适用住房（有限产权），5年内不得转让或者出租”。

《经济适用住房租赁合同》签订后，应当按照规定申请办理租赁合同登记。经济适用住房租售转化家庭在支付全部房屋价款后，按照本条第一款的规定办理房地产登记。

第二十七条（与廉租住房政策的衔接）

购买或者租赁经济适用住房的家庭属于享受廉租住房保障家庭的，区（县）住房保障机构应当自入住通知送达后三个月届满之日起，停止发放租金补贴、收回配租房屋。

第四章 经济适用住房的售后管理

第二十八条（有限产权）

经济适用住房的房地产权利人拥有有限产权，其产权份额为购买经济适用住房时购房价格占相同地段、质量的普通商品住房市场价格的一定比例，在《经济适用住房预（出）售合同》中约定，并在房地产登记信息中予以载明。

经济适用住房的房地产权利人、同住人不得将经济适用住房擅自转让、出租、出借、赠与或者改变房屋使用性质，不得设定除经济适用住房购房贷款担保以外的抵押权。

第二十九条（经济适用住房的回购）

取得房地产权证未满5年，经济适用住房的房地产权利人、同住人购买其他住房的，该经济适用住房应当由原批准购买该经济适用住房的区（县）住房保障机构（以下简称原住房保障机构）予以回购，回购价格为原销售价格加同期银行存款利息。

取得房地产权证未满5年，但确因特殊情况需要转让经济适用住房的，房地产权利人、同住人之间应当达成一致意见（单身人士购房的除外），并向原住房保障机构提出申请。经审核同意后，由原住房保障机构予以回购，回购价格为原销售价格加同期银行存款利息。

第三十条（经济适用住房的转让）

取得房地产权证满5年后，需要转让经济适用住房的，房地产权利人、同住人之间应当达成一致意见（单身人士购房的除外），并征询原住房保障机构的意见。原住房保障机构可以行使回购权，回购价格按照相同地段、质量的普通商品住房市场价确定；原住房保障机构决定不予回购的，房地产权利人方可向他人转让。经济适用住房向他人转让后，转为商品住房。

按照前款规定，经济适用住房由原住房保障机构回购或者向他人转让的，房地产权利人按照其拥有的有限产权份额获得总价款的相应部分，其余部分上缴原住房保障机构所在区（县）的财政部门。

第三十一条（禁止再次申请）

经济适用住房按照本试行办法第二十九条、第三十条规定被回购或者转让的，原房地产权利人及其同住人不得再次申请经济适用住房。

第三十二条（经济适用住房的继承）

经济适用住房依法发生继承的，房地产权利人、同住人依据本试行办法、《经济适用住房预（出）售合同》等法律文件所确定的其他权利义务关系不变。

第三十三条（维修资金）

经济适用住房的维修资金应当按照本市商品住宅维修资金的有关规定缴纳。

第三十四条（物业服务费）

经济适用住房的前期物业服务，由建设单位采取招投标方式选择物业服务企业，按照约定提供物业服务。

集中建设的经济适用住房前期物业服务收费，按照本市住宅物业服务收费管理有关规定执行。业主大会成立后，由业主大会与物业服务企业协商确定物业服务收费标准。

配建经济适用住房的物业服务收费执行所在住宅小区的物业服务费标准。

第五章 经济适用住房的租赁管理

第三十五条（权利限制）

承租人不得将经济适用住房擅自转租、出借，或者改变房屋使用性质。

第三十六条（违反租赁合同行为的处理）

承租经济适用住房期间，承租人违反《经济适用住房租赁合同》约定使用承租房屋，区（县）住房保障机构应当按照规定取消其租赁资格；原承租人5年内不得申请经济适用住房。

第三十七条（续租）

租赁合同期限届满前3个月内，承租人可以向原批准其租赁经济适用住房的区（县）住房保障机构申请续租；经审核符合条件的，可以续签租赁合同；不符合条件或者承租人已在租赁合同期限内购买其他住房的，租赁合同到期终止。

第三十八条（维修资金和物业服务费）

经济适用住房用于出租的，由出租人按照本办法第三十三条、第三十四条规定支付维修资金和物业服务费。

第六章 监督管理

第三十九条（行政监督）

市住房保障机构对经济适用住房申请审核档案和住房需求档案实行备案抽查制度。抽查发现不符合规定的，应当提出整改意见，由区（县）住房保障机构作出相应处理。

市和区（县）的房屋管理、发展改革、城乡建设、规划国土、财政、税务、民政及监察等部门应当加强对经济适用住房建设、审批、供应、售后和租后管理工作的监督，依法查处违法违纪行为。

第四十条（社会监督）

经济适用住房建设、申请审核、供应、售后和租后管理工作接受公民、新闻媒体和其他社会组织的监督。有关部门应当及时处理违纪违法行为，并向社会公开处理结果。

第四十一条（工作人员的责任追究）

在经济适用住房建设、申请审核、供应、售后和租后管理过程中，有关行政管理部门和住房保障机构工作人员玩忽职守、滥用职权、徇私舞弊的，依法追究有关单位和工作人员的行政责任；涉嫌犯罪的，移送司法机关处理。

第四十二条（申请人弄虚作假的处理）

当事人弄虚作假，隐瞒家庭户籍、人口、收入、住房和财产状况及伪造相关证明申请经济适用住房的，区（县）住房保障机构应当如实记录当事人的不良信用记录，并按照规定纳入上海市个人信用联合征信系统，供有关社会主体依法查询使用；当事人已取得的申请资格应当取消，并禁止其5年内再次申请。当事人已骗取购买或者租赁经济适用住房的，区（县）住房保障机构应当按照规定予以收回，并追究其法律责任。

第四十三条（出具虚假证明主体的处理）

个人或者单位为他人申请经济适用住房出具虚假证明材料的，区（县）住房保障机构应当如实记录个人或单位的不良信用记录，并按照规定纳入上海市个人或者企业信用联合征信系统，供有关社会主体依法查询使用，并追究其法律责任。

第四十四条（登记限制）

经济适用住房的房地产权利人擅自转让经济适用住房，或者经济适用住房的承租人违反《经济适用住房租赁合同》约定擅自转让和抵押原有住房的，房地产登记机构不予办理转移登记。

第七章 附则

第四十五条（筹措经济适用住房房源的其他渠道）

政府鼓励社会机构和居民将可用于出租的自有住房交由住房保障机构代理经租，出租给符合经济适用住房申请条件的家庭。

政府指定机构可以收购符合要求的普通商品住房或者存量住房作为经济适用住房的房源。经济适用住房房源收购执行国家规定的税收扶持政策。

第四十六条（特殊家庭的政策适用）

经市政府认定的其他特殊困难家庭，可以申请经济适用住房，具体办法另行制定。

第四十七条（配套文件的制订）

市发展改革、城乡建设、房屋管理、规划国土、财政、税务、民政及监察等部门根据职责分工，负责制订本试行办法的配套文件。

第四十八条（具体应用问题的解释）

本办法的具体应用问题，由市住房保障房屋管理局负责解释。

第四十九条（试行的范围和日期）

本办法自印发之日起试行。试行的具体范围及其时间由市住房保障房屋管理局确定。

上海市拆除违法建筑若干规定

（2009年6月25日上海市第十三届人民代表大会常务委员会第十二次会议修订）

第一条　为了加强对违法建筑的治理，提高城市环境质量，根据《中华人民共和国城乡规划法》等有关法律、行政法规，结合本市实际情况，制定本规定。

第二条　本规定适用于本市行政区域内除乡、村庄规划区外未依法取得建设工程规划许可证的违法建筑的拆除。

第三条　市和区、县人民政府统一领导

和负责所辖区域内拆除违法建筑工作，建立健全拆除违法建筑工作机制，完善、落实拆除违法建筑责任制，对拆除违法建筑实施部门进行考核。

市城乡建设管理部门和区、县人民政府指定的部门具体负责所辖区域内拆除违法建筑工作的综合协调。

市和区、县规划管理部门、房屋管理部门和城市管理行政执法部门（以下统称“拆违实施部门”）按照规划管理、物业管理等方面的法律、法规和市人民政府的规定，分别负责违法建筑的拆除，其具体职责分工，由市人民政府另行规定。

街道办事处、镇人民政府应当配合拆违实施部门做好违法建筑的拆除工作。

公安、工商等其他有关行政管理部门根据各自职责，协助做好拆除违法建筑的相关工作。

第四条　本市建立健全发现违法建筑的巡查制度。

拆违实施部门、各区县承担城市管理巡查职责的机构应当按照规定的职责分工，采取措施，加强日常巡查，及时发现违法建筑并依法予以查处。街道办事处、镇人民政府应当组织力量开展巡查，及时发现并制止搭建违法建筑的行为。

物业服务企业在其物业管理区域内发现搭建违法建筑的，应当予以劝阻、制止；劝阻、制止无效的，应当及时报告所在区、县的房屋管理部门。

第五条　市城乡建设管理部门应当设立本市违法建筑的统一举报电话，并向社会公布。

任何单位或者个人发现违法建筑，可以向统一举报电话举报，也可以向拆违实施部门举报。受理举报的部门应当为举报人保密。

市城乡建设管理部门接到举报后，应当立即转告所在区、县的拆违实施部门。

拆违实施部门应当在一个月内将查处违法建筑的情况反馈举报人。

第六条　区、县拆违实施部门应当对本辖区内违法建筑及其查处等情况进行记录，经区、县人民政府指定的部门汇总后，纳入市城乡建设管理部门建立的信息系统，作为违法建筑治理工作的依据。

第七条　拆违实施部门发现违法建筑、接到相关举报或者物业服务企业的相关报告后，应当在二十四小时内到现场进行调查取证，对正在搭建的，应当在两小时内到现场进行调查取证。对不属于本部门职责范围内的违法建筑，应当立即移送相关部门进行处理。

第八条　拆违实施部门依照有关法律、法规对违法建筑进行调查取证后，拟作出责令限期拆除决定的，应当使用统一的事先告知书，告知当事人相关的事实、理由和依据以及所享有的陈述、申辩权利。

当事人在事先告知书规定的期限内提出陈述、申辩的，拆违实施部门应当听取其意见，并做好记录。对当事人提出的事实、理由及其证据，拆违实施部门应当在二十日内进行复核。当事人提出的事实、理由成立的，拆违实施部门应当予以采纳；拆违实施部门不予采纳的，应当说明理由。

第九条　当事人未在规定期限内提出陈述、申辩，或者当事人提出的事实、理由不成立的，拆违实施部门应当作出责令限期拆除的书面决定。

第十条　拆违实施部门应当依法将事先告知书、责令限期拆除决定送达当事人。当事人难以确定或者难以送达的，可以采用通告形式告示。告示期限自通告发布之日起不少于十日。

第十一条　当事人应当在责令限期拆除决定规定的期限内，自行拆除违法建筑。当事人自行拆除确有困难的，拆违实施部门可以代为拆除。

当事人未在规定的期限内拆除违法建筑

的，拆违实施部门应当向市或者区、县人民政府报告，由市或者区、县人民政府责成拆违实施部门等有关部门强制拆除，并可以依法予以罚款。

市或者区、县人民政府责成有关部门强制拆除违法建筑的，应当在强制拆除的七日前发布通告。

第十二条　对正在搭建的违法建筑，拆违实施部门应当当场责令当事人暂停施工，依照有关法律、法规进行调查取证后，以书面形式责令当事人停止建设、自行拆除，并可以采取暂扣施工工具和材料等措施；当事人拒不停止建设或者拒不拆除的，拆违实施部门应当立即强制拆除，并可以依法予以罚款。

第十三条　违法建筑强制拆除时，拆违实施部门应当通知当事人取走违法建筑内的财物，当事人未取走的，拆违实施部门应当妥善保管，并通知当事人在限定的期限内领取。当事人逾期未领取的，拆违实施部门可以在留存证据后根据实际情况妥善处置。

违法建筑强制拆除后，拆违实施部门应当和街道办事处或者镇人民政府对当事人做好相关工作。

第十四条　违法建筑拆除后，当事人应当在清理通知书规定的期限内清理建筑垃圾；逾期未清理的，拆违实施部门可以予以清理。

第十五条　拆违实施部门及其工作人员在违法建筑查处工作中应当向当事人出示执法证件，依法行使职权，文明执法，不得侵犯当事人的合法权益；对当事人的合法财产造成损害的，应当依法予以赔偿。

第十六条　城乡建设管理部门应当加强对建设工程施工单位的监督管理。

在拆违实施部门查处违法建筑过程中，承揽违法建筑施工作业的单位应当立即停止施工，并配合查处。

第十七条　属于违法建筑的房屋不得出租。

违法建筑不得办理房地产权利登记。

利用违法建筑从事经营活动的，不得办理营业执照等相关证照。

第十八条　市和区、县人民政府应当对拆除违法建筑工作经费予以保障，所需工作经费纳入各有关部门的年度预算。

第十九条　当事人对拆违实施部门作出的具体行政行为不服的，可以依照《中华人民共和国行政复议法》或者《中华人民共和国行政诉讼法》的规定，申请行政复议或者提起行政诉讼。

除法律、法规另有规定外，在行政复议或者行政诉讼期间，不停止对违法建筑的强制拆除。

第二十条　市和区、县人民政府应当建立违法建筑查处工作的考核制度，对在拆违工作中成绩突出的单位和个人予以表彰，对未依法履行职责的单位和个人予以处理。

第二十一条　拆违实施部门、有关行政管理部门及其工作人员在发现和查处违法建筑过程中，有下列情形之一的，对直接负责的主管人员和其他直接责任人员依法给予行政处分；构成犯罪的，依法追究刑事责任：

（一）未按规定履行巡查职责，或者发现违法建筑不报告、不制止，情节严重的；

（二）依法应当作出拆除违法建筑决定而未作出的；

（三）对属于本部门的职责推诿的；

（四）对正在搭建的违法建筑应当立即拆除而未拆除的；

（五）违法办理房地产权利登记、营业执照等相关证照的；

（六）其他玩忽职守、滥用职权、徇私舞弊的。

第二十二条　阻碍拆违实施部门工作人员依法执行职务的，由公安机关依照《中华人民共和国治安管理处罚法》予以处罚；构成犯罪的，依法追究刑事责任。

第二十三条　国家工作人员搭建违法建筑的，应当主动拆除；拒不拆除或者阻碍违法建筑查处工作的，由拆违实施部门将有关情况书面告知其所在单位或者监察部门，并建议依法给予行政处分。

第二十四条　乡、村庄规划区的违法建筑拆除，由乡、镇人民政府参照本规定执行。

第二十五条　本规定自2009年8月1日起施行。

上海市推进国际金融中心建设条例

（2009年6月25日上海市第十三届人民代表大会常务委员会通过）

第一章　总则

第一条　为了贯彻实施建设上海国际金融中心的国家战略，营造具有国际竞争力的金融发展环境，推进上海国际金融中心建设，根据有关法律、行政法规的规定，结合本市实际，制定本条例。

第二条　本市推进上海国际金融中心建设工作适用本条例。

第三条　本市推进上海国际金融中心建设应当按照国家统一部署，以金融市场体系建设为核心，以改革创新和营造环境为重点，将上海建成与我国经济实力和人民币国际地位相适应的国际金融中心。

第四条　市人民政府应当加强对本市推进建设上海国际金融中心相关工作的领导。

本市设立的推进上海国际金融中心建设议事协调机构，在国家有关部门的指导下，负责协调推进上海国际金融中心建设的有关工作，组织有关部门制定和落实阶段性目标和各项措施。

市人民政府有关部门和区县人民政府应当加强协作配合，具体落实推进上海国际金融中心建设的各项工作。

第五条　市人民政府负责组织编制金融产业发展规划，并将其纳入本市国民经济和社会发展规划。

第六条　市人民政府安排上海金融发展资金，用于对金融人才、金融创新的奖励和金融产业发展的扶持。

第七条　本市应当按照国家明确的战略定位和分工，加强与长江三角洲地区以及国内其他中心城市在金融领域的相互协作和支持，增强本市金融业的服务功能，推动金融要素市场、金融机构为各地区经济和社会发展提供良好的金融服务；加强与香港特别行政区在金融市场建设、金融产品创新、金融风险防范、金融人才培养等方面的优势互补和战略合作；推动在本市的金融机构与澳门特别行政区、台湾地区金融机构的合作、交流。

市人民政府应当加强与其他国际金融中心城市的交流，鼓励金融要素市场、金融机构、金融教育研究机构等开展国际合作、交流。

第二章　金融市场体系建设

第八条　市人民政府及其有关部门应当按照国家关于形成多功能、多层次、国际化金融市场体系的要求，配合国家金融管理部门推进货币、外汇、债券、股票、商品期货、金融衍生品、保险、黄金、产权等市场的建设。

市人民政府应当配合国家金融管理部门优化金融市场参与者结构，发展证券投资基金、社保基金、保险资产、企业年金、信托计划等各类机构投资者。

第九条　市人民政府应当制定相关政策，加强金融机构体系建设，支持银行、证券、保险、信托、期货、基金、融资租赁、货币经纪、财务公司等各类金融机构的发展；鼓励国内外金融机构在本市设立总部和分支机构；培育具有国际竞争力和行业影响力的金融机构。

第十条　本市配合国家金融管理部门将

上海银行间同业拆放利率和国债收益率培育成为金融市场的基准利率。

本市支持金融机构开发、推广有利于金融市场健康发展、符合国家金融监管要求的各种金融产品和业务；支持有关机构研究探索以股指、汇率、利率、股票、债券、银行贷款等为基础的金融衍生产品；推动离岸金融、股权投资、并购贷款、私人银行、券商直投、信托租赁、汽车金融等业务的发展，鼓励有序开发跨机构、跨市场、跨产品的金融业务。

第十一条　市人民政府及其有关部门应当配合国家有关部门促进各类金融信息系统、市场交易系统互联互通，建设、完善与上海国际金融中心功能相匹配的登记、托管、清算、结算等统一高效的现代化金融支持体系。

第十二条　本市鼓励发展金融外包服务，支持金融软件开发、数据处理、客户服务、电子支付等金融专业化服务产业发展，鼓励设立金融专业化服务机构。

第十三条　本市支持信用评级、资产评估、融资担保、投资咨询、会计审计、法律服务等与金融相关的中介服务机构发展，规范中介服务机构的执业行为，增强行业自律，提高中介服务机构的专业水平和服务能力。

市人民政府及其有关部门应当配合国家有关部门建设金融资讯信息服务平台和全球金融信息服务市场。

第十四条　本市支持金融机构加强从业人员的专业技能和职业道德教育，培养诚实守信、服务至上、严格规范的职业操守，提升金融服务水平。

第十五条　市人民政府及其有关部门应当支持金融行业协会发挥规范、协调、服务、自律等作用。

第三章　区域布局和基础设施建设

第十六条　市人民政府应当根据陆家嘴金融城、外滩金融集聚带、张江金融信息服务产业基地、洋山保税港区以及其他区域各自的发展优势，完善本市金融业空间布局。

市人民政府有关部门应当组织编制金融集聚区布局规划，按照国家规定的程序报经批准后，纳入相应的城市规划。

第十七条　市规划国土管理部门和区县人民政府应当根据本市城市总体规划和土地利用总体规划，结合金融产业发展规划和金融集聚区布局规划的要求，在组织编制控制性详细规划和土地利用年度计划时，保证金融集聚区的建设用地。

市房屋管理部门和区县人民政府应当采取适当措施，为金融机构解决营业、办公用房提供便利。

第十八条　市和区县人民政府有关部门应当完善金融集聚区内市政公用基础设施的配套建设，改善办公、商业等服务环境。

本市电力、通信、交通等相关企业应当做好金融集聚区的电力、通讯、交通等服务保障工作。

第四章　金融人才环境建设

第十九条　市人力资源管理部门应当会同市金融服务部门制定金融人才的集聚、发展规划和培养、引进计划；在国家有关部门的指导下，建立和完善以市场为导向的、与国际金融中心建设相适应的金融人才使用评价机制，分类制定与金融人才相关的政策。

第二十条　市金融服务部门应当会同市有关部门建立本市金融教育信息资源库，推动教学资源共享。

市教育管理部门和市金融服务部门应当会同市有关部门设立金融职业教育与培训基地，培养各类金融专业人才和金融管理人才。

市人力资源管理部门应当会同市金融服务部门按照国家有关规定，引进国际认可的金融职业能力考试认证机构在本市开展相关认证业务。

第二十一条　本市鼓励金融机构以及相关单位通过市场机制，从国内外引进各类高层次、紧缺的金融人才。

市人民政府有关部门和区、县人民政府应当对引进的高层次、紧缺金融人才在户籍和居住证办理、住房、医疗保障、子女就学等方面提供便利。对引进的境外金融人才，出入境管理部门应当按照国家有关规定简化出入境手续。

第二十二条　市人民政府应当制定金融人才奖励办法，对为上海国际金融中心建设做出贡献的各类金融人才给予奖励。

第五章　信用环境建设

第二十三条　市经济信息化管理部门应当会同市金融服务等部门，配合国家金融管理部门建设金融业统一的征信平台，扩大信用信息采集的覆盖面和数据量，改善信用信息查询服务。

市经济信息化管理部门应当会同市金融服务等部门，配合国家金融管理部门健全金融业高级管理人员执业信用记录。

第二十四条　本市工商、税务、公安、质监等行政管理部门和司法机关应当建立信用信息共享机制，依法提供相关信用信息查询服务。

第二十五条　本市鼓励信用服务机构开发信用产品，支持信用服务机构的合法经营活动。

信用服务机构收集、处理信用信息、提供信用产品，应当遵循独立、客观、公正和审慎的原则。

信用服务机构对征信过程中获悉的国家秘密、商业秘密和个人隐私负有保密义务，不得损害被征信企业和个人的合法权益，不得妨碍公共利益和公共安全。

第二十六条　本市支持金融机构在金融业务活动中使用信用产品，推进在企业融资、创业扶持以及典当、融资租赁等业务中使用信用产品。

第六章　金融创新环境建设

第二十七条　本市鼓励金融要素市场、金融机构进行金融产品、技术、服务、管理、组织形式等方面的创新。

第二十八条　市人民政府及其有关部门应当为金融要素市场、金融机构创造条件，在国家金融管理部门支持下，将各类金融创新成果率先在本市实施推广。

第二十九条　市人民政府有关部门应当完善金融创新保护机制，加强对金融创新成果的商标权、专利权、著作权、商业秘密等知识产权的保护。

第三十条　市人民政府应当制定金融创新奖励办法，对优秀金融创新项目给予奖励。

第七章　金融风险防范与法治环境建设

第三十一条　市人民政府应当加强与国家金融管理部门的协调，配合国家金融管理部门在本市建立健全金融监管协调机制，依法履行监管职能，完善监管体系，改进监管方式，加强跨行业、跨市场监管协作。

第三十二条　市人民政府应当在国家金融管理部门的指导下，健全金融稳定协调机制，完善金融突发事件应急预案和应急处置机制。

市人民政府有关部门应当配合国家金融管理部门建立完善金融风险监测信息系统和评估机制，支持相关机构开展金融风险预测、评估、防范等方面的研究，增强对金融风险的预警防范能力，维护金融稳定和安全。

市人民政府有关部门应当支持金融风险管理工具及技术的开发和应用，并为金融机构维护重要金融信息系统安全提供必要的指导和帮助。

第三十三条　本市各级行政机关、司法机关应当配合国家金融管理部门做好反洗钱、反假币等打击非法金融活动的工作。

本市各级行政机关、司法机关应当依法加强对金融违法犯罪行为的预防和打击。

第三十四条　本市各级行政机关应当优化行政审批程序，简化行政审批环节，为金融要素市场、金融机构、相关中介服务机构、有关行业协会等提供公开透明、便捷高效的行政服务。

本市各级行政机关应当维护金融机构的合法权益，不得干预金融机构的依法自主经营。

第三十五条　本市各级人民法院应当完善金融诉讼案件审理机制，加大对金融案件的执行力度。

第三十六条　本市金融仲裁机构应当依据法律、法规和国际惯例完善金融仲裁规则，提高金融仲裁专业水平和国际化程度。

第三十七条　本市支持金融法律服务业发展，鼓励法律服务机构拓展金融法律服务领域，为金融机构和相关企业、个人提供金融法律服务。

第三十八条　本市有关部门和金融机构应当通过媒体和其他形式，宣传普及金融知识，开展金融风险防范意识教育。

第八章　附则

第三十九条　本条例自2009年8月1日起施行。

关于加强本市占用道路和其他公共场所设摊经营管理的通告

（沪府发〔2009〕34号，2009年7月14日）

为了确保2010年上海世博会顺利举办，根据《上海市人民代表大会常务委员会关于本市促进和保障世博会筹备和举办工作的决定》，现就加强本市占用道路和其他公共场所设摊经营管理通告如下：

一、禁止任何单位和个人在下列区域范围内占用道路和其他公共场所设摊经营、兜售物品：

（一）世博园区及周边1000米区域；

（二）内环线以内主要道路和景观区域；

（三）各区县重点地区。

二、在上述区域范围以外，任何单位和个人也不得擅自占用道路和其他公共场所设摊经营、兜售物品。

三、对违反本通告规定的，由城管执法部门按照《上海市市容环境卫生管理条例》的有关规定予以处罚。其中，暂扣当事人经营兜售的物品和有关工具的，城管执法部门出具暂扣物品告知书，并通知当事人在48小时内到指定地点接受处理；当事人逾期未前往指定地点接受处理的，城管执法部门可以对暂扣的物品和工具依法予以处置。

四、本通告所称世博园区周边1000米区域，是指耀华路－西营路－成山路－东明路－浦建路－董家渡路－中华路－大林路－西藏南路－徐家汇路－瑞金南路－黄浦江区域。内环线以内主要道路和景观区域的范围，由市市容环境卫生管理部门会同有关部门提出并报市政府批准后对外公布。各区县重点地区的范围，由各区县政府另行确定并对外公布。

五、本通告自发布之日至2010年12月31日施行。

贯彻国务院关于进一步推进长江三角洲地区改革开放和经济社会发展指导意见的实施意见

（沪府发〔2009〕33号，2009年7月4日）

各区、县人民政府，市政府各委、办、局：

为了贯彻《国务院关于进一步推进长江三角洲地区改革开放和经济社会发展的指导意见》（国发〔2008〕30号）精神，结合本市实际，现提出以下实施意见：

一、认识、明确进一步推进长三角地区改革开放和经济社会发展，加快上海“四个中心”和社会主义现代化大都市建设的重大意义、总体思路和发展目标

（一）认识重大意义。进一步推进长三角地区改革开放和经济社会发展，是我国积极应对经济全球化、区域经济一体化大趋势，加快实施国家区域发展总体战略的重要

举措，对于建设上海国际经济、金融、贸易、航运中心和社会主义现代化国际大都市，具有重大战略意义。它有利于推进上海和长江三角洲地区经济结构战略性调整，提高自主创新能力和整体经济素质；有利于辐射和带动泛长江三角洲区域、长江流域以及我国其它地区的发展，形成优势互补、良性互动的区域经济发展新格局；有利于提高区域综合实力、国际竞争力和抵御国际风险的能力，更好地参与国际经济合作和竞争；有利于深化改革和探索创新，为实现科学发展提供体制机制保障。

（二）确定总体思路。高举中国特色社会主义伟大旗帜，以邓小平理论和“三个代表”重要思想为指导，深入贯彻科学发展观，认真落实国家区域发展总体战略，进一步解放思想，开拓进取，着力推进经济结构战略性调整，着力转变政府职能，着力促进城乡区域协调发展，着力提高资源节约和环境保护水平，率先转变经济发展方式，率先提高自主创新能力，率先推进改革开放，率先构建社会主义和谐社会，充分发挥核心城市的辐射带动作用，促进长三角区域经济一体化，不断提升长三角地区的国际竞争力，为我国全面建设小康社会和实现现代化做出更大贡献。

（三）确定发展目标。到2012年，第三产业增加值占全市生产总值比重进一步提高，万元生产总值综合能耗和主要污染物排放总量在完成“十一五”目标的基础上进一步下降，环保投入相当于全市生产总值的比例保持在3%左右。全社会研究与开发经费支出相当于全市生产总值的比例提高到3%，知识竞争力位居全国前列，创新成为经济社会发展的重要驱动力。城乡居民家庭人均可支配收入持续稳定增长，城镇登记失业率控制在4.5%以内。各类基本社会保障基本实现全覆盖，教育、文化、卫生等基本公共服务体系进一步完善，轨道交通运营线路总长达到500公里左右。上海在区域经济发展中的辐射力和带动力进一步提高。

到2020年，率先形成以服务经济为主的产业结构，在重要领域科技创新接近或达到世界先进水平，对经济发展的引领和支撑作用明显增强。实现经济发展方式的重大转变，形成人与自然和谐相处的生态环境。社会保障水平进一步提高，实现基本公共服务均等化。基本建成“四个中心”和社会主义现代化国际大都市，促进长江三角洲、长江流域共同发展和服务全国的作用更加明显。

二、加快建设国际经济、金融、贸易、航运中心，率先形成以服务经济为主的产业结构

（四）大力发展金融服务业。发挥金融市场和金融机构集聚的优势，不断提升上海对长三角地区的金融服务与金融支持。大力发展企业（公司）债券、资产支持债券、短期融资券、中期票据等债务融资工具，开展项目收益债券试点。研究探索并适时推出股指、汇率、利率、债券等为基础的金融衍生工具。加快期货市场发展，做深做精现有期货品种，有序推出新的能源和金融类大宗产品期货。积极探索推进上海服务长三角地区的非上市公众公司股份转让的有效途径。鼓励各类股权投资企业（基金）及创业投资企业发展，做好上海金融发展投资基金试点工作。鼓励长三角地区银行开展银团贷款。在洋山保税港区探索发展离岸金融业务。支持注册在上海的金融机构在长三角地区设立分支机构。优化区域银行卡受理环境。完善长三角地区银行汇票业务，促进区域支票影像交换业务健康发展。推动区域支付结算产品和服务创新。稳步推进人民币国际贸易结算试点。推动建立全方位的金融风险监测、预警体系以及长三角地区打击非法金融活动联系会议制度，切实维护区域金融的安全和稳定。推动在长三角地区有长期业务的境外企业试点发行人民币债券。研究探索股权投资

和银行贷款之间的联动机制。（市金融办牵头推进）

（五）加快发展航运服务业。建设以货种接卸和中转服务为主的宝山罗泾和杭州湾等港区。加大江海联运推进力度，实现长江内河集装箱船舶江海直达联运。统筹长三角内河集装箱运输市场发展，提高水水中转比例。大力发展船舶交易、船舶管理、航运经济、航运咨询、船舶技术等各类航运服务机构，构建现代航运服务体系。完善航运服务规划布局，拓展洋山保税港区的功能，发展北外滩、陆家嘴、临港等航运服务集聚区。积极争取国家支持，依托上海航运交易所，加快建设全国性的船舶交易信息平台，形成具有示范作用的船舶交易市场。建立上海国际航运中心综合信息共享平台，加大上海港与长三角区域及长江干线港口的交流合作力度，促进形成便捷高效的长三角区域干线港口和航运信息交换系统。聚焦国际航运发展综合试验区，拓展洋山保税港区的功能。积极争取国家有关部门支持，实施启运港退税政策，促进国际货运中装业务。聚焦洋山保税港区，优化口岸服务环境，探索口岸监管模式创新，发展高附加值的港口服务，吸引相关企业入驻。加快发展航运金融服务，支持开展船舶融资、航运保险等高端服务。依托上海航运交易所、上海期货交易所的优势，在国家有关部门指导下，进一步完善航运运价指数体系，加快开发航运运价指数衍生品，为我国尤其是长三角地区航运企业控制船运风险创造条件。积极发展邮轮经济，加快发展邮轮母港，探索建立区域性邮轮组合港。（市建设交通委牵头推进）

（六）切实促进现代商贸业发展。加强贸易基础设施建设，营造国际一流水平的贸易发展环境。加快发展电子商务、大宗商务批发市场和期货交易市场，建立长三角现代采购交易平台，做大做强品牌会展，推动大宗商品保税交易和离岸交易，增强上海在全球资源配置中的作用和全球大宗商品的价格话语权。着力发展服务贸易，建立长三角推动服务外包发展的联动机制，形成服务外包公共服务资源共享机制。加强商品交易市场、商业零售、餐饮服务等商贸业的区域联动，推进商贸业公共信息平台建设。研究和编制长三角区域商贸业发展规划，促进城乡商品流通。加快培育市场主体，鼓励龙头企业构筑和完善区域内的连锁经营体系、业务流程和供应链。推动长三角地区汽车租赁业一体化发展。联合推出“商旅文结合”的大型营销活动和商业节庆活动。大力实施品牌战略，共同营造老字号品牌的发展环境。统一制定和执行区域商贸行业标准、技术规范，选择渗透融合性强的领域，开展长三角服务标准化合作试点。共同推进《世博园区商业服务业配套布局规划》的有关工作和《上海市商业服务业迎世博三年行动计划》有关项目的实施。（市商务委牵头推进）

（七）加快现代物流业发展。共同启动建设“中国物流资源交易中心”。推动建立跨区域的口岸物流电子商务平台。推动上海电子口岸平台向长三角地区拓展口岸物流服务，加快与长三角地区物流园区、物流基地和产业基地信息平台对接。完善本市危险化学品进出运输道口运政检查站的设置和人员配备，建成本市道口查验网络平台，实现两省一市危险化学品运输道口查验信息联网。支持医药、化工、食品冷链等行业，率先制定物流作业、服务等区域实施标准，并争取上升为国家行业标准。建立长三角地区物流诚信建设协调机制和物流企业诚信守法等级评估互认制。（市商务委、市经济信息化委牵头推进）

（八）着力提升生产性服务业能级。大力发展总部经济和总集成、总承包、研发、设计、创意、采购、营销、租赁等生产性服务业。以总承包、总集成为龙头，推动一批系统设计、系统集成和设备总成套、工程总承包于一体的大型工程公司和系统成套公司加快发展。推动长三角区域产业结构调整和资源整合，带动制造业服务业融合发展。鼓励发展辐射和服务整个长三角区域的风险投资、融资租赁、大型装备出口信贷，为先进制造业和生产性服务业发展提供有力的金融支持。共同培育一批专业技术服务企业，为行业提供技术解决和产品开发方案。建设上海二手车交易公共信息服务平台，服务长三角地区，促进区域二手车市场健康规范发展。（市经济信息化委牵头推进）

（九）积极发展信息服务业。构建区域战略性、基础性、公益型的大型数据库，加强数字电视、宽带多媒体、移动通信等平台建设，推进区域信息资源的数字化、网络化和商品化。共同推动以软件为主的信息服务业区域合作项目建设，推进信息服务业与商业、文化、娱乐等领域的融合，加快发展软件、互动娱乐和动漫、数字出版、互联网视听等信息服务业，积极推进信息服务外包产业发展。建设区域性电子商务综合平台，共同构建长三角第三方数字认证服务体系，加强区域公共物流信息服务平台建设，推广电子标签的广泛应用。积极推动国家知识产权信息平台区域专利信息服务中心落户长三角地区。（市经济信息化委、市文广影视局、市新闻出版局牵头推进）

（十）深入推进旅游业发展。参与编制长三角区域旅游规划，在产品整合、资源共享、标准制定、市场监管等方面开展合作。鼓励和扶持旅游企业集团特别是饭店、旅行社异地收购、兼并和重组，成立跨区域的社会旅游组织和合作机构，实行品牌连锁经营与管理。创新旅游产品，实现长三角旅游产品的差异化发展。完善区域旅游公共服务体系，打造旅游一体化软件与服务设施。推进长三角区域旅游服务标准一体化。建设长三角旅游企业电子信息公共服务平台。共同制订和实施长三角区域旅游形象推广战略。实施旅游目的地营销、旅客投诉处理、旅游集散、应急救助等一体化工程。充分发挥世博会等载体和平台的持续效应，推进长三角旅游产业集群发展。（市旅游局牵头推进）

（十一）着力改善服务业发展环境。加快建设长三角区域服务业联动机制，有效开展区域合作。建立长三角区域企业知识产权工作推进合作机制和企业知识产权工作联席会议制度，加强企业技术标准化和知识产权领域的区域合作。开展长三角区域标准的联合研究，鼓励区域内高校、科研院所与企业建立技术标准联盟。加强区域间已有行业标准的对接，逐步形成区域内协调互认的服务标准体系。加紧制订规范体系缺失的服务行业和新兴服务行业的标准。发挥两省一市在应用技术学科方面的优势，加强现代服务业人才的培养和交流。（市商务委牵头推进）

三、大力发展先进制造业，全面推进工业结构优化升级

（十二）加快高新技术产业化和先进制造业内涵发展。积极对接国家重点产业调整和振兴规划，制订出台贯彻实施意见。积极推进新能源、民用航空制造业、先进重大装备、新能源汽车、新材料、生物医药、电子信息制造业、海洋工程装备等高新技术产业化。着力提升钢铁、汽车、造船、石化、装备制造、电子信息等先进制造业的国际竞争力。全面推进信息化与工业化融合发展，加快推广信息技术在先进制造业及传统产业中的应用。加快淘汰落后产能，积极推动传统产业的升级改造和梯度转移。联合开展长三角地区企业技术创新战略研究。针对新能源、新材料、重大装备等领域，共同推进一批产学研示范工程和基地建设。联合培养产业发展急需的技术人才，共同开展高技能人才的培养。（市经济信息化委牵头推进）

（十三）不断优化产业空间布局。共同争取国家战略产业项目布局长三角，形成布局分工合理、具有竞争优势的特色产业集群。

全面推进民用飞机研发、制造、配套基地的建设，构建民用飞机制造业、民用航空运输业和民用航空服务业协同发展的产业链，形成包括民用飞机租赁、经营、维修、改装、人员培训等在内的现代航空服务体系。推进现代造船模式转换，实现主流船型研发设计系列化、标准化。积极推进高技术、高附加值船舶、海洋工程装备和重点配套设备开发，提高产品市场竞争力。共同推进形成以核电建设项目为依托、设备制造为龙头、系统成套为支撑的长三角核电产业集群发展格局。探索建立跨区域产业梯度转移的模式。（市经济信息化委牵头推进）

（十四）着力提升企业竞争力。加快推进制造业企业跨区域的开放性、市场化并购和联合，推动企业整体上市或核心业务资产上市，支持主业清晰、优势突出、符合国家产业导向的制造业企业做大做强。大力支持上市公司开展收购兼并和重组创新，在长三角地区实现资源合理配置。鼓励中小企业以独资、合作、合资、参股、特许经营等方式，进入国家法律法规和产业政策未禁止的领域，参与产业及配套产业的发展。实施中小企业改制上市培育工程，加大对科技型企业的专项资金支持力度。（市经济信息化委、市国资委牵头推进）

四、扎实推进社会主义新农村建设，促进城乡一体化发展

（十五）加快农业发展方式转变。大力发展现代农业，着力发展高效生态农业和现代养殖业。稳定发展粮食生产，大力支持农业产业化经营和标准化生产，努力提高农业组织化程度。培育一批辐射带动能力强的龙头企业，支持创建名优品牌，提高农产品市场竞争力。逐步实施“走出去”战略，加强区域农业企业的互动合作，探索建立长三角现代农业示范区。鼓励农产品出口，进一步做大做强外向型农业。着力发展农产品商标和地理标志，推动农产品经营的市场化和规模化。（市农委牵头推进）

（十六）进一步提高农业生产经营的组织化和市场化水平。培育长三角农业统一大市场，构建新型农业服务体系和农业物流基础设施体系。大力发展农村现代物流，培育一批大型农业流通企业。积极发展农民专业合作社，发挥农村专业经济协会、农业行业协会、学会等各类组织作用，加强农产品产销对接。鼓励和支持优质资本、优势农业龙头企业跨区域发展，做大做强农业产业化经营组织。充分发挥农民专业合作社和龙头企业的带动作用，提高农民收入。整合区域内农产品信息服务资源，建设农业信息服务网络，完善长三角区域农产品供需服务平台，构建立足上海、带动周边、服务全国的农产品流通销售体系，逐步建立长三角区域农产品质量安全监管工作机制和主要农产品质量安全可追溯体系。探索建立区域农村产权交易平台。（市农委牵头推进）

（十七）完善农村金融服务体系。深化农村金融体制改革，逐步建立健全多层次、广覆盖、可持续的农村金融体系，不断完善针对“三农”的金融服务。推进村镇银行试点，支持本市金融机构在长三角地区参股设立村镇银行。加强农业保险体系建设，探索建立区域性巨灾风险保险机制。继续发展农村信用担保和农村小额贷款，支持小额贷款公司发展。规范发展民间融资，探索设立农村资金互助社等新型放贷机构。继续加大信贷对农业和粮食生产的支持力度，适当扩大对农民专业合作社、农业产业化龙头企业的贷款贴息力度。（市金融办牵头推进）

（十八）全面提高农村公共服务和社会保障水平。统筹推进城乡基础设施建设、公共服务和社会保障，全面改善农村居住环境。建立稳定的农村文化投入保障机制，加快形成完备的农村公共文化服务体系，逐步实现城乡基本公共服务均等化。落实被征地农民基本保障制度，完善新型农村社会养老保险

制度和农村合作医疗制度，健全农民养老金增长机制，切实做好城乡社会保障制度的统筹衔接。逐步提高农村最低生活保障水平，完善分类救助政策，提高大病医疗救助水平。统筹城乡劳动就业，逐步建立城乡统一的人力资源市场和公平竞争的就业制度。扶持农村富余劳动力非农就业，支持跨区域就业。加强长三角区域间农村富余劳动力非农就业技能培训的互动交流。（市农委、市发展改革委牵头推进）

五、大力推进自主创新，加快建设创新型城市

（十九）共同探索组建国家级自主创新综合试验示范区。共同向国务院申报组建长三角科技创新综合试验示范区。以提高产业国际竞争力为主要目标，研究制订自主创新示范区的实施方案，加快推进创新体系建设。通过先行先试，进一步深化改革开放，完善区域创新政策体系，逐步实现各种创新要素在区域内无障碍流动。加强科技金融合作，拓宽区域融资渠道。联合开展产业技术创新，共同打造国际级制造业高地，提高区域整体创新能力和国际竞争力。（市科委牵头推进）

（二十）协同开展共性关键技术的联合攻关。重点围绕国家部署以及对长三角经济社会发展有重大影响的战略领域，以加快突破核心技术瓶颈、显著增强国际科技竞争力为目标，积极承担大飞机、大规模集成电路、新药创制、重大疾病防治、嵌入式系统与软件等国家重大科技专项，支持开展电子信息、生物医药、重大装备、纺织、石化、钢铁冶金等战略产业的重大科技联合攻关，力争通过5年左右的持续投入，培育一批代表国家乃至国际先进水平的重大战略产品和自有品牌。在电子信息、装备、汽车、船舶等具有一定优势的产业领域，共建一批长三角产业技术联盟，通过协作突破核心技术瓶颈。（市科委牵头推进）

（二十一）促进创新成果的示范、推广和应用。加强能源、信息技术、生物医药等领域的核心技术攻关，鼓励创新成果优先在长三角地区推广应用。统一自主创新产品认定标准，联合实施互认制度和采购制度。优化政府采购方式，改进政府采购评审方法，对拥有自主创新技术和产品的区域内供应商优先授予准入资格，进入采购程序。加大宣传推广自主创新产品的力度，引导企业围绕采购需求，开发适销对路的自主创新产品。加强知识产权执法协作机制，完善知识产权法制建设，加大知识产权保护力度。（市科委牵头推进）

（二十二）积极培养和引进创新型人才。依托长三角地区的人才、智力、教育培训、人才服务等资源，加强创新型人才开发的政策协调、制度衔接和服务融合。建立创新型人才培养基地，加大人才培养力度。加强国际合作交流，不断完善和发展国际化培养模式，培育与全球科技创新相适应的科技创新人才。以高层次、高科技、高技能人才以及经济社会发展需要的紧缺人才为重点，加大人才引进力度。规范区域人才服务市场的管理，探索实现区域信用信息互通，发挥市场对人才配置的基础性作用。（市人力资源社会保障局牵头推进）

六、走新型城市化道路，进一步提升城市综合服务功能和国际竞争力

（二十三）加快推进城乡规划体系建设。强化沪宁、沪杭和滨江沿海等发展轴线。提升中心城综合服务功能，积极推进虹桥综合交通枢纽周边地区区域整合和浦东南汇一体化发展。重点发展嘉定、松江和临港新城。着力提升宝山、闵行的辅城功能，推进青浦、奉贤南桥、金山、崇明城桥等新城建设，加快辐射力和带动性强的现代中等规模城市的规划建设。依托市域高速公路节点和轨道交通站点，集中建设一批相对独立、各具特色的现代化城镇以及大型居住社区，推动人口集聚、产业集聚。对于资源条件好、发展潜

力足的新市镇，适度扩大规划人口规模。依托城镇、产业园区和基础设施建设，合理配置公建和市政设施，规划形成一定数量的中心村（行政村），促进城乡和谐发展。（市规划国土资源局牵头推进）

（二十四）进一步强化城市综合服务功能。拓宽服务领域，推动形成全方位服务平台网络体系，构建市域东西向现代服务主轴，形成虹桥综合交通枢纽—延安路—陆家嘴—浦东国际机场—临港新城现代服务业走廊。围绕虹桥综合交通枢纽，做好虹桥枢纽商务区的综合规划和开发，成为上海服务长三角、服务长江流域、服务全国的长三角地区商务中心和重要窗口。完善中心城市级中心、城市副中心组成的公共活动中心体系。积极推进陆家嘴金融贸易区功能完善和能级提升。推进江湾—五角场和真如城市副中心建设，完善徐家汇城市副中心功能。集中推进黄浦江、苏州河沿岸地区以及若干现代服务业集聚区的规划建设，加快中心城旧区改造和保障性住房规划建设。（市规划国土资源局牵头推进）

（二十五）形成科学合理的城镇空间布局。按照城市总体规划，合理规划城市规模，形成等级合理、分布有序、各具特色、协调发展的城镇建设布局。统筹土地利用和城乡规划，将城市空间开发的重点由外延扩张为主向优化结构、调整布局、提高效率转变。严格控制中心城向外无序发展和新增建设用地规模增长，促进城镇可持续发展。推进中心城、新城、新市镇等城市化地区的控制性详细规划编制工作，统筹规划和建设城镇供排水、供电、通信、垃圾处理、防洪排涝、供水、治污工程等基础设施，加强城镇防灾减灾和应急管理能力建设。统筹新区开发与旧城保护，切实维护城镇历史文化风貌。（市规划国土资源局牵头推进）

七、积极推进重大基础设施建设，促进区域一体化发展

（二十六）打造一体化综合交通运输网络。重点加快推进京沪高速铁路、沪宁城际铁路、沪杭客运专线和沪通、沪乍等铁路建设。有效衔接公路对外通道的规划线位、建设时序和建设标准，加快申嘉湖高速、崇启通道、沪苏高速等高速公路建设。优化现代航运集疏运体系，共同整合长三角港口资源。共同编制实施长三角沿海港口发展总体规划，重点推进苏申外港线、杭申线改造，建立和完善长三角内河集装箱江海直达联运机制。统筹规划洋山深水港区和外高桥港区的功能布局，有序推进小洋山西港区项目。（市建设交通委、市发展改革委牵头推进）

（二十七）构建完备的能源安全体系。加快天然气、石油、电力、煤炭等基础设施建设。建成上海进口 LNG 一期工程和天然气主干管网二期工程，配合做好川气东送、西气东输二线天然气管道上海段建设，推进天然气主干管网与江苏、浙江省互联互通。推进漕泾炼油项目及其原油、成品油管道上海段的建设。积极推进本市市内煤电基地与气电基地建设。煤电方面重点建设沿江电厂和沿海电厂，气电方面按大中小并举布局。积极推进电力工业“上大压小”，优化能源结构。加快推进 800 千伏川沪特高压直流工程、500 千伏葛沪直流增容改造工程等西电东送重点工程和 1000 千伏皖电东送工程建设。开展苏北经崇明向上海送电通道的研究与规划落地工作。有序开发天然气市场，积极发展风能、太阳能等可再生能源，提高清洁能源在能源消费总量中的比重。（市发展改革委牵头推进）

（二十八）提高水资源的合理利用和科学管理水平。重点推进太浦河清水走廊工程、太湖流域拦路港二期工程，大泖港防洪工程，适时启动吴淞江行洪一期工程，开展黄浦江河口建闸工程研究。推进青松大控制片淀东等除涝泵闸工程，新建大治河西枢纽二线船闸、芦潮港出海闸，实施外环西河新辟工程。

加快推进青草沙原水工程建设，重点协调推进长江口北支中束窄工程，规划建设东风西沙水源地，加强水源地保护，确保供水安全。配合流域机构编制《淀山湖水环境综合治理实施方案》，建立相邻省河道保洁工作定期会商机制和防范突发事件的协作平台，以及相邻省市水面漂浮物集中打捞和联动机制。优化和完善省市界以及长江口、杭州湾等区域的水文水资源监测站网。建设统一的水资源管理协调机制和信息共享平台，逐步建立流域上下游之间的生态补偿机制。（市水务局牵头推进）

（二十九）推动信息基础设施一体化建设。联合开展区域信息基础设施发展战略研究，共同争取国家重大项目，推进长三角城市互联网络交换中心建设，提高超级计算、容灾备份等基础设施共享水平。共建长三角区域内标准和功能统一的空间地理信息、应急联动指挥和智能交通三个城市智能化管理平台，推动区域城市管理智能化、网络化。推进区域教育、文化、卫生领域信息资源的开发与共享，加快省市级图书馆和高校图书馆电子数据交换，促进图书馆自建和共建专题文献数据库。加快实施高速公路电子不停车收费（ETC）系统建设，推进长三角高速公路运行信息互通等信息化项目。（市经济信息化委牵头推进）

八、加快资源节约型和环境友好型社会建设，全面提高可持续发展能力

（三十）推进土地集约节约利用。坚决落实最严格的土地管理制度，做好城乡规划和土地利用总体规划的协调衔接，创新管理体制机制，强化规划的整体控制和引导作用，进一步优化土地利用结构和空间布局。严格执行土地利用年度计划，健全各类建设用地定额标准体系，开展土地利用的全过程动态监控，逐步建立土地利用绩效评估的长效机制。加大存量建设用地的调整利用力度，鼓励综合利用地下空间。促进城乡规划和土地管理向农村地区延伸，切实加强对耕地特别是基本农田的保护，加大土地开发整理复垦工作力度。加强设施建设，提高农用地的综合生产能力，发挥农用地特别是耕地资源的生产、景观、生态等综合功能。（市规划国土资源局牵头推进）

（三十一）全面推进节能降耗和循环经济建设。落实节能降耗目标责任制，将能耗考核覆盖各节能重点领域。搞好《上海市节约能源条例》的修订，推动可再生能源、建筑节能等方面地方性法规、规章的制订。严格把好能评、环评关，从源头上严格控制高能耗高污染项目。提高节能、环保、安监等门槛，加大淘汰落后生产能力工作力度。加快实施工业燃煤锅炉、电机系统改造、分布式供能等重点节能工程。加快淘汰低效照明产品，加强照明节能管理。完善适合本市气候特点和发展要求的建筑节能技术体系。推广鼓励使用节能环保型小排量汽车和新能源汽车。支持环境能源交易平台建设，推广合同能源管理，积极扶持发展节能服务产业。深入推进各层次、各领域循环经济试点工作。推广应用农业节水技术，鼓励把河水、雨水和城市再生水作为市政、绿化和景观等用水。推进脱硫废渣、污泥、粉煤灰、生活垃圾、电子废弃物和废旧物资的资源化利用、无害化处置。推进汽车零部件等机电产品的再制造。（市发展改革委牵头推进）

（三十二）着力强化环境保护。明确省界水质监测断面布点位置、数量与水质目标，加强区域水环境监管力度。推进污水处理厂与收集管网建设。完成燃煤机组脱硫工程。进一步提高新车排放标准。加强农业面源污染治理，加快农村环境综合整治。推进生活垃圾收集与无害化处置设施建设。鼓励有条件的行业、区域试行排污权交易。及时披露环境信息，建立健全社会公众参与和监督机制。完善区域环境信息共享与发布制度，健全区域环境监管与应急联动机制。研究健全

跨区域环境违法行为的联合惩处机制。实行更严格的环境保护标准，逐步开展氨氮、总磷、氮氧化物等污染物总量控制工作。开展“上海世博会空气质量保障体系”研究，建设世博园区空气质量预测预警体系，建立世博会空气质量应急响应区域联动机制。（市环保局牵头推进）

（三十三）加强生态建设和流域、海域环境管理。建设市域“环带、廊道、斑块”生态空间布局体系，构筑崇明—黄浦江—杭州湾北岸市域生态走廊。继续完善“环、廊、园、林”的绿化网络结构，继续推进公园绿地建设、四旁林建设、湿地的保护和修复。大力推进绿色世博园区建设，建成后滩公园、白莲泾公园、世博公园等一批大型公园。继续推进崇明生态岛建设。加强湿地和野生动物栖息地的保护、建设和管理，落实本市4个自然保护区、2块国际重要湿地、3块国家重要湿地的保护措施，并积极推进淀山湖湿地修复工程。控制地面沉降，加强地下水管理，至2010年实现采灌平衡。加强海洋自然保护区和海洋特别保护区建设与管理。加快推进太湖流域水环境综合治理，配合建立太湖流域水质水量监测数据共享平台，提高太湖流域联合应对应急处置能力。加强长江口近海海洋环境污染的整治与保护，防止、控制和减少陆源污染物入海排放。建立海洋环境信息的共享机制，建立重大海洋污染事件第一时间通报制度。（市水务局、市发展改革委牵头推进）

九、推动经济社会协调发展，着力构建社会主义和谐社会

（三十四）着力加强文化建设。搭建长三角文化信息资源共享平台，创新长三角区域文化联动发展协作机制。建立健全长三角地区非物质文化遗产保护工作协同机制，并探索建立公共文化服务内容生产配送方面的合作共享机制。加强文化市场准入、培育、开放等方面的合作，推进行政审批的协调和对接，鼓励区域内文化企业跨地区、跨所有制发展。建立高效、透明的区域市场监管机制，构建文化市场管理信息网络和评估机制，加强版权保护，共同打击盗版侵权等非法行为，营造公平公正、竞争有序的市场环境。加快区域内国家级文化产业示范园区和基地建设，扶持一批发展潜力大、市场前景好的文化企业发展。组建文化产业投资基金，推动实施中华文化“走出去”战略，搭建面向长三角、服务全国的文化产权交易、文化产业投融资、国际文化服务贸易等功能性文化产业服务平台。（市委宣传部、市文广影视局、市新闻出版局牵头推进）

（三十五）统筹推进社会事业发展。共同起草《长三角地区教育联动发展规划纲要》，力争与教育部共建“长三角教育综合改革试验区”。鼓励长三角高校优质课程资源对外共享，鼓励高校之间学分互认。支持职业教育集团、开放实训中心、科技园区、工程中心、重点实验室、校外教育资源等开展跨区域合作。完善现代化医疗卫生服务体系，增强特大型城市优质医疗资源的供给能力和服务能力。加快促进优质医疗资源纵向整合和均衡发展。建立长三角传染病联防联控、突发公共卫生事件应急处置互助、医疗资源辐射、检查检验互认和卫生监督信息互通机制。探索通过共同出资、联合申报、合作研究等方式，实施重大科研项目联合攻关计划。召开长三角体育论坛，共享区域体育设施，共同承接世界级大型体育赛事。（市发展改革委牵头推进）

（三十六）构建完善的就业和社会保障体系。形成长三角统一的人力资源市场，促进区域人力资源的合理流动。推进长三角地区资格证书的互认或衔接，按照国家规定统一设置职业准入标准，促进教育、培训、考试的资源互通和共享。继续完善城镇企业职工基本养老保险制度，建立和完善农民工养老保险制度，率先实现养老保险关系转移衔

接。在国家统一规划指导下，积极探索医疗保险关系转移续接机制和异地结算办法。完善失业保险制度，发挥失业保险基金促进就业的积极作用，进一步完善生育和工伤保险制度。加强社会救助信息的资源共享，开展居民经济状况核对的合作。加强对社会互助和慈善事业的宣传，引导和鼓励企事业单位和个人参与慈善公益活动。（市人力资源社会保障局、市民政局牵头推进）

（三十七）加强流动人口服务和管理。探索建立长三角区域人口数据平台。逐步完善流动人口公共服务网络，在就业指导、职业介绍、法律服务、政策咨询等方面，形成统一的服务内容和标准。继续推进农民工子女学校纳入民办教育管理，推进农民工同住子女进入公办学校接受义务教育，扩大中等职业学校录取农民工同住子女初中应届毕业生的规模。探索建立长三角社会保险经办业务的协作平台，方便参保人就近办理医保异地结算、异地领取养老金等相关事务。实现城市流浪乞讨救助管理信息的互联互通。（市公安局、市人力资源社会保障局、市教委牵头推进）

十、着力推进改革攻坚，率先形成社会主义市场经济体制

（三十八）着力推进行政管理体制改革。积极推进政事分开，开展事业单位分类改革试点。加快政府与社会中介组织分开，创造有利于社会中介组织发展的良好环境。鼓励长三角地区行业协会和商会等民间组织加强联系，推动建立区域性的行业协会。积极推动电子政务建设，推进区域政府信息公开与资源共享，优化网上办事项目，构建为民办事的快捷通道，提高区域政务决策管理和服务水平。建立健全政府部门之间、民间组织之间和企业之间的多层面信息化协调沟通平台。落实国家《关于深入推进行政审批制度改革的意见》，加快行政审批制度改革。（市发展改革委牵头推进）

（三十九）促进非公有制经济发展和国企改革。鼓励非公企业进入国家法律法规未禁止的领域，推动形成各种所有制经济平等竞争、相互促进的新格局。积极拓展民营企业融资渠道，进一步完善中小企业信用担保体系。整合政府部门、社会组织的信息资源，建立直接面向民营企业的区域性公共服务平台。加快推进国资国企的开放性、市场化重组联合，鼓励优质资本、优势企业跨区域并购重组。鼓励区域内各类企业积极参与上海国资国企改革重组，实现国资在多层次、大范围流动，促进生产要素的合理流动和优化配置，不断提高国资运营效率。坚持以市场为基础、以企业为主体、以政府为引导，不断完善多方参与的协同推进区域深化国资国企改革的沟通协调机制，整合资源，谋共赢求发展。（市发展改革委、市国资委、市经济信息化委牵头推进）

（四十）进一步加快市场化进程。建立统一开放的产品、技术、产权、资本、人力资源等各类市场，实现生产要素合理流动和资源优化配置。建立健全长三角统一规范的金融法律制度，完善金融执法体系，建立公平、公正、高效的金融纠纷处理机制。促进长三角区域市场准入政策条件、程序方式和服务措施的规范统一。共同推动信用长三角建设，提高信息采集的覆盖面，扩大信用产品的应用领域，促进区域信用信息交换共享；加强在信用规划、制度、标准、培训等方面的联动发展；培育市场信用需求，促进长三角地区的信用行业发展。促进知识产权交易市场的互通，加强世博会知识产权保护的协作和信息交流。（市工商局、市经济信息化委、市金融办牵头推进）

（四十一）加快培育规范透明的法制环境。加强长三角区域立法工作的合作与协调，形成区域相对统一的法制环境。探索建立区域地方性法规和政府规章的立法协调机制。建立健全长三角区域执法协作机制，在相关

执法领域探索建立定期协调会议制度、信息共享和动态跟踪制度、省市交界区域的异地行政执法和联合行政执法制度。建立完善规范性文件有效期制度、规范性文件清理制度和备案审查制度。大力推进依法行政，建立行政执法分类分步实施模式和行政自由裁量权基准制度。完善政府信息公开的保密审查、发布协调、监督考核等配套机制。（市政府法制办牵头推进）

（四十二）深入推进浦东综合配套改革试点。进一步放松管制，扩大开放，创造有利于现代服务业和高新技术产业发展的制度环境。深化口岸管理模式改革，加快建立与国际通行做法相衔接的经济运行规则体系。大力推进科技管理体制改革，创新管理方式，提高创新资源配置效率，形成有利于自主创新的体制机制。进一步统筹城乡公共资源，探索建立城乡均衡发展的体制机制，着力消除城乡二元结构。促进浦东南汇一体化发展，在体制和布局上给予浦东更大的发展空间。发挥浦东综合配套改革试点先行先试与示范带动作用，逐步将相对成熟、行之有效的政策措施在长三角地区推广。（市发展改革委牵头推进）

（四十三）继续推进其他重大改革试验。推动外汇管理改革和创新，支持中外资金融机构跨区域提供外汇服务和外汇产品创新，选择有条件的企业开展国际贸易人民币结算试点，积极推动并不断扩大人民币国际贸易结算试点企业数量和结算比例。积极推进农村土地使用制度改革，在农村集体土地使用权运营规则、国有土地公开租赁、城乡建设用地增减挂钩、土地利用总体规划动态管理、土地收益分配等方面开展创新试点。围绕加快现代服务业、高新技术产业和先进制造业发展，探索服务业税收征管体制改革。积极探索互利共赢的财政政策，有序推动异地联合兴办开发区。积极推动建立浦东新区质量监督和检验检疫改革创新区。（市发展改革委牵头推进）

十一、健全开放型经济体系，努力在更高水平、更高层次上实施对外开放战略

（四十四）进一步转变外贸增长方式。促进机电和高新技术产品进出口，重点推进“国家汽车及零部件出口基地”建设，探索推进“国家科技兴贸创新（生物医药）基地”建设。鼓励加工贸易实现梯度转移，通过加工贸易的转型升级，促进产业结构调整。鼓励出口企业增加科技投入，形成自主品牌和自主知识产权。制定和完善鼓励进口的贴息政策。建立进口监控体系和安全预警机制。全面推进长三角区域大通关合作，进一步扩大“属地申报、口岸验放”和“直通放行”通关模式的适用范围。探索建立长三角口岸查验单位和企业信息共享机制。拓宽上海电子口岸的业务范围，探索推动长三角地方电子口岸互联互通。（市商务委牵头推进）

（四十五）着力提高外资利用水平。建立包括长三角外资管理部门联席会议制度、长三角外资协会和中介组织定期论坛等在内的长三角外资管理部门联动机制，形成外资管理合力。加强区域相关部门的联动，逐步形成有利于区域一体化发展的招商引资政策。建立长三角区域外资管理和共享信息平台。积极创新外商投资管理方式，着力推进外资管理相关部门管理权限的同步下放。（市商务委牵头推进）

（四十六）鼓励企业开拓海外市场。鼓励有条件的各类企业开展对外投资与合作。支持长三角企业共同开拓海外工程市场，推动企业参与煤炭、木材、有色金属矿产等资源类投资项目的开发。在外汇、进出口银行、海关等方面，加大对重大境外工程承包项目的支持力度。降低对外经济合作准入门槛，苏浙企业落户上海或与本市企业合作，可在对外投资、对外承包工程和对外劳务合作经营资格核准等方面，享受本市企业同等待遇。建立以促进、服务和保障为主的管理模式，

减少审批环节，提高审批效率，为企业“走出去”提供便利。（市商务委牵头推进）

（四十七）进一步优化外贸发展环境。积极扩大服务业对外开放，降低市场准入门槛，简化市场准入程序，吸引境外金融、信息、法律、认证等专业服务企业入驻。进一步推进行政审批制度改革，探索建立海关监管协调机制，开展贸易领域“一门式”服务，着力提高贸易便利化水平。进一步吸引跨国公司总部和国内大企业集团以及民营企业入驻，加大国有贸易流通企业的改革和整合，加快推进贸易主体建设。（市商务委牵头推进）

十二、完善区域合作机制，努力增强区域发展合力

（四十八）加强沟通协调和统筹推进。各部门要充分认识推进长三角地区改革开放和经济社会发展的重大意义，切实履行职责，扎实推进和落实本实施意见提出的各项目标任务。加强与中央有关部委的沟通联系，积极争取国家层面对长三角一体化发展的指导和支持。加强与苏浙两省对口部门的沟通，协调推进区域合作与发展。各部门之间要相互支持，形成工作合力，力求取得实效。同时，要做好本市各类规划与长三角区域规划、苏浙两省相关规划的有效衔接。（市发展改革委牵头推进）

（四十九）进一步完善区域合作协调机制。按照2008年主要领导座谈会明确的合作机制框架，决策层、协调层和执行层要根据各自职能做好贯彻落实和协调推进工作。建立长三角地区合作与发展联席会议办公室，健全相关工作机制，着力推进交通、能源、信息、科技、环保、信用、社保、金融、涉外服务、工商管理等重点专题合作。逐步完善泛长三角区域合作机制，探索设立区域发展促进基金，并建立健全区域利益分享和补偿机制。（市发展改革委牵头推进）

（五十）加强城市双边和多边合作。健全长三角城市合作机制，推动长三角城市经济协调会成为区域性开放式合作平台，充分发挥长三角城市群在区域一体化发展中的引领示范作用。继续以专题合作和项目为抓手，促进城市间一体化发展。进一步整合资源，加强与江苏、浙江其他城市和泛长三角城市以及国内外都市圈的交流与合作。充分发挥区县参与区域合作的积极性，鼓励区县与江苏、浙江两省邻近城市开展合作对接工作，形成长三角区域合作的同城效应。（市政府合作交流办、市发展改革委牵头推进）

关于本市加强违法建筑拆除工作的实施意见

（沪府发〔2009〕35号，2009年7月17日）

为了更好地贯彻市人大常委会新修订的《上海市拆除违法建筑若干规定》，进一步改善城市市容环境，现就本市加强违法建筑拆除工作提出如下实施意见：

一、健全机构，加强领导

（一）建立市拆除违法建筑工作联席会议。联席会议负责加强全市违法建筑拆除工作的统筹协调、指导和监督，市政府分管副秘书长任第一召集人，市建设交通委分管副主任为召集人，市建设交通委、市政府法制办、市城市管理行政执法局、市规划国土资源局、市住房保障房屋管理局、市公安局、市工商局、市财政局、市监察局、市民政局、市人力资源社会保障局、市综治办、市信访办等部门和18个区县政府为联席会议成员单位。联席会议每年召开，主要是总结拆违工作和表彰先进，明确年度工作目标。联席会议下设办公室，由市建设交通委分管副主任兼任办公室主任，市城市管理行政执法局分管局长兼任办公室副主任。办公室定期召开工作例会，交流拆违工作情况，研究解决拆违工作中具体问题。

（二）建立健全区县拆除违法建筑领导机构。成立由区县政府相关部门和街道办事处、乡镇政府参加的拆除违法建筑领导小组，统一领导和负责所辖区域内违法建筑拆除工作。拆除违法建筑领导小组组长由区县政府领导担任，领导小组下设办公室（以下简称“区县拆违办”），具体负责所辖区域内违法建筑拆除工作的综合协调和组织实施。区县政府为拆违办配备专职工作人员，提供办公场所，拨付必要经费，组建联合执法队伍，配置必需的装备和设备，落实拆违施工力量，确保拆违工作的有力推进。

（三）街道办事处、乡镇政府要根据区县政府违法建筑拆除工作的统一部署，主动协调所属辖区内规划管理部门、房屋管理部门和城市管理行政执法部门（以下统称“拆违实施部门”）等部门形成整治违法建筑工作合力。乡镇政府要按照《城乡规划法》规定的职责，做好农村地区违法建筑的拆违工作。

二、健全机制，控制源头

（一）建立巡查发现机制。区县拆违办要整合辖区内拆违实施部门的巡查力量，结合街道和乡镇的日常管理巡查机制，加强辖区内违法建筑的巡查。街道办事处、乡镇政府要组织、发动居委会等开展巡查，及时发现并制止违法搭建行为。区县城市网格化管理机构要加强对网格化管理范围内违法建筑的巡查，并按照规定流程及时将发现的违法建筑情况移送区县拆违办。物业服务企业在其物业管理区域内发现搭建违法建筑的，应予以劝阻、制止；劝阻、制止无效的，应及时报告所在区县的房管部门或者区县拆违办。区县房管部门应督促物业服务企业建立完善巡查制度，加强其物业管理区域内违法搭建行为的巡查、劝阻和制止。

（二）实行统一举报受理。“12319”城建热线（以下简称“城建热线”）是市建设交通委设立的违法建筑查处24小时举报受理电话。各区县拆违办应设立本区县违法建筑举报受理电话，并向社会公布。受理部门应为举报人保密。

（三）实行一级分转查处。市城市管理行政执法局负责城建热线受理的违法搭建举报事项的分转工作。城建热线在受理举报事项后，应立即转交市城市管理行政执法局。市城市管理行政执法局接报后，即时分转到相关区县拆违办。各区县拆违办应建立联接市城市管理行政执法局的信息平台。

三、快速查处，严格执法

（一）限时到达现场。区县拆违办要建立全天24小时值班制度，对各类举报、转送、巡查发现的违法搭建案件，派出执法人员在24小时内到现场进行调查取证，其中对正在搭建的违法建筑，应在2小时内赶到现场进行调查取证。

（二）快速查处。对正在搭建的建筑，区县拆违办派出的执法人员应要求其出示搭建的证明材料，当事人不能出示合法证明材料的，责令当事人立即暂停施工，经调查取证后，由区县拆违实施部门以书面形式责令当事人立即停止建设、自行拆除，并可以采取暂扣施工工具和材料等措施。当事人拒不停止建设或者拒不拆除的，立即强制拆除，并可以依法予以罚款。对已经搭建的违法建筑，根据“全面摸底、区别情况、分别对待、综合整治、逐步解决”的原则，在充分开展调查研究的基础上，制定完善计划，由区县拆违办、拆违实施部门采取有效措施逐步查处和拆除。

（三）处置信息反馈。区县拆违办要在一个月内，将查处违法建筑的情况反馈举报人。对市城市管理行政执法局以及区县城市网格化管理机构、拆违实施部门分转、转送的案件，要按照有关规定及时反馈处置信息。市城市管理行政执法局对分转至各区县拆违办的举报案件的查处情况进行督察，督察情况记录在案，作为责任考核依据之一。

四、完善制度，合力推进

（一）统一执法文书。本市违法建筑查处工作使用全市统一样式的执法文书，确保快速、有力查处各类违法建筑。

（二）汇总信息统计。区县拆违办负责辖区内违法建筑及其查处等情况的记录、汇总工作，按月上报市城市管理行政执法局，由市城市管理行政执法局汇总，纳入市建设交通委建立的全市违法建筑查处信息系统，并同时分送市规划国土资源局和市住房保障房屋管理局。

（三）建立协同工作机制。街道办事处、乡镇政府和公安、工商等部门要配合区县拆违办、拆违实施部门开展违法建筑发现、调查取证和拆除以及相关的后续工作。

（四）搞好考核和责任追究。由市建设交通委组织相关部门按照拆除违法建筑的受理立案率、到场及时率、处置率和结案率等指标，对各区县拆违工作进行考核，具体考核办法由市建设交通委制定。区县政府要建立健全违法建筑查处工作考核制度，加强对拆违办及相关部门的责任考核，对成绩突出的单位和个人予以表彰，对未依法履行职责的单位和个人追究责任。在查处违法建筑时，发现国家工作人员拒绝拆除其搭建的违法建筑或者阻碍违法建筑查处工作的，区县拆违实施部门要及时将情况书面告知其所在单位或者监察部门，由其所在单位或者监察部门按照规定处理。

（五）严格相关手续办理。按照《上海市拆除违法建筑若干规定》，违法建筑不得办理房地产权利登记；利用违法建筑从事经营活动的，不得办理营业执照等相关证照。区县拆违办在查处违法建筑时，如发现有违反上述规定的情形，要及时转告相关管理部门，依法处理。

（六）区县政府要根据本实施意见，细化工作制度，切实做好违法建筑的治理工作。

关于本市加强违法建筑拆除工作的实施意见

（沪府办发〔2009〕25号，2009年7月12日）

为了有效解决本市高层建筑存在的消防安全问题，提升高层建筑火灾防范和城市应急管理能力，为2010年上海世博会的成功举办创造良好的消防安全环境，现就进一步加强本市高层建筑消防安全工作提出如下意见：

一、加强高层建筑消防安全工作责任制建设

（一）各区、县政府要根据《中华人民共和国消防法》、《上海市消防条例》、《机关、团体、企业、事业单位消防安全管理规定》、《上海市住宅物业消防安全管理规定》、《上海市建筑消防设施管理规定》等法律、法规的规定，按照“谁主管、谁负责”，“谁出租、谁负责”，“谁受益、谁负责”的原则，督促高层建筑物业管理等单位建立和落实消防安全责任制。同时，要将高层建筑消防安全工作纳入逐级签订世博群防群治安全责任书的重要内容，逐级落实消防安全工作责任。

（二）各街道办事处、镇政府要建立并完善辖区内高层建筑消防安全工作台帐制度，指导辖区有关单位建立并落实消防安全工作责任制，并切实加强督促检查。

（三）各居委会、村委会、社区服务站要制定区域内火灾应急预案，组建义务消防员队伍；经常性地开展防火安全教育、防火和灭火演练，组织高层建筑居民签订防火公约，并对火灾隐患进行自查整改。

（四）物业服务企业要明确消防安全责任人和专（兼）职消防安全员及其工作职责，落实有关法律、法规的规定以及物业服务合同中约定的消防安全管理服务职责，按照有关法规、规范和标准，开展消防设施的日常维护保养管理工作，发现损坏的消防设施设备要及时告知物业所有人或相关单位进行维修，发现破坏消防设施设备的行为要及时制止，并报告当地公安机关消防机构。高层居住建筑的物业服务企业要协助公安消防部门落实建筑消防设施的年检制度。

（五）房屋产权单位出租的建筑物必须符合消防安全要求，并在合同中明确各方的消防安全责任。对同一高层公共建筑内有两个以上使用单位的，要成立由产权单位牵头、使用单位法定代表人和消防安全责任人组成的消防安全领导小组，签订消防安全责任书，落实防火安全责任制，并根据不同业态的特点，加强消防安全管理、检查督促、值班值守、应急处置等工作。高层公共建筑的产权单位要依法落实建筑消防设施的维修保养和年检制度，也可委托建筑的建设、使用或者物业管理等单位实施。

（六）燃气及供电部门要定期检查高层建筑燃气管道、仪表、阀门、报警装置及电线电路，并及时维修更换损坏的部件，解决私拉乱接电线等问题。对高层建筑内涉及房屋产权单位安装的燃气泄漏报警仪、管道自动切断阀等设备，要委托有资质的第三方每年做一次强制检测。

（七）公安机关和房屋管理部门要将高层建筑消防安全隐患整改情况，列入物业管理行业评比、平安小区和安全大楼评比考核工作的主要内容，切实加强监管、检查。各级公安机关消防机构、各公安派出所要依法加强对高层建筑的分级监督检查，及时纠正违反消防法律、法规的行为。

（八）规划国土资源部门要严格按照有关法律、法规的要求，严把高层建筑项目审批关。在审批高层建筑项目时，要充分征求和听取消防管理部门意见。同时，要严把高层建筑项目验收关，加强对在建高层建筑的监督检查，对不符合规划许可核准要求的不予验收。

二、加强高层建筑消防安全整治与管理

（一）对存在火灾隐患的高层建筑，由公安机关消防机构依法开具《责令改正通知书》，明确整改责任主体及整改措施、要求、期限，并抄送所在地区、县政府和司法机关。期满复查发现隐患仍未整改的，依法实施处罚，视情采取有关强制措施。对隐患整改确有困难的，报请所在地区、县政府协调解决。

（二）对存在火灾隐患且因维修资金缺少等原因难以落实整改的高层居住建筑，由所在地区、县政府筹措资金落实整改，或列为区、县政府平安工程督办项目加以推进，确保及时消除隐患。

（三）对存在火灾隐患且因业态多、产权单位多导致消防管理责任主体不明的高层公共建筑，由所在地区、县政府协调建筑各产权单位或其上级主管部门，明确整改责任和整改资金来源，确保整改工作落地见效。

（四）城乡建设、规划国土资源、住房保障房屋管理、安全监管、质量技监、工商等部门要在各自职责范围内，搞好高层建筑消防设施管理的监督。对高层建筑的产权单位未按规定落实建筑消防设施维修、保养、检测等职责的，公安机关消防机构要依法实施处罚。

三、加强消防安全宣传教育与培训

（一）市政府新闻办要继续牵头加强消防宣传教育，依托 119 消防日、逢年过节、重大活动等节点，充分发挥电视等主流媒体的作用，请主流媒体免费刊登、播出包括高层建筑消防安全防范知识在内的各类消防公益信息和公益广告，建立完善消防公益宣传工作的长效机制。

（二）各区、县政府要组织、督促本级教育、人力资源行政主管部门、职业培训机构将消防知识纳入教育、教学、培训的内容；督促高层建筑产权或使用单位认真贯彻落实《消防法》、《机关、团体、企业、事业单位消防安全管理规定》等法律、法规，增强责任单位主体意识，使其自觉做好本单位的消防安全工作；加强消防志愿者队伍建设，积极开展消防志愿宣传服务活动，形成全社会参与、推动消防宣传工作的格局。

（三）各级公安机关消防机构要会同人力资源主管部门以高层建筑的物业安保经理、建筑消防设施操作人员等为重点，组织开展针对性的消防安全知识培训，确保高层建筑相关从业人员能够熟练操作建筑消防设施设备，提升高层建筑的消防安全管理水平。

四、加强高层建筑消防应急管理

（一）各区、县政府要将高层建筑消防应急管理工作纳入综合应急管理体系，加强对火灾等公共安全突发事件的风险评估和预案编制，加大公共消防设施和消防装备投入力度，落实应急知识普及、社会动员等工作。要统筹、整合各类资源，做好突发事件应急处置过程中的人员疏散、安置等保障工作。

（二）各级公安机关消防机构要继续加强高层建筑火灾的灭火救援准备工作，熟悉各类高层建筑的消防安全状况，加强灭火力量编成、组织指挥、现场组网、战术运用、战斗展开、供水组织、疏散救人等措施，开展针对性的模拟训练、实地拉动和实战演练，不断提升处置高层建筑火灾等灾害的能力。

（三）高层建筑施工过程中，施工单位要设置专人负责工程施工消防安全管理，严格按照规定进行消防临时设施配置和管理，确保工程施工过程中消防安全。监理单位要加强对工程施工现场消防临时设施配置情况的检查。

（四）高层建筑的物业服务企业要针对服务管理对象特点，逐幢制定高层建筑初起火灾扑救和应急疏散预案，明确各项应急处置工作的程序、措施和责任人，并每年至少组织一次演练，及时改进不足，提升群防群治、自防自救能力。

关于加强2010年上海世博会筹备和举办期间本市建设工程施工管理的通告

（沪府发〔2009〕43号，2009年8月6日）

为确保2010年上海世博会顺利举行，根据《上海市人民代表大会常务委员会关于本市促进和保障世博会筹备和举办工作的决定》的规定，现就加强2010年上海世博会筹备和举办期间本市建设工程施工管理作如下通告：

一、2010年4月1日至2010年10月31日期间，对建设工程施工实施管理措施。

（一）下列区域内停止建设工程施工作业：

黄浦江—东安路南延伸—东安路—零陵路—茶陵路—瞿溪路—鲁班路—徐家汇路—陆家浜路—跨龙路—中华路—董家渡路—黄浦江—塘桥新路—浦建路—东方路—南码头路—高科西路—东明路—川杨河—黄浦江围合区域（含以上道路和河道）。

（二）除前款规定外，下列区域内的建设工程停止实施桩基施工、基坑开挖等作业以及建筑物、构筑物拆除作业：

1. 黄浦江—东安路南延伸—东安路—中山南二路—中山西路—延安西路—延安中路—成都北路—苏州河—黄浦江—源深路—杨高南路—中环线—黄浦江围合区域（含以上道路和河道）；

2. 部分旅游景点、主要公路和主要城市道路两侧沿线区域（详见附件1、2）。

（三）外环线以内（含外环线）停止公路、城市道路建设工程施工以及其他掘路施工作业。

二、对不符合本通告规定的建设工程施工许可申请，市、区建设主管部门不予办理。

三、相关建设单位和施工单位要严格执行国家和本市有关规定，加强施工现场和施工队伍的管理。具体管理要求，由市建设主管部门另行制定。市、区建设主管部门要对建设单位和施工单位落实各项管理要求的情况进行督促检查。

四、国家重大建设工程以及抢险、抢修工程，不适用本通告规定。

本通告自公布之日起至2010年10月31日施行。

附件1：部分旅游景点序号项目名称地址：

1. 上海共青森林公园军工路2000号；2. 上海方 塔园中山东路235号；3. 上海佘山国家森林公园佘山国家旅游度假区；4. 上海太阳岛国际俱乐部有限公司沈巷沈太路2588号；5. 陈云故居暨青浦革命历史纪念馆朱枫公路3516号6上海大观园青商路701号；7. 朱家角古镇朱家角镇美周路36号；8. 上海青少年校外活动营地－东方绿舟沪青平公路6888号；9. 上海野生动物园南汇三灶镇；10. 上海科技馆世纪大道2000号；11. 上海世纪公园芳甸路666号；12. 上海市浦东射击游乐有限公司滨海旅游度假区东首；13. 上海南汇桃花村惠南镇北门路289号；14. 上海南汇大团桃园大团镇赵桥村888号；15. 锦江乐园虹梅路201号；16. 上海枫泾古镇旅游景区枫泾镇新枫路39号；17. 上海金山城市沙滩金山大道1972号；18. 上海古猗园沪宜公路218号；19. 上海碧海金沙景区海湾旅游区海鸥东路1288号；20. 东平国家森林公园崇明；21. 上海动物园虹桥路2381号。

附件2：主要公路和主要城市道路

一、中心城以外的公路和城市道路

1. 高速公路及快速路：A1、A2、A4、A5、A8、A9、A11、A12、A15、A16、A20以及

浦东国际机场北通道。

2. 干线公路：G204(沪宜公路—真南路)、G312(曹安路)、G318(沪青平公路)、北青公路、沪太路、川公路、同济路、龙东大道、浦星公路、沪南公路。

二、中心城以内的城市道路

1. 快速路系统(含地面道路)。

2. 其他城市道路。浦西：北横(长宁路、长寿路、天目西路、海宁路、周家嘴路)；南横(虹桥路、肇嘉浜路、徐家汇路、陆家浜路)；西纵(江苏路、华山路)；东纵(中山东一路、中山东二路、中山南路)；主要通道(石门一路、石门二路、瑞金一路、瑞金二路、瑞金南路、西藏北路、西藏中路、西藏南路、河南北路、河南中路、河南南路、大连西路、大连路、新建路、石龙路、龙耀路)；主要放射状道路(沪太路、曹安路、武宁路、四平路、龙吴路、漕宝路)。浦东：浦东大道、张杨路、杨高北路、杨高中路、杨高南路、高科西路、高科中路、高科东路、龙阳路、龙东大道、罗山路、金桥路、张江路、浦建路、沪南路、五洲大道、世纪大道。

关于本市开展小城镇发展改革试点的政策意见

（沪府发〔2009〕41号）

为贯彻落实党的十七届三中全会和九届市委七次、八次全会精神，促进城乡统筹和经济社会协调发展，根据国家发展改革委《关于开展第二批全国小城镇发展改革试点工作的通知》要求，现就本市开展小城镇发展改革试点提出如下政策意见：

一、指导思想、基本原则和主要目标

（一）指导思想

按照中央和市委、市政府关于贯彻落实科学发展观、加快形成城乡经济社会一体化发展新格局的总体要求，坚持以规划为龙头，以产业为支撑，以改革为动力，进一步解放思想，加强政策聚焦和区域整合，突破郊区城镇发展瓶颈，着力提升基础设施和社会事

业建设水平，着力推动政府职能转变和制度创新，进一步增强试点镇统筹发展能力，以点带面，积极推进本市农村改革和发展，加快本市郊区城市化进程。

（二）基本原则

一是坚持规划先行、分步实施。合理确定城镇功能定位，强化规划的约束力。

二是坚持政府主导、市场运作。通过改革创新，充分发挥市场机制作用。

三是坚持统筹兼顾、协调发展。统筹产业和就业、城镇建设和公共服务、发展和改革等协调发展。

四是坚持实事求是、分类指导。根据区位条件和发展差异，引导试点城镇形成各自特色。

五是坚持市区结合、区县为主。区县政府是试点工作的责任主体，试点镇政府是实施主体，市有关部门加强工作指导。

（三）主要目标

通过5年左右或者更长时间的努力，把本市第二批全国发展改革试点镇（崇明县陈家镇、金山区廊下镇、奉贤区青村镇、松江区小昆山镇、嘉定区安亭镇、青浦区金泽镇、浦东新区六灶镇），以及宝山区罗店镇、闵行区浦江镇和浦东新区川沙新镇等试点镇，建设成为与现代化国际大都市要求相适应，具有较强产业承载能力、人居环境优良、资源节约、功能完善、社会和谐、各具特色的郊区示范城镇。

二、试点内容

（一）统筹规划

以《城乡规划法》为依据，明确规划目标，将试点镇规划纳入全市城镇体系中统筹考虑，更加侧重于试点镇的产业集聚和功能完善。整合各类规划，在空间和时间上加强与各区县的国民经济社会发展规划、区（县）域总体规划和土地利用总体规划，以及有关专项规划之间的衔接。合理规划布局，以镇为单位优化镇域镇村体系和功能布局，参照小城市规划标准，做好试点镇土地利用规划、镇域总体规划和控制性详细规划的编制、审批、实施管理及推进工作。

（二）发展特色经济

充分发挥比较优势，因地制宜地确定试点镇经济发展定位，宜工则工，宜农则农，宜商则商，培育各具产业支撑的工业强镇、商贸重镇、旅游名镇，推动特色产业的集聚和能级提升。发挥资源优势，发展“农家乐”等乡村旅游业，有条件的试点镇可发展物流配送等生产性服务业。大力发展规模化、产业化、市场化的现代农业，通过农业产业化来延伸农业产业链，拓展农业发展空间。

（三）提高公共服务水平

着眼于城乡一体化发展的要求，重点加强试点镇基础设施建设，进一步加大农村道路、危桥及供排水管网的改造力度。重点加强试点镇社会事业建设，进一步提高教育、医疗卫生以及文化体育事业发展水平。搞好试点镇生态保护、环境治理和资源节约利用，加强环境卫生设施建设，推广使用清洁能源和节能节水设备，探索建立资源循环利用机制。

（四）深化相关制度改革

在农村综合改革的基础上，进一步加大农村改革的力度，努力突破试点镇发展中的制度性瓶颈。深化农村产权制度改革，有序推进村集体资产股份化改造。选择有条件的试点镇，在尊重农民意愿、确保农民利益的前提下，依据市和区县土地利用总体规划，在国家现行政策和法律框架内开展城乡建设用地增减挂钩试点，促进土地集约、节约利用。

三、政策措施

（一）强化规划引导，优化试点小城镇布局

1. 支持区县开展试点镇总体规划评估和修编。区县政府要从试点镇经济发展潜力、资源环境承载能力和吸纳人口能力出发，进一步明确试点城镇经济社会发展总体要求及功能定位，经规划评估确有必要的，启动试点镇总体规划修编工作。要制定试点镇近期建设规划，根据市和区县经济社会发展规划、城市总体规划和土地利用总体规划的各项要求，统筹安排城市、产业和生态的空间布局和发展时序。（责任单位：市发展改革委、市规划国土资源局、市住房保障房屋管理局、市经济信息化委）

2．编制和实施城乡建设用地增减挂钩方案。按照国家发展改革委和国土资源部相关文件要求，编制城乡建设用地增减挂钩专项规划，报国土资源部批准后实施。通过农村建设用地减少与城镇建设用地增加挂钩，有效保护耕地资源，节约集约利用建设用地，进一步推动城乡用地科学合理布局。（责任单位：市规划国土资源局、市发展改革委）

（二）促进产业集聚，提升试点镇综合实力

1．积极支持符合条件的试点镇产业区内项目落地。对试点镇内原有的产业区，按照全市工业用地布局和产业区块规划梳理要求进行项目审核。对于符合城市总体规划、土地利用总体规划、产业发展规划和环保标准等要求的，经市发展改革、产业、规划国土、环保等部门共同认定，积极支持其项目用地办理“招、拍、挂”出让手续。（责任单位：市规划国土资源局、市经济信息化委、市发展改革委）

2．引导和支持产业能级的提升。对有条件发展创意产业、总部经济，以及商业、物流业等其他服务业的试点镇，其原属镇级工业园区的产业用地，经市有关部门认定，可转化为经营性用地，具体以控制性详细规划为准。市节能减排专项资金支持试点镇加快产业结构调整、淘汰落后产能和工艺，市自主创新和高新技术产业发展重大项目专项资金支持试点镇符合条件的高新技术产业化项目落地。采用“区（企）镇”合作模式，探索建立国家级、市级开发区，以及大型企业集团与小城镇建设联动发展机制。（责任单位：市规划国土资源局、市经济信息化委、市科委、市发展改革委）

（三）推进结构升级，提高试点镇服务业发展水平

1．积极支持服务业重点项目、公共平台和特色园区建设。市服务业引导资金积极支持试点镇服务业重点项目、公共服务平台建设和现代服务业特色园区规划编制，以及现代服务业集聚区、生产性服务业功能区的发展。各级财力要支持有条件的试点镇按照专业、区域规划和功能定位，改建或新建大型农产品交易市场等各类特色市场，优先安排国债资金支持试点镇产地和枢纽型骨干农产品交易市场的信息系统以及检验检测系统建设。（责任单位：市发展改革委、市商务委、市经济信息化委）

2．支持有条件的试点镇大力发展旅游业。旅游主管部门要参与试点镇总体规划的编制工作，支持有旅游资源优势的试点镇发展农村观光休闲旅游业。市旅游主管部门要优先推荐试点镇的国家A级旅游景区（点）或工、农业旅游示范点。在不改变土地集体所有性质和土地用途，不损害农民土地承包权益，符合土地利用总体规划和环境影响评价的前提下，可探索通过土地承包经营权流转的方式，发展农业观光旅游项目。对投资额较大的重点旅游项目，参照市重大产业化项目相关规定，优先保证用地。（责任单位：市旅游局、市农委、市规划国土资源局）

3．支持农民通过多种组织形式经营“农家乐”。支持试点镇农民利用宅基地、自留地等开展“农家乐”经营，市和区县卫生、环保、消防、特种行业等主管部门要简化相关程序，尽快办理登记、审批手续。市有关部门用于发展“农家乐”的专项资金，优先支持试点镇发展“农家乐”。（责任单位：市工商局、市农委、市旅游局）

（四）发展现代农业，提高试点镇农业现代化水平

1. 推动现代农业示范项目建设。充分发挥国家、本市财政支农资金对现代农业的支持作用，率先在试点镇开展国家现代农业示范项目建设。市财政支农资金要重点支持试点镇发展标准化畜禽养殖场、标准化水产养殖场以及其他特色农产品种植养殖项目。（责任单位：市农委、市发展改革委、市财政局）

2. 优先支持农业科技研发和农产品加工流通。支持农业科技型企业与试点镇进行战略合作，优先安排农业科技研发、农产品加工等项目建设。鼓励试点镇农民专业合作社开展农业新技术应用推广、品牌建设、农产品国内外市场促销等经营活动，市财政支农资金优先给予贷款担保、贴息、补贴等支持。（责任单位：市农委、市科委、市财政局）

（五）改革用地制度，开展城乡建设用地增减挂钩试点

1. 支持开展城乡建设用地增减挂钩改革试点。在国家发展改革委和国土资源部指导下，选择本市条件成熟的试点镇优先开展城乡建设用地增减挂钩工作，建立增减挂钩项目区，通过建新、拆旧和土地复垦，实现项目区内建设用地总量不增加，耕地面积不减少，用地布局更加合理。项目区内需征收集体土地的，要依法办理土地征收手续，依法给予补偿。项目区内农民以其宅基地，按照规定的置换标准，无偿换取项目区内搬迁安置房或获得等价的货币补偿。经出让获得土地使用权的农民搬迁安置房，予以房地产权登记。（责任单位：市规划国土资源局、市住房保障房屋管理局、市发展改革委）

2. 支持试点镇整合工业用地和参与土地储备。推动试点镇老镇区内工业企业向工业园区集中，由市、区县优先安排动迁企业的用地指标，置换出的原工业用地，依照批准的规划实施管理。同时，试点镇可将规划区内的近期建设用地分批次转用和征收后作为政府的土地储备。（责任单位：市规划国土资源局、市发展改革委、市经济信息化委）

3. 支持有条件的自然村落集中归并。对未实行增减挂钩试点、有条件归并的试点镇零星自然村落，在统筹规划的前提下，逐步实行归并。整理复垦形成的耕地占补平衡指标由该镇优先使用。（责任单位：市规划国土资源局）

4. 率先开展集体建设用地使用权有偿使用及流转试点。允许试点镇的集体经济组织以出让、出租等形式对集体建设用地进行有偿使用，收益归集体经济组织所有。允许土地使用人通过土地有形市场，以转让、转租等形式将集体建设用地进行流转。（责任单位：市规划国土资源局）

（六）增加财政投入，统筹城乡基础设施和公共服务设施建设

1. 加大对试点镇基础设施和公共服务设施建设的投入力度。市和区县两级财政要逐步加大对试点镇基础设施和公共服务设施建设的投入力度，重点支持试点镇镇域范围内骨干道路、危桥改造、供排水管网、污水处理设施、信息设施、环卫设施、公园绿地设施、清洁能源等基础设施项目建设。完善试点镇与周边高速公路网和干线公路网连接。对区位条件较好、经济实力较强的试点镇，按照现代化小型城市的要求配置基础设施和公共服务设施。市建设财力和各有关部门预算内资金优先支持试点镇社区事务受理中心、社区卫生服务中心、社区文化活动中心以及养老服务设施等建设。（责任单位：市发展改革委、市建设交通委、市经济信息化委、市教委、市卫生局、市文广影视局、市民政局、市住房保障房屋管理局、市绿化市容局）

2. 完善土地出让金收益扶持政策。按照批准的城乡建设用地增减挂钩规划，以5年为实施期限，以项目支出的形式由区县政

府审批有关项目，把项目区内取得的市和区县土地出让收入主要用于试点镇基础设施建设。土地出让收入市得部分的支出安排参照每镇的实际出让规模确定。（责任单位：市发展改革委、市财政局、市规划国土资源局）

3. 支持降低农民搬迁安置房建设成本。项目区内农民搬迁安置房及公建配套设施建设中所涉及的各种行政事业性收费和经营服务性收费，参照《上海市建设交通委关于鼓励郊区村民参与集中统一建房的若干意见》（沪建城〔2003〕458号）予以减免。（责任单位：市建设交通委、市农委）

4. 对城乡建设用地增减挂钩项目区内拆旧复垦还耕给予补贴支持。实施增减挂钩规划的试点镇，须向市规划国土资源局申报土地整理复垦方案。项目区内属拆旧的农民宅基地和其他集体建设用地全部复垦还耕且地力达到国家标准二等的试点镇，经市规划国土资源等部门验收合格，从市管耕地开垦费等专项资金中予以安排补贴。（责任单位：市规划国土资源局、市发展改革委、市农委、市财政局）

（七）深化体制改革，强化试点镇公共管理和服务职能

1. 加快政府职能转变和管理体制改革。探索对具备一定人口规模和经济实力的试点镇赋予必要的城市管理权限，积极推动行政管理权向试点镇延伸，通过市和区县有关部门委托或授权，试点镇可享有部分区级行政管理权，包括规划土地部门委托的村镇规划建设管理事项，绿化市容部门委托的临时使用绿地和配套建设的环卫设施管理事项，人力资源社会保障部门委托的劳动保障监察检查事项，以及卫生、文广影视、工商、民政等部门委托的食品卫生、文化市场、无证经营及农村和社区公共事务协调管理事项。（责任单位：市发展改革委、市规划国土资源局、市绿化市容局、市人力资源社会保障局、市卫生局、市文广影视局、市工商局、市民政局）

2. 将部分试点镇纳入“乡财县管”范围。将部分财政收入规模较小、财力支出缺口较大的试点镇纳入本市“乡财县管”范围。区县财政通过完善转移支付方案，提高试点镇政府财政保障能力，使其财力与承担的社会职能相匹配。（责任单位：市财政局）

3. 拓展小城镇建设多元化投融资渠道。区县要加强对试点镇基础设施和公共服务设施建设投资的统筹。支持有条件的试点镇组建多元参股的城镇投资开发公司。支持试点镇开展村镇银行、农村资金互助社、小额贷款公司等新型农村金融组织的试点。（责任单位：市发展改革委、市财政局、市金融办）

（八）加强组织领导，有序推进小城镇试点

1. 建立试点工作协调推进机制。建立由常务副市长牵头的市小城镇发展改革试点工作联席会议，成员单位由实施上述政策的责任部门组成，办公室设在市发展改革委。办公室成员单位由市发展改革委、市经济信息化委、市商务委、市财政局、市建设交通委、市农委、市规划国土资源局等部门组成。试点镇所在区县也要建立相应的推进协调机制。（责任单位：市发展改革委和相关职能部门）

2. 有步骤推进试点。有关区县政府是本市小城镇发展改革试点工作的责任主体，要加强领导，确保试点工作有序推进。市财政局、市规划国土资源局等相关职能部门按照职责制定实施细则，以确保试点政策有效落实。进一步明确基础设施、公共服务、社会事业和产业发展等各项基本指标，开展试点工作的评估和考核。试点镇总体规划、控制性详细规划修订或编制完成后，需报请市小城镇试点工作联席会议审核，并按照《城乡规划法》和《上海市城市规划条例》规定程序报批。各试点镇城乡建设用地增减挂钩工作方案及实施规划、各项专项规划，需按照程序报市规划国土资源局等部门审批和转

报。（责任单位：市发展改革委、市建设交通委、市规划国土资源局，相关区县）

本政策意见由市发展改革委会同市有关部门负责解释。

本市贯彻《物流业调整和振兴规划》实施方案

（沪府发〔2009〕37号，2009年7月30日）

根据《国务院关于印发物流业调整和振兴规划的通知》（国发〔2009〕8号）要求，结合推进落实《国务院关于推进上海加快发展现代服务业和先进制造业建设国际金融中心和国际航运中心的意见》和实施《上海市现代物流业发展“十一五”规划》，特制定本市贯彻《物流业调整和振兴规划》（以下简称《规划》）的实施方案，实施期限为2009－2011年。

一、面临形势

进入“十一五”以来，上海物流业发展规模不断扩大，服务能力显著增强。“十一五”前三年，上海物流业增加值年均增长14.7%，2008年达到1794亿元，占全市生产总值的比重为13.1%，占全市第三产业增加值的比重为25.3%。2008年，上海港货物吞吐量达到5.8亿吨，位居世界第一；集装箱吞吐量超过2800万标准箱，位居世界第二；上海航空货邮量达到304万吨，其中浦东国际机场已位居世界第三位。

但2008年下半年以来，随着国际金融危机对我国实体经济影响的逐步加深，上海物流业也受到了一定的影响，物流市场外部需求减少，提供运输、仓储等传统物流服务的企业效益下滑，部分物流企业经营困难。同时，上海物流业的运行也存在一些矛盾和问题。一是物流设施衔接水平较低，尚未建成多式联运网络体系，大量企业仓储、运输等设施不适应现代物流集约化高效运营的需要；二是市场主体竞争力不强，企业运作规模和效益与国际先进水平还有较大差距，多数企业的物流信息化和物流新技术应用水平较低；三是现代物流一体化运作的“软环境”还不完善，条块分割、自成体系等体制性障碍需要进一步突破，相关政策法规体系需要进一步健全，物流标准化建设和中高端物流人才培养需要进一步加强。

物流业作为上海现代服务业发展的重要组成部分，既是制造业行业间联系的纽带，也是连接国际国内两个市场的重要载体。认真贯彻落实《规划》，对上海落实党中央、国务院关于保持经济平稳较快发展的总体要求，促进经济发展方式转变，加快形成以服务经济为主的产业结构，努力实现“四个率先”、加快建设“四个中心”，具有十分重要的意义。

一是有利于应对国际金融危机。面对当前严峻形势，要努力扩大物流市场需求，提升物流服务能级，着力解决当前物流企业面临的突出矛盾和问题，重点支持骨干物流企业做大做强，实现物流资源优化配置，提高物流业整体抗风险和应对危机的能力。

二是有利于加快“四个中心”建设。现代物流业与金融、贸易、航运密切相关、相辅相成，在经济发展中具有重要的功能和作用，加快推进上海现代物流发展，有利于拓展金融服务领域、丰富贸易服务功能、提高航运服务效率，进一步发挥上海综合优势，提升国际竞争力。

三是有利于促进经济发展方式转变。上海经济发展处于转型的关键阶段，推动物流业从粗放型向集约型转变，不仅有利于促进传统物流向现代物流发展，而且对于转变经济发展方式，促进其他产业调整振兴，降低全社会物流成本，提高企业核心竞争力，具有重要作用。

四是有利于扩大消费改善民生。提升物流服务水平，有利于促进商品流通，满足人民群众多样化、高质量的物流服务需求，扩大居民消费；有利于减少流通环节，降低流通费用，保障流通安全，维护消费者利益；有利于增加就业岗位，扩大社会就业。

二、指导思想和工作目标

（一）指导思想

以邓小平理论和“三个代表”重要思想为指导，深入贯彻落实科学发展观，按照中央保增长、扩内需、调结构的决策部署，紧紧围绕上海实现“四个率先”，建设“四个中心”的目标，立足应对当前国际金融危机，着眼现代物流业的长远发展，以先进技术为支撑，以信息化为主线，坚持扩大市场需求与提升供给能力相结合，存量资源整合与增量资源优化相结合，硬件设施建设与软件环境营造相结合，政府政策引导与企业市场运作相结合，以现代物流服务促进其他产业发展，不断提高服务长三角、服务长江流域、服务全国和参与国际竞争的能力。

（二）工作目标

着力改善物流企业经营状况，保持物流产业稳定发展。重点是培育和引进一批服务水平高、国际竞争力强的物流企业，进一步提升产业能级，形成专业化、社会化的物流服务体系；加快物流基础设施建设，提高上海世博会物流保障能力，形成多式联运相衔接的物流集疏运网络；促进物流公共信息平台建设和物流装备技术应用，加强区域联动发展，形成资源有效整合配置的物流节点布局；推进上海国际航运中心建设，完善物流相关政策措施，形成统一开放、规范高效、符合国际惯例的物流市场环境。

到2011年，确立并巩固物流业作为上海现代服务业支柱产业的地位，基本建成国际重要物流枢纽和亚太物流中心之一。物流业增加值年均增速保持在10%以上，物流业增加值占本市生产总值的比重超过13%，全社会物流总费用占生产总值的比例在完成“十一五”目标的基础上进一步下降。

三、主要任务

（一）推动物流市场需求社会化、物流服务专业化

1. 扩大物流市场社会化需求

鼓励大型制造企业整合剥离内部物流业务流程，扩大物流外包需求（市经济信息化委牵头负责）；推动商贸企业发展连锁经营、物流配送和电子商务等现代流通方式，促进企业内部物流社会化（市商务委牵头负责）；提高农业生产经营的组织化和市场化水平，鼓励农产品通过直销和配送形式实现产销对接（市农委牵头负责）。

2. 提高物流专业化服务能力

积极推进物流业与制造业联动，延伸物流产业链，重点发展制造业物流的过程管理、信息管理、系统设计、条码采集等高端物流服务（市经济信息化委牵头负责）；积极推进现代流通方式发展，引导物流企业在网络组织、经营业态、管理理念等方面提升专业化服务水平；积极推进农村配送中心和农村物流体系建设，大力发展农资商品和农村日用消费品的专业化配送和服务（市商务委牵头负责）。积极推进甩挂运输、集装箱运输、冷藏运输、特种货物及重点物资散装运输等现代运输方式发展，提高运输的专业化服务水平，增强运输与现代物流服务的融合（市交通港口局牵头负责）。

（二）促进物流企业培育壮大、提升能级

1. 培育壮大骨干物流企业

推动本市国有大中型企业的物流资源和业务整合，逐步培育形成若干家具有较大规模和先进管理水平的现代物流企业（市国资委牵头负责）；积极吸引国内外优势物流企业在上海建立总部基地和营运中心，形成战略合作联盟，鼓励骨干物流企业创新完善供应链管理模式（市商务委牵头负责）；培育一批为上海先进制造业发展提供专业服务的物流企业，增强重点产业的核心竞争力（市

经济信息化委牵头负责）。

2. 提升中小物流企业能级

加大对中小物流企业调整和扶持力度，积极推进中小物流企业业务流程和服务模式创新，提高企业诚信运作和专业化服务的水平，盘活资源，激发活力；支持国内外知名物流企业来上海合资合作，带动中小企业提升能级，实现互利共赢，共同发展（市商务委、市经济信息化委、市交通港口局牵头负责）。

（三）推动物流重点领域发展

1. 拓展口岸物流服务功能

以建立国际航运发展综合试验区为契机，推动洋山保税港区开展服务业对外开放创新试点，进一步完善外高桥保税物流园区功能，吸引国内外物流企业入区发展转口贸易、采购分拨、仓储加工、期货保税交割等业务；积极推进浦东机场综合保税区建立，研究洋山保税港区和外高桥保税区协同发展机制，探索海、陆、空保税物流领域优势互补的发展途径；推动各出口加工区拓展保税物流功能，开展研发、检测、维修业务，促进加工贸易转型升级（市发展改革委牵头负责）；深化上海口岸进出口环节的无纸化通关改革，完善"提前报检、提前报关、实货放行"的通关作业模式，推广"属地申报、口岸验放"的区域通关模式，推进长三角电子口岸信息互联互通（市口岸办、市经济信息化委牵头负责）；在国家有关部门的指导下，探索符合现代物流特点的特殊监管区域管理制度创新，拓展口岸服务功能，推动长三角口岸物流联动发展（市口岸办、市商务委牵头负责）。

2. 提升制造业物流服务能级

积极推动本市产业基地和大型制造企业实施"制造业物流专业化发展示范工程"建设，重点发展为制造企业提供原材料采购、产品分拨配送等专业化服务的第三方物流，引导制造业与物流业联动发展；加快推广供应商管理库存（VMI）、及时生产（JIT）、射频识别技术（RFID）等现代物流技术在制造业物流中的应用；推进建立面向本市各工业区、重点制造企业以及专业物流企业的业务协同平台，积极应用电子数据传输、工作流引擎、无线传输等综合技术，扩大本市制造业物流服务范围（市经济信息化委牵头负责）。

3. 提高城市配送物流服务水平

深化上海城市配送物流体系建设，完善公共配送中心、中转分拨场站、社区集散网点等设施的规划布局，不断提高城市配送的流通效率（市规划国土资源局、市商务委牵头负责）；加强对各类配送主体的引导规范，发展适应电子商务终端配送的新型业态，不断提高城市配送的满意程度（市商务委牵头负责）；推进城市智能交通管理平台建设，建立基于地理信息系统（GIS）的城市配送查询系统，适度调整城市快递、商业配送等货运车辆的道路通行规定，不断提高城市配送的交通管理水平（市建设交通委、市公安局、市交通港口局牵头负责）。

4. 增强城市运行重点物流保障

为保障城市运行安全和上海世博会的成功举办，重点加强鲜活农产品冷链物流设施建设，强化农副产品批发市场功能；积极推动医药集中采购和统一配送，提高医药物流运行效率；规范化学危险品物流仓储和运输的安全管理，建立长三角化学危险品物流的联网监控；发展产品与包装物回收物流和废弃物物流，促进资源节约和循环利用（市商务委牵头负责）；完善重要商品储备制度，强化应急物流体系建设（市发展改革委牵头负责）。

（四）完善物流业发展区域布局

1. 深化重点物流园区和基地建设

按照《规划》对上海作为全国性物流节点城市的要求，继续深化推进深水港、外高桥、浦东空港、西北综合 4 个重点物流园区建设，以提升服务功能和资源共享为突破，促进物流企业集聚，提高物流运作规模效益，形成一体化的口岸服务和腹地辐射的综合物流能力；继续深化汽车城、化学工业区、装备制造业、钢铁及冶金产品4个重点物流基地建设，提升物流基础设施建设水平，促进相关项目落地，形成汽车和零部件、化学危险品、特种装备和钢材的多层次专业化物流服务能力（市发展改革委、市商务委、市经济信息化委牵头负责）。

2. 推进跨区域物流合作

按照《规划》对全国物流区域和物流通道发展的要求，推进长三角、长江流域的物流规划衔接和企业合作，逐步实现区域物流服务一体化（市商务委、市政府合作交流办牵头负责）；促进电子口岸、港航信息的交流共享，加快实施高速公路电子不停车收费（ETC）系统建设，推进长三角高速公路运行信息互通（市建设交通委、市经济信息化委牵头负责）；发挥上海航运交易所、陆上货运交易中心作用，强化信息咨询、价格发现、资源配置等服务功能（市建设交通委、市商务委牵头负责）。

（五）加强物流基础设施建设的衔接与协调

1. 增强多种联运能力

优化现代航运集疏运体系，以发展“公、铁、海、河、空”相互衔接的多式联运为重点，加快推进小洋山西港区、外高桥港区七期、宝山罗泾港区和杭州湾港区建设，优化完善现有港区功能布局；加快推进大芦线二期、苏申外港线、杭申线等航道整治工程，建立长三角内河集装箱江海直达联运机制；加快推进沪杭高速拓宽、崇启通道、沪苏高速等高速公路建设，加强本市公路的对外有效衔接；加快推进上海航空枢纽建设，完善枢纽机场的航线网络和国际中转流程；加快推进京沪高速铁路、沪宁城际铁路、沪通、沪乍、金山支线等铁路项目建设，调整完善铁路南浦、杨浦、西站等货场布局，不断增强铁路芦潮港中心站、北郊站的海铁、公铁联运能力（市建设交通委、市交通港口局牵头负责）。

2. 加强物流设施建设的规划和协调

根据城市发展和产业升级需要，规划布局符合区县发展实际的区域性物流节点，加强市内以及与周边地区主要物流通道的有效衔接；加大对本市相关行业仓库、货站、停车场等传统设施资源的整合力度，合理规划调整相关物流设施布局（市规划国土资源局、市商务委、市经济信息化委牵头负责）；完善本市城市配送物流体系，推进公共配送中心、中转分拨场站、社区集散网点等相关城市配送设施的建设（市建设交通委、市交通港口局、市商务委牵头负责）。

（六）提高物流信息化水平

1. 提升物流信息化应用水平

不断提高企业物流信息化管理水平，建立运输、仓储、报关、货代和第三方物流信息管理系统，促进相关物流信息系统的广泛应用；推动中小企业应用物流信息软件，实现物流交易信息化和业务流程规范；扶持一批物流信息专业服务企业，推动物流信息服务外包；加强相关管理部门的信息沟通和协调，建立部门间的物流信息采集、处理和服务的交流共享机制（市经济信息化委、市商务委牵头负责）。

2. 加快物流公共信息平台建设

进一步完善上海电子口岸建设，推动进出口数据跨部门交换、联网核查，方便企业网上办理相关手续和信息查询；探索建立航运物流服务企业征信系统、物流电子商务公共服务平台，提高本市物流资源运行效率；加大长三角、长江流域口岸大通关合作力度，加快推进建立区域公共物流信息服务平台，形成港口、航运、物流、监管等综合信息共享和应用体系（市经济信息化委、市口岸办牵头负责）。

（七）完善物流标准化体系

1. 积极制定和推广物流标准

推动本市物流企业积极参与物流国家、行业标准的制定，大力宣传贯彻并组织实施一批对物流产业发展和服务水平提升有重大影响的物流标准；按照国家已颁布的物流园区、托盘等物流标准，做好在物流园区（基地）和A级物流企业的推广和施行工作，并在A级物流企业中率先推广《上海城市配送物流车营运技术规范》等物流标准；在有关行业协会和企业率先制定和使用化工、医药、食品冷链、农产品等物流作业和物流服务地方标准，并争取上升为国家行业标准；加强信息标准化研究，促进物流企业信息平台的相互联通、数据兼容和格式统一（市质量技监局、市交通港口局、市商务委、市经济信息化委牵头负责）。

2．开展长三角物流标准化合作试点

选择在长三角市场融合度高的商贸物流领域，以及产业共性需求强的物流信息领域，加快标准化合作试点，增强物流运作的效率；在关系社会民生的危险品、食品冷链物流领域，加强区域物流标准联合研制，确保物流运作的安全；鼓励长三角高校、科研院所与企业物流加强标准化研究合作，逐步建立区域物流行业标准对接，以及协调互认的工作机制（市质量技监局、市商务委、市经济信息化委牵头负责）。

（八）促进物流新技术的开发和应用

1．加强物流新技术研发应用

研究完善物品编码体系，扩大电子标签应用范围；加大对射频识别、货物跟踪和快速分拣技术的研发力度，促进移动物流信息服务技术的推广使用；加强物流装备产品的研发应用，推动物流新技术的产业化；鼓励物流重点项目使用建模软件优化物流方案，提高物流运作效率（市科委、市经济信息化委牵头负责）。

2．促进物流服务创新

推动金融业和物流业合作，促进物流金融服务产品创新，扩大物流企业的抵押物范围，引导金融机构发展物流企业的动产及货权质押等贸易融资业务（市金融办牵头负责）；培育一批物流专业技术服务企业，开发物流资源动态优化系统，为相关行业提供技术解决和产品开发方案；大力发展物流资源交易电子商务服务，推进物流服务贸易结算平台建设（市商务委、市经济信息化委牵头负责）。

四、政策措施

（一）加强组织和协调

在国家落实《规划》工作小组的指导下，建立由市政府分管领导总牵头，市发展改革委、市商务委以及各相关部门参加的《规划》具体工作方案的协调机制，及时了解和掌握《工作方案》的落实情况，研究协调物流业调整振兴过程中的重大政策和重大项目。各区县、各部门（包括开发区和特殊监管区管委会等）以及中央在沪单位要明确责任、密切配合、形成合力，结合本地区、本部门的实际，切实做好细化落实工作，确保取得实效。继续发挥上海推进现代物流业发展联席会议的作用，做好本市物流业运行监测、协调推进和服务企业的工作（市发展改革委、市商务委牵头负责）。

（二）改革相关物流管理体制

打破行业垄断，依法消除阻碍或限制跨地区、跨行业物流服务的行为。加强对运输、货代等行业的管理和规范，完善物流企业的交通安全和服务质量的监管机制。加强长三角地区物流企业诚信体系建设，建立诚信协调机制和等级评估互认制度。积极配合国家有关部门做好物流相关领域的体制改革工作（市工商局、市商务委、市经济信息化委牵头负责）。

（三）完善物流政策法规体系

积极配合国家有关部门研究解决影响当前物流业发展的土地、税收、收费、融资和交通管理等方面问题的办法。深化、细化本市物流产业政策，按年发布物流业发展重点支持目录，并建立科学合理的行业准入标准。研究完善物流税收管理政策，扩大物流企业差额征收营业税试点范围。落实注册在洋山保税港区航运企业和仓储、物流企业从事相关业务的营业税免征政策，同时按照规定开展物流企业高新技术企业、技术先进型服务企业认定，实施相关税收优惠。优化完善落户本市重点物流园区、相关物流基地的项目审批程序，建立审批绿色通道。鼓励支持本市第三方物流企业建立供应链服务体系，加快创建自主服务品牌。进一步研究完善物流车辆进入中心城区停靠、装卸、配送的方案，适度调整通行限制政策（市发展改革委、市地税局、市商务委牵头负责）。

（四）多渠道增加对物流业的资金投入

在主要依靠企业自身投入和市场化运作的前提下，根据上海物流业重点发展领域，结合物流业发展重点支持目录，按照国家发展改革委制定的《物流业调整和振兴专项投资管理办法》的要求，梳理一批重点物流项目，积极争取国债专项资金支持。运用本市服务业发展引导资金、重点技术改造专项资金等，加大对社会公益、城市运行、技术改造等物流项目的支持力度。积极引导银行资金、民间资本通过银行信贷、融资租赁、探索设立股权投资基金等方式，对物流重点项目予以支持（市发展改革委、市商务委、市经济信息化委、市财政局牵头负责）。

（五）完善物流统计和信息沟通制度

完善本市物流业统计调查和信息沟通机制，实施社会物流统计核算与报表制度。加强物流统计基础工作，在重点物流园区（基地）和企业开展物流统计调查，建立全社会物流统计核算制度。进一步完善物流相关刊物、网站的编制维护工作机制，定期反映本市和长三角物流业联动发展情况，搭建沟通政府、企业、科研院所和协会的信息沟通平台（市统计局、市商务委牵头负责）。

（六）推进物流业国内外开放合作

加快物流市场的对内对外开放，加强本市企业与国际知名物流企业的合资、合作和交流，充分利用本市吸引外资和总部经济政策，鼓励国内外大型物流企业到上海设立物流总部和分支机构。重点扶持一批在国际市场上已经形成一定影响力的物流品牌企业，积极推动其物流产品和服务进入国际市场。建立联通国内外、竞争有序的现代物流市场体系，为物流业的繁荣和发展创造宽松的外部环境（市商务委、市政府合作交流办牵头负责）。

（七）加快物流人才培养

积极引导高校和科研机构与国内外知名大学和著名物流企业开展交流合作，支持建立校校、校企结合的物流综合培训体系、实验基地和人才孵化基地。鼓励A级物流企业与国内外知名物流企业开展多层次、多阶段的合作培养物流人才项目，支持大型物流企业或大型制造业企业设立硕博物流研修站或博士后流动站。鼓励企业通过多种渠道和方式，培养、引进市场急需的物流专业人才（市教委、市人力资源社会保障局牵头负责）。

（八）发挥行业中介组织的作用

充分发挥物流、仓储、交通运输、港口和国际货代等协会的桥梁和纽带作用，强化信息沟通和中介协调功能。建立长三角物流诚信建设协调机制，支持物流企业参加诚信守法等级评估，促进物流行业规范自律，推动物流市场有序健康发展（市商务委、市建设交通委牵头负责）。

关于单位租赁房建设和使用管理的试行意见

（沪府办发〔2009〕30号，2009年8月23日）

单位租赁房是指本市企业、产业园区开发管理主体、高校、部队及其他单位利用自用土地建设或者以旧建筑改建，提供给本单位职工短期租住的职工宿舍，包括本市农村集体经济组织利用农村集体建设用地建设、主要定向提供给产业园区、产业集聚区内员工租住的市场化租赁宿舍。

近年来，本市部分产业园区、企事业等单位积极探索，在自用土地或农村集体建设用地上，建设了一批人才公寓、职工宿舍和来沪务工人员宿舍等单位租赁房，这既有利于完善房地产市场供应结构，有效缓解部分市场租赁需求；也有利于引进、留住各类人才和务工人员，帮助他们解决阶段性的居住问题。为了引导、规范单位租赁房的建设和使用，现提出试行意见如下：

一、单位租赁房建设的基本要求

（一）主要目标

在坚持住房制度市场化改革方向和加快完善住房保障制度的前提下，总结各单位在实践中的创新做法，按照“政府引导、规范运作，只租不售、封闭运行”的要求，规范以单位自用土地建设职工宿舍及农村集体建设用地建设市场租赁房，多渠道解决单位职工、引进人才、来沪务工人员及其他人员临时的过渡性居住需求。

（二）基本原则

1. 符合城乡规划。项目选址应符合城乡规划和土地利用规划，主要选择与生产性活动区域适当分离的相对独立区域。

2. 符合环保要求。项目选址应注重环境条件，避开噪音超标或有毒有害、易燃易爆等区域。

3. 符合基本的设施配套。项目选址应考虑市政和公建配套设施，满足基本生活的条件。

4. 符合相关法律、法规和政策的规定。新建和旧建筑物改建均应符合国家和本市相关法律、法规、政策以及建筑设计、建设规范和技术标准的规定。严禁变相违规建设福利房、解困房。

（三）管理部门

市住房保障房屋管理局是本市行政区域内单位租赁房建设和使用管理的行政主管部门，负责相关政策的研究制订、实施和协调等工作。

市、区县规划土地、农业、建设、发展改革、经济信息化等部门按照职责分工，负责单位租赁房的管理工作。

区县政府按照属地化管理原则，负责本辖区内单位租赁房建设和使用管理的统筹规划、组织实施和协调监管。

二、单位租赁房的建设

（一）用地性质和权属

经审核批准用于建设租赁房的单位自用土地和建设市场化租赁宿舍的农村集体建设用地，其用地性质不变、土地权属不变。

（二）利用自用土地建设

有以下三种方式：

1. 新建。本市企业、产业园区开发管理主体、高校、部队及其它单位在新建（包括改建、扩建）建设项目中，可以建设单位租赁房。其中，企业范围内的行政办公及生活服务设施用地面积未超过总用地面积7%的，可安排未超过部分用地用于建设单位租赁房；已达到用地面积的，原则上不再调整。如有特殊情况，应在通过市有关行政主管部门共同认定后，适当提高生活配套设施用地比例，用于建设单位租赁房。产业园区开发管理主体有自用土地的，可以利用自用土地新建单位租赁房。

2. 拆除重建。在符合企业范围内的行政办公及生活服务设施用地面积不超过总用地面积 7% 的条件下，经办理相关建设项目审批程序后，单位可以在已建成的厂区、产业园区、高校校区或部队营区内建设单位租赁房。

3. 非居住房屋改建。利用闲置非居住房屋改建单位租赁房的，按照《闲置非居住房屋临时改建宿舍的规定（试行）》执行。

（三）利用其他土地建设

单位自用土地不足的，由区县政府根据区域内产业发展和土地使用等情况，统筹安排下列用地建设单位租赁房。

1. 产业结构调整土地。在区县行政范围内，结合城市规划和产业调整，对实施产业结构调整后腾出的存量土地，采取公开挂牌方式出让，结合项目建设的实际特点，设置一定的建设要求，由单位受让后建造单位租赁房，定向提供给单位内符合条件的职工租住。

2. 农村集体建设用地。结合本市集体建设用地有偿使用和使用权流转试点，按照“城乡统筹、合理布局、节约土地、集约发展”的原则，在符合城乡规划和土地利用规划、建设用地总量不增加的前提下，镇、村集体经济组织可以利用闲置的镇、村企业用地或废弃的其他集体建设用地，建设限定供应的市场化租赁宿舍。

（四）项目审批

单位租赁房建设项目应按照国家和本市有关固定资产投资管理的要求，办理相应建设工程行政审批手续。

（五）建设资金

单位租赁房建设资金由建设单位自筹解决。其中，农村集体土地建设市场化租赁宿舍可以由镇、村两级集体投资参与建设，按投资比例分享收益。经济收益主要用于社会保障、发展集体经济。涉及村级集体投资的，具体方案需经村民会议或村民代表会议讨论通过。项目建设实施方案需符合区县、镇的城乡规划、土地利用规划。镇政府应对实施方案严格把关，并由建设主体按规定办理相关手续。

（六）建设标准

单位租赁房项目的建设应符合建设部发布、2006 年 2 月 1 日起施行的《宿舍建筑设计规范》及其他国家和本市现行的有关建筑标准规范规定。

单位租赁房项目公建配套建设，参照本市保障性住房项目的有关标准执行。

（七）竣工验收

单位租赁房项目建设单位应按有关规定办理竣工验收手续。验收通过后，建设单位应按规定向市、区县建设管理部门进行竣工备案。

（八）权属登记

单位租赁房项目建成后，建设单位应按照有关规定办理房地产登记。单位租赁房登记为职工（集体）宿舍，不得分割办理小产证。

除随同单位资产整体处置外，单位租赁房不得单独转让、单独办理房地产转移登记。单位租赁房办理房地产转移登记后，不得改变原用途。

三、单位租赁房的使用管理

（一）租赁和物业服务机构

单位租赁房出租经营前，单位租赁房产权单位应成立或委托相应的租赁和物业服务机构（以下简称“租赁服务机构”），负责单位租赁房的租赁管理和物业服务。物业服务标准参照《住宅物业分等服务标准》相关等级设定，并可根据承租人需求，有偿提供相关专项服务。

（二）供应对象

单位租赁房应提供给本单位签订聘用（劳动）合同的职工租住。具体申请租赁条件由各单位自行制定，并在单位范围内公布。

职工宿舍在本单位职工租住需求基本满足的前提下，可由上级单位调剂使用，安排系统内其他单位符合条件的职工租住。

由产业园区开发管理主体建设的，应供应园区内企业符合条件的引进人才或来沪务工人员租住。

利用农村集体建设用地建设的市场化租赁宿舍，应优先提供给周边产业园区、产业聚集区内的引进人才和来沪务工人员租住。

（三）租期管理

单位租赁房租赁期限一般不超过 3 年。其中，来沪务工人员承租的，应根据其劳动合同中的用工期限约定租期。

单位可以通过调整租金或者租金补贴等经济方式调节承租人实际支付的租金水平，建立租赁退出机制。

（四）租约管理

单位租赁房租赁应签订房屋租赁合同。房屋租赁合同一般一年一签。签订房屋租赁合同时，租赁服务机构应对申请租住人员的身份证明、聘用（劳动）合同等材料进行登记，并送所在地街道、乡镇的人口管理部门备案。一旦租住人员发生变化，应及时办理变更登记及备案。房屋租赁合同签订后，由租赁服务机构到房屋所在地区县房地产登记机构办理房屋租赁合同登记备案。非本市户籍的租赁人员必须办理居住证或临时居住证。出租单位应根据市政府有关规定，落实对租赁房屋的治安和消防安全责任，督促办理居住登记。

（五）税费优惠

对按照政府规定价格向规定对象出租单位租赁房所取得的租金收入，按照有关规定实行税收优惠。

经市有关行政主管部门认定的单位租赁房项目的水、电、煤等公用事业建设和收费标准，参照居住类房屋标准执行，实行按幢计量和按照居民生活用水、用电、用气标准计价。

需要按照民用公用事业标准建设和收费的单位租赁房项目，由建设单位向市住房保障房屋管理局提出申请。由市住房保障房屋管理局会同市发展改革委、市建设交通委共同审核认定后出具批复，并抄送相关公用事业单位。

（六）拆迁补偿

单位租赁房经营期间，因国有土地收回或农村集体土地征收而需要进行拆迁补偿的，房屋按市场重置价格计算，土地仍按照原用地属性和收益标准进行补偿。

四、单位租赁房的其他管理规定

（一）违规处理

单位租赁房建设和使用中涉及的违规建设、租赁等行为，由相关行政管理部门按照有关法律、法规的规定进行处罚。

（二）试行期限

本意见自印发之日起试行，试行期为三年。本意见试行前已建成并经营的职工宿舍、人才公寓和来沪务工人员宿舍，可以参照本意见相关规定执行。

关于推进本市大型居住社区市政公建配套设施建设和管理的若干意见

（沪府发〔2009〕44 号，2009 年 8 月 21 日）

推进大型居住社区建设，是优化本市房地产市场结构，加快旧区改造、改善市民群众居住条件，促进上海经济社会健康、持续发展的重大举措。2003 年以来，本市先后在 7 个区统一规划、组织实施大型居住社区建设，取得了积极成效。但是，还存在着市政公建配套设施配套不完善、规划建设管理机制不顺等不足。为切实推进本市大型居住社区建设基地市政公建配套建设和管理，现提出如下意见：

一、指导思想和基本原则

（一）指导思想

全面贯彻落实科学发展观，以加快推进“四个率先”、加快建设“四个中心”和筹办 2010 年上海世博会为契机，着眼于解决人民群众最关心、最直接、最现实的利益问题，把推进本市大型居住社区建设基地（以下简称“建设基地”）的市政公建配套设施建设和管理，作为保民生、保增长、构建社会主义和谐社会的重要措施，创新工作机制，加大政策支持，举全市之力，将建设基地建成规划科学、配套健全、环境良好、工程优质的和谐社区。

（二）基本原则

1. 坚持规划优先，同步配套。将建设基地市政公建配套设施作为规划优先考虑重点，按照“立足当前、兼顾长远”的规划原则和“同步规划、同步配套”的建设要求，统筹指导，有序推进，加快促进居住区的完善。

2. 坚持以人为本，确保基本需求。根据本市城市居住地区和居住区公共服务设施配置标准、相关设置规范和规划要求，建设市政公建配套设施，努力满足居民的出行、就医、就学、购物等基本生活需求，积极创造居民就业条件。根据不同社区入住居民人口总量、人口结构及实际需求，合理布局，因地制宜，不断完善配套设施配置标准，不断提高居住社区宜居水平。

3. 坚持以区为主，市区联手。充分发挥建设基地所在区政府积极性。在市政府统筹协调、指导监督和有关部门的支持配合下，建设基地所在区负责组织实施建设基地市政公建配套的配套建设和管理。

4. 坚持机制创新，政策聚焦。完善原有开发机制，积极探索政府主导、市场化运作，国有企业集团对口建设的新机制。加大政府投入力度，各项政策向建设基地聚焦，并适当倾斜。

二、工作目标和主要任务

（一）工作目标

以宝山顾村、嘉定江桥、闵行浦江、松江泗泾、青浦华新、浦东周康航、曹路、三林等八个建设基地为重点，加快推进市政公建配套设施建设。2010 年底前，基本完成已建、在建建设基地配套设施的全面建设、接管、开办和运营，与住宅建设同步完成新拓展建设基地配套设施建设。

（二）主要任务

1. 深化完善建设基地规划。根据批准的建设基地拓展区控制性详细规划，加快完善建设基地的市政公建设施等专业规划，并视需要制订修建性详细规划，细化规划设计要求。

建设基地所在区在规划编制过程中，要统筹协调本区域各相关规划，统筹考虑与新城、新市镇建设规划相衔接、与市政公建配套设施专业规划相配套。在编制新拓展基地专业规划时，要根据入住居民当前实际和将来发展大型居住社区的需要，完善设施配置。

2. 加快建设基地市政公建配套建设。加快推进在建基地市政配套设施建设，确保与住宅同步竣工、交付。重点推进宝山顾村、闵行浦江、浦东曹路等建设基地外围排水工程建设，尽快启动宝山顾村、闵行浦江、浦东三林、青浦华新等建设基地外围配套道路建设。进一步改善公交配套，确保与住宅同步启用，力争相关轨道交通尽早开通，搞好建设基地公交线路与轨道交通的衔接。重点推进建设基地教育、卫生、社区服务、文体、敬老、商业服务、邮政、环卫等公建配套设施按照规划要求建设，与住宅同步交付。

3. 抓紧推进市政公建设施运营管理。对嘉定江桥、闵行浦江等建设基地已验收通过的市政公建公交配套设施，加快移交接管。市有关部门积极支持配合建设基地所在区抓紧开办涉及居民生活基本需求的菜场、超市、银行、邮局等服务设施，落实教育优质资源引入，提高教育质量，并根据导入人口结构，提高社区卫生服务中心（站）、社区服务中心、老年活动中心等公共服务设施的服务水平。此外，相关部门要加强社区配套设施的行业管理、物业管理、治安管理等，并建立突发事件的预警和应急机制。

三、职责分工

（一）市建设交通委、市发展改革委、市住房保障房屋管理局共同负责研究政策、制定计划，会同相关区协调推进综合配套。市规划国土资源局负责推进规划编制和审批，对各市政公建配套设施专业规划进行综合平衡与协调。各行业主管部门按照职责分工，搞好专业规划审核，制订相关管理实施细则，并协调推进建设基地内外的配套建设、运营管理等工作。

（二）建设基地所在区政府组织编制市政公建配套设施专业规划，并承担建设基地市政公建配套设施的建设推进工作。配套设施建成后，由建设基地所在区负责接管、开办和运营，其中经营性公建配套设施按成本价收购（大型商业设施除外），市政配套设施和公益性公建配套设施无偿移交。

（三）人口导出区在优质教育、卫生、商业资源引入及公交配套等方面，对人口导入区予以支持。

（四）相关企业集团可受区政府委托，编制建设基地市政公建专业规划，并根据市、区政府确定的建设计划以及配套规定，具体实施建设基地内市政公建配套设施建设。

（五）供排水、供电、燃气、信息、通讯等管线和设施配套单位根据建设基地专业规划和建设计划，及时编制和落实实施计划，确保同步配套。

四、配套政策

（一）配套建设原则。在新拓展基地，相关企业集团可实行配套费包干，自行平衡建设资金。其中，原由配套费投资建设的建设基地内市政和部分公建配套设施费用计入建设成本。卫生、文体、敬老等其他公建配套设施的土地费用纳入建设基地成本，由建设基地所在区负责建设。

（二）外围市政设施配套政策。对由区负责实施的建设项目，在坚持市、区分工原则的同时，综合考虑建设基地外围市政道路及公交枢纽等配套设施，按建设基地房源供应数量，结合项目建设总量统筹平衡后，由市里给予一次性定额补贴。建设基地外围供排水配套工程，根据市、区现行分工体制和系统服务范围，由市级城市维护专项资金以及市政府环保三年行动计划郊区污水管网补贴资金对具体项目给予补贴。

（三）教育设施配套政策。由建设基地开发主体按照市属配套商品房基地公建配套教育设施一次性装修验收移交标准实施建设，并在项目竣工验收后将设施移交建设基地所在区政府。相关区政府在市里下达给区里的教育经费转移支付中统筹安排经费，完善学校开班前的相关建设，并落实区教育部门接收开办。中小学、幼儿园的开办费用，由市教委、市财政局根据建设基地导入人口规模、建设要求，在原有标准基础上增加一倍。

同时，通过迁建优质学校、对口办学、委托管理等多种形式，引入人口导出区优质教育资源，由建设基地所在区教育部门委托，人口导出区优质学校开展对口办学，选派校长和教师。

（四）卫生设施配套政策。市发展改革委根据建设标准和规模，适当安排建设财力，对建设基地所在区给予社区卫生服务中心标准化建设的土建费用一次性补贴，补贴标准为500万元。

优质资源引入方面，重点提升社区卫生服务中心和原区域二级医院的医疗质量和服务水平，适当引入中心城区三级医院资源。对新建的三级医院，由市、区两级政府共同负责硬件投资，中心城区三级医院负责提供品牌、技术、业务骨干和管理等软件支撑。

建设基地开发主体按照每1～2万人或3～5个居委会配置150平方米的标准，配套建设卫生服务站。建设基地所在区政府向卫生服务站提供人员、设备并进行运营管理。

建设基地内的配套医院、社区卫生服务中心（站）应配置医保接口，医保额度根据人口导入情况相应调整。

（五）商业、邮政等服务设施配套政策。由市商业、国资、金融、邮政等部门会同相关区政府将建设基地商业、金融、邮政等网点配套列为发展社区服务的重中之重。商业配套设施建成后，由建设基地所在区按照成本价收购，并通过“两年零租金”、“三年租金减半”、先期入驻企业亏损补贴，以及相关税收优惠政策等措施，引入银行网点和大中型商业集团先进零售业态、中华老字号等品牌企业，促进居民就近就业，鼓励居民自主创业，在居住区周边开设加盟连锁等小型商业服务网点。邮政配套设施由邮政企业按照成本价收购后及时开办。

区政府以成本价收购的商业等配套设施，纳入国有资产管理范畴。未经区政府同意，不得擅自将其转让，也不能擅自改变其用途。

（六）文体、敬老等其他公建设施配套政策。文体、敬老设施土地费用纳入建设基地成本，建设费用由市有关部门按照现行政策优先补贴。其中，社区文化活动中心由文化专项资金按平均250万元的标准补贴；敬老院由市民政部门优先纳入“每年新增1万张养老床位”市政府实事项目，每张新增床位补贴5000元。

（七）公共交通配套政策。进一步完善建设基地公交配套标准，将建设基地公交运营优先纳入政府购买服务范围。优化公共交通线网规划，落实公交站点等配套设施，实现各种交通方式有效衔接。提升公交运营服务水平，适当延长运营时间、加密班次，满足居民出行需求。降低居民出行成本，对建设基地配套的开往中心城区的始发线路，实行单一票价。

（八）财政转移支付补贴政策。市财政继续通过一般性转移支付，保障人口导入区教育、卫生等公共服务的投入。对建设基地教育、卫生、市政等配套设施的建设和管理等公共支出，根据建设基地建成后用于异地安置人口数量的一定标准，按照“每年核定，一次补贴”的原则，实施专项转移支付补贴，补贴资金由市财政和人口导出区财政共同负担。

人口导入区应加大对建设基地所在乡镇的财政扶持力度，确保补贴资金专款专用。

（九）人口导出区的利益补偿机制。建立以市场化为基础的房源定价机制，对人口导出区房源供应价与建设基地开发主体建房价之间的差额，建立专项资金，主要用于补贴建设基地市政公建配套设施建设。

五、保障措施

（一）强化配套工作协调机制。健全保障性住房基地市政公建配套设施推进联席会议制度以及大型居住社区建设推进办公室（设在市建设交通委）协调机制。在配套建设协调上，外围大市政配套由市建设交通委会同市发展改革委协调推进；居住区内市政、公建配套由市住房保障房屋管理局和建设基地所在区政府协调推进。

（二）落实工作责任。各建设基地所在区政府是建设基地市政公建配套设施建设和管理工作的第一责任人，实行目标责任制管理，并接受同级人大、政协的监督以及社会各界、市民群众的监督。

市教育、卫生、商业、民政、文化、国资、金融、邮政、道路、交通、水务、绿化市容、电力、通讯（信）等行业主管部门根据需要制定有关实施细则，并配合相关区政府推进落实相关配套设施建设和配套服务运营管理工作。

六、适用范围

本意见所称的大型居住社区，包括宝山顾村、嘉定江桥、闵行浦江、松江泗泾、青浦华新、浦东周康航、曹路、三林基地以及经市政府认定的其他住房建设大基地。

本意见所称的市政配套设施，主要包括城市道路、公共交通、供水、排水、燃气、供电、通讯（信）、绿化、污水处理、防汛等设施。

本意见所称的公建配套设施，主要包括行政管理、社区服务、商业服务、物业管理、教育、卫生、文化体育、敬老、邮政、环卫等设施。

上海港口客运站管理办法

（2009年9月2日上海市人民政府令第16号公布）

第一条（目的和依据）

为了加强对上海港口客运站的管理，规范港口客运站的经营活动，保护各方当事人的合法权益，维护港口客运站的公共安全和秩序，依据《中华人民共和国港口法》、《上海港口条例》等法律、法规，结合上海港口客运站的实际情况，制定本办法。

第二条（适用范围）

上海港口范围内客运站的规划、建设、运营及其相关管理活动，适用本办法。

第三条（客运站含义和分类）

本办法所称的港口客运站（以下简称客运站），是指在上海港口范围内提供客船靠泊与离泊服务，并为乘客提供候船与上下船服务的场所。

客运站分为以下五类：

（一）为航行国际航线的客船提供服务的国际客运站；

（二）为航行省际、崇明三岛航线的客船提供服务的省际客运站和陆岛客运站（以下统称为国内客运站）；

（三）为航行市内航线的游览船提供服务的水上游览客运站；

（四）为航行于本市范围内江河两岸间的客船提供服务的城市渡口客运站；

（五）国务院交通主管部门和市政府确定的其他形式的客运站。

第四条（管理部门）

市港口行政管理部门是上海港口客运站管理的行政主管部门，负责本办法的组织实施。

浦东新区和闵行、宝山、嘉定、金山、松江、奉贤、青浦、崇明等区县人民政府负责港口管理的部门（以下简称区县港口行政管理部门）负责所辖区域内港口客运站的监督管理。

海事、海关、检验检疫、边检以及本市其他有关行政管理部门在各自职责范围内，协同实施本办法。

第五条（规划编制）

市港口行政管理部门应当根据上海港口总体规划，编制上海港口客运站布局规划，并依法将相关内容纳入港区控制性详细规划。

市港口行政管理部门在编制上海港口客运站布局规划过程中，应当听取相关行政管理部门和专家的意见，并公开征询市民的意见。

第六条（建设规范）

客运站的建设，应当符合上海港口客运站布局规划、港区控制性详细规划，以及国家和本市港口设施建设的有关规定。

第七条（建设和配置标准）

客运站的建设和设施、设备配置，应当符合国家、行业和地方标准。

对于没有国家标准和行业标准的，市港口行政管理部门可以组织编制上海港口客运站建设和设施、设备配置的技术规范，并按照有关规定纳入地方标准。

第八条（安全评价）

客运站建设项目实施安全预评价和安全验收评价制度。

建设单位应当对客运站建设项目进行安全预评价，并提出安全预评价报告。

建设单位应当对客运站建设项目进行安全验收评价，提出安全验收评价报告，并将评审通过后的安全验收评价报告报港口行政管理部门、安全生产监督行政管理部门和海事行政管理部门备案。

第九条（试运行和竣工验收）

客运站建设工程完工后，应当按照规定进行试运行。

客运站建设工程试运行完毕，并具备国

家规定的竣工验收条件的，建设单位应当向港口行政管理部门提出竣工验收申请。其中，国家审批的，由市港口行政管理部门组织有关部门初步审查后，报国务院交通主管部门组织验收；本市审批的，由港口行政管理部门组织相关部门验收。

客运站建设工程未经竣工验收合格的，不得投入正式使用。

第十条（经营许可）

从事客运站经营（包括客运站试运行）的，应当依法向市港口行政管理部门书面申请取得港口经营许可证。从事国际客运站经营的，应当具备对外开放资格，并依法取得国务院交通主管部门颁发的《港口设施保安符合证书》。

市港口行政管理部门应当自受理之日起20个工作日内，作出行政许可决定。

客运站经营人应当在许可范围内从事相关活动。

客运站经营人停业、歇业或者合并、分立的，应当按照国家和本市的有关规定，办理相关手续。

第十一条（船舶停靠禁止）

在客运站内，禁止停靠超过码头设计靠泊能力的船舶和运输危险货物的船舶。

第十二条（应急预案）

市港口行政管理部门应当制定重大生产安全事故的乘客紧急疏散和救援预案、预防自然灾害预案以及突发公共卫生事件交通应急预案，建立健全上海港口客运站应急救援体系。

区县港口行政管理部门应当按照上海港口客运站应急救援体系的要求，建立健全本区域的港口客运站应急救援体系。

港口行政管理部门应当定期组织应急预案的演练。

客运站经营人应当制定本单位的重大生产安全事故的乘客紧急疏散和救援预案、预防自然灾害预案以及突发公共卫生事件交通应急预案，并报港口行政管理部门备案。

客运站经营人应当定期组织应急预案的演练。

第十三条（安全要求）

客运站经营人应当依照《中华人民共和国安全生产法》等有关法律、法规和国务院交通主管部门制定的有关港口安全作业规则的规定，加强安全生产管理，建立健全安全生产责任制等规章制度，完善安全生产条件，采取保障安全生产的有效措施，确保安全生产。

客运站经营人应当定期开展客运站安全现状评价；在安全现状评价或者日常运营中发现安全隐患的，应当及时采取有效措施，排除安全隐患。

第十四条（票务代理）

客运站经营人需要从事票务代理的，应当依法取得水路运输服务许可证书。

第十五条（航班票务信息）

客运站经营人应当在客运站内公布班期时刻表；设置售票处的，还应当公布售票时间、票价表和售票情况以及变化情况。

城市渡口客运站经营人应当公布开渡、收渡时间。

第十六条（客船延误和停止航行的处理）

客船不能按时运输乘客的，客运站经营人应当及时在客运站内予以公告，并通过网络、广播、报纸或者其他方式向社会公告。其中，客船停止航行的，客运站经营人应当及时报告港口行政管理部门。

对滞留客运站候船的乘客，客运站经营人应当会同承运人采取应急措施，维持候船秩序，及时疏散乘客，并配合承运人做好船期变更和乘客退票换票的工作。

遇有乘客严重滞留客运站的，市港口行政管理部门应当会同有关行政管理部门及时采取措施，疏散乘客。客运站经营人和相关单位应当服从市港口行政管理部门的统一组织和调度。

城市轮渡因恶劣天气不能按时运输乘客，造成候渡人员不能按时上班的，其所在单位可比照公假处理。

第十七条（危险物品安全检查）

禁止携带或者夹带易燃、易爆、有毒、有腐蚀性、有放射性以及其他有可能危及人身和财产安全的危险物品进站上船。具体危险物品目录和样式，由客运站经营人按照规定在客运站内通过张贴、陈列等方式予以公告。

客运站经营人应当按照有关规定和标准，在客运站内设置安全检查设施、设备，配备受过专业培训的安全检查人员，并按照规定对进站人员携带物品、托运行李以及机动车等进行安全检查。

进站人员应当接受和配合安全检查；拒不接受、配合安全检查的，客运站经营人应当拒绝其进站上船。

客运站经营人在安全检查中发现有危险物品的，应当立即采取防止危险发生的安全措施，并按照规定及时报告公安行政管理部门。

在实施安全检查时，检查人员应当佩带安全检查证；未佩带安全检查证实施检查的，进站人员有权拒绝检查。

第十八条（设施和设备安全检查）

客运站经营人应当定期检查和维护其客运站的设施、设备，并使其处于良好状态。

有下列情形之一的，客运站经营人应当对其客运站的设施、设备作事前安全检查，在检查中发现安全隐患的，应当立即予以排除：

（一）汛期和台风、暴雨、大雾等恶劣天气；

（二）法定节假日；

（三）举办国家或者本市确定的重大活动。

港口行政管理部门应当依法实施监督检查，在监督检查中发现安全隐患的，应当立即责令客运站经营人排除安全隐患。

第十九条（服务规范）

客运站经营人应当遵守下列服务规范：

（一）保持候船环境良好；

（二）根据乘客、车辆的流量和需要，配备相应的工作人员；

（三）工作人员仪表整洁、文明待客，对行动不方便的老、弱、病、残、孕等特殊乘客做到重点照顾；

（四）提供广播信息服务和问讯、留言等服务项目；

（五）设置服务质量投诉电话，接受乘客的投诉。

在客运站内设置餐厅、小卖部等服务网点的，应当依法取得餐饮服务许可或者食品流通许可。

第二十条（客运站内行为规范）

市港口行政管理部门应当制定客运站内乘客及其他进站人员遵守的行为规范（以下简称行为规范）。

客运站经营人应当在客运站内公告行为规范。

在客运站内，进站人员除了应当遵守行为规范外，还应当遵守下列要求：

（一）听从客运站工作人员指挥，依次在指定地点候船、上船。

（二）禁止使用明火。

（三）驾驶非机动车和两轮摩托车的，应当下车推行。

（四）驾驶机动车的，应当控制刹车；在机动车突然发生故障时，应当立即采取措施，并通知客运站工作人员。

违反行为规范或者前款规定的，客运站经营人应当予以劝阻；经劝阻拒不改正的，客运站经营人可以拒绝为其提供服务。

第二十一条（联合检验客票制度）

除城市渡口客运站外，客运站经营人和承运人应当实行联合检验客票制度，并在市港口行政管理部门规定格式的《客船载客人数港航确认单》上签字确认。

客运站经营人在检票时，发现上船人数超过船舶核定载客人数的，应当立即报告海事行政管理部门；海事行政管理部门接到报告后，应当及时予以处理，并将相关信息告知港口行政管理部门。

第二十二条（特殊活动报备）

在客运站内举行客运服务之外的活动且可能造成人流集聚的，客运站经营人应当制定保障安全和秩序的工作方案，并提前5个工作日向港口行政管理部门备案。

举行前款规定活动期间，客运站经营人应当按照备案的工作方案实施，并派员进行现场检查，保障客运站的安全和秩序。

第二十三条（客运统计）

客运站经营人应当按照要求向港口行政管理部门提供客运统计资料及相关信息。

第二十四条（暂停运营）

禁止擅自暂停客运站运营。

因客运站改扩建等特殊情况需要暂停运营的，客运站经营人应当提前10日在客运站内予以公告，并通过网络、广播、报纸或者其他方式向社会公告。其中，暂停客运站运营3日以上的，应当提前10个工作日向港口行政管理部门书面报告。

因客运站设施和设备受损暂停运营的，客运站经营人应当及时在客运站内予以公告，并通过网络、广播、报纸或者其他方式向社会公告，同时做好疏散乘客的相关工作，并向港口行政管理部门报告。

第二十五条（撤销客运站）

禁止擅自撤销客运站。

客运站经营人需要撤销城市渡口客运站的，应当提前30日向市港口行政管理部门提出申请，市港口行政管理部门经审核并征求海事行政管理部门的意见后，报市人民政府批准。

客运站经营人需要撤销城市渡口客运站以外的客运站的，应当提前90日向市港口行政管理部门书面报告。市港口行政管理部门接到报告后，应当做好撤销客运站的相关工作。

客运站经营人应当于撤销客运站的30日前，在客运站内予以公告，并通过网络、广播、报纸或者其他方式向社会公告。

第二十六条（行政处罚）

违反本办法规定，由港口行政管理部门按照下列规定对客运站经营人予以处理：

（一）违反本办法第十一条规定停靠船舶的，责令改正，处1万元以上3万元以下罚款；情节严重的，处3万元以上10万元以下罚款。

（二）违反本办法第十八条第二款规定，未作安全检查和采取相应措施的，责令改正，处3000元以上1万元以下罚款；情节严重的，处1万元以上3万元以下罚款。

（三）违反本办法第二十二条第一款规定，未履行备案义务的，责令改正，可以处200元以上2000元以下罚款。

（四）违反本办法第二十四条第一款规定，擅自暂停客运站运营的，责令改正，处3000元以上1万元以下罚款；情节严重的，处1万元以上3万元以下罚款。

（五）违反本办法第二十四条第二款、第三款以及第二十五条第四款规定，未履行公告义务的，责令改正；情节严重的，处500元以上5000元以下罚款。

违反本办法第二十一条第二款规定，未履行报告义务的，由海事行政管理部门责令改正，处1000元以上3000元以下罚款；情节严重的，处3000元以上1万元以下罚款。

对违反本办法的其他行为，按照相关法律、法规、规章的规定进行处罚。

第二十七条（乡镇渡口的管理）

乡镇渡口的管理办法，由市港口行政管理部门参照本办法另行制定。

第二十八条（施行日期）

本办法自2010年1月1日起施行。

1988年12月28日上海市人民政府发布的《上海市渡口管理办法》同时废止。

关于加强本市户外广告设施管理的通告

（2009年8月28日上海市人民政府令第15号公布）

为加强对户外广告设施设置行为的管理，根据《上海市人民代表大会常务委员会关于本市促进和保障世博会筹备和举办工作的决定》的规定，市人民政府决定，在2010年上海世博会筹备和举办期间，对本市户外广告设施设置行为采取如下管理措施：

一、对本市户外广告设施设置申请，按照《上海市户外广告设施管理办法》、《上海市户外广告设施设置阵地规划》（以下简称《阵地规划》）、户外广告设施设置阵地实施方案（以下简称“实施方案”）等规定依法受理与审批。

市绿化市容局应当根据《阵地规划》组织编制户外广告展示区、控制区的“实施方案”。“实施方案”在编制过程中，应当征求规划国土、工商、住房保障房屋管理等有关部门以及广告协会的意见。

二、“实施方案”发布实施前，对户外广告展示区、控制区内新增户外广告设施的申请，不予受理；对已经批准且符合《阵地规划》设置规定的户外广告设施的延期申请，每次批准延期的期限不得超过6个月。

对户外广告禁设区内的新增户外广告设施设置申请以及已设户外广告设施的延期申请，不予受理。

三、禁止在本市道路红线范围内设置独立式、附属式户外广告设施，但公交候车亭等公益性设施的附属式户外广告除外。

四、对未经批准擅自设置的户外广告设施，由城管执法部门责令限期拆除；逾期不拆除的，由城管执法部门强制拆除，并处5000元以上5万元以下罚款。

五、对已经批准设置但不符合《阵地规划》、“实施方案”或者本《通告》第三条规定的户外广告设施，按照下列规定处理：

（一）设置期已满的，设置人应当在5日内予以拆除；不按时拆除的，由城管执法部门责令限期拆除；逾期仍未拆除的，由城管执法部门强制拆除，并处5000元以上5万元以下罚款。

（二）未过设置期的，由市容环境卫生管理部门书面通知设置人拆除。设置人应当自接到通知之日起30日内将该设施拆除完毕；逾期未拆除的，由城管执法部门代为拆除。

六、从2010年1月1日至2010年12月31日，本市外环线内禁止擅自设置彩旗、条幅、系留气球、招贴等户外商业广告。因市重大活动需要设置上述户外商业广告的，应当经市绿化市容局批准，并向市工商行政管理部门办理户外广告登记手续。违反规定的，城管执法部门可以强制拆除。

七、禁止在本市外环线以内地区以及外环线以外的主要道路和景观区域设置、发布可能产生不良影响内容的户外广告，但经营者在其经营场所建筑控制地带设置、发布与其生产的产品或者与其经营服务有关的户外广告除外。违反规定的，由工商行政管理部门责令改正，并可处以3000元以上3万元以下罚款。

本通告所称的主要道路和景观区域的范围，由市市容环境卫生管理部门会同有关部门拟定，报市人民政府批准后公布。

可能产生不良影响内容的户外广告具体范围由市工商行政管理部门另行规定并公布。

八、本通告自公布之日至2010年12月31日施行。

上海市市级建设财力项目管理暂行办法

（沪府发〔2009〕49 号，2009 年 9 月 16 日）

第一章总则

第一条（目的和依据）

为了进一步规范政府投资行为，加强市级建设财力项目管理，提高政府投资决策的科学化、民主化水平，根据《中华人民共和国预算法》、《国务院关于投资体制改革的决定》和国家、本市的有关规定，制定本办法。

第二条（适用范围）

市级财政预算内基本建设支出（以下称“市级建设财力”）安排的投资项目适用本办法。

第三条（投资安排原则）

市级建设财力安排要服务国家战略，符合本市国民经济和社会发展规划，有利于经济社会和人口资源环境的协调可持续发展，有利于经济结构的优化，有利于统筹各类政府性资金，严格遵守科学、民主原则，注重公平和效益，加强管理和监督。

第四条（投资领域）

市级建设财力主要用于关系公共安全和市场不能有效配置资源的经济和社会领域，包括加强公益性和公共基础设施建设，保护和改善生态环境，推进科技进步和高新技术产业化等。

第五条（投资方式）

市级建设财力投资根据项目性质和调控需要，可分别采取直接投资、资本金注入、投资补助、贴息等方式。

第六条（职能分工）

市发展改革、财政、建设、审计、规划土地、环保等部门按照各自职能，对市级建设财力项目进行管理和监督。

第二章 项目审批程序

第七条（发展规划）

市有关部门应当依据本市国民经济和社会发展中长期规划，结合实际需要和条件，编制重要领域的专项发展建设规划，明确发展的指导思想、战略目标、总体布局和主要建设项目等。经市发展改革委会同有关部门综合平衡并报市政府批准的专项规划、专项发展建设规划，是市级建设财力投资决策的重要依据。

第八条（项目储备库）

由市发展改革委会同相关部门根据国民经济和社会发展中长期规划，以及发展建设规划等，研究提出规划期内需安排市级建设财力，以及需由市级建设财力平衡的投资项目，列入市级建设财力项目储备库，并深化项目前期工作，进行动态调整。其中，对项目总投资大且工程复杂、社会涉及面广的项目，应当开展预可行性研究，有关前期费用可由市级建设财力预安排。具体办法，由市发展改革委会同相关部门另行制定。

由市发展改革委会同有关部门根据市委、市政府的年度工作重点，对列入储备库的投资项目，按照重要性、迫切性以及前期工作深度，进行年度统筹平衡，优先考虑项目审批。

第九条（审批程序）

市级建设财力项目的基本审批程序，主要包括项目建议书、可行性研究报告、初步设计及概算、竣工验收等。

对以投资补助、贴息等投资方式投入另有规定的，从其规定。

第十条（项目报送）

项目建议书、可行性研究报告、初步设计及概算，由相关行政主管部门、市级政府性投资机构或国资授权控股集团公司上报或转报。

第十一条（项目建议书审批）

申请使用市级建设财力的项目，应当由相关行政主管部门或项目（法人）单位组织编报项目建议书，并提出使用市级建设财力规模的需求，报市发展改革委审批。项目建议书应当对项目建设的必要性、拟建地点、拟建规模、投资匡算、资金筹措以及项目的经济效益和社会效益进行初步分析，并按照有关要求提供相关文件。

如有需要，市发展改革委可征询相关行业主管部门的意见，通过直接委托或竞争性方式，选择具有资格的工程咨询机构对项目建议书进行评估。对符合条件的项目，由市发展改革委审批项目建议书。

第十二条（可行性研究报告审批）

有关行政主管部门或项目（法人）单位依据项目建议书批复，开展可行性研究工作。项目可行性研究报告须由有资质的工程咨询机构进行编制，在进行多方案比选的基础上，提出使用市级建设财力的合理需求，报市发展改革委审批。

可行性研究报告应当对项目在技术和经济上是否必要、合理、可行以及社会效益、生态环境、节能等进行全面分析论证，落实各项建设条件，并按照有关规定，取得相关单位的许可、承诺、证明或评估意见。

市发展改革委通过直接委托或竞争性方式，选择具有资质的工程咨询机构对项目可行性研究报告进行评估。未通过咨询评估的项目不予审批。如有必要，市发展改革委可征询相关行业主管部门的意见，或进行专家评议。

对规划、土地、环保等许可手续完备的项目，可简化相关程序。

第十三条（资金安排）

根据项目实际情况，市发展改革委可在项目建议书或项目可行性研究报告审批阶段，明确项目资金筹措方案和市级建设财力投资额度。其中，重要项目应当按照有关规定上报市政府同意。

第十四条（初步设计和概算审批）

依据可行性研究报告，项目（法人）单位应当通过直接委托或竞争性方式，选择具有相应工程设计资质的设计单位，编制初步设计文件。设计单位必须严格按照批准的可行性研究报告中的建设内容、规模、标准、投资和有关批复要求，以及国家规定的设计规范、规程和技术标准进行设计。

通过直接委托或竞争性方式选择具有资质的工程咨询机构对项目初步设计和投资概算进行评估后，除另有规定外，初步设计由市建设交通委会同市发展改革委审批，投资概算由市发展改革委负责核定，委托初步设计审批部门在审批初步设计时一并受理和批复。

第十五条（审批条件的一般规定）

批准项目建议书、可行性研究报告和初步设计概算除应当符合本办法第九条、第十条、第十一条、第十三条的规定外，还应当符合城市规划、土地、环保、节能、安全生产、技术法规等规定的条件，并办理相关手续。

项目（法人）单位、建设内容、建设地点等发生重要变化的，要按照基本建设程序及时办理项目调整手续。

第十六条（概算及实施方案等调整）

建设项目应当严格按照批复的初步设计和概算组织建设。项目（法人）单位在项目执行过程中，发生以下情况之一的，应当报市发展改革委按程序审批，在未经批准前严禁变更项目（法人）单位、建设内容、建设规模和建设标准：

（一）由市级建设财力全额投资的项目，投资发生变化的；

（二）由市级建设财力部分投资或安排资本金的项目，投资发生变化且需要调整市级建设财力投资的；

（三）由市级建设财力部分投资或安排资本金的项目，投资变化超过10%及以上的；

（四）由市级建设财力补助的项目，项目（法人）单位发生变化的或投资变化超过10%及以上的；

（五）由市级建设财力补助的项目，建

设内容、建设规模、建设标准、建设地点发生变化，致使原定项目目标、效果等无法完成的。

第三章 项目年度投资计划安排

第十七条（编制年度计划）

每年三季度，由各项目（法人）单位通过相关行政主管部门、市级政府性投资公司或国资授权控股集团向市发展改革委上报或转报下一年度续建项目、申请新开项目市级建设财力资金需求总量。市发展改革委根据市政府当年确定的工作重点，会同市有关部门研究提出市级建设财力年度计划的安排建议，商市财政局后上报市政府审批。

第十八条（计划下达）

市发展改革委根据市政府批准的市级建设财力年度计划安排建议，结合项目进度，分期下达市级建设财力项目的年度投资计划。年度投资计划原则上每年10月底前下达。

项目可行性研究报告批复后，方可下达市级建设财力投资计划。

第十九条（年度计划执行）

项目年度计划一经下达，应当严格执行。如确需调整的，需及时申报调整。未列入年度投资计划的项目，不得擅自开工。

第四章 项目的建设实施

第二十条（招投标制）

除保密工程外，使用市级建设财力项目应当依法进行公开招标。保密工程由市保密局出具相关文件后，按照本市保密工程有关规定执行。

第二十一条（财务、工程监理）

对使用市级建设财力的项目实行财务（投资）监理制，进行全过程财务管理和投资控制。具体办法，由市财政局会同相关部门另行制定。

对使用市级建设财力的项目进一步完善和改革工程监理制，加强项目安全质量监督和投资控制。具体办法，由市建设交通委会同相关部门另行制定。

第二十二条（其他建设制度）

市级建设财力项目应当严格执行投资项目的法人责任制、监理制、合同管理制等有关项目建设法律、法规的规定。

第二十三条（项目“代建制”）

对使用市级建设财力的非经营性项目逐步推行“代建制”，通过招标等竞争方式，选择专业化的项目管理单位负责建设实施，严格控制项目投资、质量和工期。项目竣工验收后，移交使用单位。

市级建设财力投资非经营性项目“代建制”的有关试点办法，由市发展改革委会同有关部门另行制定。

第五章 项目财务和资金管理

第二十四条（财务管理）

项目（法人）单位要按照基本建设财务管理的规定，建立完善的建设财务制度，设置基本建设账户，实行单独建账、单独核算，加强建设资金使用和管理。市财政局对建设资金的使用情况和项目的财务活动实施管理和监督。

第二十五条（资金管理）

市级建设财力必须专款专用，项目（法人）单位不得拆借，不得滞留，不得挪作他用。

第二十六条（资金申领）

项目（法人）单位应当根据下达的项目年度投资计划、工程建设进度，按照程序向市财政局申领建设资金。属于政府采购目录内的货物、工程、服务等，应当申请办理政府采购。

第二十七条（资金拨付）

市财政局根据“按预算、按项目年度投资计划、按进度、按合同”原则及有关规定，拨付建设资金。

第六章 竣工验收和资产管理

第二十八条（工程价款结算）

项目完工报备后，项目（法人）单位应当按照规定及时进行工程价款结算。市财政局可自行或委托社会中介机构对竣工结算进行审查。

第二十九条（项目审计）

使用市级建设财力的项目结算完成后，向市审计局提出审计申请，并将申请抄送市发展改革委。

对使用市级建设财力5000万元及以上的项目，由市审计局按照审计管理权限，并根据年度审计工作计划对项目组织审计。审计结束后，由市审计局出具书面审计报告，并抄送市发展改革委、市财政局。

对使用市级建设财力5000万元以下的项目，原则上由市审计局、市发展改革委、市财政局委托有资质的社会中介机构审计。审计结束后，由社会中介机构出具书面审计报告，报送市审计局、市发展改革委、市财政局。市审计局依据《中华人民共和国审计法》的要求，也可对使用市级建设财力5000万元以下的项目直接组织审计。

有关市级建设财力项目审计监督的具体办法，由市审计局会同相关部门另行制定。

若有必要，市发展改革委可根据审计结论，调整批复项目投资概算。

第三十条（综合竣工验收）

项目各单项验收完成后，由市发展改革委或委托相关行政主管部门组织项目综合竣工验收。

第三十一条（竣工财务决算）

项目（法人）单位应当按照规定，及时编制项目竣工财务决算。市财政局要及时审查批复项目竣工财务决算，项目（法人）单位依此办理核销拨款、固定资产移交手续，并加强固定资产的管理。

第三十二条（建成项目转让）

对已建成的市级建设财力项目，经市政府批准，可以依法转让产权或者经营权，回收的资金，继续用于市级建设财力其他项目的再投资。

第七章 监督管理

第三十三条（项目（法人）单位的责任）

项目（法人）单位应当严格根据项目批复的要求，组织实施项目，要严格依法合规建设。

项目（法人）单位在首次申报投资计划时，应当签订《市级建设财力项目责任承诺书》。项目（法人）单位要定期向市发展改革委、市财政局报告建设过程中的设计变更、建设进度、概算控制、资金使用等情况。

对违反国家法律法规和本办法规定的，视情节轻重，市发展改革委可对项目（法人）单位作出限期整改、通报批评、停止安排年度计划和停止审批其他项目等决定；市财政局可对项目（法人）单位作出停止拨款等决定；市审计局对违反国家规定的财政收支和财务收支行为依法进行处理处罚。违反法律、法规的，由有关部门依法追究项目（法人）单位及相关人员法律责任。

相关行政主管部门、市级政府性投资机构或国资授权控股集团公司要加强对项目（法人）单位的指导、管理和监督。

第三十四条（社会中介机构的责任）

咨询评估、监理、审价、审计、招标代理等社会中介机构及其咨询人员在工作过程中违反职业道德、造成重大损失和恶劣影响的，依法追究法律责任。

对不按照批复要求编报可行性研究报告或初步设计方案的相关咨询、设计单位，由市发展改革委视情况给予劝诫或限制其承担政府投资项目的设计任务，并建议有关资质管理部门给予相应处罚。

对项目（法人）单位未经市发展改革委批准，擅自提高建设标准、扩大建设规模、改变建设方案的行为，财务（投资）监理单位应当及时向项目（法人）单位的上级行政主管部门、市财政局、市发展改革委和市审计局报告。对未及时制止和报告上述行为的财务（投资）监理单位，由市财政局视情况给予劝诫或限制其承担政府投资项目的财务（投资）监理任务，并给予相应处罚。

对未按照规定履行安全质量监督和投资控制的工程监理单位，由市建设交通委会视情况给予劝诫或限制其承担政府投资项目的工程监理任务，并给予相应处罚。

第三十五条（管理部门的责任）

项目管理部门和行业主管部门及其工作人员应当严格执行法律、法规和本办法的有关规定。对在项目管理过程中滥用职权，玩忽职守，徇私舞弊，索贿受贿的，依法给予行政处分；构成犯罪的，依法追究刑事责任。

第三十六条（稽察制度）

市重大项目稽察办根据《上海市政府投资项目稽察暂行办法》，负责市级建设财力重点项目建设的全过程稽察，并按照相关规定作出稽察处理。对市级建设财力超投资项目，稽察后方可调整投资概算及实施方案。

第八章 附则

第三十七条（党政机关办公楼项目）

党政机关办公楼等楼堂馆所项目除符合本办法有关规定外，还应当执行国家党政机关办公楼管理的有关规定。

第三十八条（参照执行）

其他市级政府性投资项目，可参照本办法执行。

第三十九条（办法的解释）

本办法由市发展改革委会同市建设交通委、市财政局、市审计局依据自身职能负责解释。

关于进一步搞好社区商业建设的意见

（沪府办发〔2009〕42号，2009年10月9日）

近年来，本市加快社区商业建设，逐步形成了一批形态协调、业态齐全、功能完备、环境优美、贴近居民日常生活的社区商业。目前，共有8个社区获得“全国社区商业示范社区”称号，26个社区获得“上海市社区商业示范社区”称号。但是，根据现代化国际大都市商业发展目标，社区商业发展还有较大差距，布局规划、网点配置、商业能级、服务水平都需要进一步完善提高。为贯彻落实《国务院办公厅关于搞活流通扩大消费的意见》（国办发〔2008〕134号）精神，加快居民生活服务业发展，现就进一步搞好社区商业建设提出如下意见：

一、指导思想

以科学发展观为指导，坚持“以人为本，服务社会”的宗旨，结合城市建设和改造，加大社区商业建设力度，加快居民生活服务业发展，扩规模、调结构、提能级，进一步发挥社区商业的发展经济、服务民生、扩大就业、促进和谐的积极作用，努力构建现代化国际大都市新型社区商业体系，为上海国际贸易中心建设作出贡献。

二、工作目标

通过统筹规划、组织推进、政策支持，逐步建立门类齐全、功能完善、方便快捷、价格合理的社区商业服务体系。到2010年底前，基本完成市重点推进的八个大型居住社区已建、在建建设基地的商业配套设施的接管、开办和运营，与住宅建设同步完成大型居住社区新拓展建设基地商业配套设施的接管、开办和运营。到2012年底，按照《上海市商业网点布局规划纲要》(2009–2020年)确定的中心城规划新增64个社区级商业中心的发展目标，完成新建20个左右的社区级商业中心；继续完善优化社区商业业态结构和经营功能，进一步提高经营和服务水平，每年评选市级“社区商业示范社区”5–8个，并向商务部推荐申报国家级“社区商业示范社区”2–3个。

三、基本原则

一是以人为本，便民利民。以满足居民日常生活消费为目标，反映民心、体现民情、满足民需，使社区商业建设成为解决实际问题、为群众办好事、办实事的工作。

二是政府支持，市场配置。必备性商业业态的配置，主要由政府主导，给予政策支持，实行由政府统一组织安排的方式；选择性商业业态的配置主要由企业主导，实行政府引导与市场机制配置相结合的方式。

三是因地制宜，形成特色。充分考虑不同区域、社区规模、人口构成、周边环境等特点，合理确定社区商业的规模结构、功能布局和业态组合，确保可持续发展。

四是市区联动，共同推进。各有关部门各司其职、各尽其责，加强协调沟通。市商务委做好组织协调、督促检查工作，各区县商务主管部门组织实施，有关街道乡镇负责具体落实。

四、重点工作

推进社区商业建设，加快生活服务业发展，要继续列入本届政府的工作重点，精心组织，抓紧落实。

（一）完善社区商业规划，落实力量加快实施。围绕落实《上海市商业网点布局规划纲要》（2009-2020 年），由各区县结合实际，细化到 2012 年底的本区域社区商业建设规划。重点选择人口密集、规模适宜（5 万人以上）、交通便捷的大型居住区，加快建设社区商业中心。要加强社区商业建设的组织领导，加强商务、建设、规土、住宅、财税、工商、卫生、城管等部门之间的沟通衔接，并注重依靠和发挥街道、乡镇的作用，使规划得到有效落实。

（二）推进“双进工程”，保障居民基本生活需要。继续深入开展便利消费进社区、便民服务进家庭的“双进工程”，突出社区商业的“便民、利民”宗旨，加快生活服务业发展。以保障居民日常基本生活需要为根本，重点抓好菜市场、超市、便利店、大众餐饮店、药房、大众理发店、洗衣店、维修店、家政服务网点、废品回收站等必备性业态配置。到 2012 年底，既有的和规划新建的社区商业，全部实现按地方标准配置必备性商业业态。对选择性业态，应当根据各社区特点和消费需要，不断进行结构调整优化。

（三）创建社区商业示范社区，提升社区商业经营水平。广泛开展社区商业示范社区创建工作，推动社区商业建网点、调结构、上水平。发挥社区商业示范社区的引导作用，带动更多社区实现社区商业的规划合理、业态齐全、功能完善、消费便利、环境协调、管理健全。各区要以创建活动为契机，对照示范社区的要求，梳理本区域内社区商业情况，排摸存在的薄弱环节和问题，有计划有重点地推进整改工作，并认真做好社区商业示范社区的经验总结和推广工作。到 2012 年底，国家级社区商业示范社区争取发展到 15 个，市级社区商业示范社区发展到 50 个。

（四）抓好国家重点支持项目，实现社区商业建设新突破。要以中央财政的专项支持为契机，抓好重点项目建设。根据中央专项资金的支持方向，确定社区商业建设中的重点项目：标准化菜市场工程、早餐示范工程、家政服务工程、再生资源回收点和分拣中心等。到 2012 年底，完成全市菜市场标准化建设任务（含改建和新建），全市标准化菜市场总数达到 800 家，基本实现中心城以 500 米为服务半径的菜市场（不含大卖场、菜店等）在居住区的覆盖率达到 80%-90% 以上；建设一批主食加工配送中心，改造和新建为消费者提供便利快捷、营养卫生、价格经济实惠早餐服务的网点；建立完善家政服务网络平台，实施家政服务培训工程，形成一支适应社区各种消费需求的家政服务企业和人员队伍；按照“七个统一”要求，规范改造和建设社区居民再生资源回收站点、分拣中心，实现社区覆盖率达到 90% 以上，主要品种回收率达到 80%。

（五）加快大型居住社区建设基地商业配套，切实方便人民群众日常生活。大型居住社区建设基地商业配套是社区商业建设的重点之一。各所在区县要加强住宅建设规划与商业配套规划的衔接，加强部门之间的沟通协调。根据入住居民人口总量、人口结构及实际需求，合理布局、因地制宜，不断完善商业配套设施配置标准，提高居住区宜居水平。对宝山顾村、嘉定江桥、闵行浦江、松江泗泾、青浦华新、浦东周康航、曹路、三林等八个大型居住社区以及经市政府认定的其他大型居住社区建设基地，在同步建设、同步配套、及时开办运营的基础上，基本完成商业配套。

五、保障措施

（一）加强组织领导，强化监督考核。要按照市政府办公厅印发《关于搞活流通扩大消费若干意见的通知》（沪府办〔2009〕30号）的要求，将社区商业中心与社区事务中心、卫生中心和文化中心一起列入街道社区建设重点，并列入各级政府考核内容。各级政府要将社区商业建设工作放在重要位置，作为年度部门绩效考核和分管领导述职的重要内容，并接受同级人大、政协以及社会各界、市民群众的监督。上级政府搞好对下级政府的综合考核，各级政府对其所属相关部门进行专业考核。考核内容主要包括：规划制订落实，重点项目建设，必备性商业业态配置，环境协调状况，商业结构调整优化，品牌连锁企业进驻，社区商业标识，示范社区创建等。

（二）加大政府财力投入力度，支持社区商业建设。社区商业建设和管理的第一责任人是各区县政府，各区县和相关街道、镇（乡）要安排财力，调动社会各方建设社区商业特别是配置必备性商业网点的积极性，并形成社区商业建设、开发和管理的长效机制。按照中央专项资金的支持方向，由市商务委会同市财政局确定重点推进项目，用好中央专项支持资金，加大区县政府财力投入力度。市商务委负责统一规划，综合平衡，加快社区商业重点项目建设。

（三）依靠大型商业集团，提高社区商业品牌化连锁化经营水平。积极鼓励大型商业集团开拓社区商业市场，对由大型企业集团统一规划配置、管理运营社区商业的，各区县政府要给予必要的信息引导和政策扶持。充分发挥品牌连锁企业的规模经营优势，积极协调、引导有规模、有实力、有经验的大型商业集团、中华老字号等品牌连锁经营企业，积极参与社区商业特别是大型居住社区建设基地的商业网点建设开发和经营管理。鼓励企业采取收购、兼并、特许加盟等多种形式整合分散的社区商业资源。鼓励社区居民尤其是大学生自主创业，开设加盟连锁企业的商业服务网点。

（四）落实支持政策，搞好大型居住社区建设基地商业配套工作。为推进大型居住社区建设基地建设，市政府已明确了一系列加强市政公建配套设施建设和管理的意见。各区县要结合实际，积极落实支持商业配套的有关政策措施，并参照运用到其他社区商业建设工作中。一是建立建设基地所在区县政府、房管和商务部门沟通对接机制，加强住宅区建设规划与商业配套规划的衔接，商务部门提前介入商业配套工作；二是大型居住社区建设基地商业设施建成后，由建设基地所在的区县政府或经区县政府同意的街道、镇（乡）或国资管理部门按照成本价收购，用于统一安排商业服务网点，并且纳入国有资产管理范畴，不得擅自转让或变更用途；三是支持商业服务企业尽快进入已建大型居住社区，同步进入新建大型居住社区建设基地开展经营服务活动，各级政府通过租金补贴等方式，帮助企业解决入驻初期居民入住率低造成的经营困难；四是落实既有相关税收优惠政策等措施，支持配置必备性商业业态；五是建立人口导出区在商业资源引入上给予人口导入区一定支持的帮扶机制。

关于加强街道、镇市容环境卫生管理工作的指导意见

（沪府办发〔2009〕41号，2009年9月30日）

为加强街道、镇市容环境卫生管理工作，确保迎世博600天行动计划市容环境综合建设和管理工作的全面推进，根据《上海市市容环境卫生管理条例》有关规定，现就加强街道、镇市容环境卫生管理工作提出如下意见：

一、指导思想和目标

以科学发展观为指导，以创建整洁、优美的城市市容环境，提高人民群众生活环境质量为目标，通过条块结合、资源整合、全民参与、形成合力，充分发挥街道、镇在市容环境卫生管理工作的重要作用，积极推进辖区内市容环境卫生各项整治，为提升城市市容环境卫生管理水平，实现管理工作的制度化、规范化和长效化奠定基础。

二、管理工作内容

（一）加强综合协调。街道办事处、镇政府应当做好辖区内的市容环境卫生管理工作，协调、组织、指导辖区内相关部门加强市容环境卫生管理工作。

1. 充分发挥街道办事处、镇政府组织领导、统筹协调、监督检查和综合管理的职能，组织制定辖区内市容环境卫生应急处置预案，加强市容环境卫生突发事件的应急管理。

2. 组织辖区内的部队、学校、居委会和各相关部门派出单位及大型企事业单位等，搞好市容环境卫生管理。

3. 组织、协调辖区内管理执法力量，加大对乱设摊、违法搭建、乱张贴、乱刻画、乱涂写、乱散发等城市管理顽症的整治力度，建立和完善城市管理顽症综合治理的管理执法机制。

（二）加强日常检查。街道办事处、镇政府要加强辖区内市容环境卫生管理工作的日常检查力度，对辖区内市容环境卫生工作定期进行巡检。

1. 加强辖区内道路、公共场所、街巷、里弄市容环境卫生检查，并将检查情况及时告知相关部门、单位和居委会。

2. 加强辖区内市容环境卫生责任人责任区保洁工作的日常巡查，督促责任人履行工作责任。

3. 组织、指导居委会开展社区居民市容环境卫生文明公约的制定、宣传工作，加强社区市容环境卫生工作的检查，并将检查情况进行张榜公布。

（三）加强监督考核。街道办事处、镇政府要加强辖区内市容环境卫生管理工作的监督考核，建立监督考评机制，定期开展考核评议。

1. 加强辖区内市容环卫管理、城管执法工作的监督和检查。

2. 负责对各相关部门派出单位在辖区内履行市容环境卫生管理、执法工作情况的监督考核，定期向其上级单位通报工作情况及考核结果，考核结果纳入到区相关部门年度工作绩效考评中。

（四）加强宣传教育。街道办事处、镇政府要开展辖区内市容环境卫生管理工作的宣传教育，建立日常宣传计划和工作制度。

1. 负责对辖区内单位市容环境卫生工作的指导和服务，成立市容环境卫生责任区单位责任落实情况的指导小组，加强对单位和个人履行市容环境卫生工作的宣传和教育。

2. 结合社区网格化管理，组织市民、企事业单位积极参与市容环境卫生管理工作，形成人人参与和维护市容环境卫生活动的氛围，实现社会互动。

3. 制定维护市容环境卫生公约和工作方案计划，组织居委会动员单位和居民参加市容环境卫生治理活动，创建整洁、优美、文明的环境。

三、保障机制

为确保区域内市容环境卫生管理工作全面落实，街道办事处、镇政府要加强机制建设。

1. 建立市容环境综合建设和管理工作联席会议，行政主要领导为联席会议第一召集人，全面负责辖区的市容环境卫生管理工作。

街道、镇市容环境综合建设和管理工作联席会议例会每个月不少于一次，并与相关管理部门、城管执法部门以及环卫作业部门建立双向告知制度，保持正常运作。

2. 完善街道、镇城市管理网格化工作机制，组织对辖区内市容环境卫生事件的应急处置，提高管理水平。

3. 进一步探索建立社区长效管理机制、加大对市容环境综合建设和管理工作投入，全面落实市容环境卫生责任区制度，建立健全联合联动执法、巡视检查、日常维护和管理三支队伍，对辖区范围市容环境卫生实施网格化、精细化、全覆盖的管理。

市属配套商品房已安置房源回购试行办法

（沪府办发〔2009〕37号，2009年9月28日）

为进一步规范本市配套商品房供应和管理，确保本市重大市政工程和重点旧区改造项目动迁对安置房源的需求，制订本试行办法。

一、已安置房源回购的适用范围

已安置房源取得房地产权证不满5年需要转让的，应当按照本试行办法的规定实施回购。

已安置房源取得房地产权证已满5年需要转让的，可以按照本试行办法的规定实施回购。

二、回购的实施部门

市属配套商品房已安置房屋的回购，原则上由原安置区县的房管部门组织本区县相关单位和动迁公司实施。原安置区县房管部门无意对已安置房源进行回购的，经区县政府同意后，向市住房保障房屋管理局提出报告，由市住房保障房屋管理局指定其他区县房管部门组织实施。

区县房管部门在实施回购前，应当书面告知配套商品房产权人，编制房屋回购使用计划，指定相关单位或者动迁公司实施回购。

三、已安置房源的回购条件

市属配套商品房已安置房源的回购应当具备以下条件：

（一）已取得房地产权证满2年，且无任何产权纠纷；

（二）房屋产权人他处有房，且无住房困难问题。

四、回购的价格

房屋回购价格参照市场评估价的一定比例，由交易双方协商确定。

房屋产权人按本试行办法规定，将房屋转让给回购实施部门的，免收政府收益。

五、回购的流程

（一）条件审核

区县房管部门负责受理被回购房屋产权人提出的房屋回购申请，并根据本试行办法对回购房屋的条件进行审核。

（二）价格协商

区县房管部门与被回购房屋产权人协商确定评估公司，由协商确定的评估公司对回购房屋进行评估，并根据本试行办法第四条规定，与房屋产权人协商房屋回购价格。

房屋评估费由区县房管部门承担，并可计入回购成本。

（三）签订合同

区县房管部门出具房屋回购的证明材料，明确房屋回购的具体单位或动迁公司等相关事宜，并盖章确认。

区县房管部门明确的单位或动迁公司与被回购房屋产权人签订《房屋买卖合同》，转让双方持《上海市房地产登记条例》规定的文件，申请办理房地产转移登记。

（四）办理登记

房屋所在区县房地产交易中心根据区县房管部门盖章确认的证明材料，办理回购房屋的房地产登记手续。颁发的房地产权证不再注记“配套商品房”字样。

六、回购房屋的使用和管理

回购房屋必须用于市重大工程、重点旧改项目动迁安置，并在动迁协议中明确安置用房的土地使用年限。回购房屋供应后，不受5年内不得交易的限制。

回购房屋的安置价格，由区县房管部门结合回购价格、回购成本及相关税费等因素予以确定。

区县房管部门应当对回购房屋的使用进行管理，并定期将房屋回购和使用情况报市住房保障事务中心备案。

区县属配套商品房转让和使用，参照本试行办法执行。

本试行办法由市住房保障房屋管理局负责解释。

本试行办法自印发之日起试行。

2009~2012年上海服务业发展规划

（沪府发〔2009〕50号，2009年9月25日）

加快发展服务业是上海建设国际经济、金融、贸易、航运中心的必然要求，是构建以服务经济为主产业结构的重要途径，也是落实科学发展观、转变经济发展方式的具体举措。根据《国务院关于加快发展服务业的若干意见》（国发〔2007〕7号）、《国务院办公厅关于加快发展服务业若干政策措施的实施意见》（国办发〔2008〕11号）和《国务院关于推进上海加快发展现代服务业和先进制造业建设国际金融中心和国际航运中心的意见》（国发〔2009〕19号）精神，结合上海实际，特制定本规划。

一、上海服务业发展的现状与环境

改革开放以来，上海服务业在上世纪八十年代实现恢复性增长，服务业增加值逐年增加，但总体上仍处于较低水平。进入九十年代，上海提出“三、二、一”产业发展方针，服务业进入快速发展期，年均增速达13.8%，服务业增加值占全市GDP比重1999年首次超过50%。进入新世纪以来，上海服务业平稳发展。

从总量规模上看，上海服务业增加值稳步提升，抗波动性逐渐增强。服务业增加值从2000年的2486.86亿元增加到2008年的7350.43亿元，增长了1.96倍，占全市GDP比重总体上保持在50%以上的水平，2000-2008年期间平均为51.7%，基本形成了“三二一”发展的产业结构。虽然上海服务业增加值占全市GDP比重有所波动，但整体呈上升趋势。随着上海“十一五”规划的实施和“四个中心”建设的推进，2008年服务业增加值占全市GDP比重进一步提升到53.7%。

从服务业结构看，以金融业、批发零售业、交通运输仓储邮政业、信息服务业等行业比重较高、增长稳定，商务服务、教育卫生等新兴服务业所占比重小，但增长速度快、发展空间看好。其中，批发零售业增加值2000年以来年平均增速为10.9%，行业增加值占全市GDP的平均比重达到9.8%，在服务业各行业居首位；金融业增加值2000年以来年平均增速为10.5%，但各年份增幅波动较大，占全市GDP的平均比重居服务业各行业第二；交通运输、仓储和邮政业增加值2000年以来年平均增速为9%，占全市GDP比重保持在6%以上；信息服务业增加值2000年以来年平均增幅达到23.3%，是服务业中增长最快的产业。此外，居民服务业增加值2000年以来的年平均增幅达到15.1%，租赁和商务服务业平均增幅为14.4%，卫生、社会保障和社会福利业平均增幅为12.9%。这些行业虽然增加值比重和对经济增长的贡献率仍低于传统行业，但未来发展前景看好，有望成为上海服务业发展的新增长点。

从服务业创新看，新技术、新业态发展势头良好，集群态势明显。信息技术、网络技术，以及在此基础上形成的服务业信息化平台正在得到越来越广泛的运用；金融服务业各要素市场云集，正在逐步形成国际金融中心城市的功能；航运物流业借助于上海优越的陆海空优势和四通八达的道路优势，延伸了国际贸易中心城市的功能。新兴服务行业正在越来越成为服务经济发展新的增长点，对提升产业能级和居民生活质量发挥着重要作用。在技术创新、制度创新和管理创新基础上，服务业自身创新也在不断深化。同时，各区县依托各自优势差异化竞争，服务业集群发展态势也越来越明显。

从国际化程度上看，上海服务业开放水平不断提高。中国加入WTO以后，上海服务业对外开放度不断加深。2006年上海服务业实际利用外资突破40亿美元，2008年达到68.35亿美元，占全市实际吸引外资的67.78%。上海服务贸易进入快速发展阶段，进出口额由2000年的79.1亿美元增加到2008年的735.7亿美元，年均增长率达32.1%，高于同期上海货物贸易年均24.8%的增长率；服务贸易进出口额占上海国际贸易进出口总额的比重由2000年的12.6%上升到2008年的18.6%；服务贸易依存度（服务贸易进出口额与上海GDP之比）由2000年的13.5%上升到2008年的36.7%。

从就业比重上看，上海服务业从业人员稳步增长。上海服务业从业人员从2000年的372.08万人增长到2008年的579.7万人，占全市就业比重从45%增加到55.04%。

从空间布局上看，中心城区成为上海服务业发展的主战场，郊区服务业发展迅速。上海中心城区以商业商务服务业为主，在专业服务业、金融服务业和总部经济的带动下，2008年服务业已占中心城区GDP比重80%。在生产性服务业的带动下，郊区服务业发展迅速，占全市GDP比重逐年上升。

从总体上看，上海目前正处于工业经济向服务经济过渡的关键时期，产业结构升级加快。上海服务业发展近年来有质的飞跃，在国内处于比较领先地位。服务业的地位和作用日益提升，对城市经济发展、就业等的贡献不断增强，对外开放程度显著提高，优势领域明显，空间布局趋于优化，市场潜力广阔，以服务经济为主的产业结构正在形成，逐步成为城市增长的核心驱动力。但与国际化大都市相比，上海服务业还存在产业总体规模小、产业集聚度低，国际化程度弱，资源配置功能差、市场化程度低等差距。国际金融危机的影响加深加大了产业转型的难度，上海服务业在国内领先优势有下降趋势，服务业结构还有待优化，服务业发展理念以及个性化、细分化的市场拓展还未得到充分重视。当今国际服务业规模不断扩大、带动效应不断增强、国际转移明显加速的发展态势，将为上海承接国际服务业转移、加快服务业发展提供机遇。国内新一轮改革开放，城市化、工业化进程不断加快以及产业结构升级和消费结构的多样化，将进一步放大上海服务业增长空间，为服务业发展注入新的活力。长三角区域经济一体化加速，将为上海服务业发展提供巨大依托。中央对上海加快服务业发展的期望和要求，将为上海服务业发展注入强劲的动力。2010年上海世博会的举办和浦东新区综合配套改革的深入，将有效促进上海服务业的国际化、市场化、规模化和专业化发展。

二、上海服务业发展总体思路

（一）指导思想

2009~2012年间，上海要根据建设“四个中心”和社会主义现代化国际大都市的要求，抓住新一轮国际服务业转移和2010年上海世博会的战略机遇，发挥浦东综合配套改革先试先行效应，进一步深化改革，扩大开放。以扩大规模，优化结构；提升能级，增强辐射；内外联动，突出重点；分类指导，共同推动为重点，着力营造和优化服务业发展政策和制度环境，创新发展体制机制，聚焦支持现代服务业领域，增强城市的综合服务功能。加强产业融合，优化服务业布局，加快构建以服务经济为主的新型产业体系，提升上海服务业国际竞争力。

——扩大服务业规模,提高服务业比重。把现代服务业放到优先发展的位置，加大服务业政策支持和营造良好的发展环境，扩大服务业的总量规模，提高服务业在三次产业结构中的比重，形成服务经济为主的产业结构，增强服务业对上海经济的带动作用。

——优化服务业内部结构，提升服务业水平。大力发展具有高附加值、高技术、高知识含量、高人力资本投入、高产业带动力、高开放度等“六高特征”，面向全球市场、对全球经济活动具有较强辐射力和影响力的现代服务业，分层次、有重点地推进上海服务业发展，形成支撑上海“四个中心”发展目标和体现城市服务功能的行业体系。

——坚持二三产业融合发展，提升服务业能级。以产业融合为重点，积极推动制造业向价值链两端延伸，促进制造业和服务业的融合，重点推动总承包总集成、节能环保、融资租赁、服务外包、科技研发服务、专业技术服务、文化及创意产业等与制造业密切相关的生产性服务业发展，促进制造业企业内部服务性功能和收入比重日益提高，形成二、三产业互动发展格局，推动上海产业结构转型升级。

——联动长三角，增强服务业辐射力。本着优势互补、资源整合的原则，以区域联动为重点，依托金融、信息、物流等综合性服务功能，不断提升上海服务业的经济能级和对外辐射力，与长三角城市形成优势互补、联动发展的良好态势，在服务全国中提升上海服务业能级。

——扩大对外开放，增强服务业竞争力。依托上海区位优势、市场环境、功能服务等综合优势，充分发挥上海服务贸易基础好、潜力大的优势，优先发展金融保险、航运物流、信息技术、专业服务、文化教育等领域的服务贸易，加快培育一批拥有自主知识产权的龙头企业，全面提升上海服务贸易发展的质量和水平。扩大服务业对外开放领域和提高服务市场准入度，积极承接国际服务业转移，提升服务业外资引进的规模和质量，增强上海服务业的国际竞争力。鼓励服务业企业实施“走出去”战略，支持有条件的服务企业实施跨国经营，加强海外营销网络，建立战略联盟，提升与国际产业的合作水平，增强上海服务业企业的国际经营能力。

（二）发展目标（2009~2012 年）

到 2012 年，推动上海形成国际金融机构和专业服务机构的主要集聚地，形成亚太地区跨国公司地区总部和研发中心的主要汇集地，形成亚太地区重要的金融产品创新基地，形成全球重要资源和要素的价格发现功能；初步建成国际重要物流枢纽和亚太物流中心之一，初步建成具有全球航运资源配置能力的国际航运中心；形成具有国际竞争力的服务外包集聚地，促进服务外包的跨越式发展。

主要指标：

到 2012 年，服务业增加值超过 10000 亿元；

服务业增加值年均增长率力争达到 12% 以上，进一步提高服务业增加值占全市 GDP 的比重。其中，金融、航运及现代物流、信息服务和生产性服务业重点领域增长速度不低于服务业平均增长速度；金融、物流、商贸占全市 GDP 比重均达到 10% 以上，信息服务业所占比重进一步提高。

服务业从业人数占全社会从业人数的比

重达到 60% 以上；

服务业合同利用外资占全市合同外资的 70% 以上；

服务贸易进出口额占上海国际贸易进出口额的比重达到 20% 左右；上海服务贸易占全国比重达到 25%。

三、上海服务业发展的重点领域

（一）以资源集聚和金融创新为抓手，大力发展金融服务业

围绕国际金融中心建设的总体目标，到 2020 年，基本建成与我国经济实力以及人民币国际地位相适应的国际金融中心；基本形成国内外投资者共同参与、国际化程度较高，交易、定价和信息功能齐备的多层次金融市场体系；基本形成以具有国际竞争力和行业影响力的金融机构为主体、各类金融机构共同发展的金融机构体系；基本形成门类齐全、结构合理、流动自由的金融人力资源体系；基本形成符合发展需要和国际惯例的税收、信用和监管等法律法规体系，以及具有国际竞争力的金融发展环境。

加强金融市场体系建设。丰富金融市场产品和工具，拓展金融市场广度，争取把上海建成全国票据集中交换的中心；促进债券市场加快发展；加大期货市场发展力度，有序推出新的能源和金属类大宗产品期货，探索在海关特殊监管区内开展期货保税交割业务；研究建立上市公司转板机制；探索推进上海服务长三角地区非上市公司股份转让的有效途径；优化金融市场参与者结构。在 CEPA 框架下，积极探索上海与香港的证券产品合作；积极发展上海再保险市场，大力发展中资和中外合资的再保险公司，吸引境内外著名再保险公司入驻或设立分支机构，加快培育再保险经纪人，探索发展离岸再保险业务的有效途径。

加强金融机构和业务体系建设。大力发展各类金融机构，积极推进金融综合经营试点；积极推进地方国有控股金融企业改革和重组；鼓励发展各类股权投资企业（基金）；积极拓展各类金融业务，研究制定促进私人银行、券商直投、离岸金融、信托租赁、汽车金融等业务发展的政策措施，稳步发展金融衍生产品，积极开展人民币用于国际贸易结算试点；支持商业银行开展并购贷款业务；支持机构投资者扩大金融市场投资业务，率先开展个人税收递延型养老保险产品试点。

提升金融服务水平。健全现代化金融支持体系，加强陆家嘴等重要金融集聚区的规划和建设，加快发展信用评级、资产评估、融资担保、投资咨询、会计审计、法律服务等中介服务机构，大力促进金融咨讯信息服务平台建设，完善金融创新政策和机制。

优化金融发展环境。加强金融税收和法律制度建设，完善金融执法体系和金融纠纷审理仲裁机制，加强社会信用体系建设，改进金融监管方式，切实维护金融稳定和安全。

（二）以空港海港建设和航运资源集聚为核心，加快发展航运服务业

围绕国际航运中心建设的总体目标，到 2020 年，基本建成航运资源高度集聚、航运服务功能健全、航运市场环境优良、现代物流服务高效，具有全球航运资源配置能力的国际航运中心；基本形成以上海为中心、以江浙为两翼，以长江流域为腹地，与国内其他港口合理分工、紧密协作的国际航运枢纽港；基本形成规模化、集约化、快捷高效、结构优化的现代化港口集疏运体系，以及国际航空枢纽港，实现多种运输方式一体化发展；基本形成服务优质、功能完备的现代航运服务体系，营造便捷、高效、安全、法治的口岸环境和现代国际航运服务环境，增强国际航运资源整合能力，提高综合竞争力和服务能力。

优化现代航运集疏运体系。发挥区域整体优势，增强综合运输能力。完善上海港口结构与布局，继续推进外高桥港区和洋山保税港区建设，建成东北亚国际集装箱枢纽港；

大力发展水水中转，基本形成高效快捷、结构优化的港口集疏运体系，实现公路、水路、铁路多种运输方式一体化均衡发展。

发展现代航运服务体系。完善港口收费体系；拓展航运服务产业链；拓展洋山保税港区功能，支持洋山保税港区积极发展现代物流、贸易展示、研发加工、期货保税交割等业务，发展北外滩、陆家嘴、临港等航运服务集聚区；加强船舶交易市场建设，加快建设全国性的船舶交易信息平台；加快建立上海国际航运中心综合信息共享平台，形成港口、航运、物流、监管等信息共享和应用体系。

探索建立国际航运发展综合试验区。实施洋山保税港区营业税优惠政策，继续实施中资外籍船舶特案减免税政策，推进企业开设离岸账户试点，抓紧研究实施起运港退税政策，探索新特殊监管区域管理制度，加强促进航运发展的政策和制度研究。

完善现代航运发展配套支持政策。积极发展多种航运融资方式，加快发展航运保险业务，优化航运金融服务发展环境，加快开发航运运价指数衍生品。促进和规范邮轮产业发展。大力吸引境外国际邮轮公司落户上海，着力完善促进境外大型邮轮公司挂靠上海的政策，加快完善促进邮轮产业发展的金融服务体系。

（三）以加快国际贸易中心建设为核心，提升发展商贸业

围绕国际贸易中心建设的总体目标，到2020年，基本建成与我国贸易国际地位相匹配、具有国际国内两个市场资源配置功能、现代服务业发达的国际贸易中心。基本形成“四个中心”互为支撑，内外贸相互融合，货物贸易、服务贸易同步发展的总体格局。基本形成市场开放度与贸易便利化程度高，贸易要素流动顺畅的运行机制。基本形成有形市场和无形市场并存，国际市场与国内市场相通，要素市场与消费品市场并举的市场体系。基本形成口岸货物集散中心、大宗商品交易与定价中心、贸易营运与控制中心、国际会展与跨国采购中心、国内市场流通中心、国际购物中心的功能框架。基本形成贸易设施完备、信息化程度高、服务体系发达、法制环境完善的商贸环境。

提高市场开放程度与贸易便利化水平，深化行政审批制度改革、贸易管理制度改革和口岸通关模式改革。构建具有国际国内市场资源配置功能的货物贸易市场、商品消费和服务消费市场、服务贸易市场、电子商务市场、专业服务市场体系，全力打造具有国际影响力的交易平台。集聚国内外大企业和地区总部，吸引企业营运中心、物流中心、分拨中心、销售中心、采购中心等入驻上海，大力吸引国内外贸易组织、贸易促进机构和行业组织。结合虹桥商务区建设，加快上海国际贸易中心标志性核心区和区域性空间载体建设。

强化贸易对产业结构调整的带动作用，促进贸易结构优化。扩大服务贸易规模，大幅提升国际服务贸易市场开拓能力，加快服务贸易“走出去”，大力扶持到境外设立采购、分销、研发、远洋运输、物流、金融、保险、旅游等服务机构，探索境外上海服务企业集群或服务贸易合作区。继续扩大软件和信息服务、专业服务以及国际服务外包等跨境交易的贸易规模，不断提高运输服务、旅游服务、医疗服务等境外消费的出口效益，积极推进金融机构设立海外分支机构及境外工程承包等商业存在活动的有序进行，努力培育中医药、文化教育及技术服务等自然人移动的快速增长。

全力打造“国际购物天堂”，继续保持商业在全国的领先地位，营造商品更丰富、服务水平更高、业态更多元、消费者纷至沓来的消费环境。积极推进地标式商业中心、特色商业街、商旅文示范区、轨道交通商业及郊区商业商务中心建设。完善商贸业布局

结构，积极构建郊区新城—新市镇—居民新村三级商业体系，规范发展社区商业。加快大型居住区的配套商业建设。以提升现代流通水平为重点，加快新型商业业态和集成服务发展，大力推进连锁经营、电子商务等现代流通方式，结合商品品牌、门店销售、网上购物和快递物流等一体化趋势，推动新兴商贸服务业的集成商发展。大力开发一批具有先进水平的商业设施。

建设多层次、多形式和国际化的批发贸易体系。大力推进大宗商品电子交易向规模化和规范化发展，成为国内相关大宗商品交易中心和价格发现中心。在各类专业批发市场的基础上，积极打造以商品展示、信息发布、价格形成、电子商务等功能于一体的现代采购交易平台。加快建设商品交易市场、集散基地、大型物流分拨中心，增强上海的集聚辐射功能。

（四）依托空港、海港优势和虹桥综合交通枢纽建设，构建现代物流网络，加速发展现代物流业

结合上海城市发展、社会需求的阶段性特征和要求，重点推进口岸物流、产业物流和城市配送物流发展，提升上海现代物流业的整体水平。重点依托功能性、枢纽型、网络化的交通基础设施，大力发展以保税物流为特征的口岸物流，到2012年，形成包括国际中转、国际采购、国际配送、国际转口贸易在内的口岸物流框架体系。针对上海和长三角产业升级对现代物流的强大需求，重点发展以第三方物流为标志的产业物流，以社会化的物流服务降低产业成本，以专业化的物流服务提升产业能级，以高效率的物流服务促进先进制造业提升。适应城市发展和消费升级的要求，积极发展以电子商务为导向的城市配送物流。选择在城市交通枢纽、对外交通节点建立公共配送中心，在社区服务中心等处建立配送网点，并优化中心城区物流的交通组织和管理，逐步形成城市公共配送网络。到2012年，形成以电子商务为纽带，区域配送和集中配送相结合的城市配送物流网络体系。

（五）以软件产业和互联网信息服务为重点，加快发展信息服务业

以城市信息化为重点，以软件产业和互联网信息服务业为基础，大力发展面向产业、面向消费和面向娱乐的信息服务业。重点推进电子商务、数字医疗、互动娱乐软件等新兴领域发展。建设一批公共技术支撑平台。提供公益性、普遍性的信息服务。建设一批产业应用项目，构建具有国际水平的数字电视播出平台、宽带多媒体平台和移动通信平台，发展具有自主知识产权的导航电子地图数据库。推动自主基础软件、大型行业应用软件、嵌入式软件等研发、生产、测试和质量保证服务。推进数据处理及数据库服务。加强电子商务相关技术和系统开发应用、第三方电子商务服务、电子政务技术及系统开发应用、停车场(库)信息系统服务。加快电信和广播电视增值业务平台建设。积极推进卫星数字电视广播系统建设及服务。加快基于手机终端(3G)与电子标签(RFID)技术的身份识别及移动信息服务的开发与应用。推进新一代宽带无线移动通信系统及下一代广播电视网络支撑系统技术开发及建设。大力发展计算机系统服务和专业化信息安全服务。

（六）发挥对相关产业的带动作用，积极稳妥地发展房地产业

完善房地产市场体系，优化供给结构，加强交易秩序监管，充分发挥房地产业对建材、家居、装潢等相关行业的带动作用，促进房地产业持续健康发展。大力发展楼宇经济，形成推动商务服务业发展的重要载体。

（七）以举办世博会为契机，加快会展旅游业发展

通过上海世博会的举办，加快上海会展服务业发展。吸引国际会展公司和会展承办

机构落户，举办具有较大国际影响、全球性和区域性的会议和展览以及大型节庆活动。加强综合性展览项目专业化服务，拓展会议论坛、各类展览、会展服务、场馆管理等业务；逐步形成若干个全球有影响力的专业品牌展会。

加快旅游产业开发和“世博之旅”产品开发，优化旅游发展环境，培育会展旅游，整合各方旅游资源，开拓、吸引各行业国内外会议来沪举办。积极推动旅游业与商业、农业、工业、科技、文化等产业融合，不断丰富旅游产品，做大旅游产业群。加快旅游交通等基础设施建设，进一步完善旅游集散中心、旅游景区道路交通指引标志等配套设施建设。推进旅游信息化，积极引导旅游电子商务和中介服务网站的发展，促进长三角区域旅游合作，构筑长三角都市旅游圈。

（八）抢占数字文化高地，推动文化及创意产业发展

引领数字媒体技术创新发展，大力推动网络文化、文化创意和新兴媒体等文化产业新业态的发展，鼓励文化企业跨领域、跨地域合作发展，鼓励文化企业在专业细分领域做精做深。加快文化艺术、新闻出版、广播影视、动漫游戏等文化内容产业发展。促进有线、地面、卫星、移动电视广播传输系统的数字化改造和建设，加快电台、电视台数字化系统建设。大力发展手机流媒体、移动电视、交互式网络电视等新闻媒体建设。推动数字出版、发行。大力推动版权交易、文化产权交易、文化产品和服务进出口贸易、演艺经纪、文物艺术品拍卖等服务。开展动漫游戏、影视传媒、数字出版等领域衍生品的开发、促进广告业的发展。

积极发展文化及创意产业。重点发展以工业设计、建筑设计、时尚设计等为表现形式的设计创意服务业，以影视制作、出版策划、文艺创作等为表现形式的文化创意服务业，以软件、网络信息服务等为表现形式的网络与信息创意服务业。积极推进创意产业公共服务平台和创意产业园区建设。

（九）以专业化、规模化为方向，大力发展专业服务业

发展律师、会计、审计、咨询等专业服务业，鼓励中外专业服务机构在沪设立机构，形成与国际化大都市建设相匹配的规模大、层次高、专业化的专业服务业。大力发展经济咨询、规划咨询、投资咨询、科技咨询、工程咨询、管理咨询、决策咨询等咨询服务。推进为专利、商标、版权、软件等提供的代理、转让、登记、鉴定等知识产权服务。鼓励就业中介和创业咨询及培训等人力资本中介服务。推进资信调查与评级等信用服务。大力推动仲裁、评估、质量检验等其他专业服务。加快上海广告业发展。

（十）推动产业融合，积极发展与制造业密切相关的生产性服务业

大力支持总集成总承包、专业维修服务、融资租赁、节能环保服务、科技研发服务、咨询服务、商务服务、设计创意等与制造业密切相关的生产性服务业发展。大力推进技术推广、技术转移、技术经纪、科技交流、科研支撑条件共建共享，以及产品质量认证和质量监督检验检测服务。加快产业公共服务平台建设。

（十一）以满足居民消费、扩大社区服务为抓手，推动居民服务业发展

加快餐饮、大众化早点、理发、沐浴、维修服务、家政服务、废旧物资回收等居民服务社会化发展。加大社区生活性消费网点建设力度，提高为居民消费的服务能力，推动居民消费服务业。充实为老服务、家庭服务等服务内容，推进惠民数字社区建设，推进安居型的居民服务业发展。

（十二）满足多层次人才需求，推进教育培训业发展

营造宽松的政策环境，以社会需求为导向，丰富非学历教育培训的层次，充分满

足不同人群的培训需求。鼓励发展办学起点高、理念新、与国际接轨的各种专业资质培训；打造产学研合作链，大力推进职业技术培训、继续教育培训；推进学习型城市建设，大力开展社区教育、远程教育等教育服务项目；将招收留学生作为国际服务贸易的重要内容，积极扩大上海留学生教育的规模。规范上海非学历教育培训市场，参照国际标准，建立教育培训方面的质量管理体系，促进民办非学历教育机构依法自主发展。

（十三）依托医疗水平优势，推进医疗保健服务业发展

引进国际知名品牌医疗资源合资合作，鼓励社会参与，兴办高水平医疗机构，提升医疗服务能级。积极发展商业健康保险，鼓励商业保险机构开发适应不同需要的健康保险产品。促进本市医疗机构与国际医疗保险机构合作。发展中医药养生保健服务。积极推进社会化、专业化康复、护理服务。培育心理健康保健及多样化、个性化的卫生保健延伸服务。

（十四）满足人们体育健身需要，大力发展体育服务业

加快体育服务业的标准化建设。大力发展训练竞赛、健身娱乐、体育培训等体育本体产业和体育转播、体育彩票、体育广告、体育用品产销等体育相关产业。大力发展体育竞赛表演、产品研发、健身指导、场馆运营等体育服务。

四、优化服务业布局，培育上海服务业发展载体

（一）通过分类指导，形成区域差别化的布局导向

发挥重大基础性、功能性设施和项目的引导作用，统筹协调、分类指导、优势互补，既要依托区域优势产业和调动区县积极性，提升区县产业发展能级，又要围绕主要服务业功能区集群发展新型服务业，优化上海服务业空间布局，形成适应市场、各具特色、优势互补的服务业发展格局。

——中心城区。重点发展商务、商业服务业，体现国际化大都市的繁荣与繁华，形成以商务楼宇及宾馆为载体，以区位优势和现有产业集聚为基础、以知识和智力密集高端服务业领域集群发展为主的服务业发展格局。主要布局高科技含量、高人力资本投入、高附加值、高产业带动力、高开放度的金融、航运、会展、旅游、文化等现代服务业，重点布局商务商业、创意时尚、科技研发、知识经济、交通物流、信息服务等服务业，努力打造集中体现上海国际大都市形象的现代服务业。

——郊区。推进郊区城市化发展，打造生态宜居城区，建设服务功能相对完善、分流中心城区功能，以轨道交通和高速路网连接的郊区新城。重点布局与制造业密切相关的生产性服务业、口岸服务业、科教服务业、现代农业服务业和商旅文休闲服务业。围绕上海重大产业基地、国家级高新技术园区以及市级、区级工业园区，重点布局面向制造业的生产性服务业。围绕海港、空港等口岸资源，依托功能性、枢纽型、网络化交通基础设施，重点布局物流园区和专业基地。依托以高新技术产业为主的国家级开发区，建设科技创新区；依托各大学园区，发展教育培训、科技研发等科教服务。围绕上海的主要农业板块、农业园区等，发展农业科技服务、体验农业、观光农业、农产品贸易等农业及延伸服务。

（二）围绕“四个中心”发展目标，着力打造战略性、功能性的现代服务业发展载体，逐步形成上海服务业发展重点区域

——外滩—陆家嘴金融贸易核心区。依托外滩及陆家嘴地区金融要素市场集聚的优势，结合黄浦江两岸开发和外滩沿线功能调整，进一步完善商业、交通等配套设施，重点发展以中外银行、保险及资产管理等企业为主的金融服务业，强化和提升金融、商务、

休闲功能，努力建设成为上海历史风貌和现代文明完美结合、经典的高档商务区，基本建成层面多、功能强、辐射广的上海金融中心的核心功能区。

——国际航运与保税物流核心区。依托洋山深水港区和外高桥保税区，通过整合国际航运产业和物流产业，建立以市场信息为基础、产业配送为主业、现代仓储为配套、多式联运为手段、商品交易为依托的运行体系，实现多种运作功能的集成，提供国际性、高效率的物流配套服务，努力建设成为具有国际中转、国际配送、国际采购、国际转口贸易等四大功能、亚太地区乃至世界最大的物流园区之一，成为国际航运中心的核心功能区。充分发挥北外滩的区位优势和现有基础，依托上海航运交易所等功能性机构，大力发展航运金融与保险、仲裁公证公估、信息服务、人才培训等服务产业，成为上海国际航运中心的重要组成部分。

——浦东空港临空服务业核心区。以浦东国际机场为依托，以完善的基础设施和便捷的交通为纽带，实现生产、技术、资本、贸易、人口的聚集，形成多功能服务业集聚区域，并承担引导发展现代制造业以及空港物流、会展、国际交往、体育休闲等功能。重点包括运输产业链（客运、货运）、制造产业链和民航综合服务产业链，同时大力发展关联产业如金融保险、信息咨询、商务餐饮、住宅开发、高新技术产业及传统的制造业。

——虹桥商务区。依托虹桥综合交通枢纽建设，建设上海国际贸易中心新平台和核心区。吸引和集聚国内外企业总部、外事机构和国内外贸易机构，营造更好的交通环境、生态环境、数字信息环境，提供为国内外企业和机构服务的商务服务、展览采购、现代物流以及相关的信息服务、专业服务、总部经济、宾馆服务等经济形态，成为上海西部地区带动经济发展的增长极，推动长三角城市群和区域一体化加快形成。

——浦东世博－花木国际会展集聚区。以长三角地区场馆面积最大、设备最先进、服务环境良好的上海新国际博览中心为依托，以陆家嘴地区和世博会地区拥有的一大批良好硬件设施为基础，吸引国内外著名的公司入驻浦东，加强国内外文化交流，举办国际国内一流的专业性和综合性大型展览和会议，努力建设成为全国乃至环太平洋地区著名的国际文化交流、商务办公、会展旅游集聚区之一。

（三）按照构建新型产业结构的思路，建设各具特色的服务业发展载体

——现代服务业集聚区。以改善商务环境为核心，加快建设以高端商务楼宇集聚为主的现代服务业集聚区（MCBD）。依托交通枢纽和信息网络，以商务楼宇为载体，将相关的专业服务配套设施合理有效地集中，在一定区域内形成空间布局合理、功能配套完善、交通组织科学、建筑形态新颖、生态环境协调，充分体现以人为本，具有较强服务业集群功能的区域，努力降低上海的商务成本。

——创意产业园区与文化产业园。利用老厂房、老仓库等房地资源，布局以现代工业设计和科技创新服务等为主体的创意产业群，建设景观功能、生态功能、经济服务功能和谐统一的创意产业园区，实现园区、社区和城区的互动；推进建设一批文化产业园区，加快文化产业基地和区域性文化产业群建设。

——生产性服务业功能区。通过对上海各大产业基地、国家级高新技术园区以及市级工业园区的二次开发，打造具有示范效应的科技型、物流型、产业型、综合型生产性服务业功能区，为制造业企业延伸发展生产性服务业提供空间载体。

——服务外包示范园区和专业园区。针对服务外包正成为全球资本转移的新趋势，

大力发展业务流程外包和知识流程外包，充分发挥服务外包示范区综合示范功能，重点发展信息、金融后台、人力资源、生物医药研发、动漫设计等专业园区，形成服务外包示范区和专业园区共同发展、错位竞争的格局。

——物流园区和专业物流基地。推进重点物流园区建设，提升物流园区功能，促进保税物流发展。结合上海先进制造业布局，大力发展为制造业生产服务的专业化物流基地。结合上海商业服务业连锁发展，大力发展物流加工和供应链平台。

——信息服务业产业基地和园区。以综合性国家高科技产业基地建设为契机，推动现有市级软件产业基地、数字内容产业园及信息服务外包产业园区的建设，加快产业集聚步伐。在国家认可的开发区内，加快动漫、互动娱乐、多媒体、电子商务、网络增值服务等基地建设。在有条件的地方，建设独具特色的信息服务专业园区。

——农业科技服务区。集聚农业龙头企业、农产品批发市场、中介组织的农业科技服务网络和农村科技服务队伍，整合和集成区域农业科技资源，形成全方位、多层次的农业科技信息的收集、传递、分析和发布体系，形成农业科技服务区。

——大学科技园区。深入推进大学校区、科技园区、公共社区的相互合作、协调、融合、共同发展。促进校企合作，集聚创新资源，建设高新技术转移、孵化平台，形成特色产业带，推进产业结构升级。推动科技园成为高校学生创新创业的重要基地，探索创新人才培养新途径。鼓励大学科技园与所在区域文化、教育、旅游等领域的多层次渗透与融合。

（四）既体现国际化大都市繁荣与繁华，又体现人民安居乐业，在全市范围内形成特色鲜明、层次分明的商业布局

——体现繁荣与繁华的大都市商业。大力发展地标性都市商业中心，通过集群式形态建设、多业态集中发展，进一步完善一批市区商业中心经营服务功能，优化结构布局，美化生态环境，发展地标性的都市商业中心，成为上海商贸业发展的重要标志和支撑。保护发展特色商业街区，通过与传承城市历史文化和发扬特色相结合，形成特色购物、特色休闲服务和彰显历史文化底蕴为主的特色商业街区，满足特色消费需求、提升城市品位、美化城市景观、促进产业发展，成为商贸业发展的新亮点。大力推进轨道交通商业，利用轨道交通站点地下空间，与地面商业设施的互动和错位开发，适应汽车进入家庭消费习惯变化需求，完善各类轨道交通站点商业服务设施的配套。

——体现安居乐业的生活性商业。加大对商业的投入力度，在积极发挥社会资源的基础上，强化政府对商业布局的指导和管理。配套发展新城商业，根据新城规划，形成与新城总体布局、功能定位、产业结构、文化景观相协调的新城商业。合理布局新市镇商业，依托新市镇风貌定位、路网交通、人口规模、产业基础，构建综合服务型、产业主导型、交通枢纽型、现代居住型等新市镇商业。加快建设郊区商业商务中心，依托产业和人口集聚，结合轨道交通站点和高速公路网络建设，规划建设辐射周边、面向长三角、服务全国的郊外商务商业区。加快完善社区商业，根据上海市《社区商业设置规范》，建设和改造社区商业中心、居住小区商业、街坊商业、邻里生活中心等社区商业，满足居民日常生活需求。

五、推进上海服务业发展的重点举措

（一）扩大对内对外开放，增强服务业辐射力和国际化水平

一是扩大服务业对外开放力度，促进服务业拓展国际市场。鼓励外商投资服务业。鼓励服务业开展多层次的国际交流与合作。鼓励企业通过“引进来”和“走出去”，开

展包括资本合作、品牌共享、技术交流、管理创新、网络互通等灵活多样的国际交流与合作，鼓励有条件的企业通过跨国并购获得新技术、新市场、新资源并积累全球经营运作能力。二是大力推进服务贸易和服务外包。立足高端，重点拓展业务流程外包和知识流程外包，努力占据服务外包制高点。积极承接离岸外包，吸引跨国公司投资上海服务外包行业，吸引领袖级、专业标志性、知识密集、成长性好的全球服务外包100强企业进驻，积极开拓国际市场，努力提高上海服务外包业的国际竞争力。三是拓展服务半径和辐射范围，提升上海服务业“三个服务”的能力。扩大上海金融中心、航运中心、贸易中心的辐射影响。加快建设公共基础性项目，加快推进机场、港口等重大功能性基础设施建设，增强集散和辐射功能。增强上海郊区节点城镇面向长三角的服务功能。加快长江黄金水道功能开发，促进上海服务业服务范围延伸和辐射到长江中上游腹地。通过深化CEPA合作框架，加强沪港服务业领域的合作。四是进一步完善投资环境，吸引国内知名企业集团总部、跨国公司与地区总部落户上海。加快落实《上海市鼓励跨国公司设立地区总部的规定》（沪府发〔2008〕28号），进一步明确国内知名企业集团总部的认定标准，扩大认定范围，有序发展不同类型的总部经济。积极吸引国内外知名的行业协会、国际顶级专业服务机构、中介机构落户上海。

（二）引入信息技术以及先进经营理念，推动服务业创新

一是运用信息技术改造提升传统服务业。充分发挥信息化在经济发展中的引领带动作用，推进信息技术在传统服务业领域广泛应用，激励传统服务业企业引入信息技术以及新理念、改造业务流程、更新经营技术、变革经营业态。二是增强信息技术对现代服务业创新的推动作用。围绕服务业发展重点领域，运用信息技术支撑服务手段多样化、服务产品个性化，拓展服务范围，提升服务效率，建立服务行业信息内容的增值服务体系。三是学习借鉴国际先进的经营方式和规则。掌握服务业领域的国际惯例和规则，提高服务业公共管理水平。推动企业运用世界贸易规则，提升应对竞争的能力。

（三）加强要素市场体系建设，形成具有较强影响力的定价中心

大力发展联合产权交易所、知识产权法庭、航交所、海事法庭等中介服务平台。进一步完善银行间拆借市场、外汇交易中心、证券交易所、期货交易所、中国金融期货所等金融要素市场。加快发展黄金交易所、钻石交易所、石油交易所、环境能源交易所等非金融类要素市场的资源集聚。扶持发展物流资源交易中心和农产品中心批发市场。探索建立品牌交易和碳排放交易等新型要素市场。依托洋山保税港区、外高桥保税区、临空保税产业园区等，大力吸引进口要素贸易市场的集聚，形成以较高关税及非关税壁垒产品为主的全国性进口要素市场。基本形成以资本、货币、货物、服务、技术产权、人才各类要素市场为核心的大市场体系。

（四）大力促进制造业和服务业的融合发展，提高资源配置能力

一是提高企业的系统设计能力、资源集成能力、设备成套能力、贸易服务能力以及提供“解决”方案的能力，鼓励制造业企业从制造加工环节向研发设计、品牌营销等环节延伸，推动大型工业企业向总承包商和集成服务商发展。二是采取“转型、提升、新建”方式，突出产业转型升级、产业链延伸和功能完善，促进生产性服务业为主的园区“二次开发”。三是以调整、改造和提升为重点，推动中心城区老工业基地发展生产性服务业，提升投资、管理、研发设计、营运中心、人力资源、市场调研、数据分析等功能。四是以盘活土地资源为重点，调整优化土地管理政策，拓展生产性服务业发展空间。五是

针对产业关键性和共性技术，搭建国际、国内和全市公共技术服务业和交流合作平台，提高生产性服务业对先进制造业的渗透带动力。

（五）加快推进服务领域深化改革，形成多种所有制企业共同发展的竞争格局

一是打破行政区划和行业垄断。配合国家推进电信、铁路、民航、公用事业等垄断行业管理体制改革，打破行业垄断，对竞争性领域的国有服务企业实现股份制改造，有效引导社会资本参与；鼓励企业之间的联合，促进资本、产权、人员自由流动，实现优势互补，共同发展，形成层次分明、结构均衡、体系完整的服务业产业集群。二是建立健全服务业现代企业制度。顺应国际趋势，逐步提高现代服务业组织化、连锁化、规模化、信息化、现代化程度，并加强国际营销和实施品牌战略，增强服务企业的能级；积极利用现代金融市场，通过股权联合、资本联合、技术纽带、管理纽带等机制，建立现代公司治理结构。三是打造龙头企业，培育一批具有国际竞争力的大型服务业企业集团。充分发挥政府的引导作用和社会资本力量，搭建投融资服务平台和公共服务平台，促进本市服务业企业壮大。积极支持龙头企业开拓国际市场，支持企业到国外商标注册、专利申请、展览展销、市场调查等活动；为企业出国考察、培训、谈判、建立销售网点、维修网点、国际采购、国际招投标、收购企业、引进国际人才开辟快速通道，为龙头企业营造良好的发展环境。

（六）大力实施品牌战略，提升服务业国际竞争力

以企业为主体、政策为导向，大力发展服务业品牌，重点培育国家名牌，积极争创世界名牌。健全公共服务平台，加强对企业品牌发展的指导和服务。制定上海知名品牌培育规划，明确培育对象、目标，帮助品牌企业解决品牌发展中的难题。发挥品牌建设专项资金作用，支持服务业龙头企业的品牌国际化发展。发挥公共品牌研究机构的作用，建立共性技术服务网络，解决企业品牌发展中的关键技术障碍。加快发展信息咨询、现代传媒、电子商务等品牌服务中介，提高服务业企业的竞争力。

（七）形成灵活的人才引进、培养和保障机制，增强服务业发展的智力支撑

大力引进和培养服务业发展所需要的各类人才，以高素质人才推动高水平发展。加快培育一批创业型的领军人才，加大基础人才培养力度，加强岗位职业培训，为现代服务业的发展输送更多合格高技能人才。积极构建宽松的人才引进环境。调动各方力量，在住房、医疗等方面，强化人才奖励与保障制度。

（八）完善公共服务，营造有利于服务业发展的政策环境

一是简化项目审批环节，降低市场准入门槛。建立公开、公平、公正的市场准入制度，鼓励和支持各类资本进入法律、法规和规章未禁入的现代服务行业和领域。二是加强知识产权保护，逐步形成覆盖全国的知识产权服务网。三是支持行业协会等中介服务机构发展，鼓励建立行业联盟。支持行业协会等中介机构在政府产业政策辅导与解读、行业发展信息共享、咨询评估、教育培训等方面，发挥更大作用。四是加强技术标准、统计工作。加快生产性服务业、信息服务业标准化工作，制定技术先进性服务业外包企业认定标准；完善现有服务业统计体系，建立上海服务业统计信息定期报告制度，进一步提高完善制造业企业向生产性服务业发展的统计跟踪体系、现代服务业集聚区统计信息平台、会展业、时尚产业等新兴产业统计体系。

上海市建设工程文明施工管理规定

（2009年9月25日上海市人民政府令第18号发布）

第一条（目的和依据）

为加强本市建设工程文明施工，维护城市环境整洁，依据国家有关法律、法规的规定，结合本市实际情况，制定本规定。

第二条（定义）

本规定所称文明施工，是指在建设工程和房屋拆除等活动中，按照规定采取措施，保障施工现场作业环境、改善市容环境卫生和维护施工人员身体健康，并有效减少对周边环境影响的施工活动。

第三条（适用范围）

在本市行政区域内从事建设工程和房屋拆除等有关活动及其监督管理，应当遵守本规定。

第四条（管理部门）

市建设交通行政管理部门是本市建设工程文明施工的行政主管部门；市建筑市场管理机构负责本市建设工程文明施工的日常监督管理工作。

本市各区（县）建设行政管理部门根据职责权限，负责所辖行政区域内建设工程文明施工的监督管理工作。

本市其他有关行政管理部门按照各自职责，协同实施本规定。

第五条（工程招标和发包要求）

建设单位在建设工程、房屋拆除招标或者直接发包时，应当在招标文件或者承发包合同中明确设计、施工或者监理等单位有关文明施工的要求和措施。

第六条（文明施工措施费）

建设单位在编制工程概算、预算时，应当按照国家有关规定，确定文明施工措施费用，并在招标文件或者工程承发包合同中，单独开列文明施工费用的项目清单。

建设单位应当在办理建设工程安全质量监督手续时，同时提供文明施工措施费用项目清单，并按照合同约定，及时向施工单位支付文明施工措施费。施工单位应当将文明施工措施费专款专用。

市建设交通行政管理部门应当会同市发展改革、财政等有关部门制定文明施工措施费的具体定额。

第七条（现场调查要求）

建设工程设计文件确定前，建设单位应当组织设计单位和相关管线单位，对建设工程周边建筑物、构筑物和各类管线、设施进行现场调查，提出文明施工的具体技术措施和要求。

建设单位应当将文明施工的具体技术措施和要求，以书面形式提交给设计单位和施工单位。

第八条（设计和施工文件要求）

设计单位编制设计文件时，应当根据建设工程勘察文件和建设单位提供的文明施工书面意见，对建设工程周边建筑物、构筑物和各类管线、设施提出保护要求，并优先选用有利于文明施工的施工技术、工艺和建筑材料。

施工单位应当根据建设单位的文明施工书面意见，在施工组织设计文件中明确文明施工的具体措施，并予以实施。

第九条（监理要求）

监理单位应当将文明施工纳入监理范围，并对施工单位落实文明施工措施、文明施工措施费的使用等情况进行监理。

监理单位在实施监理过程中，发现施工单位有违反文明施工行为的，应当要求施工单位予以整改；情节严重的，应当要求施工单位暂停施工，并向建设单位报告。施工单位拒不整改或者不停止施工的，监理单位应当及时向建设行政管理部门报告。

建设行政管理部门接到监理单位的报告后，应当及时到施工现场进行查处。

第十条（施工铭牌）

施工单位应当在施工现场醒目位置，设置施工铭牌。

施工铭牌应当标明下列内容：

（一）建设工程项目名称、工地四至范围和面积；

（二）建设单位、设计单位和施工单位的名称及工程项目负责人姓名；

（三）开工、竣工日期和监督电话；

（四）夜间施工时间和许可、备案情况；

（五）文明施工具体措施；

（六）其他依法应当公示的内容。

第十一条（围档设置）

除管线工程、水利工程以及非全封闭的城市道路工程、公路工程外，施工单位应当在施工现场四周设置连续、封闭的围档。建设工程施工现场围档的设置应当符合下列要求：

（一）采用符合规定强度的硬质材料，基础牢固，表面平整和清洁。

（二）内环线以内地区和内环线以外的居住密集区以及主要道路和景观区域的施工现场，围档高度不低于 2.5 米；其他地区施工现场的围档高度不低于 2 米。

（三）施工现场主要出入口的围档大门符合有关规定。

（四）距离住宅、医院、学校等建筑物不足 5 米的施工现场，设置具有降噪功能的围档。

管线工程、水利工程以及非全封闭的城市道路工程、公路工程的施工现场，应当使用路拦式围档。

第十二条（围网和脚手架设置）

除管线工程以及爆破拆除作业外，施工现场脚手架外侧应当设置整齐、清洁的绿色密目式安全网。

城市主要道路和景观区域两侧的施工现场，其脚手架外侧的安全网鼓励采用不透尘、色彩与周边环境相协调的材料。

脚手架杆件应当涂装规定颜色的警示漆，并不得有明显锈迹。

第十三条（防治噪声和扬尘污染要求）

施工单位在施工中除应当遵守有关防治噪声和扬尘污染的法律、法规和规章外，还应当遵守以下规定：

（一）易产生噪声的作业设备，设置在施工现场中远离居民区一侧的位置，并在设有隔音功能的临房、临棚内操作；

（二）夜间施工不得进行捶打、敲击和锯割等作业；

（三）在施工现场不得进行敞开式搅拌预拌砂浆作业。

第十四条（渣土处置和房屋拆除要求）

施工单位进行渣土处置或者房屋拆除作业时，应当遵守以下规定：

（一）气象预报风速达到 5 级以上时，停止房屋爆破或者拆除房屋作业。

（二）拆除房屋或者进行房屋爆破时，对被拆除或者被爆破的房屋进行洒水或者喷淋；人工拆除房屋时，实行洒水或者喷淋措施可能导致房屋结构疏松而危及施工人员安全的除外。

（三）在施工工地内，设置车辆清洗设施以及配套的排水、泥浆沉淀设施；运输车辆在除泥、冲洗干净后，方可驶出施工工地。

（四）对建筑垃圾在 48 小时内不能完成清运的，采取遮盖、洒水等防尘措施。

（五）在施工现场处置工程渣土时进行洒水或者喷淋。

第十五条（道路管线施工要求）

城市道路工程或者管线工程施工，需要开挖沥青、混凝土等路面的，施工单位应当按照有关规定采用覆罩法作业方式。

在城市道路上开挖管线沟槽、沟坑，当日不能完工且需要作为通行道路的，施工单位应当在该道路上覆盖钢板，并将钢板嵌入路面，使其与路面保持平整。

第十六条（防治光照污染要求）

施工单位进行电焊作业或者夜间施工使用灯光照明的，应当采取有效的遮蔽光照措施，避免光照直射居民住宅。

第十七条（排水设施）

建设工程施工现场应当设置沉淀池和排水沟（管）网，确保排水畅通。

施工单位应当对工地泥浆进行三级沉淀后予以排放，禁止直接将工地泥浆排入城市排水管网或者河道。

第十八条（渣土堆放）

建设工程施工现场堆放工程渣土的，堆放高度应当低于围档高度，并且不得影响周边建筑物、构筑物和各类管线、设施的安全。

第十九条（夜间施工备案）

除城市道路工程、管线工程施工以及抢修、抢险工程外，建设工程或者房屋拆除需要在夜间22时至次日凌晨6时施工的，施工单位应当根据《上海市环境保护条例》的有关规定，向环境保护管理部门办理夜间施工许可手续。

除抢险、抢修外，城市道路工程、管线工程需要在夜间22时至次日凌晨6时施工的，施工单位应当事先向建设行政管理部门备案。

第二十条（通行安全保障措施）

建设工程项目的外立面紧邻人行道或者车行道的，施工单位应当在该道路上方搭建坚固的安全天棚，并设置必要的警示和引导标志。

因建设工程施工需要，对道路实施全部封闭、部分封闭或者减少车行道，影响行人出行安全的，施工单位应当设置安全通道；临时占用施工工地以外的道路或者场地的，施工单位应当设置围档予以封闭。

第二十一条（施工现场生活区设置）

施工现场设置生活区的，应当符合下列规定：

（一）生活区和作业区分隔设置；

（二）设置饮用水设施；

（三）设置盥洗池和淋浴间；

（四）设置水冲式或者移动式厕所，并由专人负责冲洗和消毒；

（五）设置密闭式垃圾容器，生活垃圾应当放置于垃圾容器内并做到日产日清。

在生活区设置食堂的，应当依法办理餐饮服务许可手续，并遵守食品卫生管理的有关规定。

在生活区设置宿舍的，应当安装可开启式窗户，每间宿舍人均居住面积不得低于3平方米。

第二十二条（竣工后工地的清理）

建设工程竣工备案前，施工单位应当按照规定，及时拆除施工现场围档和其他施工临时设施，平整施工工地，清除建筑垃圾、工程渣土及其他废弃物。

第二十三条（投诉）

任何单位和个人发现施工活动有违反本规定情形的，可以向建设行政管理部门投诉。建设行政管理部门接到投诉后，应当及时进行处理，并将处理结果告知投诉人。

第二十四条（日常巡查）

建设行政管理部门应当加强对施工现场的日常巡查，发现施工活动有违反本规定情形的，应当及时制止并依法予以查处。

第二十五条（对建设单位的查处）

违反本规定第七条第一款规定，建设单位未按照要求组织进行现场调查的，由市建筑市场管理机构或者区（县）建设行政管理部门责令限期改正。

第二十六条（对施工单位的处罚）

违反本规定，施工单位有下列行为之一的，由市建筑市场管理机构或者区（县）建设行政管理部门责令限期改正；逾期不改正的，按照下列规定予以处罚：

（一）违反本规定第十条规定，未按照要求设置施工铭牌的，处1000元以上3000元以下的罚款；

（二）违反本规定第十二条第一款规定，

未按照要求设置安全网的，处3000元以上2万元以下的罚款；

（三）违反本规定第十二条第三款、第十三条第（三）项、第十四条第（五）项或者第十六条规定，脚手架杆件、搅拌预拌砂浆、渣土处置或者光照遮蔽措施不符合要求的，处1000元以上1万元以下的罚款；

（四）违反本规定第十五条或者第二十条规定，未采用覆罩法施工、路面未按照要求覆盖钢板或者未采取通行安全措施的，处3000元以上1万元以下的罚款；

（五）违反本规定第二十一条第一款第（一）项、第（二）项、第（三）项或者第三款规定，未分隔设置生活区和作业区、未设置饮用水设施、盥洗池和淋浴间或者宿舍设置不符合要求的，处1000元以上3000元以下的罚款。

第二十七条（对其他违法行为的处罚）

违反本规定其他相关条款的行为，法律、法规、规章已有处罚规定的，由相关行政管理部门依照其规定处罚。

第二十八条（施行日期）

本规定自2009年12月1日起施行。1994年5月24日上海市人民政府发布的《上海市建设工程文明施工管理暂行规定》同时废止。

上海市森林管理规定

（2009年9月21日上海市人民政府令第17号公布）

第一章 总则

第一条（目的和依据）

为加强对森林的管理，改善生态环境，根据《中华人民共和国森林法》、《中华人民共和国森林法实施条例》等法律、法规，结合本市实际情况，制定本规定。

第二条（适用范围）

本规定适用于本市行政区域内森林、林木、林地的建设、保护及其相关的管理活动。

第三条（管理部门）

上海市林业行政主管部门（以下简称市林业主管部门）负责本市行政区域内森林、林木、林地的建设、保护及监督管理工作。

区、县人民政府管理林业的部门（以下称区、县林业主管部门）负责本辖区内森林、林木、林地的建设、保护及监督管理工作，业务上受市林业主管部门的指导。

市、区县、乡镇林业工作站（署）协助市和区、县林业主管部门做好森林、林木、林地的建设、保护及相关管理工作。

本市其他有关行政管理部门按照各自职责，协同实施本规定。

第四条（森林生态效益补偿制度）

本市建立森林生态效益补偿制度。市和区、县财政行政管理部门应当将森林生态效益补偿资金纳入财政转移支付的范围。

森林生态效益补偿资金的使用和管理办法由市发展改革行政管理部门会同市财政、林业、农业等有关行政管理部门提出方案，报市政府批准后执行。

第五条（经费保障）

市和区、县财政行政管理部门应当将公益林建设和养护、林业保险、森林防火、有害生物防控等经费纳入同级财政预算。

第六条（科学研究）

本市鼓励林业科学研究，保护植物多样性，选育和引进适应本市自然条件的林木，推广林业先进技术。

第二章 规划和建设

第七条（规划和计划）

市林业主管部门应当会同市发展改革、规划国土资源等行政管理部门，根据本市经济和社会发展状况编制市林业发展规划。市林业发展规划应当明确本市林业发展方向、目标、规划控制原则、功能定位和产业发展布局等内容。

区、县林业主管部门应当根据市林业发展规划，结合本区、县实际编制区、县林业发展计划，报区、县人民政府批准后实施。区、县林业发展计划应当确定本辖区林业发展目标，明确功能分区以及森林防火、有害生物防控等林业基础设施的设置要求，确定分期建设计划和分类管理措施等内容。

第八条（公益林控制线）

市和区、县规划国土资源行政管理部门应当会同同级林业主管部门根据市林业发展规划，划定公益林控制线。

公益林控制线不得任意调整。因规划和建设确需调整的，应当征求市林业主管部门的意见。

调整公益林控制线不得减少公益林用地总量。因调整公益林控制线减少公益林用地的，应当落实新的公益林规划用地。

第九条（公益林规划控制）

沿海防护林、水源涵养林、护路林、护岸林、污染隔离林等公益林的规划控制范围按照国家和本市的有关规定执行。在公益林规划控制范围内，禁止新建除林地管理和养护设施、救护站以及其他应急避难设施以外的永久性建筑物。

第十条（公益林建设）

铁路、公路用地范围内的防护林，由铁路、公路行政管理部门负责建设；海塘、河道等用地范围内的防护林，由水务行政管理部门负责建设；其他公益林，由市或者区、县林业主管部门负责组织建设。

公益林建设应当符合国家和本市的公益林建设技术标准。

公益林建设工程的规划设计、施工、监理，应当符合国家和本市有关规划设计、施工、监理的技术标准，并由具有相应资质的单位承担。

第十一条（商品林建设）

商品林建设应当符合区域产业发展规划以及国家和本市的有关技术标准。

市林业主管部门应当会同市发展改革、财政等行政管理部门制定相应政策措施，建立经济林生产保险财政补贴制度，引导经济林建设向规模化、标准化、产业化方向发展。

市、区县、乡镇林业工作站（署）应当加强经济林新优品种筛选、推广应用和栽培技术培训等技术指导和服务。

第三章 保护管理

第十二条（公益林养护）

公益林养护责任单位按照下列规定确定：

（一）铁路、公路用地范围内的防护林，由铁路、公路行政管理部门负责养护；

（二）海塘、河道等用地范围内的防护林，由水务行政管理部门负责养护；

（三）农村村旁、路旁、水旁、宅旁等林木，由林木所有者负责养护；

（四）其他公益林，由区、县林业主管部门负责落实养护单位。

养护责任单位应当按照国家和本市公益林养护技术标准进行养护。

在不破坏生态功能的前提下，养护责任单位可依法合理利用林地资源，开发林下种养业，利用森林景观发展森林旅游等。

第十三条（商品林养护）

商品林由营林者负责养护。

养护责任单位应当按照国家和本市有关商品林养护技术规范进行养护。

第十四条（森林防火）

市和区、县林业主管部门应当编制森林火灾应急处置预案，完善森林防火监测预警体系建设。

养护责任单位应当根据应急处置预案，落实相应森林防火责任和措施，发现森林火灾应当采取措施控制火势，并立即向公安消防机构或者林业主管部门报告。

任何单位和个人发现森林火灾时，应当立即向公安消防机构或者林业主管部门报告。

公安消防机构或者林业主管部门接到森林火灾报告后，应当立即组织火灾扑救。林业主管部门应当协助公安消防机构开展火灾扑救、调查等工作。

第十五条（有害生物防控）

市和区、县林业主管部门应当建立有害生物疫情监测预报网络，健全有害生物预警防控体系，加强植物检疫，编制有害生物灾害事件应急预案，落实有害生物防控物资储备。

养护责任单位发现疑似突发有害生物事件时，应当及时向所在地区、县林业主管部门报告。区、县林业主管部门应当及时调查核实，经确认属于突发有害生物事件的，应当立即启动应急预案。养护责任单位应当根据应急预案落实有害生物防控措施，做好有害生物的除治工作。

市、区县、乡镇林业工作站（署）应当加强有害生物防控的技术指导与服务，并负责组织落实有害生物防控工作。

第十六条（国外引种监管）

首次从国外引进的林木种子、苗木及其他繁殖材料的，引种单位或者个人应当在引种前按照国家林业主管部门的规定开展风险评估。

第十七条（禁止行为）

在森林、林地内，禁止下列行为：

（一）擅自迁移、采伐林木；

（二）焚烧香烛、燃放烟花爆竹；

（三）毁林取土；

（四）擅自占用或者临时使用林地；

（五）其他损坏森林、林木及其设施的行为。

第十八条（林木迁移许可）

除农民承包地上种植的经济林以及农民房前屋后、自留地上种植的零星林木外，迁移林木应当办理林木迁移许可证。

迁移公益林的，应当向市林业主管部门提出申请；迁移除农民承包地上种植的经济林外的其他商品林的，应当向区、县林业主管部门提出申请。

铁路、水务用地范围内除沿海防护林、水源涵养区域内的防护林以外的林木迁移，分别由铁路、水务行政管理部门按照规定进行审批，并将准予林木迁移的情况书面告知市林业主管部门。

林业主管部门和铁路、水务等行政管理部门，应当自受理申请之日起10个工作日内作出审核决定；不予批准的，应当书面说明理由。

第十九条（林木迁移需要提交的材料）

申请林木迁移应当提交下列材料：

（一）拟迁移林木的品种、数量、规格、位置、权属人意见等材料。其中，建设项目需要迁移林木的，还应当提交相关用地批准文件；道路拓宽需要迁移林木的，还应当提供道路红线图、综合管线剖面图。

（二）林木迁移方案和技术措施。

第二十条（林木采伐许可）

除采伐农民承包地上种植的经济林以及农民房前屋后、自留地上种植的零星林木外，本市按照国家有关森林采伐限额规定，对林木采伐实行限额管理。

采伐铁路、公路用地范围内的防护林，应当向市铁路、公路行政管理部门提出申请；采伐其他公益林或者用材林的，应当向市林业主管部门提出申请。

市林业主管部门以及铁路、公路行政管理部门，应当自受理申请之日起20个工作日内作出审核决定；不予批准的，应当书面说明理由。市林业主管部门以及铁路、公路行政管理部门不得超限额审批。

采伐经济林的，采伐单位或者个人应当在采伐30日前，将采伐林木的品种、数量书面告知区、县林业主管部门。

采伐单位或者个人应当按照采伐许可证规定的数量、地点、林种进行采伐，不得超采。

第二十一条（林木采伐需要提交的材料）

申请采伐林木应当提交下列材料：

(一)采伐地点、林种、面积、采伐量；

(二)被采伐林木的权属人意见；

(三)更新或者补植等方案。

第二十二条(临时使用林地许可)

因工程建设确需临时使用林地的，应当向林业主管部门提出申请。其中，临时使用公益林地的，应当向市林业主管部门提出申请；临时使用用材林地的，应当向区、县林业主管部门提出申请。

市或者区、县林业主管部门应当自受理申请之日起10个工作日内作出审核决定；不予批准的，应当书面说明理由。

临时使用经济林地的，用地单位或者个人应当在临时使用30日前，将临时使用的具体地点、面积书面告知区、县林业主管部门。

临时使用林地一般不超过2年，确因工程建设需要延长使用期限的，应当在使用期届满30日前报原审批机关批准。

用地单位或者个人不得在临时使用的林地上修筑永久性建筑物，使用期满后，应当恢复林地。

第二十三条(临时使用林地需要提交的材料)

申请临时使用林地的，应当提交下列材料：

(一)填写《临时使用林地申请表》，其中涉及林木迁移和采伐的，应当在申请时一并提出；

(二)用地单位法人证明、项目批准文件；

(三)被使用林地的权属人意见；

(四)用地单位与被临时使用林地的权属人签订的相关林木补偿协议和恢复植被等措施。

第二十四条(林地占用定额管理)

市林业主管部门应当根据国家有关林地占用定额管理的要求，编制林地占用定额，经市政府审定并报国家林业主管部门批准后执行。市林业主管部门应当在年度定额指标内对林地占用申请进行审批。

第二十五条(占用林地许可)

除城市基础设施建设外，其他项目建设不得占用公益林地。因城市基础设施建设确需占用公益林地的，用地单位应当向市林业主管部门提出申请，经市林业主管部门审核同意后，由土地行政管理部门依法办理建设用地审批手续。

占用公益林地涉及林木迁移和采伐的，用地单位应当在向市林业主管部门申请时一并提出。

市林业主管部门应当自受理申请之日起20个工作日内作出审核决定；不予批准的，应当书面说明理由。

经批准占用公益林地的，用地单位应当在林地所在区、县补建相应林种与面积的林地。确不具备补建条件的，应当依法缴纳森林植被恢复费。森林植被恢复费应当专款专用。

因工程建设确需占用商品林地的，土地行政管理部门在办理建设用地审批手续时，应当书面征求市林业主管部门的意见。

第二十六条(林地占用需要提交的材料)

用地单位申请占用林地的，应当提交下列材料：

(一)填写《林地使用申请表》；

(二)用地单位法人证明；

(三)项目批准文件；

(四)被占用林地的权属人意见；

(五)有资质的设计单位作出的项目使用林地可行性报告；

(六)用地单位与被占用林地的权属人签订的林木补偿协议。

第二十七条(施工告示)

下列事项，施工单位应当在现场设立告示牌，向社会公示：

(一)占用林地；

(二)临时使用林地；

（三）采伐、迁移林木。

第二十八条（资源调查和档案制度）

林业主管部门应当定期组织森林资源的调查和监测，建立森林资源档案，掌握森林资源情况。

土地、农业、水务、公路、铁路等有关行政管理部门应当协助市和区、县林业主管部门开展森林资源调查工作，并提供相关信息和数据。

第四章 法律责任

第二十九条（违反养护规定的处罚）

违反本规定第十二条第二款规定，养护责任单位不按照国家和本市公益林养护技术标准进行养护的，由市或者区、县林业主管部门责令限期改正；逾期不改正的，处以2000元以上2万元以下的罚款。

第三十条（违反林木迁移规定的处罚）

违反本规定第十八条第一款规定，未经批准迁移林木的，由市或者区、县林业主管部门责令改正，并处以被迁移林木补偿标准的3倍以上5倍以下的罚款。

第三十一条（违反告知规定的处罚）

违反本规定第二十条第四款、第二十二条第三款规定，采伐经济林或者临时使用经济林地不按规定提前告知区、县林业主管部门的，由区、县林业主管部门责令限期改正；逾期不改正的，对个人予以警告，对单位处以500元以上5000元以下的罚款。

第三十二条（违反其他有关规定的处理）

违反本规定其他规定的，由市或者区、县林业主管部门按照有关法律、法规、规章的规定处理。

第五章 附则

第三十三条（有关用语的含义）

本规定所称的森林，包括公益林和商品林。

本规定所称的公益林，包括防护林和特种用途林。

本规定所称的商品林，包括经济林和用材林。

第三十四条（施行日期）

本规定自2009年11月1日起施行。

上海市实施《中华人民共和国防震减灾法》办法

（2009年10月22日上海市第十三届人民代表大会常务委员会通过）

第一条　为了防御和减轻地震灾害，保护人民生命和财产安全，促进经济社会的可持续发展，根据《中华人民共和国防震减灾法》和有关法律、行政法规，结合本市实际，制定本办法。

第二条　在本市行政区域内从事防震减灾活动，适用本办法。

第三条　市和区县人民政府对本行政区域内的防震减灾工作实行统一领导，将防震减灾工作纳入本级国民经济和社会发展规划，所需经费列入财政预算。

市和区县人民政府防震减灾联席会议对防震减灾的重大决策和措施进行研究、协调，对防震减灾重点工作的落实情况进行监督检查。

市和区县地震工作管理部门或者机构负责本行政区域内防震减灾规划的组织编制、地震监测预报、地震安全性评价管理、地震应急预案管理等工作，承担本级人民政府防震减灾联席会议办公室的日常工作。

市和区县建设交通管理部门负责本行政区域内建设工程抗震设防的监督管理等工作。市和区县发展改革、经济信息、规划土地、房屋管理、民政、公安、卫生、消防、民防等有关部门，在本级人民政府的领导下，按照职责分工，各负其责，密切配合，共同做好本行政区域内的防震减灾工作。

第四条　市和区县人民政府应当逐步提高防震减灾科学技术研究经费投入，支持地震监测预报等防震减灾的科学技术研究，支持科研机构、高等院校和相关企业研究开发和推广使用符合抗震设防要求、经济实用的新技术、新工艺、新材料。

第五条 任何单位和个人都有依法参加防震减灾活动的义务，有权对违反防震减灾法律、行政法规和本办法的行为进行举报、投诉。

市和区县地震、建设交通等管理部门应当对举报、投诉依法进行处理。

第六条 市地震工作管理部门应当根据国家防震减灾规划和本市实际情况，会同市有关部门组织编制市防震减灾规划，报市人民政府批准后组织实施，并报国务院地震工作主管部门备案。

区县地震工作管理部门或者机构应当根据市防震减灾规划和本区县实际情况，会同区县有关部门组织编制本区县防震减灾规划，报区县人民政府批准后组织实施，并报市地震工作管理部门备案。

市和区县防震减灾规划应当符合本级国民经济和社会发展规划的要求，并与土地利用总体规划、城乡规划相协调。

第七条 市地震工作管理部门应当根据全国地震监测台网总体规划和市防震减灾规划，会同市有关部门组织编制本市地震监测台网规划，经市规划土地管理部门综合平衡，报市人民政府批准后实施。

地震监测台网规划应当遵循布局合理、资源共享、海域和陆域并重的原则，明确地震监测台网的布局方案、分阶段发展目标以及地震观测环境保护范围等内容。

第八条 地震监测台网的建设，应当按照本市地震监测台网规划进行，其建设资金和运行经费，按照事权与财权相统一以及分级、分类管理的原则，列入市或者区县财政预算。按照国家有关规定建设专用地震监测台网的重大建设工程，其专用地震监测台网的建设资金和运行经费由建设单位承担。

市和区县地震工作管理部门或者机构应当对专用地震监测台网的建设和运行给予技术指导和服务。

第九条 本市地震监测台网正式运行后，不得擅自中止或者终止运行；确需中止或者终止运行的，应当报国务院地震工作主管部门批准。

专用地震监测台网确需中止或者终止运行的，应当报市地震工作管理部门备案。

第十条 新建、扩建、改建特大桥梁、发射塔等重大建设工程，建设单位应当按照国家有关规定设置强震动监测设施。

新建、扩建、改建超限高层等其他建设工程需要建设单位设置强震动监测设施的，由市地震工作管理部门会同市建设交通、发展改革和规划土地等部门提出强震动监测设施布点方案，报市人民政府批准后组织实施；建设单位应当按照布点方案设置强震动监测设施。

新建建设工程需要设置强震动监测设施的，应当在建设单位取得土地使用权时予以明确。设置强震动监测设施所需的费用，列入工程项目建设成本。

强震动监测设施设置完成后，建设单位应当将设置情况报市地震工作管理部门备案。

第十一条 强震动监测设施的运行责任，由工程项目的所有人或者管理单位承担。

市地震工作管理部门应当对强震动监测设施的运行情况定期进行检查，给予技术指导和服务，并确定相关数据管理和使用办法。

第十二条 任何单位和个人不得侵占、毁损、拆除或者擅自移动地震监测设施，不得危害地震观测环境。新建、扩建、改建建设工程，应当避免对地震监测设施和地震观测环境造成危害。

建设国家和本市重点工程，确实无法避免对地震监测设施和地震观测环境造成影响的，建设单位应当按照市地震工作管理部门的要求，增建抗干扰设施；确有特殊情况无法增建抗干扰设施的，应当新建地震监测设施。

按照前款规定增建抗干扰设施或者新建地震监测设施所需的费用，由建设单位承担。

第十三条　新建、扩建、改建建设工程，应当达到抗震设防要求。

可能发生严重次生灾害的建设工程和对社会有重大价值或者重大影响的建设工程，应当进行地震安全性评价，并按照经审定的地震安全性评价报告所确定的抗震设防要求进行抗震设防。

前款规定以外的建设工程，应当按照国家地震烈度区划图或者地震动参数区划图所确定的本市抗震设防要求进行抗震设防。

学校、托幼机构、医院、大型文体活动场馆等人员密集场所的建设工程，应当按照国家有关规定，高于本市房屋建筑的抗震设防要求进行抗震设防。

第十四条　市建设交通管理部门应当组织超限高层抗震设防专家委员会，对超限高层建设工程进行抗震设防专项审查。

未经超限高层建设工程抗震设防专项审查，建设交通管理部门和其他有关部门不得对超限高层建设工程施工图设计文件进行审查。

第十五条　本市新建、扩建、改建下列可能发生严重次生灾害的建设工程和对社会有重大价值或者重大影响的建设工程，应当进行地震安全性评价：

（一）沿海堤防；

（二）大型贮油、贮气工程；

（三）贮存易燃易爆或者剧毒、强腐蚀性物质的工程；

（四）三级以上病原微生物实验室；

（五）越江隧道、特大桥梁和轨道交通工程；

（六）机场的航站楼、航管楼，特大型铁路客运站、一级汽车客运站的候车楼；

（七）水源地水库工程；

（八）火力发电厂、超高压以上变电站和区域电力调度中心工程；

（九）市级广播中心、电视中心和电视调频广播发射台的主体建筑，通信枢纽建筑；

（十）法律、法规、规章和市人民政府规定的其他建设工程。

超限高层建设工程需要进行地震安全性评价的，由市地震工作管理部门会同市建设交通、发展改革等部门制定具体办法，报市人民政府批准后组织实施。

第十六条　地震安全性评价由建设单位委托具有相应资质的专业单位实施，并出具地震安全性评价报告。

地震安全性评价报告除依法由国务院地震工作主管部门审定的外，由市地震工作管理部门负责审定，并确定抗震设防要求。

第十七条　市和区县发展改革部门应当将抗震设防要求纳入建设工程可行性研究报告或者项目申请报告的审查内容。对可行性研究报告或者项目申请报告中未包含抗震设防要求的建设工程，不予批准或者核准。

市和区县建设交通管理部门应当将抗震设计纳入建设工程初步设计或者设计文件的审查内容。建设工程的抗震设计未经审查或者未通过审查的，不予发放施工许可证。

第十八条　建设单位、勘察单位、设计单位、施工单位、工程监理单位，应当遵守有关建设工程抗震设防的法律、法规和工程建设强制性标准的规定，保证建设工程的抗震设防质量，依法承担相应责任。

第十九条　建设工程竣工验收时，建设单位应当对抗震设防情况一并组织验收。建设工程不符合抗震设防要求的，建设单位应当组织整改；经复验合格后，方可交付使用。

第二十条　市建设交通、房屋管理部门应当会同市地震工作管理部门对本市已建成建筑物、构筑物的抗震性能进行普查。对未达到抗震设防要求的建筑物、构筑物，市建设交通、房屋管理部门应当会同市地震工作管理部门制定改造或者抗震加固规划，报市人民政府批准后组织实施。其中，学校、托幼机构、医院、大型文体活动场馆等人员密集场所的建筑物、构筑物，应当优先进行改造或者抗震加固。

未达到抗震设防要求的建筑物、构筑物扩建、改建时，其所有人或者管理单位应当按照国家有关规定进行抗震性能鉴定，并根据鉴定结果采取必要的抗震加固措施。文物建筑和优秀历史建筑，应当在修缮时进行抗震性能鉴定和抗震加固。

第二十一条　市和区县人民政府应当组织建设交通、地震工作管理部门或者机构开展本市农村村民住宅实用抗震技术的研究开发，推广达到抗震设防要求、经济适用的建筑设计和施工技术，并培训相关技术人员、建设示范工程，逐步提高农村村民住宅和乡村公共设施的抗震设防水平。

农村村民集体建房，应当按照本办法第十三条、第十七条、第十八条和第十九条有关抗震设防的规定执行。

市建设交通管理部门应当组织编制达到抗震设防要求的农村村民个人建房通用建筑设计图纸，向农村村民推荐并免费提供。

市和区县人民政府对需要提高抗震设防水平的农村村民住宅和乡村公共设施给予必要的支持。

第二十二条　建设单位应当在建筑物使用说明书中注明建筑抗震构件、隔震装置、减震部件等抗震设施。任何单位和个人不得破坏建筑物的抗震设施。

第二十三条　市和区县人民政府组织制定的避难场所布局规划包括地震应急避难场所布局。

市和区县人民政府应当组织规划土地、建设交通、地震、民防、消防、绿化、教育、卫生等部门，根据本市应急避难场所布局规划，利用城市广场、绿地、公园等空旷区域或者选择符合国家标准的其他场所，设置应急疏散通道和建设地震应急避难场所，并完善相配套的交通、供水、供电、排污等基础设施。

学校操场和公共体育场可以作为临时地震应急避难场所。

地震应急避难场所及其周围应当设置明显的指示标识，并向社会公布。

市和区县民防管理部门应当对地震应急避难场所的建设、管理进行统筹协调。

第二十四条　地震应急避难场所的管理单位应当按照国家有关规定，对场所、设施、物资等进行维护和管理，保持应急疏散通道畅通。

市和区县地震工作管理部门或者机构应当会同有关部门，对地震应急避难场所的维护和管理给予技术指导，并定期进行检查。

第二十五条　市和区县地震工作管理部门或者机构应当会同有关部门，根据上一级人民政府地震应急预案，编制本行政区域的地震应急预案，经市和区县人民政府批准后，报上一级地震工作管理部门备案。

市和区县各相关管理部门应当根据本级人民政府和上一级管理部门的地震应急预案，制定本部门的地震应急预案，报同级地震工作管理部门或者机构备案。

乡镇人民政府应当根据区县人民政府地震应急预案，制定本行政区域内的地震应急预案，报区县地震工作管理部门或者机构备案。

第二十六条　本市下列单位应当制定地震应急预案，并按照分级管理的原则，报市或者区县地震工作管理部门或者机构备案：

（一）通信、供水、供电、排水、供气等城市基础设施的经营管理单位；

（二）铁路、机场、港口、轨道交通等交通运输经营管理单位；

（三）学校、托幼机构、医院、大型文体活动场馆、大型商场等人员密集场所的管理单位；

（四）石油化工、易燃易爆、有毒有害、强腐蚀性、放射性、核设施、三级以上病原微生物实验室等可能发生严重次生灾害的工程项目或者设施的管理单位；

（五）金融、广播电视、重要综合信息存储中心等单位；

（六）档案馆、博物馆、市级以上重点文物保护单位；

（七）因地震灾害可能产生严重后果或者影响的其他单位。

第二十七条　市和区县地震工作管理部门或者机构应当按照分级管理的原则，指导有关部门和单位制定地震应急预案，并对其报送备案的地震应急预案进行审查。

第二十八条　制定地震应急预案的部门和单位每年应当组织一次地震应急演练，并根据实际情况适时修订地震应急预案。经修订的地震应急预案应当按照原程序报送备案。

其他单位和组织应当按照所在地人民政府的要求组织必要的地震应急演练。

第二十九条　地震灾害紧急救援队伍应当配备相应的装备和器材，开展经常性的培训和演练，提高地震灾害紧急救援能力。

市地震工作管理部门应当对地震灾害紧急救援队伍的培训、演练给予技术指导。

第三十条　市和区县人民政府及其地震工作管理部门或者机构可以组织建立地震灾害救援志愿者队伍，开展地震应急知识培训和技能演练，提高地震应急救助能力。

第三十一条　市和区县人民政府及其地震工作管理部门或者机构和乡、镇人民政府、街道办事处等单位，应当组织开展防震减灾知识的宣传普及活动，增强公民对地震灾害的防范意识和在地震灾害中自救互救能力。

有关部门和单位应当予以配合。

学校应当把防震减灾知识教育纳入教学内容，培养学生的安全避险和自救互救能力。

市和区县地震工作管理部门或者机构应当会同教育管理部门对学校开展防震减灾知识教育的工作进行指导和监督。

居民委员会、村民委员会和机关、团体、企业、事业等单位应当在本区域、本单位开展防震减灾知识的宣传活动。

新闻媒体应当开展地震灾害预防和应急、自救互救知识的公益宣传。

第三十二条　市人民政府应当根据国家有关规定及时、客观、准确地发布本市有感的地震震情信息。

第三十三条　对违反本办法规定，有危害地震观测环境、未依法进行地震安全性评价等行为的，依照《中华人民共和国防震减灾法》和有关法律、法规的规定予以处理。

第三十四条　违反本办法规定，破坏建筑物抗震构件、隔震装置、减震部件等抗震设施的，由市或者区县建设交通管理部门责令限期改正，恢复原状，造成损失的，依法承担赔偿责任，对个人可以处五百元以上二千元以下的罚款；对单位可以处一万元以上十万元以下的罚款。

其中，破坏建筑物承重结构的，由区县房屋管理部门按照有关法律、法规的规定予以处理。

第三十五条　国家工作人员在防震减灾工作中玩忽职守、滥用职权、徇私舞弊的，由其所在单位或者有关行政主管部门依法给予行政处分；构成犯罪的，依法追究刑事责任。

第三十六条　本办法自2010年1月1日起施行。

关于加强本市景观灯光设施设置管理的通告

（沪府发〔2009〕55号，2009年10月29日）

为加强对本市景观灯光设施设置行为的

管理，根据《上海市人民代表大会常务委员会关于本市促进和保障世博会筹备和举办工作的决定》的规定，市政府决定，在2010年上海世博会筹备和举办期间，对本市景观灯光设施设置行为采取如下管理措施：

一、在本市中心城重点地区内利用建筑物、构筑物和其他设施新设置景观灯光设施的，应当符合《上海市中心城重点地区景观灯光发展布局方案》和有关技术规范。违反规定的，由城管执法部门按照《上海市市容环境卫生管理条例》的有关规定予以处理。

二、景观灯光设施发生损坏、残缺的，其所有者、使用者或者管理者应当及时整修。违反规定的，城管执法部门除按照《上海市市容环境卫生管理条例》的规定予以处理外，还可以提请绿化市容管理部门代为整修，所需费用由违法行为人承担。

三、景观灯光设施的所有者、使用者或者管理者，应当加强对景观灯光设施的日常检查，对存在安全隐患的景观灯光设施，应当及时整修或者拆除。

绿化市容管理部门应当加强对景观灯光设施的监督检查。景观灯光设施存在安全隐患的，绿化市容管理部门应当责令该设施所有者、使用者或者管理者限期整修或者拆除；逾期未整修或者拆除的，绿化市容管理部门可以代为拆除，所需费用由违法行为人承担。

四、景观灯光设施的所有者、使用者或者管理者应当按照绿化市容管理部门规定的时间启闭景观灯光设施。违反规定的，由城管执法部门按照《上海市市容环境卫生管理条例》的有关规定予以处理。

本通告所称景观灯光设施，是指安装在城市建筑物、构筑物、园林绿化和其他设施上，以光线的投射、勾勒、映衬等形式塑造城市夜间景观形象的各类灯具、发光材料及其附属设施。

本通告自发布之日至2010年12月31日施行。

关于加强本市住宅小区业主大会、业主委员会规范化建设的若干意见

（沪府办发〔2009〕51号，2009年11月16日）

为了规范本市住宅小区业主大会、业主委员会的活动，维护业主的合法权益，根据《中华人民共和国物权法》、《物业管理条例》和《上海市住宅物业管理规定》的相关规定，现就加强本市住宅小区业主大会、业主委员会规范化建设提出以下意见：

一、正确认识业主大会制度，切实维护业主权益，促进社区和谐

（一）业主是物业管理的责任主体

房屋所有权人为业主。业主是房屋所在物业管理区域内物业管理的责任主体。

业主在物业管理活动中，应当依法行使权利、履行义务。

（二）业主大会、业主委员会要依法维护业主的权益

物业管理区域内的全体业主组成业主大会。业主大会制度是房屋产权主体多元化形式下业主实行自我管理的实现方式。业主大会作为住宅小区物业管理的权力机构，具有制定和修改业主大会议事规则、管理规约，选举业主委员会，选聘物业服务企业，使用专项维修资金等有关小区共有和共同管理事务的决定权。

业主委员会作为业主大会的执行机构，是业主大会日常运作的组织、实施主体，主要负责拟定相关方案、组织召开会议并具体实施大会形成的决议。

业主大会、业委会应当依法履行职责，不得作出与物业管理无关的决定，不得从事与物业管理无关的活动。

（三）业主大会、业主委员会要切实承担起促进社区和谐的义务

业主大会、业主委员会应当配合公安机关，与居民委员会相互协作，共同做好维护

物业管理区域内的社会治安等相关工作。

在物业管理区域内，业主大会、业主委员会应当积极配合相关居民委员会依法履行自治管理职责，支持居民委员会开展工作，并接受其指导和监督。

二、完善业主委员会组建和换届办法，夯实业主委员会运作基础

（一）明确业主委员会成员条件

业主委员会成员应当由知法守法、热心公益、责任心强、公正廉洁，具有社会公信力和一定组织能力的业主担任。

凡有违法搭建、擅自改变物业使用性质、拒交物业服务费和维修资金、违规出租房屋等情形的业主，不得担任业主委员会成员。

业主代表、业主委员会筹备组成员和换届改选小组成员，也应当符合上述条件。

（二）完善业主大会会议表决票的送达方式

小区业主参与业主大会是行使权利、履行义务的主要途径。

业主大会会议采用书面征求意见形式的，选票、表决票主要采取当面领取或送达的方式，并由业主签收。

如确需采取按照业主提供的联系地址、通讯方式发送，或者投入物业所在地的该户业主信报箱、房屋内的方式送达的，应当由物业管理区域内两人以上的业主或者居民委员会的工作人员证明，并在物业管理区域内公告送达情况。

（三）健全业主委员会备案手续

依法产生的业主委员会和经换届改选的业主委员会应当向街道办事处（乡镇政府）和区（县）房屋管理部门办理成立和换届备案手续。

已办理备案的业主委员会名称、所辖区域范围、成员、业主大会议事规则和管理规约发生变更的，业主委员会应当向街道办事处（乡镇政府）和区（县）房屋管理部门办理变更备案手续。

因物业管理区域分立、合并，所属房屋全部被拆迁或灭失，以及其他原因致使业主委员会无法续存的，业主委员会应当向街道办事处（乡镇政府）和区（县）房屋管理部门办理注销备案手续。

业主委员会的组建、换届有违反法律、法规和相关规定的，由街道办事处（乡镇政府）和区（县）房屋管理部门予以撤销备案。

业主委员会备案和撤销备案的具体办法，由市住房保障房屋管理局另行制定。

三、加强业主委员会自身建设，确保日常运作规范有序

（一）规范业主委员会的日常运作

业主委员会召集业主大会会议前，要明确议事内容并公告小区全体业主；召开业主大会会议时，业主委员会要明确会议议程，议事过程要作书面记录并存档；业主大会会议作出决定后，要及时在小区内公告。

经业主大会授权，业主委员会在细化议事事项操作办法时，要召开业主委员会会议讨论决定该办法，业主委员会主任、副主任和其他成员均有同等的表决权。

在物业管理活动中，业主委员会应当及时了解业主和使用人的意见和建议，监督和协助物业服务企业履行物业服务合同，督促业主遵守管理规约和履行业主义务。

业主大会作出决定前，业主委员会应当听取居民委员会的建议；业主大会作出决定后，应当告知居民委员会。

未经业主大会授权，业主委员会及其任何成员不得以业主大会或者业主委员会的名义，擅自决定物业管理事务。

（二）规范维修资金的使用

物业共有部分维修、更新、改造需使用维修资金的，除管理规约另有约定外，应当按照下列程序实施：

1. 制订使用方案。维修资金的使用方案由物业服务企业编制，并提交业主委员会。使用方案应当包括维修项目名称、实施范围、

预算总金额、分摊范围及面积、施工单位选择方式、决算方式、实施时间等内容。

2. 完善使用方案。业主委员会应当征求业主的意见，完善使用方案。

3. 决定使用方案。业主委员会应当将使用方案提交业主大会或者业主小组表决通过，并在小区内公告。

4. 落实施工单位。由业主委员会与物业服务企业、施工单位签订物业共有部分维修、更新、改造的施工合同。

5. 组织项目施工。由物业服务企业按照使用方案组织实施。项目施工完成后，物业服务企业向业主委员会提交物业维修、更新、改造情况的书面报告和列支费用。

6. 审核施工费用。由业主委员会依据物业服务企业提交的物业维修、更新、改造情况的书面报告和费用列支清单进行审核，应当审价的，经审价后向专户银行发出同意划转维修资金通知，并将维修资金使用的情况按照规定在物业管理区域内予以公告。

业主委员会在维修资金使用过程中，不得擅自变更维修资金使用方案或越权签订施工合同，不得在维修资金使用过程中谋取个人利益。

（三）规范物业服务企业的选聘

业主大会应当按下列程序选聘物业服务企业：

1. 制定选聘方案。除业主大会决定续聘物业服务企业外，物业服务合同届满前3个月，业主委员会要结合物业管理区域规模、实施物业服务的客观需要提出物业服务要求，通过征求业主意见，拟订物业服务企业选聘方案，并在物业管理区域公告。

物业服务企业选聘方案应当包括拟选聘物业服务企业的资质、信用情况和管理实绩情况，物业服务收费内容和标准，物业服务合同期限和选聘方式等内容。

业主大会另聘物业服务企业的，应当采用公开招标方式进行物业服务企业的选聘。

2. 完善选聘方案。业主委员会应当征求业主的意见，完善选聘方案。

3. 通过选聘方案。业主委员会应当将选聘方案提交业主大会表决通过，并在小区内公告。

4. 落实服务企业。业主委员会应当依照相关规定和业主大会决议，公开、公平、公正地做好选聘物业服务企业的相关工作，代表业主大会与选聘的物业服务企业签订物业服务合同，并将选聘结果和物业服务合同在物业管理区域内公告，接受业主的查询。

业主委员会物业服务企业选聘过程中，不得越权签订物业服务合同，不得在选聘过程中谋取个人利益。

（四）建立日常工作制度

1. 建立会议接待制度。业主委员会要加强对政策法规的学习和宣传，定期向业主大会报告物业管理的实施情况。要定期召开业主委员会会议，接待和听取业主对物业管理的意见和建议，接受业主的咨询、投诉和监督。要协调业主和物业服务企业之间的关系，督促业主依法履行义务，不断提高业主自我管理的能力。

2. 建立信息发布制度。业主委员会应当及时在物业管理区域内公告业主大会、业主委员会作出的决定和物业服务企业选聘、维修资金和公共收益收支、物业服务合同变更等物业管理事项。

3. 建立印章管理制度。业主委员会应当确定专人保管业主大会印章、业主大会财务专用章和业主委员会印章，并按照印章管理制度使用。违反印章使用规定，造成经济损失或者不良影响的，由责任人承担相应的责任。

4. 建立档案管理制度。业主委员会应当将业主清册及联系方式、业主委员会备案材料、物业服务合同、维修资金收支情况清册、业主大会和业主委员会会议记录、纪要以及作出决定的书面材料，业主、使用人的书面意见、建议书以及与物业管理有关的往来文件等材料建档造册，并指定专人管理，确保资料完整。

四、强化对业主委员会的指导和服务，帮助业主提高自我管理能力

（一）进一步理顺管理职责

区县政府负责定期组织召开相关部门和单位参加的住宅小区综合管理联席会议，协调解决小区管理中的综合性问题；区县民政部门要落实街道（乡镇）、居民委员会对业主委员会的指导、监督和日常管理工作；区县房屋管理部门要对业主大会、业主委员会组建和日常运作程序进行业务指导和监督管理；街道办事处（乡镇政府）负责召集住宅小区综合管理联席会议，协调解决住宅小区综合管理中的疑难问题，落实部门负责指导业主大会、业主委员会组建和日常运作；居民委员会建立业主大会指导工作小组和物业管理协调会议制度，负责牵头做好业主大会、业主委员会组建、换届改选和日常运作的具体指导工作以及调解物业管理矛盾和纠纷。

（二）进一步加强指导监督

街道办事处（乡镇政府）要高度重视业主委员会规范化建设工作。要参照指导和支持居民委员会建设的工作要求，将其作为社区管理和社区建设的重要内容；落实部门和专人负责对业主委员会组建、换届改选和日常运作进行指导；定期召开住宅小区综合管理联席会议，协调各方，帮助业主提高自我管理能力；将物业管理矛盾纠纷调解纳入人民调解委员会工作范围，对居民委员会的工作予以支持、指导和考核。

房屋管理部门要完善业主委员会备案制度和业主委员会委员变更规范；完善业主大会选聘和解聘物业管理企业的操作程序，将业主大会另聘物业服务企业纳入统一的招投标平台管理；完善维修资金审价、审核、审计制度，规范资金使用的操作程序。要加强基层房管办事机构的建设，配强配全人员，切实履行指导和服务职责。要加强对专项维修资金和公共收益收支、物业管理重大事项实施等日常运作情况的监督检查。要培育和引入专业中介机构为业主委员会和业主提供专业化服务。

街道办事处（乡镇政府）和房屋管理部门要共同加强对业主委员会成员的培训，通过业主委员会筹备前、成立后和日常业务培训，提高其成员素质。

居民委员会要切实担负起对业主委员会的指导监督职责，帮助业主选举具有模范履行业主义务、热心公益事业、责任心强并有一定组织能力的业主担任业主代表、筹备组成员、业主委员会委员、换届改选小组成员。业主委员会筹备组或换届改选小组不依法履行职责，经街道办事处（乡镇政府）、房屋管理部门责令其限期改正后仍未履行的，居民委员会可以牵头组织业主重新组建筹备组或者换届改选小组。

关于调整本市廉租住房准入标准继续扩大廉租住房受益面的通知

（沪府发〔2009〕56号，2009年11月9日）

各区、县人民政府，市政府各委、办、局：

为进一步健全本市廉租住房制度，加快解决城市低收入家庭住房困难问题，根据有关文件精神，现就调整本市廉租住房准入标准、继续扩大廉租住房受益面作如下通知：

一、廉租住房家庭收入认定标准

本市廉租住房家庭收入认定标准调整为：申请家庭申请之月前连续6个月人均月可支配收入低于960元（含960元）。

特殊家庭仍按原规定执行。

二、廉租住房家庭财产认定标准

本市廉租住房家庭财产认定标准调整为：申请家庭财产低于12万元（含12万元）。家庭财产是指家庭成员拥有的全部存款、非

居住类房屋、车辆、有价证券等财产。核对家庭财产的基本时点为申请之日的上月末。

三、执行日期

以上标准，自2009年10月1日起执行。

对已享受廉租住房保障的家庭实施年度复核时，按以上标准执行。

上海市拆除违法建筑若干规定

（2009年6月25日上海市第十三届人民代表大会常务委员会第十二次会议修订）

第一条 为了加强对违法建筑的治理，提高城市环境质量，根据《中华人民共和国城乡规划法》等有关法律、行政法规，结合本市实际情况，制定本规定。

第二条 本规定适用于本市行政区域内除乡、村庄规划区外未依法取得建设工程规划许可证的违法建筑的拆除。

第三条 市和区、县人民政府统一领导和负责所辖区域内拆除违法建筑工作，建立健全拆除违法建筑工作机制，完善、落实拆除违法建筑责任制，对拆除违法建筑实施部门进行考核。

市城乡建设管理部门和区、县人民政府指定的部门具体负责所辖区域内拆除违法建筑工作的综合协调。

市和区、县规划管理部门、房屋管理部门和城市管理行政执法部门（以下统称“拆违实施部门”）按照规划管理、物业管理等方面的法律、法规和市人民政府的规定，分别负责违法建筑的拆除，其具体职责分工，由市人民政府另行规定。

街道办事处、镇人民政府应当配合拆违实施部门做好违法建筑的拆除工作。

公安、工商等其他有关行政管理部门根据各自职责，协助做好拆除违法建筑的相关工作。

第四条 本市建立健全发现违法建筑的巡查制度。

拆违实施部门、各区县承担城市管理巡查职责的机构应当按照规定的职责分工，采取措施，加强日常巡查，及时发现违法建筑并依法予以查处。街道办事处、镇人民政府应当组织力量开展巡查，及时发现并制止搭建违法建筑的行为。

物业服务企业在其物业管理区域内发现搭建违法建筑的，应当予以劝阻、制止；劝阻、制止无效的，应当及时报告所在区、县的房屋管理部门。

第五条 市城乡建设管理部门应当设立本市违法建筑的统一举报电话，并向社会公布。

任何单位或者个人发现违法建筑，可以向统一举报电话举报，也可以向拆违实施部门举报。受理举报的部门应当为举报人保密。

市城乡建设管理部门接到举报后，应当立即转告所在区、县的拆违实施部门。

拆违实施部门应当在一个月内将查处违法建筑的情况反馈举报人。

第六条 区、县拆违实施部门应当对本辖区内违法建筑及其查处等情况进行记录，经区、县人民政府指定的部门汇总后，纳入市城乡建设管理部门建立的信息系统，作为违法建筑治理工作的依据。

第七条 拆违实施部门发现违法建筑、接到相关举报或者物业服务企业的相关报告后，应当在二十四小时内到现场进行调查取证，对正在搭建的，应当在两小时内到现场进行调查取证。对不属于本部门职责范围内的违法建筑，应当立即移送相关部门进行处理。

第八条 拆违实施部门依照有关法律、法规对违法建筑进行调查取证后，拟作出责令限期拆除决定的，应当使用统一的事先告知书，告知当事人相关的事实、理由和依据以及所享有的陈述、申辩权利。

当事人在事先告知书规定的期限内提出

陈述、申辩的，拆违实施部门应当听取其意见，并做好记录。对当事人提出的事实、理由及其证据，拆违实施部门应当在二十日内进行复核。当事人提出的事实、理由成立的，拆违实施部门应当予以采纳；拆违实施部门不予采纳的，应当说明理由。

第九条　当事人未在规定期限内提出陈述、申辩，或者当事人提出的事实、理由不成立的，拆违实施部门应当作出责令限期拆除的书面决定。

第十条　拆违实施部门应当依法将事先告知书、责令限期拆除决定送达当事人。当事人难以确定或者难以送达的，可以采用通告形式告示。告示期限自通告发布之日起不少于十日。

第十一条　当事人应当在责令限期拆除决定规定的期限内，自行拆除违法建筑。当事人自行拆除确有困难的，拆违实施部门可以代为拆除。

当事人未在规定的期限内拆除违法建筑的，拆违实施部门应当向市或者区、县人民政府报告，由市或者区、县人民政府责成拆违实施部门等有关部门强制拆除，并可以依法予以罚款。

市或者区、县人民政府责成有关部门强制拆除违法建筑的，应当在强制拆除的七日前发布通告。

第十二条　对正在搭建的违法建筑，拆违实施部门应当当场责令当事人暂停施工，依照有关法律、法规进行调查取证后，以书面形式责令当事人停止建设、自行拆除，并可以采取暂扣施工工具和材料等措施；当事人拒不停止建设或者拒不拆除的，拆违实施部门应当立即强制拆除，并可以依法予以罚款。

第十三条　违法建筑强制拆除时，拆违实施部门应当通知当事人取走违法建筑内的财物，当事人未取走的，拆违实施部门应当妥善保管，并通知当事人在限定的期限内领取。当事人逾期未领取的，拆违实施部门可以在留存证据后根据实际情况妥善处置。

违法建筑强制拆除后，拆违实施部门应当和街道办事处或者镇人民政府对当事人做好相关工作。

第十四条　违法建筑拆除后，当事人应当在清理通知书规定的期限内清理建筑垃圾；逾期未清理的，拆违实施部门可以予以清理。

第十五条　拆违实施部门及其工作人员在违法建筑查处工作中应当向当事人出示执法证件，依法行使职权，文明执法，不得侵犯当事人的合法权益；对当事人的合法财产造成损害的，应当依法予以赔偿。

第十六条　城乡建设管理部门应当加强对建设工程施工单位的监督管理。

在拆违实施部门查处违法建筑过程中，承揽违法建筑施工作业的单位应当立即停止施工，并配合查处。

第十七条　属于违法建筑的房屋不得出租。

违法建筑不得办理房地产权利登记。

利用违法建筑从事经营活动的，不得办理营业执照等相关证照。

第十八条　市和区、县人民政府应当对拆除违法建筑工作经费予以保障，所需工作经费纳入各有关部门的年度预算。

第十九条　当事人对拆违实施部门作出的具体行政行为不服的，可以依照《中华人民共和国行政复议法》或者《中华人民共和国行政诉讼法》的规定，申请行政复议或者提起行政诉讼。

除法律、法规另有规定外，在行政复议或者行政诉讼期间，不停止对违法建筑的强制拆除。

第二十条　市和区、县人民政府应当建立违法建筑查处工作的考核制度，对在拆违工作中成绩突出的单位和个人予以表彰，对未依法履行职责的单位和个人予以处理。

第二十一条　拆违实施部门、有关行政管理部门及其工作人员在发现和查处违法建筑过程中，有下列情形之一的，对直接负责的主管人员和其他直接责任人员依法给予行政处分；构成犯罪的，依法追究刑事责任：

（一）未按规定履行巡查职责，或者发现违法建筑不报告、不制止，情节严重的；

（二）依法应当作出拆除违法建筑决定而未作出的；

（三）对属于本部门的职责推诿的；

（四）对正在搭建的违法建筑应当立即拆除而未拆除的；

（五）违法办理房地产权利登记、营业执照等相关证照的；

（六）其他玩忽职守、滥用职权、徇私舞弊的。

第二十二条　阻碍拆违实施部门工作人员依法执行职务的，由公安机关依照《中华人民共和国治安管理处罚法》予以处罚；构成犯罪的，依法追究刑事责任。

第二十三条　国家工作人员搭建违法建筑的，应当主动拆除；拒不拆除或者阻碍违法建筑查处工作的，由拆违实施部门将有关情况书面告知其所在单位或者监察部门，并建议依法给予行政处分。

第二十四条　乡、村庄规划区的违法建筑拆除，由乡、镇人民政府参照本规定执行。

第二十五条　本规定自2009年8月1日起施行。

上海市实施《中华人民共和国防震减灾法》办法

（2009年10月22日上海市第十三届人民代表大会常务委员会通过）

第一条　为了防御和减轻地震灾害，保护人民生命和财产安全，促进经济社会的可持续发展，根据《中华人民共和国防震减灾法》和有关法律、行政法规，结合本市实际，制定本办法。

第二条　在本市行政区域内从事防震减灾活动，适用本办法。

第三条　市和区县人民政府对本行政区域内的防震减灾工作实行统一领导，将防震减灾工作纳入本级国民经济和社会发展规划，所需经费列入财政预算。

市和区县人民政府防震减灾联席会议对防震减灾的重大决策和措施进行研究、协调，对防震减灾重点工作的落实情况进行监督检查。

市和区县地震工作管理部门或者机构负责本行政区域内防震减灾规划的组织编制、地震监测预报、地震安全性评价管理、地震应急预案管理等工作，承担本级人民政府防震减灾联席会议办公室的日常工作。

市和区县建设交通管理部门负责本行政区域内建设工程抗震设防的监督管理等工作。市和区县发展改革、经济信息、规划土地、房屋管理、民政、公安、卫生、消防、民防等有关部门，在本级人民政府的领导下，按照职责分工，各负其责，密切配合，共同做好本行政区域内的防震减灾工作。

第四条　市和区县人民政府应当逐步提高防震减灾科学技术研究经费投入，支持地震监测预报等防震减灾的科学技术研究，支持科研机构、高等院校和相关企业研究开发和推广使用符合抗震设防要求、经济实用的新技术、新工艺、新材料。

第五条　任何单位和个人都有依法参加防震减灾活动的义务，有权对违反防震减灾法律、行政法规和本办法的行为进行举报、投诉。

市和区县地震、建设交通等管理部门应当对举报、投诉依法进行处理。

第六条　市地震工作管理部门应当根据国家防震减灾规划和本市实际情况，会同市有关部门组织编制市防震减灾规划，报市人民政府批准后组织实施，并报国务院地震工作主管部门备案。

区县地震工作管理部门或者机构应当根据市防震减灾规划和本区县实际情况，会同区县有关部门组织编制本区县防震减灾规划，报区县人民政府批准后组织实施，并报市地震工作管理部门备案。

市和区县防震减灾规划应当符合本级国民经济和社会发展规划的要求，并与土地利用总体规划、城乡规划相协调。

第七条　市地震工作管理部门应当根据全国地震监测台网总体规划和市防震减灾规划，会同市有关部门组织编制本市地震监测台网规划，经市规划土地管理部门综合平衡，报市人民政府批准后实施。

地震监测台网规划应当遵循布局合理、资源共享、海域和陆域并重的原则，明确地震监测台网的布局方案、分阶段发展目标以及地震观测环境保护范围等内容。

第八条　地震监测台网的建设，应当按照本市地震监测台网规划进行，其建设资金和运行经费，按照事权与财权相统一以及分级、分类管理的原则，列入市或者区县财政预算。按照国家有关规定建设专用地震监测台网的重大建设工程，其专用地震监测台网的建设资金和运行经费由建设单位承担。

市和区县地震工作管理部门或者机构应当对专用地震监测台网的建设和运行给予技术指导和服务。

第九条　本市地震监测台网正式运行后，不得擅自中止或者终止运行；确需中止或者终止运行的，应当报国务院地震工作主管部门批准。

专用地震监测台网确需中止或者终止运行的，应当报市地震工作管理部门备案。

第十条　新建、扩建、改建特大桥梁、发射塔等重大建设工程，建设单位应当按照国家有关规定设置强震动监测设施。

新建、扩建、改建超限高层等其他建设工程需要建设单位设置强震动监测设施的，由市地震工作管理部门会同市建设交通、发展改革和规划土地等部门提出强震动监测设施布点方案，报市人民政府批准后组织实施；建设单位应当按照布点方案设置强震动监测设施。

新建建设工程需要设置强震动监测设施的，应当在建设单位取得土地使用权时予以明确。设置强震动监测设施所需的费用，列入工程项目建设成本。

强震动监测设施设置完成后，建设单位应当将设置情况报市地震工作管理部门备案。

第十一条　强震动监测设施的运行责任，由工程项目的所有人或者管理单位承担。

市地震工作管理部门应当对强震动监测设施的运行情况定期进行检查，给予技术指导和服务，并确定相关数据管理和使用办法。

第十二条　任何单位和个人不得侵占、毁损、拆除或者擅自移动地震监测设施，不得危害地震观测环境。新建、扩建、改建建设工程，应当避免对地震监测设施和地震观测环境造成危害。

建设国家和本市重点工程，确实无法避免对地震监测设施和地震观测环境造成影响的，建设单位应当按照市地震工作管理部门的要求，增建抗干扰设施；确有特殊情况无法增建抗干扰设施的，应当新建地震监测设施。

按照前款规定增建抗干扰设施或者新建地震监测设施所需的费用，由建设单位承担。

第十三条　新建、扩建、改建建设工程，应当达到抗震设防要求。

可能发生严重次生灾害的建设工程和对社会有重大价值或者重大影响的建设工程，应当进行地震安全性评价，并按照经审定的地震安全性评价报告所确定的抗震设防要求进行抗震设防。

前款规定以外的建设工程，应当按照国家地震烈度区划图或者地震动参数区划图所确定的本市抗震设防要求进行抗震设防。

学校、托幼机构、医院、大型文体活动场馆等人员密集场所的建设工程，应当按照国家有关规定，高于本市房屋建筑的抗震设防要求进行抗震设防。

第十四条　市建设交通管理部门应当组织超限高层抗震设防专家委员会，对超限高层建设工程进行抗震设防专项审查。

未经超限高层建设工程抗震设防专项审查，建设交通管理部门和其他有关部门不得对超限高层建设工程施工图设计文件进行审查。

第十五条　本市新建、扩建、改建下列可能发生严重次生灾害的建设工程和对社会有重大价值或者重大影响的建设工程，应当进行地震安全性评价：

（一）沿海堤防；

（二）大型贮油、贮气工程；

（三）贮存易燃易爆或者剧毒、强腐蚀性物质的工程；

（四）三级以上病原微生物实验室；

（五）越江隧道、特大桥梁和轨道交通工程；

（六）机场的航站楼、航管楼，特大型铁路客运站、一级汽车客运站的候车楼；

（七）水源地水库工程；

（八）火力发电厂、超高压以上变电站和区域电力调度中心工程；

（九）市级广播中心、电视中心和电视调频广播发射台的主体建筑，通信枢纽建筑；

（十）法律、法规、规章和市人民政府规定的其他建设工程。

超限高层建设工程需要进行地震安全性评价的，由市地震工作管理部门会同市建设交通、发展改革等部门制定具体办法，报市人民政府批准后组织实施。

第十六条　地震安全性评价由建设单位委托具有相应资质的专业单位实施，并出具地震安全性评价报告。

地震安全性评价报告除依法由国务院地震工作主管部门审定的外，由市地震工作管理部门负责审定，并确定抗震设防要求。

第十七条　市和区县发展改革部门应当将抗震设防要求纳入建设工程可行性研究报告或者项目申请报告的审查内容。对可行性研究报告或者项目申请报告中未包含抗震设防要求的建设工程，不予批准或者核准。

市和区县建设交通管理部门应当将抗震设计纳入建设工程初步设计或者设计文件的审查内容。建设工程的抗震设计未经审查或者未通过审查的，不予发放施工许可证。

第十八条　建设单位、勘察单位、设计单位、施工单位、工程监理单位，应当遵守有关建设工程抗震设防的法律、法规和工程建设强制性标准的规定，保证建设工程的抗震设防质量，依法承担相应责任。

第十九条　建设工程竣工验收时，建设单位应当对抗震设防情况一并组织验收。建设工程不符合抗震设防要求的，建设单位应当组织整改；经复验合格后，方可交付使用。

第二十条　市建设交通、房屋管理部门应当会同市地震工作管理部门对本市已建成建筑物、构筑物的抗震性能进行普查。对未达到抗震设防要求的建筑物、构筑物，市建设交通、房屋管理部门应当会同市地震工作管理部门制定改造或者抗震加固规划，报市人民政府批准后组织实施。其中，学校、托幼机构、医院、大型文体活动场馆等人员密集场所的建筑物、构筑物，应当优先进行改造或者抗震加固。

未达到抗震设防要求的建筑物、构筑物扩建、改建时，其所有人或者管理单位应当按照国家有关规定进行抗震性能鉴定，并根据鉴定结果采取必要的抗震加固措施。文物建筑和优秀历史建筑，应当在修缮时进行抗震性能鉴定和抗震加固。

第二十一条　市和区县人民政府应当组织建设交通、地震工作管理部门或者机构开展本市农村村民住宅实用抗震技术的研究开发，推广达到抗震设防要求、经济适用的建筑设计和施工技术，并培训相关技术人员、建设示范工程，逐步提高农村村民住宅和乡村公共设施的抗震设防水平。

农村村民集体建房，应当按照本办法第十三条、第十七条、第十八条和第十九条有关抗震设防的规定执行。

市建设交通管理部门应当组织编制达到抗震设防要求的农村村民个人建房通用建筑设计图纸，向农村村民推荐并免费提供。

市和区县人民政府对需要提高抗震设防水平的农村村民住宅和乡村公共设施给予必要的支持。

第二十二条　建设单位应当在建筑物使用说明书中注明建筑抗震构件、隔震装置、减震部件等抗震设施。任何单位和个人不得破坏建筑物的抗震设施。

第二十三条　市和区县人民政府组织制定的避难场所布局规划包括地震应急避难场所布局。

市和区县人民政府应当组织规划土地、建设交通、地震、民防、消防、绿化、教育、卫生等部门，根据本市应急避难场所布局规划，利用城市广场、绿地、公园等空旷区域或者选择符合国家标准的其他场所，设置应急疏散通道和建设地震应急避难场所，并完善相配套的交通、供水、供电、排污等基础设施。

学校操场和公共体育场可以作为临时地震应急避难场所。

地震应急避难场所及其周围应当设置明显的指示标识，并向社会公布。

市和区县民防管理部门应当对地震应急避难场所的建设、管理进行统筹协调。

第二十四条　地震应急避难场所的管理单位应当按照国家有关规定，对场所、设施、物资等进行维护和管理，保持应急疏散通道畅通。

市和区县地震工作管理部门或者机构应当会同有关部门，对地震应急避难场所的维护和管理给予技术指导，并定期进行检查。

第二十五条　市和区县地震工作管理部门或者机构应当会同有关部门，根据上一级人民政府地震应急预案，编制本行政区域的地震应急预案，经市和区县人民政府批准后，报上一级地震工作管理部门备案。

市和区县各相关管理部门应当根据本级人民政府和上一级管理部门的地震应急预案，制定本部门的地震应急预案，报同级地震工作管理部门或者机构备案。

乡镇人民政府应当根据区县人民政府地震应急预案，制定本行政区域内的地震应急预案，报区县地震工作管理部门或者机构备案。

第二十六条　本市下列单位应当制定地震应急预案，并按照分级管理的原则，报市或者区县地震工作管理部门或者机构备案：

（一）通信、供水、供电、排水、供气等城市基础设施的经营管理单位；

（二）铁路、机场、港口、轨道交通等交通运输经营管理单位；

（三）学校、托幼机构、医院、大型文体活动场馆、大型商场等人员密集场所的管理单位；

（四）石油化工、易燃易爆、有毒有害、强腐蚀性、放射性、核设施、三级以上病原微生物实验室等可能发生严重次生灾害的工程项目或者设施的管理单位；

（五）金融、广播电视、重要综合信息存储中心等单位；

（六）档案馆、博物馆、市级以上重点文物保护单位；

（七）因地震灾害可能产生严重后果或者影响的其他单位。

第二十七条　市和区县地震工作管理部门或者机构应当按照分级管理的原则，指导有关部门和单位制定地震应急预案，并对其报送备案的地震应急预案进行审查。

第二十八条　制定地震应急预案的部门和单位每年应当组织一次地震应急演练，并根据实际情况适时修订地震应急预案。经修订的地震应急预案应当按照原程序报送备案。

其他单位和组织应当按照所在地人民政府的要求组织必要的地震应急演练。

第二十九条　地震灾害紧急救援队伍应当配备相应的装备和器材，开展经常性的培训和演练，提高地震灾害紧急救援能力。

市地震工作管理部门应当对地震灾害紧急救援队伍的培训、演练给予技术指导。

第三十条　市和区县人民政府及其地震工作管理部门或者机构可以组织建立地震灾害救援志愿者队伍，开展地震应急知识培训和技能演练，提高地震应急救助能力。

第三十一条　市和区县人民政府及其地震工作管理部门或者机构和乡、镇人民政府、街道办事处等单位，应当组织开展防震减灾知识的宣传普及活动，增强公民对地震灾害的防范意识和在地震灾害中自救互救能力。

有关部门和单位应当予以配合。

学校应当把防震减灾知识教育纳入教学内容，培养学生的安全避险和自救互救能力。

市和区县地震工作管理部门或者机构应当会同教育管理部门对学校开展防震减灾知识教育的工作进行指导和监督。

居民委员会、村民委员会和机关、团体、企业、事业等单位应当在本区域、本单位开展防震减灾知识的宣传活动。

新闻媒体应当开展地震灾害预防和应急、自救互救知识的公益宣传。

第三十二条　市人民政府应当根据国家有关规定及时、客观、准确地发布本市有感的地震震情信息。

第三十三条　对违反本办法规定，有危害地震观测环境、未依法进行地震安全性评价等行为的，依照《中华人民共和国防震减灾法》和有关法律、法规的规定予以处理。

第三十四条　违反本办法规定，破坏建筑物抗震构件、隔震装置、减震部件等抗震设施的，由市或者区县建设交通管理部门责令限期改正，恢复原状，造成损失的，依法承担赔偿责任，对个人可以处五百元以上二千元以下的罚款；对单位可以处一万元以上十万元以下的罚款。

其中，破坏建筑物承重结构的，由区县房屋管理部门按照有关法律、法规的规定予以处理。

第三十五条　国家工作人员在防震减灾工作中玩忽职守、滥用职权、徇私舞弊的，由其所在单位或者有关行政主管部门依法给予行政处分；构成犯罪的，依法追究刑事责任。

第三十六条　本办法自2010年1月1日起施行。

上海市饮用水水源保护条例

（2009年12月10日上海市第十三届人民代表大会常务委员会通过）

第一章　总则

第一条　为了加强饮用水水源保护，提高饮用水水源水质，保证饮用水安全，保障公众身体健康和生命安全，促进经济社会全面协调可持续发展，根据《中华人民共和国水污染防治法》、《中华人民共和国水法》等法律、行政法规，结合本市实际，制定本条例。

第二条　本条例适用于本市行政区域内饮用水水源的保护及其相关的管理活动。

前款所称的饮用水水源，是指向自来水供水企业提供原水的地表水水源。包括黄浦江上游饮用水水源、青草沙饮用水水源、陈行饮用水水源、崇明东风西沙饮用水水源和其他饮用水水源。

第三条 市和区县人民政府应当将饮用水水源保护纳入国民经济和社会发展规划，加大对饮用水水源保护的投入，合理调整饮用水水源保护地区的产业结构和布局，采取措施推进本市集约化供水进程，促进经济建设和饮用水水源保护协调发展。

市和区县人民政府对本辖区范围内饮用水水源的水环境质量负责。饮用水水源保护工作纳入市和区县人民政府环境保护目标考核评价范围。

第四条 上海市环境保护行政主管部门（以下简称“市环保部门”）负责对全市饮用水水源保护工作实施统一监督管理。

区县人民政府环境保护行政主管部门（以下简称“区县环保部门”）负责本辖区范围内饮用水水源保护工作的监督管理。

港口、海事行政管理部门负责防止码头、船舶污染饮用水水源的监督管理。

发展改革、水务、规划国土资源、卫生、农业、林业等有关行政管理部门按照各自职责，做好有关的饮用水水源保护工作。

第五条 任何单位和个人都有保护饮用水水源环境质量以及保护饮用水水源相关设施的义务，对污染饮用水水源、破坏饮用水水源保护设施的行为，有权向环保等有关部门举报。

对在饮用水水源保护工作中做出显著成绩的单位和个人，市或者区县人民政府应当给予表彰或者奖励。

第六条 本市建立饮用水水源保护生态补偿制度。市和区县人民政府应当建立饮用水水源保护生态补偿财政转移支付等相关制度，促进饮用水水源保护地区和其他地区的协调发展。具体办法由市发展改革行政管理部门会同市财政等有关行政管理部门提出方案，报市人民政府批准后执行。

第七条 本市建立与太湖流域、长江流域有关省市的饮用水水源保护协调合作机制。市环保、水务等有关行政管理部门应当加强与太湖流域、长江流域的管理机构以及有关省市相关部门的联系和沟通，协调做好本市饮用水水源的污染防治工作。

第二章 饮用水水源保护

第八条 市环保部门应当会同市发展改革、水务、卫生、规划国土资源等有关行政管理部门根据本市国民经济和社会发展规划、水环境功能区划，组织编制饮用水水源保护规划，报市人民政府批准后实施。

第九条 饮用水水源保护区分为一级保护区、二级保护区，并可视实际保护需要，在饮用水水源保护区外划定一定范围的准保护区。

黄浦江上游饮用水水源、青草沙饮用水水源、陈行饮用水水源、崇明东风西沙饮用水水源保护区范围的划定和调整，由市环保部门会同市发展改革、水务、卫生、港口、海事、规划国土资源等有关行政管理部门，以及相关区县人民政府提出方案，报市人民政府批准后公布执行。其他饮用水水源保护区范围的划定和调整，由区县人民政府提出方案，报市人民政府批准后公布执行。

饮用水水源保护区和饮用水水源准保护区的划定应当符合有关饮用水水源保护区划分技术规范。

第十条 市或者区县人民政府应当设立各级饮用水水源保护区界标，并在显著位置设立警示标志。

任何单位和个人不得移动或者损毁饮用水水源保护区界标和警示标志。

第十一条 除黄浦江上游饮用水水源外，本市对饮用水水源一级保护区实行封闭式管理。

在饮用水水源一级保护区内，禁止下列活动：

（一）新建、改建、扩建与供水设施和保护水源无关的建设项目；

（二）网箱养殖、旅游、游泳、垂钓；

（三）船舶航行、停泊、装卸，但在黄浦江上游饮用水水源一级保护区内，按照本条例第十九条规定可以航行的除外；

（四）使用化肥和化学农药；

（五）其他可能污染饮用水水体的一切活动。

在饮用水水源一级保护区内，已经建成的与供水设施和保护水源无关的建设项目，由市或者区县人民政府责令限期拆除或者关闭。

第十二条　在饮用水水源二级保护区内，禁止下列行为：

（一）设置排污口；

（二）新建、改建、扩建排放污染物的建设项目；

（三）设置固体废物贮存、堆放场所；

（四）设置畜禽养殖场；

（五）危险品水上过驳作业；

（六）向水体排放生活垃圾、污水；

（七）在水体清洗车辆；

（八）在水体清洗装贮过油类或者有毒有害污染物的容器和包装器材；

（九）冲洗船舶甲板，向水体排放船舶洗舱水、压舱水；

（十）在黄浦江上游饮用水水源保护区中的淀山湖、元荡内从事投饵养殖；

（十一）向水体排放其他各类可能污染水体的物质。

市和区县人民政府应当在饮用水水源二级保护区内，组织建设污水收集管网。

在饮用水水源二级保护区内，已建成的排放污染物的建设项目，由市或者区县人民政府责令限期拆除或者关闭。

第十三条　在饮用水水源一级保护区内，建设与供水设施和保护水源相关的建设项目，以及在饮用水水源二级保护区内，建设不排放污染物的建设项目的，其环境影响评价文件由市环保部门负责审批，国家另有规定的，从其规定。

第十四条　在饮用水水源准保护区内，禁止下列行为：

（一）新建、扩建污染水体的建设项目或者会增加排污量的改建项目；

（二）设置危险废物、生活垃圾堆放场所和处置场所；

（三）在水体清洗装贮过油类或者有毒有害污染物的车辆、容器和包装器材；

（四）向水体排放含重金属、病原体、油类、酸碱类污水等有毒有害物质；

（五）堆放、倾倒和填埋粉煤灰、废渣、放射性物品、有毒有害物品等各种固体废物；

（六）新设规模化畜禽养殖场。

饮用水水源准保护区内现有畜禽养殖场应当实施粪便生态还田，或者用以生产沼气、有机肥料等。

市环保部门应当根据本市饮用水水源保护的需要，制定本市饮用水水源准保护区污染物排放标准和总量要求。在饮用水水源准保护区内，污染物排放应当符合本市饮用水水源准保护区污染物排放标准和总量要求。

第十五条　水务部门应当加强对饮用水水源准保护区内排污口的管理。在江河、湖泊新建、改建或者扩大排污口，应当经过水务部门同意，由环保部门依法审批。

第十六条　市或者区县人民政府可以依法征收或者征用饮用水水源保护区和准保护区内的土地，用于涵养林建设，保护饮用水水源水质。

饮用水水源保护区和准保护区内应当预留水源涵养林用地。饮用水水源涵养林由林业行政管理部门按照本市林业发展规划和年度实施计划组织建设，并落实养护单位。

第十七条　在饮用水水源二级保护区和准保护区内从事农业种植的，应当开展测土配方施肥，使用有机肥料和生物农药，减少使用化肥和化学农药，防止污染饮用水水源。

在黄浦江上游饮用水水源保护区中的淀山湖、元荡以外的二级保护区以及饮用水水源准保护区内从事投饵养殖的，养殖单位或者个人应当合理投饵和使用药物，防止污染饮用水水源。

第十八条　饮用水水源二级保护区和饮用水水源准保护区内，禁止新建、改建、扩建危险品装卸码头。在饮用水水源二级保护区内，已经建成的危险品装卸码头，由市或者区县人民政府责令限期拆除或者关闭。

在饮用水水源二级保护区或者饮用水水源准保护区范围内的码头，港口经营单位应当采取污水纳管以及防止货物散落水体等污染防治措施。

第十九条　青草沙饮用水水源、陈行饮用水水源、崇明东风西沙饮用水水源一级保护区内，禁止船舶航行。

除前款所列以外的其他饮用水水源保护水域范围内，不得航行装载国家禁止运输的危险化学品以及危险废物（除废矿物油以外）的船舶。

装载其他危险品的船舶需要驶入本条第二款所称水域的，应当配备防止污染物散落、溢流、渗漏的设施设备，在驶入该水域的二十四小时前向海事行政管理部门报告；在驶入时安排船员监视危险品运输情况，发现异常情况的，应当及时采取措施，并立即向海事行政管理部门报告。

装载危险品以外物品的船舶需要驶入本条第二款所称水域的，应当配备相应的设施设备，防止污染物散落、溢流和渗漏。

第三章　监督管理

第二十条　市和区县环保部门、水务部门应当加强对饮用水水源水质的实时监测，建立饮用水水源水质的监测信息系统；发现异常情况的，应当及时向同级人民政府报告，并采取有效措施防止污染饮用水水源。

市环保部门应当建立饮用水水源安全评估机制，统一汇总和定期发布有关饮用水水源水质的信息。

原水供水企业应当对原水水质实施实时监测；发现异常情况的，应当采取有效措施，并立即向水务和环保部门报告。

第二十一条　市和区县环保部门应当加强对饮用水水源保护区范围内污染物排放情况的监督检查，发现污染饮用水水源的污染源，应当责令排污单位停止污染物排放，排污单位拒不停止排放污染物的，市或者区县环保部门可以报请同级人民政府批准，采取措施予以停产或者关闭，相关供水、供电、供气等单位应当予以配合。

对不能确定责任人的污染物，由所在地区县人民政府组织有关部门予以清理。

第二十二条　鼓励饮用水水源保护区内的企业，以及运输危险品的船舶投保有关环境污染责任保险。

第二十三条　市和区县人民政府应当组织编制饮用水水源污染事故处理应急预案，建立专业应急救援队伍，配备应急救援设施设备。

第二十四条　有关单位发生突发性事件，造成或者可能造成饮用水水源污染事故的，应当采取应急措施，并向市、区县环保部门或者应急联动机构报告。市应急联动机构或者市环保部门应当启动相应的饮用水水源污染事故应急预案。

饮用水水源污染事故发生后，市应急联动机构或者市环保部门应当及时向受影响地区发布饮用水水源污染事故警报，组织有关部门做好应急供水准备。

第二十五条　饮用水水源污染事故的信息披露，由市或者区县人民政府按照《中华人民共和国突发事件应对法》和本市的有关规定执行。

第二十六条　市和区县人民政府应当完善饮用水供水管网建设，采取措施保护备用取水口周边环境。发生饮用水水源污染事故导致原水供应中断的，应当按照应急预案的要求，保障饮用水供应。

第四章　法律责任

第二十七条　违反本条例规定，有下列行为之一的，由市或者区县环保部门责令停止违法行为，限期改正，并按照下列规定进行处罚：

（一）违反本条例第十条第二款规定，移动或者损毁饮用水水源保护区界标或者警示标志的，处一万元以上二万元以下的罚款。

（二）违反本条例第十二条第一款第三项、第四项规定，设置固体废物贮存、堆放场所或者设置畜禽养殖场的，报请同级人民政府责令限期拆除；逾期不拆除的，可以代为拆除，所需费用由违法行为人承担。

（三）违反本条例第十二条第一款第六项、第七项、第八项、第十一项，第十四条第一款第三项、第四项规定，从事污染饮用水水源活动的，处五万元以上十万元以下的罚款。

（四）违反本条例第十二条第一款第十项规定，从事投饵养殖、逾期不改正的，可以报请同级人民政府责令限期拆除，并可处以五万元以上十万元以下的罚款。

（五）违反本条例第十四条第一款第二项规定，设置危险废物、生活垃圾堆放场所或者处置场所的，报请同级人民政府责令限期拆除；逾期不拆除的，可以代为拆除，所需费用由违法行为人承担。

（六）违反本条例第十四条第一款第五项规定，堆放、倾倒和填埋固体废物的，处五万元以上十万元以下的罚款。

第二十八条　违反本条例第十一条第二款第四项规定，在饮用水水源一级保护区内使用化肥和化学农药的，由农业行政管理部门责令改正，并可处以一万元以上二万元以下的罚款。

违反本条例第十四条第一款第六项规定，在饮用水水源准保护区内新设规模化畜禽养殖场的，由农业行政管理部门报请同级人民政府责令限期关闭；逾期不关闭的，可以代为拆除，所需费用由违法行为人承担。

违反本条例第十四条第二款规定，现有畜禽养殖场未按照规范实施粪便生态还田或者用以生产沼气、有机肥料等的，由农业行政管理部门责令改正，并可处以一万元以上二万元以下的罚款。

第二十九条　违反本条例第十八条第一款规定，新建、改建、扩建危险品装卸码头的，由港口行政管理部门报请同级人民政府责令限期拆除；逾期不拆除的，代为拆除，所需费用由违法行为人承担。

违反本条例第十八条第二款规定，港口经营单位未按要求采取污染防治措施的，由港口行政管理部门责令限期改正，并可处以二万元以上五万元以下的罚款。

第三十条　违反本条例第十二条第一款第五项规定，进行危险品水上过驳作业的，由海事行政管理部门责令改正，并可处以二万元以上十万元以下的罚款。

违反本条例第十二条第一款第九项规定，冲洗船舶甲板或者向水体排放船舶洗舱水、压舱水的，由海事行政管理部门责令停止违法行为，并可处以二万元以上五万元以下的罚款。

违反本条例第十九条第一款、第二款规定，船舶在禁止航行的区域航行或者停泊的，由海事行政管理部门责令驶离该区域，并可处以五千元以上五万元以下的罚款。

违反本条例第十九条第三款、第四款规定，未按规定向海事行政管理部门报告或者未按规定配备相关设施设备的，由海事行政管理部门责令改正，并可处以二万元以上十万元以下的罚款。

第三十一条　违反本条例规定的行为，法律、法规已有处罚规定的，从其规定。

第三十二条　违反本条例规定，造成饮用水水源污染的，除依法对违法行为人进行处罚外，环保、港口、海事等有关行政管理部门还可以责令违法行为人消除污染；拒不消除污染的，可以委托专业机构代为消除污染，所需费用由违法行为人承担。

第三十三条　环保、水务、港口、海事等有关行政管理部门及其工作人员违反本条例规定，有下列行为之一的，由其所在单位或者上级主管部门给予行政处分；构成犯罪的，依法追究刑事责任：

（一）发现违法行为或者接到对违法行为的举报后不予查处的；

（二）未依照本条例规定履行监督管理职责的；

（三）其他玩忽职守、滥用职权、徇私舞弊的行为。

第五章　附则

第三十四条　本条例自2010年3月1日起施行。1985年4月19日上海市第八届人民代表大会常务委员会第十四次会议审议通过的《上海市黄浦江上游水源保护条例》同时废止。

附 录

2009 年大事记

（1 月 ~ 12 月）

1、2 月份

△1 月 6 日下午，市建设交通系统党政负责干部学习讨论会召开。主题是学习贯彻九届市委六次全会精神，按照学习实践科学发展观的要求，开展解放思想大讨论、剖析影响和制约建设交通事业科学发展突出问题，进一步解放思想、开拓创新、凝聚力量，梳理明确 2009 年的工作任务和目标，研究提出解决问题的思路、建议和对策，为全面完成建设、交通、管理工作任务打下扎实基础。市建设交通工作党委书记许德明就做好 2009 年工作提出要求。市建设交通工作党委副书记、市建设交通委主任黄融回顾了 2008 年工作，分析了当前形势，对 2009 年工作作出部署。市建设交通两委领导、建设交通系统各局、各单位党政主要领导、市建设交通两委机关各处室主要负责人和委直属党委所属各单位党政主要负责人等出席了会议。市

水务局、市住房保障房屋管理局、市交通港口局、市绿化市容局、上海铁路局、三航局有限公司等单位作了交流发言。

△ 1月7日，市建设交通工作党委召开党外人士座谈会，通报有关工作情况。黄融主任和范志伟副书记出席了会议。

△ 1月8日，市建设交通工作党委召开专题座谈会，研究提高上海道路路面质量工作。许德明、黄融、田赛男、秦云等领导出席。

△ 1月8日，市建设交通系统召开党政负责干部学习讨论会，进一步学习贯彻市委九届六次全会精神。会议的主题是学习贯彻市委九届六次全会精神，按照学习实践科学发展观的要求，在开展解放思想大讨论、剖析影响和制约建设交通事业科学发展突出问题的基础上，进一步解放思想、开拓创新、凝聚力量，梳理明确明年的工作任务和目标，研究提出解决问题的思路、建议和对策，为全面完成建设、交通、管理工作任务打下扎实基础。许德明同志传达了市委九届六次全会精神，并就做好2009年工作提出要求。黄融同志回顾了2008年工作，分析当前形势，并对2009年工作作出部署。会议由许德明同志主持，市建设交通两委领导，建设交通系统各局、各单位党政主要负责同志，两委机关各处室负责人和委直属党委所属各单位党政主要负责人等出席会议。

△ 1月9日，市建设交通两委与市安监局召开专题会议，研究建筑市场规范管理、燃气安全管理和建筑施工安全工作。

△ 1月12日，市建设交通工作党委召开党委会专题审议《贯彻落实科学发展观情况的分析检查报告》。

△ 1月13日，本市城市网格化管理基本实现19个区县全覆盖。自2005年10月城市网格化管理系统逐步投入运行以来，截至去年底，本市网格化管理已覆盖19个区县、147个街道、888平方公里的城市化核心区域，管理单元网格25959个、管理责任网格1476个。本市各区县均建立了网格化管理中心（包括受理监督中心和指挥处置中心），配备专职管理人员。城市网格化管理系统实施程序性监督管理的对象分为5大类84种部件和5大类32种事件，系统中锁定的基本部件为949.7万件。已累计立案148万件，结案145万件，结案率98%。部件立案中，位居前三位的分别是消防栓，雨水篦子，行道树；事件立案中，位居前三位的分别是占道无证经营占，乱涂写、乱招贴、乱刻画，暴露垃圾。

△ 1月13日，范志伟同志参加民航华东行业管理会议。

△ 1月15日，市建设交通工作党委副书记、学习实践活动领导小组办公室主任范志伟主持召开学习实践活动工作会议，部署下阶段工作。

△ 1月16日，市建设交通委专题研究进一步推进本市旧区改造有关工作。在听取五个重点区汇报“十一五”重点地块改造情况和改造计划后，倪蓉同志传达了近期市委、市政府领导对“十一五”后两年旧区改造工作的指示精神，介绍了市旧区改造机构设置情况，对全市旧区改造形势进行了分析，强调下一步工作中，一是要求仍未上报“十一五”后两年旧区改造计划的区，抓紧核对，及时上报；二是根据市一级旧区改造机构的职能设置，要求各有关区里加紧成立相应工作机构；三是做好旧区改造事前征询和“数砖头”拆迁补偿的扩大试点准备工作；四是加大配套商品房建设力度，着力推进宝山顾村、浦东曹路、闵行浦江等三大重点基

地建设。

△ 1月16日，市建设交通委会同有关各方积极推进城市网格化管理、“12319”热线与迎世博加强市容环境建设和管理600天行动联动试点工作。试点工作重点包括疑难顽症调查、项目推进督查、世博园区周边区域监控等方面。

△ 1月16日，范志伟同志主持召开专题会议，研究退管会工作。

△ 1月19日，市建设交通工作党委举行团拜会慰问离退休老干部，范志伟同志参加。

△ 1月22日，市建设交通委全力做好本市春节期间燃气供应安全和保障工作。预计今年春节期间，本市天然气和人工煤气日用气需求量将分别达到1050万立方米和880万立方米，服务供应和安全保障任务艰巨。一是要求各天然气管网公司加强沟通、争取增量。二是要求各燃气销售公司完善应急预案、提高应急处置能力。三是要求各制气公司做好原材料和备品备件的采购、运输和储存工作。四是要求市燃气调度中心强化预测、合理调度。

△ 2月1日，建设交通工作党委召开党委会，部署党风廉政建设、维稳和学习实践活动整改工作。

△ 2月1日，春节期间建设交通服务供应和城市运行保障总体有序。1月25日到31日，交通港航业运行平稳有序，未发生重大事故。本市城市交通共运送乘客7000多万人次，水路运输旅客131.9万人次，全港吞吐量约为707.60万吨。城市交通方面，地面公交日均出车1.3万辆，运送乘客3700多万人次；出租汽车电调业务日均超过4万差次，一周供车1168多万车次，载客2100多万人次；8条轨道交通线共运送乘客1200多万人次，平均每天有1万多人次乘坐磁浮列车；长途客运方面共运送旅客30多万人次，发送班次达到15000多个。港口航运方面，全港货物吞吐量约为707.60万吨，同比减少26%。水路客运方面，水路客运累计发送18784个航班，运送旅客131.9万人次，同比减少9.7%；运送车辆4.64万辆次，同比减少9.9%。城市管理和服务供应正常有序。“12319”城建服务热线共接市民来电3631个，受理建设交通行业内市民诉求2581件。全市供排水服务有序，1月24日到31日，供水行业节日加班19332人次；原水日均水量490.50万立方米，自来水日均水量782.91万立方米。市政公路燃气行业方面，高速公路总体运行情况平稳，日均流量20.25万，同比基本持平，比平时工作日流量减少近1/2。燃气安全服务供应正常，1月24日到31日，全市天然气输气量为7128万立方米，人工煤气输气量为4700万立方米；全市共销售液化气4186吨，各液化气经营公司销售15Kg钢瓶88834只，同比下降37.7%。绿化市容方面，全市140余座公园累计接待游客245.8万人次。各大公园精心组织节日期间的游园活动，进一步改善园容园貌，加强公园服务管理，为市民游客提供良好游园环境。住房保障房屋管理部门切实抓好房屋应急维修工作，全市房屋应急中心共受理报修求助电话8234个。另外，建筑业管理部门积极做好在建工程节日期间的安全生产管理工作，出动巡查组、50余人次检查人员，对全市19个区县的工地，特别是重大工程、轨道交通工程以及公路道路工程的节日安全工作落实情况进行巡查，并要求节日加班工地实行每日报告制度。

△ 2月2日，市建设交通两委召开城乡

建设和交通工作会议。市委常委、常务副市长杨雄和副市长沈骏、市政府副秘书长尹弘出席会议，杨雄同志、沈骏同志分别作了重要讲话。会议由许德明同志主持，黄融同志作工作报告，市建设交通两委领导，各局、各单位党政领导及有关部门负责人，各区县政府分管领导和建设交通委党政主要负责人等出席会议。

△ 2 月 2 日下午，上海市 2009 年城乡建设和交通工作会议在上海展览中心友谊会堂召开。市委常委、常务副市长杨雄和副市长沈骏、市政府副秘书长尹弘出席会议。杨雄在讲话中要求，要正确认识当前特殊时期的形势和任务；准确把握今年工作的重点和突破口，切实加强党的领导；转变队伍作风，提高能力素质。沈骏在讲话中指出，2008 年建设交通行业团结奋斗取得了较好的成绩，要继续坚持以科学发展观为统领，进一步振奋精神、主动作为、确保各项工作取得实效，全面推进今年建设交通事业又好又快发展。许德明对做好 2009 年工作提出要求，黄融对 2008 年工作进行了回顾，就 2009 年工作作出部署。

△ 2 月 3 日，许德明同志主持召开专题会议，研究党的建设和精神文明建设工作。

△ 2 月 4 日，市建设交通两委召开会议，研究地铁运营管理体制调整工作。许德明、黄融、孙建平等领导出席会议并提出有关要求。

△ 2 月 5 日，田赛男同志主持召开专题会议，研究提高道路路面质量和都江堰援建工程立功竞赛工作。

△ 2 月 6 日，许德明同志到航道局、中波轮船公司调研。

△ 2 月 10 日，田赛男同志主持召开提高道路路面质量工作会议。

△ 2 月 11 日下午，上海市 2009 年城乡建设交通系统党风廉政工作会议召开。市委常委、市纪委书记董君舒出席会议并讲话，董君舒指出，要认清形势，切实增强推进党风廉政建设的责任感和紧迫感；要真抓实干，进一步推动建设交通系统党风廉政建设走在全市前列；要严格责任，保证党风廉政建设各项任务落到实处。许德明要求，必须加强经常性的党风廉政教育，不断完善反腐倡廉各项制度，大力加强作风建设，切实抓好队伍建设。纪工委书记王来娣对 2008 党风廉政建设作了回顾总结，部署了 2009 年党风廉政建设工作任务。

△ 2 月 12 日，本市召开专题会议，部署推进“迎世博”门弄楼牌整顿工作。尹弘副秘书长出席会议并作重要讲话，强调，今年本市有 138 万块的门弄楼牌调换、更新任务，工作牵涉面较广，与城市运行秩序和社会市民日常生活关系密切，已列入今年市政府实事项目。为积极推进该项工作，一是各部门要密切配合，精心组织，高度重视各项工作的衔接和信息的同步；二是各区县要靠前一步，落实职责分工和工作经费，重点是建立长效管理机制；三是具体实施过程中要统筹兼顾，注意与 600 天行动其他各项工作的配合衔接，确保门弄楼牌整顿工作全面顺利推进，以迎接建国“60 周年庆典”和 2010 年上海世博会的举办。马云安副主任在会上明确，下一阶段，要成立专项推进工作组，设立工程实施、配套工作、法制保障、专项保障等 4 个小组，从职责分工、实施计划、配套调整、法制工作、过程衔接、资金安排、宣传动员等方面进一步细化落实各项工作要求。

△2月12日，市建设交通委全面推进本市建设工程安全质量监管工作。总体思路是：坚持“安全第一、预防为主、综合治理”的方针，以预防和遏制重大安全质量事故为重点，以落实安全质量工作责任制为抓手，狠抓责任落实、加强过程监管监督，确保实现“杜绝重大事故、遏制较大事故、减少一般事故”的安全质量工作目标。主要措施和任务包括：一是强化对重大危险源的监控。二是继续开展各类隐患的排查治理。三是创新监管机制。四是大力推进科技与管理创新。五是加强安全生产教育与培训。牢固树立“以人为本，安全第一”、“工程质量、百年大计”的指导思想，积极开展形式多样的安全质量工作宣传、教育与培训活动。六是完善应急预案。进一步完善应急机制和应急保障，结合高温和防台、防汛等季节性安全生产工作，建立完善应急救援的三级平台（市级、区级、工地），梳理短信群发系统，继续进行专业性的地区突发事故处置的应急演练，提高应急预案的可行性、实用性。切实加强应急设施建设和物资储备，继续完善有关救援物资、设备、人员的预先配置，推进抗灾抢险装备现代化，提高应急处置效率。

△2月12日，许德明、黄融等领导召开专题会议研究干部人事工作。

△2月13日，许德明同志主持召开专题会议，研究本市城镇拆迁矛盾及化解工作。

△2月16日，市建设交通系统召开党委会讨论听取提高道路质量工作和信访稳定工作的汇报。

△2月17日，市建设交通委根据市政府重点工作有关要求，在精神状态、任务明确、工作措施上，狠抓落实。按照跨前一步、主动作为、勇担责任的工作要求，认真梳理、分解，就涉及市建设交通委的有关工作，逐项明确分管领导、责任处室和节点推进要求，重点抓好三方面工作：一是全力推进世博筹办各项工作，围绕“保障世博”这一中心任务，抓紧、抓细、抓实工程建设、交通组织、管理措施、应急保障等工作，以临战、决战的姿态，严格按照节点目标，不折不扣地予以推进；二是全力推进国际航运中心建设，继续完善“两港”基础设施建设和加快与海、空枢纽配套的集疏运体系建设；三是全力推进民生工程，加快安居工程建设、落实公交优先战略和加快郊区农村基础设施建设。同时，在工作推进中，加强对重点、热点问题的调研，做到见势早、行动快，了解情况深、提出措施实，真正在工作中发挥委的参谋和辅助决策职能。切实加强工作的主动性和责任性，大力推进政府绩效管理和行政问责制度，确保全年工作顺利、高效完成。

△2月17日，建设交通系统召开组织干部处长会议，部署干部队伍思想政治建设和党的建设等工作。范志伟同志出席会议并讲话。会议部署了2009年组织、干部、人事、老干部工作。

△2月18日上午，范志伟同志主持召开第一批学习实践活动工作会议，了解活动各单位整改落实阶段工作进展情况，部署近期整改落实工作、总结工作与测评工作。市委学习实践活动第九指导组鲍贤明副组长到会指导。

△2月19日下午，范志伟同志主持召开第二批学习实践活动工作会议，研究部署第二批学习实践活动有关准备工作。

△2月19日，许德明同志到闵行联合发展公司调研。

△ 2月19日，近日市人大常委会副主任陈豪、市人大城建环保委主任甘忠泽和部分市人大代表到市建设交通两委调研。在认真听取市建设交通委2009年总体工作思路和法制工作有关情况的汇报后，市人大调研组对前阶段市建设交通两委围绕全市重点工作、民生热点和瓶颈难点所做的大量工作予以充分肯定。陈豪同志指出，当前正面临决战2010年上海世博会的特定历史时段和全力保增长的特殊经济形势，市人大城建环保委与市建设交通两委要进一步加强工作的沟通和衔接；要服务全市大局，在重大工程推进、迎世博600天行动、解决民生诉求和维护社会稳定等方面，进一步形成工作合力；要围绕“四个确保”，进一步加强人大监督，帮助推动住房保障体系建设、公交优先战略、环保行动计划等重要工作的落实；要立足上海实际，从本市经济社会发展的迫切需求出发，抓紧做好相关地方立法工作，为全市经济社会发展提供法制保障。市建设交通两委领导许德明、倪蓉、沈晓苏、徐建群参加调研。

△ 2月20日上午，市建设交通两委召开机关干部大会。许德明同志指出，全体机关干部在机构改革过渡期间表现出来的良好素质和工作态度，要进一步振奋精神，深入学习实践科学发展观，加强机关党的建设，切实改进作风，注重团结合作，提高工作能力和水平，营造良好的工作氛围。黄融分析了当前形势，重申了今年的工作要点，强调要头脑清醒，保持坚定的政治立场；振奋精神，树立必胜的信心；顾全大局，正确对待个人得失；精益求精，增强工作的主动性和责任心；加强学习，增强自身修养和能力，确保圆满完成今年繁重而艰巨的工作任务。

△ 2月23日，许德明同志到虹桥联合发展公司调研。

△ 2月24日，范志伟同志到上海邮政管理局调研基层党建工作。

△ 2月25日，田赛男同志到迎世博600天行动办公室调研。

△ 2月26日下午，市建设交通系统召开信访稳定工作会议。市委信访办公室、市人民政府信访办公室主任张示明出席会议并指出，建设交通系统高度重视信访稳定工作，做了大量卓有成效的工作，今年信访稳定工作形势严峻，要从思想上、工作上下功夫做好今年信访稳定工作。黄融同志就做好今年信访稳定提出要求，要认清形势，把握全局，进一步增强做好信访稳定工作的紧迫感和责任感；要围绕中心，突出重点，进一步提高信访稳定工作的预见性和针对性；要加强基础工作，健全长效机制，确保信访稳定工作取得实效。田赛男同志就2008年信访稳定工作进行了总结，对2009年信访稳定工作做出部署。

△ 2月27日，许德明同志前往市交通港口局参加党建工作会议。

△ 2月27日，本市召开2009年市重大工程建设工作会议。沈骏副市长出席会议并讲话。沈骏副市长充分肯定了2008年市重大工程建设取得了来之不易的成绩，圆满完成了投资完成额、开竣工情况、节点推进、工程安全质量等方面的预定目标。他要求，要立足全局、提高认识，进一步增强做好重大工程建设工作的紧迫感和责任感，又好又快地推进2009年重大工程建设。这既是确保经济平稳较快发展的首要任务，也是确保世博会成功举办的基础前提；既是确保民生持续得到改善的有效举措，又是确保社会和谐稳定的重要内容。市政府副秘书长尹弘主持会议。市发展改革委副主任王建平对今年重大

工程投资安排工作做了说明，市重大办主任、市建设交通委主任黄融对全年重大工程建设任务做了具体部署，市建设交通委副主任蒋曙杰对与世博密切相关的60个项目做了补充说明，浦东新区政府、申通集团、城建集团、建工集团、城投总公司和徐汇区政府等单位作了交流发言或书面发言。市政府有关委办局、各区县政府、市重大工程建设单位、参建单位和配套单位负责同志等参加会议。

△ 2月27日，市建设交通两委召开建设交通系统信访稳定工作会议。黄融同志传达了市委九届七次全会精神，提出了做好当前信访稳定工作的要求。范志伟同志主持会议，倪蓉同志传达全国维护稳定暨信访工作电视电话会议精神和市委关于做好今年信访稳定工作的有关意见，田赛男同志对2008年工作情况进行了总结、部署了2009年系统的信访稳定工作任务。

△ 2月27日，江苏省建设厅负责同志到市建设交通委调研。蒋曙杰同志代表市建设交通委介绍了委机构改革，以及本市重大基础设施建设、建设工程行政审批管理程序改革、城市管理、经济适用房建设、发挥江浙沪长三角综合优势等方面的情况，并对江苏省企业在本市大规模建设中所作的贡献和支持表示感谢。江苏省建设厅党组书记、副厅长江里程就推进长三角一体化、加强江苏与上海的对接、服务等方面提出设想。江苏省建管局局长高学斌等参加调研。

△ 2月27日，2009年市重大工程计划排定。共安排项目86项，年度计划投资1549.64亿元，年内计划新开工项目18项、计划建成或基本建成项目23项。

3、4月份

△ 3月2日下午，市建设交通工作党委书记许德明、市建设交通委主任黄融、副主任蒋曙杰、秘书长徐建群等两委领导赴上海东方体育中心工地和上海世博局调研。市建设交通两委领导表示，为确保世博会如期举行，我委将在工作中进一步加强服务，积极做好建设过程中的审批、办证等工作；进一步加强与上海世博局的沟通协作，精心做好世博会运营期间的交通组织方案；并根据世博局的需求，继续做好人才支援等工作。

△ 3月2日，市纪委（沪纪[2009]29号）决定，金梅萍、陈尚秀同志任中共上海市城乡建设和交通纪律检查工作委员会副书记；刘平同志任上海市监察局驻上海市城乡建设和交通委员会监察室副主任；免去王海宁同志原中共上海市建设和交通纪律检查工作委员会副书记、上海市监察委驻上海市建设和交通委员会监察室主任职务；免去余莉娟同志原中共上海市建设和交通纪律检查工作委员会副书记职务；免去顾兰英同志原上海市监察委驻上海市建设和交通委员会监察室副主任职务。

△ 3月3日上午，市建设交通工作党委书记许德明、市建设交通委主任黄融、副主任蒋曙杰、秘书长徐建群一行赴中建八局、浦东科技园工地调研，了解了工程进展情况，强调，浦东科技园是聚焦国家战略、服务国家战略的重要平台，市委、市政府领导高度重视，我委一定要全力以赴，全力支持、配合，确保项目优质高效完成。

△ 3月3日，市建设交通委主任黄融、副主任蒋曙杰、总工程师秦云带队到申通地铁集团调研工作，听取今年轨道交通工程建设情况汇报，了解企业困难和呼声。黄融主任强调，2009年的轨道交通建设任务十分繁重，委各部门要密切配合，通过月度工作例

会，针对企业提出的难点问题，做好协调推进和服务工作，确保实现今年“两会”上明确的工作目标；对于建设推进过程中碰到的新问题和难点问题，申通集团也要及时报告，便于委各部门及时掌握情况，及时商讨对策，确保按既定的节点目标推进、按时完成任务。

△ 3月5日，市建设交通系统第一批深入学习实践科学发展观活动总结会议召开。会议由市建设交通委主任黄融主持，市建设交通工作党委书记许德明作重要讲话，市建设交通工作党委副书记范志伟布置了两委机关学习实践活动群众满意度测评工作。两委领导班子成员及机关处室正、副处长，市建设交通系统第一批、第二批学习实践活动单位党政主要负责人，直属党委所属各单位党政主要负责人参加。同时，特邀市学习实践活动第九指导检查组有关成员、部分市党代表、市人大代表、市政协委员、离退休干部及服务对象、职工群众代表出席。

△ 3月10日下午，市建设交通两委领导许德明、黄融、田赛男、孙建平、蒋曙杰、徐建群、秦云带队前往浦东新区区政府拜访。市委常委、浦东新区区委书记徐麟、新区区委副书记张国洪、副区长万大宁、陆月星，新区建设交通委主任闵师林等出席。双方就共同推进行政审批改革、世博会相关重大工程、拉动内需的工程等工作进行了沟通。

△ 3月11日上午，市建设交通工作党委副书记田赛男、建设交通工作党委宣传处处长杭财宝、建设交通工会副主任汪建然和华师大林拓教授等一行5人来到中交第三航务工程勘察设计院有限公司就“企业文化建设、厂务公开民主管理”课题进行实地考察、调研座谈。田赛男副书记充分肯定了三航院的好经验好做法，一是企业文化建设，厂务公开民主管理战略目标定位准确；二是坚持实事求是，对每项工作都有比较系统的考虑；三是把党的全心全意为人民服务的宗旨通过企业的实践落到了实处，企业对青年人才的培养工作也做得好。

△ 3月11日，市建设交通工作党委（沪建委[2009]33号）决定，成立上海市城乡建设和交通系统精神文明建设委员会（简称建设交通系统文明委），其组成人员如下：主任: 许德明，副主任: 黄 融、田赛男、范志伟，委 员：王京春、徐建群、周 炜、张 旗、谢卫平、杭财宝、陈尚秀、年继业、曾 明、于福林、承建文。建设交通系统文明委下设办公室，由市建设交通工作党委宣传处负责日常工作。办公室主任：杭财宝，办公室副主任：徐国华。

△ 3月12日上午，黄融、沈晓苏、蒋曙杰、秦云同志带队前往青浦区政府拜访。青浦区区长高亢、副区长史家明等出席。双方就加快推进连接长三角的高速路网建设、虹桥综合交通枢纽建设、燃油税费改革等工作进行了沟通。高亢区长介绍了青浦区工作的有关情况，希望在今后的工作中进一步加强委、区沟通，也希望今后一些先行先试的政策能在青浦区进行试行。

△ 3月15日上午8时许，市城乡建设交通系统一委四局500余名机关干部，在各委局负责人的带领下，分别来到本市延安路（云南路——定西路）路段上的6座人行天桥和南北两侧道路绿化带，认真做好人行天桥栏杆、护栏玻璃和灯座的擦洗和保洁工作，清除道路两侧绿化带内的垃圾。市政府沈骏副市长、尹弘副秘书长、市建设交通委主任黄融等也参加了此次活动。沈骏同志要求建设交通系统各级机关干部要在“世博文明从我做起”活动中积极发挥带头作用。

△ 3 月 20 日，市城乡建设交通委决定，授予宋陆辉等 19 名选手“上海市建设行业技术能手”称号，授予上海建工（集团）总公司等 6 家单位“优秀赛区”称号，授予闵行区城市建设和管理局等 8 家单位“表扬赛区”称号，授予上海安装工程职业技术培训中心等 2 家单位“优秀赛场”称号，授予上海市市政公路工程行业协会等 4 家单位“表扬赛场”称号，授予朱剑琛等 23 人“优秀组织者”称号，授予王伟等 3 人“优秀裁判员”称号。

△ 3 月 21 日，黄融、沈晓苏、秦云同志听取了关于缓解翔殷路越江隧道交通拥堵、沿江通道（A30）工程、虹梅南路通道及越江工程前期工作情况的汇报，并明确下一步工作计划和目标：一是关于缓解翔殷路越江隧道交通拥堵方案；二是关于沿江通道工程，下阶段将继续深化浦东接线方案，包括与沪通铁路规划线位结合方案，并研究外环线扩容可行性。深化隧道主线方案，开展长隧道风险分析、通风消防专题论证和实施短地道的可行性研究。深化浦西接线规模论证和宝山圈围区域走向。在此基础上，确定列入技术储备计划，年内完成设计前期程序；三是关于虹梅南路通道及越江工程，下阶段将听取地方政府对各类型方案的意见，完善和深化研究中环线节点、越江节点和其他重要节点的方案。

△ 3 月 24 日，市建设交通工作党委领导带队到中交三航局二公司调研厂务公开和企业文化建设情况。田赛男同志在听取有关情况汇报后，对三航局二公司在厂务公开民主管理和企业文化建设方面所取得的成功经验给予充分肯定。双方还就职代会制度建设、民主评议领导干部、农民工培训等展开讨论。周炜同志参加调研。

△ 3 月 25 日，市建设交通委、市住房保障房屋管理局会同有关部门就进一步完善大基地市政公建配套等工作开展专项调研。针对调研中发现的少数居住社区还留有动迁问题，影响市政、公建配套与住宅的同步实施；部分居住社区外围市政设施和道路配套推进困难等问题，认真分析问题症结，研究突破瓶颈的措施、对策，并提出解决问题的初步方案。

△ 3 月 26 日，市建设交通委会同市发展改革委、市规划国土资源局、上海世博局等召开世博配套项目推进第一次工作会议，黄融主任、蒋曙杰副主任、秦云总工程师出席会议。黄融同志要求各有关单位立足全国和上海市经济形势，在工作推进中严格按照项目既定的时间节点目标，统一思想、提高认识、转变作风、主动工作，确保各类项目顺利完成，为本市经济发展作出积极贡献；要充分提供工作责任感和历史使命感，鼓足干劲、攻坚克难、聚焦难点、重点突破，力争前期动迁工作基本在 3 月底前完成、部分存在难点问题的在 4 月中上旬完成，并力争在年内完成一批项目，为世博路网交通组织工作预留空间。会上，市重大办就世博配套项目内容、建设计划及责任分解情况作了通报。

△ 3 月 27 日，市建设交通工作党委（沪建委 [2009]46 号），就市建设交通两委直属单位的党组织归口管理关系明确如下，一是归口市建设交通工作党委管理单位：上海市市政工程管理处、上海市公路管理处、上海市燃气管理处、上海市重大市政工程建设管理处（上海市道路管线监察办公室）、上海市城市建设工程学校、上海城市综合交通规划研究所、上海市市政规划设计研究院。二是归口市建设交通直属单位党委管理单位：上海市建筑建材业市场管理总站、上海市建筑建材业受理服务中心、上海市建设工程安

全质量监督总站、上海市市政公路工程质量安全监督站、上海市市政公路工程定额管理站、上海市城建热线服务中心、上海市城乡建设和交通委员会科学技术委员会办公室、上海沧达投资经济发展有限公司、上海公共交通卡股份有限公司、上海长江隧桥建设发展有限公司、上海市市政养护管理有限公司、上海浦江桥隧运营管理有限公司、上海市政实业有限责任公司、上海煤气表具有限公司。另外，市建设交通有关行业协会的党组织由市建设交通直属单位党委归口管理。

△ 3 月 30 日，本市召开旧区改造领导小组扩大会议，全面动员和部署进一步推进旧区改造工作。市委副书记、市长韩正指出，旧区改造是当前群众期盼的实事，是民生工作的大事，是市委、市政府今年的重点工作，在上海当前和今后全局工作中具有重要的意义。各级政府部门要尊重民意、透明操作，在动拆迁中完善政策、创新办法，以加快建设大型居住区和优质动迁房为工作突破口，进一步加强组织保障，各方协同、全力以赴加快推进旧区改造。副市长沈骏出席会议并讲话，要求各有关部门一是要认清形势，把握大局，充分认识旧区改造工作的重要性，二是要针对当前旧区改造安置房源不足的问题，抓紧拆迁腾地，落实扩区范围，调整建设机制，明确配套责任，调整定价机制，建立协调机构。姜平秘书长、尹弘副秘书长出席会议。市建设交通委黄融同志汇报了本市旧区改造工作推进情况。

△ 3 月 31 日，市城乡建设交通委公布 2008 年度上海市优质结构工程 161 项。其中建筑类工程 144 项，专业类工程 17 项。公布 2008 年度上海市文明工地 401 项，上海市文明场站 47 家。

△ 4 月 2 日，市建设交通两委领导许德明、黄融带队赴市城投公司听取重大工程推进情况介绍。双方就进一步推进由市城投公司牵头负责的路桥、水务、环境等市重大项目建设，有效化解工程推进中的突出问题，特别是规划落地、动迁进度、管线搬迁、证照办理等前期工作中的难点问题及资金落实、加快推进项目审批等工作进行了探讨。

△ 4 月 7 日，清明期间建设交通服务供应和城市运行保障总体有序。交通运输秩序正常，未发生重大事故。省际客运平稳有序。城市管理和服务供应正常有序。12319 城建服务热线共受理市民诉求 1402 件，其中，咨询、投诉、报修分别为 687 件、604 件、85 件。受市民外出扫墓影响，咨询和投诉量环比下降四成左右。全市供排水服务有序，中心城区日均供水量为 538.25 万立方米，自来水服务供应安全平稳，无重大爆管事故。市政公路燃气行业方面，本市高速公路总体运行情况平稳。燃气供应正常。绿化市容方面，游园活动方面：节前，组织力量集中开展安全隐患排查和整改治理行动，重点排查公园设施、危险化学品、烟花爆竹等方面的安全隐患；加强对公园内游客集中区域、游艺机、餐厅燃气具、电器设备、室内展厅、表演场、消防器材、租赁场所、外来人员居住地的安全检查和管理，坚决遏制各类事故发生。市容环境方面：重点对机场、火车站、客运码头、长途汽车站、轻轨交通等交通集散点、观灯区域和旅游景点等区域开展整治；确保路面畅通整洁，结合交通排堵，全面清除道路两侧占路堆物，规范主要道路和大型展销场所周边非机动车停放；对渣土、装潢垃圾进行全面清除，并加强巡查；整治乱设摊、跨门营业等现象，加强对道路和公共场所乱设摊、跨门营业现象的整治力度。城市保洁方面：据统计，4 月 4 日至 6 日全市生活垃圾总量为 48165 吨，较平时相对增加，本市环卫部门据此加强对生活废弃物、环卫设施、

居住区、市区各类道路、餐厨垃圾、装修垃圾、水域市容环境的管理力度。住房保障房屋管理部门切实抓好房屋应急维修工作，各应急中心，加强值班，落实责任制，保证24小时应急求助电话畅通，切实解决居民反映的“急、难、愁”问题。建筑业管理部门加强节日期间在建工程的督查，节前由市安质监总站就轨道交通工程建设、大型机械、重大危险源监管和劳务用工等内容开展专项检查，共检查工程96个；清明期间，安全、质量、民工维权、信访部门派出专人值班，保持24小时电话值班。节日期间建设工地未发生死亡事故、工程质量事故和民工集访事件。

△4月7日下午，沈骏副市长带队视察外滩通道公交枢纽站、外白渡桥等工程，并召开现场工作会，听取外滩地区交通综合改造工程推进情况及施工期间交通组织方案等的汇报，梳理、研究工程推进中的难点问题。沈骏副市长要求建设参与各方本着认真、务实、科学的态度，协同配合，按照既定的时间节点有序推进各项工作，一是要将施工安全始终摆在首要位置，加强工程建设过程中的风险控制；二是要进一步完善各项施工组织方案，切实提高工程质量；三是要加强施工现场文明施工管理，力争将对周边交通和环境的影响降到最低。

△4月8日，市建设交通委专题研究迎世博600天行动有关工作。黄融主任听取迎世博600天城市管理指挥部办公室有关第二个百日计划推进情况汇报和第三个百日计划安排。黄融同志指出：第二个百日计划涉及我委的计划任务取得阶段性成效。第三个百日计划是600天推进的关键阶段，要围绕高架道路、人行道、架空线、道路交通噪声等的综合治理，以及加强文明施工等工作，切实加大推进力度。下一步工作重点，一是要切实做好任务分解、节点控制，以4月底、5月底、6月底三个时间为节点，强化督促跟踪，确保第三个百日完成70%的任务目标。二是要对将要启动实施的项目加强梳理，确保工作做实做细；对已完成的项目要加强检查，及时整改存在的问题。三是要抓好资金落实工作，抓紧做好项目预算编制、方案审批等工作。同时，抓紧做好我委所负责的600天新增项目方案、部分项目调整方案的申报落实工作。对未定项目，要尽快纳入第三个百日计划。四是要对区县项目，加强监督检查和指导帮助，确保迎世博600天城市管理有关工作全面推进。五是要通过增加保洁设备、完善保洁规范、提高保洁效率等措施，着力加强道路、桥隧等的保洁水平。

△4月10日，市级机关工委（沪党工发[2009]7号），同意撤销中共上海市建设和交通直属机关委员会，建立中共上海市城乡建设和交通机关委员会。同意王京春、赵颖、徐经川、金叁芳、陈尚秀、汪建然、年继业、李晨曦、干斌等九位同志为中共上海市城乡建设和交通机关委员会委员，王京春同志任书记，赵颖同志任专职副书记，徐经川同志任副书记。

△4月11日上午，韩正市长来我委调研。沈骏同志参加。韩正同志指出，此次实行大部门体制机构改革后，市建设交通委与各职能局实现了很好的工作融合，全委上下体现了良好的精神状态、大局意识和责任意识，全市城乡建设交通工作真正形成了综合管理与协调格局。市建设交通委在本市全局工作中地位突出、作用关键、任务艰巨，面对当前的繁重任务和突出困难，要立足当前，着眼长远，积极作为，发挥更大作用，以良好的工作状况，体现改革成果。要全力以赴推进重大工程建设，为全市保增长作出贡献。要研究加快郊区新城建设步伐，突出重点推进城乡一体化发展。要抓住迎世博600天行

动计划契机，全面提升城市管理水平。同时，要抓住关键环节，在旧区改造与大型居住区建设、交通建设与管理、环境建设与保护、维护社会安全与稳定、转变职能与提高工作效能等方面实现突破。要着眼长远发展，做好相关规划研究。

△ 4 月 14 日下午，黄融主任主持召开 2009 年第 2 次委务会议，倪蓉、刘海生、蒋曙杰、秦云、江绵康、王以中、裴晓出席，机关各处室正副处长（主任）、正副调研员，以及城市发展信息中心、交通信息中心等事业单位的负责同志参加，建设交通工作党委秘书长王京春和有关处室负责人列席。会议听取相关委分管领导关于近期重要工作的通报。倪蓉副主任通报了新农村建设和旧区改造工作；刘海生副主任通报了大型居住社区建设工作；蒋曙杰副主任通报了重大工程建设等工作；江绵康巡视员通报了信息化工作。黄融主任传达了市政府二季度工作会议精神、市领导赴我委调研讲话精神，并部署了二季度重点工作。

△ 4 月 16 日，市建设交通工作党委（沪建委 [2009]58 号）决定，成立上海市城乡建设和交通委员会稽查办公室，与上海市城乡建设和交通委员会建设市场监管处合署办公。曾明同志任上海市城乡建设和交通委员会稽查办公室主任；梁凌云同志任上海市城乡建设和交通委员会稽查办公室副主任，试用期一年。

△ 4 月 16 日下午，市建设交通工作党委副书记田赛男召开了上海市城乡建设和交通系统工会工作第一次联席会议，21 家成员单位和部分直属单位的工会主席出席会议。会议就上海市城乡建设交通系统工会工作联席会议制度建立和建设交通系统近期开展相关工作做了通报。市总工会副巡视员、组织部部长杜乃根、市建设交通工作党委副巡视员、工会主任周炜出席会议。田赛男同志、杜乃根同志作重要讲话。

△ 4 月 17 日下午，上海市城乡建设和交通委主任黄融赴长江隧桥工程工地实地调研工程进展情况。黄主任强调，为确保工程按期竣工通车，要进一步优化调整工程进度计划，加快推进工程，抓紧做好调试运行，确保安全和工程质量全面受控。黄融主任要求该项目工程指挥部全力以赴，为工程竣工通车做好准备。一是要尽快形成预通车方案；二是对工程进行一次全面的检查和梳理，对因施工等原因产生的设计变更等进行测试，确保原工程设计功能全面实现； 三是在今年上半年完成长江桥隧养护招投标，加快落实人员、设备，确保长江隧桥工程投入使用后，始终处于良好的运行状态。市建设交通委副主任蒋曙杰、总工程师秦云等陪同调研。

△ 4 月 21 日，市城乡建设交通委印发《上海市建设工程文明施工迎世博专项整治方案》和《上海市建设工程迎世博文明施工整治标准（暂行）》，要求各有关单位认真遵照执行。

△ 4 月 23 日，本市召开市建设工程文明施工现场推进大会。沈骏副市长要求：一是要统一思想，提高认识，进一步增强工作责任感和紧迫感。二是要严格落实责任，坚持齐抓共管，确保文明施工专项整治的各项措施取得实效。三是要完善政策机制，积极推动科技和管理创新，不断提升文明施工和城市建设管理水平。尹弘副秘书长主持会议，市建设交通委主任黄融出席会议，市建设交通委副主任蒋曙杰部署下阶段推进要求。

△ 4 月 23 日，市建设交通委召开上海市第四届建筑业职业技能竞赛表彰会暨第五

届建筑业职业技能竞赛动员会，秦云总工程师出席并就推进本市建设交通行业职业教育工作的科学发展作重要讲话，要求各相关部门和单位充分利用开展职业技能竞赛的契机，总结经验，提升站位，广泛动员，精心组织，明确指标，落实责任，从实现建设交通行业职业教育科学发展的高度，着眼长远，做好建设交通行业长远发展所需人才的储备工作。上海市第四届建筑业职业技能竞赛自2008年9月开始，历时3个月，共有6个工种、165人因成绩突出，按规定直接获得晋升高级工资格。第五届建筑业职业技能竞赛活动从今年5月10日至8月15日。

△4月27日，市委组织部和市建设交通工作党委联合召开上海市深入开展工地党建联建工作推进会，总结交流近年来工地党建工作的做法和经验，共同商讨深入推进工地党建联建工作的意见和办法。市委常委、组织部长沈红光出席会议并作重要讲话，市建设交通工作党委书记许德明对工地党建联建工作作出部署。会议由市委组织部副部长冯小敏同志主持。各区（县）委组织部长、组织科长，区（县）建交委领导，系统各有关单位党委主要领导、职能部门负责人，以及部分社区（街道）党工委、居民区代表和建设行业大型国有企业、非公企业和有关建设工地负责人等参加了会议。

△4月28日下午，上海城乡建设交通系统召开“建设世博、服务世博。奉献世博”迎五一劳模先进恳谈会。市建设交通党委书记许德明同志在会上作重要讲话。许书记对劳模先进恳谈会这一形式给予充分肯定，并代表市建设交通工作党委、市建设交通委向全系统德各届劳模和先进致以亲切的慰问。恳谈会由市建设交通工作党委副巡视员、工会主任周炜主持。建设交通系统劳模先进、各单位党政负责人、工会主席等近200人参加会议。市建设交通工作党委副书记田赛男、市建设交通委员会总工程师秦云、巡视员江绵康也出席会议并与劳模交流互动。

△4月29日，本市召开数字化城市管理第三次联席会议。会议由尹弘副秘书长主持。沈骏副市长出席并作重要讲话。市建设交通委马云安副主任总结了2008年数字化城市管理工作情况。江绵康巡视员对12319城建服务热线2008年度工作进行了总结，明确今年的工作重点是开展服务热线综合绩效考评，狠抓管理服务责任的落实，加强与城市管理网格化联动，搞好“夏令热线”专题活动。市编办负责人对进一步落实网格化管理机构编制工作提出要求。

△4月29日，市建设交通委蒋曙杰副主任带队，对建筑工地节前安全生产、文明施工等进行检查，重点抽查虹桥综合交通枢纽工程。蒋曙杰副主任强调，2009年是城市建设决战之年，建设工程安全生产工作面临严峻挑战。各单位要充分认识面临的形势，把安全生产工作摆在更加突出的位置，落实措施，确保安全生产始终处于总体受控状态，确保不发生有严重社会影响的较大事故。

5、6月份

△5月4日，市建设交通工作党委召开党委会研究落实反腐倡廉分解任务和建立健全惩防体系五年规划的具体措施。

△5月6日上午，上海市建设交通行业迎世博精神文明建设工作会议在上海展览中心举行。市委宣传部副部长、市文明办主任马春雷出席会议并讲话，市文明办副主任陈振民、市迎世博600天行动城市管理指挥部副指挥李毓毅、窗口服务指挥部办公室副主任姚海等出席。市建设交通工作党委书记许

德明到会讲话，市建设交通工作党委副书记范志伟宣读了《关于命名表彰 2007–2008 年度（第八届）上海市建设交通系统文明单位的决定》。会议由市建设交通工作党委副书记田赛男主持。市建设交通两委领导，系统各局、各单位党政主要领导、分管领导和有关部门负责人以及所属基层单位党政领导和先进集体、个人代表，委机关各处室主要负责人和机关干部代表，委直属单位党委所属各单位党政主要领导、分管领导和职工代表，荣获 2007–2008 年度市文明行业、市规范服务达标先进行业、市规范服务达标行业代表以及市文明单位，委文明单位代表等参加会议。会议邀请了各区（县）建设交通委党政主要领导和建设交通行业大型企业集团负责人出席。

△ 5 月 7 日，许德明书记主持召开专题会议，落实近期动拆迁矛盾化解工作。

△ 5 月 12 日，建设交通系统迎世博安全保卫工作会议召开，许德明书记、黄融主任出席会议并讲话。许书记强调了加强系统迎世博安保工作的认识和责任，黄融主任通报了中央、市委、市政府领导关于做好世博安保的指示精神，并就加强系统迎世博安保工作提出要求。

△ 5 月 18 日，市建设交通两委召开市、区（县）建设交通党委书记、主任联席会议。会上，市建设交通工作党委书记许德明作重要讲话，市建设交通工作党委副书记、市建设交通委主任黄融通报相关情况，委有关领导出席，并回答了区县提出的有关问题。会议由市建设交通工作党委秘书长王京春主持。

△ 5 月 24 日，在都江堰蒲虹公路工地，黄融同志实地了解了工程进展情况，充分肯定施工单位——中铁 24 局集团公司在该项目建设中所作的工作，要求在下一步建设中，有关单位继续发挥顽强拼搏、协同作战的精神，进一步做好组织、管理、协调等多方面工作，确保工程质量、安全和工期全面受控。

△ 5 月 25 日，市建设交通委研究推进乱设摊等城市管理顽症治理工作。马云安副主任主持召开座谈会，并指出，今年是迎世博各项工作的关键之年，市、区两级绿化市容管理部门要加强交流，沟通，研究创新机制、办法，充分整合各类资源，开创城市管理顽症治理新局面。

△ 5 月 27 日，市建设交通工作党委（沪建委 [2009]76 号）决定，徐英福同志不再担任上海市城乡建设和交通委员会副处级干部，并办理退休手续。

△ 5 月 27 日，市建设交通委召开全市建设工程安全生产工作大会暨安全生产月动员大会，进一步部署落实各项安全生产工作措施，确保全市建设工程安全生产全面受控。田赛男同志在会上强调，要严格落实企业法人的主体责任和职能部门的监管责任，深入开展安全生产整治活动。对已发生的事故，特别是带来不良社会影响的，按照“四不放过”的原则，深入调查、严肃处理，并强化对个人执业资格、岗位证书的处罚力度。继续加强安全生产宣传教育等基础工作，加强建筑业农民工安全教育培训，进一步提高从业人员的安全生产意识。蒋曙杰同志在会上指出，一要深化安全生产标准化管理，在试点的基础上，完善和推进标准规范的实施。二要狠抓安全教育培训，重点是加强农民工的安全技能培训，规范施工企业安全教育培训工作，加强安全监管队伍的教育培训。三要严格规范执法，做到有法必依、执法必严、政令畅通、令行禁止。对敷衍塞责、不认真

执行安全生产相关规定的，对违反安全生产法律法规、酿成重特大事故的，依法严惩。

△6月1日，市政协副主席周太彤带队赴市建设交通委、交通港口局调研。重点是了解有关促进汽车消费、拉动内需以及本市高速公路运行管理的情况。市政协经济委员会主任乐景彭、副主任许培星，市政协人口资源环境建设委员会主任孟燕堃，副主任孙钟炬等参加调研。市建设交通委主任黄融汇报了本市高速公路运行、管理、收费及与周边省市的对接互通等有关情况。市交通港口局党组书记李文辉汇报了加强本市机动车额度管理，合理促进汽车消费的有关情况。

△6月2日，市建设交通委黄融主任走访世博园区日本馆建设工地。承担项目建设任务的日本竹中株式会社项目负责人山上先生详细介绍工地文明施工和安全生产管理的做法。黄融同志充分肯定日本竹中株式会社在项目施工中所采取的各项管理措施，要求市安质监总站通过学习、借鉴，结合实际在面上推广，把上海建设行业文明施工和安全生产的管理工作推上新的台阶。

△6月3日，市建设交通委会同市规划国土资源局联合召开本市建设工程行政审批程序改革试点区工作会议，部署长宁、闵行两区试点推行工作，解读《上海市建设工程行政审批管理改革试行方案》，并就改革的基本原则、主要方式、实施范围及主要流程等作了较详细的介绍。市建设交通委沈晓苏副主任在会上强调，一是要认真学习，统一思想，提高对建设工程行政审批程序改革重要性的认识，明确行政审批制度改革是建设服务型政府的必然要求，也是规范政府行为的必然要求。二是要大胆实践，认真总结，为全市建设工程行政审批改革的全面推进积累经验。要通过改革，进一步完善部门协同工作的机制。三是要加强培训、完善制度，为全市建设工程行政审批制度改革打下良好基础。市规划国土资源局徐毅松副局长到会讲话。市、区建设交通委、规划国土资源局等相关管理部门负责人，建设交通行业大型企业集团、审图机构负责人约130人出席会议。

△6月4日，团市委（沪团委发[2009]152号），同意成立共青团上海市城乡建设和交通工作委员会，同意王榕同志任书记。

△6月15日至19日，市建设交通委副主任蒋曙杰带队检查本市对口支援都江堰市灾后重建工程安全质量情况。市建设交通委检查组共检查在建工地38个，建筑面积近90万平方米，涉及9家施工企业。经查，援建工程现场安全质量状况基本稳定并受控，总体质量达到本市平均水平，部分工程创一流水平。

△6月17日，市妇联（沪妇组[2009]19号）决定，同意成立上海市城乡建设和交通妇女工作委员会，周炜同志为上海市城乡建设和交通妇女工作委员会主任人选。

△6月18日，交通运输部在南京组织召开促进综合交通运输体系建设和“十二五”规划编制座谈会。交通运输部李盛霖部长主持座谈。上海市城乡建设和交通委主任黄融围绕国家关于上海发展“二个中心”任务，本市配套开展航运中心集疏运体系规划建设和管理等有关工作作发言。

△6月23日，市建设交通两委召开系统干部大会。会议传达了全国机关党的建设工作会议和市委常委会精神，提出了加强建设交通系统机关党的建设和干部队伍建设，加强落实学习实践活动各项工作，进一步解

放思想，振奋精神，改进作风，提高能力，为圆满完成以迎世博为中心的建设交通和城市管理各项工作提供坚实有力保障的要求。市建设交通工作党委书记许德明就围绕中心加强机关党的建设和干部队伍作风建设提出要求，市建设交通工作党委副书记、市建设交通委主任黄融分析当前形势任务并对迎世博工作作出具体部署，市建设交通工作党委副书记田赛男传达了全国机关党的建设工作会议和6月5日市委常委会的精神。会议由市建设交通工作党委副书记范志伟主持。

△6月23日，市建设交通系统干部大会在上海展览中心友谊会堂召开。会议主题是：深入贯彻落实全国机关党的建设工作会议和市委常委会精神，加强建设交通系统机关党的建设和干部队伍建设，加强落实学习实践活动各项工作，进一步解放思想，振奋精神，改进作风，提高能力，为圆满完成以迎世博为中心的建设交通和城市管理各项工作提供坚实有力的保障。市建设交通工作党委书记许德明对围绕中心加强机关党的建设和干部队伍作风建设提出要求，市建设交通工作党委副书记、市建设交通委主任黄融分析明确了当前的形势任务并对迎世博工作作出具体部署，市建设交通工作党委副书记田赛男传达了全国机关党的建设工作会议和6月5日市委常委会的精神。会议由市建设交通工作党委副书记范志伟主持。出席会议的有：市建设交通两委、市水务局、市绿化市容局、市住房保障房屋管理局、市交通港口局机关副处级以上干部以及市建设交通系统直属单位党政主要负责人。

△6月24日，市建设交通委、市综治办联合召开上海市“平安工地”创建工作推进会。市建设交通工作党委副书记田赛男、市综治办副主任乐伟中、市建设交通委副主任蒋曙杰出席会议。会上，命名表彰了286个“2008年度上海市‘平安工地’”，并颁发荣誉证书。各区县建设主管部门和区县综治办、省市驻沪办建管处、在沪施工企业负责人代表等约120人参加会议。

△6月29日，市建设交通工作党委召开纪念中国共产党成立88周年座谈会。会议的主题是“深入开展学习实践活动，推动建设交通科学发展”。会议由市建设交通工作党委副书记、市建设交通委主任黄融主持，市建设交通工作党委书记许德明作重要讲话。市建设交通工作党委的主要领导、系统各局各单位党组织负责人、部分单位组织部门负责人、部分老干部代表以及委政工处室的负责人参加了会议。

7、8月份

△上半年本市重大工程建设项目累计完成投资703.7亿元。全年计划开工18项，上半年已有崇启通道、外高桥港六期、长江西路越江工程、上海东方体育中心、上海自然博物馆等14个项目开工建设，开工率达到77.8%；计划基本建成23项，其中，8号线二期已试运营，西藏路越江东线已试通车，500千伏外三送出工程已投运，上海超级计算机中心三期工程已竣工。

△7月1日，黄融主任主持召开落实第四轮环保三年行动计划工作例会。会上，黄融同志指出，由我委承担的35个项目正按照“重治本、重机制、重实效及市民评判、社会评定、科学评定”等“三重三评”的原则，按照既定的节点目标有序推进中，重点是大力提高固废处置，噪声、扬尘治理及新能源车推广应用等方面的工作绩效。下一步工作中，黄融同志强调要抓落实、抓推进、抓检查督促、抓难点重点的突破。孙建平、沈晓苏副主任出席会议并通报本市交通节能、建

筑节能工作情况，市水务局、市绿化市容局、市交通港口局、市住房保障房屋管理局、上海铁路局以及市城投公司有关负责人出席会议。

△ 7 月 1 日，全国唯一以展示隧道科技为主题的科普性展馆——上海隧道科技馆已开馆 5 周年。该馆作为 2004 年上海市科普实事工程之一，于当年 7 月 1 日，由上海市市长韩正揭牌开馆。

△ 7 月 1 日，市重大工程与世博重要配套工程——闵行铁路货场正式开通运营，该货场铁路线路已于 6 月 28 日率先开通。闵行铁路货场的建成投产为南浦货场搬迁创造了条件。该货场位于闵行区马桥镇昆阳路以西、剑川路以北，占地约 795 亩；设计年运量近期 580 万吨、远期 800 万吨。

△ 7 月 3 日，市建设交通工作党委召开专题会议，研究部署世博安保群防群治工作。

△ 7 月 4 日，世博唯一专用越江隧道——西藏南路隧道东线开通。开通后，原本通行于打浦路隧道的 8 条公交线路转而从这里过往。西藏南路隧道东线设计为双向双车道。

△ 7 月 5 日上午，国内首家进行直播的地铁电视在本市轨道交通世纪大道站开通。年底，上海地铁 5700 个车厢 LCD 屏、1500 个 PDP 站台大屏，将为每天 350 万以上的乘客提供即时播报的地铁运营信息和直播的新闻节目，形成全网直播体系。上海地铁电视的播出时间为每天 6:20~23:00。除了主要发布地铁运营信息之外，上海地铁电视的节目以新闻资讯为主，辅以公众服务类节目。

△ 7 月 5 日，今年首条轨道交通新线——8 号线二期开通试运行。8 号线一期和二期贯通后，全线行车采用大小交路的运行模式，全线投入运营的车站达到 28 座，线路长度增加到 37.5 公里；上海轨交网络运营总长度将达到 250 公里，车站总数增至 170 座。

△ 7 月 9 日下午，市人大城建环保委主任委员甘忠泽带队，由市人大常委、人大代表和有关专家组成的建设工程质量安全管理专项监督工作组一行 30 多人赴我委检查工作。我委分别就本市建设工程安全质量监管，重大工程推进和安全质量监管，建设市场准入与清出、建设工程招投标监管、工程标准规范管理等有关情况进行了汇报。市人大代表和专家详细询问了安全质量监管力量、事故分类、房屋质量标准、招标工程范围等方面问题。下一阶段，市人大督查组将对本市建设工程安全质量监管情况进行全面的检查、抽查。

△ 7 月 13 日，市建设交通委专题部署 2009 年度迎世博“夏令热线”有关工作。马云安同志主持会议，江绵康同志通报了 2009 迎世博“夏令热线”活动方案。根据安排，今年“夏令热线”由市建设交通委、新民晚报社主办，时间从 7 月 17 日—8 月 16 日，并将根据天气等情况适当延长。此次活动将通过行业承诺、领导专访、局长（区长）接听、现场处置、处长专栏、嘉宾访谈、特别行动、“金点子”活动、志愿者服务、社会评价、典型评选等形式，有效解决市民在夏令期间的各类问题、困难，并搭建互动平台，让市民进一步理解、支持和参与城市管理工作。

△ 7 月 14 日，市建设交通工作党委举行系统世博筹办情况报告会。市建设交通委副主任黄健之介绍了世博场馆建设情况。该报告会进一步振奋了全系统干部、职工的精神，增添了建设世博、服务世博、筹办世博的力量。

△7月15日，市建设交通工作党委召开党委会传达学习九届市委八次全会精神，并就建设交通系统贯彻落实市委全会精神，提出了具体意见。

△7月16日，本市工地党建联建党支部书记示范班在市建设交通党校举办。市建设交通工作党委副书记范志伟主持开办典礼，市委组织部副部长冯小敏出席并作动员讲话。

△7月17日上午，世博园区内最大的自建馆之一——美国国家馆开工建设。美国商务部部长骆家辉，中国商务部副部长马秀红，上海市常务副市长、世博会执委会常务副主任杨雄，美国展区总代表费乐友，美国驻沪总领事康碧翠和上海世博会事务协调局局长洪浩等共同为美国馆奠基。美国国务卿希拉里·克林顿发来贺信。开工前，上海市市长韩正会见了专程前来参加开工仪式的美国商务部部长骆家辉。

△7月17日下午，黄融主任主持召开2009年第3次委务会议，许德明、马云安、孙建平、蒋曙杰、王京春、秦云、江绵康、裴晓等同志出席，机关各处室正副处长（主任）、正副调研员，以及城市发展信息中心、交通信息中心等事业单位的负责同志参加，建设交通工作党委有关处室负责人列席。会上，许德明书记传达了九届市委八次全会精神；马云安副主任通报了600天行动计划推进情况，蒋曙杰副主任通报了重大工程建设情况和莲花河畔景苑事故处理情况；最后，黄融主任就贯彻落实九届市委八次全会精神，全力做好下半年工作作了讲话。黄融主任要求，一是要抓好学习传达，以九届市委八次全会精神武装头脑、鼓舞士气、指导工作。二是要对照会议要求，进一步梳理任务，明确目标、细化节点、落实责任。三是要着眼长远发展，切实加强各项战略性、制度性和基础性工作。

△7月18日，“上海中心”大厦主楼桩基工程顺利竣工。上海市委副书记、市长韩正出席了主楼桩基工程竣工仪式，沈骏副市长致辞。上海中心大厦设计总高度达632米，位于小陆家嘴核心区，2008年11月29日开工建设，预计2014年建成，届时将与金茂大厦和环球金融中心大厦形成“品”字形格局。

△7月20日，本市召开拆除违法建筑推进工作电视电话会议。沈骏副市长出席并作重要讲话，尹弘副秘书长主持。沈骏同志强调，拆除违法建筑，既是维护广大群众根本利益的迫切需要，也是上海筹办2010上海世博会和推进“四个中心”建设的重要举措，更是上海加快城市发展的必然选择。会上，市建设交通委马云安副主任就拆违工作情况进行了总结，分析存在问题，对下阶段工作做出明确部署。同时，下发了市政府批转的市建设交通委等四部门制定的《关于本市加强违法建筑拆除工作的实施意见》。

△7月21日，本市P+R停车换乘收费模式在地铁二号线淞虹路枢纽停车楼与地铁一号线锦江乐园站的虹梅路停车楼正式试点。当日，共计有150余辆自驾车的车主成为首批享受P+R换乘优惠的市民。

△7月26日，交通运输部启动了“长江口深水航道12.5米水深向上延伸至太仓工程”建设工作。工程建成后，将实现5万吨级集装箱船（实载吃水11.5米）全潮、5万吨级散货船满载乘潮双向通航至江苏太仓，进一步促进上海国际航运中心建设。

△7月27日，市建设交通委主任黄融

带队分别赴上海铁路局、上海机场集团调研。听取2家单位有关2010年上海世博会期间交通保障工作落实情况介绍，重点是了解交通保障方案、基础设施推进等情况，沟通上海世博会期间园区初步安排、人流预测及交通运能需求等情况，研究交通保障方案制定、落实过程中需要我委协调、解决的突出矛盾和问题。上海铁路局局长安路生、副局长应慧刚，上海机场集团副总裁汪光弟，上海交通港口局副局长周淮等参加调研。

△7月28日，沈骏副市长率领市建设交通委、市财政局、市发改委、交通港口局、上海海事局、港城集团、临港新城管委会、上海海事大学的有关负责同志来到中国航海博物馆建设动地调研筹建工作情况。沈骏副市长要求各单位一定要在确保安全和质量的前提下，精益求精地完成工程建设任务。要将中海博作为上海的重大工程、文化项目的重要组成部分，加大宣传、扶持力度，举全市之力建好中海博。

△8月11日，市建设交通委会同规划国土资源局联合召开建设工程行政审批程序改革第二批试点区工作推进暨培训会议，部署杨浦、普陀、徐汇、青浦、嘉定、崇明等6个区（县）试点推进工作，这是继浦东新区、闵行区、长宁区后的本市新一批试点区县。

△8月12日上午，铁道部和上海市重点建设项目——金山铁路支线改建工程开工。副市长沈骏参加开工大会。金山铁路支线改建工程建成通车后，将按照城际快铁模式运营，设计区段旅客列车速度为160公里/小时，列车开行分为金山至上海南站一站直达、站站停两种运营方式，其中一站直达旅行时间仅需30分钟，站站停旅行时间约为45分钟。该工程线路总长58公里，建设周期为二年，工程投资总额48亿元。

△8月13日，市建设交通工作党委召开市、区县建设交通党委书记联席会议。会议的主题是进一步推进深入学习实践科学发展观活动第一、二批单位市区县联动，加强全市建设交通行业党的工作协调和联系，推动全市城乡建设交通事业发展。会议由市建设交通工作党委秘书长王京春主持，市建设交通工作党委书记许德明作重要讲话，市建设交通工作党委副书记范志伟通报了党建联建工作情况，市建设交通委秘书长徐建群通报了行政工作的有关情况。出席会议的有：市建设交通工作党委领导，各区县建设交通党（工）委书记，市建设交通工作党委有关处室主要负责人。

△8月13日下午，市建设交通工作党委召开市、区县建设交通党委书记联席会议，进一步推进深入学习实践科学发展观活动第一、二批单位市、区县联动，加强全市建设交通行业党的工作协调和联系，推动全市城乡建设交通事业发展。会上，许德明书记就进一步加强建设交通领域党的工作提出三点意见：一要把握方向，谋划全局；二要加强基层党建、做好群众工作；三要抓好干部队伍建设。

△8月14日，本市召开第八次无障碍环境建设推进工作联席会议。胡延照副市长出席会议并讲话。市政府副秘书长范希平主持会议，市建设交通委副主任马云安总结前阶段工作情况，部署下阶段重点工作，市残联理事长金放明确了创建全国无障碍建设城市迎接检查的有关要求。上海世博局、市绿化市容局和黄浦区政府有关负责同志在会上作了交流发言。

△8月14日，市建设交通委主任黄融带队巡视“迎世博600天行动”城市管理有关工作落实情况。徐建群秘书长陪同巡视。

巡视组一行主要查看了成都北路龙柱清洗、延安路高架涂装、花式护栏设置、自调式防沉降窨井设置、人行道设施设置整治等情况，并召开专题会议对下阶段工作提出要求。

△8月14日，市建设交通工作党委（沪建委[2009]119号）决定，裴晓同志任上海市城乡建设和交通委员会副总工程师。

△8月17日下午，韩正市长、沈骏副市长等一行视察了外滩地区交通综合改造工程、慰问建设者，并听取我委有关工作情况的汇报。

△8月18日，市建设交通工作党委召开专题会议，研究工程建设领域突出问题专项治理工作。

△8月25日，军工路越江工程东线隧道实现贯通。军工路隧道设计为双向八车道双管隧道，2010年年底建成。军工路越江工程北接浦西军工路、南连浦东金桥路，越江线位处于杨浦大桥和翔殷路隧道之间，是中环线快速路穿越黄浦江下游的重要越江节点，隧道工程全长3.05公里，采用14.87米大型泥水平衡盾构法施工的约1.5公里。

△8月26日下午，市建设交通工作党委召开迎世博600天行动窗口服务“五比五赛”暨文明创建活动中途推进会。市建设交通行业有关单位分管领导和部门负责人约70人参加了会议。会上，市建设交通工党委副巡视员、工会主任周炜总结前阶段工作，并对下一步工作进行了部署；市交通港口局、市绿化市容局、市邮政公司、上海大众出租车公司和市公路管理处负责人先后作了交流发言。会议表彰了荣获“迎世博贡献奖”的单位和个人。市总工会副主席杜仁伟、市建设交通工作党委副书记田赛男出席会议并讲话。会议由市建设交通工作党委宣传处处长杭财宝主持。

△8月28日，市建设交通工作党委牵头召开全市动拆迁突出信访矛盾化解工作推进会议。会上，许德明书记就认真贯彻落实市委、市政府《关于全力化解动拆迁引发的信访突出矛盾的意见》，全面推进化解七类动拆迁突出信访矛盾各项具体工作提出三点意见：一是充分认识全市动拆迁矛盾化解工作面临的有利形势和难得机遇；二是准确把握当前动拆迁突出信访矛盾的发展趋势和特点；三是切实抓好矛盾化解各项措施的落实。

△8月28日，黄融同志主持召开建筑渣土整治工作推进小组联席会议，明确下一步工作中要加强工作联动，强化源头管理，加强车辆车况和码头监管，加大城管执法力度，继续扩大落实卸点。要从源头、运输、处置的全过程，形成齐抓共管的良好局面。

9、10月份

△9月3日，市建设交通工作党委召开“两委四局”机关党委书记会议。会上，市建设交通工作党委副书记范志伟对机关党建工作“走在前头”提出具体要求。

△9月3日，本市建设工程招投标监管工作全面启动“评标专家语音通知系统”。沈晓苏副主任在启动仪式上强调，建立评标专家语音通知系统是本市贯彻落实全国工程建设领域突出问题专项治理工作的一项重要举措，旨在从机制上杜绝评标专家名单泄露，规范评标专家行为。市纪委、市监察局有关负责同志出席今天的启动仪式。

△9月4日和9日，市建设交通两委领导许德明书记、范志伟副书记、秦云总工

程师等分别带队到上海城市管理职业技术学院、上海市城市建设工程学校走访慰问，听取两所学校近年来有关教学发展情况汇报和一线教师的意见建议，积极探讨如何结合建设交通行业特点，培养实用型技能人才的途径和办学模式。两委领导充分肯定行业各有关学校为推进本市建设交通行业又好又快发展所做的突出贡献，对辛勤奋斗在教学一线的园丁们致以最崇高的节日祝福和问候。

△ 9 月 9 日，市建设交通委会同水务局、绿化市容局、住房保障和房屋管理局、交通港口局联合发文，加强建设交通系统、行业国庆期间安全稳定工作。

△ 9 月 17 日，杨雄常务副市长来我委调研建设系统行政审批事项清理工作。市审改办顾国林副主任、市政府法制办张忠玉副主任，许德明、黄融、倪蓉、沈晓苏同志及市水务局、交通港口局、住房保障房屋管理局、绿化市容局有关负责同志参加调研。在听取黄融同志及各有关局负责同志汇报本单位行政审批事项第二次清理的情况后，杨雄同志指出，下一步工作中，各单位要加强与审改办、法制办的沟通联系，认真梳理行政审批事项二次清理工作中提出的取消、整合归并和需要研究的事项；对目前不具备取消条件、但将来可以取消的行政审批事项，要列出阶段性工作计划，提出后续措施；要通过行政审批事项清理工作，研究解决以批代管、分级管理等问题，优化管理流程。

△ 9 月 18 日，建设交通委近日牵头召开“上海世博会交通和安保工作苏浙沪两省一市交通、公安交警部门沟通对接会”。江苏省、浙江省、上海市的交通厅（委）、公安交管局（交警总队），公路、港航、运管部门及苏州市、嘉兴市交通、公安交警等部门负责同志出席会议。上海世博安保协调小组前方工作组副组长张亚宏、夏继权等莅临会议指导。会上，市建设交通委介绍了世博交通组织和安保工作方案总体情况，并提出下一步苏浙沪交通管理部门加强世博交通和安保工作合作的初步框架；市公安局交警总队介绍了上海市市境公路道口安检站建设、车辆诱导分流方案；市交通港口局介绍了世博安保涉及的内河运输、危化品运输和省际长途客运管控措施。与会代表就上海世博会交通与安保工作联动机制建设、上海市出入境公路道口安检站建设、车辆诱导分流方案和内河运输、危化品运输、省际长途客运管控等工作展开了充分的沟通与对接。会议明确，一是在已经建立的苏浙沪两省一市公安交警部门联动机制基础上，研究建立交通部门上海世博会交通与安保工作联动机制；二是加快推进安检站建设，进一步明确建设标准和建设主体，重点推进涉及江、浙两省的 5 个站点建设；三是在明确道口安检要求、责任、分流方案、运行模式、联动机制、工作计划的基础上，深化、细化上海世博会期间江、浙两省进入上海市的主要高速公路车辆诱导分流方案；四是对上海世博会水上安保方案涉及的、途经上海内河区域不装卸货物的船舶监管、船舶超载、三无船舶整顿、信息互连互通、重点危险品运输船舶监控等问题统一了认识；五是对上海世博会“环沪护城河”工程涉及的道路运输管控 8 个方面的具体措施达成初步共识。

△ 9 月 21 日，市政府（沪府任 [2009]158 号）决定，任命袁嘉蓉为上海市城乡建设和交通委员会副巡视员。

△ 9 月 21 日晚，《城市，我们的自豪》——上海建设交通行业庆祝中华人民共和国成立 60 周年文艺会演在东方艺术中心隆重举行。市委常委、常务副市长杨雄，市人大常委会副主任、市总工会主席陈豪，副市长沈骏等

领导在文艺会演前接见了本市建设交通行业的老干部和劳动模范代表，并与广大干部职工一起观看了文艺节目。市建设交通工作党委书记许德明，副书记、市建设交通委主任黄融，副书记田赛男、范志伟等同志出席。文艺会演分为《祖国颂歌》、《城市礼赞》、《行业情怀》、《唱响世博》四个篇章，全部由来自本市建设交通行业的30多家单位、500多位干部职工自编自演。

△9月24日起，许德明、黄融、沈晓苏同志分别带队对本市轨道交通站点、公交、水路客运、长途客运、机场等交通枢纽和重大工程建设工地、重要桥隧、城市供水、供气等的“国庆”和世博安保工作落实情况进行督查。许德明同志要求各有关单位在下一步工作中，继续抓好督导检查，组织暗查暗访，重点加强对小、散、远单位的检查，切实堵塞工作漏洞。黄融同志要求轨道交通部门继续做好轨道交通站点导向标志标识和高峰期引导分流工作，加强安检值守，加大安检力度，确保节日安全运行；要求燃气部门充分发挥小区管理优势，组织好燃气安全报警设备与脱排、灶具联合开发调研，加强宣传，尽可能调动市民自觉参与燃气安全报警设备进小区的积极性。

△9月26日，本市对口支援都江堰市灾后重建立功竞赛中途表彰大会。市政府副秘书长、市对口支援都江堰市灾后重建指挥部总指挥薛潮，市建设交通工作党委副书记田赛男，市总工会副主席杜仁伟，团市委副书记徐彬，市妇联副主席黎荣，市对口支援都江堰市灾后重建指挥部副总指挥许解良、是明芳和成都市、都江堰市有关领导出席会议。田赛男同志代表上海市对口支援都江堰市灾后重建工程立功竞赛组委会宣读表彰决定。上海城建集团都江堰市七一聚源中学项目部、上海绿地集团都江堰市向峨小学项目部荣获上海市“五一”劳动奖状荣誉称号，陆华林、郁勇、吴世伟荣获上海市“五一”劳动奖章荣誉称号，中铁二十四局都江堰市塔子坝中学重建项目部等10个集体荣获上海市“工人先锋号”荣誉称号。会上还表彰了一批 “三八”红旗手和上海市青年突击队。

△9月27日，市建设交通工作党委、市建设交通委召开2009年度两委领导班子民主生活会。

△9月28日，市建设交通系统中央在沪单位党委书记工作会议召开。会议主题是学习贯彻党的十七届四中全会精神，进一步贯彻落实科学发展观，交流党的建设工作经验，做好建设交通系统中央在沪单位服务工作，全面推进中央在沪单位各项工作。会上，市建设交通工作党委书记许德明作重要讲话，市建设交通工作党委副书记范志伟通报了党建工作的情况。市建设交通工作党委领导、建设交通系统中央在沪单位党委书记、市建设交通工作党委机关各处室负责人出席。

△9月28日，市建设交通工作党委召开建设交通系统中央在沪单位党委书记工作会议。会议的主题是：学习贯彻党的十七届四中全会精神，进一步贯彻落实科学发展观，交流党的建设工作经验，做好建设交通系统中央在沪单位服务工作，全面推进中央在沪单位各项工作。会上，市建设交通工作党委书记许德明作重要讲话，市建设交通工作党委副书记范志伟通报了党建工作情况。会议由市建设交通工作党委秘书长王京春主持。出席会议的有：市建设交通工作党委领导、建设交通系统中央在沪单位党委书记、市建设交通工作党委机关各处室负责人。

△10月14日，市建设交通工作党委召开建设交通系统学习贯彻党的十七届四中全

会精神，加强改进新形势下党的建设工作会议。会上，市建设交通工作党委书记许德明作重要讲话，市水务局党组、申通地铁集团党委、上海铁路局党委、中波轮船公司党委等四家的领导作了交流发言。会议由市建设交通工作党委副书记范志伟主持。出席会议的有：市建设交通工作党委领导，各局、各单位党委（党组）正、副书记，直属单位党组织负责人，市建设交通工作党委处室负责人。

△ 10 月 15 日，市建设交通委专题研究推进交通排堵保畅有关工作。黄融主任、沈晓苏副主任、江绵康巡视员和市公安局朱伟明副局长，以及交通港口局、交警总队、交通信息中心、申通集团等有关负责同志参加会议。在听取近期本市交通运行状况和下一步排堵保畅工作计划的汇报后，黄融同志强调，四季度，在宏观经济形势的转好，重大工程、各类道路整治施工对交通的影响依旧较大，以及本市的机动车拥有量和机动化出行量预计还将持续增长等背景下，本市交通形势依旧十分严峻。下阶段，本市建设交通部门在继续加强工程推进力度、狠抓文明施工、安全施工管理的基础上，要积极会同交警等部门重点从五个方面推进道路交通排堵保畅工作。一是建立交通排堵保畅联席会议制度，加强对道路交通运行状况的分析研究；二是加快各项道路设施建设，确保主要交通敏感点按时还路；三是加强文明施工管理，降低掘路对道路交通的影响；四是加大管线施工统筹协调力度，严控四季度掘路总量；五是提高交通管理水平，大力倡导公交优先。

△ 10 月 19 日，黄融主任主持召开时建设交通委 2009 年第 7 次主任办公会议，副主任倪蓉、沈晓苏、蒋曙杰、总工程师秦云、巡视员江绵康、副巡视员袁嘉蓉等参加会议。办公室、政策研究室、法规处、审计处以及委相关处室负责同志列席会议。会议审议并原则同意法规处季权同志汇报的《上海市建筑节能条例（草案）》、科技委汤文同志汇报的《上海道路技术中心组建方案》及审计处余莉娟同志汇报的《委托审计管理暂行办法》等。

△ 10 月 20 日，市建设交通委专题研究推进数字化城市管理工作。黄融主任、马云安副主任、江绵康巡视员、袁嘉蓉副巡视员等参加会议。在听取有关工作汇报后，黄融同志强调，要切实加强数字化城市管理工作，使其成为提高城市管理水平的有效手段，特别是在世博会 184 天运行期内，充分凸显数字化城市管理的作用和优势。下阶段要重点做好六方面工作，一是积极推进落实区县网格化管理机构编制工作；二是抓紧形成数字化城市管理政府规章草案，并适时向市政府常务会议专题汇报；三是根据 600 天行动形成的法规规章和标准规范，调整完善网格化管理部件事件内容、发现处置标准、规范、流程和归责；四是切实强化委的协调监管考核督办作用，完善 1+3+X 综合绩效考核评价体系，加大对市区两级相关职能部门协调力度；五是进一步规范数字城管队伍建设，统一组织岗位培训，提升法律知识、岗位技能等队伍素质；六是继续推进郊区县网格化区域拓展，以及市政、绿化专业网格化建设工作。

△ 10 月 22 日，团市委（沪团委发[2009]242 号）同意顾剑锋、曹丽莉（女）同志任共青团上海市城乡建设和交通工作委员会副书记。

△ 10 月 23 日，市建设交通委召开“现浇预应力混凝土箱梁质量事故通报会”。会上通报了近期本市接连发生的数起现浇预应力混凝土箱梁施工过程中，预应力张拉后底

板混凝土大面积崩落事故的情况。蒋曙杰副主任就“深刻吸取教训，采取必要措施，全面提高混凝土结构工程施工质量”作重要讲话。

△ 10 月 24 日，市建设交通委专题研究推进拆除违法建筑工作。黄融主任、马云安副主任、江绵康巡视员和市城管执法局恽奇伟副局长等参加会议。会议听取了新修订的拆违条例实施后，全市拆除违法建筑工作情况汇报。黄融同志指出，新的拆违机制实施以来，全市拆违工作总体趋好，职责分工逐渐明晰。并提出了下一阶段要重点做好的五方面工作。

△ 10 月 27 日，市委组织部（沪委组[2009]58 号）同意华贸国际货运有限公司党委归口我市城乡建设和交通工作党委。

△ 10 月 29 日，蒋曙杰副主任带队到建设工地现场进行专项检查，并对部分工地提出整改要求。

11、12 月份

△ 11 月 2 日，市建设交通委研究落实轨道交通运营振动噪声评价标准公示前各项准备工作。蒋曙杰副主任主持召开会议，研究《上海市城市轨道交通（地下段）列车运行引起的住宅室内振动与结构噪声限值及测量方法（草案）》公示相关准备工作。市政府新闻办、网宣办、质量技监局、环保局、申通地铁集团及有关区建设交通委的负责同志出席会议。会议明确，一是“标准”限值要严于国家标准，要在新建、改建等工程中强制执行，力争于 2010 年 1 月 1 日起实施。二是根据技术标准编制程序，该“标准”于 11 月 5 日起在市质量技监局网站上进行公示，市环保局负责解释工作；检测单位的计量认证工作由市环保局和质量技监局负责落实。三是要求有关部门加强新闻舆论引导工作，积极做好信访矛盾的处置、房屋检测及修理方案的研究制定等工作。四是明确对于地铁运营引起的振动和噪声，由区政府请相关检测单位进行检测，如情况属实，采用工程技术措施和运营调度措施进行减振降噪；若仍不能达标，由区政府会有关部门制定房屋修缮方案等。五是浦东新区杨思路、闸北区青云路和杨浦区延吉地区等试点工作按现有工作机制，进一步积极探索，加快推进。

△ 11 月 3 日，上海市建筑业第五届职业技能竞赛圆满落幕。该活动由市建设交通委主办，本市 19 个区县、市建工集团、城建集团、中建八局和装修装饰行业协会共组成 23 个分赛区参加。2572 名选手报名参加 7 个工种 39 场角逐，1132 人通过应知应会考试，取得中级工证书，其中 115 人成绩突出，按规定直接晋升高级工。

△ 11 月 10 日，市委（沪委 [2009]736 号）同意陈策、陈文泉同志退休。

△ 11 月 11 日，市建设交通工作党委召开市建设交通系统党政负责干部大会。会议主题是传达学习九届市委九次全会精神。会上，市建设交通工作党委书记许德明传达了俞正声书记在九届市委九次全会上的讲话精神并作重要讲话。市建设交通工作党委副书记范志伟在会上传达了市委副书记殷一璀就《实施意见（讨论稿）》作的说明。市建设交通两委领导，市建设交通系统各局、各单位党政主要领导，市建设交通系统直属单位党政主要领导，市建设交通两委机关正、副处长出席了会议。

△ 11 月 13 日，市委、市人民政府（沪委 [2009]747 号）同意上海航运交易所行政

隶属关系由上海市交通运输和港口管理局划归上海市城乡建设和交通委员会。

△ 11 月 16 日下午，黄融主任主持召开市建设交通委 2009 年第 8 次主任办公会议，副主任倪蓉、马云安、刘海生、沈晓苏、蒋曙杰，秘书长徐建群，总工程师秦云，巡视员江绵康、王以中，副巡视员裴晓、袁嘉蓉等参加会议，办公室、政策研究室、法规处、审计处以及委相关处室负责同志列席会议。会议审议了城市环境处承建文同志关于徐浦生活垃圾中转站配套环卫专用道建设协调情况、建设市场监管处曾明同志汇报的《上海市建设工程勘察质量管理实施细则》、刘军同志汇报的《〈上海市建设工程文明施工管理规定〉实施方案》等，并对其提出意见；会议审议并原则同意审计处余莉娟同志汇报的《委托审计管理暂行办法》、规划处朱剑豪同志汇报的《关于落实市政府开展“十二五”规划编制专题会议的工作意见》。

△ 11 月 19 日下午，沈骏副市长一行视察了西藏路、新建路和人民路等越江项目及外滩通道等世博配套道路项目建设情况，要求各有关部门和参建单位围绕 11 月 4 日本市加强交通秩序管理，确保交通畅通电视电话会议上韩市长的讲话精神，将工作做实做细，切实发挥排堵保畅的作用，为逐步改善区域交通作贡献。在世博配套项目建设推进会议上，沈骏同志强调，各建设单位要充分考虑近期天气变化等不利因素，克服一切困难，做好收尾工作，确保工程按计划顺利完成。各管理部门和相关单位要加强施工现场管理和监管，注重工程细节处理，确保工程安全和质量。各参建单位要严格贯彻落实市政府 18 号令，推进文明施工管理工作，最大限度降低施工带来的负面影响。市区部门要加强联动，明确建设单位主体责任，推动办证工作。市建设交通委要继续组织召开世博配套项目专题会议，加强协调，努力解决推进中存在的困难；同时，要结合排堵保畅工作，组织研究世博配套项目信息发布工作，做好宣传引导工作。

△ 11 月 20 日，市建设交通委紧扣保障世博需求，进一步强化网格化管理作用。市建设交通委会同有关单位专题研究如何围绕世博需求，进一步完善城市网格化管理功能，研究破解城市管理顽症。明确，由各有关单位 600 办牵头，在一个月内完成各自职责范围内的管理部件事件内容和标准的梳理、调整和完善，明确管理需求。由市城市发展信息研究中心牵头，在明年 3 月份前，根据管理新内容、新需求，完成全市网格化管理普查和系统调整工作。同时，进一步整合统一网格化管理与 12319 城建服务热线的管理词汇，整合管理资源。针对市数字化城市管理数据平台显示的雨水箅子、占道无照经营等位列网格化管理部、事件立案总量前十位的城市管理顽症，要求有关行业主管部门分析问题、查找原因，提出对策措施，开展深化治理。

△ 11 月 20 日，我委会同市城管执法局、规划国土资源局、住房保障房屋管理局专题研究推进拆除违法建筑工作。马云安副主任以及恽奇伟、陈华文、黄永平副局长出席会议。马云安同志强调，下阶段工作中，一是要进一步加强一委三局的沟通联系，统一思想、形成合力、切实推进；二是要千方百计推动区县拆违机构落实到位，专门机构、专职人员、实体运作；三是要重点针对正在搭建的违法建筑，健全工作机制，及时发现、坚决制止、有力拆除；四是要市区联合，加强对重点、典型案件的现场督办力度；五是要加大舆论宣传力度，加大拆除工作实效报道，提高百姓对违法建筑危害性的认识，增强拆违工作的震慑效果；六是要注重做好今

年底的区县年度考核，一委三局共同参与，突出重点、明确方案、认真组织、严格奖惩，为新阶段的拆违工作开个好头。

△ 11 月 23 日，市建设交通委主任黄融赴市市管处调研。徐建群秘书长陪同。黄融同志一行在听取有关工作汇报后，充分肯定了市市管处围绕“迎世博 600 天行动”所做的工作，强调下阶段要紧紧围绕五个方面开展工作：一是要围绕世博会做好各项保障工作，要成立专门的工作小组，切实做好世博会期间的道路应急保障工作；二是要围绕“十二五”规划编制工作，做好城市道路路网规划，以实现上海“四个中心”建设的总体目标；三是要围绕增强行业管理，发挥行业主管部门的作用。要认清职责定位，建立起一系列标准、规范、考核等长效管理机制；四是要以改善民生作为工作的出发点和落脚点，给市民提供安全、便捷的出行环境；五是要围绕市委市政府明年的工作重心，确保各项工作有序进行。黄融同志还要市市管处做好五个方面的研究工作：一是在工作中探索行业管理改革发展的出路；二是提升站位，积极研究深化行业管理职能；三是按照国际大都市的要求，汲取其他城市的先进经验；四是重视标准规范的制定，做深做细标准，使其具有较强的指导性和可操作性；五是要积极参与市大型项目的交通疏导研究，做好保障工作。

△ 11 月 24 日，市建设交通委专题研究灾害性天气防范工作。徐建群秘书长主持召开会议，传达市政府灾害性天气防范工作专题会议精神，结合天气趋势分析，总结本市建设交通行业近期防范灾害行天气的工作情况，部署下阶段工作。徐建群同志强调，下一步，要把行业冬季灾害性天气防范工作做深做细做实。一是要进一步加强组织领导。强化全行业人员的防范意识；适时启动应急预案，即使制定落实针对性措施；运用市场化机制，保障应急物资储备。二是要进一步加强信息沟通。重点是加强与市应急办、气象、铁路、民航、海事等部门的信息沟通，及时掌握动态情况，主动协调，确保城市正常运行和社会安全稳定。三是要进一步加强督导检查。细化完善各项应急预案，明晰责任，周密部署，加强值班值守，确保通信畅通，能及时处置灾害性天气造成的各类突发事故。

△ 11 月 25 日“迎世博公共秩序日”，由上海市妇联主办，市建设交通委、市三八红旗手协会协办的上海市三八红旗手地铁志愿服务活动在地铁人民广场站举行。上海市副市长、市巾帼建功领导小组组长沈晓明、市妇联主席张丽丽出席启动仪式。此次活动共有 60 名市三八红旗手参加。来自市建设交通系统的董黎、周跃华、王青、马素云、张华英等 10 名市三八红旗手参加志愿者活动，她们身穿统一的志愿者红马甲，在地铁 2 号线人民广场站台示范先下后上等文明乘车规范，向乘客发放倡导文明乘车的交通卡袋，宣传“遵守秩序，平安出行，礼仪上海，文明世博”的理念。

△ 12 月 2 日，在“2009 年上海市民主评议政风行风对市政供气系统评议情况反馈大会”上，市政风行风监督员邵敏华组长代表第六组，对全市市政供气系统接受“重点评”反馈评议意见。黄融主任代表市建设交通两委和全市市政供气系统干部职工，针对评议意见指出的主要问题与不足，谈了四个方面的整改思路。市建设交通工作党委书记许德明、市建设交通纪工委书记王来娣出席会议，市纪委市监察局纠风室副主任袁旭升主持会议。

△ 12 月 2 日下午，黄融主任主持召开市建设交通委 2009 年第 9 次主任办公会议，

副主任倪蓉、马云安、刘海生、孙建平、沈晓苏，秘书长徐建群，总工程师秦云，巡视员江绵康，副巡视员裴晓、袁嘉蓉等参加会议，办公室、政策研究室、法规处、审计处以及委相关处室负责同志列席会议。倪蓉副主任通报了韩正市长赴青浦、长兴岛调研情况；马云安副主任通报了《关于进一步加强本市生活垃圾管理的若干意见》及老港垃圾填埋场建设工作有关情况；孙建平副主任通报了市政府常务会议讨论通过《关于进一步促进本市出租汽车行业健康持续发展的意见》、出租车企业座谈会以及出租车行业政策有关情况；沈晓苏副主任通报了市政府审议公路养路费分配方案情况；刘海生副主任通报了中央领导视察大基地配套工作情况。会议对上述报告提出了贯彻意见。会议同时审议了计划处姜执伟同志汇报的考核指导中心考务费调整事宜。

△ 12 月 3 日，市委组织部（沪委组[2009]70 号）通知，因工作需要，上海虹桥经济技术开发区联合发展有限公司、上海闵行联合发展有限公司党的关系划转上海地产（集团）有限公司党委。

△ 12 月 15 日，市建设交通委、绿化市容局、交通港口局、公安交警总队、城管执法局和安全监管局等对加强本市大型工程车运输管理工作作出部署，即日起至明年春节前将开展大规模渣土市场整治行动，全面加强大型工程车运输管理。市建设交通委主任黄融在会上强调，下阶段，一是要全面清查大型工程车辆运输企业，摸清家底，按照标准严格管理；二是要全力规范运输行为，动态监管，确保市场规范有序；三是要加强工地管理，专人监管，牢牢把住车辆的进出；四是要加强联合执法，增强合力，严厉打击违规行为。

△ 12 月 17 日，市建设交通委专题研究加强雨雪冰冻灾害性天气防范应对工作。徐建群秘书长主持会议，传达市突发公共事件应急管理委员会办公室《关于进一步加强大雾、雨雪冰冻等灾害性天气防范应对工作的通知》精神。会议明确，一是要建立完善信息源互通机制和跨部门协调机制。二是要严格首问责任制和责任追究机制。三是要进一步完善应急管理的各项工作机制。梳理完善各类应急预案，切实落实各类应急队伍、物资和机具，加强抽检工作。加强信息沟通和报送机制，确保信息的及时性和准确性。建设交通行业各单位要落实专人，加强对气象信息的跟踪、了解，一旦出现雨雪冰冻等灾害性天气，要及时采取应对措施。

△ 12 月 22 日上午，市建设交通两委组织建设交通行业各局、各单位，两委机关处室和各直属单位负责人就学习贯彻全市经济工作会议精神进行分组讨论，进一步领会全市经济工作会议精神，提出贯彻落实措施。

△ 12 月 25 日，两委又召开了 2010 年度工作务虚会，全面贯彻中央经济工作会议和全市经济工作会议精神，回顾总结全年工作，分析查找瓶颈问题，研究确定明年思路。会议明确，2010 年，在工作指导思想上要努力实现“三个转变”：即，在城市建设上，切实把改善民生作为出发点和落脚点，努力实现由追求高速发展向追求高品质生活转变；在城市管理上，切实把扩大社会公众参与作为有效途径，努力实现由政府单向管理向社会协同管理转变；在行业发展上，切实把科技进步和管理创新作为内在要求，努力实现由物质数量型扩张向集约质量型发展转变。2010 年重点做好七项工作：一是以服务保障世博成功举办为主线，全力做好世博会各项筹办和举办工作。包括：全面建成世博配套基础设施；全面展示 600 天行动成效，

全力做好世博交通保障，确保世博期间城市安全有序运营；完善后世博长效管理机制等。二是以保持经济平稳较快发展为目标，继续加快城乡基础设施体系建设。包括：继续加快重大工程建设，完善城市基础设施体系；全面加快郊区新城建设，推动城乡统筹发展；全力加快保障性住房建设，促进房地产市场健康发展等。三是以加快现代航运服务体系发展为重点，全力推进国际航运中心建设。包括：进一步优化现代集疏运体系；积极发展现代航运服务体系；进一步加强部市、省市之间的协调等。四是以新一轮旧区改造为重点，不断改善市民生活条件。包括：着力改善市民群众的居住条件；着力解决市民群众的出行问题；着力改善郊区农村人居环境等。五是以加大节能减排工作力度为突破口，进一步改善城乡生态环境。包括：加快实施环保三年行动计划；推进建筑节能和交通节能减排；加强城乡生态环境建设等。六是以深化政府职能转变为核心，进一步加强政府自身建设。包括：深化体制改革，提高行政管理效率；加强法制建设，提高执法公信力；扩大社会参与，提高公共服务水平等。七是以编制“十二五”规划为契机，抓紧谋划上海城乡建设交通事业未来发展。包括：认真做好“十一五”规划的总结评估；全面做好“十二五”规划的编制；加强前瞻性、战略性和基础性的研究等。

（市建设交通委办公室供稿）

2009年上海市建设和交通文件选编目录

一、综合管理

1. 中华人民共和国侵权责任法（主席令第21号）

2. 中华人民共和国可再生能源法（主席令第23号）

3. 关于印发《住房和城乡建设部政府信息公开实施办法》的通知（建办[2009]145号）

4. 关于加强住房城乡建设行政复议工作的若干意见（建法[2009]297号）

5. 上海市人民政府办公厅转发市政务公开办关于2009年上海市政务公开工作实施意见的通知（沪府办发〔2009〕13号）

6. 上海市人民政府贯彻国务院关于加强市县政府依法行政的决定的实施意见（沪府发〔2009〕15号）

7. 上海市人民政府关于印发《上海市信访事项复查复核暂行办法》的通知（沪府发〔2009〕17号）

8. 上海市人民政府关于进一步加强政府信息公开工作的若干意见（沪府发〔2009〕20号）

9. 上海市人民政府关于印发上海市服务业发展引导资金使用和管理办法的通知（沪府发〔2009〕24号）

10. 上海市人民政府关于批转市发展改革委等四部门制订的《上海市市级建设财力项目管理暂行办法》的通知（沪府发〔2009〕49号）

二、行政审批制度改革

11. 全国人民代表大会常务委员会关于修改部分法律的决定（主席令第18号）

12. 上海市人民政府关于印发《上海市并联审批试行办法》的通知（沪府发〔2009〕22号）

13. 上海市人民政府关于印发《上海市行政审批告知承诺试行办法》的通知（沪府发〔2009〕23号）

14. 上海市人民政府关于公布本市实行“告知承诺”第二批行政审批事项目录及格式文本（样本）的通知（沪府发〔2009〕64号）

15. 上海市人民政府关于公布本市第四批取消和调整行政审批事项的通知（沪府发〔2009〕68号）

16. 市政府办公厅关于转发市建设交通委市规划国土资源局制订的《上海市建设工程行政审批管理程序改革试行方案》的通知（沪府办发〔2009〕11号）

17. 上海市人民政府办公厅关于转发市工商局市商务委制订的《上海市企业设立并联审批实施办法（试行）》的通知（沪府办发〔2009〕43号）

三、城市规划土地管理

18. 中华人民共和国农村土地承包经营纠纷调解仲裁法（主席令第14号）

19. 基础测绘条例（国务院令第556号）

20. 规划环境影响评价条例（国务院令第559号）

21. 关于加强建设用地容积率管理和监督检查的通知（建规[2008]227号）

22. 关于开展工程项目带动村镇规划一体化实施试点工作的通知（建村函[2009]75号）

23. 关于公布“新中国城市雕塑建设成

就奖”获奖名单的通知（建规 [2009]281 号）

24. 土地利用总体规划编制审查办法（国土资源部令第 43 号）

25. 上海市门弄号管理办法（上海市人民政府令第 12 号）

26. 上海市人民政府关于进一步加强本市测绘工作的实施意见（沪府发〔2009〕18 号）

四、房地资源管理

27. 住房城乡建设部、发展改革委、财政部关于印发 2009–2011 年廉租住房保障规划的通知（建保 [2009]91 号）

28. 关于 2009 年扩大农村危房改造试点的指导意见（建村 [2009]84 号）

29. 关于完善房地产开发企业一级资质核定工作的通知（建房 [2009]101 号）

30. 关于印发《业主大会和业主委员会指导规则》的通知（建房 [2009]274 号）

31. 关于推进城市和国有工矿棚户区改造工作的指导意见（建保 [2009]295 号）

32. 关于印发《农村危房改造农户档案管理信息系统运行管理规定》的通知（建办村函 [2009]959 号）

33. 最高人民法院关于审理城镇房屋租赁合同纠纷案件具体应用法律若干问题的解释（法释 [2009]11 号）

34. 上海市人民政府印发关于进一步推进本市旧区改造工作若干意见的通知（沪府发〔2009〕4 号）

35. 上海市人民政府关于印发《持有〈上海市居住证〉人员申办本市常住户口试行办法》的通知（沪府发〔2009〕7 号）

36. 上海市人民政府印发关于本市开展小城镇发展改革试点政策意见的通知（沪府发〔2009〕41 号）

37. 上海市人民政府印发关于推进本市大型居住社区市政公建配套设施建设和管理若干意见的通知（沪府发〔2009〕44 号）

38. 关于调整本市廉租住房准入标准继续扩大廉租住房受益面的通知（沪府发〔2009〕56 号）

39. 上海市人民政府办公厅关于成立上海市旧区改造工作领导小组通知（沪府办发〔2009〕2 号）

40. 上海市人民政府办公厅转发市住房保障房屋管理局等六部门关于单位租赁房建设和使用管理试行意见的通知（沪府办发〔2009〕30 号）

41. 市政府办公厅转发关于进一步搞好社区商业建设意见（沪府办发〔2009〕42 号）

42. 上海市人民政府办公厅关于转发市住房保障房屋管理局制订的《市属配套商品房已安置房源回购试行办法》的通知（沪府办发〔2009〕37 号）

43. 上海市人民政府办公厅转发市住房保障房屋管理局关于加强本市住宅小区业主大会、业主委员会规范化建设若干意见的通知（沪府办发〔2009〕51 号）

44. 市政府办公厅转发关于本市贯彻国务院常务会议精神进一步促进房地产市场健康发展实施意见的通知（沪府办发〔2009〕58 号）

45. 上海市城乡建设和交通委员会关于印发《关于加强本市大型居住社区工程建设服务和管理工作的若干意见》的通知（沪建交〔2009〕888 号）

46. 关于发布本市拆除违法建筑法律文书统一样式的通知（沪建交〔2009〕974 号）

47. 关于印发《本市迎世博门弄牌整顿实施意见》的通知（沪建交联〔2009〕238 号）

48. 关于印发《关于开展旧区改造事前征询制度试点工作的意见》的通知（沪建交联〔2009〕319 号）

49. 关于印发《上海市住宅工程质量分户验收管理规定》的通知（沪建交联〔2009〕770 号）

50. 关于加强本市住宅全装修建设管理

的通知（沪建交联〔2009〕1355号）

51. 上海市城乡建设和交通委员会关于对施工区域中尚未完成动迁居民房屋加强保护的通知（沪建交〔2009〕1398号）

52. 关于印发《上海市经济适用住房申请对象住房面积核查办法》的通知（沪房管保〔2009〕406号）

53. 关于印发《上海市经济适用住房申请、供应和售后管理实施细则》的通知（沪房管保〔2009〕428号）

54. 关于印发《上海市试点区域城镇居民家庭申请购买经济适用住房准入标准和供应标准（暂行）》的通知（沪房管保〔2009〕434号）

55. 关于廉租住房、经济适用住房税收减免管理有关问题的通知（沪地税财行[2009]51号）

五、城市交通管理

56. 交通运输部关于废止8件交通规章的决定（交通运输部令[2009]第2号）

57. 交通运输部关于修改《道路货物运输及站场管理规定》的决定（交通运输部令[2009]第3号）

58. 交通运输部关于修改《道路旅客运输及客运站管理规定》的决定（交通运输部令[2009]第4号）

59. 交通运输部关于修改《中华人民共和国水路运输服务业管理规定》的决定（交通运输部令[2009]第5号）

60. 道路运输车辆燃料消耗量检测和监督管理办法（交通运输部令[2009]第11号）

61. 最高人民法院关于审理无正本提单交付货物案件适用法律若干问题的规定（法释〔2009〕1号）

62. 上海市轨道交通运营安全管理办法（上海市人民政府令第22号）

63. 上海市人民政府关于批转市交通港口局等五部门制订的《上海市公共交通车辆、车站广告设置暂行规定》的通知（沪府发〔2009〕6号）

64. 上海市人民政府关于批转市交通港口局制订的《进一步深化本市公交改革的方案》的通知（沪府发〔2009〕14号）

65. 上海市人民政府关于印发本市贯彻《物流业调整和振兴规划》实施方案的通知（沪府发〔2009〕37号）

66. 上海市人民政府关于进一步促进本市出租汽车行业健康持续发展的意见（沪府发〔2009〕62号）

67. 上海市城乡建设和交通委员会关于印发《公共交通卡沉淀资金管理暂行规定（修订稿）》的通知（沪建交〔2009〕493号）

68. 上海市城乡建设和交通委员会关于印发《关于推进公交优先发展工作的任务分解表》中涉及我委有关工作责任分工的通知（沪建交〔2009〕1086号）

69. 关于印发《关于进一步加强轨道交通工程建设质量安全效能监察工作的若干意见》的通知（沪建交联〔2009〕534号）

70. 关于印发《上海市交通节能减排专项扶持资金管理办法（试行）》的通知（沪建交联〔2009〕1640号）

六、市政道路管理

71. 上海市消火栓管理办法（上海市人民政府令第21号）

72. 上海市城乡建设和交通委员会关于发布《上海市高速公路电子不停车收费管理试行意见》的通知（沪建交〔2009〕39号）

73. 上海市城乡建设和交通委员会关于印发《关于开展迎世博清理整顿本市道路上指示牌的实施意见》的通知（沪建交〔2009〕245号）

74. 上海市城乡建设和交通委员会关于印发《关于区（县）负责建设的城市道路（公

路）重点建设项目腾地面积核定等工作的会议纪要》的通知（沪建交〔2009〕456 号）

75. 上海市城乡建设和交通委员会关于继续延长 2009 年贷款道路建设车辆通行费缴费期限的通知（沪建交〔2009〕472 号）

76. 上海市城乡建设和交通委员会关于印发上海市高速公路电子不停车收费（ETC）系统混合车道改专用车道实施方案的通知（沪建交〔2009〕503 号）

77. 上海市城乡建设和交通委员会关于贯彻落实《上海市人民政府办公厅转发市建设交通委关于加强本市高速公路管理意见的通知》的通知（沪建交〔2009〕589 号）

78. 上海市城乡建设和交通委员会关于下发《上海市公路工程"监理企业树品牌监理人员讲责任"行业新风建设活动实施方案》的通知（沪建交〔2009〕705 号）

79. 上海市城乡建设和交通委员会关于印发《关于全面提高本市道路质量的工作方案》的通知（沪建交〔2009〕731 号）

80. 上海市城乡建设和交通委员会关于迎世博 600 天行动本市高速公路噪声污染治理若干事项的通知（沪建交〔2009〕836 号）

81. 上海市城乡建设和交通委员会关于印发《上海市城市道路和公路设计指导意见（试行）》的通知（沪建交〔2009〕1048 号）

82. 上海市城乡建设和交通委员会关于实施外环隧道声屏障太阳能光伏发电照明系统的通知（沪建交〔2009〕1074 号）

83. 上海市城乡建设和交通委员会关于本市加强桥梁安全运行管理工作的通知（沪建交〔2009〕1121 号）

84. 上海市城乡建设和交通委员会关于印发《迎世博 600 天信息通信架空线整洁梳理工作方案》的通知（沪建交〔2009〕1254 号）

85. 上海市城乡建设和交通委员会关于进一步加强本市中心城区城市道路掘路管理的通知（沪建交〔2009〕1329 号）

86. 上海市城乡建设和交通委员会关于开展本市集体经济相对困难村路桥建设工程质量检查的通知（沪建交〔2009〕1520 号）

87. 关于印发《本市人行道及人行道设置设施专项整治方案》的通知（沪建交联〔2009〕771 号）

88. 关于印发上海市公路水运工程混凝土质量通病治理活动实施方案的通知（沪建交联〔2009〕854 号）

89. 关于本市城市道路架空线实行备案管理的通知（沪建交联〔2009〕1075 号）

七、市容环卫管理

90. 关于印发《全国城镇生活垃圾处理信息报告、核查和评估办法》的通知（建城[2009]26 号）

91. 关于印发《数字化城市管理模式建设导则（试行）》的通知（建城 [2009]119 号）

92. 上海市人民政府关于发布《关于加强本市流动户外广告管理的通告》和《关于对乱刻画乱涂写乱散发乱张贴乱悬挂宣传品或者标语的行为加强管理的通告》的决定（上海市人民政府令第 9 号）

93. 上海市人民政府关于加强本市占用道路和其他公共场所设摊经营管理的通告（沪府发〔2009〕34 号）

94. 上海市人民政府批转市建设交通委等四部门关于本市加强违法建筑拆除工作的实施意见的通知（沪府发〔2009〕35 号）

95. 上海市人民政府关于加强本市景观灯光设施设置管理的通告（沪府发〔2009〕55 号）

96. 市政府办公厅转发加强街道、镇市容环境卫生管理工作指导意见（沪府办发〔2009〕41 号）

97. 关于印发《上海市建设工程建筑渣土承运合同（推荐文本）》的通知（沪建交联〔2009〕263 号）

98. 上海市城乡建设和交通委员会关于

印发本市近期贯彻落实《上海市拆除违法建筑若干规定》工作情况的通知（沪建交〔2009〕1281号）

八、园林绿化管理

99. 国务院关于发布第七批国家级风景名胜区名单的通知（国函[2009]152号）

100. 关于修订《城市园林绿化企业资质标准》的通知（建城[2009]157号）

101. 关于印发《城市园林绿化企业一级资质申报管理工作规程》的通知（建城[2009]158号）

102. 关于调整国家园林城市遥感调查与测试要求的通知（建城园函[2009]89号）

103. 上海市森林管理规定（上海市人民政府令第17号）

九、环境保护管理

104. 放射性物品运输安全管理条例（中华人民共和国国务院令第562号）

105. 国务院办公厅转发环境保护部等部门关于实行"以奖促治"加快解决突出的农村环境问题实施方案的通知（国办发[2009]11号）

106. 环境行政复议办法（环境保护部令第4号）

107. 建设项目环境影响评价文件分级审批规定（环境保护部令第5号）

108. 矿山地质环境保护规定（国土资源部令第44号）

109. 上海市放射性污染防治若干规定（上海市人民政府令第23号）

十、勘察设计管理

110. 关于贯彻实施《防震减灾法》加强城乡建设抗震防灾工作的通知（建质[2009]42号）

111. 关于印发《2009年工程建设标准规范制订、修订计划》的通知（建标[2009]88号）

112. 关于印发《2009年住房和城乡建设部归口工业产品行业标准制订、修订计划》的通知（建标[2009]89号）

113. 关于印发《住房和城乡建设部科学技术计划项目管理办法》的通知（建科[2009]290号）

114. 上海市地下空间安全使用管理办法（上海市人民政府令第24号）

115. 关于印发《关于超限高层建筑需要开展地震安全性评价项目的确定办法》的通知（沪建交联〔2009〕1571号）

116. 关于印发《关于超限高层建筑布点地震强震动监测设施的若干意见》的通知（沪建交联〔2009〕1572号）

十一、建筑建材业管理

117. 特种设备安全监察条例（国务院令第549号）

118. 住房和城乡建设部关于修改《房屋建筑工程和市政基础设施工程竣工验收备案管理暂行办法》的决定（住房和城乡建设部令第2号）

119. 关于进一步加强工程造价（定额）管理工作的意见（建标[2009]14号）

120. 关于甲级工程造价咨询企业资质延续有关问题的通知（建标造函[2009]22号）

121. 关于进一步加强建筑安全生产工作的通知（建办质[2009]44号）

122. 关于进一步加强建筑工程质量监督管理的通知（建质[2009]55号）

123. 关于加强稽查执法工作的若干意见（建稽[2009]60号）

124. 关于印发《危险性较大的分部分项工程安全管理办法》的通知（建质[2009]87号）

125. 关于扩大农村危房改造试点建筑节

能示范的实施意见（建村函 [2009]167 号）

126. 关于施工总承包企业特级资质有关问题的通知（建市函 [2009]178 号）

127. 关于印发《建设工程高大模板支撑系统施工安全监督管理导则》的通知（建质 [2009]254 号）

128. 关于印发《住房和城乡建设系统开展工程建设领域突出问题专项治理工作方案》的通知（建市 [2009]255 号）

129. 关于进一步做好建筑生产安全事故处理工作的通知（建质 [2009]296 号）

130. 建设工程消防监督管理规定（公安部令第 106 号）

131. 非居民承包工程作业和提供劳务税收管理暂行办法（国家税务总局令第 19 号）

132. 财政部、住房城乡建设部关于加快推进太阳能光电建筑应用的实施意见（财政部财建 [2009]128 号）

133. 财政部关于印发《太阳能光电建筑应用财政补助资金管理暂行办法》的通知（财政部财建 [2009]129 号）

134. 生产安全事故应急预案管理办法（国家安全生产监督管理总局令第 17 号）

135. 安全生产监管监察职责和行政执法责任追究的暂行规定（国家安全生产监督管理总局令第 24 号）

136. 最高人民法院关于审理建筑物区分所有权纠纷案件具体应用法律若干问题的解释（法释 [2009]7 号）

137. 上海市建设工程文明施工管理规定（上海市人民政府令第 18 号）

138. 上海市人民政府关于印发《上海市实施〈生产安全事故报告和调查处理条例〉的若干规定》的通知（沪府发〔2009〕12 号）

139. 上海市人民政府关于加强 2010 年上海世博会筹备和举办期间本市建设工程施工管理的通告（沪府发〔2009〕43 号）

140. 上海市城乡建设和交通委员会关于加强本市建筑施工特种作业人员考核和持证上岗管理工作的通知（沪建交〔2009〕243 号）

141. 上海市城乡建设和交通委员会关于贯彻执行《建设工程工程量清单计价规范》（GB50500—2008）若干意见的通知（沪建交〔2009〕995 号）

142. 上海市城乡建设和交通委员会关于进一步推进建设工程文明施工管理工作的通知（沪建交〔2009〕1648 号）

143. 上海市城乡建设和交通委员会关于进一步做好危险性较大的分部分项工程安全管理工作的通知（沪建交〔2009〕1731 号）

144. 关于进一步规范本市“平安工地”创建活动的通知（沪建交联〔2009〕470 号）

145. 关于印发《上海市建筑节能项目专项扶持暂行办法》的通知（沪建交联〔2009〕816 号）

146. 关于加强本市企业开展境外工程承包业务管理的通知（沪建交联〔2009〕1081 号）

147. 上海市城乡建设和交通委员会关于“工程勘察设计出图专用章”有关事项的通知（沪建交联〔2009〕1235 号）

148. 关于印发《上海世博会场馆装修布展项目建设管理办法》的通知（沪建交联〔2009〕1244 号）

149. 关于印发《关于加强世博园区建设工地安全保卫管理的通知》的通知（沪建交联〔2009〕1461 号）

150. 关于明确电梯企业管理和服务工作若干事项的通知（沪建交联〔2009〕1577 号）

151. 关于加强本市国家机关办公建筑和大型公共建筑能源审计管理工作的通知（沪建交联〔2009〕1677 号）

十二、水务管理

152. 关于印发《城镇污水处理厂污泥处理处置及污染防治技术政策（试行）》的通知（建城 [2009]23 号）

153. 关于进一步加强城镇排水与污水处

理设施安全管理工作的紧急通知（建办城电[2009]22 号）

154. 上海市城乡建设和交通委员会关于印发《上海市城乡建设和交通委员会防汛防台工作组织架构和工作机制》的通知（沪建交〔2009〕866 号）

十三、港口管理

155.《国务院关于推进上海加快发展现代服务业和先进制造业建设国际金融中心和国际航运中心的意见》（国发〔2009〕19 号）

156. 上海港口客运站管理办法（上海市人民政府令第 16 号）

十四、海洋管理

157.《中华人民共和国海岛保护法》（主席令第 22 号）

十五、海事管理

158. 防治船舶污染海洋环境管理条例(国务院令第 561 号)

159. 交通运输部关于修改《国内船舶管理业规定》的决定(交通运输部令[2009]第1号)

160. 中华人民共和国船员培训管理规则（交通运输部令[2009]第 10 号）

十六、民用航空管理

161. 民用机场管理条例(国务院令第553 号)

162. 民用航空安全信息管理规定(中国民用航空局令第 194 号)

十七、邮政管理

163. 中华人民共和国邮政法(主席令第12 号)

164. 快递业务经营许可管理办法(交通运输部令[2009]第 12 号)

十八、公积金管理

165. 关于 2010 年执行住房公积金个人购房贷款政策的通知（沪公积金[2009]75 号）

十九、其他管理

166. 国务院办公厅关于印发交通运输部主要职责内设机构和人员编制规定的通知（国办发[2009]18 号）

167. 关于印发住房和城乡建设部普法领导小组及其办公室组成人员的通知（建法[2009]74 号）

168. 上海市人民政府办公厅关于转发市科委等三部门制订的《上海市国家级重要科研设施和基地建设的配套支持试行办法》的通知（沪府办发〔2009〕6 号）

169. 上海市人民政府关于印发本市 2009 年节能减排重点工作安排的通知（沪府发〔2009〕16 号）

170. 市政府办公厅关于进一步加强政府采购管理工作的实施意见（沪府办发〔2009〕38 号）

171. 市政府办公厅转发国家科技重大专项资金配套管理办法（暂行）（沪府办发〔2009〕39 号）

172. 市政府办公厅转发市纠风办 2009 年上海市纠风工作实施意见的通知（沪府办发〔2009〕12 号）

173. 上海市城乡建设和交通委员会关于印发《上海市城乡建设和交通委员会技术创新专家咨询委员会工作规则》等事项的通知（沪建交〔2009〕453 号）

174. 上海市城乡建设和交通委员会关于印发《关于市建设交通系统进一步加强对扩大内需促进经济增长政策落实监督检查工作的实施意见》的通知（沪建交〔2009〕714 号）

175. 上海市城乡建设和交通委员会关于印发《关于调整城市维护项目管理体制的实施意见》的通知（沪建交〔2009〕1052号）

176. 上海市城乡建设和交通委员会关于印发《上海市城乡建设和交通委员会委托审计管理暂行办法》的通知（沪建交〔2009〕1557号）

177. 上海市城乡建设和交通委员会办公室关于印发市建设交通委重要公文及事项督办工作规定（沪建交办〔2009〕19号）

178. 上海市城乡建设和交通委员会办公室关于印发市建设交通委会议制度的通知（沪建交办〔2009〕21号）

2009年上海市城市建设、交通运输相关数据统计

一、全社会固定资产投资

1-1 上海固定资产投资与其他社会经济主要指标

(2007~2009)

指　标	计量单位	2007年	2008年	2009年
全社会固定资产投资	亿元	4 458.61	4 825.46	5 273.33
上海市生产总值	亿元	12 494.01	14 069.87	15 046.45
工业总产值	亿元	23 108.63	25 968.38	24 888.08
农业总产值	亿元	255.98	280.35	283.15
建筑业总产值	亿元	2 524.18	3 245.77	3 830.53
全市财政收入	亿元	7 310.26	7 532.91	7 760.97
#地方财政收入	亿元	2 102.63	2 382.34	2 540.30
外贸出口总额	亿美元	1 439.28	1 693.50	1 419.14
社会消费品零售总额	亿元	3 873.30	4 577.23	5 173.24
直接吸收外资				
签订合同项目	个	4 206	3 748	3 090
签订合同金额	亿美元	148.69	171.12	133.01
实际吸收外资金额	亿美元	79.20	100.84	105.38

1-2 全社会固定资产投资主要指标

(2009)

指　标	计量单位	总　计	小　计	建设改造	房地产	农村非农户	农户投资
本年完成投资	**万元**	**52 733 299**	**48 484 855**	**33 843 091**	**14 641 764**	**4 233 127**	**15 317**
按隶属关系分							
中央项目	万元	7 978 117	7 964 821	7 711 863	252 958	13 296	–
地方项目	万元	44 755 182	40 520 034	26 131 228	14 388 806	4 219 831	15 317
按构成分							
建筑工程	万元	26 107 456	23 553 058	14 211 278	9 341 780	2 545 635	8 763
安装工程	万元	3 893 941	3 742 970	2 749 509	993 461	150 971	–
设备工具器具购置	万元	8 768 865	7 764 007	7 539 215	224 792	1 000 748	4 110
其他费用	万元	13 963 037	13 424 820	9 343 089	4 081 731	535 773	2 444
按建设性质分							
新　建	万元	25 579 873	23 257 502	23 257 502	–	2 322 371	–
扩　建	万元	4 238 864	3 544 873	3 544 873	–	693 991	–
改建和技术改造	万元	5 746 333	5 135 032	5 135 032	–	611 301	–
单纯购置	万元	2 164 577	1 732 925	1 732 925	–	431 652	–
按三次产业分							

（续表）

第一产业	万元	114 059	33 271	33 271	–	76 095	4 693
第二产业	万元	14 275 005	11 329 440	11 329 440	–	2 943 704	1 861
第三产业	万元	38 344 235	37 122 144	22 480 380	14 641 764	1 213 328	8 763
#住宅投资	万元	9 228 077	9 202 104	15 257	9 186 847	17 210	8 763
本年新增固定资产	**万元**	**26 864 271**	**24 040 654**	**14 718 211**	**9 322 443**	**2 808 300**	**15 317**
房屋建筑面积(万平方米)							
施工面积	万平方米	13 553.64	12 102.58	2 140.98	9 961.60	1 443.29	7.77
#住宅	万平方米	6 581.16	6 562.08	11.35	6 550.73	11.30	7.77
竣工面积	万平方米	2 970.92	2 458.94	353.96	2 104.98	504.21	7.77
#住宅	万平方米	1 522.07	1 508.81	–	1 508.81	5.49	7.77

1–3 全社会固定资产投资地方项目主要指标
(2009)

指 标	计量单位	总 计	小 计	建设改造	房地产	农村非农户	农户投资
本年完成投资	**万元**	**44 755 182**	**40 520 034**	**26 131 228**	**14 388 806**	**4 219 831**	**15 317**
按构成分							
建筑工程	万元	23 891 074	21 349 364	12 213 305	9 136 059	2 532 947	8 763
安装工程	万元	2 731 228	2 580 865	1 603 773	977 092	150 363	–
设备工具器具购置	万元	5 221 260	4 216 402	3 991 610	224 792	1 000 748	4 110
其他费用	万元	12 911 620	12 373 403	8 322 540	4 050 863	535 773	2 444
按建设性质分							
新 建	万元	21 783 277	19 472 193	19 472 193	–	2 311 084	–
扩 建	万元	2 636 591	1 942 600	1 942 600	–	693 991	–
改建和技术改造	万元	3 747 535	3 138 243	3 138 243	–	609 292	–
单纯购置	万元	1 854 759	1 423 107	1 423 107	–	431 652	–
按三次产业分							
第一产业	万元	105 296	24 508	24 508	–	76 095	4 693
第二产业	万元	10 161 487	7 227 209	7 227 209	–	2 932 417	1 861
第三产业	万元	34 488 399	33 268 317	18 879 511	14 388 806	1 211 319	8 763
#住宅投资	万元	9 034 476	9 008 503	15 257	8 993 246	17 210	8 763
本年新增固定资产	**万元**	**21 803 600**	**18 993 279**	**9 849 811**	**9 143 468**	**2 795 004**	**15 317**
房屋建筑面积(万平方米)							
施工面积	万平方米	13 139.78	11 688.72	1 849.75	9 838.97	1 443.29	7.77
#住宅	万平方米	6 499.45	6 480.38	11.35	6 469.03	11.30	7.77
竣工面积	万平方米	2 905.16	2 393.18	326.96	2 066.22	504.21	7.77
#住宅	万平方米	1 502.30	1 489.05	0.00	1 489.05	5.49	7.77

1-4 全社会固定资产投资按经济类型分

(2009)

单位：万元

指 标	总 计	小 计	建设改造	房地产	农村非农户	农户投资
本年完成投资	52 733 299	48 484 855	33 843 091	14 641 764	4 233 127	15 317
国有经济	26 186 059	25 860 766	24 450 182	1 410 584	325 293	0
非国有经济	26 547 240	22 624 089	9 392 909	13 231 180	3 907 834	15 317
集体经济	1 323 041	624 602	326 144	298 458	698 439	–
私营经济	7 019 314	4 898 261	931 425	3 966 836	2 121 053	–
联营经济	149 325	133 941	49 897	84 044	15 384	–
股份制经济	11 748 060	11 233 351	4 930 036	6 303 315	514 709	–
港澳台经济	1 942 073	1 808 725	424 961	1 383 764	133 348	–
外商经济	4 236 936	3 831 368	2 714 908	1 116 460	405 568	–
其他经济	128 491	93 841	15 538	78 303	19 333	15 317
#地方项目	44 755 182	40 520 034	26 131 228	14 388 806	4 219 831	15 317
国有经济	19 839 314	19 526 807	18 271 981	1 254 826	312 507	–
非国有经济	24 915 868	20 993 227	7 859 247	13 133 980	3 907 324	15 317
集体经济	1 323 041	624 602	326 144	298 458	698 439	–
私营经济	7 003 314	4 882 261	931 425	3 950 836	2 121 053	–
联营经济	149 325	133 941	49 897	84 044	15 384	–
股份制经济	10 316 463	9 802 264	3 579 649	6 222 615	514 199	–
港澳台经济	1 939 844	1 806 496	422 732	1 383 764	133 348	–
外商经济	4 055 390	3 649 822	2 533 862	1 115 960	405 568	–
其他经济	128 491	93 841	15 538	78 303	19 333	15 317

1-5 全社会固定资产投资按国民经济行业门类分

(2009)

单位：万元

行 业	总 计	小 计	建设改造	房地产	农村非农户	农户投资
本年完成投资	52 733 299	48 484 855	33 843 091	14 641 764	4 233 127	15 317
农、林、牧、渔业	114 059	33 271	33 271	–	76 095	4 693
工 业	14 204 603	11 261 390	11 261 390	–	2 941 352	1 861
采 矿 业	101 526	101 526	101 526	–	–	–
制 造 业	10 187 897	7 295 505	7 295 505	–	2 890 531	1 861
电力、燃气及水的生产和供应业	3 915 180	3 864 359	3 864 359	–	50 821	–
建 筑 业	70 402	68 050	68 050	–	2 352	–
交通运输、仓储和邮政业	10 190 173	10 094 820	10 094 820	–	95 353	–
信息传输、计算机服务和软件业	1 257 674	1 257 674	1 257 674	–	–	–
批发和零售业	432 193	167 012	167 012	–	265 181	–
住宿和餐饮业	482 321	376 168	376 168	–	106 153	–
金 融 业	156 296	156 296	156 296	–	–	–

（续表）

房地产业	16 262 564	16 220 438	1 578 674	14 641 764	33 363	8 763
租赁和商务服务业	1 182 898	1 102 674	1 102 674	–	80 224	–
科学研究、技术服务和地质勘查业	248 388	187 941	187 941	–	60 447	–
水利、环境和公共设施管理业	6 666 678	6 302 926	6 302 926	–	363 752	–
居民服务和其他服务业	30 732	17 591	17 591	–	13 141	–
教　育	414 463	373 901	373 901	–	40 562	–
卫生、社会保障和社会福利业	193 242	161 714	161 714	–	31 528	–
文化、体育和娱乐业	624 853	546 866	546 866	–	77 987	–
公共管理与社会组织	201 760	156 123	156 123	–	45 637	–

1–6　全社会固定资产投资地方项目按国民经济行业门类分

(2009)

单位：万元

行　业	总 计	小 计	建设改造	房地产	农村非农户	农户投资
本年完成投资	**44 755 182**	**40 520 034**	**26 131 228**	**14 388 806**	**4 219 831**	**15 317**
农、林、牧、渔业	105 296	24 508	24 508	–	76 095	4 693
工 · 业	10 092 147	7 160 221	7 160 221	–	2 930 065	1 861
采矿业	82 098	82 098	82 098	–	–	–
制造业	7 641 338	4 759 723	4 759 723	–	2 879 754	1 861
电力、燃气及水的生产和供应业	2 368 711	2 318 400	2 318 400	–	50 311	–
建 筑 业	69 340	66 988	66 988	–	2 352	–
交通运输、仓储和邮政业	8 063 913	7 968 560	7 968 560	–	95 353	–
信息传输、计算机服务和软件业	54 929	54 929	54 929	–	–	–
批发和零售业	432 193	167 012	167 012	–	265 181	–
住宿和餐饮业	481 982	375 829	375 829	–	106 153	–
金融业	113 291	113 291	113 291	–	–	–
房地产业	16 007 377	15 965 251	1 576 445	14 388 806	33 363	8 763
租赁和商务服务业	1 182 898	1 102 674	1 102 674	–	80 224	–
科学研究、技术服务和地质勘查业	194 726	134 279	134 279	–	60 447	–
水利、环境和公共设施管理业	6 614 754	6 253 011	6 253 011	–	361 743	–
居民服务和其他服务业	30 732	17 591	17 591	–	13 141	–
教育	367 709	327 147	327 147	–	40 562	–
卫生、社会保障和社会福利业	193 242	161 714	161 714	–	31 528	–
文化、体育和娱乐业	558 543	480 556	480 556	–	77 987	–
公共管理与社会组织	192 110	146 473	146 473	–	45 637	–

1-7 全社会固定资产投资按地区分

(2009)

单位：万元

行 业	总 计	#小 计	建设改造	房地产	农村非农户
总 计	52 733 299	48 484 855	33 843 091	14 641 764	4 233 127
黄浦区	1 231 103	1 231 103	895 804	335 299	–
卢湾区	455 921	455 921	107 899	348 022	–
徐汇区	1 197 219	1 197 219	694 297	502 922	–
长宁区	745 318	745 318	400 743	344 575	–
静安区	439 895	439 895	109 429	330 466	–
普陀区	1 066 674	1 066 674	192 299	874 375	–
闸北区	697 672	692 122	226 759	465 363	5 550
虹口区	1 031 759	1 031 759	503 744	528 015	–
杨浦区	1 509 056	1 509 056	778 853	730 203	–
闵行区	2 535 111	2 273 302	946 016	1 327 286	261 809
宝山区	3 832 098	3 296 476	2 261 756	1 034 720	535 622
嘉定区	2 872 844	2 460 052	1 243 829	1 216 223	412 792
浦东新区	9 632 811	9 612 102	6 597 151	3 014 951	20 709
金山区	1 080 509	627 265	484 188	143 077	453 244
松江区	2 266 513	1 860 095	727 305	1 132 790	406 418
青浦区	1 450 075	1 010 466	447 542	562 924	439 609
南汇区	4 574 908	3 507 284	2 208 593	1 298 691	1 067 624
奉贤区	1 658 145	1 114 176	750 670	363 506	543 969
崇明县	697 661	611 952	523 596	88 356	85 709

1-8 城市基础设施投资

(2009)

单位：万元

行 业	2008年	#地 方	2009年	#地 方
总 计	17 331 763	13 483 077	21 134 537	16 209 598
电力建设	1 295 253	754 897	2 533 947	1 132 645
交通运输、邮电通讯	9 474 954	6 182 677	11 008 988	7 682 372
交通运输	8 389 111	6 166 328	9 782 364	7 669 472
#城市公共交通	3 347 763	3 344 463	4 479 326	4 479 326
邮电通讯	1 085 843	16 349	1 226 624	12 900
邮 政	16 074	1 186	17 344	3 976
电 信	1 069 769	15 163	1 209 280	8 924
公用设施	6 561 556	6 545 503	7 591 602	7 394 581
公用事业	1 128 149	1 128 149	1 359 465	1 214 368
自来水	932 414	932 414	1 097 854	952 757
煤 气	195 735	195 735	261 611	261 611
市政建设	5 433 407	5 417 354	6 232 137	6 180 213
园林绿化	290 092	290 092	279 618	279 618
环境卫生	200 369	200 369	219 093	216 470
市政工程管理	4 942 946	4 926 893	5 731 921	5 682 620
其 他	–	–	1 505	1 505

二、城市建设

2-1 主要年份城市建设综合指标
(2005～2009)

指　标	计量单位	2005年	2006年	2007年	2008年	2009年
人均居住面积	平方米	15.50	16.00	16.50	16.90	17.20
实有各类房屋建筑面积	万平方米	64 198	70 282	74 873	81 121	87 327
高层建筑	幢	10 045	11 989	13 114	16 109	19 183
	万平方米	13 100	14 821	15 758	18 746	20 464
人均道路面积	平方米	15.40	15.71	16.38	16.64	17.54
污水厂污水处理能力	万吨/日	471	488	556	672	687
人均公共绿地面积	平方米	11.01	11.50	12.01	12.50	12.80
绿化覆盖率	%	37.0	37.3	37.6	38.0	38.1
自来水生产能力	万立方米/日	1 096	1 138	1 080	1 069	1 096
人工煤气生产能力	万立方米/日	1 134	1 013	1 013	967	867
人工煤气家庭用户	万户	236.54	230.22	213.38	185.56	181.48
液化气家庭用户	万户	253.89	260.50	277.32	291.58	310.16
天然气家庭用户	万户	186.37	216.93	257.94	307.88	366.78
公共交通运营车辆	辆	17 985	17 284	16 944	16 573	16 272
出租汽车运营车辆	辆	47 794	48 022	48 614	48 059	49 111
轨道交通运营线路长度	公里	147.78	169.36	262.83	264.30	355.05
城市快速路	公里	77	77	77	114	114
全市桥梁	座	8 070	10 199	10 747	11 188	11 466
#黄浦江大桥	座	6	6	7	7	8
长江大桥	座					1
黄浦江隧道	条	6	6	6	6	9
长江隧道	条					1
高速公路长度	公里	560	581	635	637	768

注：1、2008年起不再统计高架道路长度，只统计城市快速路。

2、“全市桥梁”指本市所有公路桥梁和城市道路桥梁，不包括：郊区机耕桥、村内道路等不符合公路设施量标准农村桥梁，水利桥梁、闸桥合一桥梁等。

3、“黄浦江大桥”指本市所有跨越黄浦江的大桥；“黄浦江隧道”指本市所有穿越黄浦江的隧道。

2-2 全市八层（含八层）以上房屋分布
(2009)

单位：万平方米

地　区	合计		8–10层		11–15层		16–19层		20–29层		30层以上	
	幢	面积	幢	面积	幢	面积	幢	面积	幢	面积	幢	面积
总　计	19 183	20 464.39	2 369	2 196.36	8 992	5 783.06	3 995	4 198.96	2 852	5 203.24	975	3 082.77
浦东新区	3 341	3 864.78	437	246.88	1 605	1 071.28	659	732.55	506	1 088.50	134	725.58
黄浦区	528	1 183.36	84	97.76	64	95.68	99	164.78	180	446.38	101	378.77
卢湾区	334	684.68	29	19.77	53	62.39	55	84.16	125	282.67	72	235.69
徐汇区	2 111	2 012.05	317	173.97	708	343.72	497	438.79	433	750.03	156	305.54
长宁区	1 090	1 585.43	136	68.83	239	242.64	211	256.30	365	593.61	139	424.05
静安区	478	1 016.71	47	34.10	43	44.62	76	108.07	223	492.44	89	337.48

(续表)

普陀区	1 630	1 623.68	157	80.38	539	334.80	414	306.53	395	551.32	125	293.93
闸北区	399	502.34	29	13.71	156	94.45	88	342.64	73	91.19	53	51.84
虹口区	771	1 223.19	90	75.28	181	175.22	232	190.13	198	408.47	70	257.69
杨浦区	1 160	1 091.15	129	54.05	478	317.78	325	438.22	199	315.44	29	61.24
宝山区	1 543	924.73	204	84.28	1 112	629.26	211	87.25	16	21.05		
闵行区	3 090	2 718.72	491	1 122.83	1 896	1 100.71	636	50.68	61	49.69	6	7.27
嘉定区	527	470.84	39	22.62	384	333.52	75	156.51	28	23.76	1	3.69
金山区	333	219.78	37	18.38	221	131.86	66	56.74	9	18.86		
松江区	564	485.48	55	37.80	331	242.17	144	131.17	34	49.00		
青浦区	238	161.81	16	9.22	169	82.28	49	40.04	4	13.57		
南汇区	883	551.52	48	23.66	713	396.69	122					
奉贤区	124	120.05	6	5.03	80	70.42	36		2	4.56		
崇明县	39	24.10	18	7.81	20	13.59			1	2.70		

2-3 全市居住房屋分布情况
(2009)

单位：万平方米

地 区	各类房屋面积总 计	#居住房 屋合 计	花园住宅	公寓	职工住宅			新式里弄	旧式里弄		简屋	其他
					一 类	二 类	三 类		一 类	二 类		
总 计	87 326.84	50 210.55	500.67	1 935.24	16 969.07	27 646.45	1 028.94	528.06	473.79	801.69	28.41	298.22
浦东新区	14 335.45	9 090.01	19.62	428.77	3 687.43	4 852.30	54.76	2.25	23.35	14.11	7.37	0.06
黄浦区	1 941.81	838.39	2.58	1.29	530.67	125.14	5.96	29.20	93.17	14.58	0.38	35.42
卢湾区	1 280.93	748.25	285.02	15.62	155.88	138.25	6.99	70.89	61.31	11.48	0.42	2.39
徐汇区	4 996.10	3 124.10	77.82	86.29	1 359.42	1 492.71	8.65	72.59	14.90	5.16	1.89	4.66
长宁区	3 278.61	2 037.71	17.59	56.47	890.78	1 021.42	7.53	21.57	1.18	18.80	0.55	1.83
静安区	1 580.62	842.04	35.82	20.86	519.25	131.04	3.41	88.04	26.12	12.58		4.92
普陀区	5 031.67	3 293.95	17.52	32.76	1 496.90	1 646.03	22.03	5.02	9.21	56.18	2.08	6.22
闸北区	2 769.08	1 587.46	0.19	0.54	720.29	704.73	27.28	0.72	57.92	72.82	2.18	0.81
虹口区	3 142.07	1 931.26	15.74	9.59	911.64	760.09	15.15	64.73	93.35	50.70	3.29	6.99
杨浦区	4 604.96	2 982.25	0.94	3.67	1 079.82	1 731.15	13.22	4.87	27.08	112.19	8.33	0.98
宝山区	9 664.11	6 284.81	3.23	258.71	2 655.49	2 770.68	435.22	2.04		89.17		70.27
闵行区	7 187.67	4 332.30		4.71	953.99	3 336.67			12.87	24.05	0.02	0
嘉定区	6 308.49	2 380.99		49.86	31.25	2 068.13	202.01	0.71	1.01	27.88	0.09	0.08
金山区	2 305.16	1 237.60	2.05	5.17	227.95	880.11	64.23		2.02	34.20	0.04	21.83
松江区	7 854.40	3 396.36		641.05	895.82	1 689.08	45.35			125.06		0
青浦区	3 918.18	1 540.02	21.37	251.56	175.58	960.40	83.64	1.53	6.50	38.46	0.74	0.25
南汇区	3 836.07	2 436.69	1.19	30.25	532.76	1 436.56	25.08	163.64	40.98	63.80	0.91	141.52
奉贤区	1 758.20	997.06		38.10	120.05	835.81	2.09	0.28	0.74			0
崇明县	1 533.24	1 129.27			24.10	1 066.14	6.34		2.09	30.49	0.11	0

2-4 市区非居住房屋分布情况

(2009)

单位：万平方米

地　区	合各类房屋面积总计	#非居住房屋合计	工厂	学校	仓库堆栈	办公建筑	商场店铺	医院	旅馆	影剧院	其他
总 计	87 326.84	37 116.29	16 800.53	2 808.42	1 354.18	5 970.77	5 088.90	657.84	863.40	72.69	3 499.55
浦东新区	14 335.45	5 245.44	799.37	316.94	110.16	1 781.08	1 546.32	100.09	161.42	12.80	417.26
黄浦区	1 941.81	1 103.42	69.13	48.75	19.56	568.15	199.11	32.70	78.78	10.00	77.23
卢湾区	1 280.93	532.69	79.13	40.94	7.27	209.26	100.81	19.72	37.48	2.05	36.04
徐汇区	4 996.10	1 871.99	368.69	215.05	52.50	670.09	210.80	71.27	72.10	2.03	209.47
长宁区	3 278.61	1 240.89	259.87	142.92	31.55	371.71	113.74	34.42	79.89	2.40	204.39
静安区	1 580.62	738.58	110.94	42.32	4.52	330.01	94.76	31.00	77.09	3.29	44.63
普陀区	5 031.67	1 737.73	466.27	153.09	258.08	330.87	260.24	27.42	34.17	2.36	205.24
闸北区	2 769.08	1 181.62	468.70	110.80	68.76	152.12	231.27	38.72	19.07	1.11	91.07
虹口区	3 142.07	1 210.81	361.79	152.80	76.59	195.16	185.40	37.49	42.28	2.36	156.94
杨浦区	4 604.96	1 622.71	886.12	233.48	72.68	134.66	132.40	35.45	17.17	3.71	107.04
宝山区	9 664.11	3 379.30	2 004.02	146.85	69.90	149.37	409.92	21.85	17.02	4.88	555.49
闵行区	7 187.67	2 855.37	1 178.18	165.37	235.06	319.07	254.79	32.28	31.92	4.78	633.92
嘉定区	6 308.49	3 927.50	2 842.01	208.74	32.09	184.20	339.37	33.45	42.74	0.62	244.28
金山区	2 305.16	1 067.56	661.99	67.91	27.43	75.80	140.06	21.28	14.85	2.17	56.06
松江区	7 854.40	4 458.05	3 253.47	308.27	124.87	149.54	356.11	6.32	37.70	6.93	214.83
青浦区	3 918.18	2 378.15	1 731.21	146.72	72.87	152.92	144.86	21.89	16.47	3.35	87.86
南汇区	3 836.07	1 399.38	740.89	215.49	50.95	74.09	192.04	28.81	5.30	5.68	86.14
奉贤区	1 758.20	761.14	381.68	48.35	18.06	79.07	151.68	45.05	8.65	1.38	27.22
崇明县	1 533.24	403.97	137.07	43.60	21.29	43.61	25.22	18.62	69.31	0.79	44.45

2-5 各区本年度房屋拆迁情况

(2009)

地　区	户数(户)	#居民(户)	面积(万平方米)	#居民(万平方米)
总 计	68 286	65 439	927.63	612.56
#浦东新区	12 084	11 929	202.42	150.87
黄浦区	4 997	4 806	31.54	16.67
卢湾区	2 308	2 308	5.48	5.48
徐汇区	4 974	4 895	28.43	23.97
长宁区	2 753	2 557	67.53	20.25
静安区	2 988	2 843	15.21	10.84
普陀区	2 871	2 845	29.22	10.71
闸北区	7 010	6 828	32.76	27.13
虹口区	4 717	4 640	17.68	13.60
杨浦区	6 291	6 176	25.49	12.55

2-6 主要年份市区平均居住水平
(2005~2009)

年 份	住宅建筑面积(万平方米)	人均居住面积(万平方米)	住宅成套率(%)
2005	37 624	15.5	93.0
2006	40 857	16.0	94.0
2007	43 283	16.5	94.7
2008	47 195	16.9	95.2
2009	50 211	17.2	95.6

注：从2008年本表和市住房保障房屋管理局统一指标分类，删除居住面积，增加住宅成套率。

2-7 勘察设计单位及其完成情况
(1999~2009)

年 份	单位个数（个）	年末职工人数（人）	施工图设计完成投资额（万元）	营业收入合计（万元）	人均收入（万元）
1999	319	28 141	7 202 312	266 387	9.47
2000	307	22 043	6 469 843	384 946	17.46
2001	329	27 161	10 771 218	578 751	21.30
2002	342	36 087	14 103 179	827 693	22.94
2003	327	32 894	15 769 456	1 443 122	43.87
2004	434	53 901	22 329 768	3 170 751	58.83
2005	495	66 489	23 025 477	3 057 434	45.98
2006	594	68 538	32 914 009	3 951 559	57.66
2007	797	82 709	40 155 091	5 327 880	64.42
2008	751	95 314	28 097 718	7 844 600	82.30
2009	801	93 623	49 688 486	9 012 307	96.26

2-8 市政、公用设施完成投资资金来源
(2005~2009)

单位：万元

指 标	2005年	2006年	2007年	2008年	2009年
合 计	3 629 669	4 175 559	4 709 639	5 682 738	6 757 867
中央财政拨款	1 000	2 470	2 401	3 548	16 753
地方财政拨款	392 112	265 069	143 249	541 064	220 557
国内贷款	915 890	1 144 785	1 663 631	2 274 165	2 269 973
债 券	30	15	27	75	133 339
利用外资	27 680	45 948	31 111	23 801	28 470
自筹资金	2 202 566	2 581 063	2 711 100	2 664 047	3 597 457
其他资金	90 391	136 205	158 120	176 038	491 318

注：1、数据摘自住房和城乡建设部的《城市（县城）建设统计报表》。
2、2009年债券主要为中央地方债券，用于青草沙项目。

2–9 市政、公用设施完成投资按行业分
(2005 ~ 2009)

单位：万元

指　标	2005年	2006年	2007年	2008年	2009年
合　计	**4 046 006**	**4 434 961**	**5 709 010**	**6 900 678**	**7 287 633**
供 水	182 803	115 273	112 415	583 158	645 419
燃 气	110 260	93 679	152 398	232 203	190 828
轨道交通	1 259 203	2 045 905	2 545 218	2 461 429	3 502 756
道路桥梁	1 417 786	1 478 821	2 093 661	2 710 759	2 293 565
排 水	203 839	175 536	248 726	319 862	287 717
防 洪	32 700	43 483	112 284	107 678	93 117
园林绿化	151 199	188 784	246 639	124 100	77 791
市容环境卫生	38 457	47 980	35 424	35 808	82 800
其 他	649 759	245 500	162 245	325 681	113 640

注：1、数据摘自住房和城乡建设部的《城市（县城）建设统计报表》。
　　2、按主管单位行业分类，行业排列顺序参照《城市（县城）建设统计报表》。

2–10 城 市 环 境 卫 生
(2005 ~ 2009)

指　标	计量单位	2005年	2006年	2007年	2008年	2009年
卫生设施						
公共厕所	座	3 640	3 746	5 378	7 105	5 633
垃圾收集点	处	28 388	29 812	29 538	30 452	30 584
废物箱	只	39 539	44 888	47 739	56 485	67 465
倒粪站	座	1 689	2 253	2 158	2 916	2 257
化粪池	只	47 424	46 217	45 841	46 518	43 775
焚烧厂	座	2	2	2	2	2
焚烧厂设计规模	吨/日	2 500	2 500	2 500	2 500	2 500
填埋场	座	3	4	4	5	5
填埋场设计规模	吨/日	6 400	7 000	6 700	6 750	6 750
综合处理厂	座	2	2	2	3	3
综合处理厂设计规模	吨/日	1 500	1 500	1 500	2 000	2 000
清运情况						
清扫道路面积	万平方米/日	10 414	11 982	12 503	14 145	15 313
清运垃圾	万吨	777	805	852	831	870
生活垃圾	万吨	622	658	702	678	710
建筑垃圾	万吨	155	147	150	153	160
清运粪便	万吨	254	247	232	220	221
环卫机械						
扫路车	辆	406	422	507	589	662
冲洗车	辆	147	153	174	244	266
洒水车	辆	101	87	113	115	103
垃圾车	辆	3 297	3 291	3 510	3 428	3 628
吸粪车	辆	492	484	506	444	469

2-11 环 境 保 护
(2005 ~ 2009)

指 标	计量单位	2005年	2006年	2007年	2008年	2009年
废水排放总量	万吨	199 660	223 755	226 614	226 001	230 518
#工业废水	万吨	51 047	48 336	47 570	44 121	41 192
达标量	万吨	49 590	47 146	46 492	41 364	40 687
工业废水排放达标率	%	97.1	97.5	97.7	93.8	98.8
废气排放总量	亿标立方米	9 103	10 045	10 601	11 079	10 709
#燃料燃烧废气排放	亿标立方米	4 185	3 943	4 524	4 682	4 032
工业 废气排放总量	亿标立方米	8 482	9 428	9 591	10 436	10 059
#燃料燃烧废气排放	亿标立方米	3 564	3 326	3 514	4 039	3 382
生产工艺过程中废气排放	亿标立方米	4 918	6 102	6 077	6 397	6 677
工业废气中：二氧化硫	万吨	37.52	37.43	36.44	29.80	23.93
#烟尘	万吨	4.96	4.73	4.04	4.06	3.64
工业粉尘排放量	万吨	1.06	0.96	0.84	0.80	0.83
工业粉尘去除量	万吨	150.53	146.80	145.85	103.36	95.75
工业固体废物产生量	万吨	1 963.62	2 063.19	2 165.40	2 347.36	2 254.59
工业固体废物处置量	万吨	64.66	103.22	106.39	90.24	85.66
工业固体废物综合利用量	万吨	1 891.62	1 953.11	2 040.08	2 242.43	2 171.60
#冶炼废渣	万吨	747.03	759.22	845.15	863.00	857.56
粉煤灰	万吨	491.68	501.84	517.62	534.48	460.32
炉渣	万吨	117.04	101.56	125.50	194.42	146.49
煤矸石	万吨	0.99	2.01	1.11	1.07	0.59
工业固体废物综合利用率	%	96.3	94.7	94.2	95.5	95.7
三废综合利用产品产值	万元	91 108.90	97 197.90	152 091.30	169 560.00	161 409.40
污染事故	次	9	34	50	86	106
市区交通噪声：白天	分贝(A)	72.0	72.0	71.9	71.4	69.8
（等效声Leg）夜间	分贝(A)	65.8	64.9	65.9	66.4	64.4

2-12 市动迁安置房使用情况(按内容分)
(2003 ~ 2009)

单位：套

内 容	总 计	2003年	2004年	2005年	2006年	2007年	2008年	2009年
合 计	89 778	5 496	6 090	20 228	12 719	11 370	11 548	22 327
	(37.5)	(0.0)	(15.1)	(23.0)	(12.0)	(0.0)	–(12.6)	
环境建设	7 278	1 560	2 127	3 448	15			128
	(1.2)			(1.2)				
#绿化建设	6 631	1 560	1 786	3 270	15			
	(1.2)			(1.2)				
污水建设	519		341	178				
	(0.0)							
轨道交通	12 642	977	1 178	4 937	1 901		853	2 796
	(10.0)				(10.0)			

(续表)

市政道路	**12 310**	1 242	549	1 896	2 722	3 300	2 041	560
	(4.9)		(3.1)	(1.8)				
旧区改造	**47 930**	340	160	9 088	6 981	4 144	8 374	18 843
	(12.0)		(12.0)					
其他	**9 618**	1 377	2 076	859	1 100	3 926	280	
	(9.4)			(20.0)	(2.0)		–(12.6)	

注：1、括号内数字为未折算成套数的配套商品房安排面积，单位:万平方米。

2、表中“其他”栏（–12.6）原因是对前几年房源进行调拨。

3、2008年以前本表名称为《市配套商品房使用情况》，2009年起名称更改为《市动迁安置房使用情况》。

2–13 市动迁安置房使用情况(按地区分)

(2003～2009)

单位：套

内 容	总 计	2003年	2004年	2005年	2006年	2007年	2008年	2009年
合 计	89 778	5 496	6 090	20 228	12 719	11 370	11 548	22 327
	(37.5)	(0.0)	(15.1)	(23.0)	(12.0)	(0.0)	–(12.6)	(0.0)
杨浦区	12 039	1 395	755	4 307		400	948	4 234
	(7.0)		(5.0)		(2.0)			
虹口区	13 710	60	1 436	3 558	1 128	500	1 880	5 148
	(0.0)							
闸北区	11 496	362	149	3 205	3 149	118		4 513
	(7.0)		(7.0)					
普陀区	9 118	48	1 482	3 463	2 209	1 000	714	202
	(0.0)							
静安区	3 766	173	62	16	15	730	450	2 320
	(0.0)							
徐汇区	6 292	427	795	144		1 370	1 650	1 906
	(1.8)			(1.8)				
黄浦区	17 826	862	406	1 143	5 894	2 840	4 692	1 989
	(0.0)							
卢湾区	4 604	232	8	2 010	200	420	1 134	600
	(1.2)			(1.2)				
长宁区	4 083	366	573	1 830				1 314
	(0.0)							
南汇区	3 606					3 526	80	
	(0.0)							
嘉定区	5					5		
	(0.0)							
闵行区	180	24	92		24	40		
	(0.0)							
宝山区	412	45	162	205				
	(0.0)							
浦东新区	491	390						101
	(10.0)				(10.0)			
其他	2 150	1 112	170	347	100	421		
	(10.5)		(3.1)	(20.0)			–(12.6)	

注：1、括号内数字为未折算成套数的配套商品房安排面积，单位:万平方米。

2、表中“其他”栏（–12.6）原因是对前几年房源进行调拨。

3、2008年以前本表名称为《市配套商品房使用情况》，2009年起名称更改为《市动迁安置房使用情况》。

2-14 市 政 设 施
(2005～2009)

指　标	计量单位	2005年	2006年	2007年	2008年	2009年
道路长度	公里	12 227	14 619	15 458	15 844	16 071
道路面积	万平方米	20 942	21 490	22 579	23 149	24 566
城市桥梁	座	8 070	10 199	10 747	11 188	11 466
防洪堤长度	公里	1 069.73	1 069.73	985.93	1 013.80	1 013.80
排水管道长度	公里	6 933	7 430	8 120	9 208	9 732
污水处理能力	万吨/日	471.00	488.00	556.55	672.25	686.50
路灯盏数	万盏	30.13	31.73	34.46	37.24	40.18

注：1、道路长度、面积为全市口径(包括崇明县)。2006年起道路中包括村道。
2、防洪堤不包括市区和郊区的圩堤。
3、堤防：2006年重新测量过，海塘+一线堤防。苏州河堤防不在内。

2-15 城市道路和车辆状况
(2005～2009)

指　标	计量单位	2005年	2006年	2007年	2008年	2009年
车行道路面积	万平方米	15 646	16 044	18 116	18 720	19 620
人行道面积	万平方米	5 003	3 112	3 280	3 396	3 516
人均道路面积	平方米	15.40	15.71	16.38	16.64	17.54
机动车	万辆	211.59	213.01	226.99	234.37	243.42
#大型车	万辆	17.21	17.58	18.96	20.26	21.49
小型车	万辆	79.84	89.68	101.32	112.22	125.57
非机动车	万辆	1 146.89	1 227.14	1 307.50	1 330.93	1 347.64

2-16 燃气（煤气、液化气、天然气）
(2005～2009)

指　标	计量单位	2005年	2006年	2007年	2008年	2009年
人工煤气生产能力	万立方米/日	1 134.30	1 013.00	1 013.00	967.40	867.40
人工煤气供应总量	亿立方米	22.86	21.76	20.83	19.91	16.27
人工煤气销售总量	亿立方米	19.97	19.22	18.48	17.66	14.19
#家庭用量	亿立方米	17.88	10.94	10.31	9.64	7.46
年末人工煤气管线长度	公里	8 468	8 778	8 097	7 086	6 156
液化气销售总量	万吨	45.26	45.86	50.65	48.57	40.11
#家庭用量	万吨	23.97	26.70	28.75	29.28	24.11
天然气销售总量	亿立方米	17.50	22.58	26.60	28.37	31.33
#家庭用量	万吨	2.65	3.74	4.60	5.72	6.43
年末天然气管线长度	公里	6 370	8 349	10 867	12 877	14 997
家庭煤气用户	万户	236.54	230.22	213.38	185.56	181.48
家庭液化气用户	万户	253.89	260.50	277.32	291.58	310.16
家庭天然气用户	万户	186.37	216.93	257.94	307.88	366.78

注：从2007年起煤气销售总量中的生活用量改为家庭用量，2006年亦作相应调整。

2-17 自来水
(2005～2009)

指　标	计量单位	2005年	2006年	2007年	2008年	2009年
水厂个数	个	179	146	123	118	113
水厂生产能力	万立方米/日	1 096	1 138	1 080	1 069	1 096
全年供水量	亿立方米	28.65	29.19	30.34	30.90	30.47
全年售水量	亿立方米	22.81	23.30	23.90	24.28	24.06
#生产用水	亿立方米	6.42	6.43	6.78	6.30	5.59
生活用水	亿立方米	16.39	16.88	17.12	17.98	18.47
每日平均用水	万立方米	624.80	638.50	654.66	665.21	659.18
供水管道长度	公里	23 718.21	26 619.00	27 658.89	27 858.08	29 464.00

2-18 城市公共交通
(2005～2009)

指标名称	单位	2005年	2006年	2007年	2008年	2009年
轨道交通						
运营线路条数	条	6	6	9	9	11
运营线路长度	公里	147.78	169.36	262.83	264.30	355.05
运营线网长度	公里	136.21	157.79	251.26	252.73	343.48
运营车辆	节	695	829	1 117	1 431	1 833
行驶里程	万列公里	1 141.66	1 531.65	1 696.80	2 515.50	2 870.80
客运量	万人次	59 406	65 569	81 397	112 798	131 837
年末职工人数	人	5 716	6 692	6 711	5 661	12 808
公共汽电车						
公交线路条数	条	940	944	991	1 058	1 129
公交线路长度	公里	21 795	21 776	22 375	22 919	23 033
运营汽电车辆数	辆	17 985	17 284	16 944	16 573	16 272
公共汽车	辆	17 509	16 899	16 672	16 306	16 039
无轨电车	辆	476	385	272	267	233
全年行驶总里程	万公里	112 992	112 814	113 965	111 764	111 686
客运量	亿人次	27.81	27.40	26.52	26.63	27.06
运营收入	亿元	53.05	56.78	58.06	59.01	60.57
出租汽车						
年末运营车辆	辆	47 794	48 022	48 614	48 059	49 111
#顶灯车	辆	45 614	45 762	47 344	46 874	47 965
载客车次	万次	56 401	58 920	57 764	61 600	60 926
运营里程	亿公里	58.12	61.05	60.66	63.18	61.99
#营业里程	亿公里	34.75	36.72	36.68	41.27	37.73
运营收入	亿元	115.41	124.97	127.52	133.15	135.75
运营单位	户	3 600	3 646	3 375	3 333	3 306
国有控股	户	55	42	52	88	51
集体控股	户	44	30	42	36	33
个　体	户	3 350	3 429	3 144	3 142	3 153

(续表)

其　他	户	151	145	137	67	69
汽车租赁						
年末运营车辆	辆	6 517	7 288	8 454	8 687	9 149
运营车日	万车日	218.84	254.08	279.15	319.41	320.49
租赁车日	万车日	172.61	203.73	217.68	262.51	253.74
车辆利用率	%	78.9	80.2	78.0	82.2	79.2
运营里程	万公里	19 383	24 580	28 532	27 377	30 838
运营收入	亿元	6.92	8.24	10.15	11.30	11.26

注：①轨道交通指标数据包含了磁浮线的有关内容。

②2005年城市交通管理体制改革,出租汽车行业统计指标和范围作了调整。本表中将原出租汽车行业统计调整为出租汽车和汽车租赁两个行业统计,并对有关历史数据进行了调整。

③2005年受理出租汽车“货转客”业务2659户，核转个体经营2741辆，使2005年出租汽车运营单位数有较大增加。

2-19　城市轮渡（不包括三岛客轮、游览船）

(2005～2009)

指　标	计量单位	2005年	2006年	2007年	2008年	2009年
年末实有数	艘	71	57	57	54	18
#对江客轮渡船	艘	53	43	43	43	18
车辆渡	艘	7	7	7	6	1
交通艇	艘	7	3	3	1	0
营业船数	艘	67	53	53	50	39
全年载客总数	万人次	12 423.26	11 764.56	11 280.24	10 100.36	9 379.95
全年载车总数	万辆次	493.97	460.10	395.14	308.76	272.98
#机动车	万辆次	470.59	448.07	386.12	297.54	263.84
年末职工人数	人	2 563	2 170	1 904	1 690	1 614
利润总额	万元	282.74	－2 536.61	－2 939.01	－1 084.66	－2 224.21

注：车辆渡中1艘为两种船，既是车辆渡船又是客轮渡船。

2-20　三 岛 客 轮

(2005～2009)

指　标	计量单位	2005年	2006年	2007年	2008年	2009年
年末船舶实有数	艘	23	22	23	25	21
#客轮	艘	14	14	14	16	13
客货船(车客渡)	艘	9	8	9	9	8
年末营业船舶数	艘	22	21	22	24	21
全年旅客人数	万人次	482.85	519.15	591.14	698.94	629.01
全年载车总数	万辆次	37.22	43.07	48.60	51.06	52.18
#机动车	万辆次	37.22	43.07	48.60	51.06	52.18
年末职工人数	人	628	622	724	700	670
利润总额	万元	673.20	760.80	1 820.73	2 222.94	827.35

2-21 黄浦江游览

(2005~2009)

指　标	计量单位	2005年	2006年	2007年	2008年	2009年
年末船舶实有数	艘	8	20	20	19	17
营业船数	艘	7	18	17	17	9
全年游览旅客数	万人次	66.50	134.50	110.80	51.70	59.70
年末职工人数	人	197	332	328	331	311
利润总额	万元	385.80	1 528.10	1 279.10	－1 223.41	60.20

2-22 城市园林绿化

(2005~2009)

指　标	计量单位	2005年	2006年	2007年	2008年	2009年
城市绿地面积	公顷	28 865	30 609	31 795	34 256	116 929
#公园绿地	公顷	12 038	13 307	13 899	14 777	15 406
公园面积	公顷	1 521	1 516	1 675	1 686	1 687
街道绿地	公顷	10 516	11 791	12 224	13 091	13 719
单位绿地	公顷	6 703	6 837	7 156	7 540	8 160
居住区绿地	公顷	4 888	5 365	6 434	7 199	8 123
生产绿地	公顷	335	331	204	189	230
公园数	个	144	144	146	147	147
全年游园人数	万人次	13 656	16 652	18 342	22 119	21 671
全年植树数	万株	2 117	1 775	1 693	3 500	1 657
人均占有公共绿地面积	平方米	11.01	11.50	12.01	12.50	12.80
绿化覆盖率	%	37.0	37.3	37.6	38.0	38.1
行道树实有数	万株	83.30	86.02	68.59	73.32	76.11
当年造林面积	公顷	3 827	4 394	1 117	1 915	2 051

注：2009年，上海绿化统计根据国家建设部《城市（县城）和村镇建设统计报表制度》中“城市绿地”指标要求将城市建设用地之外的对城市生态环境质量、城市景观和生物多样性保护有直接影响的绿地如森林公园、水源保护区等纳入了城市绿地面积的统计。

2-23 各区绿地及覆盖面积情况

(2009)

单位：公顷

地　区	绿地面积	#公共绿地	绿化覆盖面积
总　计	**116 929.38**	**15 406.10**	**126 519.16**
黄浦区	124.51	85.67	148.61
卢湾区	111.59	52.17	141.78
徐汇区	1 206.78	475.53	1 322.16
长宁区	1 038.11	431.27	1 089.01
静安区	96.90	42.05	152.47
普陀区	1 112.43	499.43	1 334.24

(续表)

闸北区	578.75	222.17	615.96
虹口区	401.08	150.62	467.66
杨浦区	1 076.82	440.74	1 416.25
宝山区	5 800.91	1 796.14	6 232.03
闵行区	7 059.90	1 997.18	8 152.76
嘉定区	8 042.94	1 151.94	8 359.14
浦东新区	24 999.93	5 368.61	26 003.03
金山区	7 817.69	536.82	8 967.49
松江区	10 630.36	476.31	13 036.81
青浦区	10 060.23	1 030.16	10 453.89
奉贤区	9 476.56	540.69	10 363.16
崇明县	27 293.90	108.60	28 262.72

注：绿化覆盖面积指城市中的乔木、灌木、草坪等所有植被的垂直投影面积。

三、 区县固定资产投资

3-1 黄浦区全社会固定资产投资主要指标
(2009)

指　　标	计量单位	总 计	#建设改造	房地产	农村非农户
本年完成投资	**万元**	**1 231 103**	**895 804**	**335 299**	**–**
按隶属关系分					
中央项目	万元	71 765	24 072	47 693	–
地方项目	万元	1 159 338	871 732	287 606	–
按构成分					
建筑工程	万元	367 698	189 776	177 922	–
安装工程	万元	51 540	34 392	17 148	–
设备工具器具购置	万元	54 835	52 424	2 411	–
其他费用	万元	757 030	619 212	137 818	–
按建设性质分					
#新　建	万元	700 714	700 714	–	–
扩　建	万元	14 180	14 180	–	–
改建和技术改造	万元	142 623	142 623	–	–
单纯购置	万元	32 438	32 438	–	–
按三次产业分					
第一产业	万元	–	–	–	–
第二产业	万元	54 592	54 592	–	–
第三产业	万元	1 176 511	841 212	335 299	–
#住宅	万元	233 993	–	233 993	–
本年新增固定资产	**万元**	**359 652**	**184 403**	**175 249**	**–**

（续表）

房屋建筑面积					
施工面积	万平方米	181.03	14.09	166.94	–
#住宅	万平方米	98.17	–	98.17	–
竣工面积	万平方米	25.60	–	25.60	–
#住宅	万平方米	10.57	–	10.57	–
按经济类型分					
国有经济	万元	815 096	752 815	62 281	–
非国有经济	万元	416 007	142 989	273 018	–
集体经济	万元	2 000	–	2 000	–
私营经济	万元	33 835	–	33 835	–
联营经济	万元	–	–	–	–
股份制经济	万元	240 290	53 774	186 516	–
港澳台经济	万元	1 115	–	1 115	–
外商经济	万元	132 467	89 215	43 252	–
其他经济	万元	6 300	–	6 300	–
按国民经济行业分					
农、林、牧、渔业	万元	–	–	–	–
工　业	万元	54 592	54 592	–	–
采矿业	万元	–	–	–	–
制造业	万元	1 796	1 796	–	–
电力、燃气及水的生产和供应业	万元	52 796	52 796	–	–
建筑业	万元	–	–	–	–
交通运输、仓储和邮政业	万元	32 543	32 543	–	–
信息传输、计算机服务和软件业	万元	–	–	–	–
批发和零售业	万元	–	–	–	–
住宿和餐饮业	万元	156 879	156 879	–	–
金融业	万元	–	–	–	–
房地产业	万元	912 906	577 607	335 299	–
租赁和商务服务业	万元	1 210	1 210	–	–
科学研究、技术服务和地质勘查业	万元	–	–	–	–
水利、环境和公共设施管理业	万元	49 558	49 558	–	–
居民服务和其他服务业	万元	993	993	–	–
教　育	万元	7 088	7 088	–	–
卫生、社会保障和社会福利业	万元	80	80	–	–
文化、体育和娱乐业	万元	12 552	12 552	–	–
公共管理与社会组织	万元	2 702	2 702	–	–
国际组织	万元	–	–	–	–

3-2 卢湾区全社会固定资产投资主要指标
(2009)

指　　标	计量单位	总 计	#建设改造	房地产	农村非农户
本年完成投资	**万元**	**455 921**	**107 899**	**348 022**	**–**
按隶属关系分					
中央项目	万元	4 305	4 305	–	–
地方项目	万元	451 616	103 594	348 022	–
按构成分					
建筑工程	万元	278 524	35 583	242 941	–
安装工程	万元	4 212	2 485	1 727	–
设备工具器具购置	万元	18 488	17 165	1 323	–
其他费用	万元	154 697	52 666	102 031	–
按建设性质分					
#新　建	万元	55 978	55 978	–	–
扩　建	万元	17 281	17 281	–	–
改建和技术改造	万元	17 408	17 408	–	–
单纯购置	万元	15 849	15 849	–	–
按三次产业分					
第一产业	万元	–	–	–	–
第二产业	万元	2 818	2 818	–	–
第三产业	万元	453 103	105 081	348 022	–
#住宅	万元	202 325	–	202 325	–
本年新增固定资产	**万元**	**36 512**	**35 644**	**868**	**–**
房屋建筑面积					
施工面积	万平方米	154.63	9.70	144.94	–
#住宅	万平方米	82.11	–	82.11	–
竣工面积	万平方米	4.33	4.22	0.11	–
#住宅	万平方米	0.11	–	0.11	–
按经济类型分					
国有经济	万元	144 705	88 985	55 720	–
非国有经济	万元	311 216	18 914	292 302	–
集体经济	万元	–	–	–	–
私营经济	万元	8 646	–	8 646	–
联营经济	万元	–	–	–	–
股份制经济	万元	33 667	15 814	17 853	–
港澳台经济	万元	254 953	3 100	251 853	–
外商经济	万元	13 950	–	13 950	–
其他经济	万元	–	–	–	–
按国民经济行业分					
农、林、牧、渔业	万元	–	–	–	–
工　业	万元	2 818	2 818	–	–
采 矿 业	万元	–	–	–	–
制 造 业	万元	2 818	2 818	–	–
电力、燃气及水的生产和供应业	万元	–	–	–	–
建 筑 业	万元	–	–	–	–

(续表)

交通运输、仓储和邮政业	万元	4 972	4 972	–	–
信息传输、计算机服务和软件业	万元	–	–	–	–
批发和零售业	万元	3 100	3 100	–	–
住宿和餐饮业	万元	4 770	4 770	–	–
金融业	万元	–	–	–	–
房地产业	万元	348 022	–	348 022	–
租赁和商务服务业	万元	10 842	10 842	–	–
科学研究、技术服务和地质勘查业	万元	–	–	–	–
水利、环境和公共设施管理业	万元	64 575	64 575	–	–
居民服务和其他服务业	万元	–	–	–	–
教　育	万元	13 894	13 894	–	–
卫生、社会保障和社会福利业	万元	–	–	–	–
文化、体育和娱乐业	万元	2 928	2 928	–	–
公共管理与社会组织	万元	–	–	–	–
国际组织	万元	–	–	–	–

3–5　静安区全社会固定资产投资主要指标
(2009)

指　标	计量单位	总 计	#建设改造	房地产	农村非农户
本年完成投资	**万元**	**439 895**	**109 429**	**330 466**	**–**
按隶属关系分					
中央项目	万元	655	655	–	–
地方项目	万元	439 240	108 774	330 466	–
按构成分					
建筑工程	万元	230 162	24 431	205 731	–
安装工程	万元	19 818	774	19 044	–
设备工具器具购置	万元	37 353	26 060	11 293	–
其他费用	万元	152 562	58 164	94 398	–
按建设性质分					
#新　建	万元	27 623	27 623	–	–
扩　建	万元	48 617	48 617	–	–
改建和技术改造	万元	9 156	9 156	–	–
单纯购置	万元	24 033	24 033	–	–
按三次产业分					
第一产业	万元	–	–	–	–
第二产业	万元	245	245	–	–
第三产业	万元	439 650	109 184	330 466	–
#住宅	万元	42 060	–	42 060	–
本年新增固定资产	**万元**	**555 904**	**20 705**	**535 199**	**–**
房屋建筑面积					

(续表)

施工面积	万平方米	429.59	158.15	271.44	–
#住宅	万平方米	150.71	–	150.71	–
竣工面积	万平方米	69.00	18.73	50.27	–
#住宅	万平方米	29.47	–	29.47	–
按经济类型分					
国有经济	万元	534 661	509 559	25 102	–
非国有经济	万元	662 558	184 738	477 820	–
集体经济	万元	19 791	10 331	9 460	–
私营经济	万元	46 866	–	46 866	–
联营经济	万元	–	–	–	–
股份制经济	万元	391 519	135 867	255 652	–
港澳台经济	万元	78 369	37 982	40 387	–
外商经济	万元	126 013	558	125 455	–
其他经济	万元	–	–	–	–
按国民经济行业分					
农、林、牧、渔业	万元	878	878	–	–
工　业	万元	165 088	165 088	–	–
采矿业	万元	–	–	–	–
制造业	万元	148 772	148 772	–	–
电力、燃气及水的生产和供应业	万元	16 316	16 316	–	–
建筑业	万元	–	–	–	–
交通运输、仓储和邮政业	万元	33 086	33 086	–	–
信息传输、计算机服务和软件业	万元	1 359	1 359	–	–
批发和零售业	万元	1 910	1 910	–	–
住宿和餐饮业	万元	339	339	–	–
金融业	万元	–	–	–	–
房地产业	万元	502 922	–	502 922	–
租赁和商务服务业	万元	–	–	–	–
科学研究、技术服务和地质勘查业	万元	21 111	21 111	–	–
水利、环境和公共设施管理业	万元	439 115	439 115	–	–
居民服务和其他服务业	万元	3 999	3 999	–	–
教　育	万元	14 731	14 731	–	–
卫生、社会保障和社会福利业	万元	1 204	1 204	–	–
文化、体育和娱乐业	万元	–	–	–	–
公共管理与社会组织	万元	11 477	11 477	–	–
国际组织	万元	–	–	–	–

3-4　长宁区全社会固定资产投资主要指标

(2009)

指　　标	计量单位	总 计	#建设改造	房地产	农村非农户
本年完成投资	**万元**	**745 318**	**400 743**	**344 575**	**–**
按隶属关系分					
中央项目	万元	166 202	166 202	–	–
地方项目	万元	579 116	234 541	344 575	–
按构成分					
建筑工程	万元	394 608	139 285	255 323	–
安装工程	万元	25 632	13 106	12 526	–
设备工具器具购置	万元	219 215	218 150	1 065	–
其他费用	万元	105 863	30 202	75 661	–
按建设性质分					
#新　建	万元	179 028	179 028	–	–
扩　建	万元	1 127	1 127	–	–
改建和技术改造	万元	26 773	26 773	–	–
单纯购置	万元	193 815	193 815	–	–
按三次产业分					
第一产业	万元	–	–	–	–
第二产业	万元	75 865	75 865	–	–
第三产业	万元	669 453	324 878	344 575	–
#住宅	万元	174 865	–	174 865	–
本年新增固定资产	**万元**	**435 879**	**265 199**	**170 680**	**–**
房屋建筑面积					
施工面积	万平方米	305.56	65.41	240.15	–
#住宅	万平方米	132.46	–	132.46	–
竣工面积	万平方米	37.59	9.04	28.55	–
#住宅	万平方米	10.52	–	10.52	–
按经济类型分					
国有经济	万元	290 081	253 332	36 749	–
非国有经济	万元	455 237	147 411	307 826	–
集体经济	万元	7 608	–	7 608	–
私营经济	万元	62 684	17 453	45 231	–
联营经济	万元	1 813	63	1 750	–
股份制经济	万元	241 775	92 791	148 984	–
港澳台经济	万元	80 448	4 811	75 637	–
外商经济	万元	60 909	32 293	28 616	–
其他经济	万元	–	–	–	–
按国民经济行业分					–
农、林、牧、渔业	万元	–	–	–	–
工　业	万元	75 865	75 865	–	–
采矿业	万元	–	–	–	–
制造业	万元	57 728	57 728	–	–
电力、燃气及水的生产和供应业	万元	18 137	18 137	–	–
建筑业	万元	–	–	–	–

(续表)

交通运输、仓储和邮政业	万元	208 700	208 700	–	–
信息传输、计算机服务和软件业	万元	–	–	–	–
批发和零售业	万元	1 103	1 103	–	–
住宿和餐饮业	万元	2 804	2 804	–	–
金融业	万元	–	–	–	–
房地产业	万元	371 784	27 209	344 575	–
租赁和商务服务业	万元	1 800	1 800	–	–
科学研究、技术服务和地质勘查业	万元	16 926	16 926	–	–
水利、环境和公共设施管理业	万元	42 403	42 403	–	–
居民服务和其他服务业	万元	–	–	–	–
教　育	万元	2 496	2 496	–	–
卫生、社会保障和社会福利业	万元	–	–	–	–
文化、体育和娱乐业	万元	16 756	16 756	–	–
公共管理与社会组织	万元	4 681	4 681	–	–
国际组织	万元	–	–	–	–

3–5　静安区全社会固定资产投资主要指标

(2009)

指　　标	计量单位	总 计	#建设改造	房地产	农村非农户
本年完成投资	**万元**	**439 895**	**109 429**	**330 466**	–
按隶属关系分					
中央项目	万元	655	655	–	–
地方项目	万元	439 240	108 774	330 466	–
按构成分					
建筑工程	万元	230 162	24 431	205 731	–
安装工程	万元	19 818	774	19 044	–
设备工具器具购置	万元	37 353	26 060	11 293	–
其他费用	万元	152 562	58 164	94 398	–
按建设性质分					
#新　建	万元	27 623	27 623	–	–
扩　建	万元	48 617	48 617	–	–
改建和技术改造	万元	9 156	9 156	–	–
单纯购置	万元	24 033	24 033	–	–
按三次产业分					
第一产业	万元	–	–	–	–
第二产业	万元	245	245	–	–
第三产业	万元	439 650	109 184	330 466	–
#住宅	万元	42 060	–	42 060	–
本年新增固定资产	**万元**	**555 904**	**20 705**	**535 199**	–
房屋建筑面积					

(续表)

施工面积	万平方米	193.62	7.70	185.92	–
#住宅	万平方米	47.48	–	47.48	–
竣工面积	万平方米	56.56	0.16	56.40	–
#住宅	万平方米	20.68	–	20.68	–
按经济类型分					
国有经济	万元	163 694	90 762	72 932	–
非国有经济	万元	276 201	18 667	257 534	–
集体经济	万元	–	–	–	–
私营经济	万元	75 959	–	75 959	–
联营经济	万元	–	–	–	–
股份制经济	万元	90 697	13 705	76 992	–
港澳台经济	万元	37 999	–	37 999	–
外商经济	万元	66 584	–	66 584	–
其他经济	万元	4 962	4 962	–	–
按国民经济行业分					
农、林、牧、渔业	万元	–	–	–	–
工　业	万元	245	245	–	–
采 矿 业	万元	–	–	–	–
制 造 业	万元	245	245	–	–
电力、燃气及水的生产和供应业	万元	–	–	–	–
建 筑 业	万元	–	–	–	–
交通运输、仓储和邮政业	万元	14 360	14 360	–	–
信息传输、计算机服务和软件业	万元	–	–	–	–
批发和零售业	万元	–	–	–	–
住宿和餐饮业	万元	–	–	–	–
金融业	万元	–	–	–	–
房地产业	万元	333 488	3 022	330 466	–
租赁和商务服务业	万元	–	–	–	–
科学研究、技术服务和地质勘查业	万元	–	–	–	–
水利、环境和公共设施管理业	万元	–	–	–	–
居民服务和其他服务业	万元	–	–	–	–
教　育	万元	44 900	44 900	–	–
卫生、社会保障和社会福利业	万元	16 305	16 305	–	–
文化、体育和娱乐业	万元	25 635	25 635	–	–
公共管理与社会组织	万元	4 962	4 962	–	–
国际组织	万元	–	–	–	–

3-6 普陀区全社会固定资产投资主要指标
(2009)

指标	计量单位	总计	#建设改造	房地产	农村非农户
本年完成投资	**万元**	**1 066 674**	**192 299**	**874 375**	**–**
按隶属关系分					
中央项目	万元	1 804	1 804	–	–
地方项目	万元	1 064 870	190 495	874 375	–
按构成分					
建筑工程	万元	604 698	65 691	539 007	–
安装工程	万元	58 505	8 598	49 907	–
设备工具器具购置	万元	67 145	51 563	15 582	–
其他费用	万元	336 326	66 447	269 879	–
按建设性质分					
#新　建	万元	126 844	126 844	–	–
扩　建	万元	1 166	1 166	–	–
改建和技术改造	万元	61 272	61 272	–	–
单纯购置	万元	2 868	2 868	–	–
按三次产业分					
第一产业	万元	–	–	–	–
第二产业	万元	63 615	63 615	–	–
第三产业	万元	1 003 059	128 684	874 375	–
#住宅	万元	390 291	–	390 291	–
本年新增固定资产	**万元**	**488 631**	**106 920**	**381 711**	**–**
房屋建筑面积					
施工面积	万平方米	583.16	33.01	550.15	–
#住宅	万平方米	227.41	–	227.41	–
竣工面积	万平方米	68.51	13.38	55.13	–
#住宅	万平方米	24.10	–	24.10	–
按经济类型分					
国有经济	万元	189 958	148 304	41 654	–
非国有经济	万元	876 716	43 995	832 721	–
集体经济	万元	30 132	20 984	9 148	–
私营经济	万元	394 722	3 293	391 429	–
联营经济	万元	–	–	–	–
股份制经济	万元	300 898	17 558	283 340	–
港澳台经济	万元	92 536	2 160	90 376	–
外商经济	万元	58 428	–	58 428	–
其他经济	万元	–	–	–	–
按国民经济行业分					
农、林、牧、渔业	万元	–	–	–	–
工　业	万元	63 615	63 615	–	–
采矿业	万元	–	–	–	–
制造业	万元	7 649	7 649	–	–
电力、燃气及水的生产和供应业	万元	55 966	55 966	–	–
建筑业	万元	–	–	–	–

(续表)

交通运输、仓储和邮政业	万元	96 270	96 270	–	–
信息传输、计算机服务和软件业	万元	839	839	–	–
批发和零售业	万元	11 648	11 648	–	–
住宿和餐饮业	万元	–	–	–	–
金融业	万元	–	–	–	–
房地产业	万元	874 524	149	874 375	–
租赁和商务服务业	万元	–	–	–	–
科学研究、技术服务和地质勘查业	万元	3 500	3 500	–	–
水利、环境和公共设施管理业	万元	11 716	11 716	–	–
居民服务和其他服务业	万元	–	–	–	–
教　育	万元	170	170	–	–
卫生、社会保障和社会福利业	万元	2 802	2 802	–	–
文化、体育和娱乐业	万元	1 590	1 590	–	–
公共管理与社会组织	万元	–	–	–	–
国际组织	万元	–	–	–	–

3–7　闸北区全社会固定资产投资主要指标

(2009)

指　　标	计量单位	总 计	#建设改造	房地产	农村非农户
本年完成投资	**万元**	**697 672**	**226 759**	**465 363**	**5 550**
按隶属关系分					
中央项目	万元	3 646	3 646	–	–
地方项目	万元	694 026	223 113	465 363	5 550
按构成分					
建筑工程	万元	296 467	82 346	211 021	3 100
安装工程	万元	49 145	10 116	36 579	2 450
设备工具器具购置	万元	123 924	111 562	12 362	–
其他费用	万元	228 136	22 735	205 401	–
按建设性质分					
#新　建	万元	59 994	59 994	–	–
扩　建	万元	44 832	39 282	–	5 550
改建和技术改造	万元	42 262	42 262	–	–
单纯购置	万元	84 443	84 443	–	–
按三次产业分					
第一产业	万元	–	–	–	–
第二产业	万元	46 681	44 781	–	1 900
第三产业	万元	650 991	181 978	465 363	3 650
#住宅	万元	224 045	–	224 045	–
本年新增固定资产	**万元**	**208 589**	**195 180**	**13 409**	**–**
房屋建筑面积					

(续表)

施工面积	万平方米	326.27	22.04	301.77	2.46
#住宅	万平方米	140.64	–	140.64	–
竣工面积	万平方米	6.70	1.11	5.59	–
#住宅	万平方米	4.65	–	4.65	–
按经济类型分					
国有经济	万元	307 350	171 246	136 104	–
非国有经济	万元	390 322	55 513	329 259	5 550
集体经济	万元	7 584	2 034	–	5 550
私营经济	万元	81 824	17 762	64 062	–
联营经济	万元	12 835	–	12 835	–
股份制经济	万元	169 758	35 717	134 041	–
港澳台经济	万元	98 426	–	98 426	–
外商经济	万元	19 895	–	19 895	–
其他经济	万元	–	–	–	–
按国民经济行业分					
农、林、牧、渔业	万元	–	–	–	–
工　业	万元	44 956	43 056	–	1 900
采矿业	万元	–	–	–	–
制造业	万元	24 563	22 663	–	1 900
电力、燃气及水的生产和供应业	万元	20 393	20 393	–	–
建筑业	万元	1 725	1 725	–	–
交通运输、仓储和邮政业	万元	129 429	129 429	–	–
信息传输、计算机服务和软件业	万元	6 094	6 094	–	–
批发和零售业	万元	4 150	500	–	3 650
住宿和餐饮业	万元	970	970	–	–
金融业	万元	–	–	–	–
房地产业	万元	479 540	14 177	465 363	–
租赁和商务服务业	万元	15 462	15 462	–	–
科学研究、技术服务和地质勘查业	万元	510	510	–	–
水利、环境和公共设施管理业	万元	366	366	–	–
居民服务和其他服务业	万元	322	322	–	–
教　育	万元	500	500	–	–
卫生、社会保障和社会福利业	万元	10 871	10 871	–	–
文化、体育和娱乐业	万元	–	–	–	–
公共管理与社会组织	万元	2 777	2 777	–	–
国际组织	万元	–	–	–	–

3-8 虹口区全社会固定资产投资主要指标

(2009)

指　标	计量单位	总 计	#建设改造	房地产	农村非农户
本年完成投资	**万元**	**1 031 759**	**503 744**	**528 015**	**–**
按隶属关系分					
中央项目	万元	106 443	99 814	6 629	–
地方项目	万元	925 316	403 930	521 386	–
按构成分					
建筑工程	万元	285 804	82 864	202 940	–
安装工程	万元	43 295	3 096	40 199	–
设备工具器具购置	万元	156 398	115 063	41 335	–
其他费用	万元	546 262	302 721	243 541	–
按建设性质分					
#新　建	万元	302 511	302 511	–	–
扩　建	万元	877	877	–	–
改建和技术改造	万元	184 003	184 003	–	–
单纯购置	万元	16 323	16 323	–	–
按三次产业分					
第一产业	万元	–	–	–	–
第二产业	万元	7 365	7 365	–	–
第三产业	万元	1 024 394	496 379	528 015	–
#住宅	万元	256 342	–	256 342	–
本年新增固定资产	**万元**	**365 048**	**26 339**	**338 709**	**–**
房屋建筑面积					
施工面积	万平方米	212.04	2.64	209.40	–
#住宅	万平方米	88.25	–	88.25	–
竣工面积	万平方米	34.60	0.15	34.45	–
#住宅	万平方米	13.55	–	13.55	–
按经济类型分					
国有经济	万元	365 584	298 963	66 621	–
非国有经济	万元	666 175	204 781	461 394	–
集体经济	万元	–	–	–	–
私营经济	万元	143 822	–	143 822	–
联营经济	万元	–	–	–	–
股份制经济	万元	311 996	133 786	178 210	–
港澳台经济	万元	130 465	1 057	129 408	–
外商经济	万元	79 892	69 938	9 954	–
其他经济	万元	–	–	–	–
按国民经济行业分					
农、林、牧、渔业	万元	–	–	–	–
工　业	万元	7 365	7 365	–	–
采矿业	万元	–	–	–	–
制造业	万元	2 508	2 508	–	–
电力、燃气及水的生产和供应业	万元	4 857	4 857	–	–
建筑业	万元	–	–	–	–

(续表)

交通运输、仓储和邮政业	万元	180 043	180 043	–	–
信息传输、计算机服务和软件业	万元	–	–	–	–
批发和零售业	万元	173	173	–	–
住宿和餐饮业	万元	54 613	54 613	–	–
金融业	万元	–	–	–	–
房地产业	万元	601 402	73 387	528 015	–
租赁和商务服务业	万元	–	–	–	–
科学研究、技术服务和地质勘查业	万元	863	863	–	–
水利、环境和公共设施管理业	万元	179 981	179 981	–	–
居民服务和其他服务业	万元	1 099	1 099	–	–
教　育	万元	3 431	3 431	–	–
卫生、社会保障和社会福利业	万元	505	505	–	–
文化、体育和娱乐业	万元	–	–	–	–
公共管理与社会组织	万元	2 284	2 284	–	–
国际组织	万元	–	–	–	–

3-9　杨浦区全社会固定资产投资主要指标
(2009)

指　　标	计量单位	总 计	#建设改造	房地产	农村非农户
本年完成投资	**万元**	**1 509 056**	**778 853**	**730 203**	**–**
按隶属关系分					
中央项目	万元	28 406	28 406	–	–
地方项目	万元	1 480 650	750 447	730 203	–
按构成分					
建筑工程	万元	672 605	294 384	378 221	–
安装工程	万元	87 171	12 874	74 297	–
设备工具器具购置	万元	143 969	139 556	4 413	–
其他费用	万元	605 311	332 039	273 272	–
按建设性质分					
#新　建	万元	460 526	460 526	–	–
扩　建	万元	71 721	71 721	–	–
改建和技术改造	万元	114 914	114 914	–	–
单纯购置	万元	131 692	131 692	–	–
按三次产业分					
第一产业	万元	–	–	–	–
第二产业	万元	237 034	237 034	–	–
第三产业	万元	1 272 022	541 819	730 203	–
#住宅	万元	377 534	419	377 115	–
本年新增固定资产	**万元**	**428 505**	**364 721**	**63 784**	**–**
房屋建筑面积					

(续表)

施工面积	万平方米	477.06	37.94	439.12	–
#住宅	万平方米	225.65	0.77	224.88	–
竣工面积	万平方米	23.55	7.89	15.66	–
#住宅	万平方米	5.83	–	5.83	–
按经济类型分					
国有经济	万元	852 003	689 286	162 717	–
非国有经济	万元	657 053	89 567	567 486	–
集体经济	万元	180	180	–	–
私营经济	万元	38 174	–	38 174	–
联营经济	万元	–	–	–	–
股份制经济	万元	475 731	86 741	388 990	–
港澳台经济	万元	85 550	–	85 550	–
外商经济	万元	48 468	2 646	45 822	–
其他经济	万元	8 950	–	8 950	–
按国民经济行业分					
农、林、牧、渔业	万元	–	–	–	–
工　业	万元	179 556	179 556	–	–
采 矿 业	万元	–	–	–	–
制 造 业	万元	164 147	164 147	–	–
电力、燃气及水的生产和供应业	万元	15 409	15 409	–	–
建 筑 业	万元	57 478	57 478	–	–
交通运输、仓储和邮政业	万元	30 088	30 088	–	–
信息传输、计算机服务和软件业	万元	–	–	–	–
批发和零售业	万元	–	–	–	–
住宿和餐饮业	万元	–	–	–	–
金融业	万元	2 397	2 397	–	–
房地产业	万元	1 045 330	315 127	730 203	–
租赁和商务服务业	万元	10 722	10 722	–	–
科学研究、技术服务和地质勘查业	万元	3 944	3 944	–	–
水利、环境和公共设施管理业	万元	68 920	68 920	–	–
居民服务和其他服务业	万元	45	45	–	–
教　育	万元	70 392	70 392	–	–
卫生、社会保障和社会福利业	万元	26 684	26 684	–	–
文化、体育和娱乐业	万元	7 551	7 551	–	–
公共管理与社会组织	万元	5 949	5 949	–	–
国际组织	万元	–	–	–	–

3-10 闵行区全社会固定资产投资主要指标

(2009)

指　　标	计量单位	总 计	#建设改造	房地产	农村非农户
本年完成投资	**万元**	**2 535 111**	**946 016**	**1 327 286**	**261 809**
按隶属关系分					
中央项目	万元	198 171	107 066	79 818	11 287
地方项目	万元	2 336 940	838 950	1 247 468	250 522
按构成分					
建筑工程	万元	1 639 671	503 198	937 510	198 963
安装工程	万元	147 571	44 732	88 469	14 370
设备工具器具购置	万元	294 209	250 021	16 353	27 835
其他费用	万元	453 660	148 065	284 954	20 641
按建设性质分					
#新　建	万元	708 402	531 897	–	176 505
扩　建	万元	156 567	123 222	–	33 345
改建和技术改造	万元	222 124	179 157	–	42 967
单纯购置	万元	100 549	93 557	–	6 992
按三次产业分					
第一产业	万元	405	–	–	405
第二产业	万元	723 106	559 902	–	163 204
第三产业	万元	1 811 600	386 114	1 327 286	98 200
#住宅	万元	1 072 226	–	1 072 226	–
本年新增固定资产	**万元**	**1 941 447**	**666 066**	**1 057 896**	**217 485**
房屋建筑面积					
施工面积	万平方米	1 508.42	155.55	1 202.95	149.92
#住宅	万平方米	947.33	–	947.33	–
竣工面积	万平方米	282.86	3.08	277.48	2.30
#住宅	万平方米	203.84	–	203.84	–
按经济类型分					
国有经济	万元	568 687	409 702	134 709	24 276
非国有经济	万元	1 966 424	536 314	1 192 577	237 533
集体经济	万元	91 827	17 633	15 111	59 083
私营经济	万元	447 057	59 351	327 358	60 348
联营经济	万元	8 303	–	8 303	–
股份制经济	万元	964 441	241 060	689 763	33 618
港澳台经济	万元	85 435	3 713	68 472	13 250
外商经济	万元	346 215	214 557	61 323	70 335
其他经济	万元	23 146	–	22 247	899
按国民经济行业分					
农、林、牧、渔业	万元	405	–	–	405
工　业	万元	723 106	559 902	–	163 204
采 矿 业	万元	–	–	–	–
制 造 业	万元	594 864	432 170	–	162 694
电力、燃气及水的生产和供应业	万元	128 242	127 732	–	510
建 筑 业	万元	–	–	–	–

(续表)

交通运输、仓储和邮政业	万元	142 182	139 362	–	2 820
信息传输、计算机服务和软件业	万元	–	–	–	–
批发和零售业	万元	30 490	26 640	–	3 850
住宿和餐饮业	万元	34 722	34 722	–	–
金融业	万元	–	–	–	–
房地产业	万元	1 346 022	18 686	1 327 286	50
租赁和商务服务业	万元	17 975	9 542	–	8 433
科学研究、技术服务和地质勘查业	万元	57 734	19 411	–	38 323
水利、环境和公共设施管理业	万元	82 150	82 037	–	113
居民服务和其他服务业	万元	–	–	–	–
教　育	万元	16 320	16 320	–	–
卫生、社会保障和社会福利业	万元	7 958	7 958	–	–
文化、体育和娱乐业	万元	71 908	27 297	–	44 611
公共管理与社会组织	万元	4 139	4 139	–	–
国际组织	万元	–	–	–	–

3–11　宝山区全社会固定资产投资主要指标

(2009)

指　　标	计量单位	总 计	#建设改造	房地产	农村非农户
本年完成投资	**万元**	**3 832 098**	**2 261 756**	**1 034 720**	**535 622**
按隶属关系分					
中央项目	万元	1 514 552	1 514 552	–	–
地方项目	万元	2 317 546	747 204	1 034 720	535 622
按构成分					
建筑工程	万元	1 798 774	673 484	818 628	306 662
安装工程	万元	274 922	171 935	62 033	40 954
设备工具器具购置	万元	1 352 197	1 217 034	7 726	127 437
其他费用	万元	406 205	199 303	146 333	60 569
按建设性质分					
#新　建	万元	953 695	618 416	–	335 279
扩　建	万元	781 376	685 704	–	95 672
改建和技术改造	万元	952 692	911 780	–	40 912
单纯购置	万元	83 423	38 812	–	44 611
按三次产业分					
第一产业	万元	905	–	–	905
第二产业	万元	2 145 476	1 842 630	–	302 846
第三产业	万元	1 685 717	419 126	1 034 720	231 871
#住宅	万元	881 981	–	881 981	–
本年新增固定资产	**万元**	**1 739 732**	**901 806**	**593 033**	**244 893**
房屋建筑面积					

(续表)

施工面积	万平方米	1 022.94	84.24	755.17	183.54
#住宅	万平方米	613.30	–	613.30	–
竣工面积	万平方米	216.48	5.34	182.49	28.65
#住宅	万平方米	154.61	–	154.61	–
按经济类型分					
国有经济	万元	1 681 901	1 588 014	35 843	58 044
非国有经济	万元	2 150 197	673 742	998 877	477 578
集体经济	万元	292 890	22 100	88 602	182 188
私营经济	万元	527 278	94 782	242 561	189 935
联营经济	万元	9 865	91	–	9 774
股份制经济	万元	1 013 638	321 354	622 414	69 870
港澳台经济	万元	65 644	60 644	4 500	500
外商经济	万元	233 459	174 771	40 800	17 888
其他经济	万元	7 423	–	–	7 423
按国民经济行业分					
农、林、牧、渔业	万元	905	–	–	905
工　业	万元	2 140 008	1 837 162	–	302 846
采 矿 业	万元	–	–	–	–
制 造 业	万元	1 728 839	1 427 251	–	301 588
电力、燃气及水的生产和供应业	万元	411 169	409 911	–	1 258
建 筑 业	万元	5 468	5 468	–	–
交通运输、仓储和邮政业	万元	139 575	124 478	–	15 097
信息传输、计算机服务和软件业	万元	–	–	–	–
批发和零售业	万元	163 151	41 694	–	121 457
住宿和餐饮业	万元	10 029	5 529	–	4 500
金融业	万元	–	–	–	–
房地产业	万元	1 034 720	–	1 034 720	–
租赁和商务服务业	万元	70 977	21 004	–	49 973
科学研究、技术服务和地质勘查业	万元	20 718	8 718	–	12 000
水利、环境和公共设施管理业	万元	194 034	178 349	–	15 685
居民服务和其他服务业	万元	400	–	–	400
教　育	万元	13 593	13 593	–	–
卫生、社会保障和社会福利业	万元	14 520	8 520	–	6 000
文化、体育和娱乐业	万元	18 460	13 151	–	5 309
公共管理与社会组织	万元	5 540	4 090	–	1 450
国际组织	万元	–	–	–	–

3-12 嘉定区全社会固定资产投资主要指标

(2009)

指　　标	计量单位	总 计	#建设改造	房地产	农村非农户
本年完成投资	**万元**	**2 872 844**	**1 243 829**	**1 216 223**	**412 792**
按隶属关系分					
中央项目	万元	13 650	13 650	–	–
地方项目	万元	2 859 194	1 230 179	1 216 223	412 792
按构成分					
建筑工程	万元	1 511 024	572 545	664 416	274 063
安装工程	万元	132 775	46 578	69 235	16 962
设备工具器具购置	万元	418 180	338 564	5 702	73 914
其他费用	万元	810 865	286 142	476 870	47 853
按建设性质分					
#新　建	万元	957 481	742 528	–	214 953
扩　建	万元	194 059	112 109	–	81 950
改建和技术改造	万元	245 837	199 146	–	46 691
单纯购置	万元	232 563	177 767	–	54 796
按三次产业分					
第一产业	万元	4 994	4 475	–	519
第二产业	万元	1 011 797	697 524	–	314 273
第三产业	万元	1 856 053	541 830	1 216 223	98 000
#住宅	万元	899 493	1 000	898 493	–
本年新增固定资产	**万元**	**1 362 194**	**481 176**	**607 711**	**273 307**
房屋建筑面积					
施工面积	万平方米	1 030.75	176.31	645.46	208.98
#住宅	万平方米	448.18	1.00	447.18	–
竣工面积	万平方米	323.49	54.79	212.66	56.03
#住宅	万平方米	167.70	–	167.70	–
按经济类型分					
国有经济	万元	684 306	613 896	36 924	33 486
非国有经济	万元	2 188 538	629 933	1 179 299	379 306
集体经济	万元	157 239	98 725	–	58 514
私营经济	万元	562 043	90 202	289 293	182 548
联营经济	万元	179	–	–	179
股份制经济	万元	883 089	35 815	803 292	43 982
港澳台经济	万元	77 847	51 170	6 930	19 747
外商经济	万元	500 141	354 021	74 784	71 336
其他经济	万元	8 000	–	5 000	3 000
按国民经济行业分					
农、林、牧、渔业	万元	4 994	4 475	–	519
工　业	万元	1 011 797	697 524	–	314 273
采 矿 业	万元	–	–	–	–
制 造 业	万元	994 317	689 092	–	305 225
电力、燃气及水的生产和供应业	万元	17 480	8 432	–	9 048
建 筑 业	万元	–	–	–	–

(续表)

交通运输、仓储和邮政业	万元	30 387	25 789	–	4 598
信息传输、计算机服务和软件业	万元	463	463	–	–
批发和零售业	万元	5 195	3 195	–	2 000
住宿和餐饮业	万元	19 752	6 838	–	12 914
金融业	万元	–	–	–	–
房地产业	万元	1 223 292	2 269	1 216 223	4 800
租赁和商务服务业	万元	21 020	15 649	–	5 371
科学研究、技术服务和地质勘查业	万元	32 527	26 635	–	5 892
水利、环境和公共设施管理业	万元	416 978	391 945	–	25 033
居民服务和其他服务业	万元	–	–	–	–
教　育	万元	50 400	46 900	–	3 500
卫生、社会保障和社会福利业	万元	22 989	7 829	–	15 160
文化、体育和娱乐业	万元	12 039	–	–	12 039
公共管理与社会组织	万元	21 011	14 318	–	6 693
国际组织	万元	–	–	–	–

3-13 浦东新区全社会固定资产投资主要指标

(2009)

指　　标	计量单位	总 计	#建设改造	房地产	农村非农户
本年完成投资	**万元**	**9 632 811**	**6 597 151**	**3 014 951**	**20 709**
按隶属关系分					
中央项目	万元	935 643	883 325	52 318	–
地方项目	万元	8 697 168	5 713 826	2 962 633	20 709
按构成分					
建筑工程	万元	4 852 568	2 865 184	1 979 885	7 499
安装工程	万元	683 088	512 729	168 515	1 844
设备工具器具购置	万元	1 250 443	1 211 913	29 307	9 223
其他费用	万元	2 846 712	2 007 325	837 244	2 143
按建设性质分					
#新　建	万元	5 164 412	5 154 520	–	9 892
扩　建	万元	281 294	279 460	–	1 834
改建和技术改造	万元	941 421	937 262	–	4 159
单纯购置	万元	204 660	201 838	–	2 822
按三次产业分					
第一产业	万元	12 346	12 346	–	–
第二产业	万元	1 563 694	1 547 135	–	16 559
第三产业	万元	8 056 771	5 037 670	3 014 951	4 150
#住宅	万元	1 400 919	–	1 400 919	–
本年新增固定资产	**万元**	**4 415 102**	**1 794 212**	**2 572 118**	**48 772**
房屋建筑面积					

(续表)

施工面积	万平方米	2 435.39	466.54	1 963.86	4.99
#住宅	万平方米	1 109.67	–	1 109.67	–
竣工面积	万平方米	447.51	27.05	417.81	2.65
#住宅	万平方米	235.76	–	235.76	–
按经济类型分					
国有经济	万元	5 053 399	4 790 388	261 073	1 938
非国有经济	万元	4 579 412	1 806 763	2 753 878	18 771
集体经济	万元	37 553	–	37 553	–
私营经济	万元	1 014 911	161 811	842 326	10 774
联营经济	万元	103 875	42 719	61 156	–
股份制经济	万元	2 068 487	997 592	1 063 257	7 638
港澳台经济	万元	501 344	68 187	433 157	–
外商经济	万元	847 251	535 850	311 401	–
其他经济	万元	5 991	604	5 028	359
按国民经济行业分					
农、林、牧、渔业	万元	12 346	12 346	–	–
工　业	万元	1 563 694	1 547 135	–	16 559
采矿业	万元	–	–	–	–
制造业	万元	1 255 938	1 239 379	–	16 559
电力、燃气及水的生产和供应业	万元	307 756	307 756	–	–
建筑业	万元	–	–	–	–
交通运输、仓储和邮政业	万元	1 295 473	1 295 473	–	–
信息传输、计算机服务和软件业	万元	38 660	38 660	–	–
批发和零售业	万元	6 976	6 976	–	–
住宿和餐饮业	万元	32 353	32 353	–	–
金融业	万元	153 335	153 335	–	–
房地产业	万元	3 347 942	332 991	3 014 951	–
租赁和商务服务业	万元	814 931	814 931	–	–
科学研究、技术服务和地质勘查业	万元	60 386	60 386	–	–
水利、环境和公共设施管理业	万元	1 969 948	1 969 948	–	–
居民服务和其他服务业	万元	1 370	1 370	–	–
教　育	万元	46 433	42 727	–	3 706
卫生、社会保障和社会福利业	万元	35 868	35 424	–	444
文化、体育和娱乐业	万元	231 764	231 764	–	–
公共管理与社会组织	万元	21 332	21 332	–	–
国际组织	万元	–	–	–	–

3-14 金山区全社会固定资产投资主要指标

(2009)

指　　标	计量单位	总 计	#建设改造	房地产	农村非农户
本年完成投资	**万元**	**1 080 509**	**484 188**	**143 077**	**453 244**
按隶属关系分					
中央项目	万元	229 517	213 517	16 000	–
地方项目	万元	850 992	270 671	127 077	453 244
按构成分					
建筑工程	万元	363 756	109 351	87 499	166 906
安装工程	万元	91 254	68 589	14 277	8 388
设备工具器具购置	万元	489 932	262 140	1 263	226 529
其他费用	万元	135 567	44 108	40 038	51 421
按建设性质分					
#新　建	万元	430 423	186 676	–	243 747
扩　建	万元	246 245	175 497	–	70 748
改建和技术改造	万元	95 616	64 334	–	31 282
单纯购置	万元	155 308	56 881	–	98 427
按三次产业分					
第一产业	万元	17 451	4 899	–	12 552
第二产业	万元	839 717	434 858	–	404 859
第三产业	万元	223 341	44 431	143 077	35 833
#住宅	万元	103 459	–	103 459	–
本年新增固定资产	**万元**	**820 883**	**487 956**	**93 241**	**239 686**
房屋建筑面积					
施工面积	万平方米	244.41	52.20	161.72	30.49
#住宅	万平方米	132.30	–	132.30	–
竣工面积	万平方米	47.54	9.92	37.33	0.30
#住宅	万平方米	30.18	–	30.18	–
按经济类型分					
国有经济	万元	46 396	26 001	6 418	13 977
非国有经济	万元	1 034 113	458 187	136 659	439 267
集体经济	万元	91 095	21 684	21 253	48 158
私营经济	万元	563 522	141 723	87 103	334 696
联营经济	万元	4 745	1 604	–	3 141
股份制经济	万元	277 087	230 754	28 303	18 030
港澳台经济	万元	18 736	14 257	–	4 479
外商经济	万元	78 147	48 165	–	29 982
其他经济	万元	781	–	–	781
按国民经济行业分					
农、林、牧、渔业	万元	17 451	4 899	–	12 552
工　业	万元	838 617	434 858	–	403 759
采 矿 业	万元	–	–	–	–
制 造 业	万元	819 568	418 809	–	400 759
电力、燃气及水的生产和供应业	万元	19 049	16 049	–	3 000
建 筑 业	万元	1 100	–	–	1 100

(续表)

交通运输、仓储和邮政业	万元	2 830	1 330	–	1 500
信息传输、计算机服务和软件业	万元	–	–	–	–
批发和零售业	万元	5 658	–	–	5 658
住宿和餐饮业	万元	1 750	1 750	–	–
金融业	万元	–	–	–	–
房地产业	万元	144 289	1 212	143 077	–
租赁和商务服务业	万元	2 120	–	–	2 120
科学研究、技术服务和地质勘查业	万元	760	–	–	760
水利、环境和公共设施管理业	万元	38 579	16 519	–	22 060
居民服务和其他服务业	万元	–	–	–	–
教　育	万元	2 064	2 064	–	–
卫生、社会保障和社会福利业	万元	9 952	9 952	–	–
文化、体育和娱乐业	万元	12 104	11 604	–	500
公共管理与社会组织	万元	3 235	–	–	3 235
国际组织	万元	–	–	–	–

3–15　松江区全社会固定资产投资主要指标
(2009)

指　　标	计量单位	总 计	#建设改造	房地产	农村非农户
本年完成投资	**万元**	**2 266 513**	**727 305**	**1 132 790**	**406 418**
按隶属关系分					
中央项目	万元	66 660	66 660	–	–
地方项目	万元	2 199 853	660 645	1 132 790	406 418
按构成分					
建筑工程	万元	1 618 903	525 117	824 877	268 909
安装工程	万元	131 609	12 281	112 809	6 519
设备工具器具购置	万元	230 665	130 470	3 968	96 227
其他费用	万元	285 336	59 437	191 136	34 763
按建设性质分					
#新　建	万元	719 697	431 841	–	287 856
扩　建	万元	89 793	44 313	–	45 480
改建和技术改造	万元	216 697	201 974	–	14 723
单纯购置	万元	102 930	44 854	–	58 076
按三次产业分					
第一产业	万元	3 636	3 636	–	–
第二产业	万元	614 056	290 295	–	323 761
第三产业	万元	1 648 821	433 374	1 132 790	82 657
#住宅	万元	1 017 283	8 522	1 005 361	3 400
本年新增固定资产	**万元**	**1 393 093**	**446 385**	**649 990**	**296 718**
房屋建筑面积					

(续表)

施工面积	万平方米	1 342.19	183.19	948.55	210.46
#住宅	万平方米	828.87	8.84	817.23	2.80
竣工面积	万平方米	353.53	31.31	203.08	119.14
#住宅	万平方米	174.06	–	171.26	2.80
按经济类型分					
国有经济	万元	563 639	426 428	105 530	31 681
非国有经济	万元	1 702 874	300 877	1 027 260	374 737
集体经济	万元	77 060	9 187	21 840	46 033
私营经济	万元	816 508	70 243	569 592	176 673
联营经济	万元	–	–	–	–
股份制经济	万元	373 501	26 752	300 580	46 169
港澳台经济	万元	98 490	24 877	43 844	29 769
外商经济	万元	331 880	164 633	91 404	75 843
其他经济	万元	5 435	5 185	–	250
按国民经济行业分					
农、林、牧、渔业	万元	3 636	3 636	–	–
工　业	万元	611 556	287 795	–	323 761
采 矿 业	万元	–	–	–	–
制 造 业	万元	588 759	265 424	–	323 335
电力、燃气及水的生产和供应业	万元	22 797	22 371	–	426
建 筑 业	万元	2 500	2 500	–	–
交通运输、仓储和邮政业	万元	43 500	26 375	–	17 125
信息传输、计算机服务和软件业	万元	600	600	–	–
批发和零售业	万元	8 332	50	–	8 282
住宿和餐饮业	万元	24 810	6 583	–	18 227
金融业	万元	–	–	–	–
房地产业	万元	1 136 713	–	1 132 790	3 923
租赁和商务服务业	万元	1 984	–	–	1 984
科学研究、技术服务和地质勘查业	万元	171	171	–	–
水利、环境和公共设施管理业	万元	306 938	278 972	–	27 966
居民服务和其他服务业	万元	–	–	–	–
教　育	万元	18 873	18 873	–	–
卫生、社会保障和社会福利业	万元	7 683	6 983	–	700
文化、体育和娱乐业	万元	88 111	88 111	–	–
公共管理与社会组织	万元	11 106	6 656	–	4 450
国际组织	万元	–	–	–	–

3–16 青浦区全社会固定资产投资主要指标
(2009)

指 标	计量单位	总 计	#建设改造	房地产	农村非农户
本年完成投资	**万元**	**1 450 075**	**447 542**	**562 924**	**439 609**
按隶属关系分					
中央项目	万元	–	–	–	–
地方项目	万元	1 450 075	447 542	562 924	439 609
按构成分					
建筑工程	万元	864 209	166 346	404 790	293 073
安装工程	万元	54 458	15 605	32 395	6 458
设备工具器具购置	万元	200 355	134 422	8 889	57 044
其他费用	万元	331 053	131 169	116 850	83 034
按建设性质分					
#新 建	万元	418 787	167 180	–	251 607
扩 建	万元	132 884	71 908	–	60 976
改建和技术改造	万元	100 728	62 601	–	38 127
单纯购置	万元	129 225	109 955	–	19 270
按三次产业分					
第一产业	万元	7 212	–	–	7 212
第二产业	万元	497 615	311 957	–	185 658
第三产业	万元	945 248	135 585	562 924	246 739
#住宅	万元	435 775	–	432 165	3 610
本年新增固定资产	**万元**	**821 586**	**292 001**	**310 678**	**218 907**
房屋建筑面积					
施工面积	万平方米	592.35	78.54	394.88	118.93
#住宅	万平方米	325.83	–	320.02	5.81
竣工面积	万平方米	156.01	58.99	58.22	38.79
#住宅	万平方米	53.37	–	53.37	–
按经济类型分					
国有经济	万元	201 761	154 184	3 586	43 991
非国有经济	万元	1 248 314	293 358	559 338	395 618
集体经济	万元	141 862	7 026	26 819	108 017
私营经济	万元	431 176	53 608	193 679	183 889
联营经济	万元	–	–	–	–
股份制经济	万元	308 092	38 709	218 982	50 401
港澳台经济	万元	55 480	31 750	16 110	7 620
外商经济	万元	296 558	157 478	97 389	41 691
其他经济	万元	15 146	4 787	6 359	4 000
按国民经济行业分					
农、林、牧、渔业	万元	7 212	–	–	7 212
工 业	万元	497 590	311 957	–	185 633
采 矿 业	万元	–	–	–	–
制 造 业	万元	464 329	286 824	–	177 505
电力、燃气及水的生产和供应业	万元	33 261	25 133	–	8 128
建 筑 业	万元	25	–	–	25

(续表)

交通运输、仓储和邮政业	万元	5 464	4 015	–	1 449
信息传输、计算机服务和软件业	万元	–	–	–	–
批发和零售业	万元	75 552	11 300	–	64 252
住宿和餐饮业	万元	63 988	14 678	–	49 310
金融业	万元	564	564	–	–
房地产业	万元	569 931	3 212	562 924	3 795
租赁和商务服务业	万元	–	–	–	–
科学研究、技术服务和地质勘查业	万元	–	–	–	–
水利、环境和公共设施管理业	万元	167 351	62 606	–	104 745
居民服务和其他服务业	万元	100	–	–	100
教　育	万元	18 594	2 945	–	15 649
卫生、社会保障和社会福利业	万元	–	–	–	–
文化、体育和娱乐业	万元	–	–	–	–
公共管理与社会组织	万元	43 704	36 265	–	7 439
国际组织	万元	–	–	–	–

3–17　南汇区全社会固定资产投资主要指标

(2009)

指　　标	计量单位	总 计	#建设改造	房地产	农村非农户
本年完成投资	**万元**	4 574 908	2 208 593	1 298 691	1 067 624
按隶属关系分					
中央项目	万元	151 425	99 416	50 000	2 009
地方项目	万元	4 423 483	2 109 177	1 248 691	1 065 615
按构成分					
建筑工程	万元	2 594 524	1 131 242	797 916	665 366
安装工程	万元	204 058	15 275	145 303	43 480
设备工具器具购置	万元	465 174	194 321	45 957	224 896
其他费用	万元	1 311 152	867 755	309 515	133 882
按建设性质分					
#新　建	万元	2 582 479	2 022 267	–	560 212
扩　建	万元	238 596	63 334	–	175 262
改建和技术改造	万元	280 622	49 065	–	231 557
单纯购置	万元	150 984	59 570	–	91 414
按三次产业分					
第一产业	万元	51 168	508	–	50 660
第二产业	万元	1 423 420	723 822	–	699 598
第三产业	万元	3 100 320	1 484 263	1 298 691	317 366
#住宅	万元	866 801	5 316	851 885	9 600
本年新增固定资产	**万元**	2 146 437	331 916	1 016 914	797 607
房屋建筑面积					

(续表)

施工面积	万平方米	1 600.34	220.01	1 013.37	366.96
#住宅	万平方米	685.59	0.75	682.45	2.40
竣工面积	万平方米	532.11	38.21	324.47	169.44
#住宅	万平方米	272.34	–	269.94	2.40
按经济类型分					
国有经济	万元	1 313 569	1 120 590	127 643	65 336
非国有经济	万元	3 261 339	1 088 003	1 171 048	1 002 288
集体经济	万元	212 484	79 500	13 986	118 998
私营经济	万元	1 105 294	88 776	429 065	587 453
联营经济	万元	7 710	5 420	–	2 290
股份制经济	万元	1 585 267	648 785	700 103	236 379
港澳台经济	万元	68 927	44 697	–	24 230
外商经济	万元	278 999	220 825	27 403	30 771
其他经济	万元	2 658	–	491	2 167
按国民经济行业分					
农、林、牧、渔业	万元	51 168	508	–	50 660
工　业	万元	1 423 420	723 822	–	699 598
采 矿 业	万元	–	–	–	–
制 造 业	万元	1 222 158	547 806	–	674 352
电力、燃气及水的生产和供应业	万元	201 262	176 016	–	25 246
建 筑 业	万元	–	–	–	–
交通运输、仓储和邮政业	万元	464 727	413 655	–	51 072
信息传输、计算机服务和软件业	万元	8 924	8 924	–	–
批发和零售业	万元	58 944	4 578	–	54 366
住宿和餐饮业	万元	50 583	29 381	–	21 202
金融业	万元	–	–	–	–
房地产业	万元	1 378 361	61 970	1 298 691	17 700
租赁和商务服务业	万元	37 635	25 292	–	12 343
科学研究、技术服务和地质勘查业	万元	10 898	7 426	–	3 472
水利、环境和公共设施管理业	万元	932 377	828 382	–	103 995
居民服务和其他服务业	万元	20 412	8 670	–	11 742
教　育	万元	44 101	32 738	–	11 363
卫生、社会保障和社会福利业	万元	25 170	17 033	–	8 137
文化、体育和娱乐业	万元	29 142	14 892	–	14 250
公共管理与社会组织	万元	39 046	31 322	–	7 724
国际组织	万元	–	–	–	–

3-18 奉贤区全社会固定资产投资主要指标

(2009)

指　　标	计量单位	总 计	#建设改造	房地产	农村非农户
本年完成投资	**万元**	**1 658 145**	**750 670**	**363 506**	**543 969**
按隶属关系分					
中央项目	万元	37 400	37 400	–	–
地方项目	万元	1 620 745	713 270	363 506	543 969
按构成分					
建筑工程	万元	1 041 553	459 708	282 834	299 011
安装工程	万元	59 784	34 942	16 658	8 184
设备工具器具购置	万元	291 946	151 455	1 652	138 839
其他费用	万元	264 862	104 565	62 362	97 935
按建设性质分					
#新　建	万元	713 738	478 253	–	235 485
扩　建	万元	216 832	103 872	–	112 960
改建和技术改造	万元	251 419	110 841	–	140 578
单纯购置	万元	73 658	35 336	–	38 322
按三次产业分					
第一产业	万元	5 053	1 411	–	3 642
第二产业	万元	887 367	390 436	–	496 931
第三产业	万元	765 725	358 823	363 506	43 396
#住宅	万元	231 328	–	231 328	–
本年新增固定资产	**万元**	**1 157 605**	**409 128**	**358 402**	**390 075**
房屋建筑面积					
施工面积	万平方米	627.15	160.22	304.81	162.12
#住宅	万平方米	235.85	–	235.85	–
竣工面积	万平方米	217.86	47.09	87.40	83.37
#住宅	万平方米	72.32	–	72.32	–
按经济类型分					
国有经济	万元	342 128	299 777	505	41 846
非国有经济	万元	1 316 017	450 893	363 001	502 123
集体经济	万元	94 184	35 960	28 945	29 279
私营经济	万元	608 616	121 896	114 769	371 951
联营经济	万元	–	–	–	–
股份制经济	万元	319 332	115 623	195 359	8 350
港澳台经济	万元	81 930	56 609	–	25 321
外商经济	万元	188 027	120 805	–	67 222
其他经济	万元	23 928	–	23 928	–
按国民经济行业分					
农、林、牧、渔业	万元	5 053	1 411	–	3 642
工　业	万元	886 360	390 436	–	495 924
采 矿 业	万元	–	–	–	–
制 造 业	万元	830 211	334 837	–	495 374
电力、燃气及水的生产和供应业	万元	56 149	55 599	–	550
建 筑 业	万元	1 007	–	–	1 007

(续表)

交通运输、仓储和邮政业	万元	58 942	57 250	–	1 692
信息传输、计算机服务和软件业	万元	–	–	–	–
批发和零售业	万元	55 611	53 945	–	1 666
住宿和餐饮业	万元	16 500	16 500	–	–
金融业	万元	–	–	–	–
房地产业	万元	387 458	21 357	363 506	2 595
租赁和商务服务业	万元	3 145	3 145	–	–
科学研究、技术服务和地质勘查业	万元	6 143	6 143	–	–
水利、环境和公共设施管理业	万元	184 594	155 610	–	28 984
居民服务和其他服务业	万元	110	–	–	110
教　育	万元	39 907	34 904	–	5 003
卫生、社会保障和社会福利业	万元	9 260	9 260	–	–
文化、体育和娱乐业	万元	889	–	–	889
公共管理与社会组织	万元	3 166	709	–	2 457
国际组织	万元	–	–	–	–

3–19　崇明县全社会固定资产投资主要指标
(2009)

指　标	计量单位	总 计	#建设改造	房地产	农村非农户
本年完成投资	**万元**	**697 661**	**523 596**	**88 356**	**85 709**
按隶属关系分					
中央项目	万元	354 244	354 244	–	–
地方项目	万元	343 417	169 352	88 356	85 709
按构成分					
建筑工程	万元	395 552	284 954	48 515	62 083
安装工程	万元	17 562	12 967	3 233	1 362
设备工具器具购置	万元	156 816	138 011	73	18 732
其他费用	万元	127 731	87 664	36 535	3 532
按建设性质分					
#新　建	万元	431 872	425 037	–	6 835
扩　建	万元	46 903	36 689	–	10 214
改建和技术改造	万元	38 857	18 552	–	20 305
单纯购置	万元	58 708	41 858	–	16 850
按三次产业分					
第一产业	万元	5 315	5 115	–	200
第二产业	万元	512 003	477 960	–	34 043
第三产业	万元	180 343	40 521	88 356	51 466
#住宅	万元	78 537	–	77 937	600
本年新增固定资产	**万元**	**1 372 428**	**1 188 622**	**103 028**	**80 778**
房屋建筑面积					

(续表)

施工面积	万平方米	212.96	147.53	61.00	4.43
#住宅	万平方米	53.59	–	53.30	–
竣工面积	万平方米	39.30	3.49	32.27	3.53
#住宅	万平方米	30.64	–	30.36	–
按经济类型分					
国有经济	万元	487 623	438 432	38 473	10 718
非国有经济	万元	210 038	85 164	49 883	74 991
集体经济	万元	59 552	800	16 133	42 619
私营经济	万元	56 377	10 525	23 066	22 786
联营经济	万元	–	–	–	–
股份制经济	万元	84 723	73 839	10 684	200
港澳台经济	万元	8 432	–	–	8 432
外商经济	万元	500	–	–	500
其他经济	万元	454	–	–	454
按国民经济行业分					
农、林、牧、渔业	万元	5 315	5 115	–	200
工 业	万元	511 019	477 196	–	33 823
采 矿 业	万元	–	–	–	–
制 造 业	万元	427 892	396 724	–	31 168
电力、燃气及水的生产和供应业	万元	83 127	80 472	–	2 655
建 筑 业	万元	984	764	–	220
交通运输、仓储和邮政业	万元	8 309	8 309	–	–
信息传输、计算机服务和软件业	万元	–	–	–	–
批发和零售业	万元	200	200	–	–
住宿和餐饮业	万元	–	–	–	–
金融业	万元	–	–	–	–
房地产业	万元	89 786	930	88 356	500
租赁和商务服务业	万元	390	390	–	–
科学研究、技术服务和地质勘查业	万元	420	420	–	–
水利、环境和公共设施管理业	万元	57 410	22 239	–	35 171
居民服务和其他服务业	万元	1 882	1 093	–	789
教 育	万元	6 576	5 235	–	1 341
卫生、社会保障和社会福利业	万元	1 391	304	–	1 087
文化、体育和娱乐业	万元	593	204	–	389
公共管理与社会组织	万元	13 386	1 197	–	12 189
国际组织	万元	–	–	–	–

四、房地产开发建设

4-1 房地产开发建设总规模

(2009)

单位：万元

指　　标	计划总投资	自开始建设至本年底累计完成投资	本年完成投资	本年新增固定资产
总　计	**97 263 394**	**66 448 069**	**14 641 764**	**9 322 443**
按隶属关系分				
中　央	1 408 651	959 562	252 958	178 975
市　属	11 043 739	6 036 841	1 701 868	831 988
区　属	13 411 245	8 719 145	2 307 744	1 161 276
县　属	120 000	62 065	19 728	51 650
乡镇属	3 809 529	2 836 620	779 341	548 337
外省市属	954 019	643 062	88 640	25 810
其　他	66 516 211	47 190 774	9 491 485	6 524 407
按经济类型分				
国有经济	9 336 850	5 019 795	1 410 584	613 934
集体经济	1 240 954	860 336	298 458	253 766
联营经济	766 498	629 053	84 044	194 161
股份制经济	38 577 885	26 357 511	6 303 315	4 134 080
私营经济	24 755 906	17 245 525	3 966 836	2 729 336
其他经济	841 956	602 334	78 303	131 952
港澳台经济	10 079 543	7 725 217	1 383 764	450 833
外商经济	11 663 802	8 008 298	1 116 460	814 381
按资质等级分				
一　级	4 318 172	2 797 081	805 097	407 956
二　级	13 728 090	9 060 938	1 832 346	1 027 232
三　级	9 421 398	7 330 477	1 367 382	1 845 166
其他级	69 795 734	47 259 573	10 636 939	6 042 089

4-2 房地产开发投资

(2009)

单位：万元

指　标	本年完成投资	住宅	#90平方米以下	140平方米以上	#别墅	高档公寓	#办公楼	#商业营业用房
总　计	**14 641 764**	**9 186 847**	**3 160 917**	**2 755 990**	**1 127 521**	**1 337 555**	**1 891 470**	**1 850 973**
按隶属关系分								
中　央	252 958	193 601	60 954	30 700	15 138	32 207	19 886	6 786
市　属	1 701 868	888 044	418 142	163 869	51 360	101 563	294 694	207 344
区　属	2 307 744	1 470 868	610 647	430 176	164 655	236 820	230 699	305 526
县　属	19 728	15 494	6 091	–	–	–	125	2 507
乡镇属	779 341	649 809	297 099	59 110	37 036	21 971	24 734	41 925
外省市属	88 640	59 391	29 025	20 720	13 766	5 047	12 688	1 121
其　他	9 491 485	5 909 640	1 738 959	2 051 415	845 566	939 947	1 308 644	1 285 764
按经济类型分								
国有经济	1 410 584	983 200	525 772	121 544	47 616	74 266	133 298	102 161

（续表）

集体经济	298 458	250 669	113 171	13 276	22 253	4 071	13 821	19 041
联营经济	84 044	71 780	20 958	34 635	28 490	–	–	8 549
股份制经济	6 303 315	4 112 624	1 538 918	904 652	359 114	540 178	691 925	673 732
私营经济	3 966 836	2 595 718	747 830	1 028 812	519 160	317 278	399 137	588 569
其他经济	78 303	53 105	25 151	17 860	9 157	24 219	7 578	2 807
港澳台经济	1 383 764	556 473	76 482	275 523	37 463	148 765	370 082	234 316
外商经济	1 116 460	563 278	112 635	359 688	104 268	228 778	275 629	221 798
按资质等级分								
一　级	805 097	603 376	317 940	74 294	20 586	61 237	63 642	36 452
二　级	1 832 346	1 334 928	416 983	266 682	47 330	166 411	193 797	175 719
三　级	1 367 382	1 074 248	334 487	293 895	213 748	119 806	9 711	183 719
其 他 级	10 636 939	6 174 295	2 091 507	2 121 119	845 857	990 101	1 624 320	1 455 083

4-3　房地产开发投资竣工房屋销售情况
(2009)

指　标	单 位	合 计	住 宅	#90平方米以下	140平方米以上	#别 墅	高档公寓	办公楼	商业营业用　房	其 他
实际销售面积	万平方米	3 372.45	2 928.04	771.33	568.94	201.53	248.89	203.00	126.49	114.92
现房销售面积	万平方米	824.96	654.52	165.17	145.70	47.12	43.52	57.46	66.74	46.24
期房销售面积	万平方米	2 547.49	2 273.52	606.17	423.24	154.41	205.38	145.54	59.75	68.68
实际销售额	亿元	4 330.22	3 620.23	683.65	1 214.54	429.24	567.57	438.43	192.73	78.84
现房销售额	亿元	1 047.02	805.84	85.16	317.96	112.68	116.71	124.76	86.19	30.23
期房销售额	亿元	3 283.20	2 814.39	598.49	896.58	316.56	450.86	313.67	106.54	48.60
住宅销售套数	万套	23.71	23.71	9.89	2.73	0.78	1.72	–	–	–
现房销售套数	万套	5.96	5.96	2.26	0.66	0.15	0.22	–	–	–
期房销售套数	万套	17.75	17.75	7.63	2.08	0.63	1.50	–	–	–
期末出租面积	万平方米	1 222.91	102.63	18.99	39.41	20.42	53.94	425.55	349.91	344.82
期末空置面积	万平方米	1 134.80	460.74	83.80	141.27	75.56	51.71	190.95	230.18	252.93

4-4 房地产开发投资资金来源
(2009)

单位：万元

指标	总计	按隶属关系				按隶属关系				按隶属关系		
		中央	市属	区县属	其他	#国有经济	集体经济	股份制经济	外商港澳台经济	#一级	二级	三级
本年资金来源合计	36 092 486	595 509	3 248 184	4 462 084	27 786 709	2 818 617	675 368	13 680 004	7 741 936	2 069 122	4 067 727	4 819 798
上年末节余资金	6 818 576	21 122	796 354	561 279	5 439 821	350 185	133 163	2 447 165	1 634 923	247 278	868 325	1 052 423
本年资金来源小计	29 273 910	574 387	2 451 830	3 900 805	22 346 888	2 468 432	542 205	11 232 839	6 107 013	1 821 844	3 199 402	3 767 375
国内贷款	6 371 383	97 000	402 478	1 031 213	4 840 692	621 120	149 230	2 106 975	1 614 395	260 837	589 230	548 578
银行机构	6 218 999	97 000	402 478	986 363	4 733 158	617 120	144 230	2 073 241	1 556 645	260 837	589 230	537 578
非银行金融机构贷款	152 384	–	–	44 850	107 534	4 000	5 000	33 734	57 750	–	–	11 000
利用外资	254 014	–	42 050	3 211	208 753	–	–	29 864	224 150	–	1 895	–
#外商直接投资	227 053	–	42 050	3 211	181 792	–	–	11 000	216 053	–	–	–
自筹资金	6 222 148	164 897	1 004 950	1 488 877	3 563 424	1 015 692	226 312	2 838 144	685 412	444 520	803 740	690 062
#自有资金	3 891 677	100 500	805 390	758 919	2 226 868	638 007	165 602	1 811 436	325 524	239 122	545 313	327 107
其他资金来源	16 426 365	312 490	1 002 352	1 377 504	13 734 019	831 620	166 663	6 257 856	3 583 056	1 116 487	1 804 537	2 528 735
#定金及预收款	11 012 807	203 005	578 979	876 387	9 354 436	476 391	160 254	3 986 391	2 795 271	849 925	1 340 551	1 723 413
个人按揭贷款	4 202 258	108 614	340 696	293 693	3 459 255	169 159	5 602	1 721 247	695 908	240 511	171 723	613 219
本年各项应付款合计	4 556 992	47 844	424 485	633 499	3 451 164	441 624	63 347	1 792 325	823 833	153 360	486 938	643 480
#工程款	2 648 882	30 958	211 666	393 450	2 012 808	265 646	29 965	1 021 165	466 885	98 560	298 522	450 638

4-5 商品房屋建筑面积及造价

(2009)

指 标	施工面积(万平方米)	#新开工(万平方米)	竣工面积(万平方米)	竣工房屋造价(元/平方米)
各类房屋总计	**9 961.60**	**2 490.63**	**2 104.98**	**3 353**
住 宅	6 550.73	1 721.02	1 508.81	2 924
#90平方米以下	2 554.75	819.91	549.23	2 633
140平方米以上	1 381.07	275.02	276.09	4 319
#别 墅	617.84	160.62	82.70	4 424
高档公寓	684.20	168.82	122.29	5 061
其他住宅	5 248.69	1 391.58	1 303.82	2 628
办公楼	958.64	164.93	135.02	6 051
商业营业用房	1 112.33	205.92	201.05	3 897
其他用房	1 339.90	398.76	260.10	4 023

4-6 各区、县房地产开发建设及经营情况

(2009)

地 区	施工面积(万平方米)	竣工面积(万平方米)	#住 宅(万平方米)	实际销售面 积(万平方米)	#住 宅(万平方米)	实 际销售额(亿元)	#住 宅(亿元)
总计	**9 961.60**	**2 104.98**	**1 508.81**	**3 372.45**	**2 928.04**	**4 330.22**	**3 620.23**
黄 浦 区	166.94	25.60	10.57	28.97	23.28	96.24	81.69
卢 湾 区	144.94	0.11	0.11	9.80	9.67	54.18	53.63
徐 汇 区	271.44	50.27	29.47	69.08	56.61	155.40	137.43
长 宁 区	240.15	28.55	10.52	71.89	66.09	166.90	148.39
静 安 区	185.92	56.40	20.68	30.27	14.90	90.02	51.12
普 陀 区	550.15	55.13	24.10	126.61	82.79	251.40	178.24
闸 北 区	301.77	5.59	4.65	64.72	51.99	155.36	135.19
虹 口 区	209.40	34.45	13.55	49.20	25.16	106.23	65.50
杨 浦 区	439.12	15.66	5.83	33.62	28.62	68.24	62.35
闵 行 区	1 202.95	277.48	203.84	337.20	316.78	391.95	353.66
宝 山 区	755.17	182.49	154.61	343.76	324.80	378.43	358.57
嘉 定 区	645.46	212.66	167.70	211.45	175.86	206.96	165.84
浦 东 区	1 963.86	417.81	235.76	577.76	481.58	959.46	720.31
金 山 区	161.72	37.33	30.18	79.91	70.42	45.34	38.30
松 江 区	948.55	203.08	171.26	397.37	361.32	459.10	418.94
青 浦 区	394.88	58.22	53.37	221.44	206.20	237.59	218.40
南 汇 区	1 013.37	324.47	269.94	489.62	421.95	359.71	303.75
奉 贤 区	304.81	87.40	72.32	198.02	179.52	135.23	116.85
崇 明 县	61.00	32.27	30.36	31.76	30.49	12.49	12.06

五、建 筑 业

5-1 本市总承包和专业承包建筑企业主要经济指标

(2008 ~ 2009)

指　标	计量单位	2008年	2009年
建筑业总产值	亿元	3 245.77	3 830.53
#在外省完成产值	亿元	1 005.20	1 181.52
装修装饰产值	亿元	299.36	378.81
竣工产值	亿元	1 778.56	2 189.60
施工面积	万平方米	18 054.99	19 069.90
竣工面积	万平方米	5 723.90	5 719.93
年末从业人数	万人	80.79	88.88
实收资本合计	亿元	639.46	672.11
资产总计	亿元	3 737.19	4 180.19
固定资产净值	亿元	239.40	272.07
所有者权益合计	亿元	1 000.69	1 096.83
自有机械设备年末总台数	万台	16.22	15.90
自有机械设备净值	亿元	110.89	142.34
利润总额	亿元	118.40	137.56
工资总额	亿元	186.86	225.62
按建筑业总产值计算的全员劳动生产率	元/人	293 520	312 360
房屋建筑面积竣工率	%	31.7	30.0

5-2 本市总承包和专业承包建筑企业产值、人数情况 (2009)

指标	企业个数(个)	企业总产值(万元)	建筑业总产值(万元)	建筑工程(万元)	安装工程(万元)	其他(万元)	竣工产值(万元)	年末从业人数(人)	#工程技术人员(人)	计算劳动生产率的平均人数(人)	按建筑业总产值计算的劳动生产率(元/人)
总计	3 069	45 309 681	38 305 318	31 414 914	5 452 591	1 437 813	21 895 964	888 833	146 727	1 226 318	312 360
一、按经济类型分											
#国有经济	154	9 403 949	6 352 695	5 599 797	509 170	243 728	3 484 799	78 383	16 414	131 543	482 937
集体经济	115	810 140	729 371	529 220	166 237	33 914	475 315	25 315	4 000	31 189	233 855
股份制经济	584	21 396 937	18 172 731	15 253 452	2 413 249	506 030	10 654 347	309 678	48 950	481 206	377 650
私营经济	2 057	11 860 085	11 417 076	8 962 334	1 864 092	590 650	6 447 617	456 832	71 086	538 599	211 977
外商投资经济	70	857 037	782 363	520 510	210 827	51 026	502 220	7 807	3 295	24 159	323 839
港澳台投资经济	80	918 080	794 023	504 678	281 877	7 469	277 203	9 772	2 681	18 389	431 792
二、按隶属关系分											
#中央属	64	13 264 191	11 876 182	10 623 777	925 889	326 516	5 064 305	157 464	26 538	178 487	665 381
市(局)属	116	9 421 410	6 718 070	5 470 156	1 168 151	79 762	5 351 528	70 151	14 220	176 071	381 555
区、县属	204	4 529 921	2 810 654	2 247 142	404 517	158 995	1 801 332	50 794	8 967	108 705	258 558
三、按资质等级分											
#特级	14	13 667 512	10 879 549	9 961 663	754 681	163 205	5 845 848	129 376	20 259	182 713	595 445
一级	344	18 405 573	15 065 305	12 301 632	2 314 319	449 353	8 700 168	317 072	42 766	483 718	311 448
二级	929	8 361 626	7 815 914	6 203 112	1 201 104	411 697	4 515 022	268 544	50 420	332 235	235 253
三级	1 733	4 751 492	4 443 613	2 926 568	1 129 928	387 117	2 776 997	171 328	32 626	224 609	197 838
四、按行业类别分											
房屋和土木工程建筑业	1 404	36 984 371	30 588 432	27 625 004	2 047 972	915 456	17 209 668	684 509	107 246	932 622	327 983
建筑安装业	882	5 201 758	4 860 188	1 272 691	3 230 597	356 900	3 270 364	123 805	26 185	155 078	313 403
建筑装饰业	682	2 847 370	2 591 858	2 330 928	153 333	107 596	1 254 197	71 413	11 716	127 492	203 296
其他建筑业	101	276 182	264 840	186 291	20 689	57 860	161 735	9 106	1 580	11 126	238 037
五、按资质标准分											
施工总承包	1 414	38 969 110	32 476 545	27 880 245	3 630 616	965 685	18 760 351	731 140	115 191	990 521	327 873
专业承包	1 655	6 340 571	5 828 773	3 534 669	1 821 976	472 128	3 135 613	157 693	31 536	235 797	247 195

5-3 本市总承包和专业承包建筑企业施工工程个数、施工面积情况 (2009)

指 标	单位工程施工个数(个)	#本年新开工(个)	竣工个数(个)	房屋建筑施工面积(万平方米)	#本年新开工(万平方米)	#投标承包面积(万平方米)	房屋建筑竣工面积(万平方米)	竣工房屋价值(万元)
总计	97 666	63 604	60 650	19 069.90	7 239.10	15 989.89	5 719.93	8 699 702
一、按经济类型分								
#国有经济	6 633	4 110	3 370	1 155.30	415.27	972.41	257.38	334 860
集体经济	4 246	2 792	1 598	489.71	259.29	355.46	269.89	289 780
股份制经济	47 860	33 281	31 214	9 849.14	3 338.01	8 610.89	2 594.39	4 925 821
私营经济	33 404	21 204	21 532	7 152.20	3 058.04	5 705.76	2 428.65	2 909 803
外商投资经济	1 702	882	703	377.42	133.06	311.80	159.14	220 900
港澳台投资经济	3 503	1 195	1 444	34.67	27.84	27.77	6.59	13 772
二、按隶属关系分								
#中央属	19 506	12 487	10 332	4 183.04	1 323.87	4 098.00	850.06	1 585 945
市(局)属	16 959	12 258	12 671	3 712.68	1 264.88	2 941.38	896.75	2 107 876
区、县属	8 379	6 482	4 754	862.01	349.77	733.14	281.32	454 352
三、按资质等级分								
#特级	10 535	7 567	7 548	6 417.57	2 023.46	6 027.50	1 458.77	3 367 664
一级	36 164	23 054	19 985	6 620.42	2 632.60	5 704.50	1 941.55	2 662 760
二级	20 590	13 028	12 960	4 306.96	1 808.83	3 339.98	1 512.39	1 821 668
三级	29 379	19 266	19 721	1 710.83	762.20	903.80	807.23	847 611
四、按行业类别分								
房屋和土木工程建筑业	36 975	21 581	20 455	18 477.79	6 921.90	15 611.84	5 438.96	8 404 652
建筑安装业	55 248	38 728	36 961	532.50	296.59	348.68	274.57	292 624
建筑装饰业	3 556	2 311	2 215	47.05	13.20	29.37		
其他建筑业	1 887	984	1 019	12.57	7.41		6.41	2 426
五、按资质标准分								
施工总承包	62 432	41 609	39 426	18 561.24	7 029.37	15 645.12	5 568.86	8 596 186
专业承包	35 234	21 995	21 224	508.66	209.73	344.77	151.07	103 516

5-4 本市总承包和专业承包建筑企业资产负债情况
(2009)

单位:万元

指 标	实收资本合计	#国家资本	集体资本	港澳台商资本	外商资本	资产总计	#流动资产	固定资产	累计折旧	#本年折旧	负债总计	所有者权益合计
总计	6 721 141	2 390 490	442 494	125 054	116 473	41 801 905	34 925 970	3 033 039	2 205 328	385 036	30 833 655	10 968 251
一、按经济类型分												
#国有经济	1 322 146	1 320 606				7 558 645	5 399 468	686 042	605 276	78 812	5 674 427	1 884 218
集体经济	197 184	89	193 666			835 605	752 523	61 163	38 007	5 577	604 455	231 150
股份制经济	2 051 993	1 065 027	238 669	2 625	833	20 283 759	17 211 086	1 326 573	1 005 895	192 581	16 143 716	4 140 043
私营经济	2 826 486					11 163 161	9 732 739	860 375	483 143	98 564	6 915 427	4 247 734
外商投资经济	135 264	3 073	1 178	157	113 576	878 765	813 781	55 516	39 400	4 692	666 373	212 391
港澳台投资经济	179 008	1 163	2 588	122 271	2 065	1 018 874	960 922	40 926	32 296	4 661	777 548	241 326
二、按隶属关系分												
#中央属	1 442 901	1 394 724	12 781	6 094	1 500	10 971 396	8 317 612	1 249 535	897 886	133 081	8 495 808	2 475 588
市(局)属	825 037	649 175	68 222	5 293	5 236	9 026 775	7 493 391	424 311	527 140	105 568	7 356 967	1 669 808
区、县属	522 365	289 497	148 635	2 245	5 435	4 234 294	3 583 490	140 272	88 922	18 113	3 372 993	861 301
三、按资质等级分												
#特级	965 782	853 794	49 750			11 407 523	8 969 214	647 445	635 557	123 453	9 206 903	2 200 621
一级	2 488 382	1 203 267	155 428	62 520	42 100	15 787 331	13 192 070	1 242 281	899 846	131 540	11 887 847	3 899 484
二级	1 897 731	246 511	127 486	40 342	56 125	8 670 597	7 547 512	628 742	412 994	77 077	5 921 583	2 749 014
三级	1 334 712	83 343	109 249	22 191	18 248	5 787 639	5 119 918	471 520	243 377	47 165	3 720 843	2 066 797
四、按新行业类别分												
房屋和土木工程建筑业	4 908 623	2 101 689	223 975	54 420	78 771	33 261 478	27 451 884	2 384 965	1 832 991	317 678	25 082 923	8 178 556
建筑安装业	1 197 256	234 287	185 015	31 444	18 706	6 072 948	5 267 535	467 366	257 323	49 265	4 109 137	1 963 811
建筑装饰业	520 497	48 471	30 715	33 334	16 264	2 164 620	1 970 415	129 569	69 832	11 417	1 462 727	701 893
其他建筑业	94 765	6 043	2 790	5 855	2 733	302 859	236 137	51 139	45 182	6 676	178 868	123 991
五、按新资质标准分												
#施工总承包	5 295 699	2 243 339	295 329	70 291	70 001	36 051 501	29 957 488	2 471 169	1 840 885	316 005	27 190 806	8 860 695
专业承包	1 425 442	147 151	147 166	54 762	46 472	5 750 404	4 968 482	561 870	364 443	69 031	3 642 849	2 107 555

5–5 本市总承包和专业承包建筑企业利润税金情况

(2009)

单位:万元

指标	工程结算收入	工程结算成本	工程结算税金及附加	工程结算利润	其他业务利润	利润总额	应交所得税	税金总额	管理费用	#税金	财务费用	#利息支出
总计	44 658 240	40 604 897	1 279 609	2 625 362	127 016	1 375 556	274 188	1 311 358	1 486 583	31 750	120 224	89 657
一、按经济类型分												
#国有经济	7 895 704	7 222 938	242 862	416 323	21 250	181 014	38 435	248 879	268 705	6 017	27 124	21 727
集体经济	874 404	800 935	25 806	46 572	17 245	31 723	8 897	26 228	33 937	422	487	432
股份制经济	22 275 862	20 462 239	626 459	1 141 639	47 065	659 911	112 897	639 767	630 271	13 308	45 705	35 345
私营经济	11 660 801	10 420 236	338 895	833 099	33 189	441 576	98 509	349 227	425 572	10 332	39 331	31 966
外商投资经济	906 395	786 088	20 167	83 728	6 726	16 969	6 250	20 736	71 657	570	954	111
港澳台投资经济	982 686	854 499	23 404	101 609	1 420	43 168	8 758	24 457	54 681	1 052	6 678	132
二、按隶属关系分												
#中央属	12 994 106	11 750 164	377 516	840 012	25 077	455 223	77 109	386 281	419 957	8 765	52 021	37 348
市(局)属	10 787 390	10 107 522	309 104	361 514	12 915	175 064	28 471	314 138	271 828	5 035	9 404	9 003
区、县属	2 951 945	2 685 396	84 956	176 850	14 614	107 749	24 050	87 408	112 015	2 451	770	1 748
三、按资质等级分												
#特级	13 627 767	12 498 385	409 668	705 726	4 639	371 531	55 836	416 456	382 923	6 788	46 296	33 908
一级	17 565 957	16 248 125	475 540	812 831	48 435	408 331	92 104	487 184	460 007	11 644	41 139	30 130
二级	8 595 194	7 740 097	251 201	556 494	30 061	294 908	65 268	257 710	348 119	6 509	18 959	16 007
三级	4 738 049	4 009 888	139 016	533 444	43 290	294 760	59 965	145 289	284 493	6 273	13 001	9 484
四、按新行业类别分												
房屋和土木工程建筑业	35 635 955	32 748 005	1 035 568	1 779 686	78 662	922 201	182 708	1 056 521	963 267	20 953	110 610	83 522
建筑安装业	5 907 361	5 074 163	156 494	621 357	34 930	375 545	69 608	164 141	363 117	7 647	3 224	1 709
建筑装饰业	2 806 496	2 514 020	79 413	197 459	11 149	72 468	19 712	82 219	137 164	2 806	5 094	3 427
其他建筑业	308 427	268 709	8 134	26 860	2 275	5 342	2 160	8 478	23 035	344	1 296	999
五、按新资质标准分												
#施工总承包	38 362 641	35 193 302	1 103 973	1 975 057	75 120	1 073 356	210 193	1 127 553	1 077 489	23 581	105 418	79 562
专业承包	6 295 598	5 411 595	175 636	650 305	51 897	302 201	63 995	183 805	409 095	8 169	14 807	10 095

5-6 本市总承包和专业承包建筑企业按地区分基本情况
(2009)

地　　区	企业个数(个)	建筑业总产值(万元)	竣工产值(万元)	房屋建筑施工面积(万平方米)	#本年新开工(万平方米)	竣工面积(万平方米)	#住宅(万平方米)	期末从业人数(人)	计算劳动生产率的平均人数(人)	按建筑业总产值计算的劳动生产率(元/人)
总　　计	3 069	38 305 318	21 895 964	19 069.90	7 239.10	5 719.93	2 433.03	888 833	1 226 318	312 360
黄浦区	121	1 638 548	586 170	580.74	143.28	77.52	42.39	25 804	39 822	411 468
卢湾区	82	448 691	262 870	47.92	0.95	0.42		11 904	13 388	335 144
徐汇区	223	3 869 041	1 503 088	928.91	382.79	199.98	89.21	63 998	81 411	475 248
长宁区	188	1 617 002	1 098 369	1 452.22	522.79	353.26	120.24	32 863	80 741	200 270
静安区	103	634 200	770 789	183.24	77.87	66.35	53.03	9 068	27 588	229 882
普陀区	215	2 528 123	1 438 174	1 476.99	427.62	373.47	197.91	53 835	86 663	291 719
闸北区	85	3 447 115	1 612 676	298.95	123.92	171.67	79.67	35 106	50 533	682 151
虹口区	204	3 463 597	2 520 554	2 070.53	950.49	679.07	407.62	92 098	126 360	274 105
杨浦区	235	2 081 608	756 752	528.30	231.34	109.40	25.72	44 856	52 846	393 901
闵行区	140	1 182 108	712 425	878.69	347.48	333.23	189.90	56 721	57 912	204 121
宝山区	181	5 109 919	2 841 804	1 933.33	734.40	555.01	107.43	75 520	91 457	558 724
嘉定区	135	756 630	549 725	755.87	303.97	275.98	158.47	28 070	38 844	194 787
浦东新区	595	8 105 629	4 879 964	5 706.41	1 928.36	1 421.61	629.47	216 437	321 621	252 024
金山区	105	550 085	411 999	201.55	83.33	106.21	13.57	26 293	25 589	214 969
松江区	126	1 066 358	841 586	1 026.81	566.62	560.11	148.74	41 969	52 018	204 998
青浦区	89	568 957	354 754	369.13	168.25	170.05	73.52	22 552	26 093	218 050
奉贤区	193	952 978	509 883	491.13	182.55	209.47	86.45	38 352	38 987	244 435
崇明县	49	284 729	244 382	139.17	63.08	57.13	9.68	13 387	14 445	197 113

5-7 本市总承包和专业承包建筑企业按地区分资产利税情况
(2009)

单位:万元

地　　区	资产总计	所有者权益合计	工程结算收入	工程结算成本	工程结算税金及附加	工程结算利润	其他业务利润	利润总额	税金总额	工资总额
总　　计	41 801 905	10 968 251	44 658 240	40 604 897	1 279 609	2 625 362	127 016	1 375 556	1 311 358	2 256 184
黄浦区	1 974 779	873 493	1 648 532	1 476 079	38 247	124 903	7 366	71 886	40 729	88 474
卢湾区	650 166	169 583	508 655	443 420	15 073	43 389	10 244	24 397	15 361	35 230
徐汇区	3 695 391	1 029 903	4 276 413	3 833 294	134 989	302 108	22 910	135 827	139 392	240 794
长宁区	1 535 377	421 034	1 971 424	1 810 615	53 636	96 495	4 976	31 776	54 810	120 207
静安区	695 228	206 477	1 145 852	1 053 344	45 560	42 855	2 847	18 466	46 177	32 617
普陀区	2 891 980	578 986	2 732 448	2 512 547	83 085	130 684	6 920	71 366	84 635	102 115
闸北区	2 924 126	528 753	4 213 009	3 860 696	117 521	227 393	6 225	106 456	119 538	143 416
虹口区	2 557 497	628 889	4 406 154	4 153 929	118 816	127 085	7 807	59 475	120 701	172 576

（续表）

杨浦区	2 380 789	809 173	2 283 092	2 062 968	65 414	131 978	3 991	61 009	66 887	100 778
闵行区	1 065 140	337 486	1 295 298	1 184 978	35 330	69 078	3 600	30 040	36 469	97 101
宝山区	4 659 164	994 163	5 480 652	4 978 847	152 025	324 347	2 472	195 787	157 759	252 249
嘉定区	1 060 655	273 171	869 016	796 887	26 579	42 615	3 422	18 336	27 124	57 997
浦东新区	10 921 127	2 890 833	10 106 633	9 048 008	285 207	748 438	34 476	464 246	290 882	532 533
金山区	640 060	247 892	585 291	531 335	16 394	36 164	927	8 295	17 176	52 563
松江区	1 696 233	261 415	1 261 594	1 179 981	37 538	42 022	3 539	11 638	38 144	94 927
青浦区	672 792	200 779	611 720	551 378	18 196	40 630	1 568	15 212	18 751	36 822
奉贤区	1 422 438	371 495	977 101	877 412	26 845	70 426	3 682	36 519	27 373	72 095
崇明县	358 964	144 726	285 358	249 180	9 156	24 753	44	14 829	9 451	23 691

5-8 本市总承包和专业承包建筑企业技术装备情况 (2009)

指　标	自有机械设备年末总台数（台）	自有机械设备净值（万元）	自有机械设备年末总功率（千瓦）	技术装备率（元/人）	动力装备率（千瓦/人）
总计	**158 968**	**1 423 379**	**3 619 703**	**16 014**	**4.1**
一、按经济类型分					
#国有经济	16 562	494 590	881 765	63 099	11.2
集体经济	5 663	11 274	55 808	4 453	2.2
股份制经济	54 485	639 922	1 609 506	20 664	5.2
私营经济	77 267	262 759	1 017 684	5 752	2.2
外商投资经济	2 504	9 727	34 759	12 460	4.5
港澳台投资经济	1 639	4 122	7 731	4 218	0.8
二、按隶属关系分					
#中央属	30 580	823 060	1 573 180	52 270	10.0
市(局)属	13 625	219 340	456 981	31 267	6.5
区、县属	8 902	42 167	174 475	8 302	3.4
三、按资质等级分					
#特级	18 431	456 293	835 243	35 269	6.5
一级	51 691	648 131	1 431 783	20 441	4.5
二级	53 480	182 673	870 398	6 802	3.2
三级	33 384	102 646	472 065	5 991	2.8
四、按新行业类别分					
房屋和土木工程建筑业	110 265	1 281 200	3 119 543	18 717	4.6
建筑安装业	27 786	103 536	370 046	8 363	3.0
建筑装饰业	16 255	22 989	96 404	3 219	1.4
其他建筑业	4 662	15 655	33 710	17 192	3.7
五、按新资质标准分					
#施工总承包	120 235	1 284 179	3 168 826	17 564	4.3
专业承包	38 733	139 200	450 877	8 827	2.9

5-9 本市总承包和专业承包建筑企业按地区分技术装备情况
(2009)

地　　区	自有机械设备年末总台数（台）	自有机械设备净值（万元）	自有机械设备年末总功率（千瓦）	技术装备率（元/人）	动力装备率（千瓦/人）
总　　计	**158 968**	**1 423 379**	**3 619 703**	**16 014**	**4.1**
黄浦区	4 469	347 899	157 452	61 018	13.5
卢湾区	1 593	30 310	11 611	9 754	2.5
徐汇区	10 440	373 934	245 306	38 330	5.8
长宁区	6 015	78 412	15 167	4 615	2.4
静安区	2 631	62 165	41 484	45 748	6.9
普陀区	7 158	126 567	35 444	6 584	2.4
闸北区	9 139	334 278	142 414	40 567	9.5
虹口区	12 020	165 911	45 320	4 921	1.8
杨浦区	8 609	233 512	109 405	24 390	5.2
闵行区	5 200	55 974	13 051	2 301	1.0
宝山区	22 737	406 225	113 616	15 044	5.4
嘉定区	5 278	114 032	22 337	7 958	4.1
浦东新区	34 633	857 304	391 696	18 097	4.0
金山区	6 326	99 334	26 281	9 995	3.8
松江区	5 769	91 766	13 366	3 185	2.2
青浦区	5 617	81 547	13 662	6 058	3.6
奉贤区	8 353	78 802	17 165	4 476	2.1
崇明县	2 981	81 731	8 601	6 425	6.1

5-10 本市总承包和专业承包建筑企业签订合同情况
(2009)

单位：万元

指　　标	签订的合同额	上年结转合同额	本年新签合同额
总计	**74 960 109**	**30 332 017**	**44 628 092**
一、按经济类型分			
#国有经济	14 180 705	5 324 564	8 856 142
集体经济	1 043 943	407 257	636 686
股份制经济	39 262 531	16 392 894	22 869 637
私营经济	16 695 125	6 361 246	10 333 879
外商投资经济	1 494 701	801 048	693 653
港澳台投资经济	2 202 325	1 032 144	1 170 181

(续表)

二、按隶属关系分			
#中央属	25 159 253	9 402 434	15 756 819
市(局)属	19 387 749	8 998 856	10 388 893
区、县属	4 648 028	1 699 210	2 948 818
三、按资质等级分			
#特级	28 741 477	11 342 671	17 398 807
一级	29 006 215	12 894 649	16 111 566
二级	11 572 303	4 411 754	7 160 549
三级	5 458 871	1 626 174	3 832 697
四、按行业类别分			
房屋和土木工程建筑业	62 715 156	26 195 808	36 519 348
建筑安装业	8 226 039	3 067 636	5 158 403
建筑装饰业	3 723 727	986 105	2 737 622
其他建筑业	295 188	82 469	212 720
五、按资质标准分			
施工总承包	66 875 180	27 832 999	39 042 180
专业承包	8 084 930	2 499 018	5 585 912

5-11 本市总承包和专业承包建筑企业承包工程完成情况 (2009)

单位：万元

指标	直接从建设单位承揽工程完成的产值	自行完成施工产值	分包出去工程的产值	从建设单位以外承揽工程完成的产值
总计	**38 564 473**	**34 165 925**	**4 398 548**	**4 139 393**
一、按经济类型分				
#国有经济	6 779 587	5 807 749	971 838	544 945
集体经济	705 933	682 523	23 409	46 848
股份制经济	18 816 535	15 974 206	2 842 329	2 198 525
私营经济	10 589 895	10 285 562	304 333	1 131 514
外商投资经济	754 537	659 159	95 378	123 204
港澳台投资经济	865 630	704 369	161 261	89 654
二、按隶属关系分				
#中央属	12 288 400	11 466 796	821 604	409 386
市(局)属	7 568 923	4 816 399	2 752 524	1 901 671
区、县属	2 629 738	2 448 258	181 480	362 395
三、按资质等级分				
#特级	12 351 698	9 953 480	2 398 219	926 070
一级	14 638 382	13 141 326	1 497 055	1 923 979
二级	7 373 067	7 002 181	370 887	813 733
三级	4104056.9	3977870.1	126186.8	465742.6

(续表)

四、按行业类别分				
房屋和土木工程建筑业	31 800 830	27 764 408	4 036 422	2 824 024
建筑安装业	4 220 210	3 940 047	280 163	920 141
建筑装饰业	2 301 523	2 227 247	74 275	364 611
其他建筑业	241 910	234 222	7 688	30 618
五、按资质标准分				
施工总承包	33 325 614	29 238 891	4 086 723	3 237 654
专业承包	5 238 858	4 927 034	311 825	901 739

5-12　本市劳务分包建筑企业主要经济指标

	单位	2008	2009
企业个数	个	265	286
建筑业总产值	亿元	35.47	49.76
#装修装饰产值	亿元	7.55	8.55
年末从业人员	人	38 093	40 509
#工程技术人员	人	1 837	2 577
按建筑业总产值计算的全员劳动生产率	元/人	72 573	99 648
资产总计	亿元	22.70	25.27
实收资本合计	亿元	5.44	7.02
负债合计	亿元	13.49	13.81
工程结算收入	亿元	35.87	50.60
工程结算成本	亿元	32.40	46.19
营业利润	亿元	0.56	0.80
利润总额	亿元	0.40	0.73